Suor Maria della Trinità

Clarissa di C̶a̶r̶p̶e̶n̶t̶r̶a̶s̶

Colloquio interiore

Per informazioni sulle opere pubblicate
e in programma rivolgersi a:

Edizioni Terra Santa
Via G. Gherardini 5 - 20145 Milano (Italy)
tel.: +39 02 34592679 fax: +39 02 31801980
http://www.edizioniterrasanta.it
e-mail: editrice@edizioniterrasanta.it

Suor Maria della Trinità
Clarissa di Gerusalemme

Colloquio interiore

Dalla conversione
all'ascolto della voce divina

edizioni
terra santa

Per approfondire la vita e la spiritualità di suor Maria della Trinità,
le Sorelle Clarisse di Gerusalemme hanno iniziato la pubblicazione
di una newsletter a lei dedicata,
dal titolo *Piccolo seme in terra di Gerusalemme*.
Per informazioni: clarisse.gerusalemme@gmail.com

Progetto grafico: Elisa Agazzi

Foto di copertina:
Librakv / Shutterstock

Finito di stampare nel novembre 2015
da Press Grafica - Gravellona Toce (VB)
per conto di Fondazione Terra Santa

ISBN 978-88-6240-329-0

Prefazione
all'edizione francese

di Hans Urs von Balthasar

Se chi possiede una certa conoscenza del Vangelo e della grande tradizione spirituale della Chiesa si accosta, senza partito preso, alla lettura degli Scritti di Luisa Jaques sarà subito colpito dall'importanza spirituale e dall'innegabile autenticità del loro contenuto. E ciò qualunque sia il giudizio che l'autorità ecclesiastica potrà o potrebbe dare sulle mediazioni psicologiche in questione. Queste mediazioni esistono sempre; qui dei "messaggi senza parole" sono tradotti in linguaggio parlato (una volta perfino il rimprovero è cosi espresso: "impiega meno parole"), ma in generale con un rigore e una concisione straordinaria, che colpiscono. Si rilevano degli altri segni di autenticità: Luisa è spesso biasimata per delle cose di cui lei stessa non si era resa conto. Ancora più spesso, su dei punti precisi il suo programma spirituale – soprattutto quello riguardante la conversione della sua famiglia protestante – è energicamente scartato dal Signore; l'importante non è là. Che si cerchi prima il Regno di Dio e tutto il resto sarà dato in sovrappiù. Altro indizio: l'insistenza sui piccoli dettagli della vita comune nel chiostro, insistenza che può sembrare singolare, ma che, alla luce del Vangelo, è evidente, quando è in gioco la carità fraterna. Sotto queste apparenti futilità si nasconde la leva che solleva il mondo. Anche Teresa di Lisieux lo sapeva, ma qui niente è copiato o ripetuto; tutto è nuovo, spontaneo, improvvisato nel concreto di una determinata situazione.

Queste osservazioni – che sarebbe facile moltiplicare – saranno sufficienti per indicare a quale profondità si radica il messaggio di cui ci occupiamo.

Dov'è la sua attualità per il nostro tempo?

1. Il suo tema fondamentale è quello dell'ascolto interiore della voce del Signore. Questo ascolto è l'atto centrale della contemplazione cristiana e biblica, all'opposto di qualsiasi altra, che sia neoplatonica o asiatica. Per Gesù, la parola biblica da cui "dipendono tutta la Legge e i Profeti" è lo "Shemà Israel" che significa "Ascolta, Israele". Dio infatti, l'Assoluto, è una persona libera che si comunica e ci partecipa la sua volontà. Questa, che deve essere compresa, non è iscritta in anticipo nell'essenza costitutiva della creatura, in modo che quest'ultima, con una riflessione "trascendentale" su se stessa, potrebbe arrivare a una vera relazione con Dio. Esistono nella tradizione spirituale cristiana dei residui di neoplatonismo che rischiano di nascondere questa verità; l'idea per esempio che colui che prega dovrebbe prima cercare di penetrare nelle profondità della sua anima e poiché questa è un'immagine di Dio, potrebbe (se però l'anima è pura) contemplare in essa l'originale divino. Ora in nessuna parte la Bibbia dice qualcosa di simile. È il Cristo, mediatore tra noi e il Padre, che effonde lo Spirito Santo nelle anime e che vive in noi come parola operante della Sapienza di Dio; è Lui che vuole e deve essere ascoltato. Per rendersene capace il cristiano deve fare silenzio in sé. Così Luisa Jaques se l'è sentito chiedere diverse volte. Ma ancora bisogna che noi spazziamo via un residuo di paganesimo. Non si otterrà il silenzio scacciando dall'anima (con delle tecniche psicologiche) le immagini delle cose sensibili o i concetti degli esseri finiti, in vista di dar vita ad uno spazio vuoto, consistente nell'assenza del finito. Come insegna la tradizione autentica dei Padri della Chiesa, il silenzio non si realizzerà che con l'acquietarsi del rumore delle passioni, delle tendenze e delle bramosie disordinate che vogliono altro da ciò che Dio vuole.

Dio parla dolcemente; è molto facile coprire la sua voce. Egli può anche, come ella dice una volta negli Scritti, parlare senza rumore di voce, in silenzio: e tuttavia l'anima comprende allora perfettamente ciò che Egli vuole. E a Luisa, che è divenuta cattolica, le sarà indicato senza sosta che Dio si trova sia nel prossimo che nella preghiera e nell'Eucaristia e che può essere ascoltato e compreso attraverso i desideri e le esigenze dei nostri fratelli. Preghiera e carità fraterna, queste due vie che conducono a Dio, si incrociano e si completano sia nel mondo che nei chiostri.

2. Un secondo insieme di verità cattoliche, che penetra molto semplicemente ad una tale profondità e che i teologi evitano spesso perché le considerano impossibili da spiegare per mezzo di concetti, è il pensiero, che ritorna continuamente negli Scritti, che Dio, il Signore, rispetta la libertà umana che ha creato; Egli non fa che offrire, non impone. Ma nello stesso tempo si dice che questa instancabile offerta raggiunge i suoi scopi malgrado tutte le resistenze della nostra cattiva volontà. Tra la libertà umana e l'offerta divina c'è il mistero: Gesù può diffondere nelle anime il suo Spirito che le libera dalla loro ostinazione a restare nella schiavitù e le conduce alla libertà del consenso. Mistero dell'azione congiunta dell'impotenza e dell'onnipotenza divina. Mistero anche della volontà di Dio di non compiere se non con l'uomo la sua opera a riguardo dell'uomo; o dal punto di vista sociale: di non realizzare la salvezza universale senza aiuto, senza la Chiesa – ma soprattutto la Chiesa veramente docile e santa.

Giungiamo così al terzo tema, forse il più difficile da comprendere per il cristiano di oggi.

3. Verso la fine degli Scritti si fanno più insistenti le allusioni a un "voto di vittima" presentato come se fosse il supremo desiderio del Signore. E ciò, come è detto una volta, non soltanto nei monasteri contemplativi, ma in tutti gli stati di vita, in mezzo al mondo. Il concetto di "anima vittima" suscita la nostra diffidenza. Ad un esame più attento del significato che il termine assume in questi Scritti, la nostra diffidenza scomparirà. Non si tratta di raggiungere un vertice nella partecipazione volontaria alla pas-

sione espiatrice, ma un grado sommo di disponibilità e di non-resistenza a tutte le decisioni di Dio. L'uomo non fa il voto (come qualche volta è accaduto) di "scegliere sempre il più perfetto", ma di lasciar sempre che si compia (è il senso del *fiat* di Maria) ciò che Dio vuole, e che è naturalmente il più perfetto. Questo non è altro che "l'apàtheia" cristianamente compresa dei Padri della Chiesa, "l'abbandono" dei mistici del Medioevo, "l'indiffe-renza ignaziana", "il puro amore" ben compreso di Fénelon. Che un'adesione così totale sia anche quella che conduce alla croce, chi potrebbe ignorarlo? Ma non è l'uomo che sceglie la sua croce; ciò che di meglio può fare è pronunciare il suo *fiat*. Questo perché l'esistenza espiatrice è attribuita allo "stato" eucaristico del Si-gnore piuttosto che alla croce: alla sua presenza divenuta ormai e per sempre puro dono al Padre e agli uomini.

Questi non sono che tre dei temi principali degli Scritti; ce ne sono altri. La voce che li annuncia ha una sonorità franca e chia-ra; possono mescolarsi (come su un disco di grammofono) alcuni rumori di fondo ancora troppo umani. Ma è facile non prestarvi attenzione, come è facile, per esempio, in Teresa di Lisieux o in Maria dell'Incarnazione. Poco importa dopo tutto che Luisa ab-bia percepito la voce diversamente dagli altri cristiani; lo sa e lo dice lei stessa. Ma l'intensità spirituale con cui questa voce risuo-na qui deve farci tendere l'orecchio non verso l'esterno ma verso l'interno di noi stessi, in cui essa parla ugualmente.

Testi introduttivi

Lettera di Sua Beatitudine
Mons. Luigi Barlassina
Patriarca di Gerusalemme

Al Molto Reverendo
P. Silverio van den Broeck O.F.M.
S. Salvatore
Gerusalemme

Natale 1942

Molto Reverendo Padre,

Leggendo attentamente il manoscritto di questo libro prima di autorizzarne la pubblicazione ho dovuto ammirare il lavoro meraviglioso della grazia in un'anima.

Lavoro progressivo che anzitutto rimuove gli ostacoli, indi traccia le grandi linee e conduce, infine, verso le cime elevate della perfezione. Cose tutte, Molto Reverendo Padre, che Lei ha sì bene esposte.

In sostanza, Dio non domanda nulla di veramente straordinario a Suor Maria della Trinità: nondimeno, Egli volle da lei una fedele corrispondenza alle sue sante ispirazioni, e la generosità di nulla rifiutargli di quei piccoli sacrifici che si presentano lungo la giornata.

Resta sempre vero che la grazia rassomiglia al sole, e l'anima è l'abitazione che lo riceve: basta che le imposte s'aprano, ed allora, pur senza invitarli, i raggi solari vi si precipitano in fasci.

Tale fu il caso di Suor Maria della Trinità alla quale, in tutta verità, si possono applicare le parole del Re profeta: "In simplicitate cordis mei laetus obtuli universa"[1].

Voglia Dio, Molto Reverendo Padre, che questo libro apporti il più gran bene alle anime, facendo loro comprendere che con la semplicità e la generosità si va dritto a Dio che, allora, non mette più limiti alla sua munificenza.

Benedicendola, mi raccomando alle sue preghiere.
Dev.mo in Nostro Signore

✠ LUIGI, Patriarca di Gerusalemme

Patriarchatus Latinus
Jerusalem
P.O.B. 1174
Tel. 3460
N. 104/42

---

[1] "Ho offerto tutto allegramente con un cuore semplice" (1Cr 29,17).

Prefazione alla nona edizione[1]

Il favore incontrato dal *Colloquio interiore* presso i lettori italiani – non meno di sessantamila copie in pochi decenni – ci ha incoraggiato a presentare questa nona edizione notevolmente aumentata nel contenuto e migliorata nella forma. Queste le sue caratteristiche. Riproduciamo la Prefazione che risulta scritta da Francesco Canova († 1998). La parte di questa Prefazione dove l'autore esclude ogni forma di disturbo psicologico in Suor Maria la riteniamo superata. In data 4 aprile 2001 padre Ignazio Mancini ofm ci scriveva al riguardo che "nessuno le aveva rivolto questa accusa". Ciò è confermato anche da quanto scrivono G. Faccio e V. Juhász (v. *Bibliografia*).

Dall'opera *Qu'un même amour nous rassemble. Soeur Marie de la Trinité: sa vie – son message* di Alain-Marie Duboin ofm, Paris – Montreal 1979, sono state riprese la Prefazione del teologo Hans Urs von Balthasar († 1988) e il profilo biografico dei primi venticinque anni di vita di Suor Maria. A questo schizzo che copre l'infanzia e gli anni che precedettero il passaggio al cattolicesimo di Luisa Jaques aveva lavorato lo stesso padre Silvère Van den Broeck († 1949), confessore e primo editore degli scritti della Suora, senza tuttavia portarlo a termine. Esso fu ereditato e completato da padre Duboin († 1982) che, utilizzando la corrispondenza di Suor Maria e conducendo ricerche personali, riuscì a tracciare la parte biografica e a rinnovare alcune note apposte agli scritti.

---

[1] Le precedenti edizioni in lingua italiana sono state pubblicate a Gerusalemme dalla Franciscan Printing Press.

Il materiale da lui utilizzato deve trovarsi in Svizzera, ma al momento risulta irreperibile, come abbiamo appreso da una lettera di padre Godfried Egger, Ministro Provinciale ofm, in data 11 dicembre 2001. Per la sezione autobiografica "Conversione e vocazione" si riprendono da Duboin i titoli delle suddivisioni, le integrazioni di nomi personali e luoghi, nelle precedenti edizioni italiane indicate con iniziali o omesse, e le note a piè di pagina. La sezione intitolata "In porto" è ripresa integralmente da Duboin che, come la suddetta parte biografica, contiene cose mai apparse in italiano.

Dalla seconda edizione francese del *Colloquio interiore* abbiamo ripreso non poche note di padre Van den Broeck che ci sembrano utili a una migliore comprensione del testo di Suor Maria.

Grazie a questo lavoro, si conosce l'ambiente familiare e cittadino che molto influì sulla formazione morale, religiosa e culturale di Suor Maria e quindi sul suo carattere fortemente indipendente e costante negli ideali.

Di padre Duboin si riproduce anche l'introduzione agli *Appunti*, eccetto l'ultimo paragrafo in cui egli avverte di averne fatto una scelta, e la notizia sugli ultimi giorni e la morte di Suor Maria. Nella nostra edizione infatti gli *Appunti* vengono riprodotti integralmente. Qua e là sono stati fatti dei ritocchi alla traduzione di F. Canova talvolta troppo calcata sull'originale francese. Come pure sono stati sostituiti dei termini antiquati e apportati ritocchi stilistici.

Arricchiscono il ritratto di Suor Maria alcune riflessioni che ne rendono più evidenti i tratti di "mistica e profetessa", e una "sintesi cronologica" di padre Sabino De Sandoli († 2001) che negli anni 1992-95, in qualità di Vice-Postulatore per le cause dei Santi della Custodia di Terra Santa, prese molto a cuore la figura e la conoscenza di Suor Maria.

In Appendice si è conservata la testimonianza del dottor Canova, fervido ammiratore della Suora, su una singolare guarigione attribuita alla sua intercessione e si è creduto opportuno aggiungere due note bibliografiche, una sulle edizioni del *Colloquio interiore* nelle varie lingue e una sugli studi a lei dedicati. Ci sembrano particolarmente importanti – specialmente se si tiene conto della spontaneità e dell'assenza di qualsiasi apparato promozionale o istituzionale – perché mostrano la persistenza della fama di santità di Suor Maria e attestano la fecondità del messaggio spirituale che i suoi scritti trasmettono. Altre novità della presente edizione sono l'introduzione dell'indice dei riferimenti biblici e l'arricchimento dell'indice analitico.

Questa nuova edizione esce dopo un lavoro lungo e non facile avviato nel 1996 da padre Ludovico Reali, come Direttore del Centro di Propaganda e Stampa di Terra Santa di Milano e successivamente della Franciscan Printing Press. Ci rallegra la coincidenza con il 750° anniversario della morte di Santa Chiara che ci permette di considerare la nostra fatica un modesto omaggio a questa grande Madre e Sorella di Suor Maria e nostra.

Siamo grati al nostro studente don Matteo Crimella che ha collaborato con la traduzione dal francese delle note da noi aggiunte. Esprimiamo la nostra viva riconoscenza alle consorelle del Monastero *Sainte Claire de Jérusalem* e a padre Libero Cruciani per la collaborazione che ci hanno prestato nel controllo dei testi e nella correzione delle bozze.

Ci auguriamo che il bene fin qui operato dal *Colloquio interiore*, grazie anche a questa nuova edizione, continui a portare frutti di santità nella vita di tante persone che come lei cercano di vivere appassionatamente la vita cristiana e la vocazione consacrata secondo la volontà di Dio. Possa Suor Maria della Trinità, che si offrì vittima di espiazione, intercedere per la pace di Gerusalemme e della Terra Santa dove il suo ardente desiderio e la Provvidenza la condussero come a un porto di pace e di salvezza e dove il suo corpo riposa come seme caduto in terra e destinato a portare molto frutto (n. 502).

Gerusalemme, Studium Biblicum Franciscanum
2 febbraio 2004

G. Claudio Bottini ofm
Lino Cignelli ofm

Prefazione
alle precedenti edizioni

È questa la traduzione italiana degli scritti di Suor Maria della Trinità condotta sull'edizione francese; però noi avemmo la felice sorte di poterla confrontare parola per parola sul manoscritto originale lasciato dalla Suora, manoscritto che poi andò disgraziatamente perduto. Scomparve infatti in un tentativo di furto perpetrato nel febbraio del 1945 nello studio del Rev.mo Padre Custode di Terra Santa da ladri rimasti ignoti.

Le aggiunte e le varianti al testo francese che in questa traduzione si potrebbero rilevare, sono dovute appunto ad un criterio di maggiore aderenza al manoscritto, che viene perciò ad essere qui più fedelmente presentato.

Suor Maria della Trinità (al secolo Louisa Jaques) nacque a Pretoria (Transvaal) da genitori protestanti il 26 aprile 1901. La mamma sua morì dandola alla luce ed il padre – missionario protestante nell'Africa del Sud – decise di portarla assieme alle altre due sorelle maggiori in Svizzera, dove una vecchia zia si prese cura della loro educazione.

La giovinezza di Suor Maria fu senza affetti e senza gioia. Dopo una lunga sequela di "sacrifici e di lotte inutili", come ebbe ad esprimersi più tardi, essa conobbe la "disperazione". Stanca ed avvilita, in una triste sera del febbraio 1926 arrivò alla conclusione dei vinti: Dio non esisteva e la vita non valeva la pena d'essere vissuta.

Ma il Signore era vicino al suo dolore e precisamente da quella sera, per una serie di circostanze provvidenziali, incominciò quel lavoro interiore della grazia che doveva condurla a convertirsi al

Cattolicesimo e, dopo una lunga serie di prove e di delusioni di ogni specie, a morire Clarissa a Gerusalemme.

Venendo dal Transvaal, dove si era recata per vedere la famiglia, giunse a Gerusalemme il 24 giugno 1938 ed in quello stesso giorno chiese di poter parlare con la Rev.da Madre Superiora del piccolo monastero delle Clarisse; nell'attesa di essere ricevuta, entrò nella chiesetta del convento e la Suora portinaia ancor oggi, a distanza di anni, ricorda con commozione quell'esile figura di giovane donna vestita di nero con il viso assorto e trasfigurato nella preghiera. Ella chiedeva con tutta l'anima una grande grazia: e la grazia le venne accordata, ché il giorno 30 di quel medesimo mese in una luminosa mattina entrò per sempre nel Monastero di Santa Chiara di Gerusalemme. E qui veramente bruciò le tappe del suo perfezionamento: da quel carattere estremamente indipendente che essa era, si fece la più obbediente e la più docile della comunità; caritatevolmente moderò quel mordente interiore, quel fuoco di neo-convertita che avrebbe voluto trascinare tutto e tutti a bruciare della sua medesima fiamma; quel bisogno di affetto e di comprensione, cui la sua sensibilità di malata ed il suo temperamento di artista tanto ardentemente anelavano, a forza di violenze sradicò dal suo cuore per non cercare che il Signore, per donarsi tutta agli altri senza nulla chiedere per sé.

Ed allora quando la morte, preannunziata dalla singolare voce, si presentò il 25 giugno 1942, le andò incontro serena, ché il capolavoro della sua anima era compiuto ed ella non aveva altro desiderio che di offrirlo a Colui che l'aveva chiamata da tanto lontano e che tanto l'aveva prediletta.

***

Il volume che presentiamo comprende nella loro traduzione letterale (tanto letterale da rispettare anche la poca chiarezza che in alcuni passi ha il testo francese) una breve autobiografia di Suor Maria della Trinità ed un mirabile colloquio che ella avrebbe avuto con una voce che le risuonava dentro l'anima e da cui venne stimolata e sorretta nella difficile via della perfezione. Sia l'autobiografia che il colloquio interiore furono scritti per espresso desiderio del suo confessore, il P. Silverio Van den Broeck, un pio padre francescano di nazionalità belga, morto circa un anno e mezzo dopo la fine della guerra.

Chi scrive queste pagine ebbe lunghe conversazioni con il suddetto Padre a proposito di Suor Maria della Trinità e dei manoscritti da lei lasciati; il Padre riferiva che egli aveva dovuto imporle di scrivere le sue esperienze interiori, ché ella era molto restìa a farlo. Il Padre parlava con grande venerazione della Suora che a suo parere era un'anima veramente eletta. Egli si proponeva di scriverne la vita e per far questo, appena finita la guerra, aveva lasciato il Medio Oriente per recarsi in Italia, ove Suor Maria aveva a lungo soggiornato, in Svizzera e quindi nel Belgio. "Bisogna che mi affretti" – egli diceva – "perché non mi resta molto da vivere". Eppure egli aveva un aspetto ancora giovanile e non sembrava ammalato di alcuna seria malattia; cosicché quando non molto tempo dopo giunse la notizia della sua dipartita, non si poterono non ricordare le sue presaghe parole che avevano suscitato meraviglia ed anche qualche sorriso. Purtroppo egli è morto prima di poter condurre a termine l'opera che tanto gli stava a cuore. Resta da sperare che i documenti da lui lasciati siano utilizzati da altri e si possa finalmente leggere tutta la vita di questa singolare anima. Essa interessa ormai ad una moltitudine di persone, ché gli scritti di suor Maria della Trinità oltre che in italiano sono stati tradotti in tedesco, inglese e spagnolo, e della sola edizione italiana sono stati diffusi oltre 40.000 volumi.

Quanto alla natura ed all'origine del contenuto del *Colloquio interiore* è ovvio che non intendiamo pronunciarci in alcun modo, ogni cautela ed ogni circospezione in tale materia sembrandoci più che giustificata.

Malgrado il rispetto che noi abbiamo per un'anima tanto tormentata, è però lecito chiederci se esso [il *Colloquio*] sia l'eco di ineffabili esperienze o non piuttosto l'espressione delle fantasticherie di una mente troppo fervida ed esaltata. In tali pagine la Suora è stata sincera oppure in modo più o meno conscio ci ha dato una visione non genuina degli avvenimenti, sia interni che esterni, di cui è stata protagonista e spettatrice insieme? Non bisogna dimenticare che nella stessa cerchia della piccola Comunità delle Clarisse di Gerusalemme i giudizi al riguardo non sono univoci, sebbene chi scrive abbia sentito fare di Suor Maria della Trinità le lodi più incondizionate sia da parte della Superiora che di molte altre Consorelle tra le più anziane e quindi dal giudizio più ponderato e maturo. In definitiva quello che dobbiamo chiederci è questo: siamo di fronte ad una creatura sincera e schietta oppure di fronte ad una malata, una malata, per intenderci, di quella malattia certamente più morale che fisica che è l'isterismo?

L'attento esame delle pagine del *Colloquio* sembrerebbe non convalidare quest'ultima ipotesi, anzi escluderla nel più rigoroso dei modi.

Caratteristica essenziale dell'isterismo è l'egocentrismo, il fare della propria persona, delle proprie idee, dei propri atti il centro dell'attenzione altrui, il mettersi in evidenza servendosi magari delle deformazioni sapienti di quella gran virtù che è l'umiltà. Nulla di tutto questo è però nelle pagine e nella vita di Suor Maria della Trinità o meglio parte di tutto questo poteva essere e nelle sue disposizioni e nel suo temperamento; ma poiché insieme con l'inquietante dono della emotività ella aveva anche quello di una mente schietta e di una volontà incapace di compromessi, volle e riuscì a vivere nella chiarezza.

Nessuna delle parole che la voce interiore le dice, convalida, spiega, scusa o camuffa qualcuno dei suoi difetti, ma anzi tutti, compresi i più sottili, prende di mira, discopre, smaschera; la voce insegna alla Suora che non deve agitarsi, non deve incitare, non stimolare, ma vivere, vivere in silenzio quelle virtù e quelle qualità che vorrebbe veder attuate negli altri; alle sue tendenze innovatrici contrappone la fedeltà alla regola, ed alle tracce del suo individualismo protestantico l'obbedienza, il rispetto, l'amore ai Superiori.

L'isterismo non sa parlare dell'amore per gli altri come in queste pagine si parla: e non in senso vago e generale, sì da lasciar adito ad ogni compromesso. La voce infatti precisa: "ama questa e codesta Suora" (proprio quelle tra le sue Consorelle verso le quali era naturalmente meno portata) e insegna ad amarle non per quello che sono ed a stimarle non per quello che appaiono, ma per quello che possono divenire corrispondendo pienamente alla loro speciale vocazione: sicché il concetto di verità non meno di quello di carità è rispettato.

E chi nel pieno della guerra (si era nel 1942) pensava alla ricostruzione? Ed ecco invece la voce le dice: "bisogna che vi prepariate al lavoro di ricostruzione dopo la guerra e per far ciò bisogna essere fortemente attaccati a me ed alla sola volontà di Dio e distaccati da tutto il resto, capaci di adattarsi a tutte le circostanze, a tutte le situazioni, a tutte le esigenze della vita per aiutarmi a penetrare ovunque: prodigarsi per tutti, appianare le vie del Signore".

Ed inoltre la voce la incita allo spogliamento di sé, ma sempre nel silenzio ed anche qui scendendo ai particolari: "dona quel ricamo, insegna quel punto, vuota il cassetto del tuo tavolo". Quando uno, come era il suo caso, ha lasciato tutto e non gli restano che tre quaderni, una penna, un rocchetto di filo, qualche nastro e un ditale, tali oggetti diventano inverosimilmente preziosi: e allora "via, via anche quelli, rimani assolutamente povera".

Isterismo? Ma se fosse stata un'isterica, perché avrebbe tanto dubitato, perché avrebbe titubato sì a lungo, quando le sarebbe stato tanto facile, tanto comodo e soprattutto tanto onorifico il piegarsi alle spiegazioni del Padre Spirituale che le diceva come la voce interiore altro non fosse che la voce del Signore? Invece, pur accettando di mettere in carta le proprie esperienze non cessa di temere di essere zimbello della sua fantasia. "Padre, – ella dice – che pensate di questa voce? Non vi sembra che sia la mia immaginazione?".

E poi l'isterismo è funesto per la vita spirituale – e che cosa è mai in ultima analisi se non uno smisurato quanto impotente orgoglio? – ed invece la Suora andò trasformandosi e salendo nella via del perfezionamento dello spirito sì da dare negli ultimi mesi di sua vita il senso che avesse raggiunto la pienezza dell'essere e che la sua morte non dovesse essere più tanto lontana.

A conclusioni più esaurienti (le definitive spettano caso mai al magistero della Chiesa) si potrà giungere quando potremo leggere la biografia completa della Suora che sappiamo essere in preparazione. Sin d'ora però ci sembra di poter dire: non isterica ma indubbiamente un temperamento irrequieto, ipersensibile e suscettibile. Ed è dal punto di vista psicologico interessante e dal punto di vista cristiano riconfortante l'intravvedere attraverso i suoi scritti come ella abbia saputo trasformare le sue deficienze in altrettanti mezzi di ascesa ed il constatare come la verità cristiana integralmente e sinceramente vissuta abbia valso a donarle l'equilibrio e la serenità della mente non meno di quella dello spirito.

Del resto forse più illuminante di ogni commento è il fatto – di cui chi scrive queste righe è stato diretto testimone – descritto nelle ultime pagine di questo libretto. È il fatto veramente inaudito della guarigione di uno dei più insidiosi tumori maligni, diagnosticato da un'alta autorità medica della Università Ebraica di Gerusalemme mediante ripetuti esami istologici. Sulla esattezza della diagnosi non esistono quindi dubbi, sulla guarigione men che meno: il giovane che ne era affetto, a distanza di oltre venti anni è ancora vivo e valido. La singolare grazia fu ottenuta per l'intercessione di Suor Maria della Trinità. Grazia ancora maggiore è forse quella dell'immenso bene di cui gli scritti della Suora si sono resi fin qui strumento.

Il Traduttore [Francesco Canova 1955[2]]

---

[2] Ciò risulta da una sua lettera a P. Alfonso Calabrese in data 4 novembre 1955, riguardante la terza edizione del *Colloquio*.

Mistica e profetessa del XX secolo

Chi è, dal punto di vista etico-spirituale, Suor Maria della Trinità? Come possiamo classificarla nel panorama della santità cristiana? Suor Maria, al secolo Luisa Jaques, di nazionalità svizzera, donna di buona cultura e di fine sensibilità artistica, convertita dal calvinismo, clarissa coletina a Gerusalemme, è stata indubbiamente una discepola e sposa fedele del Signore Gesù e merita di essere ritenuta una *mistica* e *profetessa* del secolo XX. La memoria e il messaggio di questa santa clarissa sopravvivono grazie soprattutto al suo *Colloquio interiore*, un gioiello di letteratura religiosa, nato "dall'abbondanza del cuore" (Mt 12,34), già più volte edito in varie lingue e tuttora richiesto dal popolo di Dio.

L'opera, piccola di mole ma ricchissima di contenuto, è insieme autorivelazione e magistero o, meglio, *profezia*. Suor Maria, infatti, non fa altro che annotarvi e mediarci ciò che ascolta personalmente dal suo Diletto e Maestro interiore, i "messaggi" di Lui (nn. 173, 514). Le sue lezioni spirituali non sono che echi fedeli della Parola salvifica e normativa del Signore (nn. 34, 179, 367). Per cui, leggendo o ascoltando lei, si rimane alla scuola di Colui che è "il Maestro" unico (Mt 23,8) e che, solo, ha "parole di vita eterna" (Gv 6,68). Si spiega così il fascino crescente che l'umile clarissa di Gerusalemme esercita sulle anime (cf. *Bibliografia*).

In Suor Maria della Trinità sono evidenti le tre dimensioni essenziali della santità cristiana: biblicità, cristicità-marianità, ecclesialità; il tutto nel contesto del carisma francescano-clariano. Tentiamo di evidenziarle, queste tre dimensioni, sulla base del *Colloquio interiore* e della *Via Crucis*.

1. Biblicità. Tutto nasce e cresce dalla "Parola di Dio" accolta e vissuta con fede amante e operosa (1Pt 1,23; 2,2; Gc 1,25). Tutto: anche l'uomo nuovo e definitivo, liberato e promosso al divino. Alla scuola di questa Parola tramite la liturgia quotidiana e la lettura personale (nn. 317, 352, 414, 420-427), Suor Maria della Trinità assimila progressivamente "il pensiero di Cristo" (1Cor 2,16) e quindi il suo modo di vivere e di agire (nn. 366, 523), dato che le idee fanno la vita (Mt 15,18s). Come si pensa, si vive e si opera (n. 390).

Di qui l'autenticità e l'eccellenza della vita e testimonianza della nostra clarissa, la sua missione profetica voluta dal Signore stesso (nn. 179, 184, 247, 547) e il fascino benefico dei suoi *Appunti*. Sappiamo che una vita vale e rende, fa segno e storia di salvezza a misura che è sostanziata di Parola divina. Il santo, la santa non è che l'eco fedele e il segno vivo della Bibbia, del Vangelo. Anche i pensieri e le azioni di Suor Maria riecheggiano fedelmente la Bibbia, profumano di Vangelo. E non raramente il testo biblico, specie evangelico, è citato alla lettera (cf. *Indice biblico*).

Come Maria la Madre (Lc 2,19.51), la nostra mistica accoglie docilmente "la Parola di Dio viva ed eterna" (1Pt 1,23), la sola importante e necessaria (Lc 10,42; cf. nn. 173, 199, 223, 243); la chiude nel cuore, la medita senza fine, la trasforma in vita e in azione (nn. 490, 590), la partecipa agli altri con generosità materna (nn. 188, 650), "per la gloria di Dio" e "per l'edificazione della Chiesa" (1Cor 10,31; 14,12; cf. nn. 179, 247, 436).

Ne deriva appunto la qualifica prestigiosa di *profetessa* che le abbiamo dato, e la perenne attualità del suo messaggio (nn. 372, 417, 605). I santi non passano, così come non passa il Cristo (Eb 13,8) di cui sono la trasparenza in ogni tempo e luogo (Gal 2,20; 4,14). Alla società contemporanea, rifatta pagana da perverse ideologie, Suor Maria ha mediato l'immagine autentica – biblica – di Dio: un Dio non rivale ma rispettoso (nn. 222, 417), anzi "amico" (n. 279, 463) e perfino "servo" dell'uomo (nn. 63, 267, 301, 363, 424).

2. Cristicità. La Parola, accolta col sì incondizionato della fede (*Dei Verbum* 5), cristifica la vita a tutti i livelli (pensiero, parola, azione). È quanto si verifica esemplarmente in Suor Maria della Trinità.

Essa aderisce al Cristo salvatore, modello e maestro di vita filiale e fraterna, da vera discepola e sposa, cioè in totalità (nn. 3, 267, 576, 650; St. XII). Vive e cresce alla sua scuola di verità e di amore e si conforma sempre più a lui assimilandone "i modi di agire... i sentimenti... i desideri" (n. 314; cf. 139, 235). Il Verbo infatti, incarnandosi, si è fatto norma del nostro pensare, parlare e agire, una norma per giunta "imitabile" (n. 523) e da imitare (nn. 288, 403).

Per Suor Maria, Gesù è il Dio-Uomo, il suo "tutto", il solo importante-necessario-sufficiente (nn. 45-50, 64, 96-98), onnipotenza e misericordia offerta a tutti e a ciascuno (nn. 98, 184, 511); è in particolare il salvatore e il maestro-modello universale (nn. 63, 98, 176, 296). Interamente convertita al Cattolicesimo, essa rigetta l'ideologia religiosa che accetta Gesù come *salvatore*, ma lo rifiuta come *modello* da seguire e imitare in tutto (nn. 288, 432, 442, 478, 516, 575s). Personalmente, poi, vuol seguirlo senza riserve e calcoli di sorta (nn. 48, 151, 211, 243, 436s), da vera consacrata, da sposa innamorata (nn. 10, 339, 553; St. XII), fino alla "follia della croce" (nn. 448, 505, 629).

3. Marianità. Per le donne la cristicità passa per Maria, è marianità. Lo ha precisato bene una di loro, Chiara Lubich, con una frase scultorea: "Vivo Gesù vivendo Maria" (*Meditazioni*, Città Nuova ed. 1959, 14).

Cresciuta orfana di madre terrena e, purtroppo, anche di Madre celeste (perché nata nel protestantesimo), Luisa incontra finalmente (nel 1930) la Madonna a Lourdes, benché il Signore l'avesse affidata "fin dalla nascita alla Vergine Maria" (n. 335), la donna più vera e la Madre delle madri (nn. 27, 110, 224, 449; St. IV). Così ce ne parla lei stessa: "Ah, Lourdes... Vi trovai la Santa

Vergine, sì, io come tanti altri. Da quell'istante Essa fa parte della mia vita, so che tutte le grazie ci vengono mediante la sua intercessione, – vorrei riparare per tanti anni in cui l'ho misconosciuta e per l'ingratitudine di tanti suoi figli che tuttavia partecipano dei benefìci della sua materna protezione! A Lei domandai di ridonarmi la mia vocazione e di guarirmi a questo scopo, – e la conversione dei miei ad ogni costo... Tre volte potei immergermi nell'acqua miracolosa. Proprio prima di partire sentii che ero guarita" (p. 110).

Incontro dunque provvidenziale, decisivo, benefico a tutti i livelli, quello con la Madonna a Lourdes. Luisa passa finalmente dal mondo di Eva al mondo di Maria, la donna ideale e reale insieme, la Vergine-sposa-madre immacolata e corredentrice. A Lourdes inizia, così, la vera liberazione e trasfigurazione mariana della sua femminilità che, poi, si perfezionerà a Gerusalemme accanto al Calvario e al Cenacolo (nn. 65, 165, 341, 575s).

Dopo l'incontro a Lourdes, la Madonna di Luisa è quella *biblico-ecclesiale*: quindi la Madonna vera, reale, interpellante e coinvolgente (nn. 27, 317, 341; St. XIII). È la "Madre" comune del Maestro e dei discepoli (nn. 55, 151, 237, 279; St. XII), il modello della Chiesa in genere e delle figlie in specie (nn. 9, 154, 188, 210, 259, 272, 289, 311), "la Mediatrice di tutte le grazie" e "la Corredentrice del genere umano" (nn. 39, 110, 114, 317, 473s; St. IV, XIII). Siamo davanti a una Mariologia d'avanguardia, specialmente se pensiamo alla provenienza acattolica di Suor Maria (n. 39).

Citiamo a conferma l'unica locuzione mariana riferita dalla nostra mistica: "La mia Madre celeste mi ha detto: 'La mia vita fu una successione di prove più incomprensibili delle tue. Tuttavia, ho sempre amato. Mai l'amore ha abbandonato il mio cuore. Sapevo che la salvezza delle anime si compra col Sangue del Figlio mio e con le *nostre* lacrime, – sì, le lacrime del cuore...' " (n. 341).

È un testo che evidenzia sia la piena cattolicità di Suor Maria che il suo misticismo e il suo coinvolgimento filiale nel mistero della Madre. Come altre figlie predilette e fedeli, essa ha condiviso tutto il cammino della Madonna, da Nazaret a Gerusalemme, specie il Mistero natalizio e il Mistero pasquale (nn. 188, 317, 341, 473), fino alla piena identificazione (nn. 151, 154, 224; St. XIII). E alla fine, anche lei, come la madre S. Chiara, era una immagine vivente di Maria, una "impronta della Madre di Dio" (*FF* 3153), una donna "piena di grazia" (n. 272).

Il contesto specifico della formazione cattolica e religiosa di Suor Maria fu certamente la scuola di Francesco e Chiara d'Assisi: lui "altro Cristo", lei "altra Maria" per eccellenza, per cui clarianità = perfetta marianità (*FF* 3115, 3153). La direzione e comunione spirituale col francescano padre Silvère Van den Broeck, sacerdote e amico fiduciario del Cristo sposo (nn. 117, 247, 480), dovette contribuire non poco alla formazione cattolica e francescana della Suora.

Nei suoi scritti la dimensione francescano-clariana emerge continuamente. Eccone alcuni aspetti essenziali: l'imitazione testuale di Cristo (nn. 32, 176, 373, 523; St. XIs), il primato dell'amore (nn. 20, 22, 44, 107), la povertà-minorità (nn. 12, 35, 58, 310, 437; St. Xs), l'accento sul realismo dell'Incarnazione redentrice e perfettiva (nn. 348, 396, 403, 523), la fraternità e solidarietà universale fondata in Cristo (nn. 197, 248, 279, 647), la predica del buon esempio (nn. 4, 405, 532, 592, 609), la perfetta letizia (nn. 64, 195, 295, 648), il senso sacramentale ed eucaristico (nn. 177, 214, 248, 288, 322, 440, 619), il senso ecumenico che anticipa il Concilio Vaticano II (nn. 158, 235, 461, 605; cf. *Unitatis Redintegratio* 4-8), il senso dei Luoghi Santi (nn. 65, 165, 575).

Suor Maria è una "vera clarissa, votata all'amore e all'espiazione" (n. 151). Sulle orme trainanti della santa d'Assisi (*FF* 3082, 3146, 3252s), anch'essa è tre meraviglie di grazia: *figlia* prediletta di Dio e di Maria, *sposa* personale del Dio-Uomo, *madre* spirituale delle anime (nn. 134, 317, 335, 341, 553, 576, 590). E non fa che tre cose: si lascia amare dal Cristo sposo; lo riama – vuole riamarlo – con tutta se stessa; lo aiuta a rigenerare questa povera umanità, sempre bisognosa di salvezza e di vita nuova (nn. 10, 18, 20, 144, 278, 335, 381, 522, 650).

4. Ecclesialità. Eccellente, esemplare anche il senso ecclesiale, il "sentire con la Chiesa" di Suor Maria della Trinità (nn. 411, 582, 645). Per lei, come per i santi in genere e per quelli francescani in specie, la Chiesa non è in definitiva che Cristo stesso: il Cristo che si dilata nel tempo e nello spazio. "La vostra Chiesa è il Cristo, è la verità" (n. 288). "La Chiesa sono io" (nn. 645; cf. 656s).

Di conseguenza non c'è che una sola Chiesa, quella che Gesù ha chiamato e continua a chiamare "la mia Chiesa" (Mt 16,18). Leggiamo un testo particolarmente espressivo: "Tutto il disordine proviene da questo: che non si dà ascolto alla Chiesa. Si vuol vivere fuori della mia Chiesa dove invece io mi trovo, io la sorgente, io la linfa... E coloro che stanno nella Chiesa dimenticano di ascoltarmi" (n. 63; cf. 8, 36, 232, 306, 335, 411, 418, 431, 461, 605; St. VIII).

La Chiesa è poi, in Cristo, madre e maestra infallibile di verità, di "tutta la verità rivelata" (nn. 582, 605, 645). Va quindi obbedita con "amore" filiale (n. 402) e sostenuta con libera e generosa collaborazione (nn. 248, 640, 647). Non si ha alcun diritto di viverci dentro a modo proprio (nn. 183, 402), secondo la propria "fantasia" e le "proprie idee" (nn. 656s). È bollato qui il soggettivismo più o meno libertino e sempre deleterio, disastroso (nn. 63, 306, 402, 582).

Quanto siamo venuti dicendo, in forma più che sintetica, giustifica a sufficienza le due qualifiche che abbiamo dato a Suor Maria della Trinità: *mistica* e *profetessa* del XX secolo nel contesto del carisma francescano-clariano.

Lino Cignelli ofm

Biografia

Infanzia e giovinezza (1901-1926) – *A. Duboin*

Conversione e vocazione (1926-1938) – *Racconto autobiografico di Suor Maria*

In porto (1938-1940) – *A. Duboin*

Infanzia e giovinezza
(1901-1926)

Figlia di un missionario

Luisa Jaques nacque a Pretoria, nel Transvaal, il 26 aprile 1901. Suo padre era pastore. Con la moglie prestava le proprie funzioni in un posto della "Swiss Mission". Entrambi erano originari del Giura valdese (Svizzera).

Le montagne e le foreste del paese natale avevano forgiato il loro carattere. Il Giura è una regione austera, l'inverno è duro e difficile, la popolazione laboriosa. Per completare le risorse insufficienti dell'agricoltura, da alcune generazioni è sorta un'industria locale. Officine o piccole fabbriche producono i pezzi per l'orologeria o la meccanica di precisione. L'abitante del Giura ha acquistato un senso profondo del lavoro esatto e minuzioso, un'alta coscienza professionale.

La Riforma protestante, imposta nella regione dalla conquista bernese, vi ha trovato un terreno favorevole per accogliere la più rigida dottrina calvinista. Le tendenze liberali del XIX secolo non hanno avuto molta presa su queste parrocchie. I fedeli si sono volti piuttosto verso i movimenti di risveglio religioso o verso le sette per difendere la loro fede e conservare una morale esigente. La mentalità rimaneva ben lontana dalla religione cattolica.

Numa Jaques, il padre di Luisa, quando era un giovane operaio in una fabbrica dell'Auberson, udendo una volta un sermone, sentì nascere in sé la vocazione missionaria. Era un appello irresistibile. Esposto a numerose opposizioni, dovette guadagnarsi con il suo lavoro il denaro necessario per gli studi preparatori.

Non lo fermò nessun ostacolo e completò con successo la sua formazione missionaria a Losanna.

La moglie, Elisa Bornand, condivideva gli stessi interessi di apostolato. Di un'ardente pietà, si alzava presto ogni mattina per leggere la Bibbia e pregare. Si fidanzò con Jaques poco dopo il suo ritorno da Losanna, ma rifiutò di sposarsi prima di aver la certezza di poter partire per le missioni. La Missione romanda, cui apparteneva il fidanzato, tardava infatti a fissare il posto in cui avrebbe dovuto esercitare il suo ministero. Dopo il primogenito Alessandro e le due figlie Elisabetta e Alice, Luisa era la quarta figlia. Più degli altri aveva ereditato il carattere della madre: decisa ed energica, ferma nei principi.

Purtroppo la sua nascita non recò tutta la gioia prevista. C'era la guerra dei Boeri e il paese attraversava un periodo di allarmante siccità. Il doppio incarico della Missione e della famiglia era troppo pesante. La nascita di una bambina deludeva i genitori che avevano atteso un figlio maschio. La signora Jaques aveva sognato un figlio dal carattere forte con una brillante carriera. Alcune ore dopo la nascita di Luisa, questa mamma coraggiosa fu stroncata da una malattia improvvisa. Aveva 36 anni. Prima di morire prese la nuova nata tra le braccia dicendo: "L'ameremo ugualmente".

Quando più tardi, durante un soggiorno nel Transvaal, Luisa volle sapere qualcosa della madre presso dei vecchi negri, domestici della famiglia, quale non fu la sua gioia nell'udire che ricordavano soprattutto la sua pietà: era "la donna che pregava". La morte della signora Jaques subito dopo la nascita della bambina la privò della tenerezza materna. Nello stesso tempo questa catastrofe gettò il padre nella costernazione. La bimba, appena nata, soffrì di un abbandono non volontario. La malattia aveva stroncato altri membri della Missione. Tutti gli sforzi erano tesi a respingere la morte e ci si dimenticava di accogliere la vita che era appena sbocciata.

Ma ben presto, dominando il dolore, il padre riversò sulla piccola Luisa l'affetto che aveva avuto per la moglie. Da allora ella divenne l'oggetto di un attaccamento profondo. Dopo la morte della figlia a Gerusalemme, egli scriveva alla Madre Abbadessa che la figlia era stata offerta a Dio ancor prima della sua nascita.

La Provvidenza vegliava sulla piccola orfana. La zia Alice, che aveva assistito la signora Jaques sul letto di morte, abitava in casa loro da quasi due anni. Persona colta, aveva passato parecchi anni in Inghilterra come assistente della direttrice di un pensionato per ragazze. Aveva progettato di rientrare in Svizzera per aprirvi un pensionato per suo conto, con un'amica. Prima aveva voluto andare a trovare sua sorella in Africa. Vi arrivò giusto in tempo per essere la madrina del terzo figlio, una bambina alla quale fu dato il nome di Alice. La guerra l'obbligò a prolungare il soggiorno. Dopo la morte della sorella, si dedicò con grande generosità ad educare i bambini rimasti orfani.

Terminata la guerra nel 1902, il signor Jaques decise di portare i figli in Svizzera, nella speranza di irrobustire la loro salute. Durante l'assedio di Pretoria avevano sofferto per la scarsa alimentazione; la salute di Luisa ne aveva risentito in modo particolare. Partirono da Pretoria il 4 giugno 1902 e arrivarono in Svizzera all'inizio di luglio. La zia Alice, che i ragazzi d'ora in poi chiameranno la loro "mammina", era con loro. La famiglia si stabilì dapprima a Auberson, presso la nonna materna. Alla fine dell'autunno 1903, si stabilirono a Morges sulle rive del lago Lemano.

Il 1° maggio 1904, terminato il congedo, il signor Jaques fece ritorno alla sua Missione portando con sé il figlio maggiore, Alessandro. La zia Alice, rinunciando al suo progetto del pensionato, si dedicò con la sorella più giovane, Rosa, all'educazione delle tre bambine.

Dopo la morte di Suor Maria della Trinità, la sorella Alice confessava senza ambagi: "Io chiedo se una colpa non sia pesata sull'infanzia di Luisa. È vero che questa età è senza pietà! Io credo che forse noi, maggiori di lei, abbiamo avuto la crudeltà di rimproverarle a volte la sua triste venuta al mondo. Luisa era nata durante il passaggio di una stella cometa. Noi avevamo l'abitudine di ricordarle che i piccoli negri, nati nello stesso giorno, erano stati gettati ai coccodrilli. Mi pare che gli anniversari della sua nascita, il 26 aprile, erano sempre celebrati con un misto di tristezza". La vista della bara accanto alla culla aveva oscurato l'alba di questa nuova vita.

Nel vento del Lemano

"La piccola Luisa è una bambina molto buona, non piange quasi mai, né di giorno né di notte". La zia Alice annota ciò nel 1902, di ritorno dall'Africa. La bambina è circondata di tutte le cure possibili. Malgrado ciò, la sua fragile costituzione soffrì del clima svizzero. Sin dal primo inverno contrasse una pleurite e di questa conservò una tosse persistente e una bronchite cronica. In diverse riprese, durante gli anni dell'infanzia, è colpita da congestione polmonare, malgrado le cure attente della mammina che la copriva con indumenti di lana in ogni stagione e, per paura che prendesse freddo, non le permetteva di andare fuori a giocare con gli altri bambini. La natura allegra e vivace di Luisa patì molto per questa costante privazione dei piaceri accordati ai suoi fratelli maggiori.

Divenne una ragazza molto sveglia, dai gesti decisi. Con il suo sguardo osservatore, seguiva tutti i gesti delle sorelle, i loro atteggiamenti, i loro movimenti, senza tuttavia imitarli. Già da allora si manifestava l'indipendenza del suo carattere.

La sorella Alice, che sarà sempre quella più vicina a Luisa, così racconta: "Luisa è sempre stata buona e generosa di carattere. Sin da piccola noi la consideravamo l'angelo della famiglia... Sebbene fosse più giovane di me, l'ho sempre sentita superiore. È come se, così piccola, sapesse leggere nell'animo delle persone. Così pure la mammina, che non era perfetta, temeva un poco Luisa. Sebbene molto sensibile, Luisa non piangeva facilmente. Mi ricordo di averla vista piangere solo qualche volta, ma allora le lacrime che scorrevano giù... erano come concentrate". Tra le due zie c'erano quindici anni di differenza. Rosa, la più giovane, soffriva a volte dell'autoritarismo della sorella maggiore. Il buon cuore di Luisa aveva compreso ciò e le testimoniava più affetto delle altre sorelle sforzandosi in questo modo di renderle la vita più gradevole. La zia Alice consacrava una particolare cura alla formazione religiosa delle nipoti. Durante tutta l'infanzia, Luisa recitò fedelmente le preghiere, ogni sera, qualunque fosse l'ora in cui andava a dormire e senza ottemperare ai rifiuti un po' irritati delle sorelle.

La religione della zia Alice era austera. Ogni giorno, alla fine del pranzo, i ragazzi avevano diritto a un culto familiare di preghiere e letture. Un giorno, una cuginetta si trovava in casa con loro. Aveva quattro anni e Luisa quattordici. Poiché il tempo per lei era lungo, la bambina si era coperta il naso con un foglio d'argento e si divertiva a sbirciare sopra di esso. Luisa non riuscì a soffocare uno scoppio di risa che contagiò le sorelle: scoppiò una risata generale. Indignata, la zia Alice ordinò a Luisa di lasciare la tavola e di uscire.

Anno buono, anno funesto; le due zie e i ragazzi risalivano all'Auberson nella vecchia casa dei nonni, per le vacanze estive. Una domenica mattina le tre bambine erano nel tempio con la mammina, al solito posto, il terzo banco davanti nell'ala sinistra della navata. D'improvviso la zia Alice fu distratta dalla predica per il comportamento di Luisa che, rossa quasi da scoppiare, sembrava prossima a soffocare. Si affrettò a prenderla per mano e a uscire con lei. La povera bambina – non aveva ancora dieci anni – si tratteneva con tutte le forze: non osava tossire in chiesa.

Ben presto Luisa imparò a fare dei servizi e a dedicarsi agli altri. Quando c'erano delle commissioni da fare, la mammina incaricava la maggiore; questa passava la commissione alla seconda che la scaricava sulla più piccola. Luisa ubbidiva di buon grado. Per lei fare un servizio era la cosa più naturale del mondo. Non sapeva che cosa fosse tenere il muso. "Luisa, scrive la sorella Alice, non conosceva il cattivo umore, né quando era bambina, né dopo. L'umore cattivo fa soffrire gli altri, Luisa non lo fece mai".

Chiusa, meditativa, Luisa manifesta fin dall'infanzia un'aspirazione profonda per il bello, il perfetto. Questo desiderio di perfezione, sempre inappagato, si manifestava nella delicatezza del comportamento, nell'affabilità dei modi. Soffriva di non riuscire a comunicare meglio questo bisogno, a far condividere questo desiderio. Così si sentiva spesso incompresa e isolata.

La distrazione era il suo difetto principale. Se ne affliggerà per tutta la vita. È da spiegarsi a causa del suo isolamento? "Era spesso distratta, annota la sorella Alice, assorta nelle sue riflessioni e completamente assente da ciò che accadeva intorno a lei".

Come un fragile germoglio

Con Luisa la mammina ritrovava la sua vocazione di insegnante. Pur vigilando sulla salute sempre precaria della nipote, le insegnò a leggere e la preparò alla vita scolastica con successo più grande di quello delle sorelle maggiori. È vero che una lezione della zia Alice richiedeva una rigida immobilità e una attenzione senza distrazioni. L'indisciplina delle sorelle più grandi aveva stancato la sua pazienza. Anche se Luisa si mostrava più studiosa, le accadeva tuttavia di voler anche marinare la scuola. Allora nascondeva il sillabario e il libro dell'"imparare a poco a poco". Né i ragionamenti della mammina, né le ricerche infruttuose delle sorelle sotto i mobili riuscivano a scuoterla. Rimaneva imperturbabile nella sua decisione di fare vacanza in quel giorno.

Da quando cominciò a parlare, Luisa raccontava alle sorelle più grandi delle storie che inventava. La mammina le diede un grosso quaderno ricoperto di tela cerata nera per scrivere i suoi racconti. Ella adempì questo compito con gioia; vi mise grande cura nel tenere questo quaderno. Aveva allora tra i cinque e i sei anni. Non conoscendo l'ortografia, scriveva foneticamente. Era tutta farina del suo sacco; non le furono dati né collaborazione né consigli. Illustrava le storie con le immagini tagliate dai giornali; avventure in cui le persone, gli animali e i fiori parlavano in ugual modo. Ogni racconto terminava con una piccola morale come le favole di La Fontaine. Questa raccolta era la gioia delle sue sorelle. Scorrevano i racconti per arrivare rapidamente alla conclusione che le divertiva sempre molto.

Quando incominciò la scuola, Luisa lasciò per sempre il suo quaderno di storie. Ben preparata dalla zia, fece a scuola rapidi progressi. Percorse i diversi gradi della scuola negli istituti privati. Il collegio che frequentò per terminare non poteva rilasciare che un diploma privato. In seguito dovrà seguire una scuola normale statale per ottenere il diploma di istitutrice, richiesto per l'insegnamento nelle scuole parrocchiali.

Nella Svizzera neutra, la dichiarazione della guerra del 1914 non turbò la vita della famiglia Jaques, stabilitasi a Morges. Si partecipò alle sofferenze dei paesi vicini e si tentò di alleviarle aderendo agli aiuti intrapresi in favore dei prigionieri e dei feriti.

Nel febbraio 1915, Luisa conobbe il suo primo grande dispiacere. Perde la sua professoressa di piano, che muore a trentasei anni, quasi subito dopo un'operazione apparentemente insignificante. Luisa provava una viva ammirazione per questa signora, alla quale si era profondamente legata e che le contraccambiava l'affetto. La tragica notizia fu annunziata troppo bruscamente da una signora venuta in visita. Luisa restò muta per il dolore, poi corse in camera e, in ginocchio davanti al letto, singhiozzò a lungo con la testa tra le coperte. Custodì gelosamente un regalo che le aveva fatto: un opuscolo di pensieri religiosi che leggeva ogni sera, sempre, prima di addormentarsi.

Poco prima della guerra il fratello Alessandro, il maggiore della famiglia, era ritornato dall'Africa per compiere gli studi di teologia a Losanna. Le tre sorelle e il fratello passarono insieme le vacanze estive all'Auberson. Nel 1916, approfittarono di una stagione particolarmente favorevole per fare numerose gite in montagna. La fatica fu troppo grande per Luisa che ebbe la febbre. Al termine delle vacanze, rimase all'Auberson finché non si fu rimessa in salute. Ritornò a Morges in novembre per l'ultimo anno di corso. Ottenne il diploma all'inizio dell'estate del 1917. Avrebbe desiderato fare gli studi universitari e quindi preparare un esame di maturità federale (baccalaureato svizzero). Ma i genitori si opposero tenendo conto della fragile salute. Per lei fu un grosso sacrificio anche se la sete di sapere non l'abbandonerà mai. Le vacanze di questo anno furono oscurate da un'altra prova: la morte della zia Rosa. Più riservata della sorella maggiore, molto devota e assai pia – apparteneva all'Esercito della Salvezza – temperava con la sua presenza l'austerità della vita familiare. Morì prematuramente, dopo alcuni mesi di lotte e sofferenze contro il cancro che la uccise. Dopo alcune settimane di riposo all'Auberson, Luisa è di ritorno a Morges. Qui trova il primo impiego. Viene assunta come segretaria privata presso un vecchio signore di Losanna. Vi rimase per poco tempo. Prima dell'inverno, aveva stretto conoscenza con i signori Horber, anch'essi di Losanna ma residenti allora ad Adelbaden, nelle Alpi bernesi. Lavoravano per costituire una "Lega per le riforme dopo la guerra", che fu effettivamente fondata un anno più tardi. Offrirono a Luisa un posto di segretaria di lingua francese. Questo posto offriva tutto ciò che poteva piacerle: lavorare ad un'opera di dedizione aiutando i generosi filantropi. Nel loro chalet di Adelbaden, gli Horber avevano raccolto tanti orfanelli quanti la casa poteva ospitarne. Assunsero parecchie istitutrici perché si occupassero di questi ragazzi, provvedendo al loro mantenimento e alla loro educazione.

Luisa fu per loro come una figlia. Le si era proposto questo impiego nella speranza che l'aria di montagna fortificasse la sua salute vacillante. Da parte sua si sforzava di fare tutti i servizi che poteva e ben presto fu molto apprezzata. Malgrado l'entusiasmo per il suo lavoro, sente gli effetti dell'isolamento. Luisa ha bisogno, avrà sempre bisogno dell'affetto dei suoi. Allora scrive. Recano la data di questo periodo un gran numero di lettere, indirizzate per la maggior parte alla sorella Alice, altre a delle amiche fedeli. Se queste lettere sono state conservate non è solo per un affetto fraterno o per la fedeltà dell'amicizia. Esse non sono mai banali. Attraverso gli avvenimenti Luisa rivela il suo animo e il suo cuore. Riporta le impressioni dei primi contatti col mondo. La sua personalità si delinea nettamente, così come la si ritrova nel racconto della sua conversione o nei suoi scritti. Vi si scopre un'intelligenza viva, una sensibilità profonda, una rara nobiltà di sentimenti: non ammette che si usino sotterfugi parlando della sua coscienza. Sempre coraggiosa, tace delle sue preoccupazioni o delusioni... vuole prima pensare agli altri, recare loro gioia e luce. Le sue lettere attestano una ricerca di assoluto. Luisa si sforza di andare fino al fondo delle cose, di dare alla sua vita un senso completo.

Se la vite non è potata

"Il tuo grosso pacco di lettere mi ha dato un'immensa gioia...". È il 14 luglio 1918. Dalla fine dell'anno precedente Luisa è la segretaria del dott. Horber e di sua moglie. Da un mese li ha raggiunti allo chalet di Adelbaden. Ha appena ricevuto, per mezzo della sorella Alice, alcune lettere di tutta la famiglia e si affretta a rispondere. "Sono venuta qui tutta arruffata; ho trascurato la mia roba; i signori Horber mi hanno chiesto di mettere dapprima in ordine le mie cose. Così per una settimana ho lavorato per me, senza perdere un minuto. Adesso sto lavorando bene e soprattutto cerco di lavorare me stessa. L'altro lavoro non è che un riflesso di questo primo lavoro interiore. È una cosa che mi ha insegnato il signor Horber; prima io cercavo soltanto di aiutare gli altri e non mi occupavo di me stessa. Ora so che non serve a niente essere utili in molte cose; bisogna che io stessa divenga qualche cosa. È solo così che si fa qualcosa e si diviene qualche cosa avvicinandosi a Dio, avvicinandoci a Cristo che ci comunica la sua forza; è un qualche cosa che non si può spiegare. Mi sembra che ho imparato qui a pregare. Dopo che ho pregato, mi sento così forte, mentre prima ero così debole. Mi sento incapace, ma conosco il modo di divenire forte, di quella forza vera che può tutto; non la si riceve che dall'alto nella misura in cui la si domanda, la si attende... È necessario che io cresca; prega per me".

Questi propositi di una giovane ragazza di diciassette anni, queste generose decisioni, non sono forse una partenza buona nel cammino della vita, la promessa di una primavera magnifica? Ma questo slancio sta per essere – e quante volte! – stroncato. Interrotto ma non distrutto, esso riparte dal più profondo del suo essere, più maturo, più solido, finché non giunge il tempo di portare frutto.

Nella stessa lettera parla della sua salute che, assicura, non potrebbe essere migliore. Ma alcune settimane dopo, ritrovando le sorelle all'Auberson per le vacanze, non poteva più come un anno prima prendere parte alle gite in montagna. Il dottore, consultato, constatò una forte anemia. Era necessario riposo, prudenza. Si comincia a parlare della terribile influenza del 1918; ci sono già dei morti.

In settembre Luisa riprende il suo lavoro presso gli Horber che nel frattempo sono ritornati a Losanna. È sempre stanca, perciò deve andare dal medico. La dottoressa Olivier, del Policlinico, diagnosticò una minaccia di tubercolosi e prescrisse urgentemente un soggiorno in montagna. È una grossa prova per Luisa, ma si rassegna. In ottobre parte per Leysin dove è ricoverata in uno chalet della dottoressa Olivier: lo chalet "Speranza" posto nel Feydey, al di sopra di Leysin, a 1400 m. di altezza. Di là si domina la vallata profonda che discende verso il Rodano, di fronte a un panorama di montagne che va dai Diablerets ai Denti del Mezzogiorno. Lo chalet è servito dalle diaconesse. Davanti alle camere c'è un largo loggiato in cui i malati fanno la loro cura sulla sedia a sdraio sotto il sole splendente della montagna. Era in questa epoca il migliore chalet, quello in cui si offriva la speranza di guarire o di arrestare questa terribile malattia: la tubercolosi. La durata delle cure in montagna variava secondo la gravità dei casi. Alcuni non vi rimanevano che un mese, altri non ritornavano più da Leysin.

La dottoressa aveva prescritto a Luisa un soggiorno di tre mesi. Ma poiché le sue condizioni non miglioravano, vi restò sette mesi, fino alla fine del maggio 1919. Si annoiò molto in questo lungo periodo di inattività. Tuttavia le sue lettere lo lasciano appena indovinare; la si trova sempre preoccupata dei bisogni degli altri.

Ma Leysin è per Luisa il momento privilegiato per i contatti con altre ragazze. La maggior parte di queste viene da un ambiente molto semplice: commesse, cameriere o operaie. Hanno dovuto affrontare diverse lotte nella loro vita, molto più di quanto abbia sperimentato lei. Altre, come lei, hanno fatto degli studi o sono ancora studentesse. Ma quasi tutte manifestano delle preoccupazioni diverse da quelle di Luisa. Ne è sorpresa ma si sforza di comprenderle, senza tuttavia approvarle. Affabile con tutte, non si lega che con due o tre nelle quali scorge delle aspirazioni simili alle sue. Sarà il fiorire di alcune belle amicizie, particolarmente l'incontro con Bluette di Blaireville, che sarà la sua confidente e l'amica più intima.

Lasciamo a lei stessa descrivere le sue impressioni sull'ambiente e le conclusioni che ne trae per la vita.

Tra il 10 e il 13 novembre 1918, scrive al fratello Alessandro, mentre fa una supplenza come giovane pastore in una parrocchia del cantone di Vaud: "...ho vicino a me una ragazza di La Chaux-de-Fonds che amo molto; è già avanti negli studi e mi presta tutti i suoi libri. Grazie dei libri che mi mandi".

Il 13: "Ho dovuto interrompere la lettera, abbiamo avuto una giornata movimentata. Era lunedì, l'annunzio dell'armistizio. Naturalmente dappertutto ci sono stati addobbi: la gioia, o piuttosto un frastuono folle e generale ha preso tutti. Si sono lasciate le cure della sdraio, la disciplina ordinaria per gioire in piena libertà... Ci sono stati cortei, rumore per tutta la notte. Era più triste che allegro. Io e la mia amica abbiamo approfittato dello scompiglio per fare una bella passeggiata fino a un piccolo villaggio vicino a Leysin. La sera c'è stata ancor più animazione. Ci hanno permesso di fare una piccola passeggiata che ha calmato gli spiriti. Chissà cosa doveva essere in città! Penso molto a te, mio caro Alessandro. Ci sono ancora dei casi di influenza? Sono felice di saperti contento del tuo lavoro. Mi piacerebbe che tu venissi una volta a predicare qui. Il pastore è molto vecchio e dovrebbe stare con i vecchi. Mentre qui, queste ragazze avrebbero bisogno di essere scosse per imparare ad essere sincere e a prendere la vita sul serio…".

Alcuni giorni dopo scrive alla sorella Alice: "Ieri sera abbiamo organizzato una serata in onore dei malati che stanno per partire… Io e Bluette avevamo preparato una 'pesca miracolosa', un regalo per ciascuna, fatto con un certo ingegno! Bluette non ha uguali… Più la conosco, più le voglio bene. Nella sua vita intima ha dovuto soffrire perché c'è sempre tanta grandezza accanto alle piccolezze e alle cose brutte che intuisco abbia vissuto. È la maggiore in famiglia e sebbene io sia più grande di lei di un mese, mi sembra che per molte cose lei lo sia più di me; ha vissuto in un modo diverso, più grande e proficuo del mio. Per esempio lei sa che cosa sia la preoccupazione del pane quotidiano, ha avuto una vita 'sociale', ne conserva un'impronta di amarezza, si sente che conosce la fatica della vita.

Ti assicuro che qui imparo a comprendere meglio gli altri, le loro necessità. Quante volte ho fatto pesare loro brutalmente, anche se involontariamente, la differenza di educazione! Tutte queste ragazze si guadagnano la vita… sono inserite nella vita sociale, la subiscono docilmente e serbano le loro forze per la loro vita privata, la famiglia, le loro storie. Io che non ho queste preoccupazioni, le ferisco così facilmente con la mia vita separata e diversa dalla loro. Questo per dirti quanto Bluette mi sia superiore, perché conosce meglio le difficoltà della vita… E poi Bluette è coraggiosa, più di me che sono cristiana, lei che non lo è. Non è da dire che sia senza difetti, ma io l'ammiro e lei mi fa del bene".

Bluette trascorse solo due mesi a Leysin. Luisa rimase in corrispondenza con lei e l'amicizia sbocciata là non si è mai sciolta.

Si aiutarono vicendevolmente a trovare il senso della vita. Più tardi sarà Luisa a indicarle il cammino. L'amica la seguì poco dopo nella conversione. Tramite Bluette, Luisa conobbe Adrienne von Speyr, un'anima assetata di assoluto come lei, un'intelligenza viva e acuta, sempre alla ricerca della verità. Bluette era stata la sua compagna di studio nel ginnasio di La Chaux-de-Fonds; si ritrovarono a Leysin nella stessa lotta contro la malattia. Più giovane di un anno di Luisa e Bluette, le superava per la vastità della cultura e la profondità delle riflessioni. Bluette la invitò ad andare ogni settimana allo chalet "Speranza" per tenere conferenze. "Stiamo tutte dormendo, abbiamo bisogno di vita". Il progetto poté realizzarsi ancor più facilmente perché Adrienne era la cugina della dottoressa Olivier, fondatrice dello chalet "Speranza".

Nella corrispondenza di Luisa non c'è nessuna menzione di queste conversazioni. Ma Adrienne conserva il ricordo preciso di un colloquio con lei: "...queste conferenze furono dei momenti tutti particolari, dei punti fermi nella mia vita. I miei temi furono piuttosto sconvolgenti: 'Il diritto di pensare', 'Obbedienza e libertà', 'La verità e la sua misura', 'L'espressione della verità in Dostoevskij'. Quelle che ascoltavano erano operaie, giovani infermiere e qualche studentessa. Una tra queste era Luisa Jaques. Aveva circa 20 anni (in realtà 18!), con grandi occhi neri, una figura slanciata, delle sottili mani bianche, una voce un po' velata. Mi accompagnò a casa dopo la seconda o la terza conferenza; là, siccome io dovevo riposarmi, rimase con me. 'Tu mi costringerai a diventare cattolica', disse Luisa al momento di partire.

– In che modo?

– Obbedienza e libertà si incontrano nell'unità – come le presenti tu – solo in Dio e nella sua Chiesa... più tardi Luisa osò tentare l'avventura; divenne cattolica"[1].

---

[1] *Adrienne von Speyr et sa mission théologique*, Apostolat des Editions, Paris 1977, 19 e 20. Nel 1940 Adrienne compie lo stesso passo di Luisa. Fu accolta

Come il giorno tarda a venire!

Luisa lasciò Leysin il 31 maggio 1919. Si andava verso giorni migliori, la sua salute sembrava ben ristabilita. Riprese presto il suo lavoro dagli Horber. Per tutta l'estate il tempo passò·nel preparare la fondazione definitiva della "Lega per le riforme del dopo guerra". All'inizio di dicembre ci fu un'assemblea generale a Neuchâtel. Si trattava di decidere se la Lega doveva continuare o no, perché fino ad allora i soci non erano numerosi. Luisa non ha dubbi sul bene che questa organizzazione potrà compiere; le è però necessario vincere la resistenza dei genitori. Per la prima volta dopo gli anni della guerra, suo padre potrà rientrare in Svizzera per le vacanze. Intanto si è già risposato e la famiglia è cresciuta di due figli: Augusto ed Eddy. Tutti si ritrovano all'Auberson per le feste di fine d'anno. Luisa dovrà giustificare il suo impegno con la Lega. I genitori vedono questa opera con occhio molto sospettoso; ha un risvolto politico che a loro non piace. Inoltre questo posto non offre alcun avvenire alla figlia. Sperano che se ne liberi.

A metà dicembre Luisa si confida con la sorella Alice: "Insomma, io non temo quello che mi hanno detto a Natale; per me è una questione di missione e di convinzioni se partecipo alla politica, non che io ricerchi ciò che mi piace di più. Sono serena sentendomi 'libera' perché sono in armonia con la mia coscienza e non temo di render conto della mia condotta. È il mio ideale essere 'libera' e avere la forza di fare ciò che io sento di dover fare e non credo che ciò possa affliggere papà o mamma".

Non sappiamo niente di questo incontro ma Luisa non riesce a convincere i genitori. A malincuore lascia il signor Horber. Quando nel maggio del 1920 i genitori ripartono per l'Africa, la

---

nella Chiesa da Hans Urs von Balthasar, che in seguito ha pubblicato i suoi numerosi scritti. Cf. B. Albrecht, "Speyr (Adrienne von)", *Dictionnaire de Spiritualité* 14 (Paris 1990) 1126-1132.

troviamo impiegata come contabile presso un notaio di Losanna, amico del padre. Risentì del fatto di aver abbandonato la Lega. Lo sentiva come un sacrificio della sua libertà; libertà che lei poneva al disopra di tutto. Quel sacrificio fu raddoppiato da un altro; i genitori portavano via con sè i due figli maggiori: Alessandro, che aveva terminato i suoi studi come pastore, ed Elisabetta che era infermiera e che aveva promesso come tale di servire la missione per sei anni. La mammina rimaneva ora all'Auberson nella vecchia casa di famiglia. La sorella Alice insegnava in una scuola di ragazze e si preparava a partire, appena possibile, per l'America.

Luisa si trovava disperatamente sola a Losanna. Nel momento in cui avrebbe avuto più bisogno dell'affetto dei suoi, tutti se ne andavano seguendo ciascuno la propria strada. Per lei rimaneva la vita monotona di una modesta impiegata di ufficio. Mondana non lo fu mai, frivola ancor meno: la natura, la musica sono le sue uniche distrazioni. Non perde nessuno degli spettacoli importanti o dei grandi concerti dell'epoca: Pitoëff, Cortot e Thibaud l'aiutano a sopportare la grettezza della vita. Nell'impiego lavorava coscienziosamente e dedicò per un certo tempo una parte della notte ad aggiornare una contabilità in arretrato di dieci anni. Questo sovraccarico di lavoro fu nefasto per la sua salute, ma non fece vedere nulla dei suoi fastidi. Nel leggere le lettere spedite alla sua famiglia, la si crederebbe la ragazza più felice. Solo la corrispondenza con le amiche lascia trasparire, qua e là, le delusioni che l'assalgono. Contrariamente agli Horber, il nuovo principale di Luisa manifestava poca filantropia. Mancava persino di umanità e non solo di giustizia sociale nei confronti del suo personale di lavoro. Luisa non tardò a farne l'esperienza. Il suo salario era nettamente insufficiente; ma soprattutto, essa non poteva guardare con indifferenza lo sfruttamento di cui erano vittime gli altri impiegati. Non ne fa parola con i genitori, ma non manca di manifestare la sua indignazione alla sorella. Questa situazione non poteva che spingerla alla pazienza. In una risposta alla sorella Alice, Luisa esamina i suoi sentimenti: "Insomma, io non nutro astio contro M. Y. né contro nessuno. A volte, lo comprendo. Ci sono dei momenti in cui ammiro tutti. Una strana cosa la vita. Si giudica, si guarda e non si vede. Chi potesse conoscere tutto, perdonerebbe anche tutto". Termina con questo consiglio: "Custodisci il tuo cuore più di ogni altra cosa, tutto ciò che l'amore tocca è preservato dalla morte".

Luisa compensava l'avarizia del suo principale con la sua generosa liberalità. La sorella Alice racconta a questo proposito: "Quando Luisa era a Losanna, andava a far visita ai malati nei poveri tuguri. Aveva gli indirizzi da una società o per mezzo di conoscenze. Quante miserie vi scopriva! Quando andavo a trovarla, spesso aveva delle commissioni da fare, c'erano misteriosi pacchetti da portare qui o là; ma non volle mai lasciarmi entrare con lei. Mi diceva: 'La povera sta per morire, entrare significherebbe esporti alla tubercolosi. Io ho già resistito, ne sono guarita'. Vedendola dedicarsi in questo modo agli altri, le davo il superfluo dei soldi che guadagnavo; non tenevo i conti. Quale non fu la mia sorpresa molto più tardi – mi pare che fu quando mi sposai – quando mi confessò che aveva investito a mio nome ogni centesimo che le avevo dato e che aveva ottenuto l'8% all'anno e che la somma era là ad attendermi". Spendendo perciò tutto ciò che guadagnava, non si preoccupava di risparmiare né ancor più di arricchirsi!

Alla fine il comportamento del suo principale la ferì troppo. Lo lasciò nel novembre 1921 e raggiunse la mammina all'Auberson. L'impiego presso il notaio di Losanna era stato un'amara delusione. Luisa aveva avuto l'occasione di praticare quanto confidava alla sorella a proposito di una famiglia russa in esilio: "Le difficoltà materiali danno alla vita un grande valore, ma la complicano anche. Come i soldi possono abbellire la vita, non i soldi ma l'indipendenza che danno! Felici anche coloro che possono essere indipendenti con la loro ricchezza interiore". Fino ad ora aveva salvaguardato, in mezzo alle contrarietà, questo bene prezioso. Le sarà più difficile conservarlo nelle prove che si accumuleranno sul suo cammino negli anni seguenti. Già queste sembrano provocare in lei una crisi religiosa. Per un certo periodo smette in questo tempo di andare in chiesa. Si mostra critica o indifferente verso la religione della sua infanzia.

Per il momento aveva raggiunto la mammina, ma i ruoli si invertirono. È Luisa che deve vegliare sulla debole salute della zia Alice. Quest'ultima non si è rimessa da una brutta influenza e deve rimanere a letto continuamente. Luisa è molto contenta di renderle questo servizio di riconoscenza. Poi adopererà il tempo libero della giornata per rimettersi a studiare. Forse riuscirà a realizzare il suo progetto di baccalaureato? Da quando è arrivata ha trovato un professore di latino e inizia con entusiasmo le lezioni.

L'Auberson è un ambiente familiare: cugini, cugine, amiche... e Luisa ha molto bisogno di essere occupata e circondata da queste persone perché all'inizio di dicembre la sorella Alice è partita per l'America. Vi resterà più di un anno. Il distacco è doloroso. Certamente Luisa ama profondamente tutta la sua famiglia. Le è offerta l'occasione di raggiungere i genitori e i fratelli nel Transvaal. Diverse volte la spinsero a raggiungerli. Ma l'Africa non l'attira e poi come potrebbe abbandonare la mammina ammalata? Ma il suo cuore è soprattutto e innanzitutto rivolto alla sorella Alice. Spera che ritorni presto. Se rimane... "Andrò in America, dichiara ad un'amica, vi troverò pure qualche lavoro. Non posso separarmi da Alice, è ciò che ho di più bello su questa terra cattiva".

Questa amica è venuta a farle visita all'Auberson. Alcuni giorni dopo Luisa la ringrazia della sua visita che le ha dato molto conforto. Al termine di questa lettera, c'è un'espressione di amarezza: "Ma dimmi, perché c'è sempre un fondo di ribellione in me e perché mi sento vicina ai dannati che vivono l'inferno, questa sofferenza di coloro che non possono amare? Sotto qualunque aspetto si presenta, la vita mi fa sempre ribellare un poco". Racconta la triste storia di una cugina gravemente ammalata di nervi e conclude: "Vedi, ciò che mi indigna è che la vita fa di noi dei criminali di ogni tipo e degli irresponsabili". Aveva la coscienza molto chiara della necessità ineluttabile del sacrificio, di un bisogno "religioso" di espiazione, sebbene la sua fede non arrecasse alcuna luce su questo punto. In una lettera alla sorella Alice, parlando del suo affetto che la unisce alla famiglia, scrive: "Sento sempre meglio che ciò che ho di dolce, di amabile, di calmo, lo devo a te e a Zab (Elisabetta)… Si vive con il cuore, è dal cuore che viene tutta la ricchezza e perché possa essere generoso, bisogna che sia posseduto". Il suo cuore era completamente preso dall'amore per i suoi: "Come religione non avevo che il culto filiale, l'amore dei miei; – dirà nel racconto della sua conversione – desideravo la loro felicità".

Così trova naturale essere sacrificata o sacrificarsi per loro. E mentre lei stessa lotta contro lo scoraggiamento, scrive alla sorella Alice messaggi come questo: "Abbi coraggio, mia cara, non disperare e non scoraggiarti. Non ci sono ore così oscure, per quanto tenebrose siano, che non portino con sé anche delle ricchezze". Parlando della corrispondenza di Luisa, la sorella Alice dirà: "Ho tutte le lettere che mi ha scritto – o press'a poco – dal 1918. Sono scritte tutte per recare gioia, hanno in sé un entusiasmo che si comunica. Non lascia mai trasparire le sue preoccupazioni… la caratterizzano un grande coraggio e una fede immensa nel futuro".

È proprio con queste disposizioni che Luisa era ritornata all'Auberson. La vita più tranquilla della campagna, i parenti che la circondavano, le visite per la mammina e per lei, le erano certamente un prezioso conforto. Ma la manutenzione della casa, le faccende domestiche, le cure per la zia Alice, che per la maggior parte del tempo si alzava dal letto solo un po' alla fine della giornata, le assorbivano il tempo e le forze. La mammina era stata sempre autoritaria; malata, e col passare degli anni, era divenuta sempre più esigente. Voleva che Luisa fosse continuamente accanto a lei. Le cugine, che abitavano nella stessa casa, testimoniano che la sua pazienza in questa circostanza fu veramente ammirevole. "Era una vera vita da schiava, scrive una di loro, ma l'ha vissuta con tanta dedizione".

Nell'aprile 1922 deve rinunciare allo studio, essendo morto il suo professore: "Il mio progetto di baccalaureato, scrive, è andato in fumo come un gioiello di cui non avevo bisogno per andare avanti". Verso l'autunno le condizioni della mammina non erano per niente migliorate. Pur a malincuore, si dovette prendere la decisione di ritornare a Losanna. L'inverno nel Giura è veramente troppo rigido per la zia Alice e per lei stessa. Si stabilirono nella pensione di Betania, a Vallombrosa, tenuta da diaconesse.

Nella primavera 1923 si ritorna al villaggio e si aggiungono le preoccupazioni materiali a complicare la situazione. Le spese necessarie per gli spostamenti e la manutenzione della casa non erano colmate da nessuna entrata. Alla fine dovette decidersi, dopo molte esitazioni, ad abbandonare definitivamente la vecchia casa all'Auberson. A partire dall'autunno seguente, la zia Alice resterà ricoverata a Betania e Luisa sarà di nuovo alla ricerca di un posto per guadagnarsi da vivere.

Dopo numerosi e vani tentativi, trova infine un impiego di dattilografa a Morges, da un'amica d'infanzia, la signorina Lidia von Auw, che seguiva gli studi di teologia alla Facoltà protestante di Losanna. Vi giunse il 1° marzo 1924. Il giorno dopo rimase a letto fino a mezzogiorno. L'amica invece di inquietarsi, se ne rallegrava pensando che questo riposo le fosse utile. Il giorno dopo Luisa la chiamò dalla finestra e le mostrò sul comodino un catino pieno di sangue. Aveva avuto una forte emottisi. Chiamato immediatamente, il medico prescrisse riposo e cibi freddi.

Luisa si rimise e passò qualche giorno di convalescenza in questa famiglia che la amava molto e che fece di tutto per curarla bene. Luisa conservava il suo coraggio e la sua allegria. Il medico di famiglia era contento di chiacchierare con lei durante le sue visite e di stuzzicarla quando esibiva sul piumino del letto un gioco di carte per predirgli l'avvenire. I genitori furono avvertiti con l'intermediario della Missione Svizzera. Si decise allora che anche Luisa sarebbe entrata a Betania per seguire un trattamento di tubercolina. Vi giunse il 20 marzo. La cura doveva durare circa due anni.

Eccola ridotta di nuovo all'inattività, dipendente in tutto dagli altri, con un regime molto controllato. Si rassegna difficilmente. Cosa le riserva dunque il futuro? Il 23 marzo scrive alla sorella Alice, in procinto di rientrare dall'America: "Esiste una cosa più bella della libertà dei nostri atti, dell'indipendenza? Non dovere niente a nessuno, sì, è bello... Ma forse l'amore conosce un altro grado in cui ricevere e dare divengono due cose simili? Non ho guadagnato niente, ma ho dato quanto ho potuto; mi sono fatta povera, è forse verso un'altra ricchezza che io cammino?".

"Dal profondo a Te grido..."

Appena ristabilita, con il permesso del medico, Luisa cerca un lavoro che le assicuri almeno le spese della pensione. "Ho una piccola occupazione che mi fa molto piacere, scrive alla sua amica Bluette, al mattino faccio delle letture a un buon vecchio ospite della casa e gli scrivo le lettere. Così guadagno la metà per il costo della pensione e sono così contenta di questi soldi transitori".

Poco dopo ha trovato come occupare il resto della giornata. "Faccio delle belle passeggiate con una bambina inglese di cui mi occupo tre pomeriggi alla settimana. Sono felicissima di avere una nuova piccola occupazione che mi permette ora di guadagnare per pagare la mia pensione". Questi due brani portano la data della primavera 1926 alla fine del suo soggiorno a Betania. Vi domina un tono tranquillo. Luisa tuttavia sta toccando il fondo dell'abisso. All'inattività forzata di questi due anni di cure si era aggiunta una prova morale, o piuttosto una tentazione, che corse il rischio di trascinarla in un'avventura senza vie d'uscita. In ogni caso fu il naufragio della sua pratica religiosa.

Questa prova era incominciata negli ultimi mesi della permanenza all'Auberson. Il futuro era buio, non si intravvedeva davanti a lei nessuna prospettiva felice. Era innanzitutto la preoccupazione, senza dubbio eccessiva, della felicità dei suoi. I fratelli maggiori erano partiti; avevano trovato ciascuno la propria strada nella vita, ma lei pensava continuamente a loro. Aveva bisogno della loro felicità e siccome gli avvenimenti ostacolavano di frequente i progetti che faceva per loro, passava da una delusione all'altra. Tuttavia non dimenticava il suo avvenire. Aveva ormai superato i vent'anni; sognava anche lei il matrimonio. Ma quando? Con chi? La realizzazione di questo desiderio pare lontana. Non era legata per la sua funzione di infermiera alla mammina? La sua corrispondenza non rivela però questa preoccupazione di cercarsi un partito. Altri, in particolare la zia Alice, se ne preoccupavano al suo posto. Ci furono all'Auberson delle richieste di matrimonio per lei. Luisa rifiutò: "Mi vogliono, rispose a sua zia, perché sono la figlia di un pastore". Non trovava in questi pretendenti il suo ideale d'amore, così come l'aveva descritto in una delle lettere da Leysin: "Ci sono qui delle persone deliziose. Ma non ce n'è nessuna (delle ragazze intorno a lei) che sappia cosa sia l'amore. L'amore così come io lo penso e che è più forte del male, più contagioso dell'egoismo, è l'amore che crea".

È possibile che, da cattolica, Luisa sia stata incline a comprendere la chiamata dell'amore più grande, del dono di sé in una vita consacrata. Le convinzioni del suo ambiente l'avevano messa in guardia da questa seduzione. Persino la vita delle diaconesse protestanti, che conosceva e stimava, non sembra aver mai esercitato la minima attrattiva su Luisa. Forse non vi vedeva la realizzazione concreta di una vita d'amore come la desiderava lei? Non le restava perciò che trovare una sistemazione nel mondo. Ora Luisa, la cui vita morale era così retta e così elevate erano le esigenze sull'amore, sperimentò la debolezza del cuore umano. Si lasciò trascinare in una compagnia e in una relazione colpevole. Il medico che curava la zia e perciò si recava di frequente in casa, aveva capito la qualità del cuore di Luisa e la sua grandezza d'animo. Ne apprezzava l'allegria e il coraggio. Provava per lei qualcosa di più della semplice stima.

Cominciò a farle la corte. La sera, terminato il giro degli ammalati, la invitava per una passeggiata in auto. La zia Alice si allarmava di queste attenzioni. Ne aveva subito avvertito il pericolo. "Questa ragazza mi farà impazzire", gridava con tono drammatico davanti alle cugine. Tentava di opporsi con tutte le sue forze a queste passeggiate. Luisa, che aveva resistito con tanta facilità e con tanta convinzione alle altre "avances", si lasciò prendere. Più che la sua sensibilità, non era la sua bontà, divenuta debolezza, che l'accecava? Il pensiero di poter consolare qualcuno che soffriva? Il dottore non era felice del suo matrimonio. Gli incontri continuavano dopo il ritorno a Losanna. Poi ci fu la ricaduta di Luisa e la sua entrata a Betania. Egli si affrettò al suo capezzale per incoraggiarla, per darle la certezza che avrebbe ritrovato la salute. Ben presto le sue visite divennero regolari… ma man mano che Luisa ritrovava le sue forze, comprendeva la vera natura dei loro sentimenti. La sua coscienza le rivelava l'irregolarità e i pericoli di questa situazione. Agli inizi del dicembre 1924, prese coraggiosamente la decisione di troncare. Lo disse al medico e lo pregò di non tornare più. Egli rispettò il suo desiderio e lei non lo rivide più. Nel febbraio seguente seppe che egli era gravemente ammalato. Alcuni giorni dopo ebbe la sconcertante notizia della sua morte. La morte di un giovane medico che lasciava la moglie e due figli piccoli, suscitò molte chiacchiere nella regione. Luisa sentì dire nel suo ambiente che egli aveva evitato ogni prudenza e cercato la morte. In verità queste notizie erano esagerate, ma Luisa ne fu sconvolta. Si sentiva direttamente responsabile.

Senza lasciar trasparire niente, assistette al funerale, in modo discreto, all'ultimo banco della chiesa. Nel suo cuore qualcosa si era rotto. Per diverse settimane rimase in silenzio. Solo dopo un mese diede libero sfogo alla sua pena e al suo rimorso nella più desolata delle sue lettere a Bluette, l'amica intima: "…Come ho fatto ad ucciderlo? Come ho fatto ad uccidere colui che amo? Non sapevo, non ho mai pensato che avrei potuto condurlo alla disperazione. Il suo amore mi ha dato la vita – perché il mio è stato così malefico? E tuttavia gli avrei dato tutto. Siccome ho creduto che sarebbe stato felice che io vivessi, ho preferito la vita alla morte. Come mi sono ingannata! Sarebbe stato meglio che fossi morta io. Tu che comprendi, mia Bluette, dimmi perché ho ucciso colui che amo. So che è colpa mia, ma non capisco…".

Si rimprovera di non essere andata a vederlo quando aveva saputo che era stato ricoverato in ospedale: "Così noi siamo separati senza esserci lasciati o piuttosto ci siamo lasciati così come ci siamo incontrati: improvvisamente, senza sapere perché. Mi è sembrato di averlo sempre conosciuto, sempre amato, come se l'amore non avesse un inizio; vorrei che non fosse mai finito…". Bluette fu la sola persona cui confidò la sua infelicità. Ma anche in questa lettera del 17 aprile 1925, Luisa rientra in sé stessa e chiede notizie, si interessa degli altri. Termina: "…non ho il coraggio di rileggere questa spaventosa lettera. Perdonami di aver scritto così, non ricomincerò più i miei lamenti un'altra volta".

I mesi passarono senza portare grandi cambiamenti nella sua vita. La sorella Alice era rientrata dall'America nell'ottobre 1924. Seguiva dei corsi a Ginevra per ottenere un diploma di bibliotecaria. Andava spesso a trascorrere qualche giorno con Luisa e la zia. Aveva trovato un fidanzato negli Stati Uniti e si preparava ad andare a trovarlo nelle prossime vacanze estive. Avrebbe voluto che Luisa raggiungesse la famiglia in Africa prima dell'inverno. Luisa non è entusiasta di questa partenza. Nel suo intimo sogna di trovare qualcosa per restare accanto alla sorella Alice.

La cura della tubercolina è ormai alla fine. La minaccia della malattia sembra evitata, le ultime radiografie hanno mostrato dei polmoni molto nitidi. Luisa può assistere a qualche concerto e anche evadere qualche giorno per incontri organizzati a Thonon sotto la protezione della "Lega internazionale delle donne per la pace e la libertà". Vi ritrova Bluette e per mezzo di lei conosce la signorina Verena Pfenninger, un'amica che avrà un ruolo decisivo nella sua conversione.

Le parole e le frasi spontanee della corrispondenza di questo anno 1925 nascondono il dramma interiore: "Tutti quelli che amo profondamente mi sono tolti", dice a Bluette. Il matrimonio di Alice è ormai questione di un mese. La sorella sta per lasciarla definitivamente. La mammina è sempre più debole, più difficile da accontentare. La morte del medico rimane come una ferita nel cuore di Luisa. Anche il suo futuro, dal punto di vista materiale, la preoccupa. Una volta guarita dovrà cercare un lavoro, un alloggio e l'uno e l'altro ora non sono facili da trovare. Si sente tanto sola.

Dio vede la sua solitudine? Ma Dio chi è? Conosce la sofferenza dei suoi figli? Questo susseguirsi di insuccessi, di ricadute della malattia hanno stroncato il suo slancio. Da lungo tempo ha abbandonato la pratica religiosa; una tacita rivolta è entrata in lei e le impedisce qualsiasi preghiera... In questo smarrimento non vede che un soccorso: la sua amica Bluette. Vuole andare a La Chaux-de-Fonds per trovarla, intrattenersi con lei. Ha bisogno del calore della sua amicizia. Il 14 gennaio 1926 le scrive: "Ho un grande desiderio di vederti, Bluette. Ti disturbo se vengo da te per due giorni? Esito, non oso chiederlo perché ho paura di disturbare la tua mamma e di infastidirvi... ma ho tanto desiderio di vederti". La risposta arriva immediatamente. Bluette è felice di accoglierla. L'incontro è fissato per il 13 e 14 febbraio.

Conversione e vocazione
(1926-1938)

Scrivi rapidamente, senza tardare e senza attardarviti,
la storia della tua vocazione; ho altri messaggi più
importanti da affidarti dopo (n. 514).
È il racconto delle tue debolezze e il racconto della mia
Misericordia (n. 567).

Qui comincia il racconto, scritto da Suor Maria della Trinità, su richiesta del suo confessore. Essa stessa descrive le circostanze che l'hanno condotta alle Clarisse di Gerusalemme. Noi ci limitiamo ad aggiungere i sottotitoli e in nota qualche commento che possa illuminare la continuazione della sua biografia (A. Duboin).

Stese la mano dall'alto e mi prese (Sal 18,17)

Gesù!

13 febbraio 1942

Padre, sono sedici anni dacché, la notte tra il 13 e il 14 febbraio, mi accadde questa piccola cosa insignificante che non fa rumore, che ha la levità di un sogno, ma che pur tuttavia è una realtà – essa ha capovolto tutta la mia vita.

"Dio non c'è, tutto quello che se ne dice non è che commedia; e la vita non vale la pena di essere vissuta". Ecco a che mi aveva portato a pensare tutta una lunga catena di sacrifici e di lotte inutili: *"Dio non c'è"*! Io ne ero come schiacciata, inchiodata sul letto su cui mi ero gettata, incapace di piangere o di dire una parola o di fare un gesto: annientata. La mia amica spegneva intanto la luce. Silenzio. Non era completamente buio perché fuori vi era la neve. Ah, ho conosciuto la disperazione! Morire, morire…

Ed ecco che proprio nell'istante in cui mi ripetevo: "Dio non c'è" io vedo un'ombra che entra attraverso la finestra, come se la finestra fosse stata una porta a vetri; rapida, senza il minimo rumore, eccola ai piedi del mio letto, a piccola distanza, senza toccarlo. Aveva delle maniche larghe e le mani dentro le maniche, incrociate; io non potevo vederne il volto perché mi sembrava che avesse una specie di cappuccio in testa, una cosa che non avevo mai vista. Essa doveva avere semplicemente il velo abbassato. Era alta e diritta, era trafelata e ansante come se avesse corso e ogni tanto volgeva la testa verso la finestra da cui era venuta, quasi che qualcuno fosse fuori ad attenderla. Mi sembrava portasse una semplice corda come cintura (non aveva mantello), il suo vestito scendeva dritto e mi pareva fosse di un color bruno scuro, ma posso sbagliarmi; ne vedevo più il profilo d'insieme che i particolari.

Gesù!

1 maggio 1942

Padre, ecco il racconto di questa povera vocazione. Ne affido lo sforzo di sincerità alla Vergine Santa chiedendole di insegnarmi a essere breve, Lei che ha taciuto…

Questa religiosa che è venuta così vicina al mio letto mi ha fatto molta paura; ho creduto fosse la morte in persona e che venisse a cercarmi! Non era un'ombra o un'immagine, era una *persona*; avrei potuto toccarla, la vedevo respirare e muovere la testa. Ero come pietrificata dallo spavento. Potei appena volgere la testa dall'altro lato per non vederla più e chiudere gli occhi. Deve essersi fermata parte della notte, perché più tardi, quando mi risvegliai da una specie di assopimento, mi parve che fosse ancora là: ho subito richiuso gli occhi per non vederla! Non pronunciò una parola, però nella mia disperazione era penetrata una luce: "Prima di disperare di Dio c'è ancora questo: andrò a pregare in un convento. Andrò quando mia zia, la mia mammina (è lei che ci ha cresciute) non avrà più bisogno di me – e quando mio padre sarà morto – inutile recargli questo dispiacere".

È deciso, nel mio pensiero e nella mia volontà. D'ora innanzi c'è nel fondo di un baule della biancheria ordinaria che io non tocco più, riservata per quando andrò in convento. È una cosa certa. Ma non ne faccio il minimo accenno con alcuno. Solamente dico, al mattino, alla mia amica che durante la notte ho visto ai piedi del mio letto una statua, una religiosa.

Era una chiamata? È stata questa l'unica causa di un'attrazione irresistibile, che non era ragionata, che era subìta, verso il chiostro. Ciò valse a mutare la mia vita. Quante volte mi sono augurata di non aver avuto questa aspirazione che mi è costata tanti tentativi e tanti sacrifici! Volontà di Dio. Certo avrei potuto sottrarmi perché io non la vedevo per nulla questa volontà di Dio, cercata a tentoni; ma allora sarebbe stato come perdere una pace nel più profondo di me stessa, una pace di cui non potevo fare a meno[2].

---

[2] Tutto ciò che si sa di Luisa, del suo equilibrio, del suo senso critico, del culto della verità, garantisce la sincerità di questo racconto e testimonia a favore dell'autenticità del fatto riportato. La sobrietà della descrizione prova la sua intenzione di dire solo ciò di cui è sicura, senza aggiungere opinioni personali. Terrà sempre segreto questo avvenimento che capovolge la sua vita. Questa apparizione non è un sogno; Luisa insiste su questo punto. Essa sopraggiunge quando lei era sveglia. Era un prodotto del sub-cosciente? Cosa si poteva avanzare a sostegno di questa supposizione? Questa persona nella notte non esaudisce una preghiera, fa irruzione nella sua vita e contraddice l'essenza stessa del suo modo di pensare. Luisa è incapace di identificarla e non tenta di farlo. Ha visto come una "religiosa" in un abito che non conosce, ma che ora crede di riconoscere come l'abito delle Clarisse.
Non c'è alcun messaggio. L'apparizione non parla. È una presenza. Dopo lo spavento del primo momento, Luisa ha il presentimento che sia una benevola protettrice, accorsa in fretta a vegliare su di lei. L'impressione finale non è il turbamento, ma la pace e una ferma decisione. L'elemento decisivo che deve farci ammettere la realtà di questo fatto sono le sue conseguenze. In un istante la vita di Luisa è stata cambiata. Dalla disperazione, dal buio sull'esistenza e l'amore di Dio, passa ad una certezza che, è da notare, va contro tutto ciò che aveva creduto fino ad allora. Una religiosa, il convento… è il cattolicesimo! Luisa non ignora completamente questa religione, ma la sua conoscenza è fatta soprattutto di pregiudizi. C'è in lei una repulsione innata, ereditata dal suo ambiente, contro questa Chiesa "degenerata". Più di tutto per lei, la cui unica religione consisteva nell'amore dei suoi, sarebbe come tradire la sua famiglia. Arriverà anche a questo… "ma quando suo padre sarà morto; inutile dargli questo dispiacere". Luisa ha dunque ragione di vedere

Padre, come farà il buon Dio ad attirare a sé questa peccatrice?... È facile compiere la volontà di Dio quando la si vede chiaramente. Mi è stato invece tanto difficile intravvederla.

Non avevo nessuno a cui domandar consiglio all'infuori della mia amica Bluette. Ero indipendente ad oltranza: piuttosto la miseria nella libertà che perdere la mia libertà e la pace della mia coscienza. Per conservare questa pace bisognava che a qualunque costo io cedessi a quello che la mia coscienza mi indicava. Come religione non avevo che il culto filiale, l'amore per i miei: ne ero separata ma pensavo costantemente ad essi; la loro felicità mi era necessaria! Non avevo alcuna conoscenza dei misteri della religione; non ritenevo che Cristo fosse Dio; tuttavia Egli era per me la più grande figura che ci sia dato di contemplare. Nostro Salvatore?... Oh, mio Dio, come comprenderlo quando non si è mai tenuto tra le mani una Croce e Colui che vi fu inchiodato, quando non si è mai fatto col pensiero la Via Crucis, meditato il dramma della passione, come comprenderlo veramente senza aver ricevuto il suo supremo dono: l'Eucaristia?

Non avevo lavoro e non avevo denaro. Non avevo salute, compromessa da una grave malattia di polmoni, guarita, diceva il medico. Così ben guarita che la minima fatica o la minima emozione mi faceva sputare sangue, frequentemente.

A parte un'amica che non praticava la sua religione – per ignoranza – io non avevo nessuna conoscenza della dottrina cattolica, la Chiesa era l'ultimo dei miei pensieri[3].

---

nell'entrata di questa misteriosa messaggera il punto di partenza della sua conversione. È il "rovesciamento" di tutta la sua vita per ricercare e compiere la volontà di Dio. Il giorno dopo questo avvenimento rientra a Betania. Da allora le sue lettere sono più tranquille. Ha ripreso coraggio, vive nell'attesa di qualcosa, ma è un'attesa fiduciosa.

[3] Terminato infine il trattamento di tubercolina Luisa lascia Betania il 20 aprile 1926. Vi aveva trascorso due anni e un mese. Il matrimonio della sorella avvenne il 16 luglio. Otto giorni dopo la giovane coppia parte definitivamente. Malgrado tutti i suoi tentativi, Luisa non ha ancora trovato nessun posto. Infine il 30 agosto arriva una risposta favorevole da Milano. Comin-

In quell'anno mia sorella Alice si sposò e si stabilì definitivamente in America. Restata dunque sola in Svizzera con la zia (la mia mammina) che ci aveva cresciute, continuai a rifiutarmi di raggiungere la mia famiglia in Africa al fine di rimanere vicina alla mia mammina.

La svolta della strada

Impossibile trovar lavoro in Svizzera. Accetto per forza quello che mi si presenta: un posto di istitutrice a Milano presso un ragazzetto. Egli era a scuola dalle otto del mattino alle quattro di sera; durante tutto questo tempo ero libera; andavo nelle chiese, che avevano per me maggior attrattiva che non i grandi negozi e i musei. A *Santa Maria delle Grazie* dove il convento dei domenicani conserva l'affresco di Leonardo da Vinci, l'Ultima Cena – doveva esserci la benedizione col Santo Sacramento durante una serie di giorni – in una cappella laterale, perché vi vedevo molta luce; cantavano, c'era molta gente inginocchiata[4].

---

cerà il lavoro il 1 ottobre. Confida ad Alice: "Sono addolorata di lasciare la mia mammina, ma… è la vita; la separazione". Un passo della stessa lettera ci fa conoscere meglio di molte parole come abbia ripreso a gustare la vita dopo l'incontro di febbraio: "C'è stato la settimana scorsa un concerto meraviglioso; violinista: Thibaud; pianista: Cortot. Era splendido. Thibaud suona divinamente e Cortot è un 'virtuoso' fantastico nel farvi vibrare per delle ore, brevi e infinite come un'eternità. La sala era in delirio. Questa musica mi ha fatto venir voglia di suonare di nuovo. Ho comprato un quaderno di Heller, il minuetto di Paderewski. Ho ripreso i miei quaderni di Grieg e di Bach e il piano al secondo piano d'Isola Bella (Pensione non lontana da Betania) mi accoglie con benevolenza".

[4] Ottobre era il mese del rosario. C'era ogni sera la recita del rosario e la benedizione del Santo Sacramento. Nelle prime notizie inviate da Milano a Bluette racconta la sua partenza: "Gli addii con la zia Alice si sono svolti senza scene penose: lei si è mostrata così dolce, così gentile che tutto si è svolto come niente". Dà in seguito le sue prime impressioni sul suo piccolo allievo: "È un ragazzo buono che non ha un cattivo carattere, anche se ama farsi vedere terribile e il più cattivo possibile… All'inizio ero un po' stupita nel vederlo lanciare verso il soffitto tutto ciò che doveva servire per la sua

Io non ci capivo niente, ma ero come attirata. I sacerdoti mi dettero l'impressione di maniaci, che ripetevano sempre gli stessi gesti il più presto possibile; credevo che tutta quella gente fosse pazza ad adorare delle candele; – cosa dicevano? Non avevo neppure voglia di saperlo. Indifferenza. Quando tutti se ne erano andati io rimanevo a pregare. E il tempo mi pareva sempre poco. Così passò un anno. In quell'inverno lessi il libro di "Maggy"[5] il cui coraggio mi commosse profondamente. Mi fece piangere. Però non mi sentivo per nulla attratta a condividere la sua fede.

Del resto non avevo nessuno che me ne potesse parlare, – una ragazza che era stata cattolica e che poi era divenuta scientista in America mi spiegava con entusiasmo le idee di Mrs. Eddy... La signora presso cui mi trovavo, nata cattolica, non era più praticante e suo marito era protestante, ma non praticava, un giorno in cui le chiesi cosa significasse il titolo "Corpus Domini" di una grande chiesa dei Carmelitani, lei mi guardò con stupore e mi rispose che veramente non sapeva.

Dopo aver letto "Maggy", trovai il coraggio di alzarmi tutte le mattine per andare alla prima Messa in una chiesa vicina; Quanto avveniva all'altare mi era perfettamente indifferente, ma cominciavo la giornata pregando alla mia povera maniera. Questa religione non mi diceva niente, però qualcosa nelle chiese mi attirava irresistibilmente.

toilette e non posso fare a meno di ridere ricordandomi della sua espressione pietosa quando ha compreso che doveva raccogliere tutto lui ed asciugare le sue inondazioni. Ha delle abitudini innate da grande signore e ripeteva con grande sincerità: 'Ma voi siete qui per lavarmi i piedi e Teresa viene al mattino per asciugare l'acqua che io rovescio'. Io, da buona piccola democratica, ho delle abitudini molto più prosaiche e gli insegno che ognuno deve raccogliere ciò che lascia cadere. Per il momento, è il mondo della giustizia che trova abbastanza duro da capire; più tardi, forse, imparerà la cortesia".

[5] *Maggy*, Paris – Bruxelles 1925, storia di Margherita Lekeux, morta l'8 marzo 1916, scritta dal fratello padre Martial Lekeux, francescano. Il libro le era stato mandato da Bluette. Ringraziandola, Luisa le dice: "Ho pianto come una Maddalena, davanti a una vita così bella. Tu mi mandi sempre dei libri che mi affascinano".

Improvvisamente vengo a sapere che una mia amica molto istruita e assai capace, Verena, il cui pensiero era stato per me una luce, si era fatta cattolica. Stupore![6] Le vacanze estive mi conducono una decina di giorni sulle Alpi con un gruppo di care amiche tra le quali Verena (la sola cattolica). Avevo il cuore e l'anima afflitti dalle mille pene che mi opprimevano. Verena che se ne accorse mi manifestò una sera – noi tornavamo lentamente a casa da una passeggiata – il suo desiderio di vedermi partecipare all'aiuto che dona il Signore Gesù: "…Lui che è così grande, si fa piccolissimo per venire a noi, nascosto sotto le specie del pane; per aiutarci… Se tu sapessi…".

Rivedo, quando voglio, la svolta della strada che noi seguivamo in cui queste parole mi fermarono; mi sembrò che anche tutta la natura fermasse il respiro e ascoltasse… Che meraviglia! …Se io potessi riceverlo una sola volta, Egli mi guarirebbe!

Rieccomi tornata a Milano: desiderio intenso di ricevere il Signore Gesù, nessun desiderio di farmi cattolica. Ma ormai vi è sull'altare e nella Messa qualcosa che io comprendo. Non cerco di saperne di più: il resto non mi interessa.

Passano i mesi. Risolvo infine di andare anch'io alla mensa della Comunione per ricevere il Signore Gesù; prima però volevo confessare i peccati, che detestavo, per riceverlo meglio. Non avevo alcuna idea della confessione. Me la figuravo così: "Ho commesso il tale e il tal altro peccato, ne chiedo perdono per poter ricevere il Signore Gesù". È tutto[7].

---

[6] Verena Pfenninger era allora professoressa in un liceo di Tirana, in Albania. Luisa l'aveva conosciuta durante gli incontri di Thonon nell'estate 1925. Nel mese di maggio Bluette l'invita a trascorrere qualche giorno in montagna con lei e delle amiche, tra cui Verena. Tutta felice, Luisa accetta e il 4 agosto raggiunge il gruppo nella valle di Binn, al di sopra di Briga (Vallese).

[7] Dopo le vacanze estive, Luisa sente vivamente e profondamente il bisogno di purificare il suo cuore per prepararsi all'incontro con il Signore. Prima di accostarsi al confessionale, vuole rettificare le minime trasgressioni della sua vita. Così dice alla sua amica Bluette il 5 settembre: "…Ho deciso di non dir più alcuna bugia e mi scrollo ogni ricordo spiacevole: il vento li porti via

In Duomo vi era un confessionale veramente impressionante: tutte le lingue europee erano scritte sulla fascia che girava intorno alla sua sovrastruttura! Esso era lì ad attendermi. Io ero di una timidezza morbosa che anche voi conoscete un po', Padre: ne restano delle tracce. Lentamente ho fatto due volte il giro del Duomo: questa decisione che stavo per prendere era pesante... sentivo che da essa dipendeva tutta la mia vita. Pensavo ai miei familiari, al loro orrore per il cattolicesimo – per i preti inquisitori... Ma volli.

"Voi volete ricevere la Santa Comunione? Volete dunque diventare cattolica?...", "No. Desidero solamente la Santa Comunione".

Il prete scarabocchia giù un biglietto: "Portatelo alle Religiose del Cenacolo, via Monte di Pietà. Là vi insegneranno cosa sia la religione cattolica e perché non si possa ricevere il Signore Gesù in tal modo – è un Sacramento. Bisogna essere istruiti nella religione e poi bisogna confessarsi". Non gli dissi che ero pronta a confessarmi! Ero troppo timida. Il biglietto se ne rimase una decina di giorni sul mio tavolo: non sapevo decidermi. Infine raccogliendo tutto il mio coraggio andai. Era la prima volta nella mia vita che mi trovavo in un convento e parlavo con delle religiose. Avevo sempre provato come una paura matta per quelle case chiuse, misteriose, che mi facevano pensare ad una specie di losca massoneria, e per quelle creature stranamente vestite che rassomigliavano a delle immagini...

Mi arriva in parlatorio una Madre, piccola, rapida di gesti e di parole, dal viso sofferente eppur così illuminato dal sorriso che conquistò subito il mio cuore. "Venite, mia cara figliola!". Ed ec-

con le foglie morte! Mi ricordo di averti mentito molto tempo fa a Ginevra dicendoti che ti pensavo, mentre ero molto occupata a pensare alla mia persona! Tu mi avevi chiesto a che cosa pensavo; è stupido, ma non l'ho mai dimenticato e ora, vedi, mi libero di ciò raccontandotelo; ho pensato che non te lo avrei mai detto tanto avevo vergogna di aver così lusingato il tuo affetto. Me lo perdonerai, vero? Non mi ricordo più nient'altro, altrimenti lo riconoscerei, perché ora non dirò più bugie".

coci in un piccolo parlatorio tranquillo vicino alla cappella dove il Santo Sacramento è esposto ogni giorno. Si era ai primi di novembre del 1927. Da allora ogni giorno fino al mio Battesimo ho trascorso (a eccezione delle domeniche) una o due ore in questo parlatorio ad ascoltare Madre Reggio! Che meraviglia! Ah, come il Signore parla dentro di noi quando lo si ascolta!

Ritrovo la bellezza della vita. I problemi che tanto mi avevano affaticata nella mia giovinezza trovano la loro soluzione. "Da dove si viene?... Dove si va?...". Tutto si mette in ordine nel mio cuore e non mi sento delusa in ciò che avevo sempre sperato dal Signore!

In realtà mi rimanevano molte ombre e molti dubbi su quanto Madre Reggio mi spiegava; – bisogna avere molta pietà dei convertiti perché il lavorio di rettifica delle concezioni erronee e delle loro conseguenze non può avvenire che in modo lento e progressivo. Ma io avevo incontrato il mio Dio.

Poiché Madre Reggio era quasi completamente sorda e io ero trattenuta dalla mia timidezza, conservavo per me quanto non potevo capire: discutere con lei portava alla confusione e inoltre il non potermi comprendere le cagionava non poca pena. Allora ascoltavo e le chiedevo di lasciarmi ricevere il mio Signore il più presto possibile. Non sono mai stata ardita (non abbastanza) e certo non avrei mai osato accostarmi alla Santa Mensa senza essere perfettamente in ordine[8].

---

[8] Fine gennaio 1928. Il suo permesso di soggiorno non è stato rinnovato, perché non ha l'autorizzazione per lavorare. È dovuta ritornare in Svizzera di nuovo per qualche giorno mentre la sua padrona moltiplica i tentativi per tenerla con sé. Questo breve soggiorno le permette una nuova visita alla mammina e si rallegra nel trovarla molto meglio. Non è che un breve respiro; il 12 marzo alle 5.30 del mattino la zia Alice entra nell'eternità. Avvertita in tempo, Luisa è ritornata in fretta, abbastanza presto per assisterla nei suoi ultimi momenti. Al suo ritorno l'attende molto lavoro, perché anche i suoi padroni rientrano dopo un'assenza di parecchi giorni. Ottiene lo stesso di "potermi eclissare – scrive – per i miei 3 giorni di ritiro (al Cenacolo) che erano fissati ormai da lungo tempo e qui il mio Battesimo ha avuto luogo molto

Figlia della Chiesa

Il Battesimo fissato per il 18 marzo 1928 poco mancò che non potesse aver luogo in tal giorno. La morte della mia cara mammina, il 12 marzo, mi aveva ricondotta in Svizzera appena in tempo per rivederla, chiuderle gli occhi e liquidare i suoi piccoli interessi.

Di ritorno a Milano proprio all'ultimo momento, malgrado alcune complicazioni nella famiglia in cui ero, potei fare i tre giorni di ritiro stabiliti, ma come attraverso una rete di contrattempi e difficoltà. Madre Reggio era fuori di sé. "Che Battesimo è mai questo? Non la figlioccia, non il Padre (anch'egli di passaggio a Milano e arrivato all'ultimo momento) e neppure la madrina". La madrina abitava a qualche passo dal Cenacolo: una piccola signorina già avanti negli anni, assai distinta, che aveva conosciuto il nostro Santo Padre Pio XI nella sua infanzia e me ne parlava con piacere. Mi aveva preparato un bel libro di preghiere dal taglio dorato e con le mie iniziali... Io avevo chiesto al buon Dio come madrina la nipote di questa amabile signorina, una madre di famiglia, vedova, una donna eletta che mi piaceva molto: signora Sofia Ferrario, via Brera. È l'indirizzo, Padre, spero che un giorno quando io non sarò più e voi passerete per l'Italia il buon Dio vi permetterà di portarle il mio riconoscente ricordo. Credo che grazie all'aiuto che ho trovato in lei, assecondando la vigilanza di Madre Reggio, ho potuto rispondere alla mia vocazione; senza un tale aiuto penso che essa sarebbe naufragata nelle mille difficoltà che assalgono una convertita: vi sono quelle provenienti dalle circostanze, quelle che vengono dalla famiglia; e poi, peggio di tutto, le resistenze interiori personali.

---

tranquillamente. Eccomi molto contenta: vita nuova!" (lettera a Bluette). È la domenica 18 marzo. Il giorno dopo, festa di San Giuseppe, Luisa fa la sua prima comunione.

Non sapete, Padre, che al momento della morte della mia mammina, che era ridotta un povero straccio al punto che la morte avrebbe dovuto esserle una liberazione, manifestò una rivolta veramente spaventosa? Non ho mai visto nulla di più impressionante. Nella mia angoscia ho supplicato Dio di accogliere l'anima della mia mammina promettendo di seguire ad occhi chiusi tutto ciò che il Padre che Egli mi avrebbe mandato, mi avesse detto di fare. Ciò costituì il mio voto di obbedienza prima del battesimo. Non l'ho ritirato.

...Ora che la voce interiore mi parla tanto chiaramente ho chiesto perché non mi sia stata mandata più presto la guida che mi sarebbe stata tanto necessaria. Ecco la risposta:

"Tu stessa dovevi, da sola, spogliandoti di te, scoprire la mia voce. Un altro non avrebbe potuto fartela intendere. Ora che io ti parlo con abbandono hai bisogno di un Padre che controlli le tue decisioni e il tuo pensiero.

Se voi comprendeste questo dono della mia misericordia!

Ho voluto che i soccorsi divini vi giungessero attraverso mezzi umani, questi mezzi sono messi a disposizione della vostra libera iniziativa, comprendete voi la vostra dignità?"...

Scusate, Padre, io allungo questa povera storia. Al Battesimo si erano dimenticati di avvertire la madrina del cambiamento d'ora. Senza madrina! Allora la Madre, che ignorava il mio desiderio, si volge verso la signora Sofia Ferrario: "Non è forse volontà del buon Dio che la prendiate voi per figlioccia?...".

(Prima comunione). Ero sola con il Signore. Fu poi sempre così in tutte le circostanze decisive. Egli mi ha fatto comprendere in tal modo quanto importi che l'anima vada a lui, sola e libera. Penso poi che sia una grande grazia che le circostanze ci separino per qualche tempo dall'affezione delle creature. Solo per qualche tempo, sì, perché bisogna tendere all'unione con coloro che vivono con noi.

Io non avevo sperato emozioni sensibili, ignorandole. Così non mi meraviglia affatto che tale comunione fosse senza impressioni sensibili. "Gesù è entrato nella mia vita!". Ciò mi bastava.

A causa del mio orgoglio e di questa mia timidezza che mi paralizzava, le confessioni mi costavano uno sforzo considerevole; pur tuttavia non le ho mai rimandate. Che liberazione quando mi alzavo dal confessionale!

Dopo alcune settimane venne la Cresima. Gioia! sebbene fossi ancor lontana dal comprenderne tutto il valore! Al fine di ricevere meglio questo sacramento tornai a rettificare una confessione in cui non avevo detto la verità[9]. Avevo avuto un momento di vergogna… Appena finita questa confessione che volevo rettificare lasciai la chiesa per andare a ricevere la santa comunione in un'altra, in mezzo a una folla di gente sconosciuta; rivedo ancora il posto in cui mi ero inginocchiata, vicino a una colonna, dopo

---

[9] È per Luisa l'occasione di un penoso atto di umiltà. Nella precedente confessione, come confidò al padre Sylvère, il suo confessore di Gerusalemme, il confessore le aveva rivolto una domanda riguardante una circostanza esterna alla colpa accusata, circostanza che non cambiava né la colpevolezza né la natura di questa trasgressione. Sorpresa da questa domanda inattesa la sua risposta era stata materialmente falsa. Sconvolta, non osò riprendere la parola per rettificare. Ma il dubbio assalì il suo animo. Prima di ricevere la cresima, volle liberarsene e ritornò a confessarsi per rifare quella confessione. Questo atto di umiltà è ricompensato da una grazia di cui conserverà il ricordo per tutta la vita. Nel mese di maggio i suoi genitori ignorano ancora tutto della sua conversione, ma sembrano presentire che sia avvenuto qualcosa e sono in pensiero per lei a causa dell'isolamento in cui si trova ora. Quando sanno del suo ingresso nella Chiesa, ne sono costernati. La pena che ne provano non fa tuttavia che accentuare i sentimenti di affetto verso la figlia prodiga. Si sentivano un po' responsabili, pensando di non averla abbastanza circondata d'affetto. Volevano dimostrarle che rimaneva la figlia diletta e che la porta era sempre aperta per lei. Dal canto suo Luisa non aveva che un desiderio: portare i suoi alla stessa luce. "Non so esprimere la felicità che si trova nella Chiesa. Vorrei solo che tutti i miei la conoscessero e, meglio di me, tutti quelli che mi sono cari", confidava a Bluette. Amare i suoi significava per lei divenire un segno che indicasse loro il cammino. Voleva manifestare loro la tenerezza, ma anche le esigenze dell'amore di Dio. Questa conversione la condurrà talvolta a marcare con durezza la necessaria rottura. Da una parte e dall'altra si soffriva molto, una sofferenza certamente feconda, anche se non portò, finché visse Suor Maria della Trinità, a riunire la famiglia nella stessa fede. Durante la sua vita, completamente donata al Signore, Luisa è stata un interrogativo per i suoi e per le sue amiche. Dio solo che legge nel profondo dei cuori conosce le risposte che ne sono state date.

aver ricevuto il Signore: Ah! come se fosse entrato in me il sole! Un fuoco, una chiarezza, un calore che mi penetravano fino alla punta dei piedi! Una sola volta, indimenticabile, la comunione fu così. Quando più tardi vennero i dubbi e io non sapevo più dove ero né quel che facevo mi sono aggrappata all'Eucaristia *a causa di questa Comunione* e credo che mi aiuterà anche a morire.

Avevo detto al Signore che avrei offerto ciò che fino a quel momento aveva riempito la mia vita: l'amore per i miei.

Quando essi seppero che ero divenuta cattolica non mi fecero rimproveri, ma "Papà è invecchiato di dieci anni", mi si scrisse. Ogni settimana mi portava delle lettere commoventi nelle quali mi pregavano di andare a raggiungerli. La mia cara sorella aveva bisogno di aiuto per allevare le sue due piccole; avrei avuto presso di lei la stessa posizione che avevo a Milano, pur rimanendo in seno alla mia cara famiglia. Papà mi supplicava di andare da lui. Ardevo dal desiderio di rivederlo, e soprattutto di andare a portare loro *la mia fede*... Nulla mi tratteneva in Europa. Nulla?... Ah, questo desiderio della vita religiosa così profondo che non osavo parlarne ad alcuno!

La chiamata

Nel giugno di quell'anno (1928) la mia grande amica Bluette venne a trascorrere le sue vacanze in Italia. Si ferma al Cenacolo dove la Madre la trattiene per un ritiro di dieci giorni al fine di completare la sua conversione al cattolicesimo che era latente. Nella festa di San Giovanni Battista ebbero luogo nella medesima cappella il suo Battesimo e la sua prima Comunione, quindi ricevette anche la Cresima, credo all'Arcivescovado[10]. Oh, gioia!

---

[10] Bluette fu la prima a raggiungere Luisa nella Chiesa. Altre amiche la seguiranno. Rientrate insieme in Svizzera per le vacanze, la domenica 22 luglio, faranno visita alle Visitandine a Friburgo. Malgrado la poca attrattiva provata sin da quel primo incontro con la vita claustrale, Luisa se ne riparte con la certezza che andrà in convento, ma dove?

Essa, indovinato il mio pensiero di vita religiosa, con semplicità ne parla alla Madre. "Impossibile, risponde la Madre, neppur pensarci con il suo stato di salute!". In seguito però ritornò sulle sue parole, me ne parlò e mi consigliò di informarmi in tutta tranquillità e calma di quello che meglio poteva convenirmi. Io ignoravo completamente tutto della vita religiosa e ne avevo una "fifa" da non dire! Malgrado ciò, un'attrattiva in fondo all'anima, un'attrattiva irresistibile…

Vacanze in Svizzera, in parte presso Bluette che mi conduce una domenica alla Visitazione di Friburgo: le due Madri al parlatorio parlano con bontà, lascio parlare Bluette, ascolto, osservo, non mi sento affatto attratta a passare dall'altra parte della grata. …Mentre ascoltavo, una voce interiore mi dice: "Quando tu sarai stabilizzata nella Chiesa, verranno tutti a cercarti, in tal modo rivolgeranno lo sguardo alla Chiesa!…". Nella cappella una oppressione e un abbattimento indicibili; mi dicevo: "Tu non potrai mai vivere là dentro!".

Ritorno a Milano. Volli prima sistemare tutti i nostri piccoli interessi di casa; dei ricordi di famiglia che mi erano cari come reliquie non ho conservato che lo stretto necessario, ivi compresa la famosa biancheria "per il convento" che attendeva da tre anni! Sapevo che vi sarei andata, ma dove?… Là dove non domanderebbero denaro perché, regolati tutti i conti, non mi rimanevano, ricordo bene, che un po' più di mille franchi svizzeri, sufficienti per un corredo, ma non per una dote. Non ho mai desiderato avere una dote.

Avevo nel cuore una ferita sempre viva e assai profonda che non mi lasciava mai: la pena dei miei.

Ero appena rientrata nella famiglia, a Milano, che avvenne il fallimento della fabbrica del padrone! Nel medesimo tempo nuova lettera di Papà in cui mi dava tutte le informazioni per la mia partenza. Egli si impegnava a fornirmi il viaggio di ritorno dopo due anni se non mi fossi trovata bene con loro. Mi si offriva ugualmente il viaggio in America per alcuni mesi di vacanza presso mia sorella Alice, quella che io amavo tanto. Un'amica, istitutrice presso la contessa Borromeo, di Milano, mi spinge ad accettare il posto detto "di istitutrice" presso la sorella della contessa Borromeo, la contessa Agliardi[11]. I ragazzi erano ancora piccoli; 3 anni e mezzo, 2 anni e mezzo, 6 mesi la piccola bambina, – vi erano solamente tre balie! Io dovevo occuparmi soprattutto del maggiore, insegnargli il francese, non lasciarlo mai!… Come avrei preferito le mie piccole nipoti! La contessa mi piaceva molto. Essa divenne per me una vera amica. Per allevare i bambini secondo il metodo Montessori la contessa Borromeo mi condusse alla "Casa dei Bambini" di Milano di cui era una benefattrice. Potevo così in una decina di giorni iniziarmi a questo sistema di educazione in compagnia della direttrice della casa, – oh, gioia! Vi appresi che la docilità, lo stato di obbedienza che produce la disciplina, è il frutto perfetto del rispetto delle anime, per quanto piccole esse siano, – è il frutto dell'amore. Io che ho tanto tanto amato i bambini mi credevo in Paradiso!… Non del tutto però: il mattino del terzo giorno, mentre d'un passo allegro mi avvio alla "Casa" un colpo ben noto di tosse mi arresta, – e senza avere neppure il tempo di arrivare al nostro appartamento, mi sento soffocare! Sulle scale di marmo bianco che bella chiazza rossa! È stata una delle mie più forti emottisi. Il medico al quale Madre Reggio mi aveva indirizzato qualche mese prima mi assicura che posso ancora guarire, ma bisogna curarmi. "Altrimenti… posso

---

[11] Luisa entra il 4 ottobre, prima presso la contessa Borromeo, per fare questo tirocinio di iniziazione al metodo Montessori. Tre giorni dopo sorgono problemi per la sua salute. Rassicurata dal medico, potrà continuare ad occuparsi dei ragazzi. Sembra rapidamente riprendersi e ritrovare le sue forze. In novembre la contessa Agliardi la fece vedere dal medico di famiglia il quale dichiarò che era "in perfetta salute". Tuttavia pochi giorni dopo ebbe la seconda emottisi, raccontata più avanti. Luisa aveva trovato nella contessa Agliardi più un'amica che una padrona e si sentì a proprio agio in quella famiglia. Persona molto pia, la contessa comprese il desiderio di Luisa e si sforzò di aiutarla a trovare una comunità religiosa che l'accettasse. Un'occasione le avvicina ancora di più: "Figurati, scrive Luisa a Bluette, che la contessa l'altra sera mi ha detto che va a confessarsi a Milano, perché dopo alcune ricerche vi ha trovato un confessore ammirevole. Ed ecco che abbiamo scoperto di avere lo stesso confessore!".

dirvelo perché siete intelligente, vedo che non potete tirare troppo avanti perché la malattia ha già fatto dei rapidi progressi!".

Poiché l'analisi dà un risultato negativo (nessun bacillo di Koch), egli mi assicura che senza nessun pericolo per essi posso continuare a occuparmi dei ragazzi qualora abbia 1'avvertenza di alcune precauzioni. Oh, provvidenza! Anche quando ero assai malata, mai hanno trovato bacilli, mai! Ciò mi ha permesso moralmente di offrirmi per la vita di comunità. Non feci parola alla contessa dell'incidente, dissi che un raffreddore o un po' d'influenza mi aveva impedito di ritornare alla "Casa" e alcuni giorni dopo, alla data convenuta, eccomi là! Ero così debole che mi aggrappavo a tutto quanto mi veniva sotto le mani. Pensavo: "Se posso resistere fino a stasera, dopo, tutto andrà bene". Non avevo che un pensiero che mi ritornava continuamente e che mi dava forza: "Cuor di Gesù, confido in Voi!".

La contessa si trovava in una delle sue proprietà in campagna al di là di Bergamo, sull'altura, parco immenso e meraviglioso, vecchio palazzo non troppo confortevole, ma pieno di sole e di luce, aria vivificante: era quello che mi occorreva! Ho subito amato i bambini e la loro mamma mi è divenuta come un'amica. Eccomi ristabilita. All'incirca un mese dopo, avevo appena finito di servire il caffè della sera ed eravamo tutti attorno al grande camino; la contessa era salita a rincalzare i lettini dei bambini, io stavo facendo un merletto, quando tutto a un tratto le mie dita restano come sospese in aria, mi sento morire; come se l'anima si separasse dal corpo; fu un lampo! tanto rapido che gli altri non se ne accorsero. Lentamente, lentamente, potei salire nella mia camera. La mia unica angoscia davanti alla morte non era il sacrificio della mia vita e dei miei, era: "Non ho avuto il tempo di divenire religiosa!". Ho pregato come non mai, supplicando Dio di lasciarmi ancora vivere per compiere ciò che lui mi aveva mostrato. Gli promisi che se mi lasciava in vita mi sarei occupata senza indugio della mia vocazione. Questa volta l'emottisi dovette essere tutta interna; il sangue raggrumato che sputai in seguito durante la sera e la notte mi fece capire che essa si era fermata come a mezza strada. Perdono di questi particolari, Padre: amo dirli e ritornarvi col pensiero perché mi parlano del soccorso del Signore.

Dov'è la Tua volontà?

Un giorno alla settimana, dalla mattina alla sera, scendevo a Milano per confessarmi, visitare Madre Reggio e andare poi a suonare i campanelli dei conventi. Non potrei dire quanti ne ho visitati! Nessuno mi attirava. Ormai tutto il mio tempo libero era consacrato a questa ricerca. La contessa al corrente dei miei progetti, mi aiuta con eccellenti consigli mentre circostanze imbrogliate si succedono.

Mia sorella Alice in attesa di un secondo bambino ha bisogno urgente del mio aiuto, è malata... Finalmente le Piccole Suore dell'Assunzione (Padre Pernet) di Milano mi accettano subito; ma bisogna fare un ritiro a Parigi alla casa madre per l'accettazione definitiva[12]. La contessa mi permette di prendere una decina di giorni di vacanza. Dopo un insieme confuso di circostanze contrarie, eccomi là con la mia valigetta e le fotografie inseparabili delle mie amatissime sorelle! Eravamo unite come le dita di una mano.

Senza saperlo avevo portato con me un'angina di cui tutta la casa soffriva da lungo tempo. Perciò febbre, febbre... Proprio al termine del ritiro c'era la terribile visita medica, che per me si ridusse a constatare 39,8 di febbre. A letto! Speravo di essere accolta; l'Ordine, il convento, le religiose, tutto mi aveva fatto un'eccellente impressione. Ma io avevo molte angosce interne che non sfuggirono alla Maestra delle novizie, perspicace, che

---

[12] Una volta Luisa, molto distratta, è partita senza il passaporto! La contessa Agliardi ha veramente fatto una lotta contro il tempo per farglielo avere all'ultimo istante alla stazione di Milano.

dirigeva il ritiro. Mi curarono molto bene, uno o due giorni; ma bisognò dirmi che non ero stata accettata, non a causa della salute, ma "quest'Ordine non è per voi, diceva la Maestra, noi siamo troppo austere" (!!!); poi "la vostra conversione è tanto recente che non bisognerebbe impegnarsi così presto, voi avrete troppe tentazioni". Obiettando che io avevo già 27 anni, lei sorrise: "Andrete in un Ordine in cui l'età non ha nessuna importanza. A meno che – disse – il Signore non vi voglia nel mondo per fare del bene. Prendete, è arrivato un telegramma dall'America per voi". Mia sorella Alice, ammalata, mi chiamava di nuovo. Avevo l'anima trafitta. Mio Dio, dov'è la vostra volontà?[13]

Triste ritorno a Milano: rifiutata, ammalata (dopo il viaggio in terza classe arrivavo con quaranta di febbre!), il richiamo di mia sorella... La mia buona Madre Reggio risolveva la questione con uno spirito franco, soprannaturale. Essa aveva ragione. Ma la sua decisione provocava in me una rivolta indicibile, il demonio faceva la sua parte. Non potevo più né vederla né ascoltarne i consigli[14]. La signora Ferrario, più moderata, mi tranquillizzava

---

[13] Il suo turbamento interiore, l'attaccamento ai suoi aveva dato un'impressione sfavorevole alla Maestra delle novizie. Luisa forse si ingannava sul significato di queste angosce che si ripeterono parecchie volte nei suoi tentativi di vita religiosa. Le attribuiva alla sua debolezza, alla sua mancanza di generosità... ma non era forse un'indicazione che Dio la voleva altrove? Ha raccontato a Bluette: "Le Piccole Suore di Parigi sono incantevoli; che energia e che spirito! Ho avuto l'impressione di toccare con mano la perfezione; tutto l'istituto è molto ben organizzato; poi sono intelligenti come tutte le Francesi, hanno lo sguardo pronto! Hanno dichiarato che il loro Ordine non era per me... ne sono rimasta a bocca aperta! Don Giorgio (suo confessore di Milano) pensa che, siccome ho trovato la porta chiusa là, forse è un segno che devo andare da Alice...".

[14] Luisa un giorno fu così ferita dall'intransigenza di Madre Reggio, che la lasciò bruscamente, piena di indignazione. Uscita dal Cenacolo prese il tram per ritornare a casa, piena di risentimenti. Alla discesa del tram, vide le fioriste sulla piazza; comprò il più bel mazzo di rose bianche che vi trovò e ritornando sui suoi passi lo portò a Madre Reggio. Il giorno dopo alla comunione udì questa voce interiore: *Insieme faremo qualche cosa di buono; tu da sola non puoi far niente.* La signora Ferrario, sua madrina di battesimo, era una

con il suo solo sorriso e il suo silenzio. La contessa Agliardi aveva preso un'altra istitutrice. Provvidenzialmente mi si presentò un posto a Milano (governante una giovinetta di diciott'anni). Non lasciai senza rammarico la contessa e la sua famiglia; essa fu molto molto buona con me, come pure sua sorella, la contessa Borromeo (via Manzoni) che mi ospitò più di una volta quando dovetti passare la notte a Milano. Avevano dei riguardi che io a mala pena notavo, tanto ero assorta: così la contessina Maria Luisa di 12 o 13 anni mi cedette la propria camera perché fossi più vicina alla mia amica Hermina, sua istitutrice; non aveva essa allineati sul canapé, per farmi una bella accoglienza, tutti i suoi animali di feltro che mi guardavano con i loro occhi fissi? Sul tavolino da notte un altare pieno di candelabri in miniatura ardeva allegramente... Particolari! Eppure non li ho dimenticati. Non è per i loro titoli che amai queste due famiglie, bensì per la *qualità* delle anime molto fini e luminose che v'incontrai.

Tutti questi particolari, Padre, perché desidererei tanto che voi, passando per l'Italia, portaste loro da parte mia un messaggio di Terra Santa, col mio riconoscente ricordo. Sono molto pii, l'apprezzeranno...

Se il Signore mi prende, e vi sarà possibile, avrete, Padre, la bontà di comunicar loro che non li ho dimenticati, realizzando con una gioia sempre più profonda l'unione delle anime in una stessa fede, in una stessa comunione, in uno stesso servizio? Grazie.

Avevo fatto un elenco di tutti i conventi che mi si indicavano (una lunga pagina) e detto al Signore che riterrei come sua volontà il partire per andare da mia sorella, se l'elenco terminasse senza che io fossi accettata.

In un pomeriggio di sole opprimente, in piena campagna fuori Bergamo, dopo molto cammino, raggiungo una povera casetta

persona dotata di un equilibrio e di una carità eccezionali. Vedova e madre di famiglia, era presidente delle donne cattoliche di Milano. Nonostante tutte le sue occupazioni, era disponibile per tutti quelli che ricorrevano a lei. Sarà proposta come modello a Suor Maria della Trinità (cf. n. 55).

di Suore Francescane di non so che specie. Prima ancora che io vi arrivi ne esce una vecchia Suorina, brutta e sudicia da far paura, che in rozzo dialetto mi grida di andarmene al più presto, perché esse non hanno da ricevere nessuno. "Ecco là il vostro treno, sbrigatevi!..." e alzava un braccio minaccioso... La prima volta che vedevo una Francescana! Non posso ridire l'emozione che provai, avrei voluto abbracciarla, quella megera. Ero turbata...

Il mio confessore non mi indirizzò verso alcun convento francescano; mi raccomandò di seguire i consigli di Madre Reggio, e mi lasciò continuare le mie ricerche. A Milano scappavo di buon mattino alla prima Messa e siccome la signorina si alzava abbastanza tardi, avevo il tempo di fare uno o due giri prima di raggiungerla per la colazione. Non si veniva a capo di nulla. Non mi rimanevano che due indirizzi! Il "Buon Pastore" di Milano, al mattino, ove la religiosa che mi accolse mi piacque per la sua riservatezza, il suo contegno dignitoso e amabile, però era necessaria una grossa dote! – e, nel pomeriggio, l'ultimo indirizzo, un convento di Francescane Missionarie d'Egitto, rannicchiato accanto all'antica Certosa di Milano. Lì una piccola Madre mi accolse sorridente come se mi attendesse.

Tutto si accomoda come in un racconto di fate[15]. Viene fissato l'ingresso per il 15 ottobre. Faccio una Via Crucis insieme con la comunità. Prima di tornare a casa, quel giorno, in un'altra chiesa

---

[15] Nella famiglia in cui Luisa si trovava allora, il lavoro era facile: "La piccola di cui devo occuparmi è più grande di me; avrà diciotto anni tra qualche giorno, è amabile, non mi dà alcuna preoccupazione e pena; mai una situazione mi è stata più favorevole!". Nella stessa lettera a Bluette, il 12 giugno 1929, le annuncia: "...si è giunti a una conclusione molto bella; ascoltami e aiutami a dire grazie a Gesù: il 15 ottobre entrerò come postulante dalle Suore Francescane Missionarie d'Egitto. La cosa si è aggiustata da sola, non so perché all'ultimo minuto, proprio quando stavo per andare in America, dato che Dio non mi mandava alcun'altra risposta che un telegramma di Alice... Ho risposto ad Alice che sarei andata a condizione di rientrare prima del 15 ottobre e penso che se non fosse più stata d'accordo di farmi andare per così poco tempo, mi avrebbe telegrafato il giorno dopo. Ecco a che punto siamo".

ho pianto. Sul mio tavolino era arrivato un quinto e ultimo telegramma di mia sorella: era stato prenotato il posto per me sulla nave, e "per farmi piacere", avevano scelto la più grande nave esistente attualmente; un magnifico assegno bancario mi metteva in mano più denaro di quanto non ne avessi mai avuto. Essa era ammalata; aveva bisogno di aiuto. Non mi mossi. Mi sentivo un'oppressione al cuore, tanto la mia pena era amara. Ora agirei ben diversamente. Il Signore mi ha fatto intendere che ai mezzi soprannaturali del sacrificio e della preghiera è necessario unire una gran vigilanza per non trascurare alcuno dei mezzi *naturali* che preparano le anime a ricercare e a ricevere la grazia.

Arrivò poi una lettera di Papà tutta riboccante di gioia: lui e la mamma sarebbero arrivati il prossimo maggio insieme con mio fratello Alessandro e sua moglie che venivano a trascorrere il loro anno di vacanza in Svizzera. I miei parenti sarebbero rimasti circa tre mesi; sarebbero venuti seguendo la costa orientale e sbarcando a Genova per raggiungermi in Italia; naturalmente avremmo trascorse le vacanze insieme tra i nostri parenti in Svizzera.

Entrai lo stesso. Avrei avuto il tempo di rivederli tutti prima con pieno comodo. Internamente sentivo, *sapevo*, che dovevo essere in convento nel tempo in cui essi fossero venuti. Era questo il mio modo di dire loro che la verità si trova nella Chiesa. Malgrado ciò non potei: il mese antecedente al loro arrivo io ero rifiutata perché malata. Le Madri furono molto molto buone con me e mi trattennero per parecchie settimane (fino alla fine di maggio) affinché potessi ristabilirmi e lasciar passare la mia famiglia. Avevo attraversato durante quell'inverno una crisi che non si può esprimere a parole. Nel fisico ero tutta una sofferenza, nonostante la bontà delle Madri. La casa era talmente umida che i fazzoletti si attaccavano sui tavolini da notte e gli oggetti venivano coperti da uno strato di muffa. Il medico consultato prima dell'ingresso, mi aveva detto che sarei potuta entrare, ma preferibilmente in primavera causa l'umidità dei muri che gli era nota. "Entrare prima dell'inverno sarebbe un tentar Dio". Ed è proprio ciò che mi dette il coraggio di entrare precisamente il 15 ottobre. Vedete, Padre, non vi nascondo nulla; ho pensato: "Non ne avrò per lungo tempo, offrirò la mia vita per la conversione dei miei". Il mio confessore mi disse poi: "Si crede sia facile cosa il morire; è una cosa difficilissima". Profonda saggezza. Per causa dei miei peccati il Signore non mi ha voluta. Dopo quindici giorni dal mio arrivo, emottisi, non troppo violenta; potei nasconderla. Domandai solo la forza di vivere abbastanza per essere novizia[16].

Con l'Avvento cominciò il tormento dell'anima: una pazza ribellione. Supplicavo d'essere rimandata. Quando mi si disse che ero rifiutata una tale rivolta mi lasciò immediatamente, di colpo, come se qualche cosa fosse uscito da me. Non me ne sarei andata da me stessa; piuttosto la morte[17].

---

[16] Sia per lei sia riguardo alla sua famiglia, si deve riconoscere che questa decisione non era prudente, dal punto di vista umano neanche caritatevole; tuttavia è l'amore che spinge Luisa ad agire così: l'amore del Signore, lasciare per Lui tutto, e anche l'amore dei suoi, per ottenere loro, con il suo sacrificio, la grazia della vera fede. Come sono vere le parole del suo direttore spirituale: non si decide l'ora della propria morte! Luisa ha ancora un lungo cammino da percorrere, per imparare a lasciarsi condurre da Dio. La sua preghiera e la sua offerta hanno certamente ottenuto delle luci per i suoi parenti. Essi hanno compreso un po' il significato del suo gesto. Senza approvare la sua determinazione, accettano da questo momento che lei segua la propria strada. C'è nel loro atteggiamento un profondo rispetto e anche una certa ammirazione. Il 16 ottobre Luisa racconta del suo arrivo nella comunità di Musocco: "Sono dunque andata ieri sera verso le ore 7, era già buio; mi accompagnava la mia madrina, la signora Ferrario. Non mi si attendeva più, tutte le porte erano chiuse, sprangate con il catenaccio; noi abbiamo atteso per un po' di tempo nel piccolo cortile, sembrava che non mi si volesse più. Alla fine una finestra si è aperta, hanno borbottato delle cose incomprensibili in milanese, poi abbiamo atteso, abbiamo suonato di nuovo; la finestra si è aperta ancora a due riprese, poi finalmente una luce e del rumore dietro la porta che si apriva; e dire che si sente parlare di rapimento di giovani per il convento! Io invece ho dovuto piuttosto espugnare la roccaforte per entrare".
[17] Tuttavia non lascia trasparire quasi niente in una lettera alla contessa Agliardi, del 15 dicembre, terza domenica d'Avvento: "Sono due mesi che sono qui. È un piccolo convento tranquillo, semplice semplice. Si vive nell'ombra, nella povertà, nella gioia. Mi sembra che il buon Dio mi abbia fatto cadere in un piccolo angolo fatto per me! Sono felice di essere in una

Fu il medico a dare un taglio netto alla questione poiché tossivo di notte e mi si udiva. La nostra Madre, provinciale di quattordici case, che era chiaroveggente e tutta dedita al suo dovere, diceva che il Signore non mi voleva più perché avevo avuto troppo attaccamento alla mia famiglia. "Mai ho visto lottare come voi". Volgendosi poi alla Maestra delle novizie: "Ah, *questa* era una vocazione!"…"Era!"…Non avevo che un desiderio: ricominciare. Ora che questa sofferenza atroce, interna, mi aveva lasciata, ero ritornata me stessa e avrei potuto lasciar passare la mia famiglia senza vederla.

Uno stesso amore per lo stesso Dio non dovrebbe separare anime di buona volontà, anime "missionarie" che lavorano per il Regno di Dio. La disunione di queste anime mi angosciava: è necessario "attirare" le anime alla Chiesa, non scandalizzarle. Dicevo al Signore che lo servirei in tutto, come vorrebbe Lui, ma che mi *era necessario* che i miei si rasserenassero, che accettassero senza rivolta la mia vocazione, perché anch'essi erano missionari. Oh! Padre, Egli me l'ha ben concesso: noi siamo uniti nella carità. Ho arrecato ai miei dei gravi dispiaceri rifiutando continuamente le loro affettuose proposte. Essi hanno tutto perdonato, il loro atteggiamento è stato ammirabile, benché, secondo loro, io li abbia "traditi". Papà citava san Paolo: "Chi non si prende cura dei suoi, è peggiore di un infedele". Quando fui malata, mi curarono, mi accolsero a braccia aperte con un felicità indicibile quando io non sapevo più dove andare, dopo che ero uscita da Evian (eppure mia sorella mi raccontò che Papà aveva stentato a trovare lì per lì le 50 sterline necessarie per il viaggio, quel viaggio che io avevo rifiutato per anni!). Ora vi è da parte loro una rispettosa tolle-

casa francescana, vi si prega bene. Le mie difficoltà e i miei tormenti sono a proposito della mia famiglia; ve lo dico perché vi ricordiate anche un po' di me nella vostra preghiera". Molto tempo dopo, la suora sacrestana di Musocco si ricordava di Luisa. Parlava della sua bontà e del suo coraggio, ma aggiungeva: "Faceva pena, avrebbe voluto fare i lavori materiali della casa come le altre e non poteva, debole e delicata com'era".

ranza per la fede cattolica e per le mie convinzioni. Il Signore ha accordato ciò col passare degli anni. In seguito vi fu la Società.

Scusate, Padre, questa digressione. Ritorno a Milano (Musocco) dove le buone Madri mi tenevano provvisoriamente con loro. Non sono andata incontro ai miei parenti a Genova come invece mi chiedeva di fare un telegramma di Papà. La nostra Madre Provinciale approvò la mia decisione: "Uno strapazzo di meno!", disse. Mi accorsi in seguito come pensasse che ritornando io a vivere tra i protestanti, mi esponessi al pericolo di allontanarmi dalla fede. Errore. Le tentazioni contro la Fede le ho avute in convento, nessuna invece me ne è venuta quando mi sono trovata tra i protestanti; al contrario, siccome avevo modo di vedere meglio i nostri privilegi, la mia Fede ne usciva rafforzata. Vero è però che mettevano ogni cura nell'evitare qualsiasi discussione, ad eccezione di una volta con mio fratello missionario a proposito del Battesimo. Esiste tra i protestanti e i cattolici un muro enorme di idee false, di pregiudizi, di informazioni inesatte, reciprocamente. Quando si sarà riusciti a far cadere questo muro di antipatia, di opposizioni irreali, gli spiriti saranno più aperti alla luce della verità. Io penso che questo privilegio appartenga all'Azione Cattolica.

Mio fratello e sua moglie vennero a visitarmi dalle Suore. Papà, che si era ripromesso di non metter *mai* piede in un convento, mi aspettava in albergo. Al vedermi si accasciò su una sedia singhiozzando come un bambino. Erano dieci anni che non ci eravamo visti! Per tutta la vita avevo tanto desiderato conoscerlo! L'ho sempre amato immensamente... Mio Dio, dov'è la vostra volontà?[18]...

---

[18] Questo commovente incontro ebbe luogo nei primi giorni del maggio 1930. Inesorabile nelle sue decisioni, Luisa aveva deciso da parte sua di non uscire dal convento per questa visita. È per il consiglio della Madre provinciale e della contessa Agliardi, avvertita dalla Superiora, che Luisa acconsente a recarsi all'albergo. La religiosa e la madre di famiglia le fecero comprendere che non poteva trattare così severamente i suoi parenti. Dio non voleva certamente che lei imponesse a se stessa e soprattutto a suo padre un tale sacrificio.

Non nascosi che avevo ricevuto un rifiuto, ma senza dare tante spiegazioni sulla mia malattia; sapevano che facevo una pazzia entrando in convento! La buona contessa Agliardi mi aveva subito offerto un magnifico posto: segretaria e dama di compagnia di sua madre, già avanzata in età, la principessa Gallerati-Scotti, il cui sorriso mi piaceva tanto. Il mio confessore, che era anche il confessore di tutta la famiglia, mi consigliò di seguire la mia vocazione.

Le "Francescane del Bambino Gesù" mi accettavano dal momento in cui fossi guarita. Mi era rimasto un po' di denaro e mi unii a un pellegrinaggio per Lourdes. Ah, Lourdes!... Vi trovai la Santa Vergine, sì, io come tanti altri. Da quell'istante Essa fa parte della mia vita; so che tutte le grazie ci vengono mediante la sua intercessione. Vorrei riparare per tanti anni in cui l'ho misconosciuta e per l'ingratitudine di tanti suoi figli che tuttavia partecipano dei benefici della sua materna protezione!

A lei domandai di ridonarmi la mia vocazione e di guarirmi a questo scopo, e la conversione dei miei ad ogni costo... Tre volte potei immergermi nell'acqua miracolosa. Proprio prima di partire sentii ch'ero guarita. Padre, voi sorriderete... non so cosa accadde, però durante otto giorni mi sentii *guarita,* non un solo colpo di tosse! Madre Reggio mi aveva indirizzata a un medico capace, molto coscienzioso e pratico di questa malattia; egli dichiarò che i miei polmoni non avevano nulla, assolutamente nulla! Le "Francescane del Bambino Gesù", tutte felici, mi dicono che è necessario anche un attestato del loro medico. Dopo il consulto, con aria grave: "La vita religiosa è assai dura... poco indicata per un organismo delicato"...sua sorella gli era morta in capo a due anni alla Visitazione... Non è vita per me, i polmoni sono ammalati. Chi è stato quell'imbecille che vi ha detto che non si sentiva nulla?... Non è possibile!". E con molta chiarezza mi viene spiegando cosa c'era: l'evidenza della ricaduta. – Dio mio, dov'è la vostra volontà?[19]...

---

[19] Questo sobrio racconto è l'unica informazione che abbiamo di questo pellegrinaggio. Per Luisa, la grazia di Lourdes sarà stata prima di tutto l'incontro con

Proprio in quei giorni una lettera di Papà: mi attendevano per passare insieme – con mio fratello – le vacanze in montagna dai nostri parenti. "Non temere alcuna noia per la tua conversione, *ci sarò io a difenderti*". E realmente lo fece, rispondendo in vece mia con ammirabile spirito di tolleranza.

Il mio confessore mi aveva detto di andare e di ottenere da Papà una nuova cura di tubercolina, come l'altra, per guarire e riprendere la vita religiosa: "Fatelo per Gesù"…

Papà e mamma senza previo accordo ebbero un'unica risposta: "Faremo ogni sacrificio per una nuova cura, però ci devi promettere che non tornerai in convento. Se ci rimetti piede, dopo qualche mese sarai daccapo con la tua malattia (era il parere dei medici svizzeri che mi avevano curata)".

Dio mio, dov'è la vostra volontà?

Risposi che volevo guarire per tornare alla mia vocazione. I miei genitori si mostrarono molto buoni con me. Papà consultò uno specialista, pagò una radiografia assai costosa, mi acquistò dei vestiti estivi, un mantello invernale, perché io avevo distribuito quasi tutte le mie cose; nonostante la loro bontà e l'apparente pace che regnava tra noi (evitavamo con cura qualsiasi discussione religiosa), non trovammo dieci minuti di felicità insieme. Tra noi si era spalancato un abisso. È necessaria molta carità reciproca per colmare un tale abisso. Ci vogliono le ali della carità per sorvolarlo. Oh, mio Dio! questa carità voi ce l'avete data!

---

la Vergine Maria e la certezza che doveva perseverare nella sua ricerca del chiostro. Lo slancio del fervore di questi giorni può spiegare la sua apparente guarigione? Ne fu trasformata al punto da falsare la diagnosi del primo medico? La constatazione della ricaduta la riporta nell'incertezza; almeno le evita una nuova esperienza di vita religiosa che non corrispondeva alla sua chiamata e che avrebbe potuto completare la rovina della sua salute. Raggiunge allora i suoi parenti all'Auberson. Ebbe bisogno dell'appoggio del padre e del fratello, perché tra i parenti e i conoscenti, non tutti avevano la stessa larghezza di spirito e la stessa comprensione per colei che consideravano una rinnegata. I suoi genitori ripartirono il 10 settembre per l'Africa. All'ultimo momento, tramite la sua amica Bluette, si apriva una porta per Luisa: era il Pensionato Sant'Agnese a La Chaux-de-Fonds.

Presso le Suore insegnanti

Partenza dei miei genitori, – non sapevo ancora come avrei fatto, non essendo in condizioni di sobbarcarmi ad alcun lavoro. Mio fratello che ha sempre saputo molto bene perorare la mia causa, mi prenderà con sé, e Papà gli manderà il necessario. Ma ecco che la mia amica Bluette mi scrive che lassù dirimpetto alla chiesa cattolica c'è un Pensionato con la cappella in casa, dove a modico prezzo (120 franchi mensili) si può trovare alloggio. Vi avrei il riposo, l'ossigeno della montagna, la vicinanza della chiesa.

Papà accetta: mi spedirà 100 franchi al mese; io darò lezione per gli altri venti franchi che mancano! Sono io a decidere questo. Però prima di partire Papà disse a mio fratello di farmi sapere che non avevo bisogno di andare in cerca di lezioni. Mi manderà ogni mese centocinquanta franchi. Fece questo e assai di più poiché potei sopperire alle spese per la cura della tubercolina (punture) per circa due anni, poi alle spese dei miei studi alla scuola normale. Lassù il Signore mi riservava insieme col Postulandato e col Noviziato nella Società anche il famoso trattamento che avrebbe dovuto guarirmi; nel frattempo seguivo i due anni della scuola normale frequentandone tutti i corsi, senza eccezione, allo scopo di ottenere il diploma di insegnante di Stato[20].

Questo diploma di insegnante non era però quanto desideravo; non desideravo che il chiostro.

Nella casa vi era una cappella, col Santo Sacramento! Poiché si stava vicino alla chiesa, il patronato delle giovani si riuniva nella casa; non ho mai cercato la chiave dell'enigma.

Che gioia poter avvicinare di più un'amica di Bluette che tan-

---

[20] La Società delle Figlie del Cuore di Maria: una Congregazione religiosa fondata durante la Rivoluzione francese da Maria-Adelaide di Cicé e dal padre gesuita Pietro de la Clorivière. Quanto alla sua origine, era sorta in tempo di persecuzione e, per poter lavorare in tutti gli ambienti, i membri della Società restano in abiti civili. Vivono sole o in piccole comunità senza far sapere pubblicamente la loro appartenenza a una società religiosa.

to mi piaceva: Cecilia Chatelain, le ho voluto tanto bene! Essa sarebbe divenuta la mia maestra di noviziato. È lei che dopo alcuni mesi mi parlò in modo discreto della Società chiedendomi se mi volessi unire a loro. Nessuna attrattiva, proprio nessuna, per una simile vita religiosa. Ma don Giorgio di Milano mi scrive che crede che il Signore stesso mi abbia condotta là dove Egli mi voleva, manifestandomi così chiaramente la sua volontà. Don Giorgio conosceva già la Società e la stimava assai. Ne rimasi annientata. Ma Cecilia Chatelain che ammiravo profondamente, sorgente e luce viva, mi avrebbe aiutata.

Il 22 febbraio 1931 sono ricevuta postulante a Neuchâtel dove risiedeva la nostra Superiora. Cecilia Chatelain era la sua Assistente e la Maestra delle novizie a La Chaux-de-Fonds. Eravamo in due novizie, tre per un certo periodo di tempo. Ella mi diede una formazione di un vero valore, perché vivace, energica, materna nella sua sorveglianza. Io le devo molto molto[21].

Il mio sacrificio era il chiostro, ma era un sacrificio ben profondo; dovevo rinnovarlo costantemente. Fu addolcito dalla gioia dei miei genitori; avevo scritto loro che rinunziavo al convento, per servire Nostro Signore nel mondo consacrandomi alle scuole parrocchiali che avevano bisogno urgente di maestre. Il diploma governativo, richiesto anche per le scuole parrocchiali, mi mancava perché da piccola avevo frequentato il ginnasio in una scuola privata protestante che mi aveva rilasciato un diploma privato. Oh, gioia! I miei genitori ringraziavano Dio come se avessero ritrovato la loro figlia! Papà mi scriveva che si sarebbe incaricato

---

[21] Per Luisa questo soggiorno appariva come una deviazione sulla via del chiostro, ma don Giorgio vedeva giusto pensando che questo incontro era provvidenziale. È certo che la Società e in modo particolare la Maestra delle novizie di La Chaux-de-Fonds hanno dato molto a Luisa. Convertita da poco, aveva bisogno di essere veramente introdotta nella vita della Chiesa. Trovava là, in un luogo di diaspora, delle persone capaci di comprenderla e aiutarla. La sua compagna di noviziato era anche lei una convertita. Questa permanenza tuttavia non fu per lei che una tappa. Finché non avesse dato tutto al Signore nella vita claustrale, Luisa non avrebbe conosciuto la quiete dell'animo.

delle spese dei miei studi alla scuola normale e la mamma non mi diceva forse che il Signore mi applicava le parole della sua ultima preghiera? "Non ti domando che tu li tolga dal mondo, ma che tu li preservi dal male". Parole che sono in testa alle Costituzioni...

A Neuchâtel come a La Chaux-de-Fonds mi si accolse con bontà. Amavo profondamente la Società. La sua missione nel mondo mi attraeva essendo uno dei più grandi desideri del mio cuore. La sua unione così nascosta e così profonda con la Santa Vergine, principio di ogni sua azione, è un tesoro immenso. Padre, devo molto alla Società. Non ho rimpianto un minuto d'essermi messa per tale via; e mi ci ero messa rinunciando definitivamente al chiostro, senza restrizione, per sempre! Era la volontà di Dio – ed è questa stessa volontà che d'improvviso servendosi della mia libera iniziativa, naturalmente, ha cambiato tutto.

26 agosto 1931, la mia offerta. Non mi si permette di offrire la mia vita per la conversione dei miei, ma il Santo Sacramento mi dà a tale riguardo un bagliore.

Dunque, due anni di studi alla scuola normale per obbedienza, per prendere poi una classe a Neuchâtel nella scuola parrocchiale. La parrocchia faceva costruire una piccola scuola moderna, tutta nuova, in cui le maestre avrebbero potuto alloggiare, un incanto di scuola... Durante questo tempo la tubercolinoterapia mi aveva valso una guarigione completa. Il denaro che Papà mi mandava bastava per le mie spese personali, per il viaggio di ritiro annuale, per il medico e gli studi, ecc. Ma per circa due anni, credo, non ho più pagato la pensione alla "Casa", ero di famiglia. È quanto ho rimpianto alla mia partenza.

Quello che la scuola normale costò alla mia timidezza e al mio orgoglio solo il buon Dio l'ha visto e che Egli ne sia benedetto! Tempo di grazia. Sono ritornata a Neuchâtel comprendendo che non ci rimane che un tesoro: ciò che noi abbiamo avuto il privilegio di sacrificare per Gesù[22].

---

[22] Luisa era la studente più anziana e la sola cattolica nella classe. Uno dei

Adesso la concordia regna tra i miei: Cecilia Chatelain vi ha contribuito con la sua preghiera e con la sua migliore volontà.

Mia sorella in Africa perdette intanto il marito. Fu tale il suo cordoglio che consacrò il poco denaro disponibile per rivedere le sue amate sorelle nell'estate 1933, per trovare un po' di conforto nell'affetto intenso che ci legava. Mia sorella Alice viene dall'America in vacanza con suo marito e i due piccoli figlioli. La sorella Elisabetta viene con la seconda delle sue tre bambine, Jacqueline che ha quattro anni e mezzo. Arrivò il 14 giugno 1933, molto ammalata. Ma che effusione di gioia! Tredici anni che non ci eravamo più viste. Ciò fu la sorgente di molti sacrifici intimi perché io non appartenevo più a me stessa. Passammo insieme con mia sorella Alice circa (due) mesi di vacanza[23]. Poi il dovere

---

professori si professava ateo e non lasciava passare nessuna occasione per farsi beffe della fede cristiana. Un giorno se la prese con la divinità di Cristo. Luisa chiese la parola: molto calma e con una grande dolcezza provò chiaramente con la Scrittura la divinità del Salvatore. L'accaduto fu riferito ai pastori della città. Il sabato successivo si poté leggere sul "Foglio della domenica" della parrocchia protestante un articolo che deplorava la mancanza di coraggio degli studenti e concludeva così: "Onore alla giovane cattolica che ha saputo difendere la divinità del Cristo". Luisa ottenne il suo diploma di scuola normale il 3 aprile 1933.

[23] Il numero manca nel manoscritto. Sappiamo che la sorella Alice ripartì per l'America il 1° settembre. Elisabetta, ancora molto stanca, rimarrà con lei a Neuchâtel fino al mese di marzo 1934, per rimettersi in salute. La nostra principale fonte di informazione – le lettere di Luisa – è molto scarsa in questo periodo. Troppo presa dal suo lavoro scrive poco. D'altronde le sue sorelle le hanno da poco fatto visita e le sue migliori amiche sono tutte vicine. Per fortuna noi abbiamo un'eccellente testimonianza scritta dalla sua compagna di noviziato di La Chaux-de-Fonds e di scuola a Neuchâtel. Meglio delle lettere, questi ricordi ci mostrano come Luisa appariva alle persone del suo ambiente: "Incontrai Luisa per la prima volta a La Chaux-de-Fonds... Molto minuta, trotterellava in quella piccola casa silenziosa come alla ricerca di un servizio da fare. E quando ci guardava si aveva l'impressione di uno sguardo dell'aldilà che penetrava fin nella coscienza. Affabile, di una dolcezza che non ho mai provato... attenta al suo prossimo, pronta a scomparire davanti agli altri, così mi apparve Luisa al nostro primo incontro". In seguito a Neuchâtel: "Una conoscenza più profonda di Luisa mi permise di scoprire la sua intelligenza, una perspicacia sorprendente nel dominio psicologico – la sua grafia lo attesta –, un'intelligen-

za intuitiva, una cultura generale che per modestia si sforzava di nascondere, un senso artistico molto forte, ascoltava e capiva la musica; componeva delle incantevoli poesie ricche di ispirazione... aveva dello spirito, ma mai di scherno ...solo nell'aprile 1946 ho saputo della morte di Sr. Maria della Trinità. Non è dunque sotto l'emozione del racconto della sua vita o dei suoi scritti che ho parlato di lei – invariabilmente per anni – con queste semplici parole: 'Per me la signorina Jaques è il ritratto della santità vivente'. E quando mi si chiedeva: 'Cosa ha dunque fatto?' io ho dato sempre questa risposta: 'Non l'ho mai sentita pronunciare una parola contro la carità'. Malgrado la sua debole salute, voleva fare penitenze esterne. Non avendo ricevuto il permesso di privarsi del burro a colazione, metteva tutto il pezzo nel caffé bollente e mandava giù la bevanda senza batter ciglio, tutta d'un colpo; poi mangiava il suo pane secco. Era così magra che doveva sentire il freddo in modo più doloroso delle altre suore. Mai una volta si è lamentata anche se le sue mani erano violacee, piene di geloni e la si vedeva tremare... La sua famiglia le aveva dato un cappotto di pelliccia; questo cappotto era per lei un incubo. La superiora voleva che lei lo portasse nei grandi freddi invernali, ma Luisa ne soffriva molto. Non mancando di umorismo diceva: 'Sono una povera, in cappotto di pelliccia!'. La sua pazienza, tutte noi l'abbiamo messa alla prova... Davanti alle umiliazioni, che non le furono risparmiate, è rimasta senza amarezza, persuasa che gli altri avevano ragione... Si restava disarmati davanti ad una tale dimenticanza di sé, a una tale umiltà. Quando la si vedeva pregare, si era presi da rispetto. Dritta, immobile, con le mani giunte, appoggiandosi appena sul bracciolo, si sentiva che questa anima era veramente in conversazione o in ammirazione davanti a Dio. Non ho mai incontrato una persona che mi abbia dato come lei il sentimento di trovarsi in presenza di un mistero da rispettare". A Neuchâtel Luisa dunque insegnava. La sua compagna, istitutrice anche lei, prosegue: "La sua grande dolcezza le rese difficile un compito che è sempre e per tutti pieno di ostacoli. Luisa ha fatto molta fatica, bisogna dirlo, ad esigere la disciplina. Non era fatta per la vita attiva, per guidare una compagnia di ragazzi più o meno ben educati. Luisa è riuscita certamente molto bene nelle famiglie in cui è passata come istitutrice, ma non nella scuola. La ragione è molto semplice: non era al suo posto". Il curato della parrocchia ha anche parlato della difficoltà di Luisa di tenere una classe. Qualcosa in lei le impediva di imporsi, di comandare. Era evidente la sua buona volontà, i suoi ottimi principi, ma solo per contatti personali o per piccoli gruppi.

Di quel periodo abbiamo questi proponimenti di Luisa:

+ *Gesù!*   *Educazione!*

1. Mantenere ciò che dico. Quando mi smentisco, spiegare quanto più possibile il perché.

2. Dare un ordine, un consiglio, un'indicazione *una volta,* due volte al massimo.

3. Sobrietà di parole. Silenzio. Esempio, esempio, esempio.

4. *Nessuna* parola (tranne per necessità di informazioni) che possa far diminui-

mi ricondusse a Neuchâtel, mentre le cattive condizioni di salute impedivano a mia sorella di ritornare a casa sua in Africa. Venne in pensione nella nostra "pensione-famiglia" a Neuchâtel.

Avevo chiesto al Signore di inviarmi una prova che mi desse modo di dimostrargli che l'amavo più dei miei, e questo in riparazione delle mie debolezze a Milano (Musocco). Egli mandò l'occasione. Offrii tutto per la conversione di mia sorella. Tempo di prova. Ora ho capito che bisogna risparmiare agli altri ogni pena evitabile, quel che importa innanzitutto è diffondere la carità.

Rifiutata per i miei primi voti, rimandati di sei mesi. Ci sono difficoltà in casa, la nostra Superiora è ammalata ed è costretta ad abbandonare la carica prima di terminare il triennio. Sempre questo desiderio del chiostro! Mi apro con la mia Superiora e con una delle Assistenti della Madre Generale che era venuta all'improvviso per dirigere temporaneamente la Casa e aveva parlato a ciascuna in particolare. Una santa.

Non avevo però nessuna informazione, né alcuna possibilità di rivolgermi a un monastero; respinsi dunque il desiderio come una tentazione e affermai che sarei rimasta. Madre P. (la Madre Assistente) dispone immediatamente il mio trasferimento a Reims: un'amica di Reims verrebbe a Neuchâtel a sostituirmi nella scuola per un anno. A Reims c'era una grande casa, chiusa

---

re la stima degli altri in quelli che mi ascoltano. Nessuna parola adulatoria. Ma vedere la bellezza e farla scoprire. *Nessuna* parola che possa recare vantaggio per me. Tacere su di me. Io non esisto più. Non c'è che *Gesù* che cerca di rivelarsi tramite me.

5. Mai rimproverare. Mai ricordare il bene fatto. È dato a Dio. Nelle punizioni, meno parole possibili. Far *sentire* la disapprovazione. Riparare, io, se possibile. Pensare al giudizio del Signore: "Va' e non peccare più!".

6. *Libertà* il più possibile, perché la generosità cresca e sia meglio esercitata. Esigere con *l'esempio*.

7. Sviluppare il senso dell'*indipendenza* e della *responsabilità* individuale.

8. Imparare a tenere *libero* il cuore e la volontà, a possedersi per *donarsi* e a non lasciarsi prendere.

9. Favorire tutto ciò che alimenta la vita personale, il desiderio della perfezione, la solitudine con Dio.

come un convento; essendo la vita molto regolare, non ho mai voglia di uscire, sbrigo i lavori di casa: raccoglimento, silenzio, preghiera; tempo di grazia.

Una seconda volta mi vengono differiti i voti per sei mesi; motivo: la tentazione da me avuta di andare dalle Clarisse.

Mio Dio, dov'è la vostra volontà?... La forza mi vien meno. Mi mandano per quindici giorni in vacanza in campagna dalla Madre P. Quindici giorni di paradiso. Poi finalmente, il 3 febbraio 1935, emetto i primi voti. Li ho fatti per sempre, e per sempre nella Società. La formula dice "per un anno".

Non ottengo il permesso di offrire la vita per la conversione dei miei. Mons. Paulot (Vicario Generale di Reims), consultato, mi dice che posso offrirmi come vittima alla volontà di Dio per domandare la *salvezza*, non la conversione dei miei, senza però domandare la morte.

"Possono salvarsi nella loro religione, ciò che interessa è la salvezza... Fate l'offerta di voi stessa affinché Dio realizzi quanto Egli sa essere il meglio".

Oh, di tutto cuore!

Monsignor Paulot mi parlò con bontà, raccomandandomi di ringraziare Dio per avermi dato dei genitori tanto cristiani. (Egli ne aveva letto alcune lettere). Tuttavia un grande sconvolgimento interiore:

"E io che li ho fatti tanto soffrire!...

Allora non era necessario!".

Non ho ancora compreso tutto il pensiero di Mons. Paulot: la verità è nella Chiesa, è necessario che la verità sia conosciuta. Vale ben la pena di offrire la propria vita per questo[24].

---

[24] Abbagliata dall'Eucaristia, Luisa non concepiva che si potesse disgiungere la "salvezza" dalla pienezza di questo incontro privilegiato con il Signore. Nel suo entusiasmo, avrebbe voluto che tutta la famiglia la seguisse nella Chiesa e che tutte le sue amiche la raggiungessero in convento! Con saggezza, questo sacerdote la rende attenta al mistero della chiamata di Dio e al cammino così diverso delle anime. Se è vero che la verità è nella Chiesa e

Dopo un anno sono di ritorno a Neuchâtel. Nell'anima mia c'è tutto un canto. Mi affidano la classe delle più piccole, classe infantile; non vi è che gioia, canti e anime nuove che si aprono al catechismo di ogni mattina. A Neuchâtel tutto andava bene. Una nuova Superiora nominata di fresco, ancora giovane ed esile, era esempio straordinario di silenzio, dolcezza, mortificazione e dominio di sé. I lavori di casa e il clima inadatto mi avevano tolto il superfluo (appena quaranta chili quell'estate). Non è per colpa della mia Superiora di Neuchâtel bensì in conseguenza del soggiorno a Reims che un bel giorno di ottobre la ben nota emottisi riappare. Sono curata mirabilmente e mi si invia per alcune settimane a La Chaux-de-Fonds sebbene l'emottisi non sia stata molto forte. Ritorno in seguito a Neuchâtel dove si continua a curarmi; si hanno per me delle delicatezze davvero commoventi e la vita mi sta diventando cosa dolce.

---

che vale ben la pena di offrire la propria vita perché questa sia riconosciuta – tale è la convinzione del "martire" pronto a versare il suo sangue a sostegno della sua testimonianza –, è vero anche che il riconoscimento di questa verità non si ottiene con la sola ragione. Implica l'illuminazione interiore della grazia, un dono gratuito di Dio. Per assicurare la felicità eterna di coloro che si amano, ciò che importa è di sostenere la loro fedeltà alla luce ricevuta, fino all'incontro ultimo con Dio. Quanto ai particolari del cammino, vedremo più avanti che Luisa non ha annotato nei suoi taccuini che degli inviti alla fiducia e all'abbandono alla volontà di Dio (cf. n. 41 e 57 e Indice analitico). Il Concilio Vaticano II ha esposto in parecchi documenti la dottrina cattolica sulla salvezza di coloro che sono fuori dalla Chiesa. Dopo aver affermato: "La Chiesa peregrinante sulla terra è necessaria alla salvezza… perciò non possono salvarsi quegli uomini i quali, pur non ignorando che la Chiesa cattolica è stata da Dio per mezzo di Gesù Cristo fondata come necessaria, non vorranno entrare in essa o in essa perseverare" (*Costituzione dogmatica sulla Chiesa*, n. 14), il Concilio precisa per i non-cristiani: "Quelli che, senza colpa, ignorano il Vangelo di Cristo e la sua Chiesa, e che tuttavia cercano sinceramente Dio, e coll'aiuto della grazia si sforzano di compiere con le opere la volontà di Lui, conosciuta attraverso il dettame della coscienza, possono conseguire la salvezza eterna" (*Ivi*, n. 16). In un modo ancor più positivo per i cristiani delle altre confessioni, il Concilio riconosce: "…queste Chiese e Comunità separate, quantunque crediamo abbiano delle carenze, nel mistero della salvezza non sono affatto spoglie di significato e di peso" (*Decreto sull'Ecumenismo*, n. 3).

Anche il lavoro mi piace, ma prima di rinnovare i miei voti annuali, il 3 febbraio 1936, che oppressione! Mi sembrava di ingannare Dio: "Non è per questo che ti ho chiamata". Tentazioni respinte. Volevo essere fedele e, rinnovati i miei voti, ritorna la calma. Ed ecco che cosa mi è accaduto: la nostra Superiora era assente, a tavola una delle suore anziane disse un giorno che non si meravigliava più di nulla, tutto può succedere. Non ha visto la Superiora delle Suore dell'Ospedale, stimatissima, abbandonare la sua carica per entrare dalle Clarisse, son già diversi anni...! Io ascoltavo: "Come può essere ciò, se era legata dai voti?...". Allora come senza badarvi la buona Suora lascia cadere queste parole che io non avevo mai intese: "Si può sempre passare da un Ordine attivo a un Ordine più austero".

Fu un baleno! Lo credereste, Padre? In un attimo vidi quello che dovevo fare, che avrei fatto. *Sapevo* che era bene e che sarebbe riuscito. Perché una decisione tanto importante arrivi così di colpo mi sembra che debba essere stata preparata da molte osservazioni ed esperienze interiori, d'un colpo, ecco il momento è giunto...

Silenzio. Non una parola con nessuno; aspettavo che Dio mi venisse in aiuto se questa era la sua volontà. Ma lo credereste, Padre, che in quei pochi giorni ho ritrovato i miei chili perduti e che mi sono fortificata? Lo volevo. Una delle nostre Suore che ci aveva lasciate era stata molto aiutata dal Rev. Padre Zundel[25] di Neuchâtel di cui io conoscevo i libri ed una reputazione di santità che eccitava le lingue maldicenti. Egli veniva qualche volta a Neuchâtel a trovare i suoi buoni genitori. La nostra precedente Superiora, quella che ci aveva lasciate prima che fosse ultimato il suo triennio, mi aveva *proibito* di confessarmi da lui quando il Parroco l'aveva chiesto come aiuto per Pasqua. Mia sorella mi

[25] M. Donzé, "Zundel (Maurice)", *Dictionnaire de Spiritualité* 16 (Paris 1994) 1665-1669; C. Dalla Costa, *Maurice Zundel. Un mistico contemporaneo* (Le Bussole 20), Effatà Editrice, Cantalupa 2008.

disse che era francescano (essa credeva così). È dunque lui che consulterò quando ritornerà. Prima una serie di circostanze contrarie, poi ciò mi arriva quasi per miracolo, presso i suoi genitori. Oh, Padre, subito fu fatto! Che precisione e che liberazione nella mia povera anima! Dissi soltanto che desideravo andare a pregare in un convento, non osavo pronunciare la parola del mio sogno mai detta ad alcuno; allora egli, guardandomi, "Clarissa!" disse, come se fosse scritto sulla mia fronte!

Adesso avevo l'indirizzo di Béziers dove il Monastero delle Povere Dame chiedeva vocazioni. Spigolai inoltre da un padre cappuccino, venuto di passaggio a Pasqua, alcune informazioni a proposito delle formalità necessarie per un trasferimento: tutte cose semplici e fattibili.

Una gioia mai provata inondò il mio spirito, una gioia interiore che non è un semplice sentimento, ma è come un soffio di riconoscenza irresistibile verso Dio.

Ci tenevo a partire prima che spirassero i voti annuali per non ritrovarmi in balìa di me stessa e a passare da una casa all'altra senza uscire dai miei impegni.

In quel frattempo la nostra Superiora era a Parigi per i suoi voti solenni, la lasciai partire senza farle supporre nulla delle mie intenzioni al fine di non amareggiarle il soggiorno. Vi erano state tre defezioni successive in quell'anno, lei iniziava il mandato di Superiora e le conseguenze dei malintesi anteriori ricadevano su di lei... temevo che la mia partenza le causasse del danno.

Ho sofferto per la pena che le ho dato perché l'amavo realmente. "Sire Dieu premier servi! (Il Signore Dio primo servito)".

Durante la sua permanenza alla Casa Madre essa aveva preso la decisione di inviarmi nell'estate seguente a un ritiro di trenta giorni, organizzato da poco per le giovani professe.

Il Parroco, nostro Confessore, esamina molto seriamente la mia vocazione; avemmo insieme varie conversazioni e chiesi il suo consiglio prima di ogni decisione. Dichiarò trattarsi di vera vocazione e che egli non poteva opporvisi. Di conseguenza l'autorizzazione che avevo chiesto alle mie Superiore non poteva venirmi rifiutata. Per interessamento del Rev. Padre Zundel il monastero di Evian mi venne aperto. Avevo ricevuto parecchi rifiuti, tra gli altri quello di Béziers, poiché in certe Case non vengono accettati soggetti che hanno pronunciato voti altrove. Sottomettevo tutte le mie lettere con le relative risposte alla Superiora e quando le risposte erano negative, nonostante la mia delusione, provavo un vero piacere nel vedere la contentezza illuminare il suo volto preoccupato… Avevo il cuore stretto per la delusione che causavo loro, perché le amavo tutte. Per molto tempo la mia preghiera le ha nominate una dopo l'altra ogni giorno.

Mi rammaricavo grandemente per la mancanza di Clarisse nel mio paese romando; ma che gioia provai quando seppi a Evian che là si era traslocato (in seguito alla Riforma) il monastero di Orbe!

Nuova tappa: le Clarisse

Entrai a Evian il primo settembre 1936.

Il monastero viveva dei lavori d'ago delle religiose. Vita comune nella sala della comunità che era un laboratorio dove si riunivano le suore dalla mattina alla sera, all'infuori delle ore destinate al Coro. La cella serve solo la notte e la domenica nel tempo libero. Dormono mezzo sedute in una specie di cassa bislunga che ha un'apertura laterale per penetrarvi. Non vi si può distendere. La ricreazione non si faceva che alla domenica, quel giorno però *due volte*. Il silenzio era osservato in modo mirabile: non si parlava che per le preghiere vocali e quando la Rev. Madre veniva a farci visita, il che accadeva di frequente nei primi mesi. Malata gravemente di nervi, da anni non poteva assistere agli uffici con noi; non poteva dedicarsi in modo prolungato a nessuna attività, instabilità. Quando arrivava, si portava presto la sua poltrona e noi tutte ci si riuniva attorno a lei; anch'io lasciavo il mio piccolo banco in faccia al muro, dove era stato fissato il mio posto, e dove voltavo le spalle alla Comunità, in compagnia della sola suora cui potevo parlare, il mio "angelo custode", un vero angelo custode. Non vi era né noviziato, né Maestra delle novizie, né alcuna conferenza. Io potevo rivolgermi alla Madre Badessa, ma non c'era nulla da chiedere… Le richieste erano sospette… Grazie a un piccolo armadio ingegnosamente disposto avevamo il Santo Sacramento nel Coro stesso, che gioia! Stavamo in coro dalle sei del mattino all'incirca fino alle nove meno dieci. Alle nove in punto tutte le suore erano nella sala della Comunità. Così avevamo modo di fare un lungo ringraziamento. Questo, penso io, fu il tempo più prezioso di tutta la mia vita, fino allora.

C'era il riscaldamento centrale. Ma a mezzogiorno i radiatori erano freddi e poi ghiacciati. Ho molto sofferto per il freddo, molto per la fame, perché il regime di vita era oltre ogni credere povero e insufficiente per qualità e quantità. Tanto che in quaresima il digiuno consisteva nel non inghiottire nulla, neanche una goccia d'acqua fino alle 11 e mezzo.

Strana concezione della vita religiosa e della perfezione. Non si parlava di Dio, della santa Chiesa, dei Superiori che con timore, quasi con acredine.

In una ricreazione la Rev. Madre parlò come di cosa a cui si poteva prestar fede (lei che era più che prudente e scettica in tali questioni!), della domanda che Nostro Signore avrebbe fatta a una persona, favorita da grandi sofferenze e rivelazioni, di aiutare le Clarisse a fondare in Svizzera Romanda un monastero per lottare contro il Protestantesimo. In un baleno, anche allora, compresi: "Sarò Clarissa e aiuterò quelle che ritorneranno nel mio paese a fondarvi un nuovo monastero – con la vera vita religiosa. Esso accoglierà le vocazioni di oggi".

Luce sul mio cammino, luce interiore.

A Natale c'è la visita di un nuovo Superiore che entra in clausura, ci interroga a una a una, si informa di tutto. Mi assicura in privato, poi ripete la stessa cosa a tutte in presenza dell'Abbadessa, che se l'una o l'altra lo desidera può sempre rivolgersi a lui, sottoporre le proprie difficoltà, mediante lettera chiusa.

C'era da rettificare e molto: fece il suo dovere. Dopo la sua venuta mi si guardò con occhio storto: non mi si voleva più. Mi confinarono per quattro giorni sola in una stanza, mi domandavo per quale punizione... Potevo però andare all'Ufficio e in refettorio con la Comunità...

Dieci giorni circa prima di Pasqua, emottisi. Piano piano chiedo al mio buon angelo se devo dire quanto mi è capitato. Essa pianse a lungo (capiva che si desiderava rimandarmi), poi mi suggerì di non parlare in quel momento e di chiedere consiglio al Cappellano. Stesso consiglio, però egli mi obbligò di dire alla Madre che lui mi proibiva di digiunare...

Da allora al mattino mi portarono una zuppa ed anche dell'olio di fegato di merluzzo...

Mio Dio, dov'è la vostra volontà?...

Tuttavia feci l'impossibile per rimanere; in un colloquio personale con la Rev. Madre tutto sembrava accomodato. Ma in capo a qualche giorno gentilmente la Madre Vicaria mi dice di prepararmi a partire il più presto possibile, poiché il Superiore aveva detto che non si poteva tenermi.

Egli era venuto poco prima a tenerci una conferenza, l'unica che io abbia ascoltata in occasione della Pasqua. Avevo chiesto alla Rev. Madre di potergli parlare; essa però lo lasciò partire senza trasmettergli la mia domanda. "È venuto per le religiose, non per le postulanti".

Non sapevo dove andare e avevo bisogno di parlare con il Superiore; scrissi allora un piccolo biglietto che consegnai chiuso. Scandalo!! "Da quarant'anni che sto in questa casa non è mai partita una lettera chiusa!"...

Poi mi rinfaccia che essa non sa chi io sia, né da dove venga... Le persone cui scrivete non rispondono (per coincidenza era vero per qualche lettera!) – chi si prende la pena di rispondere a persona del genere!... Andate a preparare le valigie, partirete entro ventiquattro ore!". Il giorno seguente poi si disdisse... Ci fu la prima visita medica in cui si dichiarò che la vita di clarissa non era per me. Poi d'improvviso: Capitolo della Postulante!… Mi si chiama: "Abbiamo il dispiacere di dirvi che siete rifiutata all'unanimità, non per la vostra salute, con qualche cura avrebbe ancora potuto essere passabile, ma a causa del vostro cattivo carattere"…

Bisogna dire che la povera Madre era assai malata. Ma non è triste, Padre, che dopo tanti anni malgrado la sua malattia essa sia mantenuta Badessa?…

Prima che io partissi, ebbe qualche parola di scusa e con le lacrime agli occhi mi pregò di accettare "per l'amor di Dio" 200 franchi francesi e 5 franchi svizzeri, per le mie spese di alloggio nei primi giorni, non sapendo io dove andare; tutta la mia ricchezza erano 20 franchi svizzeri. Avrei avuto tanto gusto a rifiutare! Ma poiché insisteva "per amore del buon Dio" feci il più difficile. In seguito, dall'Africa, le feci inviare, anonima, una enorme provvista di castagne. Così il suo povero denaro sarà andato a beneficio della Comunità! D'altra parte essa lo aveva offerto sinceramente, quasi per riparare.

Sono partita, come se mi si fosse strappata qualche cosa: la mia vocazione. Ho risentito ciò fin nel più profondo della mia anima. Avevo pregato fino all'estremo limite delle mie forze, per più giorni non potei recitare più alcuna preghiera, all'infuori dell'Ave Maria; non le sapevo più, era come se mi si fosse strappato tutto dalla mia anima… Non erano le creature che mi avevano delusa, nessun rancore contro di esse, c'era un abisso tra loro e me: l'educazione, la mentalità, i bisogni dell'anima… Se ho scritto tutto questo, è naturalmente solo per voi, Padre, e per il bel fuoco che tutto divora, immagine della "Fornace ardente di carità" in cui saranno consumate tutte le nostre sventure… e per chiedervi se ora comprendete meglio l'intensità del desiderio che mi è stato dato di un conventino tutto povero e nuovo nel mio paese.

Due gli scopi: lottare contro il Protestantesimo; fondare una casa dove la Santa Regola sia vissuta nella sua semplicità evangelica. Le nuove generazioni saranno rese mature dalla guerra:

esse faranno dei sacrifici per la vita religiosa *vera;* non ne faranno per una deformazione della vita religiosa.

Questi particolari di Evian, Padre, ve li do perché voi siete religioso. Naturalmente non ho lasciato trapelare nulla ai miei. Avrei avuto però di che divertirli! senza sorprenderli; è così che essi conoscono i cattolici, tali e quali.

Non è un peccato questa misconoscenza che si fa delle vocazioni? Esse vengono da Dio[26].

---

[26] È certo che se Suor Maria della Trinità fosse stata consultata, non avrebbe mai permesso la pubblicazione di questa pagina dolorosa della sua storia. Di fatto, è stata consegnata ai lettori. Questo infelice periodo del monastero di Evian è la conseguenza di una serie di prove subìte dall'inizio del secolo (espulsione nel 1903). Non si può accusare questa comunità di rilassatezza. L'austerità, la povertà qui erano tra le più rigorose; su questo punto altre testimonianze hanno confermato quella di Luisa. Malgrado il piccolo numero di suore, l'Ufficio di giorno o di notte non è stato mai interrotto. Ma la carità sembra sia stata interpretata come una lunga accettazione reciproca, che copre tutti i difetti di una certa mentalità, compresa la malattia e l'incapacità dell'abbadessa. In un tale ambiente una postulante che avesse un po' di personalità appariva presto come un corpo estraneo. Luisa non fu la sola a sperimentare questa tragedia, di essere rifiutata o a capire da sola di dover andare via. Luisa tuttavia non ne aveva tratto questa conclusione. Malgrado la durezza di questa vita e la sua poca salute, malgrado la pesantezza del clima spirituale, ella era felice delle lunghe ore di preghiera; era pronta ad amare le sue sorelle così come erano e a fare di tutto per portare un rinnovamento. Per Natale aveva ricevuto un piccolo abete dalla sua amica Bluette e aveva composto un canto per esprimere la sua riconoscenza per essere stata accolta. "...c'era un abisso tra me e loro". Luisa era completamente inconsapevole di ciò che le si poteva rimproverare. Ma quale rimprovero le si poteva fare? Nessuna colpa certamente che avrebbe potuto motivare una dimissione da parte della comunità. Ma bisogna tentare di vedere con molta lealtà ciò che si può indovinare attraverso le osservazioni e le reticenze di certe testimonianze. Sono le miserie umane, particolarmente sensibili nella vita religiosa claustrale, crogiolo della carità. Queste osservazioni aiuteranno a comprendere meglio alcuni brani degli Scritti, perché non solo a Evian, ma già prima e fino alla sua morte a Gerusalemme, Luisa si è attirata l'incomprensione di qualche consorella. Innanzitutto era molto distratta, noi lo abbiamo già visto. Nei lavori di casa, con le sue deboli forze e il desiderio di fare tutto alla perfezione, era presto perduta e ciò infastidiva le buone "casalinghe" che le erano accanto. Luisa poneva spesso delle domande su dei punti dottrinali o di vita religiosa, domande che non venivano neanche in mente a delle persone più

Di nuovo nel mondo

Il 10 aprile 1937, dunque, partii da Evian. Dove sono i miei voti che mi costarono di camminare sul cuore dei miei?...

Prima che scadessero (3 febbraio) avevo chiesto di pronunziare voti privati, ne ebbi un rifiuto: "È cosa contraria allo spirito della Chiesa!".

Qualche giorno prima avevamo avuto il Santo Sacramento esposto. Lui aveva parlato nella mia anima, come già era accaduto ma raramente. Conoscevo questa voce e l'immensa gioia e la fiducia che al solo udirla ristabiliva nella mia povera anima:

"Lasciami fare", aveva detto. Siccome gli chiedevo cosa dovessi offrirgli, Egli rispose: *"Tu soffrirai"*...

Ecco quanto portai con me da Evian.

Piccola pensione a Losanna; prenderei il primo lavoro che mi capitasse[27].

---

semplici o nate in ambiente cattolico. Coloro che hanno visto in queste domande il segno di uno spirito critico, in un senso negativo, l'hanno giudicata molto male. Luisa era un'intellettuale e una convertita; aveva sete di verità, di chiarezza. Poneva delle domande per chiarire la sua condotta, non per fare dei rimproveri alle altre. Dopo questi anni oscuri, il monastero di Evian ha conosciuto una nuova primavera. Uno sciame di religiose venute dal convento di Versailles e delle nuove Superiore hanno rinnovato completamente questa comunità. Si sono manifestate delle vocazioni, così come Suor Maria della Trinità sperava, ed Evian ha anche potuto partecipare a una fondazione missionaria. Il 27 marzo 1965 un piccolo gruppo di Clarisse lasciava il monastero per stabilirsi alla Plaine (Ginevra); primo punto base di un ritorno delle Clarisse nella Svizzera romanda. Da allora, questa piccola famiglia religiosa si è stabilita in terra valdese a Jongny, nella parrocchia di Vevey. Essendo stata abrogata la legge che proibiva la fondazione di nuovi conventi in Svizzera, divenne possibile la realizzazione di quel grande desiderio di Suor Maria della Trinità. Si può tuttavia pensare che essa stessa oggi si esprimerebbe in altri termini per precisarne lo scopo: "non 'lottare contro'... ma testimoniare umilmente e fraternamente la Verità". "Ah, se tutti i religiosi, se tutti i responsabili della mia Chiesa, avessero vissuto la verità professata con le labbra, non ci sarebbero gli scismi che straziano la mia Chiesa!" (*Appunti* n. 306).

[27] Luisa è solo di passaggio a Losanna; il tempo di consultare la dottoressa Olivier e di mandare un appello alla contessa Agliardi. Tre giorni dopo, ha

Provvidenzialmente vengo a sapere che il Rev. Padre Zundel predica un ritiro a Morges, in vicinanza di Losanna. Ed eccomi là. È la cittadina della mia infanzia; ne conosco quasi tutte le pietre e ogni abitante. Ho una tale vergogna che cerco di nascondermi per non incontrare nessuna delle mie conoscenze, tutte protestanti. Però per obbedienza al Padre Zundel vado da una cara amica che mi accoglie con bontà e discrezione che non dimenticherò mai. Mediante una piccola pensione (piuttosto un indennizzo) rimango presso di lei durante gli otto o dieci giorni di ritiro. Questo ritiro ha fatto un bene immenso alla mia povera anima. Ero assai triste. Pur tuttavia non avevo nulla da rimproverarmi: ma che cosa il Signore voleva mai da questa sua piccola e povera creatura?

Sentii che il Rev. Zundel credeva nella mia vocazione, – Oh, gioia! È stata come una grande luce sul mio cammino.

Appena finito il ritiro, presi il primo lavoro che mi si presentò, a Losanna, in vicinanza del Policlinico dove la buona dottoressa Olivier mi curava e mi faceva dare delle medicine. Si trattava di una famiglia di operai, 6 figli, la mamma all'ospedale. Eccomi! Non era proprio la miseria, ma un disordine, una sporcizia da non dire… Povera gente! Tutta la famiglia sifilitica, la mamma al sottosuolo all'ospedale (è il particolare che mi ha fatto intendere quando mi ero già impegnata!), gli altri in corso di trattamento di iniezioni. La mia buona dottoressa mi assicura che non vi è pericolo di contagio, purché io prenda alcune precauzioni, – comunque era una situazione poco incoraggiante ed ho cercato di nascondere con ogni cura questo particolare ai miei!

trovato rifugio presso un'amica d'infanzia a Morges, la signorina Maria Henrioud. Bluette allarmata le ha subito telefonato e il 17 Luisa le spedisce questo biglietto: "…eccellente visita della dottoressa Olivier. Risultato: nessun male, nessun pericolo, semplice raccomandazione di superalimentazione, delle pillole per rimediare all'anemia, poi evitare i digiuni. Sarò dunque ben presto ristabilita e pronta a voltare pagina secondo le indicazioni della Provvidenza. Proprio una settimana fa, come questa mattina, lasciavo Evian".

Nel frattempo inoltrai domanda a un convento che mi era stato indicato dal Padre Zundel. La Rev. Madre mi riceve con bontà e mi dice che anche una delle sue nipoti o cugine era stata rinviata dal monastero di Evian senza che se ne fosse potuta conoscere la ragione: "Vi è là una Superiora che non fa altro che mandar via gente, né si sa il perché". Non possono però ricevermi perché ho già pronunciato i voti. È il solito ritornello. E poi ero malata e bisognava innanzitutto che mi ristabilissi. Ero così giù che la mia dottoressa voleva farmi entrare all'ospedale.

La Provvidenza! La contessa Agliardi cercava un'aiutante per un soggiorno in montagna che essa faceva insieme col figlio maggiore convalescente. "Come vostro medico curante non posso permettervi di partire per l'estero in simile stato", mi diceva la dottoressa Olivier… Ma la Provvidenza! All'esame nessun bacillo, dunque nessun pericolo di contagio!…

Allora sono partita. Cortina d'Ampezzo nel Tirolo, stazione climatica di prim'ordine. La Messa ogni mattina e ringraziamento durante la lunga passeggiata che vi conduceva, paese pieno di bellezza e spirante bontà.

Mi sono offerta a tutti i conventi che mi presentavano qualche possibilità di essere accettata: dovunque rifiuti: i voti antecedenti, l'età (36 anni), l'assenza di dote. Non mi è mai dispiaciuto di non aver dote. La dote può farvi correre il rischio di introdurvi in case in cui è essa che si riceve e non la vocazione, la povertà protegge da simili malintesi. È a Cortina d'Ampezzo che mi raggiunge una lettera di mia sorella Alice dall'America, rinviatami da Evian. Mia sorella mi dà notizia della loro venuta in Svizzera, nella prossima estate, per le vacanze e inoltre che suo marito le permette di proseguire il viaggio con i due ragazzi fino al Transvaal in modo da rivedere Papà e fargli conoscere i suoi nipoti; sono diciassette anni che essa non rivede papà. Il suo unico dispiacere è che io non possa accompagnarla, verrà però a vedermi a Evian[28].

_____

[28] Durante i tre mesi trascorsi in Italia, Luisa accompagna la contessa Agliar-

Allora, Padre, ho chiesto ai miei genitori che volessero ora concedermi questo viaggio che io avevo rifiutato loro altre volte.

Era una debolezza? Avevo detto al Signore che rinunziavo all'affetto dei miei.

Ma nessuno mi voleva più, né in Svizzera né in Italia, non ho lasciato intentata nessuna possibilità, salvo una giuntami proprio al momento della partenza, quando ormai era troppo tardi. Il Rev. Zundel mi aveva consigliato di andare "a riposarmi nella tenerezza dei miei, portando loro in cambio la Sua", ed aggiungendo che "se la chiamata del Signore persiste, Egli saprà ben aprire in fine il monastero che sarà il vostro rifugio". Ed è appunto quello che è avvenuto.

Ma fino all'ultimo momento mi sembrava di commettere un tradimento e io cercavo invano un segno della volontà divina. Silenzio dentro di me. Silenzio nelle creature. Ancora all'ultimo minuto ero pronta a lasciar partire mia sorella sola... Padre, perché la voce interiore non diceva nulla in quel tempo?

La contessa Agliardi mi scongiurava di non amareggiare i miei che avevano risposto con tanta gioia, speranza e bontà![29]

di nei suoi spostamenti. Prima a Cortina d'Ampezzo, poi a Sombreno. In luglio, tutta la famiglia si sposta in montagna, a Santa Caterina, presso il Passo dello Stelvio. È da lì che Luisa fa sapere alla sua amica Bluette della sua prossima partenza per l'Africa. Il 20 luglio le scrive: "...Alice è a Yverdon dall'inizio del mese, (suo marito) le permette di proseguire il viaggio con Viviane e Charly fino ad Elim per rivedere Papà. Io sono sul punto di rispondere alla loro richiesta di accompagnare Alice e di raggiungerli. Poiché qui non trovo la possiblità di entrare in un monastero, se devo restare nel mondo, non c'è alcun motivo per cui io viva lontana da loro. Papà mi offre il biglietto di andata e ritorno, valido un anno. Mi scrive con tanta bontà, prevedendo anche che potrò occuparmi nell'insegnamento presso le religiose belghe, cui ha parlato di me. Pensiamo di partire per la fine di agosto".

[29] La partenza fu precipitosa. Il 10 agosto avvisa Bluette: "La nostra partenza... è stata fissata improvvisamente e irrimediabilmente al 12 agosto. Partenza da Genova (sul transatlantico "Giulio Cesare")... dunque non ritorno in Svizzera. Mi costa partire. Tuttavia penso che è la volontà di nostro Signore... forse laggiù mi concederà ciò che non ho trovato qui. Non so e non mi importa, purché Lui sia servito e amato".

***

Alla banchina di Johannesburg dove c'era venuto incontro, Papà non cercava che me; quando mi vide, non ebbe che una parola: "Finalmente!".

Paese immenso, magnifico. Come parevano minuscole le case, e come le città sembravano perdersi in tanta immensità; quanto sono rari i campanili sormontati da una croce! Bisogna fare ore e ore di auto, di volata, per scorgerne qualcuno qua... là...

Sembra che questa terra splendida sia nell'attesa di qualche cosa. A otto ore di auto da Johannesburg, lontano lontano, su una collina verde, la casa. Era mezzanotte; i ragazzi dormivano. Si è cominciato con l'andare a vedere la covata dei pulcini nati nell'incubatrice! Riunione di famiglia.

Grazie, Signore! malgrado tutto quello che io non comprendo, ho tanto desiderato che l'unione regni tra noi, l'unione della famiglia.

Dopo un mese accompagnai a Johannesburg mia sorella che partiva e immediatamente mi presentai al Carmelo. Un missionario belga sul battello mi aveva informata: solamente due monasteri contemplativi nel Transvaal: Carmelo a Johannesburg, Cappuccine a Melville, presso Durban. Fu assai buono con me e mi raccomandò al Carmelo[30].

---

[30] La sorella Alice è partita il 30 settembre. Da tre lettere indirizzate a Bluette, abbiamo alcuni particolari sul soggiorno di Luisa nell'Africa del Sud. "Sarei potuta restare da Zabeth... perché ha bisogno di un aiuto almeno per qualche tempo. Ho colto al volo con il loro consenso la possibilità di un posto di istitutrice francese in una famiglia di Johannesburg". Parla della dedizione del fratello Alessandro e della cognata Lucy: "...fanno molto per i neri e sono amati da loro... ospitano a loro spese una dozzina di neri che non potrebbero pagare le spese di frequenza scolastica. Hanno realmente lo spirito missionario". E questo aneddoto delizioso: "Alex ha molte disavventure con la povera auto missionaria che perde pezzi lungo la strada. Hanno corso il rischio di non arrivare in tempo a salutare Alice, a causa di un guasto di due ore. Pierrette diceva: "Gesù, fa' che smetta di star ferma!". E una delle sue cugine piccole, più pratica: "Sciocca! Non è Gesù; non vedi che è il motore?". "Non abbiamo avuto nessun malinteso, nessuna discussione, nessun

100

Mi impiego come istitutrice a Johannesburg, in tre famiglie ebree successivamente: mi era necessaria l'indipendenza materiale per poter rispondere alla mia vocazione; sentivo che dovevo guadagnare il denaro per il mio viaggio di ritorno in Europa. Lunga attesa per il Carmelo perché Evian non risponde ed è necessaria questa lettera testimoniale. Quando la risposta giunge, il Carmelo mi accetta; tutto stava per aggiustarsi! Ma io avevo già prese tutte le disposizioni per il mio viaggio di ritorno. Non avevo il coraggio di ricominciare in nessun altro convento all'infuori che dalle Clarisse. Solo per le Clarisse vi era ancora una brace sotto la cenere. Del loro monastero di Gerusalemme non sapevo che quel che dice la vita di Charles de Foucauld, ma avevo un lume di speranza ed ero spinta a venire senza tardare[31].

disagio tra noi, ma tenerezza nel rivederci, rispetto delle convinzioni e della libertà personale. Che fare per dire che, malgrado tutto, tutte le religioni non si equivalgono?". Luisa parla anche del suo presentimento di uno sconvolgimento in questo paese: "Se tu vedessi come ci si permette di trattare i neri, in generale. Quando ci sarà la loro rivolta, l'avremo meritata. Mi dà tanta pena vedere che ci si dimentica che in ogni creatura Gesù vive e chiede di rinascere. Il suo appello che le anime rivelano a loro insaputa e che si può cogliere dappertutto, dappertutto, dappertutto; è tragico. Rivelarlo, farlo amare, che apostolato immenso!".

[31] La lettera che trascriviamo, senza indirizzo, fu trovata tra le carte della Suora dopo la sua morte; probabilmente l'annuncio della risposta favorevole del Carmelo era diretto al missionario belga che l'aveva raccomandata a questo monastero, o forse al padre Zundel.

Johannesburg 9.III.38

Padre,
ecco la risposta arrivata stasera.
Devo aver perduto la mia vocazione perché non mi causa nessuna gioia. Nessuna attrattiva, mi lascia indifferente.
Mentre, se fosse delle Clarisse, volerei.
Che fare?
Porterò i documenti richiesti e dirò loro a che punto sono. E aspetterò la vostra risposta. Le mie condizioni di salute si sono ristabilite, ma non riesco ad abituarmi al freddo e fa assai freddo a Johannesburg durante l'inverno (più di 1500 metri d'altezza). Questo però non mi farebbe paura se fossi sicura della mia vocazione. Ma non lo sono.
Pensavo di fermarmi a Gerusalemme, impiegarmi presso qualche famiglia, farvi la

Mediante un prete belga che fece non so che passi, ebbi l'indirizzo della Madre Amandina, Nôtre-Dame de Sion, Ecce Homo, Gerusalemme, è grazie a ciò che potei partire perché bisognava che dessi un indirizzo ai miei genitori e ai numerosi questionari dei visti del passaporto. Appena ebbi il denaro per il viaggio, subito corsi dai miei cari ancora per qualche settimana. Acquistato il biglietto non mi rimanevano che tre lire sterline per vivere a Gerusalemme. Tre lire sterline... e l'aiuto del Signore se era la sua volontà! Ho aspettato fino all'ultimo minuto per rivelare i miei progetti: povero Papà!

"Tu ritorni ancora in un convento!". Ho detto "no" perché sinceramente ciò non rientrava nei miei progetti; credevo di aver perduta la mia vocazione, ma vi era come una speranza nel più profondo del mio cuore. Ero in trattative con una famiglia nel Tirolo che desiderava avermi come istitutrice, ed ecco che dopo aver detto di fermarmi a Gerusalemme durante il viaggio, ogni opposizione, ogni contrarietà è svanita! che gioia! mio fratello missionario ha sostenuto la mia causa come altre volte ed ecco che da ogni parte essi mi danno del denaro per il mio pellegrinaggio, più del necessario.

Papà mi consiglia di disimpegnarmi dalla famiglia italiana, per fortuna. "Farai il tuo pellegrinaggio e ritornerai". ...Le loro lettere già mi aspettavano presso la Madre Amandina, a Nôtre-Dame de Sion.

---

prova del clima e nel frattempo informarmi se le Clarisse, sia di questa città o d'altrove, sarebbero disposte ad accettarmi...
Vi scriverò, Padre, quanto la reverenda Madre Priora mi dirà.
Capirà essa che non ho più l'amore né il desiderio di una vita di costrizione continua? – All'infuori che per la vita di Clarissa, non so neppur io perché. – Le ho sempre amate e ho desiderato di vivere la loro vita dal momento in cui per caso ne ho sentito parlare.
Padre, non sono per niente generosa: presto ascolto a tante obiezioni! Ma se pensate che sia la volontà del Signore di entrare al Carmelo, vi andrò.
Arrivederci, Padre. Grazie per la vostra preghiera.

Il 21 maggio sera Papà ed Eddy[32] mi accompagnano al treno, – una notte nera. Quando l'auto si muove, vi è ancora la voce della mamma che grida: "Tu ritornerai!".

24 giugno 1938, Gerusalemme.

Il giorno dopo pregavo davanti al Santo Sacramento esposto, qui[33]. Mi si tocca la spalla: suor Angela: "Da dove siete entrata?" – "Ma… dalla porta!". Avevo preso il passaggio della piccola casa di lato. "Vi volete far Clarissa?". "…Avete del posto?". "Il monastero è stato costruito per 51 (!!), noi non siamo che venti. Volete parlare alla nostra Rev. Madre?". "Sì". Abboccamento. Il Santo Sacramento taceva, non mi diceva assolutamente nulla. Ma il cuore piangeva. Non avevo il coraggio. Egli me lo ha dato. Egli mi ha sempre e tutto donato. Otto giorni dopo entravo, il 30 giugno 1938.

Ecco il racconto delle mie debolezze e della misericordia del Signore. Il resto voi lo sapete. Voi sapete le tre grazie che mi ha donato qui: Egli mi ha donato…; Egli mi ha reso i miei voti, e… anche questo voto di vittima che per il passato ho tanto tanto desiderato.

La sera dei miei primi voti Lui mi ha detto che era contento. Me lo ha detto tre volte[34].

Oh, Padre, è tutto quello che riempie la mia vita ormai: che Egli sia contento! Ed Egli utilizzerà i miei poveri sforzi, lo so, secondo la sua potenza e secondo la sua misericordia.

---

[32] Il suo fratello più giovane.

[33] Cappella delle Clarisse.

[34] 29 agosto 1940 (cf. *Appunti* n. 5).

In porto
(1938 - 1940)

"Non avevo il coraggio... Lui me l'ha dato... otto giorni dopo sono entrata".

"Noi ricordiamo questa entrata nel chiostro – scrive un'anziana Superiora – come se fosse avvenuta oggi. Quella sera del 30 giugno 1938, le due pesanti porte si richiudevano dietro la nuova venuta che non doveva mai più uscire... La candidata appariva un po' spaventata nel trovarsi in mezzo a queste religiose che avevano abbassato il velo per recarsi alla porta della clausura. Dopo la salmodia del *Te Deum* in coro, ci fu l'accoglienza nel Capitolo. Da entrambe le parti si era sorprese. Le religiose erano colpite nel vedere questa persona così magra e triste, con delle scarpe dai tacchi molto alti e che con un gesto brusco, quasi violento, gettò il suo cappello di feltro per ricevere la cuffia nera delle postulanti. La maggior parte delle sorelle giovani hanno sorriso, altre sono rimaste serie, qualcuna ha pianto per l'emozione. Nessuna aveva visto in lei l'espressione del nome con cui la reverenda Madre l'aveva appena chiamata, Suor Maria della Trinità. Quando venne per dare il bacio di pace ad ogni sorella, il suo sguardo esprimeva lo spavento, quasi il terrore, come se la si fosse murata viva. Più tardi, le sorelle hanno compreso perché". Era l'angoscia del futuro. Essa era in porto, ma non era la prima volta che vi giungeva. Vi era giunta ed era stata respinta nel vasto mare del mondo. Doveva passare per la "quarantena" del postulato e del noviziato: due anni di incertezza. In modo ancora più profondo, essa portava nel suo subcosciente il terrore del chiostro. Queste claustrali che l'accoglievano, felici nel loro monastero, non potevano intuire ciò. Tuttavia era là che il Signore la chiamava e là soltanto ella avrebbe potuto trovare, con la sua grazia, la pace e la gioia.

La nuova arrivata fu affidata ad una maestra verso la quale lei si mostrò molto aperta, e a un "buon angelo", cioè ad un'altra postulante più anziana di monastero di otto mesi, ma più giovane di dieci anni. Con molta umiltà, la piccola postulante di 37 anni compiuti si mise docilmente alla scuola della vita di clarissa. Tra le due postulanti, entrambe di fragile salute e private della madre sin dalla nascita, si stabilì la più fraterna intimità.

Di grande originalità, la nuova consorella si sforzava di non farsi notare. Era meno spaventata del giorno della sua entrata; ma il suo volto espressivo rifletteva spesso una profonda tristezza di cui le sorelle non conoscevano la causa; in cuor loro pensavano: "Deve aver sofferto molto!".

Solo la Madre Abbadessa e il suo Consiglio erano al corrente della sua origine protestante e dei suoi primi tentativi di vita religiosa. Tutta la comunità passò pian piano dallo stupore alla simpatia verso di lei. Si era colpite dalla sua dolcezza, dal suo desiderio di adattarsi alla vita comunitaria e dalla sua attenzione nel compiere con delicatezza molti servizi.

Nel cuore della postulante era la calma e la speranza. Annunzia la sua gioia nelle prime lettere spedite dal monastero.

Il 2 settembre 1938 a Bluette: "Sarai felice della grazia che Gesù mi ha concesso. Il 30 giugno sono entrata qui dalle Clarisse. Mi hanno accolta con tanta gioia e carità, senza dote, solo con la mia povertà e il mio desiderio insaziabile di servire finalmente Nostro Signore". Aggiunge questa osservazione che sfuma il suo giudizio su Evian: "...qui, è un altro spirito. Forse perché io sono meno esigente: ciò che una volta mi costava mi è divenuto dolcezza e gioia. Tutto è grazia. Sono riconoscente di essere stata ad Evian, e tanto felice, tanto felice qui...".

Entrando in monastero, con sincerità aveva messo al corrente la reverenda Madre del suo stato di salute, senza nascondere nulla né della sua lunga malattia, né delle sue ricadute. Da una parte e dall'altra si era deciso di confidare nel Signore e di provare questa vita austera. Questa fiducia sembra essere stata esaudita. Per quattro anni Suor Maria della Trinità non passò un giorno in infermeria; mai la si vide distesa sulla sdraio e la febbre che la stroncò fu la sua prima malattia in convento. Ma a prezzo di quante precauzioni, di quale energia e di quale sostegno della grazia!

Le altre sorelle non avendo avuto tali prove fisiche e morali non sospettavano quanti sforzi potesse richiedere a lei la vita comune. Il suo coraggio e un lungo addestramento le permettevano di nascondere le sue sofferenze. A vederla recarsi al lavoro comune, leggera e gioiosa, più allegra delle giovani, come si sarebbe potuto pensare che si sentiva sempre fragile, in balia del minimo raffreddore? Molte volte tuttavia, in seguito ad una fatica maggiore, la tosse ricominciava.

Per sua inclinazione, Suor Maria della Trinità avrebbe preferito rimanere sempre in cella e fare dei piccoli lavori, con un libro aperto davanti a lei. Le Superiore pensavano che l'aria aperta le avrebbe fatto bene. Le si fece anche capire che le altre si privavano di leggere durante il tempo del lavoro. Da allora essa si sforzava di prendere parte ai lavori della casa con grande generosità al punto da acquistarvi un'abilità che gli inizi non avrebbero fatto supporre.

Il refettorio fu per lei un'occasione continua di rinuncia. All'inizio le erano state accordate alcune dispense, ma in seguito e soprattutto dopo la sua professione, Suor Maria volle attenersi in tutto al regime comune. Alla frugalità del cibo aggiungeva anche molte mortificazioni note solo a Gesù e appena percepite da qualcuna, come per esempio il privarsi di qualche frutto che completava qualche volta lo spuntino della sera.

L'alzata di notte le costava molto, soprattutto d'inverno. Quando si addormentava dopo Mattutino? Le era stata data una cella dalla parte soleggiata della costruzione, ma le notti invernali sono molto fredde a Gerusalemme, particolarmente nel monastero posto in alto. Dopo tre o quattro notti si obbligò la Suora al riposo; ma volendo ottenere una grande grazia, chiedeva di fare ciò che chiamava una "novena" di Mattutino, sforzo molto grande per lei. Poco tempo prima della sua morte, quando percepiva già i primi attacchi del male che avrebbe prevalso, fece una di queste novene per la zia Alice. A una suora che si stupiva di vederla ogni notte in coro, malgrado la sua stanchezza, disse con emozione: "È per il riposo dell'anima della mia mammina".

Trascorso l'anno del postulato, le Superiore, convinte delle sue buone disposizioni e giudicando sufficienti le sue forze, l'ammisero al noviziato. Vestì l'abito il 28 agosto 1939, giorno della festa di Sant'Agostino. Come Suor Maria della Trinità doveva comprendere le sue parole: "Tu ci hai fatti per Te, Signore, e il nostro cuore è inquieto finché non riposa in Te!". Per quanto eroica fosse stata fino ad allora la sua ricerca del Signore, il suo cuore non conosceva ancora quel riposo perfetto accanto a Lui. Conservava una tendenza ad aspettarsi dalle creature poste intorno a lei una comprensione e un affetto che queste non potevano dare e questo noviziato, che aveva affidato alla materna protezione della Vergine Maria, non fu una semplice formalità. Grazie alla sincerità delle testimonianze delle sue consorelle e alla lealtà con cui Suor Maria della Trinità ha riportato nei suoi appunti gli ammonimenti percepiti nella sua coscienza, noi possiamo seguire in lei il cammino della grazia. Queste considerazioni sono un avvertimento anche per noi: ci rivelano la necessità di questo ascolto interiore.

Cosa aveva ancora da imparare? Innanzitutto quella totale povertà, che è la rinuncia alla propria volontà. La povertà materiale non sembra esserle costata molto. Rispondeva a quel desiderio profondo che l'aveva attirata a S. Chiara. "La povertà per noi Clarisse consiste soprattutto a non perdere tempo", diceva. Se era piuttosto lenta al lavoro, non era per mancanza di zelo, ma per fare molto bene ciò che aveva da fare e poneva lo stesso impegno a compiere i lavori più ordinari o quelli più minuziosi.

Invece, la povertà interiore fu per lei oggetto di una dura lotta. Ciò che colpiva in Suor Maria della Trinità era la sua grande energia, il dominio di sé, diciamo la sua volontà. Non era nel chiostro semplicemente per attrattiva, ancor meno per sentimento, ma per un atto di volontà. Vi restò fino alla fine, malgrado le lotte interiori che Dio solo ha conosciuto, con uno sforzo continuo, sostenuta dalla grazia. Dio si serve degli altri per santificarci. Suor Maria della Trinità, così complessa e con un carattere così volitivo, non sarebbe mai arrivata a questa perfezione nella carità senza l'aiuto della vita religiosa e particolarmente della vita claustrale. Era ben cosciente di essere stata condotta dalle Clarisse per un disegno misericordioso del Signore. "Mio Dio, oh, ti ringrazio di avermi dato delle Sorelle e delle Superiore per strappare la mia povera anima all'ozio, all'egoismo, all'orgoglio!"[35].

Essa ha voluto seguire il suo Signore, "mite e umile di cuore". La mitezza l'ha acquisita a prezzo di lunghi e pazienti sforzi. La vivacità di certe risposte, le piccole birichinate che le sfuggivano – raramente – verso le sue Madri, che l'amavano e si mostravano indulgenti, lasciavano intendere che aveva molto lottato. A poco a poco l'intensità della lotta contro se stessa si addolcì al punto che la maggior parte delle suore non sospettava gli sforzi perseveranti di quest'anima, risoluta a vincere se stessa a qualunque costo. Alla fine della vita, questa vigilanza su se stessa era costante.

Un'altra forma di povertà interiore, che ebbe a scoprire, fu il silenzio del chiostro. Fu per lei una grande penitenza, perché avrebbe voluto manifestare il suo affetto, essere capita. "Ti desidero sveglia e in ascolto", ha scritto nei suoi Appunti[36]. Molto espansiva e spontanea, quante volte avrebbe voluto poter esprimere la sua attenzione verso le altre o il suo interesse per una

---

[35] *Appunti* n. 629.
[36] *Appunti* n. 245.

lettura o un lavoro! Fu necessario abituarla pazientemente a questo lavoro su se stessa. Una delle Madri, con la quale aveva il permesso di parlare, l'obbligò a farlo raramente, quando aveva veramente bisogno di una spiegazione o di un servizio, ciò che accadeva spesso, perché Suor Maria della Trinità era molto meticolosa. La novizia si piegò a questa disciplina e a ogni incontro rispondeva con un sorriso guardandosi da ogni parola inutile, anche se le sembrava giustificata. Dopo il suo ultimo ritiro, terminato l'8 dicembre 1941, assicurò questa Madre di avere ora "compreso il silenzio" e da allora essa agì di conseguenza.

Si può pensare anche quanto le dovesse costare l'obbedienza, a lei che si dichiarava "indipendente a oltranza"; indipendente e con i difetti delle sue qualità, cioè ostinata e tenace nelle sue decisioni. Nel mondo, nessuno poteva farla cedere se credeva di essere nel suo buon diritto. Nel chiostro, l'obbedienza la rese flessibile, ma a prezzo di molti sforzi e di quale fedeltà alla grazia interiore! Abbiamo l'eco di queste lotte nelle sue note: "Tu da sola non sei che ribellione, rifiuto, negazione"[37]. Questo ammonimento descrive bene quali dovevano essere i suoi primi impulsi. Tuttavia la Madre Abbadessa, come la Maestra delle novizie, affermano che Suor Maria della Trinità era di un'obbedienza perfetta. Non solo si sottometteva alle Superiore, ma si mostrava comprensiva e accogliente verso i desideri delle suore, sempre pronta a prestare servizi.

Queste osservazioni sulle sue lotte interiori non devono ingannarci sul suo vero comportamento nel chiostro. Noi non possiamo far meglio che citare la conclusione della testimonianza di una delle sue Superiore: "È in definitiva la sua dolcezza, la sua attenzione agli altri e il suo desiderio di tenersi nell'ombra che hanno maggiormente impressionato le sue consorelle".

Veniamo all'essenziale. Per Suor Maria della Trinità la pratica dei voti si apriva ad una carità profonda ed espansiva. Si

---

[37] *Appunti* n. 29.

manifestava attraverso un'amorevole attenzione per tutte le suore, il rispetto verso le Superiore e un grande rispetto per le suore anziane. La sua carità era ingegnosa e non si accontentava di buone parole. Quando la Madre Maestra, che era infermiera, doveva soccorrere un'ammalata, Suor Maria della Trinità, che aveva una grande conoscenza pratica, suggeriva un rimedio semplice ed efficace. Se una sorella trascurava di curare qualche ferita, se ne inquietava e consigliava un medicinale. Era sempre disponibile per vegliare un'ammalata e quando una suora più giovane era stanca, senza tener conto della sua debolezza, si offriva per "sostituirla" a Mattutino. Solo lei aveva determinati gesti. Una suora immobilizzata in seguito ad una caduta doveva restare distesa all'aria aperta. Passandole accanto, Suor Maria della Trinità le baciava il piede malato, come se la suora ne trovasse conforto.

Alcune virtù si sono accresciute in lei durante quegli anni passati nel chiostro, ma fin dal primo giorno la sua pietà profonda e senza ostentazione ha edificato le consorelle. Si sentiva che si preparava con grande attenzione e cura alla preghiera e a ricevere i sacramenti. Una suora aveva osservato che ogni volta, all'inizio dell'Ufficio, appariva raccolta e raggiante di felicità. Severa con se stessa nel servizio della lode del Signore, in questo campo si permetteva amichevolmente di fare dei rimproveri alle altre per le loro piccole negligenze: "Avete l'aria di una convalescente!", diceva a una giovane suora che era davanti a lei e che si lasciava andare appoggiandosi in coro durante l'Ufficio.

L'articolo del Credo, "Credo alla Comunione dei Santi" era stato per lei una rivelazione. In ogni circostanza chiedeva la preghiera delle sue consorelle; da parte sua pregava molto per le anime del purgatorio e affidava loro le sue intenzioni più insistenti. Ma la sua devozione era rivolta innanzitutto alla santissima Vergine Maria, poi a San Francesco d'Assisi e a Santa Chiara. Avendo saputo che Santa Coleta, la riformatrice dell'Ordine, era stata in diverse case prima di essere stabilita nella sua vocazione, la considerava una protettrice particolare; diceva: "È successo ai grandi santi. Hanno cercato la loro via in parecchie comunità e sono arrivati là dove Dio li voleva".

Aveva letto durante il noviziato gli "Scritti spirituali" di Charles de Foucauld. Nessun libro, diceva, le aveva fatto tanto bene e da allora una specie di intimità fraterna si stabilì tra lei e l'eremita delle Clarisse di Gerusalemme. Aveva adottato il metodo dell'orazione così semplice di Fratel Carlo. "Che cosa avete da dirmi, mio Dio? Ecco ciò che io ho da dirvi. Non parlare più, guardare il Diletto".

Sotto l'influsso della grazia, la pace si stabiliva nel suo animo. Come accade alle anime profonde e alle persone che hanno sofferto molto, essa non possedeva un'allegria naturale. Ma aveva imparato ad accogliere tranquillamente le prove, a tenerle per sé, e a dare agli altri solo la dolcezza e la gioia. Quasi sempre il sorriso rischiarava il suo volto.

Appunti
di Suor Maria della Trinità
(1940-1942)

Introduzione

All'inizio di gennaio del 1940, Suor Maria della Trinità comincia ad annotare su un taccuino delle parole interiori. Dalla notte del febbraio 1926, che ha capovolto la sua vita, la pace per lei non consiste più nel rimanere in accordo con la sua coscienza, ma nel conformarsi a ciò che il Signore attende ora da lei. Ma come saperlo? Senza sosta essa lo chiede nella preghiera; impara a far silenzio, ad ascoltare per cogliere una risposta. Dio ha mille modi per farsi comprendere. Sempre più attenta, Luisa discerne in modo più chiaro la chiamata interiore, sottolineata a volte da parole esplicite. Tuttavia ciò non accade nei momenti più importanti in cui deve prendere delle decisioni: allora si sente sola, libera e responsabile delle sue scelte. Ma prima o dopo, questa voce ravviva il suo coraggio e la spinge soprattutto ad arrivare fino al dono di se stessa nella vita claustrale.

L'attenzione per conoscere la volontà di Dio è l'attitudine fondamentale della vita interiore. È l'insegnamento della Bibbia dallo "Shemà Israel" ("Ascolta, Israele") del Deuteronomio e dagli appelli dei profeti, fino alle parole di Gesù stesso, così come le riporta San Giovanni nel discorso dopo la Cena o nell'Apocalisse: "Se qualcuno ascolta la mia voce e mi apre la porta, io entrerò, cenerò con lui ed egli con me" (Ap 3,20).

Suor Maria della Trinità trova anche una conferma della sua esperienza nella lettura dei mistici. Sempre all'inizio dell'anno 1940, in occasione della settimana di preghiera per l'Unità dei Cristiani, dal 18 al 25 gennaio, scrive alla sua amica Lidia von Auw, che era allora pastore in una parrocchia del cantone di Vaud: "Penso ancora di più a te quando abbiamo le ore di adorazione davanti al Santo Sacramento... Davanti a Dio tutto tace, tutto si cancella, eccetto ciò che Egli stesso ha scolpito nei nostri cuori, e le parole dei santi allora si fanno chiare a poco a poco per questa povera peccatrice che sono io. 'Conoscersi, conoscere Dio!'.

Tu conosci le parole della beata Angela da Foligno: 'Che fastidio parlare per dire altre cose! Silenzio, silenzio su tutto ciò che non è Lui!'... E le parole del Signore a sant'Angela: 'Se qualcuno vuole vedermi, io gli rivelerò il mio volto con trasporto. Se qualcuno vuole sentirmi nella sua anima, io non mi sottrarrò a lui; se qualcuno vuol conversare con Me, noi parleremo insieme con immensa gioia'. Ti mando queste parole, perché io ti amo.

...Ultimamente abbiamo letto un libro molto semplice e molto bello intitolato *Un appel à l'Amour*, il messaggio di una piccola suora conversa, Josefa Menéndez, a cui Nostro Signore ha chiesto di scrivere ciò che Lui le comunicava: l'invito del Suo amore e della Sua misericordia".

Questa lettura ha spinto la Suora a cominciare ad annotare anche lei il messaggio udito? La sua intenzione pare più modesta; scrive per se stessa, per resistere nei giorni di aridità (cf. n. 163). Soprattutto è lontana dal pensare che l'ascoltare delle parole interiori sia una cosa eccezionale. Alcune settimane dopo, si leggeva in refettorio la vita di Suor Maria del Divin Cuore, del Buon Pastore di Angers, in cui si parlava anche della voce interiore del Salvatore. A tal proposito, Suor Maria della Trinità chiese un giorno alla sua Madre Maestra:

"E voi, Madre Maestra, avete udito spesso la voce del Signore?
– No. Almeno, non so, non mi ricordo. E voi, voi l'avete udita?
– Sì, qualche volta".

Notò che questa risposta fece impressione sulla Madre Maestra, cosa che la stupì abbastanza. In effetti era persuasa che il Signore parla a ogni anima come parlava alla sua. Quando più tardi il confessore, che riporta questo dialogo[1], tentava di spiegarle che il Signore può parlare in modi differenti, e dunque, se parla a ogni anima, non parla necessariamente a ciascuna nella stessa maniera, Suor Maria della Trinità sembrava non capire. Qualche tempo dopo, ritornò alla carica e gli disse: "Ascoltate, Padre, il Signore non è d'accordo con voi; mi ha detto ancora e ha insistito che Egli parla a ogni anima"[2].

Il confessore non dubitava della sua sincerità, temeva per lei che si trattasse di un'illusione. È allora che le chiese di annotare queste parole e di sottoporgliele regolarmente. Testimone migliore per giudicare del buonsenso della Suora, fu colpito soprattutto dalla sua fedeltà nel rispondere ai più piccoli appelli della grazia. Dopo la morte di Suor Maria della Trinità, si sentì in dovere di pubblicare questi scritti, che gli apparivano come un "messaggio".

Questo genere di comunicazione deve certamente essere accolto con prudenza. Senza negare questo desiderio e la possibilità del dialogo interiore, san Giovanni della Croce mostra quanto sia importante e delicato il discernimento: "Non è raro vedere delle persone a malapena raccomandabili, che per aver udito delle parole interiori in occasione di una meditazione... le chiamano subito comunicazioni divine, e molto convinte, vanno dicendo: 'Dio mi ha detto questo, Dio mi ha detto quest'altro' "[3].

Su questo punto, contrariamente ai tanti ammonimenti attribuiti al Signore o alla Vergine Maria e diffusi in questi tempi torbidi, gli *Appunti* di Suor Maria della Trinità si presentano innanzitutto come un direttorio esigente e molto concreto di vita cristiana e di docilità alla Chiesa. Sono rivolti alla Suora stessa e alle anime che nel chiostro o nel mondo, sono tutte chiamate a percorrere il cammino della santità (cf. *Lumen Gentium*, cap. V).

---

[1] *Soeur Marie de la Trinité*, seconda edizione, Malines 1948, 15.
[2] Cf. n. 137 e 247 degli *Appunti*.
[3] S. Giovanni della Croce, *Salita del Monte Carmelo* II, 29.4.

Come il Signore parlava alla sua serva? Il suo direttore spirituale e primo editore dei suoi scritti, ha dato questa risposta: "Come dice l'*Imitazione*: senza rumore di parole"[4]. Pare che la quasi totalità delle note degli *Appunti* corrisponda a ciò che san Giovanni della Croce chiama "parole successive"[5]: "esse sono prodotte solo nello stato di raccoglimento; allora lo spirito si concentra su una verità e ne è per così dire imbevuto. Le considerazioni nascono dall'argomento meditato. Lo spirito va da un punto a un altro, con delle parole e giudizi adatti al soggetto e ciò avviene con tanta facilità e chiarezza, con visioni così nuove che fanno comprendere cose un tempo sconosciute, che l'intelletto non può immaginare che ciò venga dal suo proprio fondo. In effetti, qualcuno ragiona interiormente per lui, risponde alle sue domande, lo istruisce; almeno è questa l'impressione ricevuta. A dire il vero, il contemplativo è portato a crederlo, sebbene egli ragioni con se stesso e si dia delle risposte, come se due persone conversassero. Tuttavia non è una completa illusione. Senza dubbio lo spirito agisce secondo la sua propria attività, ma serve come strumento allo Spirito Santo, ed è con il suo aiuto che si formano concetti, parole e giudizi veri. L'impressione di una conversazione viene da questo".

Suor Maria della Trinità si è spesso interrogata sulla natura di questa voce interiore. Ha risposto alle domande del suo confessore, come in questo passo di una lettera che deve richiamare la nostra attenzione: "...dopo ciò, egli tacque. Ma quando tace, è come se parlasse ancora. Egli fa capire. Tentare di spiegarlo con le parole è come una caricatura. Allora... perdono!". Forse qui c'è qualche segno di una esperienza che supererebbe di molto, in profondità, quella delle parole successive.

È stata essa spinta a pensare che il Signore le parlasse in un modo che noi definiremmo straordinario e che si avvicinerebbe

---

[4] *Imitazione di Cristo* III, 2.
[5] S. Giovanni della Croce, *Salita del Monte Carmelo* II, 28,2.

alle rivelazioni private, ma che lei considerava come molto normale, poiché "il Signore parla a tutte le anime"? Niente permette di affermarlo e noi pensiamo che ci avviciniamo molto di più alla verità nel pensare che, senza averne coscienza, Suor Maria della Trinità abbia messo in bocca al Signore le risposte che lei stessa coglieva nel contemplare Gesù e nell'amarlo nella fede. Gli *Appunti* dei taccuini, di cui molti sono di grande qualità, lasciano intravvedere nel loro insieme una fede molto profonda. Se vi si può trovare anche qualche ingenuità e goffaggine, bisogna capire che lo spirito della Suora, applicando il pensiero di fede al concreto della sua vita, non godeva di un'assistenza speciale. Inoltre c'è il lavoro di redazione che non è infallibile nella scelta delle parole. S. Giovanni della Croce dice ancora: "L'intelletto illuminato e istruito da questo Maestro (lo Spirito Santo), comprendendo delle verità, forma nello stesso tempo con i suoi propri mezzi delle formule riguardanti ciò che gli è comunicato. Noi possiamo dunque dire che 'la voce è di Giacobbe e le mani di Esaù' (Gen 37,22)"[6]. Perciò, in questi *Appunti*, l'autorità che si può attribuire alle parole di Gesù non supera quella della Religiosa contemplativa che le ha scritte.

È dunque legittimo fare una prudente esegesi di alcune parole, essere attenti al contesto in cui si trovano per meglio comprenderle. Conoscendo per esempio il riavvicinamento che si è avuto tra le diverse confessioni cristiane, Suor Maria della Trinità darebbe oggi senza dubbio un'altra espressione ad alcune note. Ma se si tiene conto dell'insieme del suo messaggio, si è colpiti nel vedere come fosse rivolto al futuro e con quale vigore ci richiama sempre a un rinnovamento personale e comunitario...

Possa la lettura di queste righe far nascere in noi il desiderio di saperne ancora di più, e soprattutto di calarci noi stessi nel silenzio interiore per essere in ascolto del Maestro.

---

[6] S. Giovanni della Croce, *Salita del Monte Carmelo* II, 29,2.

Avvertenza

1. La numerazione degli *Appunti* si deve a padre Sylvère Van den Broeck.

2. Nella 2 edizione francese manca il contenuto del n. 379 ed. it. presente invece nella prima ed. fr. e in tutte le ed. it. Di conseguenza vi è uno slittamento di numerazione. Per avere la corrispondenza di contenuto, ciò che nella ed. it. si trova dal n. 380 al 403 nella ed. fr. va cercato al n. inferiore di una cifra (379-402).

3. Nella 1 e 2 ed. fr. manca il contenuto del n. 404 delle ed. it. Vi è quindi un secondo slittamento di numerazione. Per avere la corrispondenza di contenuto, ciò che nella ed. it. si trova dal n. 405 al 415, nella ed. fr. va cercato al n. inferiore di due cifre (403-413).

4. Nella 1 e 2 ed. fr. manca il contenuto del n. 416 delle ed. it. Vi è perciò un terzo slittamento di numerazione. Per avere la corrispondenza di contenuto, ciò che nella ed. it. si trova dal n. 417 al 462, nella ed. fr. va cercato al n. inferiore di tre cifre (414-459).

5. Il contenuto del n. 459 ed. francese nelle ed. it. corrisponde ai n. 462-463. Ancora uno slittamento di numerazione. Per avere la corrispondenza di contenuto, ciò che nella ed. it. si trova dal n. 464 al 666, nella ed. fr. va cercato al n. inferiore di quattro cifre (460-662).

6. Il contenuto del n. 663 della 2 ed. francese (661 nella 1 ed.) non compariva nelle ed. it. precedenti; ora è stato introdotto con il n. 667. Resta il medesimo slittamento di numerazione. Per avere la corrispondenza di contenuto, ciò che nella ed. it. si trova dal n. 667 al 670, nella ed. fr. va cercato al n. inferiore di quattro cifre (663-666).

Appunti[1]

1. *(Senza data)* "Dimenticati! Non ti occupare dei tuoi bisogni materiali o spirituali. Quando hai tutto ciò che ti occorre, mi privi della gioia di prendermi cura di te".

2. *(Gennaio 1940)* "Non ti difendere. Non far valere i tuoi diritti. Lasciami il piacere di difenderti quando sarà l'ora. Silenzio, silenzio... come me".

3. *(Domenica del Buon Pastore, 2ª dopo Pasqua)* "Fammi dono, mia piccola 'fidanzata':
   di ogni parola superflua che tacerai,
   di ogni oggetto che non è indispensabile, benché permesso, di cui farai a meno,
   di ogni fatica, sofferenza, che gli altri non indovineranno, che tu nasconderai,
   per darmi una prova del tuo amore, e perché io ho tanto bisogno dei tuoi doni!"[2].

4. *(27 Aprile. Comunione)* "Benevolenza... Indulgenza... Conserva l'anima tua libera e trasparente, al di sopra degli imbarazzi, delle preoccupazioni, dei malintesi che la Clausura suscita... Insegnare, solamente con l'esempio. Silenzio, silenzio nel cuore del tuo Dio".

---

[1] Le espressioni di Suor Maria vengono contrassegnate da due trattini lunghi all'inizio e alla fine.
[2] Che bel programma di vita in questi tre primi paragrafi! Programma di perfezione. Si osservi l'insistenza del Signore – la si osserverà ancora spesso in seguito – sullo spogliamento, sull'oblio di se stessi e spogliamento effettivo di tutto ciò che non è indispensabile.

5. *(Dopo la mia Professione, 29-VIII-40; 2 sett.)*[3] "Tu sei mia; sei completamente mia… Non andartene. Resta con me, *in* me che non ti abbandono mai. Ti ho atteso tanto tempo.

   Questa è la sola realtà: *Io t'amo e ti custodisco*. Per adesso e per l'eternità. Tutto il resto, bisogna sopportarlo con dolcezza e con pazienza. Sono immagini fuggitive che passano attorno a te. Ma io resto. Io t'amo e ti custodisco".

6. "Se provocata, lasciami fare; lasciami la gioia di difenderti quando vorrò e come mi piacerà. Se soffri, vieni più vicino a me. Ti attendo sempre. Ti dirò i miei segreti che consolano e fortificano".

7. "Se tu non mi dai nulla, io non posso fare il bene che ho lasciato alla tua iniziativa. Dammi il piccolissimo granello dei tuoi sacrifici, dei tuoi sforzi; io lo feconderò. Ma dammi il granello.

   Non perdere un minuto, non una sola occasione di offrirmi tutto ciò che ti mando.

   La mia grazia non ti abbandona un istante: accoglila. Desidero che il mio cielo riempia la tua anima, la tua cella, il tuo monastero".

8. "Sono *felice* perché sei finalmente venuta. Ne aspetto molte

---

[3] Queste parole furono dette il 29 agosto ma scritte il 2 settembre. Il 29 agosto, Suor Maria della Trinità pronunciò i suoi voti per tre anni; ma nel suo cuore si donava a Dio per sempre senza osare del resto attendersi tre anni di vita. Il giorno della Professione fu più del cielo che della terra. Non disse il suo segreto ma alle Consorelle bastava vederla per presentirlo. Essa stessa scrisse nel racconto della sua conversione (p. 146): "La sera dei miei primi voti, Lui mi ha detto che era contento. – Me lo ha detto tre volte". Per tutta la giornata Suor Maria portò, secondo l'usanza, la corona di rose che la ringiovaniva. Aveva cambiato il velo bianco delle novizie in quello nero delle professe che non la invecchiava affatto, ma le dava un aspetto più grave. Da quando portava il santo abito, sembrava più giovane di parecchi anni; la fascia infatti copriva le rughe della sua fronte. In quel giorno la Chiesa festeggia il martirio di San Giovanni Battista, l'amico dello sposo. Le dissero che questa coincidenza era senza dubbio un invito alla sofferenza silenziosa, nota solo a Dio. Suor Maria chiuse gli occhi un istante e non rispose.

altre come te nella mia Chiesa, nella mia casa. Per attirarle, fa tutto ciò che ti dirò".

9.   "L'avvenire è mio, di che hai paura?"[4].

— Della notte, della notte della fede in cui io sono sola. —
"Per illuminare il tuo cammino ti ho dato la Madre mia, Stella del mattino, guardala".

— Temo la mia debolezza, la mia scempiaggine, le mie illusioni. —

"L'obbedienza scaccia le illusioni. Non ha bisogno d'essere intelligente chi dà la sua vita alla Sapienza eterna. Non pensare che a me, non pensare che a piacermi: io ti trasformerò".

10.   "Come tu cerchi di piacere al tuo Sposo, così sforzati di piacere alle tue Superiore; previeni i loro desideri; fa' ciò che esse desiderano; che esse si sentano amate da te, amate con predilezione".

11.   "Lascia che si perda ciò che non ti è necessario, ciò che non ti conduce direttamente a me, per essere completamente mia. Pensieri, ricordi, progetti, desideri, preoccupazioni, che t'importa. Affidami *tutto*. La mia gioia sta nel rispondere da Dio all'umile fiducia".

12.   "Diventa completamente *povera*, di parole, di gesti, di oggetti, di desideri, eccetto che dell'unione con me e con la mia volontà. Sono io che vivrò in te. Lasciami fare, mia Diletta…".

13.   "Non ridere della tua Superiora[5]. Essa ha molte preoccupa-

---

[4] Risposta a sentimenti d'inquietudine della Suora. La risposta del Signore vale per tutti.

[5] Questo paragrafo non ha mancato di scandalizzare. "Come – si è detto – il Signore avrebbe fatto questa grazia di parlare così familiarmente a lei, una religiosa così poco rispettosa della sua Superiora?". Il Signore sembra far capire che ciò che si prestava al riso – non a una presa in giro – era il modo stesso con cui la Superiora portava le preoccupazioni del suo ufficio, preoccupazioni ignorate dalle suddite. Del resto la Superiora in questione è la prima a protestare contro ogni cattiva interpretazione di queste parole. Ecco la testimonianza spontanea che essa rese alla Suora al momento della sua

zioni. Voglio che tu non gliene causi *nessuna*. Amami in lei; io sono in ogni anima, in attesa che mi si ami per crescervi".

14. "Si cerca di nasconderti, di fare ignorare la tua esistenza; sta bene[6]. Seppellisciti nel mio cuore e lasciami fare; allora io mi

---

morte, e quando ignorava completamente tutte le parole interiori: "Che bella piccola anima! Nessun'altra ha avuto per me tanta attenzione e delicatezza" (Comunicazione del 30 giugno 1944).

[6] Cf. n. 48 e 70. La Suora ha sofferto di un accantonamento deliberato? Non lo crediamo. Ma essa aveva molti talenti che la mettevano necessariamente in vista quando veniva a contatto con l'esterno. Le Superiore hanno agito saggiamente evitando di metterla in vista. La Suora può averne avuto un'impressione spiacevole e soffrirne umanamente. D'altra parte essa aveva parecchie amiche e altre relazioni molto care in Europa da non poter non desiderare di far conoscere loro la sua felicità di essere giunta finalmente in porto. Credeva di fare un apostolato utile. Abbiamo ritrovato presso le antiche amiche parecchie lettere scritte dal monastero di Gerusalemme.

Suor Maria della Trinità aveva molti talenti che non voleva mostrare. Per le feste, vincendo la sua timidezza, s'ingegnava a comporre poesie o canzoni, ad approntare disegni per far piacere alle sue Superiore e alle Suore. Così, per il Natale 1940, scrisse questa poesia dedicatoria:

Alla nostra cara Madre
ringraziandola per la pena
che ha sofferto per salvare
una vocazione
il Bambino Gesù ringrazia!

A Betlemme non c'era un'erba così bella,
solo mucchi di polvere e paglia; dal tetto
scendevano lunghe ragnatele
oscillanti al soffio del vento nella notte…
La terra m'apparì dura e desolata,
tuttavia io mi sono rallegrato
perché proprio vicino a me, pieni di luce
ho visto i due occhi di mia Madre.
I pastori sono venuti coi loro doni,
così i re magi e poi altra gente.
Deponevano come reliquie
ciò che credevano aver di meglio,
oggetti utili o meravigliosi.
Io sorridevo… ma avevo senza dirlo
– nessuno l'ha indovinato – un desiderio!
Sogno di tenere nelle mie piccole mani… una rosa,
fiorita, senza spine, sbocciata o semichiusa,

servirò di te. Mi servirò di te per condurre molti protestanti alla Chiesa e in un modo che sorpassa ciò che tu puoi immaginare, perché io agisco da Dio. Da Dio mantengo le promesse, da Dio mi compiaccio nel rispondere all'umile fiducia.

Però non mi rifiutare niente. Non mi lasciare un minuto, non lasciare me che sono sempre con te. Fa' ciascuna delle tue azioni per me, non ne perdere una sola; io le raccolgo tutte. Desidero tanto essere servito con perfezione".

Gesù!

15. *(1 Gennaio 1941)* — Mio Dio, perdonatemi le colpe dell'anno passato. Voi vedete quanto me ne pento; vi supplico di aiutarmi a evitarle d'ora innanzi.

Perdono per gli sprechi e le omissioni; sprechi di *parole*; ho profanato ogni giorno il silenzio interiore!

Spreco di tempo, nella pigrizia, nella lentezza, nella tiepidezza nel mio lavoro.

Perdono d'aver trascurato lo studio della mia santa Regola; e per tante infedeltà!

Per essermi risparmiata (d'ora innanzi fare *una* cosa alla volta dedicandomi a essa interamente; farla con la perfezione che mi è possibile).

Perdono per le preghiere vocali dette macchinalmente; per le ore di adorazione in cui ho pensato a me piuttosto che a

---

dai petali trasparenti, obbediente
per offrirla come un grande fiore caduto dal cielo
a mia Madre, o per farne un giocattolo…
Siate benedetti, voi che avete posto, vicino al mio presepio
a casa vostra, una rosa fresca,
la rosa che aspettavo: fatela bella
la vostra beniamina, la mia rosa di Natale!
In occasione delle feste ha provato una certa indifferenza, o dei prudenti consigli al riserbo, come una volontà di ignorarla, di nasconderla? La Parola ascoltata la pacifica: è nel cuore del Signore che deve seppellire la sua vita, come il grano in terra perché porti molto frutto.

Voi, mio Salvatore e mio Dio! Mio Salvatore nascosto!

Perdono per le comunioni insufficientemente preparate; per le confessioni incomplete.

Perdono per le mancanze contro la carità in pensieri, giudizi temerari; in azioni, mancanze di cortesia; in parole imprudenti.

Signore, ecco questo ammasso di miseria che io sono. Oh! mi dono lo stesso, mi offro a Voi. Abbiate pietà!

Risoluzione: fedeltà.

Fare una cosa alla volta, dedicandomici tutta.

Silenzio.

Preparare le sante Comunioni.

Coraggio per essere esplicita e netta in confessione.

Non giudicare nulla. Amare, amare…

Mio Dio, aiutatemi a non cercare nessun sollievo, nessuna mitigazione al di fuori di quelle prescritte dalla nostra santa Regola.

Aiutatemi a esservi rigorosamente fedele, Signore mio Gesù, che avete sofferto tanto per me!

Degnatevi di gradire il mio desiderio di sofferenza, il mio desiderio di offrirvi il più possibile di sofferenze!—

16. "Sì, il lavoro è una gioia e una grande dignità per l'uomo; ma quello che io voglio, non sono soltanto le tue opere, sei *tu*. Tu mi disonori quando mi lasci per non pensare che al tuo lavoro".

17. *(Comunione, 1 Gennaio)* "Fa' ciascuna delle tue azioni il meglio possibile. Sii buona con tutte le tue Sorelle e Superiore. Non giudicare nessuna.

Sii buona… amabile, amabile, amabile…

Sono io, il tuo Gesù, che tu ami nel prossimo; io che, nascosto in ogni anima, per crescervi ho grandemente bisogno d'incontrare un cuore che in tale anima mi desideri e mi ami…".

18. "Non mi abbandonare, mia povera piccola creatura. Se tu sapessi come hai bisogno di me!

E io vado in cerca d'un cuore che mi ami senza limite,
d'una volontà fusa nella mia volontà,
d'uno spirito così vuoto di egoismo che il mio spirito possa invaderlo, regnarvi da Re…

Vuoi esser tu questo cuore, questa volontà, questo spirito?".

— Mio Dio! Mio Dio, mio Dio! Voi sapete quanto vi amo! —

19. "Non ti vendicare mai, sia pure impercettibilmente, fosse anche per vendicare altri.

Chi si vendica, mi rinnega, rinnega me che sono la Riparazione.

È necessario vincere il male col bene".

20. "Fa silenzio attorno a te e in te. – Che importa tutto il resto? Non sono io con te? – Allora tu mi ascolterai, allora tu mi consolerai, allora noi ci parleremo, – allora tu mi amerai".

— Oh! mio Dio, mio Dio! Non vi chiedo che l'amore, per amarvi come voi desiderate di essere amato. Spezzate il mio cuore duro; datemi il vostro amore. —

21. "Ascoltami, non dubitare. Se mi ami, indovinerai i miei desideri e avrai sempre più amore in ricompensa della tua fedeltà.

Questa offerta ti spaventa[7]? Ma è perché tu la faccia, che ti ho condotta fino a quest'ora. Vedi, che hai fatto nella tua vocazione? Ed io che ho fatto? Non sono stato io che ho guidato tutto? Che temi dunque? Tu sei libera; però non mi avrai dato tutto se non quando questa offerta sarà realizzata tale e quale l'aspetto. Non vuoi tu darmi tutto?

Per oggi dammi solamente le tue parole superflue che reprimerai; dammene molte".

22. "Sì, io sono l'Amore. Tu mi scacci ogni volta che agisci diversamente da quanto suggerisce l'Amore; e ti privi di amare. Senza di me il tuo cuore non può amare.

L'amore non ha occhi per le offese; perdona sempre, senza

---

[7] Il voto di vittima.

stancarsi; ama senza tregua e cresce sempre. Sii generosa con le tue Sorelle. Io t'invaderò tutta".

23. *(1 Luglio: Preziosissimo Sangue)*[8] "Quando sprechi tempo, mi offendi; disprezzi i miei doni, il *presente*[9] che io lascio al tuo amore e alla tua generosità".

24. "Sì, ti sei ben confessata, ciò nonostante non sei soddisfatta perché non hai detto tutto ciò che avevi desiderio di raccontare. Non pensare più a quanto è passato. Non giudicare nessuno. Non ci pensare più. Pensa a me, ascoltami…".

25. "T'amo, perché tu sei tanto, tanto miserabile. Non senti come t'amo? T'amo perché tu non puoi fare a meno di me e perché desidero di vederti felice, io t'amo perché ho dato la mia vita per te".

26. *(16 Agosto)* "Metti le tue cose in ordine. Tieniti pronta, perché verrò ben presto a prenderti. Verrò a prenderti all'improvviso"[10].

---

[8] Dal 1° gennaio la Suora non ha messo la data alle sue annotazioni e non la indicava che raramente. È su richiesta del suo confessore che negli ultimi mesi della sua vita le ha indicate. Su un biglietto datato 1° luglio, annota: "Mantieni il silenzio. Non parlare di altri se non per dirne bene. Se si critica, difendi colui che è criticato rivelandone le qualità. Non giudicare. Liberare il proprio pensiero dai giudizi sugli altri, anche materiali. Fare servizio quando l'occasione lo offre, in *azioni*, non in parole. Dare un consiglio solo quando è necessario". Su questo stesso biglietto aggiungerà di seguito le sue decisioni del ritiro dell'8 dicembre 1941. Cf. n. 151. Il 31 luglio, decesso di una suora anziana. Durante le ultime settimane della sua malattia, Suor Maria della Trinità le aveva testimoniato tutta la delicatezza del suo cuore, cercando in tutti i modi di sollevarla. Un po' più tardi darà prova della stessa devozione durante la malattia della Maestra delle novizie, per la quale conservava la più viva riconoscenza.

[9] Vedi alla fine del volume la risposta del Signore all'*Offerta del mattino*: "E io, io ti dono l'*oggi*".

[10] Questo pensiero, annotato più di dieci mesi prima, le resterà sempre presente. Un giorno una delle sue consorelle le aveva detto: "Il tempo è lungo sulla terra, in viaggio, lontano dal Signore. Io sarei felice di morire subito". "Non voi, piuttosto io – replicò vivacemente Suor Maria della Trinità –. Spero che la prima tomba scavata sia preparata per me". Tuttavia niente allora faceva supporre una fine prossima.

27. *(31 Agosto)* — Mio Dio, ricomincio *oggi* la mia povera vita nell'obbedienza esatta a tutto ciò che mi dirà il Padre...

Io non mi occuperò più che di Voi e del mio dovere di stato; di Voi che mi aspettate da tanto tempo, e ho tanto sprecato i vostri doni! sprecato il tempo prezioso.

Madre mia, mia dolce Madre, affidate a Gesù questa povera vita. Che Egli la riempia tutta d'ora innanzi, e che ne faccia quello che vorrà!

Insegnatemi, o Madre di Cristo, a dargli tutto. —

28. "T'amo perché ho dato la mia vita per te.

T'amo perché mi ascolti, cominci ad ascoltarmi; mi ascolterai sempre più.

T'amo perché non puoi fare a meno di me...".

29. "Capisci che sei *niente?* Tu da sola non sei che ribellione, rifiuto, negazione.

Dio solo *è.*

Io sono la tua vita. Lo capisci? T'accompagno come il tuo respiro, come il tuo alito, nell'anima tua. Sono così vicino a te[11]. Sono io che ti induco alla pazienza, alla dolcezza, all'accettazione... Chiedimi tutto; chiedimi ogni giorno, ogni mattino ciò che ti occorre per la tua giornata, per te e per tutti gli uomini.

È mia gioia rispondere! Io rispondo sempre, ma la mia risposta è varia. La capiresti meglio se sapessi vivere di fede".

30. "Capisci ora come sei infelice quando ti rifiuti di darmi ciò che ti chiedo? Io chiedo per mezzo dei desideri delle tue Superiore e delle tue Sorelle. Fa' attenzione. Non rifiutare mai una richiesta. Ciò ti capita ancora molto spesso"[12].

---

[11] Cf. nn. 62, 64, 173, 586.

[12] Quel giorno aveva rifiutato di rendere un piccolo servizio a una sorella, pur senza essere mossa da alcun sentimento di antipatia.

31. "La più sacrificata in tutto il monastero non è colei che fa il maggior lavoro visibile, è colei che fa il maggior lavoro invisibile, che sa meglio nascondersi, non incomodare nessuna, essere leggera agli altri e rendere la propria anima trasparente sicché mi si scopra in lei. Il più importante non è il lavoro che fate voi, è quello che voi mi lasciate fare tra voi"[13].

32. "Il pericolo del chiostro sta nel cercare una distrazione alla vostra vita di privazione, fuori di me, nelle creature; Io, che vi aspetto! che sono più che la consolazione, la sorgente della gioia.

    Bevete alla sorgente come il vostro Padre San Francesco".

33. "Non essere restia a riferire al tuo Padre quanto ti dico; in tutto ciò non vi è nulla di straordinario. Io parlo a ogni anima; se ce ne sono che non mi capiscono, è perché non mi ascoltano.

    È necessario fare un silenzio profondo, perché la mia voce è dolce. Bisogna liberare l'anima da ogni preoccupazione; bisogna amarmi in spirito e verità, essere in tutto nella verità".

34. "Sì, sono io che ti parlo; perché non mi credi? Ti ho mai ingannata? Tutto ciò che ti ho detto, è accaduto"[14].

35. "Tu hai troppe piccole cose: da', semplifica il tuo bagaglio, appena il necessario. Lascia agli altri il superfluo, la cura delle quisquilie. Tu, amami! Ti voglio povera, tutta intera per me.

---

[13] C'era nel monastero una religiosa molto buona, molto attiva e molto devota. Niente si faceva senza di lei, niente si realizzava, niente si decideva senza di lei. Essa riempiva tutto il monastero. Se venisse a mancare che cosa sarebbe della comunità? Dio ha permesso che venisse a mancare. Una lunga malattia obbligò il suo trasferimento all'ospedale (cf. n. 74) e il monastero non ne ha risentito. Guardiamoci dalla nostra importanza esteriore, dalla nostra indispensabilità (cf. n. 71).

[14] Vi sono alcune parole (cf. per esempio nn. 40 e 93) nelle quali il Signore richiama avvenimenti predetti e verificatisi, come prova della sua fedeltà. Siamo però nell'impossibilità di dire di più sulla cosa.

Appunto per questo ho cambiato il tuo lavoro: sei più libera internamente, più povera, più dipendente esteriormente; ma più per me.

Questo perché mi ascolti".

36. "Ti si offre da mangiare di più. Sta bene. Si vedrà meglio quando verrò a prenderti che sono io che vengo e non c'è altra causa. Preparati. Fa' tutto il tuo dovere, più e meglio che tu possa fare.

I Santi hanno attirato molte anime alla mia Chiesa con lo sfolgorìo della loro santità. Tu non puoi. Ciò non importa. Dammi tutto; io mi servirò di quello che mi dai per attirare molte anime alla mia Chiesa.

Dammi tutto".

— Mio Dio! grazie, grazie, grazie! —

37. "Non perdere la tua serenità per causa del lavoro. Una religiosa deve dominare con lo spirito il compito affidatole, se no, è una mercenaria, non è una religiosa.

Bisogna semplificare, ridurre le vostre[15] necessità come faceva mia Madre. Bisogna prendere nella calma decisioni sagge e serene.

L'ordine consiste nel cercare in tutte le cose prima di tutto il Regno di Dio e la sua giustizia, il resto viene dato in sovrappiù.

Non vi preoccupate del risultato delle vostre opere; io do l'accrescimento e la fecondità nella misura con cui mi vengono affidate.

Ah! come i monasteri sarebbero fiorenti, se si avesse lo spirito di fede e di povertà che dà tutto, sforzandosi di fare solo quello che io chiedo! Io ti chiedo di obbedire esattamente alla tua santa Regola, al tuo Padre e alle tue Superiore, di

---

[15] Si osservi il passaggio dal singolare al plurale. Cf. anche n. 127. Il Signore insiste a più riprese sulla calma, l'ordine nel lavoro, nelle occupazioni materiali. Disapprova assolutamente l'agitazione (cf. n. 55).

amare tutto ciò che ti mando e di ascoltarmi.

Ascolta per coloro che non vogliono capire la mia voce.

T'amo, perché anche tu mi hai sempre amato.

Tu ignoravi che amavi me amando teneramente i tuoi e quelli che ho posti sul tuo cammino; tu ignoravi che ero io che tu amavi in essi e che non hai voluto mai contristare.

Ora mi conosci, mi hai incontrato. Dammi le tue sofferenze come segno d'amore, e perché mi obblighino a spingere altre anime verso di me, come ho fatto con la tua.

Ti ho attirata nella notte; adesso andrai sempre verso maggior luce".

38. "Sì, la colpa[16] ripara lo sbaglio quando la si dice con vero desiderio di riparare. Essa conserva nella verità".

39. "Poiché non accettano l'intercessione della Madre mia, Mediatrice di tutte le grazie, i protestanti si privano della vera Fede.

Ama mia Madre per riparare il loro accecamento; offrile il Rosario della mezzanotte ogni volta che la Superiora te lo permetterà"[17].

40. "Più mi darai, più aumenterò la tua capacità di dare.

Tu vedi che ho mantenuto la parola. Perché non mi credi sempre?".

41. "Hai fatto bene a cedere alla tua Sorellina, benché tu avessi un'eccellente ragione per non obbedirle. Sono contento!

Io ti parlo per bocca degli altri; quantunque quello che essi dicono non sia sempre esattamente ciò che io desidero, sono sempre io che domando un atto di amore.

---

[16] Accusa pubblica nel Capitolo.

[17] A causa del coprifuoco imposto alla città, le Religiose erano impossibilitate di recitare l'Ufficio canonico a mezzanotte. Allora esse ne hanno per qualche tempo anticipata la recita alla sera; ma per osservare la prescrizione della levata a mezzanotte, hanno continuato ad alzarsi ogni notte per recitare insieme, in coro, il Rosario. A causa della sua salute, Suor Maria della Trinità non poteva intervenirvi che tre volte la settimana (cf. n. 570).

Obbedisci a loro con lo stesso amore che a me.

Tu sei la mia Beniamina.

Sei tutta mia.

Rimani sempre in questa disposizione".

— Poiché mi amate, poiché siete contento di me, mio Dio, concedetemi, nel Nome di Gesù la conversione dei miei.— "Credi – spera – sacrificati; affidali a me".

42. "Sì, desidero che non ti occupi delle altre; non è il tuo incarico; il tuo solo dovere è di pregare per loro.

Questa piccola penitenza supplementare puoi offrirmela ogni giorno con questa intenzione, – se lo permette il tuo Padre[18].

È l'obbedienza e l'amore che si industriano a offrirmele, che mi commuovono nelle penitenze.

Ho compassione. Oh, come sento compassione! E come desidero – *ho bisogno* – che la generosità degli uni ripari per gli altri! È l'amore che ripara.

I peccati sono sempre mancanza d'amore per il Signore.

Ama, ama le tue Sorelle. Ama molto le tue Superiore; esse ne hanno bisogno. Ma in silenzio"[19].

43. "Allo stesso modo che le tempeste sono necessarie nella natura, esse sono necessarie in ogni anima vivente.

Non perdere la tua serenità per quelle che sono provate. Prega per loro; offri le sofferenze della mia Passione, e qualche privazione, qualche sofferenza che t'imporrai volontariamente per loro".

44. "Io non chiedo che l'amore. Ah! che ne fate voi?…".

45. "Tante preoccupazioni, tante ombre nel tuo cuore! Pensa a me, a me, la Bellezza perfetta, lo Splendore, la Pace, la Vita,

---

[18] Una piccola penitenza che col permesso della Superiora aveva ottenuto di fare.

[19] Desiderosa di provare il suo amore al Signore, Suor Maria della Trinità si impose molto spesso delle mortificazioni supplementari, ma sempre con l'assenso della Superiora e del suo confessore.

la Verità, la Santità, a me, il tuo Dio che t'ama!

Dammi il tuo cuore, tutto il tuo cuore. E non vuoi tu darmi anche la tua vita? La desidero, ne ho bisogno".

46. "È una cosa tanto grande appartenermi! Che t'importa il resto? Concediti tutta alla gioia di appartenermi. Io ti voglio tutta mia!".

47. "Le miserie del chiostro sono inevitabili, però quelle che mi amano non vi badano. Il tuo vero chiostro, senza confini, è il mio cuore; è il tuo rifugio e la tua culla. È sempre aperto; ti aspetta sempre. Esso ti darà la gioia, la forza, la dolcezza, l'amore. Poiché ti voglio allegra e forte, irresistibilmente amante, e dolcissima".

48. "Che t'importa se non ti si desidera in questa casa[20] purché io ti desideri e sia contento di te? Io ti proteggo a modo mio; proteggo l'anima tua. Per la vita esteriore ho desiderato che tu abbia qualche severità, qualche rigore, secondo la tua offerta. Sei contenta?".

— Oh, mio Dio, mio Dio, io non desidero che Voi! Lo sapete! —

49. "Non ti basto io? Non ti basta sapere che il tuo Gesù ti ama?".

50. — Mio Dio, voi siete Spirito. Voi non siete accolto da noi, se non ci amiamo vicendevolmente.

Dateci la grazia di accogliervi! Concedeteci di amarci a vicenda! —

---

[20] Il lettore potrebbe chiedersi se Suor Maria della Trinità abbia subito qualche persecuzione. Certamente no. All'infuori di qualche malinteso inevitabile, ha trovato, al contrario, una profonda comprensione presso le sue Superiore, che hanno vigilato su di lei con molta sollecitudine. Si può dire tuttavia che è stata incompresa da alcune suore che non si trattennero dal manifestarle una certa antipatia. Ricordiamoci che Santa Teresa del Bambino Gesù non ha mai goduto la simpatia di tutte le sue Suore! Questa opposizione ha messo in luce la carità e l'umiltà di Suor Maria della Trinità. Poco dopo la sua morte, una Superiora scriveva: "…le contraddizioni in mezzo alle quali è vissuta qui hanno posto meglio in luce la sua pazienza e la sua dimenticanza di sé".

51. "Ti separerò da tutte le creature, perché tu sia tutta mia. Lo vuoi tu? Allora mi avrai dato tutto. Allora mi servirò della tua povera vita".

52. "Chiedimi due grazie per la vita comune: l'indulgenza per le altre, lasciar crescere la zizzania col buon grano, e la forza in ciascuna occasione, senza stancarsi, di vincere il male col bene, nel silenzio".

53. "Andrò io in Svizzera al tuo posto. Le Clarisse vi ritorneranno con una persona più adatta di te. Tu non puoi fare molto bene sulla terra, sei troppo maldestra, inabile. Non era la tua missione. La tua missione è stata quella di darmi la tua povera vita, perché me ne servissi secondo i miei desideri. La tua missione sarà ben presto quella di pregare senza posa vicino a me, perché le anime mi incontrino e mi accolgano; perché le anime di buona volontà ritornino alla Chiesa. Ah, se voi conosceste il dono di Dio!"[21].

54. "Ti voglio tutta mia. Sei tanto miserabile! Hai talmente bisogno di me! Io ti custodirò nel più profondo del mio cuore; tu sei la mia piccolissima bambina! Insieme faremo qualche cosa di buono, come ti ho detto a Milano[22]; ma in cielo lavorerai con pienezza.

No, tu non hai fatto grandi cose sulla terra, però mi hai dato ciò che ti ho domandato. Ben presto sarò io che ti farò il mio dono.

Preparati; spogliati di ogni cosa: ti voglio tutta tutta per me".

---

[21] Il Signore dirà più d'una volta (cf. nn. 173 e 184) che ogni anima ha la sua missione, una missione speciale. Sarebbe frutto d'orgoglio volere oltrepassare questa missione, o vocazione, volere percepire la portata della propria missione al di là di ciò che Dio vuole (cf. nn. 55 e 559). Tuttavia ogni anima, se veramente ama Dio, tenderà, nella sua vocazione, a oltrepassare i limiti di ciò che è obbligatorio (cf. nn. 213 e 548).

[22] Cf. il racconto della sua conversione e vocazione (p. 72, nota 14).

Gesù!

55. "Ascoltami! Non perdere un minuto. Però non ti agitare; chi si agita spreca.

Pensa alla tua Madrina[23], così carica di opere e di responsabilità. L'hai mai vista frettolosa, agitata? Sempre calma e sorridente.

Pensa alla Madre mia, che ho dato per Madre anche a te. Chi fu ricoperta di più gravi responsabilità di Lei? Sempre calma e sorridente perché io riempivo tutta l'anima sua.

Non ti agitare; non avere inquietudini. Tutto passa, eccetto il tuo Dio.

Io sono l'ordine e la calma perfetta, pur essendo vita e movimento e azione.

Per vivere *la mia vita*, rimani in me silenziosamente.

Io t'amo! Non riempie ciò d'una pienezza di felicità ciascuno dei tuoi minuti? Io t'amo, e desidero che tu lo sappia. Oh! se tu sapessi come io t'amo, mia piccola bambina!".

56. "Non aver paura di venire a me.

Non ti lamentare, neppure col tuo Padre. Se hai qualche difficoltà per la vita esterna, non hai per la vita interiore la mia tenerezza?

Io vedo tutte le sofferenze, tutti gli sforzi, tutte le ingiustizie – e rispondo ai desideri di ogni anima non solamente con giustizia perfetta, ma secondo il mio amore che dona divinamente...

Quelle che desiderano l'affetto, l'approvazione delle creature, soprattutto delle loro Superiore, non fanno male; io lo concedo loro.

Quelle che desiderano per il mio servizio la prosperità materiale e lavorano a questo fine, l'avranno anche... E a quelle che desiderano, che domandano e preferiscono la mia

---

[23] Persona tutta dedita all'Azione Cattolica.

intimità agli altri beni, io la concedo.

Ah! sono ben poco numerose le anime che desiderano anzitutto il Regno di Dio e la sua giustizia!...".

57. "Compi il tuo dovere fedelmente, il più perfettamente possibile; non cambiar nulla al tuo modo di vivere: né le penitenze, né le privazioni cambieranno l'ora in cui verrò a prenderti".

58. "Non sei ancora del tutto obbediente; al primo tocco della campanella tu non lasci tutto, spesso. Rispondi più presto alla mia voce, a me che ti aspetto, a me che ti amo da così lungo tempo.

Lascia tutto. Che non vi sia nient'altro al mondo per te che l'amore fra te e me.

Dona, semplifica la tua vita, liberati. Sii completamente povera per essere del tutto mia.

Col tuo Padre sii più semplice; mostrati come sei... È necessario ch'egli legga nella tua anima senza sforzo, come in un libro aperto.

Non t'inquietare; chiedigli consiglio per tutto ciò che ti preoccupa e fa esattamente ciò che ti dirà...

Con le tue Madri sii retta, più semplice: amale. Desidero che sentano che tu vivi per me, al di fuori delle adulazioni, degli intrighi, dei malintesi. Sii sempre sincera".

59. "Quando voi sperate qualcosa da me, non la rifiuto mai; io però ricevo così raramente ciò che spero da voi!

Spero che abbandoniate le preoccupazioni passeggere per venire fino al mio cuore che aspetta; sono rare quelle che non si fermano per strada! Tuttavia solo io posso darvi l'ordine, l'unione, la gioia, l'attività vera...

Figliola mia, non ti fermare per strada".

60. "È da lungo tempo che avresti potuto compiere questo spogliamento del superfluo intorno a te[24]. Ripara con l'intensi-

---

[24] Nel fare un giorno un più accurato esame della sua cella, vi trovò alcuni

tà del tuo amore il tempo perduto nella tiepidezza.

Liberati. Oh! come sarai felice quando sarai totalmente libera e tutta mia. Liberati anche da ciò che ti preoccupa.

Sii più semplice col Padre; domandagli consiglio su tutto senza reconditi fini. Tu sarai per lui un riposo se ti mostri come sei".

61. "Ci sono diverse specie di carità:

quella del buon Samaritano che cura le piaghe del corpo e dell'anima;

quella che previene le ferite con la vigilanza facendo, in tutte le occasioni, agli altri ciò che si vorrebbe fosse fatto a noi;

ma la più alta carità è la carità interiore, che s'immerge in Dio e non si occupa che di mostrarlo, di farlo conoscere; è quella che libera le anime, perché da se stesse vengano a me, che dono consolazione e forza e vita[25].

Ci sono diverse buone volontà:

quella che mi dà le vostre opere;

quella che mi dà la vostra libertà, la vostra volontà;

quella che si unisce alle mie sofferenze, che si offre come vittima per partecipare anch'essa all'espiazione dei peccati.

E la buona volontà dei miei amici, dei miei intimi.

Il mio amore per voi è così immenso che non ha potuto esprimersi meglio che attraverso la sofferenza. Nello stesso modo essi mi amano.

Hai capito ciò?

Vedi come ti ho amata? Come ti ho attesa, e come ti attendo?".

62. "Ti voglio tutta mia, nella sofferenza.

Mi si cerca lontano, mentre io sono così vicino a voi. Non avete che da scendere nel vostro cuore e ascoltare"[26].

---

oggetti che giudicò non più necessari per il suo lavoro. Spinta dallo spirito di povertà, se ne liberò subito. È a questo spogliamento che alludono le parole del Signore.

[25] Cf. n. 80, nota.

[26] Cf. nn. 64, 173 e 582.

63. "Tutto il disordine proviene dal fatto che non si dà ascolto alla Chiesa. Si vuol vivere fuori della mia Chiesa dove invece io mi trovo, io la sorgente, la linfa…

E coloro che stanno nella Chiesa dimenticano di ascoltarmi. Ci si immagina che io sia un padrone, io che sono sempre, infaticabilmente, al vostro servizio, rispondendo alle vostre preghiere, attendendo, sperando che mi domandiate i doni migliori.

Quando m'inchino verso di voi, la mia giustizia e la mia santità si nascondono; non c'è che il mio amore illimitato che richiede il vostro, dandovi fiducia, nella speranza della vostra generosità.

Abbandona tutto per essere interamente mia, per amarmi come un Dio, come un Salvatore merita d'essere amato.

Ascoltami e guarda…

Capisci?…".

Gesù!

64. "Mi si cerca lontano, mentre io sono così vicino.

Hai tu compreso quanto io sia con te, *in te*?

Appena mi chiami, rispondo. Sono sempre presente. Che ti manca?".

— Mio Dio, che il vostro amore si spanda; che regni fra tutte le creature; l'unione, l'unione, l'unione! —

"Domandamelo senza stancarti, coi tuoi desideri, con le tue azioni.

Nella misura in cui tu ti dimenticherai, diffonderai l'unione. Beate le famiglie e i monasteri che hanno dei malati! Mediante le visite ai malati si salvaguarda la pratica della dolcezza e della pazienza; essi espiano, portano la mia immagine; l'immagine del Cristo che soffre nella sua Chiesa. Consolarli con spirito di fede è compiere l'opera di riparazione, nella Chiesa, la riparazione che io aspetto da coloro che mi amano.

Un focolare dove non vi sono malati rischia di vivere più per se stesso che per me.

Io sono sempre più sensibile, più in opera dove c'è la sofferenza, perché là mi si accoglie, mi si ascolta...

Ti voglio tutta mia, nella sofferenza".

65. "Ti ho condotta a Gerusalemme, perché saliamo insieme al Calvario. Là mi hanno crocifisso crudelmente. Poiché mi ami, avrai le mani e i piedi e il cuore trafitti, *se ti lasci guidare*. Il cuore, separandoti da ogni creatura; le mani, dedicandole ai lavori che non ti piacciono; i piedi, non andando dove vorrebbero andare. Ma non sarà a una croce che tu sarai inchiodata volontariamente; sarai legata al mio cuore, perché nulla più ti separi da me. E se vi acconsenti con amore, aumenterò il tuo amore, e ti compenetrerò.

Lasciati fare".

66. "Ci si fa un'idea ingiusta di me. Mi si prende per un padrone che distribuisce i suoi favori a suo capriccio e che impone le sue volontà.

Hai capito che io non impongo nulla. Sono impotente davanti alla vostra libertà. Io mendico il vostro amore.

Guardami palpitante sopra la croce: ecco la mia regalità! Ho espiato per voi, ma non vi costringo a crederlo. Mostro la mia Passione – è eloquente? – e aspetto. Ecco la mia divinità; una pazienza instancabile. Da secoli aspetto le anime. Mai respingo. Chiedimi di conoscermi meglio.

Fa lo stesso della tua vita. Ripara; espia; ama senza nulla chiedere in cambio; e aspetta con pazienza anche che ti si ami. Non rifiutarti mai di fare favori. È me che tu onori e servi delicatamente; ne ho tanto bisogno".

67. "Non hai gran che dalla tua vita; è vero. Hai fatto però ciò che ti ho chiesto. Potrò servirmi di te – sono io che mi servirò della tua vita.

Ho fretta che tu sia tutta mia. Preparati. Quando sarai pronta, verrò a prenderti".

68. *(4-X-41)* "Sono passato nel mondo facendo del bene, recavo la pace, l'ordine, la bontà, la bontà facile.

I malati, io li guarivo; i peccati, li perdonavo; davo la gioia, quella vera, la gioia tranquilla.

Recavo le Beatitudini.

Mostravo Dio.

Se gli uomini non amano Dio, è perché non lo conoscono.

Bisogna mostrare Dio. Questa è la carità.

Non bisogna accanirsi contro il male; bisogna vincere il male col bene.

Il bene trionfa sempre a suo tempo".

69. "Guarda in che stato mi hanno messo... vedi il mio amore per gli uomini mi ha condotto là. Ah! l'espiazione!... E questo per guadagnare il vostro cuore, per potervi regnare. Sono stato crocifisso dalla vostra libertà.

Posso tutto in un cuore che mi ama; ma se non mi ama, sono impotente. Se alcuni non mi amano, è perché non mi conoscono. Lavora per farmi amare".

— In che modo? —

"Coi mezzi che ho scelto: la sofferenza che espia, ripara, l'amore che dà Dio...".

70. "Forse non sarai molto amata dalle tue Sorelle e Superiore, che importa! Desidero che tu le ami ciascuna tanto quanto me, avendo per ciascuna la stessa delicatezza, le stesse premure che avresti per me".

71. "Ascolta, non bisogna dare grande importanza all'attività naturale. *Senza di me non potete far nulla.*

Lo spirito del mondo desidera le nature 'disinvolte', 'accorte', come suol dirsi lodandole.

È facile agitarsi, agire in maniera da dare nell'occhio; è molto difficile rinunciare a sé e lasciarmi agire. Eppure è la sola attività feconda, che perdura nell'eternità.

Rimani in me. Conta su di me...".

72. "Sei niente; ma questo *niente* sarà eternamente felice perché

io ti custodirò sempre vicino a me.

Come noi siamo felici e *uno* nella Santissima Trinità, così desidero ardentemente che tutte, tutte le mie creature siano unite alla nostra gioia immensa, tutte, tutte, tutte le mie creature...".

73.   — Mio Dio, Voi non parlate più! Ditemi qualche cosa. — "Presto".

74.   "Quando la malattia o una calamità vi porta via delle Suore o scombussola l'ordine d'un monastero, non è una sventura. Ciò non colpisce che dei mezzi ed io non sono a corto di mezzi...

Invece quando mancate di spirito di fede, quando ferite un'anima con la vostra incomprensione negligente della carità, *è una disgrazia.* Voi vi opponete alla mia azione in essa, ritardate il regno di Dio. È una disgrazia. E voi vi badate appena....

75.   "*Venga il tuo regno!* Quando comprenderete che ciò richiede sacrifici più grandi che non i sacrifici materiali, preghiere ben più profonde che non quelle recitate con le labbra?".

76.   "Accogli come un dono ogni occasione di fare una buona azione invisibile; è per me che essa viene fatta. Per quanto piccola, mi dice il tuo amore".

77.   "Ricordati spesso che voi siete tutti degli esseri in evoluzione, dipendenti dalla mia grazia e dipendenti pure gli uni dagli altri. Siete solidali, siete responsabili gli uni degli altri; responsabili di quello che divenite.

Voi siete tutte composte di molti elementi. Nessuna è del tutto buona o del tutto cattiva... Bisogna lasciare crescere la zizzania col buon grano".

78.   "È necessario favorire il buon grano dandogli fiducia, coltivandolo, trascurando di vedere ciò che vi è di male.

Comprendendo ciò, le antipatie cadono...

In ciascuna c'è la presenza della SS. Trinità; e in ciascuna un carattere unico che è "*lei*", che Dio le ha dato creando la sua anima; ogni anima ha la sua propria bellezza, e rende gloria a Dio in una maniera unica.

Quando lo si capisce, cadono le gelosie.

Ogni anima ha la sua propria missione, unica; bisogna aiutarla a compierla e a utilizzare le riserve sconosciute di amore e di generosità che Dio nasconde in ogni anima.

Se lo comprendeste, non ci sarebbe che una larga corrente di collaborazione per affrettare la venuta del mio Regno…

Prega per domandare l'unione. Prega di più".

Gesù!

79. "Quando vi raggiunge una prova, cercatene *in voi* la causa: che male avete fatto?

Quale bene ho trascurato?

Rendetevi *coscienti* delle vostre responsabilità e del modo con cui vi corrispondete. È necessario prima capire, poi riparare. Vedrete allora che la prova cesserà, quando non sarà più necessaria".

80. *(Vigilia di Tutti i Santi, 1941)* "Sì, desidero che ti offra vittima volontaria, vorrei però che vi consentisse la tua Superiora, perché tu appartieni alla tua Comunità. Ora, affinché si sappia che le religiose non devono solo provvedere al mantenimento del monastero, ma devono prima lavorare per il Regno di Dio e per la sua giustizia, io darò il segno richiesto[27] …

---

[27] Da molte settimane, l'invito del Signore a fare questo voto di vittima si faceva più insistente. Suor Maria della Trinità doveva prima chiedere il consenso della reverenda Madre. Si aprì al suo confessore. Alla sua domanda Suor Maria gli consegnò una pagina dei suoi appunti con questa breve lettera:

+ Gesù

Dal Monastero delle Clarisse di Gerusalemme, 21 ottobre 1941

Padre,

ecco il piccolo foglio richiesto. Lei capisce perché io desidero questo voto di vittima che le Superiore permettono talvolta d'offrire al Signore.

Lui mi ha detto quest'inverno: "I Santi e le Sante hanno guadagnato molte anime alla Chiesa solo attraverso l'irradiamento della loro santità. Tu non

Una religiosa che non ha fatto il voto di vittima, appartiene anzitutto alla sua Comunità, e Dio, pure essendo il Padrone assoluto del suo destino, tiene conto dei suoi doveri verso la Comunità.

Una religiosa che ha fatto il voto di vittima, è affidata al beneplacito di Dio, qualunque siano i suoi obblighi verso la Comunità. Essa è completamente di Dio".

81. "Sì, è per te, e non per le tue Superiore, che ho detto che bisogna rendersi coscienti delle proprie responsabilità, e ciò richiede uno sforzo di sincerità e d'oblio di sé.

---

puoi ma donati e io mi servirò di te per attirare molte anime alla Chiesa. Sono io che farò questo. Ma donami tutto" (cf. n. 36).

Quando penso alla nostra povera vita e alle grandi difficoltà che ci aspettano, non a causa della vita religiosa ma a causa delle deformazioni della vita religiosa, io non ho il coraggio...

Prima che ne parlassi alla nostra reverenda Madre, quest'estate, visto che non osavo, Lui mi ha detto: "C'è una ragione per cui io ti domando una cosa che capirai più tardi".

Da allora silenzio sull'argomento. Lui non domanda formalmente, ma ha un modo così discreto e così sicuro di far comprendere ciò che desidera che i dubbi spariscono ed è irresistibile. Io lo scopro nella mia povera anima infinitamente più grande, più delicato di quanto avrei potuto immaginare...

Non si può rifiutarGli nulla.

Se mi sbaglio, non mi sarò sbagliata che volendo essere generosa; allora Dio avrà pietà. Ma siete voi che giudicherete, Padre, e io vi obbedirò.

Vi ringrazio dal fondo del cuore, padre, e desidero rimanere sempre in Lui, benché indegnamente, una delle vostre povere figliole.

                                   Suor Maria della Trinità, o.s.c.

Il foglio richiesto.

"Tutto il disordine proviene dal fatto che non si dà ascolto alla Chiesa. Si vuol vivere fuori della mia Chiesa" (n. 63).

Ci sono diverse forme di carità...

Ci sono diverse buone volontà..." (n. 61).

Dopo questo lui ha taciuto. Ma quando tace è come se parlasse ancora. Bisogna capire. Tentare di dirlo a parole, è come una caricatura. Allora... *pardon!*

Il confessore assicurò alla Suora il suo sostegno e la incoraggiò a continuare ad annotare queste parole interiori e a presentargliele regolarmente.

In modo inatteso, quasi insperato, la Superiora diede il suo consenso senza difficoltà.

Per quanto povera e inutile sia la tua vita, tu sei responsabile delle anime che tu conosci, di cui conosci le difficoltà, e la loro mancanza di fede, e la loro ignoranza del tuo Gesù. Sei responsabile nella misura in cui tu comprendi.

Non tutti vedono la miseria morale, l'incapacità delle anime prigioniere del peccato. Ma coloro che vedono *devono* venire in loro aiuto a ogni costo.

Non dubitare; con me puoi tutto".

82. "La tua Superiora ha fatto bene ad avvertirti che potresti venire al Rosario quattro notti. Perché tu preghi anche la notte ti ho voluto mia Clarissa.

Di che temi? Io ti aiuterò; offri per lei questa quarta notte".

83. "Sacrificati per la tua Comunità, è la tua famiglia, la famiglia che io ti ho data".

84. "Nessuno ha mai dovuto rimpiangere ciò che mi ha dato.

Bisogna fare *tutto* quello che si può, e solo dopo si può fare affidamento assoluto sul mio aiuto.

Avete ragione di piangere per l'assenza della Madre Maestra..., è naturale[28]. Ma, vedi come ci si abitua a far senza di me, di me che ho dato la vita per ciascuna delle mie creature!...".

Gesù!

85. "Piccola figlia cara, vedi come la materia è un cattivo padrone; si rivolta contro coloro che la servono e li racchiude nei suoi limiti.

Al contrario, tutto il tempo, tutte le cure che voi date allo Spirito, vi liberano da ciò che è perituro.

Ciò che accade in grande nelle nazioni, accade ugualmente nel governo delle famiglie e delle Comunità.

Più una creatura serve lo Spirito, più semplifica, ordina il lavoro materiale, gli "affari", e li facilita, li domina. Se il mate-

---

[28] Ricoverata all'ospedale.

riale la schiaccia, ciò avviene perché essa trascura lo Spirito.

Figliola mia, bisogna sempre cercare *innanzi tutto il Regno di Dio e la sua giustizia, il resto viene in più.*

Non essere tarda a capire...".

86. "Sì, c'è una folla di vittime che salvano dalla distruzione l'Amore e la Giustizia. Quelle che lo sono passivamente mi glorificano con la loro pazienza nel sopportare le conseguenze dei peccati che esse non hanno commesso, con la loro carità che ripara e perdona.

E quelle che si offrono volontariamente per l'espiazione mi glorificano di più: mi danno la più grande prova d'amore. Sono le mie pecorelle che mi conoscono e conoscono la mia voce.

Vuoi?...".

87. *(2 Novembre)* "Non sei impaziente di raggiungermi? Non bisogna temere la morte; non sai che sarò con te?...".

88. "Sì, le Clarisse ritorneranno al tuo paese, là dove la Riforma le ha cacciate, tra i protestanti. E tu, figlia della Riforma, avrai contribuito a ricondurle.

È il regalo che ti faccio. Vedi come t'amo!

Anche tu mi darai una prova del tuo amore e del tuo desiderio di riparare.

Oh! se sapeste che cosa è il mio amore! E quanto ho bisogno che voi facciate affidamento su di esso!

Sii fedele nei particolari, sì, e sii fedele fino alla morte".

89. "Bisogna dare ai mezzi un valore di mezzi – non impressionarti se gli altri li stimano e ne usano diversamente da te, rispetta i gusti di ciascuno. I mezzi poco contano; tutto è mezzo e grazia per l'anima aperta alla mia voce...".

90. "C'è un abisso tra il Creatore e la creatura. Il vostro valore non sta nelle capacità personali, fossero pure geniali; ma nella vostra capacità a ricevere il Creatore, a lasciarlo vivere e trasparire in voi.

Lo si scopre dalla vostra maniera di essere e di agire.

Là dove io sono, regna la verità, sì, l'orrore per la menzogna, per la doppiezza incosciente;

là dove io sono, regna la chiarezza, l'ordine che semplifica tutto;

la contentezza, una gioia stabile, nascosta anche in mezzo alle più penose sofferenze;

per ricolmarle della mia gioia attiro le mie creature e voglio dimorare in esse…".

91. "Tu sei la mia figliola prediletta. Affrettati… per raggiungermi presto. Che temi?… Ti voglio custodire vicino a me, e là tu lavorerai con me…".

92. "I miei nemici sono: la menzogna, specialmente quella mancanza di sincerità che paralizza tante anime, perché non vogliono confessare a se stesse le loro intenzioni più recondite;

la noncuranza e l'ignoranza per pigrizia;

l'agitazione, il disordine;

il chiasso: chiasso di parole, chiasso di desideri egoistici, il chiasso che gli uomini inventano per distrarsi e dimenticarmi.

Amici miei sono: la verità;

la sincerità;

il silenzio;

l'ordine, e quel rispetto che mi scopre in tutte le creature".

93. *(6-XI-1941)* "Tu devi *credere* a quello che ti dico: perché dubiti? Ti ho mai ingannata una sola volta? Sì, credimi, nonostante tutte le apparenze; allora la tua anima è libera e felice".

Gesù!

94. "I martiri hanno reso testimonianza alla verità. Nulla potrà cancellare questa testimonianza. Anche voi, ogni volta che agite secondo il mio Spirito, rendete testimonianza alla verità, ed è per l'eternità.

Riferisci al Padre ciò che ti ho detto riguardo a… e tutto quello che ti ho detto, anche se desideri tacere.

Quelli che mi amano molto, hanno molta fiducia in me".

95.   "Quelli che mi amano poco, hanno poca fiducia in me.
Quelli che m'amano molto hanno grande fiducia in me.

Quelli che non mettono limite al loro amore, hanno in me una fiducia senza limiti e senza confini. Non posso deluderli.

Mi onorate più con la fiducia che mi testimoniate che con tutto quello che potreste darmi.

E vedi, vi rispondo immediatamente mettendo la gioia nei cuori che mi onorano della loro fiducia in me".

96.   "Come io sono felice, sì, *felice* di mostrarti i segni della mia Passione – vedi come il tuo Dio ti ha amata! –, non sarai felice anche tu di mostrarmi i segni del tuo amore?...

Oh! se sapeste come vi aspetto! Non per rimproverarvi, ma per ricolmarvi di gioia mostrandovi i segni del mio amore...".

97.   "Sì, il progetto che loro (le Clarisse) ritorneranno a Orbe mi rallegra, e lo desidero[29].

Però attendo qualcosa di meglio che delle grandi opere.

Aspetto che mi provi il tuo amore in altro modo... come il tuo Dio ha dato prova di amarvi.

Vedi, io non ho fatto opere grandi... Ciascuna di voi può, nel proprio posto, il più oscuro, rendermi grandemente, eroicamente amore per amore.

---

[29] Nel XV secolo l'Ordine di San Francesco e di Santa Chiara fu rinnovato da molti grandi Santi. Coleta de Corbie (1381-1447) si fece apostola del ritorno alla stretta povertà. Essa fondò e diresse per due anni un convento di Clarisse a Vevey (1425-1426), poi a Orbe (1426-1428). Quando gli abitanti di Berna imposero la Riforma a Orbe, le Clarisse rimasero fedeli alla loro fede ma nel 1555 dovettero abbandonare il loro convento. Con le Suore di Vevey si rifugiarono a Evian dove la comunità è presente fino ad oggi. Nel 1477, grazie alla generosità della duchessa Jolanda di Savoia e alla benevolenza delle autorità, le figlie di Santa Coleta poterono stabilirsi a Ginevra. Durante il tempo tormentato che condusse alla vittoria dei Riformatori, esse rimasero irremovibili nella loro fede cattolica. Infine, obbligate a lasciare la città, partirono il 29 agosto 1535 per Annecy. Questo convento non è sopravvissuto alla rivoluzione francese. Cf. E. Ganter, *Les clarisses de Genève,* Édition de la Société Catholique d'Histoire, Genève 1949.

Questo io aspetto, questo desidero…".

98. "Sì, dal momento che un'anima mi conosce è felice, qualunque cosa possa accadere; dal momento che mi ha scoperto vivo in sé e che essa vive con me.

Scoprirmi, conoscermi, ricevermi, poi venire a me, ecco la ragione unica di ciascuna vita. Tutte le attività, tutte le dedizioni vi sono subordinate, e non hanno che un valore di mezzi, nella misura che conducono a me.

Io sono l'Alfa e l'Omega,

Dio vostro e vostro tutto.

Perché in tante vite non sono accolto e trattato che come un supplemento?

Si viene a me nel bisogno estremo, per chiedere… e io do sempre, sempre…

Dove sono coloro che mi amano solo perché sono il Salvatore, perché sono vostro Dio e vostro tutto,

perché sono l'Alfa e l'Omega?…".

99. "Lasciami fare…

e lasciati fare. Non ti difendere quando sei sola in causa; quando non intervieni tu, io posso meglio utilizzare tutto e far concorrere tutto all'avvento del mio Regno.

Oh! se voi mi lasciaste fare, trasformerei splendidamente ciascuna delle vostre vite. Voi però opponete i vostri desideri, i vostri gusti, le vostre resistenze. Il mio amore ha la sua onnipotenza limitata dai limiti della vostra generosità.

Tu almeno, figliola mia, non resistere; sii generosa fino alla fine…".

100. "Sì, quando avrai fatto questa offerta con voto e col consenso della tua Superiora, allora sarai veramente tutta mia. Potrò utilizzare la tua vita secondo il mio beneplacito, per diffondere il mio Regno.

Di che temi?… Non ti abbandonerò, sono sempre con te, desidero regnare in te. Non sei la figliola mia, la mia beniamina?…".

101. "Perché tu facessi questa offerta ti ho condotta qui, e ti ho preservata lungo tutta la tua vita, lo capisci?
Ciò che ho detto, lo farò".

102. "Sono necessarie vittime che uniscano il loro sangue a quello del Calvario, è la Giustizia, è l'Ordine, è la divina Sapienza, sono le esigenze della Santità.
Sono necessarie vittime che siano testimoni della mia Parola, perché essa si trasmetta viva e si perpetui intatta.
Vuoi?...".

103. "Sì, sei timida. Tu farai come quelli che mi hanno amato: per provarmi il loro amore, hanno scelto il più amaro. Per me, avrai l'ardire[30]!
Ho cacciato i venditori dal Tempio a colpi di audacia, a colpi di frusta. Scaccia dall'anima tua questa preoccupazione di te; non pensare più che a me e ai miei desideri: allora non sarai più timida. Diverrai anche più chiaroveggente e ingegnosa nel servirmi: utilizzare le circostanze che t'invio, utilizzare tutti i vantaggi, significa lavorare con me".

104. "Ciò che ti dico, lo farò, lo credi?".
— Mio Dio, Voi mi avete dato la fede. Sapete che io credo in Voi. —

105. "L'amore e la sofferenza sono inseparabili. Quelli che amo con predilezione, quelli onoro con le prove, credimi.
Se non ami o non ami più, è perché non hai ancora sofferto per la persona che ti è indifferente. Più si è sofferto per un'anima, più la si ama".

106. "I cattivi ricevono immediatamente il castigo nella loro anima, dove l'amore si spegne. Non hanno più la possibilità di amare coloro ai quali hanno fatto del male".

107. "Ama senza limite, figliola mia; ama alla follia, e mi conoscerai meglio".

---

[30] Si tratta di domandare il permesso di fare il voto di vittima.

108. "Va' al tuo dovere; vacci con ardimento, con gli occhi fissi su di me, che ti amo e ti aspetto".

109. "Ho amato la sofferenza, io, l'Uomo dei Dolori; l'ho scelta perché quando è offerta con amore, ripara i peccati.

È l'amore che ripara, perché ciò che offende Dio nel peccato, è la mancanza di amore. Però quando la sofferenza si unisce all'amore, le prove d'amore date con la sofferenza sono una vera riparazione offerta a Dio. È dare a Dio qualcosa che egli non ha nel suo cielo.

Così ho scelto la sofferenza perché tutte, tutte le mie creature, anche le più miserabili come te, possano avere qualcosa di prezioso da offrire a Dio".

110. "Il voto di vittima lo pronuncerai tra le mani della Madre mia, la Mediatrice di tutte le grazie, lei presenterà la tua offerta a Dio[31].

Non capirete che in cielo ciò che dovete alla Madre mia, e quale dono vi è stato fatto quando ve la diedi per vostra Madre. E quanto l'amore di Dio è impenetrabile, lui che ha creato per voi la Vergine Maria, la Mediatrice di tutte le grazie".

111. "Non bisogna che la gelosia ti scandalizzi; avete talmente bisogno di me che mi cercate in tutte le gioie e in ciò che è causa della gioia altrui, per afferrarla...

Ne do la pienezza all'anima che mi ha incontrato veramente e che mi accoglie. Essa allora cede senza pena tutte le cose secondarie, pur di conservare il suo Dio!

Ah! aiutare le anime a scoprirmi ed accogliermi, è la più urgente delle carità!".

112. "Lascia le gioie della terra, non ci pensare; siano per te indifferenti, e ti farò conoscere altre gioie, migliori.

Io riempio la tua giornata, riempio il tuo lavoro, riempio il tuo cuore. Lasciami regnare anche in tutto il tuo spirito. Ciò

---

[31] Come si vedrà più avanti, essa pronunciò questo voto il giorno dell'Immacolata, 8 dicembre 1941.

che ti ripugna o ti rivolta, consideralo con la dolcezza che vi ho rivelato nella mia Passione, e con pietà. Abbiate pietà di voi. Se questa vita con tutte le sue possibilità di trasformazione vi è conservata, è perché io sento pietà…".

113. "La felicità sta nella vita nascosta. La felicità consiste nel vivere nell'amicizia della Santa Trinità.

Ma la vita dello spirito è fragile. Bisogna preservarla nell'ombra ove si dischiude. La felicità sta nella vita nascosta…".

Gesù

114. *(Domenica, 23-XI-41)* "Il tuo voto di vittima lo pronuncerai con gioia, perché mi causa una grandissima gioia.

Sì, le Clarisse ritorneranno nella Svizzera Romanda, abbi pazienza, abbi fiducia in me. Lasciami fare; tu non ci capisci, non è il tuo campo. Il tuo campo è il mio cuore, ove ti desidero seppellita e continuamente in preghiera per le anime; e io agirò. E questo piccolo convento sarà dedicato alla Madre mia, *Mediatrice di tutte le grazie*".

115. "Per il lavoro, per conformarti alla tua Regola, fa' di più del sufficiente[32], questo supplemento mi è tanto gradito: lo vedo, ne tengo conto.

Niente è inutile, niente si perde…".

116. "È questo l'amore: rivestire gli altri di ciò che li rende graditi a Dio.

Dare loro perfino le nostre idee, il meglio del nostro pensiero… Non solo permettere che se ne impossessino, ma *adornarli* di tutto ciò che può abbellirli.

Così io ho dato tutto il mio sangue; continuo a dare il mio Corpo all'umanità, a darle il mio Spirito, il mio Pensiero, il meglio del mio Pensiero…

Lo comprendi? Il Pensiero di Dio vien dato all'uomo!

Non solo lo do, ma glielo ispiro così delicatamente che esso

---

[32] Cf. anche nn. 213, 548, 629.

diviene suo, come sua sostanza; affinché mi rassomigli e piaccia a Dio, lo adorno di uno degli splendori del Cristo: il suo pensiero! Questo è l'amore…".

Gesù!

117. "Quando riferisci al Padre quello che ti ho detto, perché ne conservi una parte? È un po' deformarmi… Sii più fedele e supera la tua timidezza. Ciò che conservi ti è d'impaccio; desidero che lui controlli il tuo cuore e la tua immaginazione.
Ti desidero povera e spoglia, senza riserve davanti a me, per poterti arricchire ogni giorno di nuovi doni…
Più darai, più riceverai…".

118. "Non appena stai in ascolto dentro di te, mi ritrovi: sono già presente, in attesa, ed è così in ogni anima. Come coloro che si amano, fissano durante il giorno degli appuntamenti in cui si consacrano unicamente gli uni agli altri, così noi abbiamo i nostri appuntamenti: gli Uffici del giorno e della notte, la Messa, la Comunione… Disponiti a essi rallegrandotene… desidero vedere la tua anima piena di gioia, e che trasparisca dovunque attorno a te".

119. *(Dopo la Consacrazione)* "Hai capito come obbedisco io? Io mi do, cedo ai desideri di tutti. Tu fa lo stesso. La Madre Vicaria[33] desidera che tu vada più presto in giardino: accontentala. La tua Superiora desidera che tu stia il meno possibile nella tua cella, cedi… Che t'importa di stare qua o là? Io t'accompagno dappertutto".

120. "Come la mia Provvidenza provvede al vostro pane quotidiano, perché il vostro corpo resti vivo, così la mia dolcissima Provvidenza provvede a che abbiate ogni giorno dei nuovi sacrifici, delle occasioni di praticare le virtù che mi domandate, perché siate vivi, crescendo ogni giorno nella

---

[33] Era incaricata del lavoro del giardino.

mia conoscenza e nel mio amore. Pensateci quando verrà la sofferenza".

121. "Sì, sono l'Onnipotente. Il mio miracoloso aiuto vi sarebbe manifestato più spesso, se voi vi fidaste di me, senza trascurare alcun mezzo dato a vostra disposizione. Vi scoraggiate prima d'aver tentato tutto. Vi mando i mezzi naturali e, solo quando li avete fedelmente esauriti, potete contare sul mio intervento soprannaturale infallibile.

Io però vi aiuto sempre e in primo luogo nell'uso dei mezzi naturali".

122. (25 *Nov.*) "Ciò che ti ho detto, fallo senza timore. Io sarò con te"[34].

123. "Parla poco, di' l'essenziale; poi lasciami fare".

124. "Tutti i religiosi e le religiose, soprattutto coloro che sono come te nella dipendenza, senz'altra responsabilità che quella della loro obbedienza e del loro amore, dovrebbero concentrare le loro forze e tutto il loro tempo disponibile ad ascoltarmi, perché io parlo a ogni anima. Invece, si fa di tutto per farsi osservare, voler sorpassare gli altri: tempo perso! Tempo perso per l'eternità e per l'amore. Ricorda questo, figliola mia, il tempo che non serve ad avvicinarti a me, qualunque sia l'occupazione che lo riempie, è *perduto*, perché *senza di me, non potete far nulla*".

125. "Non basta dire: Dio mio, confido in Voi! Bisogna fare l'azione interiore di liberarsi da ogni inquietudine e appoggiarsi sul mio Cuore, come l'Apostolo S. Giovanni durante la Cena, sì, come S. Giovanni il Prediletto. Aspetto da ogni anima questa fiducia…".

126. "…Io prodigo i miei doni e voi non li desiderate, e non vi preparate a riceverli! Siete ingombrati da ciò che conservate, da ciò che rifiutate di dare, simili a pozzi d'acqua sta-

---

[34] Si tratta, con ogni probabilità, di domandare alla rev.ma Madre di fare il voto di vittima (cf. n. 131).

gnante. Come potrebbero essi raccogliere la pioggia fresca e pura che cade dal cielo?

Figliola mia, da' senza stancarti, da' ciò che hai, e il tuo pensiero, e i tuoi sforzi, e il tuo amore. Cedi allo slancio dell'amore... Ti desidero interamente povera e spoglia per ricolmarti ogni giorno di nuovi doni. Da' senza limiti, senza riserve per l'avvenire... l'avvenire sono io.

La vostra gioia sta nello spogliarvi ed essere dipendenti da me solo.

La mia gioia sta nel potervi provare la prodigalità del mio amore".

127. — Perché l'unione è così difficile tra noi? A causa delle differenze delle nostre nature? Ma noi siamo meno differenti le une dalle altre che le tre Persone della Santa Trinità nei loro caratteri distintivi... —

(Risposta del Signore) "Io non ho nulla che non sia per il Padre mio e del Padre mio.

Il Padre non ha nulla che non sia mio.

Lo Spirito Santo non ha nulla che non ci dia e ci trasmetta, e comunichi a tutti coloro che vogliono accoglierlo...

Non abbiate nulla per voi che non sia per ciascuna delle vostre Sorelle: povertà e amore.

Non conservare nulla che tu non sia pronta a dare a ciascuna delle tue Sorelle; così l'unione verrà.

L'unione è contagiosa, è una fiamma irresistibile; comincia dal poco, nel segreto del cuore; bisogna fare l'unione fra tutto il proprio pensiero, tutti i propri sentimenti, e Dio;

poi si espande, guadagna la famiglia, la Comunità, la Società...

Oh! se sapeste *volere* la felicità di tutti coloro che vi ho dati! L'unione è semplice e facile".

128. "Avere della bontà verso un'anima che nel fondo del cuore non stimate; o mettere la vostra bontà nel cercare e trovare

la bellezza nascosta in un'anima che non siete portati a stimare, sono due cose molto differenti".

— Signore mio Gesù, quale delle due bontà vi è più gradita? — "La seconda".

Gesù!

129. "Apparire, apparire! ecco ciò che perde le anime!
Eppure non vi ho mostrato il volto di Dio fatto uomo?
Quando capirete?…".

130. (*Il ritiro*)[35] "Parlarmi o ascoltarmi sono due preghiere differenti".

— Signore mio Gesù, quale preferite? —
"Quella che mi ascolta".

131. "Sì, come pure per il voto di vittima[36] se fai ciò che ti chiedo, ciò che la tua Superiora e il Padre ti chiedono, se cedi ai desideri delle tue Sorelle, anch'io *cederò a tutti i desideri che ti ispiro, a tutto ciò che mi domanderai con umiltà.*

La mia gioia sta nell'esaudire le preghiere! Non è un favore che faccio a te sola, è così per ogni anima. Ah! se esse capissero!".

132. "Sì, la mia potenza è infinita; al di là di tutto ciò che il vostro pensiero può immaginare. Ne hai il presentimento vedendo che i mezzi, che hanno l'aria di servire a uno scopo determinato, li faccio servire nello stesso tempo a una moltitudine di altre cause…

Ricordati di questo: tutto è mezzo nelle mie mani; tutto faccio concorrere a realizzare la mia volontà.

---

[35] Da ora all'8 dicembre, le parole annotate sono opinioni personali o chiarificazioni sugli argomenti meditati, oppure soggetti di predicazione durante questo ritiro.

[36] Come le aveva detto il Signore, essa andò dalla Superiora a chiedere il permesso di fare il voto di vittima. Ottenne questo permesso in una maniera talmente inattesa che non poté attribuirlo se non a una assistenza speciale del Salvatore. Il Salvatore richiama qui questa risposta della grazia alla fedeltà alla sua parola.

Anche per voi, con la mia grazia, tutte le cose diventano mezzi; ciò che mi glorifica è la maniera con cui voi utilizzate tali mezzi, maniera che rivela la vostra generosità".

133. "Credimi, con le prove invio le mie
più grandi grazie.

Il mio amore è vigilante. Una Comunità che non è provata rischia di essere sommersa nella tiepidezza.

Non bisogna credere che le anime più sante del monastero attirino la vita facile sulle loro famiglie (religiose). Esse attirano grazie di fervore, di rinnovamento, di spirito di sacrificio, di penitenza, di spirito di fede e uno sgorgare di amore per le prove con cui le onoro. Ecco perché esse non sono sempre amate".

134. "Non solo perché tu preghi, ti voglio seppellire nel mio cuore: ma anche perché vi apprenda l'amore, fin dove l'amore conduce.

Vorresti vedermi amato da tutti gli uomini? Nella misura in cui mi amerai, vi contribuirai, perché l'amore è una corrente irresistibile, più potente del peso dei peccati.

Una sola anima, per quanto sia piccola, pervasa dall'amore può trascinare una moltitudine.

Amami di più, oh! molto di più! di quanto gli esseri umani non si amino tra loro.

Soffrirai. Però la tua capacità d'amore aumenterà a ogni sofferenza".

135. "Sì, sono io che ti giudicherò, io che ti ho tanto amata e tanto aspettata; io che ti ho dato tanto[37].

Tu sarai giudicata sulla tua corrispondenza alle mie chiamate, sull'amore che avrai avuto per me in tutti gli incontri, in tutte le occasioni".

136. "Rallègrati, mia diletta! Non hai fretta di raggiungermi?... Non vedo l'ora di averti vicina; non vedo l'ora che tu abbia terminato la tua preparazione!

---

[37] Durante il ritiro, dopo l'istruzione sul Giudizio.

Fa' penitenza di corpo e di spirito con più vigilanza in questi giorni che ti restano, affinché l'anima tua si purifichi, e si slanci verso di me quando ti chiamerò.
Liberati. Segui lo slancio dell'amore!".

Gesù!

137. "Parlo a ciascun'anima. Attiro tutte le anime a me, le invito... Molte non ascoltano; molte non comprendono. Io che non vi deludo mai, sono continuamente deluso...
Dammi il tuo sangue – vuoi? – tu che mi ami, affinché io tracci a lettere di fuoco queste due parole che le anime attendono: GESÙ, ASCOLTATELO!"[38].

138. "Quando hai la consolazione delle creature, io mi nascondo e taccio. E quando le creature ti fanno soffrire, hai la mia consolazione, il mio appoggio, la mia intimità".

139. "Bisogna dare delicatamente, bisogna dare invisibilmente, a modo mio, perché chi riceve il dono, non sapendo da dove viene, ringrazi Dio. Allora ti ricompenso immediatamente aumentando il tuo amore".

---

[38] Queste parole sono la ragion d'essere di questi *Appunti*. Suor Maria della Trinità ha vissuto questo ascolto del Signore. I suoi scritti sono il messaggio che doveva trasmetterci. Alla fine del primo quaderno, cominciato a rovescio, aveva annotato:
Storia. "Tu sei venuta a chiedermi aiuto attraverso i miei sacramenti. La mia grazia ti ha risuscitata. E subito, uno dopo l'altro, ti ho chiesto grandi sacrifici. Allora tu hai cominciato ad amarmi. Tu mi hai amato ardentemente, volendo donarmi tutte le tue forze, tutto il tuo tempo, tutto l'affetto del tuo cuore, ogni soffio della tua vita. E ti spogliavi, ti spogliavi...
Ma non eri soddisfatta e i tuoi doni non ti hanno arricchita. Allora ti ho chiesto di seguire i miei desideri, di cedere, di conformarvi la tua vita, costi quello che costi. E le prove e la felicità sono arrivate, perché cantavo di gioia nella tua docile anima. Ora tu non mi lasci più e mi ascolti sempre. È come se mi donassi grandi tesori e io avessi letto nel tuo cuore questo desiderio appassionato di far conoscere a tutte le anime quello che io sono in esse, così vicino che parlo loro. Io l'amico, il consolatore, la guida, la sorgente, il Dio dei loro destini. Basterebbe che facessero un grande silenzio per scoprire la voce di Gesù. Sì, invierò loro questo messaggio e lo scriverò con il tuo sangue".

140. "Sì, chi cerca trova, e io do a chi chiede. Ma l'anima che non esprime alcuna domanda e che mi aspetta, quella ho la gioia di ricolmare al di là di quanto essa stessa potrebbe immaginare…

Quando mi chiedi delle grazie per te o per le altre, la tua capacità di ricevere si limita alle domande. Quando mi aspetti senza domandare null'altro che me, non ci sono limiti nel tuo cuore. Dal momento che un'anima mi aspetta, io vengo a essa. Ho molteplici modi di presentarmi e di parlare… L'amore le farà scoprire il mio linguaggio".

141. "Ricordati che sono *io,* che al centro di te stessa spezzerò il tuo cuore, perché la tua anima se ne fugga dal corpo che è la sua prigione. Allora, giacché sono *io,* di che temi?"[39].

142. "Mi hanno inchiodato sopra un legno.

L'obbedienza inchioderà anche le tue mani, i tuoi piedi, il tuo cuore. Ma ricordati che essa ti crocifigge al *mio Cuore,* affinché niente ti separi da me; no, neanche la morte potrà separarti; comprendilo; e conserva ciò per quando verrà l'angoscia".

143. "Io sono vivo nel Santo Sacramento, con la Presenza reale… Io sono vivo anche, con la Presenza reale, in ogni anima in stato di grazia. Perché non adorate in spirito la mia Presenza nel prossimo?

Il prossimo sono sempre io, io che vi chiedo o che vi do. La Santa Trinità sta là nella sua anima. E, se ne è cacciata col peccato, aiutate il vostro prossimo a riaccoglierla, trattandolo come se già io abitassi in lui".

144. "Cosa vuoi che ti dia?".

— Signore mio Gesù, fate che non vi sia più un solo secondo della mia vita, una sola fibra del mio cuore che non favorisca il compimento della vostra volontà in me e in tutti coloro che mi circondano, Signore mio Gesù… —

---

[39] Di fatto la Suora è morta senza agonia, dolcemente e improvvisamente, senza che il suo viso manifestasse spavento.

145. "Preparati e rallegrati; verrò presto a prenderti, benché tu non lo creda e ti senta in buona salute"[40].

— Quando sarà ciò? —

"Quando sarai pronta.

Tu che sei così miserabile che non sapresti vivere senza di me, credi che io ti abbandonerò nel momento della morte?... Come una madre abbraccia il suo neonato, così io ti circonderò della mia tenerezza; tu sei la mia figliolina, e so che non puoi fare a meno di me...".

Gesù!

146. "Il maggior pericolo per voi, nella vita religiosa, sta nel cercare consolazioni dalle creature e preferire le vostre illusioni alle mie esigenze. Allora non conoscete il mio giogo, non ne prendete che una parte; allora non potete scoprire quanto è dolce questo giogo e leggero il mio carico... È necessario vegliare e pregare perché, nelle illusioni che si insinuano a vostra insaputa, la natura cerca dei compromessi a ciò che io chiedo. Ecco perché mi rallegro ogni qualvolta vedo un cuore che si apre e sottopone il proprio pensiero, anche il meglio del proprio pensiero, a coloro che vi offro come guida.

Prega di più per i Sacerdoti, miei collaboratori".

147. "Le tue penitenze corporali mi sono gradite, per quanto siano minime, nella misura in cui ti aiutano a dominare, col tuo corpo, il tuo spirito, la tua immaginazione, la tua memoria, la tua volontà, per darmele, per deporle nel mio Cuore, dove troveranno tutto ciò che loro necessita. Tu le sprechi veramente fuori di me. Non ti basto io? E quando

---

[40] "Benché tu non lo creda...": una certa diffidenza della Suora era dovuta in parte al ritardo con il quale il Signore sembrava mettere in esecuzione la sua chiamata; essa però ignorava quale preparazione minuziosa il Signore voleva da lei, e che essa aveva ancora parecchi mesi per lavorarvi, e sempre con più generosità e ardore.

queste penitenze sono gesti d'amore che implorano perdono..."[41].

148. "Ti desidero tutta per me per servirmi di te a mio piacimento, separata da tutte le creature, sì, in ciò che esse hanno di umano. Più mi amerai e mi conoscerai, più sarai legata a tutti coloro che mi amano. I cuori che mi accolgono non li separo: io sono l'unione. È il vostro amore per me che unisce per l'eternità i cuori umani"[42].

149. "Bisogna anzitutto che tu veda i tuoi errori e li detesti; solo dopo puoi sentire la mia voce".

150. *(Risoluzioni del Ritiro: 29 nov.- 8 dic. 1941)*
— Esattezza nell'orario,
frenare la mia immaginazione,
non farmi più valere. —
"Ogni volta che tu obbedisci, mi offri con azioni visibili l'amore invisibile di cui riempio il tuo cuore".

151. *(8 Dic. Festa dell'Immacolata Concezione)*[43] "D'ora innanzi le tue preghiere otterranno delle conversioni, perché la mia

---

[41] Frase incompiuta, interrotta dalla campana dell'obbedienza. La medesima spiegazione vale per altre interruzioni che si trovano nel testo: cf. nn. 369, 423, 479, 500, 520.

[42] Questo paragrafo stigmatizza i legami troppo stretti tra religiose, sia tra consorelle in comunità, sia tra le singole sorelle e i direttori spirituali o i confessori, sia tra sorelle e persone esterne. Cf. nn. 42, 337, 538, 560.

[43] Dopo il suo voto di vittima pronunciato quel giorno. Non conosciamo la formula della sua consacrazione. Lei la portava sempre addosso ed è stata sepolta con lei. Su un biglietto (cf. n. 23) datato 1 luglio 1941, scrive di seguito:
+ Gesù! Decisioni ritiro 8 dicembre 1941:
Puntualità, regola,
frenare la mia immaginazione,
non farmi più valere,
non vantarmi più.
Il fervore del suo impegno fu visibile. Una delle sue consorelle ha dato questa testimonianza: "Aveva il presentimento della sua morte. Si stava preparando. Dal nostro ritiro annuale, terminato l'8 dicembre 1941, molte notarono in lei una vera trasformazione. Era un esempio di edificazione a motivo del suo raccoglimento e della sua carità preveniente".

Madre e la vostra, Maria, Mediatrice di tutte le grazie, le offrirà unendovi le sue. Rallegrati!

Ora sei la mia vera Clarissa, votata all'amore e all'espiazione. Il più piccolo sentimento contrario all'amore, sradicalo. Non perdere più un minuto. Veglia per cogliere tutte le occasioni di offrirmi un atto di riparazione. È perduto tutto il tempo che tu passi lontano da me. Veglia e prega".

152. "Le anime ferventi mi consolano della tiepidezza e dell'oblio dei peccatori. Esse però non rimpiazzano nel mio Cuore le anime che io desidero: ciascuna ha il suo posto nel mio Cuore; ciascuna è amata per qualche cosa di unico che le ho dato, e non mi rassegno alla loro perdita, finché c'è una speranza che si pentano. Le poche pecorelle non rimpiazzano la centesima che si è smarrita. Ogni anima è per me un tesoro unico".

153. "Tutto ciò che il Padre ha, me l'ha dato. Non manca che il vostro cuore con la sua libertà che vi appartiene. È quello che vi chiedo".

Gesù!

154. "Sì, tu puoi consolare mia Madre e ringraziarla; puoi ogni giorno riparare le sofferenze che sopportò, ogni volta che la imiti. Chiedile di fondere il tuo cuore col suo".

155. "Ogni giorno voi ricevete qualche oggetto supplementare, o per il lavoro. Desidero che ogni giorno tu ti spogli almeno di una cosa, in preparazione alla morte. Che la morte ti trovi povera e libera. Oggi che cosa hai dato?[44] Desidero ugualmente che il tuo cassetto della tavola sia vuoto, senza riserve".

156. "Sì dirà forse che la tua pietà è sentimentale e che tu mi presti parole umane deboli e incomplete. Sì, ciò che tu ritieni è incompleto ma non mi attribuisci troppa bontà:

---

[44] Essa fu fedele a questo spogliamento progressivo eccetto una o due volte per dimenticanza. Cf. n. 451.

tu non hai intravisto che una particella della misericordia ineffabile di Dio...".

157. "Al minimo segno di pentimento, il mio cuore brucia di gioia e aspetta con un amore *indicibile* che il peccatore si volga verso di me... È terribile la sorte del cuore impenitente, non vi posso penetrare. Non sono io a condannarlo, è lui che volontariamente mi respinge. Prega per i cattivi, soffri in espiazione per essi. Appianate, ah! sì, le vie del Signore".

158. "Non sono i dogmi che ricondurranno alla Chiesa i protestanti; sono le *azioni* dei figli della Chiesa. Voi siete responsabili di coloro ai quali sottraete la verità, quando li scandalizzate con le vostre incoerenze".

159. "Questi orrori della guerra sono ben poca cosa in paragone della perdita delle anime. Bisogna ringraziare Dio se per mezzo di essi le anime ricevono la loro salvezza.

Non si voleva più pensare alla vita eterna, non si voleva che il piacere di questa vita peritura. Il Dono di Dio non era profanato dappertutto?

Cosa è più tragico: vedere i diritti dell'uomo, i suoi magnifici privilegi, la sua dignità, profanati come lo sono durante la guerra, o vedere i diritti di Dio, la sua Parola, il suo Pensiero, il suo Spirito, la Santità di Dio venuta sui vostri altari, profanati come lo erano durante la pace?".

160. "Ora che la tua salute si è fortificata, puoi concedere qualche piccola privazione al tuo buon appetito. Offrimi per quelli che muoiono di fame, a ciascun pasto, fedelmente, una piccola porzione di cui tu puoi fare a meno".

161. "Ciò che mi glorifica non è quanto mi date, è l'occasione che mi offrite con la vostra fiducia di manifestarvi ciò che il mio amore è capace di inventare per voi...".

162. "Ogni volta che ti allontani dalla verità, ti allontani da me".

163. "Hai scritto degli appunti per te in previsione dei giorni di

aridità, e per il Padre; adesso scrivi per me ciò che ti dirò"[45].

164. "No, non c'è alcuna sofferenza superflua nella tua vita. Bisogna che il vostro cuore sia squarciato, perché la mia grazia vi penetri, altrimenti resterete un giardino chiuso con i vostri sentimenti, i vostri pensieri, il vostro orizzonte.

È necessario che il vostro orizzonte sia squarciato per intravedere a quale destino siete chiamati. È così grande il vostro destino che da voi stessi, naturalmente, non potreste concepirlo. Bisogna che il vostro cuore sia squarciato, perché la mia grazia vi penetri e lo trasformi".

165. "Se ci fossero più vittime volontarie, ci sarebbero meno vittime involontarie che devono subire le conseguenze terribili dei peccati che esse non hanno commesso.

Desidero un esercito di vittime che si offrano volontariamente per soffrire i castighi immensi che l'universo si è attirato allontanandosi da Dio.

Queste vittime mi conoscono e scegliendo il Calvario al mio seguito si uniscono a me.

I castighi però, che cadono sull'universo intero, colpiscono una moltitudine di anime che non sono preparate a soffrire l'ingiustizia e che rischiano di perdere l'amore e la fede.

Desidero un esercito di vittime volontarie che, per salvare le anime, mi apportino una collaborazione che il mondo mi rifiuta"[46].

166. "Sì, poiché hai avuto un gesto di bontà per la tua Sorella, la tua Superiora è stata buona con te (benché ignorasse questo gesto). La bontà è contagiosa, come una calamita irresistibile che diffonde la sua forza.

Quando la spiritualità di una casa resta insufficiente, terra

---

[45] La Suora prima non aveva preso che qualche appunto che giudicava utile ad aiutarla nei giorni di prova. Più tardi il confessore le ordinò di scrivere di più e di sottoporgli i suoi scritti. Ciò le costava e parecchie parole annotate le ricordano questo dovere.

[46] Tutto questo paragrafo si riferisce alla seconda guerra mondiale.

terra, non è solo mancanza dei Superiori; ciascuno ha la sua parte di insufficienza; il bene come il male si espande da se stesso, a vostra insaputa".

167. *(Natale, 1941)* — Imparare a pensare come Dio; comprendere la grandezza e l'amore come li comprende Dio. —

168. "Sì, mi occupo di questi dettagli della tua vita, ne sei meravigliata! Come la mamma si interessa di tutto ciò che riguarda il suo neonato, così io mi interesso di tutto ciò che vi riguarda; non mi abbasso facendolo, perché non sono un grado di grandezza: io sono l'Amore e l'Amore rimane grande sia manifestandosi nelle cose piccole che in quelle grandi".

169. "Io ispiro i vostri desideri e favorisco la vostra generosità per aumentarli e avere la gioia di esaudirli.

Sì, io vedo tutto l'invisibile; vi sono vicino come il vostro stesso respiro, e voi mi cercate così lontano, in formule e in attitudini fuori di voi!

Ah! se voi comprendeste! Come ogni anima potrebbe essere felice nella mia intimità! Le meschinità che vi *accecano* cadrebbero da se stesse in questa ricerca crescente dell'Amore; e l'Amore sono io, io che rispondo non appena mi si chiama... Mi do a tutte le anime; ma ho per ciascuna dei segreti da confidare a lei sola; con la missione che riguarda lei sola...

L'anima che lo comprende, vive la sua pienezza facendo la mia volontà, ricevendo, con la mia fiducia, la mia parola. L'Amore la porta: ella vive. Conosce la gioia e il dono di sé. Vive in me e nulla le manca.

Scrivi questo, può essere che l'una o l'altra anima lo legga e lo comprenda".

170. "Dare del proprio superfluo non è fare un dono. Un dono è preso dal necessario; costa, lascia sentire la privazione di ciò che è stato dato. Questi doni li attendo dalle mie spose. Appena fatti, ricompenso coi miei propri doni che arricchi-

scono per l'eternità. L'anima che li conosce non può più farne a meno".

171. "Fa' per me ciò che ti dico, però domanda al Padre e fa quanto ti dirà".

172. "L'anima che mi appartiene, non appartiene più ad alcuno, ma come me e con me appartiene all'umanità. Bisogna pregare per tutti. Tu condividi tutti i miei desideri e tutti i miei interessi?".

173. *(27-12-41. I Santi Innocenti)* "Dio è più semplice di voi.

Ti sembra che io ti ripeta sempre la stessa cosa: tutta la religione e tutta la vostra felicità consiste in alcune parole del Vangelo che basta comprendere e praticare: *Cercate prima il Regno di Dio e la sua giustizia e il resto vi sarà dato in sovrappiù.* Vi riempite di tante inquietudini! Cercami in te; ti sono così vicino, così intimo; tu cerchi sempre troppo lontano. E ascolta, e ricevi la mia grazia.

Quando un'anima la riceve con gioia immensa, gliela do in abbondanza. La mia gioia sta nel dare! E voi non esaurirete mai la mia ricchezza. Inesauribili e sempre nuovi sono i miei doni. Ma non posso darli come vorrei perché non li si riceve; non li si vede; non si sa desiderarli…".

— Signore mio Gesù, datemi le disposizioni necessarie per ricevere i vostri doni! —

"Non sono esigente. Oh! è così facile il mio giogo, e il mio carico è leggero! Chiedo un cuore sincero che riconosca le sue colpe e il movente delle sue colpe fin nelle intenzioni più recondite, e che mi porti la sua indigenza chiedendomi soccorso.

La mia gioia sta nel soccorrervi! Con un'anima che si donasse a me senza riserve e mi lasciasse agire in lei, farei cose grandi per l'eternità; e ogni anima, ognuna è chiamata a questo. Attendo ogni anima per affidarle la sua propria missione, e i segreti che il mio amore le riserva. Così attendo ogni anima… ma sono dimenticato. Anche per quelle che sono le mie *spose* per i loro voti religiosi, io occupo il terzo o il quarto posto nelle loro preoccupazioni.

Non far lo stesso, tu che adesso mi ami.

Vuoi diventare una manifestazione vivente del mio amore, vuoi?…

Ascoltami, e fa tutto ciò che ti dico. Poi chiedi la mia grazia con la Fede, la Speranza e la Carità che te la mostreranno, e vedrai come essa invade un'anima dal momento che vi trova una volontà determinata a corrispondere a ciò che domanda. Chiedila aspettandola e la scoprirai. Il vostro male è che non comprendete i miei messaggi… Sono così vicino, così vicino a voi – come una madre circonda il suo neonato… e ho molte cose da dirti".

174. "Nell'anima tua, quando vi regna la luce della sincerità, tu puoi intravedermi.

È nel silenzio interiore che io ti parlo. Compiendo ciascuna azione, ciascun gesto con la maggiore perfezione possibile, il che vuol dire *con amore,* comprenderai i miei gusti e i miei desideri.

Con l'essere fedele alle piccole cose in ogni istante, come ti indico, capirai quanto io sia con te incessantemente e come ti attenda sempre…

È nei sacrifici e nella sofferenza che imparerai ad amarmi e che tu ricevi l'Amore.

Nell'ora della morte capirai quanto io ti ho amata".

175. "Le grandi omissioni della carità sono: dimenticare d'amare il prossimo e dimenticare me. Ah, sì, dimenticare me!

Amare non è solo fare delle azioni materiali, esse sgorgano dall'amore; ma la sorgente sta nel cuore.

Amare è avere sentimenti di benevolenza che non si fermano alla creatura, ma che s'innalzano fino al Creatore.

Amare è avere spirito di fede".

176. *(31 dicembre 1941)* "Rallegrati perché sei la mia figliola prediletta, rallegrati!

Non c'è nulla tra me e te, nulla che ci possa separare, finché tu sarai fedele.

Però ti voglio più fedele ai particolari della tua Regola, ai piccoli usi del monastero: il silenzio... nessuna parola in coro per riguardo alla mia Presenza nel Tabernacolo; poche, pochissime nell'avancoro. Non guardare le tue compagne, guarda me! Non sei tu legata indissolubilmente a colui che ami?".

177. "I tuoi peccati, a ogni assoluzione del sacerdote, li cancello e li cancello ancora; ti chiudo nel mio cuore, perché sei mia; ti ho acquistata a prezzo del mio sangue, sangue di Dio. Per non condannarti, mi sono lasciato condannare al tuo posto. Rimani nel mio Cuore, io t'insegnerò l'amore. Non desideri vivere un po' come ho vissuto io? Dio riempiva ciascuno dei miei minuti; le creature, nella misura in cui avevano bisogno di me, bisogno del mio aiuto invisibile. Non ho mai rifiutato, né rifiuto alcun soccorso.

Ah! ho avuto sete di anime. Che vengano a me, mi ascoltino e ricevano il soffio di vita di cui non possono fare a meno... e la mia sete di anime continua. Tu la condividerai nella misura in cui mi amerai. E più sarai generosamente fedele, più potrò corrispondere alla tua fedeltà. Apri, apri il tuo cuore, e rallegrati, figliola mia prediletta".

178. "Amo teneramente ogni anima con una tenerezza che il vostro amore umano non suppone. L'hai capito? È per amor mio che bisogna amare le anime. Cerca di farlo comprendere a tutti coloro che io metto sulla tua strada".

179. "Sì, scrivi ciò che ti dico, scrivi per le anime; dopo non occuparti più di ciò che avrai scritto. Se è bene che altri leggano, ci penserò io. Scrivi per le anime e per me"[47].

---

[47] Un giorno le venne il pensiero che quanto le si chiedeva di scrivere sarebbe potuto cadere in altre mani. Essa ne fu spaventata, e il Signore la tranquillizza a modo suo.

180. "Se ti sembra talvolta che le tue Superiore siano troppo severe, amale di più: è segno che hanno bisogno di sentirsi amate; poi per riconoscenza; la maggior parte delle anime non dà la sua misura di generosità e d'amore perché nessuno la chiede. Bisogna esigere senza imporsi; ma bisogna chiedere, chiedere da parte mia... Quando è per me, le anime danno, non rifiutano; danno anche più di quello che si domanda. E quando si esige spesso, esse non danno, lasciano prendere ciò che vorrebbero conservare e perdono la gioia".

181. "Quando delle immagini attraversano il tuo spirito, poco t'importi se vengono dalla tua immaginazione o dal buono o dal cattivo spirito; utilizzale per pregare per quanto ti si è presentato".

182. "La riconoscenza per le più piccole grazie ricevute ne attira altre, irresistibilmente".

183. "Io non parlo come voi con delle frasi; io sono spirito e azione; parlo mediante azioni. Imparate a leggere il mio pensiero, i miei desideri e a imitare il mio modo di agire.

Sia il vostro sì, sì... il vostro no, no... questo basta.

Il tuo amore, dillo con le azioni; i tuoi voti, dilli con le azioni, instancabilmente, nei minimi atti di ciascun istante che ne rendono testimonianza.

La tua speranza e la tua gioia, dille con le azioni.

La tua fede, dilla con le azioni.

Così la luce che ti è affidata splenderà davanti agli uomini. Se ogni anima facesse così 'risplendere davanti agli uomini' la parte di luce che le è affidata, il focolare di luce che è la Chiesa risplenderebbe irresistibilmente...".

184. "Vorrei che *ogni anima* comprendesse che mi è cara in una maniera unica; che ha il suo proprio posto nel mio Cuore che nessun'altra può occupare; che ha la sua missione propria che nessun'altra compirà come lei. Se si rifiuta, ciò che avrebbe potuto fare *lei*, non si farà. Scrivilo.

Vorrei che *ogni anima* comprendesse che il mio amore onnipotente trasforma ciò che mi date, e ne trae delle meraviglie per l'eternità.

Ma se non mi date ciò che è lasciato alla vostra libera generosità, io, che posso creare dei mondi, non posso fare ciò che è stato affidato alla vostra iniziativa, se mi rifiutate la vostra collaborazione umana. Scrivilo.

Vorrei che *ogni anima* comprendesse quanto il *proprio* destino è grande e unico. Scrivilo.

Se ogni anima religiosa comprendesse che il mio amore *ha bisogno* di lei, che io l'attendo nell'ombra e nel silenzio dell'anima sua per vivere con lei una vita segreta tutta interiore, sarebbe felice pienamente.

Non vi sarebbero allora né languore, né melanconia, né irritazione, né noia monotona, né abitudine al mio servizio. Cadrebbero allora le dissimulazioni, le mutilazioni delle anime. Mi faccio così piccolo, sono così vicino a voi... ma non si vuol credere che la mia divinità si nasconde sotto le apparenze che scelgo; e mentre l'anima mi passa accanto senza vedermi, soffre del suo isolamento; cerca nelle creature le gioie di cui non può fare a meno e che le creature non possono darle pienamente. L'anima che mi ha trovato in sé, ha la sua pienezza e accoglie il mio Spirito; mi ascolta e non tende che ad ascoltarmi e a ricevermi. Allora tutto le diviene utile e utilizzabile, tutto le diviene prezioso, tutto diviene per lei dono di Dio e vita.

Ah! se ogni anima lo capisse! Scrivilo"[48].

185. — Signore mio Gesù, questo nuovo anno[49] è per Voi. Fatemi la grazia che io non ne sprechi un solo minuto! Datemi le disposizioni che Voi desiderate per potermi concedere senza interruzione il vostro amore e la vostra grazia. —

---

[48] Cf. n. 247; come pure 169, 179.
[49] Il 1942.

"Non mi lasciare. Sii verace. Sii fedele. Sii silenziosa".

186. "Più ti perdono, più desideri la penitenza e la riparazione. Questo desiderio non bisogna spegnerlo, ma accenderlo nelle anime. È la grazia che sgorga immediatamente dal mio perdono".

187. "Ricordati che, coloro i quali si sono votati al mio servizio, hanno degli incoraggiamenti nella misura in cui amano le anime. Se ami molto le anime, scoprirai molte consolazioni che ti sfuggiranno se le ami poco.

È il segreto delle vite aride e delle vite irradianti. Lo scopo della vita religiosa è 'Dio nelle anime'".

188. "Vedi, nei presepi mi si mette sopra la paglia e non sulle ginocchia della Madre mia; perché Ella non mi ha conservato per sé, mi ha dato all'umanità prima della mia nascita.

A quelle che non sono madri, il bel Dio-Bambino viene dato perché lo facciano nascere nelle anime. Dio che poteva fare a meno delle sue creature per dimorare tra loro, chiede il loro concorso per rinascere e crescere in ogni anima.

Egli sa che voi siete tristi e deboli finché non avete qualcuno da proteggere; allora vi da il Figlio della Vergine Maria.

È un Bambino di una bellezza perfetta. È delicato; nascondete la sua tenerezza e le sue grazie nel segreto della vostra anima. Non esponetelo al tumulto del mondo. Per crescere gli occorre il silenzio e la luce interiore. Il rumore lo fa piangere. Parlategli dolcemente, più con l'amore che con le parole.

Egli dipende da voi, è povero. Per vestirlo, per nutrirlo, bisognerà che vi spogliate voi, che vi priviate voi. Ma lo vedrete crescere... Tutto a un tratto quando avrà raggiunto tutta la sua statura, scoprirete che non siete più 'voi che vivete, ma Cristo vive in voi' ".

189. "'Il mio regno non è di questo mondo', per cui non cerco di far risplendere la mia regalità su questo mondo di materia. Io domino la materia e non faccio che prestarmi a essa. Per-

ciò cerco di preferenza un abito di povertà, dove la materia è pochissimo onorata, così sono alla portata di tutti, sicché voi potrete comprendere che liberandovi dalla materia, scoprirete il mondo dello spirito.

Da', da', renditi povera, affinché non vi sia in te e attorno a te che una sola bellezza, il tuo Gesù!".

190. "Come i genitori sono felici di manifestare la loro tenerezza ai figli, allo stesso modo è mia gioia rendere il mio amore sensibile, rivelarlo; lo faccio in maniera discreta, percettibile a coloro che sono attenti alla mia Presenza e che la cercano; poiché sono Spirito e perché l'anima mi possa veramente trovare, è necessario che mi abbia scoperto. Allora essa mi associa alla sua vita e si accorge che mi cercava troppo lontano: io sono così vicino a voi!".

191. "Sì, vi sono molte anime che mi servono senza ricevere consolazioni da parte mia; la loro fedeltà in tale stato manifesta un amore molto grande".

192. "Sì, sei tu la più indegna del monastero, quando io considero i tuoi peccati; sei tu la meno capace di tutte, quando considero cosa fai. Tuttavia parlo a te più che alle altre: la tua indegnità mi ha attratto, ho voluto salvarti da te stessa. Sono io che faccio tutto impercettibilmente, progressivamente; non devi far altro che darmi l'anima tua, darla senza riserve e senza resistere ai miei desideri. Così ogni anima trova la sua pienezza.

Non è per darti delle consolazioni che ti parlo, ma perché tu scriva quanto ho da dirti e perché il Padre ha accettato di occuparsi di te; se egli si fosse rifiutato, non potrei parlarti come faccio, la tua immaginazione sarebbe senza controllo. Sì, affinché tu scriva quanto ho da dirti. E anche affinché tu ti prepari a venire ben presto a raggiungermi".

193. "Quando un'anima trova gioia in ciò che le do, io aumento questa gioia; essa approfondisce il mio dono e scopre con meraviglia che le ho dato più di quanto sembrava.

Però quando un'anima non sa contentarsi di quel poco che le do, invano essa mi cerca altrove. È uno dei segreti delle consolazioni interiori: 'Sarà dato a chi ha', lo capisci adesso?".

194. "Nella mia vita ho parlato in parabole, affinché coloro che erano disposti a comprendermi, mi comprendessero.

Ora mi rivelo sotto apparenze molto umili, così sono alla portata di tutte le anime. Non ce n'è una sola che io non stimoli e alla quale non risponda in una maniera o in un'altra. Il mio amore invita senza sosta nel modo più favorevole a ciascuna... Ma solo quelle che cercano di trovarmi mi scoprono".

195. "La gioia interiore sono io che la dono, mai però senza la vostra collaborazione. Essa comincia piccolissima, come il granello di senapa; se l'alimentate accogliendo tutte le occasioni di gioia che vi mando, la faccio fruttificare; la sua fioritura può diventare immensa.

Vi sarebbe meno aridità nelle anime, se fossero più attente ai miei doni per loro o per le altre, se si contentassero del poco che è loro dato, perché poca cosa è sufficiente a rivelare il mio immenso amore".

196. "Vi mando le scintille della gioia; dipende da voi conservarla o lasciarla spegnere come una lampada senz'olio. Però non appartiene a voi il soffocare le ribellioni della natura; vi sono delle anime che debbono continuamente lottare. Prega per i cuori ribelli che solo lo Spirito Santo può pacificare.

L'anima tua ora è in pace da oltre un anno, perché io ho imposto silenzio alle tempeste affinché tu senta la mia voce".

197. "Le gioie che ti apporterà il domani sono come nascoste in quelle dell'oggi: se accogli quelle del presente, esse apriranno il tuo cuore a quelle di domani. Tutto così è concatenato: le azioni e le loro conseguenze, le gioie e le virtù, gli sforzi e le vittorie su di sé, come le cadute; e la Giustizia agisce impercettibilmente ma irresistibilmente, sostenendo l'univer-

so. Il vostro destino è nelle vostre mani, e anche quello dei vostri fratelli, perché siete tutti fratelli uniti, e dipendenti gli uni dagli altri, per mezzo dello Spirito".

198. "Le gioie che ti mando ogni giorno sono le occasioni di praticare le tue risoluzioni – di rafforzare la tua fede provandola. Con me, tutto diventa bello.

Conoscermi è amarmi".

199. "Le parole non hanno forza in se stesse, ma ricevono senso e forza da colui che le dice.

Se tu vivi le mie parole, esse saranno comprese da altre anime, non cadranno nell'oblio.

Vedi, te le affido. Sii fedele.

Così affido il mio insegnamento a ogni anima religiosa. Se vivete in tutto secondo le mie parole, in tutto secondo i vostri voti, le loro ripercussioni potranno raggiungere i confini del mondo.

Vedi come è seria la vostra vita. Come è importante per le anime e per me. Vi ho affidato la cura di farmi conoscere".

200. "Un'occasione di perdonare, di vincere il male col bene, è un gran regalo da parte mia".

201. "Voi stessi tessete la vostra felicità. Ve ne do gli elementi, e tocca a voi tessere ora per ora il disegno della vostra felicità. La contemplazione è indispensabile per questo lavoro, perché non potete riprodurre che i disegni di cui vi siete compenetrati contemplandoli.

Il silenzio è indispensabile per questo lavoro.

E poiché bisogna scegliere l'essenziale, sceglierlo incessantemente lasciando andare il superfluo, la povertà è indispensabile per questo lavoro.

L'obbedienza darà la misura della vostra destrezza, e l'amore darà a questo lavoro il suo colorito, la sua vita e la sua bellezza".

202. "Il bene non s'impone, si comunica per contagio, per influenza. Desidero tra le Clarisse, anime dolci e piene di lu-

ce, per salvarle dal terra-terra dove la loro povertà e l'austerità della loro Regola rischia d'inghiottirle. Se tu ci resti, con me vi farai del bene, ma senza vederlo. Più il bene è profondo, meno appare.

Se tu ci resti, avrai fatto qualche cosa per me, con me"[50].

203. "Ti mando in guardaroba, perché lì vi sia qualcuno che taccia, più per questo che per il lavoro di cucito; che sia la tua prima preoccupazione. Ricordalo".

204. "L'amore consiste nelle buone azioni fatte liberamente. Non rifiuto mai l'amore a chi lo domanda, ma è la tua volontà, sono le tue azioni che lo svilupperanno in te.

Similmente la fede dipende dalla vostra volontà. Chi vuol credere, riceve la fede. Nessuno può fare al suo posto l'atto di volontà che introduce la fede nella sua anima. Poi la fede cresce, è più forte della vostra volontà; è essa che si impadronisce dell'anima che non può più farne a meno. Senza la fede siete erranti come pecore senza pastore".

205. "Io sono il Buon Pastore, colui che ama teneramente le sue pecorelle, che dà la sua vita per le sue pecorelle; fammi conoscere così".

206. "Beati coloro che non hanno da occupare una carica ufficiale, che non hanno da figurare; perché quelli (che occupano cariche ufficiali), non possono seguire gli impulsi che mi rivelerebbero di più ai loro occhi... Beato chi non ha altra missione che di cercarmi, contemplarmi, amarmi".

207. "Quando ti sembro nascosto, molto lontano, cercami nella dolcezza, dolcezza verso gli altri, verso te stessa, verso di me. Oh! se tu sapessi quanto è dolce la Vergine Maria, e quanto io mi compiaccio tra i miti! Essi mi hanno rapito... Dove è la dolcezza, là è il sorriso del tuo Gesù".

---

[50] Queste parole sono una rivelazione discreta di tentazioni provate dalla Suora a proposito della sua vocazione. Cf. 307.

208. "Il tempo che è ripieno di gioia, di gioia che si indirizza a Dio, non è tempo perduto".

209. "Ci sono molti che, senza saperlo, mi conoscono e sono della mia famiglia, perché fanno ciò che ho chiesto – è dalle azioni che riconosco i miei, quelli che hanno udito la mia voce".

210. "Guarda la Madre mia: silenzio, nascondimento.

Che cosa ha detto? Non si conosce che qualche parola. Ha parlato con le azioni.

Che cosa ha fatto? Il suo dovere quotidiano, ordinario, senza rumore.

Rese una grandissima gloria a Dio perché *fu*. Accettò di essere ciò che Dio desiderava che fosse e come lui desiderava. Basta essere.

Guardati dall'apparire, dal cercare di spiegarti, dal giustificarti, dal farti conoscere, se c'è un equivoco. Basta essere.

Questo solo resta, e davanti a Dio e davanti all'eternità".

211. "Tutto il lavoro del tuo pensiero si concentri nel farti una giusta idea:

di ciò che io sono,

di ciò che desidero,

di ciò che stimo,

per scegliere come io scelgo,

per giudicare tutte le cose nel senso con cui le giudico io...

È un lavoro; è necessario distruggere le idee false, cercare dentro di te la prova delle concezioni giuste, ascoltarmi, guardarmi, non lasciarmi...

Io non ti dico quello che devi sapere[51], non ne dico che una particella, bisogna che da te stessa tu scopra e comprenda; è questa la vita.

---

[51] Ossia "ciò che hai l'obbligo di sapere". Dio ci ha dato l'intelligenza per guidarci nella vita, nel suo servizio. Abbiamo *l'obbligo* di servirci di questa intelligenza. Dio non vuole con rivelazioni e comunicazioni continue e personali intervenire nella condotta della nostra vita.

Oh! se voi sapeste quanto ho bisogno della vostra collaborazione".

212. "Per essere buona verso le tue Sorelle, non basta dar loro ciò che a esse è necessario; rispondi ai loro semplici desideri; non basta rispondervi quando li hanno espressi, bisogna indovinarli. Allora esse si sentono comprese e amate. Non c'è che l'amore che indovina e comprende".

213. "Fare generalmente un po' più di quello che è d'obbligo, è offrirmi il profumo col fiore. Questo supplemento essendo volontario, non può essere che un gesto d'amore, esso è più prezioso di tutto il resto, e generalmente non è conosciuto, né visto da alcuno, è fatto solo per me: è il profumo del fiore…".

214. "Voi ricavate profitto da tanti sforzi, preghiere, sacrifici di coloro che vi hanno preceduto o che vivono con voi. Perché per una cosa così importante qual è la vita dell'anima, cercate di fare a meno dell'aiuto dei vostri fratelli? Ah! voi siete responsabili, voi che conoscete i miei sacramenti e le condizioni che richiedono da parte vostra.

I miei sacerdoti sarebbero più coscienti della loro missione se incontrassero un più gran numero di anime vive, abbastanza umili da domandare i soccorsi di cui hanno bisogno e che essi possono dare.

Figliola mia, hai ben capito che il mio Sangue cancella tutti i peccati e le manchevolezze accusati e rimpianti in confessione?

Hai ben capito che, dopo aver ricevuto l'assoluzione, l'anima tua è rinnovata? Io l'ho comprata a gran prezzo.

Serviti della tua confessione con amore e riconoscenza preparandotici ogni giorno. Anche lì ti attendo, attendo la tua fedeltà e la tua corrispondenza per poter dare le mie grazie…

Quando ti mostri tale e quale sei con tutta la tua mediocrità, è come se mi facessi un bel regalo, poiché allora il Padre potrà trovare il rimedio che ti è necessario. Allora ti sei ben confessata".

215. "Mi domandate grazie perché pensate alla mia onnipotenza; ma perché dimenticate che l'azione mia dipende dalla vostra?

È per ogni anima quello che ho detto a Santa Caterina da Siena: 'La tua misura sarà la mia misura'.

Quando chiedete una grazia, rendetevi capaci di portarne le conseguenze, tutte le conseguenze; allora con quale gioia potrò concedervela immediatamente!

A chi domanda con umiltà, io non posso resistere.

A chi domanda con perseveranza, finisco sempre per cedere.

A chi domanda con amore, cioè con una fiducia senza limiti, non posso trattenermi dal concedere anche di più, molto di più di ciò che è chiesto".

216. "Errore credere che si guastino le anime e i caratteri per troppa bontà, e cedendo a tutti i loro desideri.

La bontà è il più potente aiuto. Vi è indispensabile l'essere buoni gli uni verso gli altri, il fare agli altri ciò che vorreste fosse fatto a voi.

Si guastano le anime col sottrarre loro le esigenze di Dio, le sue esigenze e la sua bellezza. Si guastano le anime quando si nasconde loro Dio".

217. "Come la vita fisica col suo sviluppo è sottomessa a delle leggi, così la vita dello Spirito. Bisogna conoscere queste leggi per conformarvisi. Guastano le anime coloro che si rifiutano di istruirle su queste leggi, con l'esempio o con la parola. Ciò può essere loro di eterna rovina. I cattivi trovano già il loro castigo quaggiù, essi non possono più amare".

218. "Se devi fare un atto che ti costa, fallo il più presto possibile. Se vuoi fare piacere a qualcuno, fallo il più presto possibile. Quando indugi nel compiere un'azione, pur essendo sicura che ciò è bene, sei *negligente:* l'azione rimandata occupa

nella tua mente il posto di un'altra che ti sarebbe suggerita se la tua mente fosse libera".

219. "Quando vedo coloro che vogliono obbedirmi con sforzo, è per me una umiliazione;
quando l'orazione pesa loro, quando loro pesano le virtù, io resto come umiliato; io che ho proclamato che il mio giogo è dolce e il mio carico leggero!
Servimi cantando!
Il mio giogo è dolce quando ci si abbandona con tutta l'anima senza riserve allo slancio dell'amore. Allora t'accorgerai che non sei più tu che lo porti, è lui che ti trascina".

220. "Preferisco vedere un'anima darmi poco, ma con grande gioia, piuttosto che vederla darmi molto, consacrarmi tutto ciò che una vita umana può consacrare, ma con tristezza; la tristezza è come un pentimento".

221. "Come la vita fisica ha bisogno di ordine, di pace e di un minimo di benessere, così la vita dello Spirito ha *bisogno* d'incontrare benevolenza e bontà, ha bisogno di amore umano disinteressato per comprendere l'amore divino. È la via normale, stabilita da Dio. Vi ho creati dipendenti gli uni dagli altri".

222. "Per capire la mia voce è necessario far tacere tutte le altre voci nella vostra anima.
Al contrario delle potenze umane che s'impongono, io non m'impongo mai; delicatamente offro il mio Spirito. Se vengo accolto, io mi dono di più. Non entro in lotta, in concorrenza con le sorgenti delle gioie umane che vi sollecitano; vi offro solo la scelta: io o gli altri.
Quando tutte le altre voci sono ridotte al silenzio, potete sentire la mia. Ma vi sono certi richiami interiori che voi non potete far tacere; non c'è che Dio che possa imporre loro silenzio.
Per capire, bisogna ascoltare; è necessario anche chiederlo a Dio".

223. "Voi, vi dite molte parole, perché hanno poco peso: risuonano un minuto; il vento le porta via...

Io ho detto poche parole, perché esse comprendono tutta una realtà; esse restano. Ecco perché non parlo liberamente che alle anime che accolgono le mie parole con Fede, Speranza e Amore, e che le custodiscono.

Un atto di puro amore è qualche cosa di veramente grande. Oh! se lo comprendeste! non vorreste imparare altro.

Un'anima che non ha fatto nulla di bello, ma che ha amato Dio e il prossimo, che ha accolto restando nell'amore tutto ciò che le ho mandato, quest'anima mi ha reso un grande onore. La sua vita sarà stata importante per l'eternità; essa ha contribuito all'avvento del mio Regno".

224. "Le braccia della Madre mia erano dolci e tenere, protettrici e sempre calme, come un rifugio incrollabile.

Cerco di riposarmi in anime dolci e protettrici, che restano calme in mezzo a tutte le sofferenze, affinché il mio amore possa manifestarsi e spiegare le sue ali immense...

Tu mi chiedi l'amore; accetta di soffrire per me e per le anime: tu amerai, l'amore s'impossesserà di te".

225. "Nella vita religiosa siete felici nella proporzione in cui vi liberate dalle creature per vivere sole con me, sì, sole con me, al mio servizio.

È questa la vita religiosa: vivere con Dio solo, col silenzio e l'esempio aiutarlo a regnare nelle anime. È necessario orientare le anime verso di me, mostrarmi... poi lasciar loro tutta l'iniziativa della loro vita con me.

Ingombrare le anime con altre preoccupazioni, mentre esse non sono venute che per questo, è peccato".

226. "Se un lavoro o una disposizione qualunque ti procura qualche vantaggio che però tu intravedi sia a detrimento dei desideri dell'una o dell'altra delle tue Sorelle, sacrifica il tuo vantaggio alla contentezza che la tua Sorella proverà vedendo che ciò che essa temeva non avviene. Il vantaggio è un guadagno per questa vita passeggera, mentre l'unione, la fiducia reciproca, che sostituiscono la collaborazione alla concorrenza – è un lavoro fatto per l'eternità: è diffondere il mio Spirito".

227. "Il tempo che hai trascorso a pregare e ad amare è stato il tempo più utile della tua vita; allora hai obbedito alla tua vocazione; tutto ciò che vien fatto fuori di me, fuori del mio amore, è uno spreco".

228. "Ogni volta che rafforzi la fiducia reciproca tra voi, e l'unione, tu affretti il mio Regno. È necessario che sia questo lo scopo spontaneo, costante delle tue attività, ogni altro interesse dev'essergli subordinato".

229. "Vorresti che io parlassi a... come a te... Accetteresti tu che io tacessi dentro di te?..."[52].

— Signor mio Gesù, come desiderate Voi! Però mi sembra impossibile di perdervi, ora che vi ho scoperto così unito alla mia vita. Senza di Voi non potrei più vivere. Non mi lasciate! —

230. "Quando vedo che agisci in tutto apertamente, che ti sforzi di non nascondere nulla, neanche un solo gesto, allora posso contare su di te. Le tue Sorelle potranno aver fiducia in te, nella tua parola. Ciò che fate agli altri, è realmente a me che lo fate".

231. "Tu sei un niente, nulla.

Sii pura come la goccia di rugiada perché il mio volto vi si rifletta.

Poiché sei niente, io posso impossessarmi di te, sostituirmi a te. Oh! come ho sete d'anime, sete che esse si abbandonino a me, perché io possa trasformarle; che mi abbandonino la loro umanità, perché io agisca nel mondo! Perché non capite il mio richiamo? Non ho esaurito tutti i mezzi per

---

[52] Ciò non vuol dire che il Signore non potesse parlare all'una e all'altra. Ma vuol dire che l'altra era talmente lontana dal capire la sua voce, che sarebbe stato necessario un sacrificio – eroico, almeno – per ottenerle tale grazia.

sollecitare la vostra attenzione, la vostra gratitudine?…".

— Signore mio Gesù, che cosa debbo fare? —

"Non resistere alla grazia. Non resistere all'amore.

Il mio amore esige; conta per poca cosa gli sforzi e le fatiche, i sacrifici e i disinganni, in paragone a ciò che esso dà. Non bisogna arrestarsi a essi, l'amore li domina e vi passa sopra per ricavare forza e vita per le realtà eterne.

Agisci svelta, con precisione. Tutte le tue disposizioni materiali siano regolate con ordine, misura e prontezza, per liberartene al fine di darti di più alla vita dello Spirito.

Ti aspetto nel lavoro materiale, dove ho tanto bisogno di essere servito con perfezione, ma ti aspetto anche nel riposo dello spirito liberato per abbandonarmi ai tuoi sguardi".

232. "Ogni volta che hai una premura affettuosa, parola o atto, che favorisce la buona intesa tra voi, il sopportarvi, l'aiuto scambievole, contribuisci all'*unità* della mia Chiesa: 'Che tutti siano una sola cosa'.

La tua preghiera dilla così con gli atti".

233. "Sì, sei stanca; ma non è la tua più grande gioia avere qualcosa da offrirmi? O io non conosco più la mia piccola sposa?…".

234. "Ti aspetto ogni notte alla Via Crucis per un momento di maggiore intimità, lo capisci?"[53].

235. "Un po' di sforzo e di pena, poi una così grande ricompensa, e fin da quaggiù la ricompensa nel vedere l'amore, la generosità, la fede spandersi come una macchia d'olio, irresistibilmente…

E quando sei nella pena, non senti che io sono là, che sono io che ti sostengo, che ti porto?… Forse non ti basto? Che desideri?".

---

[53] Dopo l'Ufficio della mezzanotte, quasi tutte le Religiose restavano in coro per le loro devozioni particolari. Parecchie allora facevano la Via Crucis. In fondo al volume pubblichiamo alcune riflessioni che la Voce interiore suggeriva a Suor Maria nelle differenti Stazioni.

— O Signore mio Gesù, solamente il vostro amore e la vostra grazia… e che mi conserviate in questa vita tutta semplice in cui, senza altra responsabilità che la mia fedeltà di ciascun minuto, io possa vivere con Voi nel segreto, e tendere con tutto il mio essere a questa unione di sentimenti e di azioni che deve *unire* tutti i Cristiani in Voi, Signor mio Gesù! —

236. "Un desiderio della tua Superiora, è desiderio mio".

237. "Sì, mi sono fatto talmente vostro fratello da volere che il Padre mio fosse anche il vostro e che la Madre mia divenisse anche Madre vostra.

L'amore non conserva per sé quelli che ama, li dà…

Bisogna amare per dare, affinché lo Spirito Santo trionfi e si espanda…

Come voi avete bisogno di sentirvi amati per potervi espandere, per aprirvi alla vita, così io ho bisogno di sentirmi amato da voi, per potervi inviare i miei doni.

Amarmi è aver fiducia in me, è non dubitare di me, è contare su me.

Quali sono i limiti della mia potenza su di te? La tua fiducia".

238. "Il tuo primo dovere adesso è di tenerti pronta e di ascoltarmi. Ti ho posta in circostanze che ti permettono di ascoltarmi senza trascurare nulla del tuo lavoro. Ben presto avrai anche più facilità di scrivere quanto ti dico".

239. "Ho bisogno di vedervi tutte felici al mio servizio. Cerca di dare alle tue Sorelle ciò che fa loro piacere, che esse desiderano, e non ciò che fa piacere a te dare".

240. "Sì, interessarsi di ciò che riguarda qualcuno, è amarlo. E poiché ti amo, m'interesso di tutto ciò che ti riguarda; sì, tu lo vedi, fin nei particolari.

Ah! se sapeste come la Santa Trinità veglia su di voi! Voi siete perduti, portati nella sua sollecitudine come il bambino nel seno di sua madre, e come lui ignorate la vostra felicità.

Ma aprite il vostro intelletto ai messaggi incessanti che ve la rivelano.

Così interessati di tutto quello che mi riguarda: il mio servizio, il mio culto, la mia gloria nella mente delle tue Sorelle, i miei desideri. Ah! sì, sforzati di comprendere sempre più chiaramente i miei desideri".

241. "Desidero che una gioiosa dolcezza regni tra voi. Sforzati di essere dolce. Pensa alla Madre mia: allora non senti nell'anima la dolcezza del suo sorriso?".

242. "Figliola mia, non riprendere nulla di ciò che hai offerto; quando le circostanze lo esigeranno ci sarà ancora tempo per cambiare il tuo programma. Riprendere è come rifiutare il mio aiuto, allora la tua forza verrebbe meno. Vedi bene che io do man mano l'aiuto necessario per lo spirito e per il corpo".

243. "Non mi hai mai visto, ma mi senti. La voce mia è così intima in te che ti sembra di essere tu stessa che parli.

Sono talmente in te che accetto di diventare *te* per guadagnarti interamente. Però sono anche fuori di te.

Quando io taccio senti il vuoto, senti che non puoi sostituirmi, hai la prova che sono io, il Salvatore Gesù, che ti parlo.

Credi a quanto ti dico; la tua fiducia mi consola della poca fiducia che hanno per me tanti altri che sono tuttavia della mia famiglia. Il mio Cuore fu trafitto dalla lancia, lo è ancora spesso a causa dell'incomprensione di coloro che non mi ascoltano che a metà.

Preparati. Non vedo l'ora di venire a prenderti per portare a termine in te la mia opera già iniziata".

— Signore mio Gesù, che cosa debbo fare? —

"È necessario che non vi sia una sola fibra del tuo essere che sfugga all'amore. Che non ci sia nell'anima tua alcun rimpianto, alcun risentimento, alcun sentimento d'amarezza o d'antipatia. Ama tutte le mie creature per me. Amami attraverso esse; e le cose e le circostanze amale come espressioni dell'azione mia e della mia volontà.

Con la stessa intensità odia e fuggi i miei nemici; te li ho nominati una volta!

la menzogna,

la doppiezza,

il chiasso, l'agitazione, il disordine.

Bisogna che li odi per cacciarli lontani da te quando si presentano; ma non ci pensare neppure. Stabilisci l'*ordine* in te, da se stesso il disordine sparirà in te e attorno a te.

Basta vincere il male col bene".

244. "Conserva il silenzio.

Sii un po' più mortificata a tavola.

Lasciati spogliare ogni giorno un po' di più: cose materiali e tesori del cuore e dello spirito, al fine di ricevere tutto dalle mie mani.

Quando sarai pronta, ti chiamerò".

245. "Tu non mi ascolti abbastanza.

Non ti lasciare assorbire dai tuoi piccoli lavori: è secondario. Sono per le tue dita, non per tutta la tua mente.

Tu resti vicina a me, ma la mente tua è satura di piccoli nulla! E come se ti addormentassi ai miei piedi mentre il mio Cuore ti chiama.

Ti desidero sveglia e in ascolto.

Chiedi in ogni Comunione di ascoltarmi profondamente".

246. "Poiché non mi sono né difeso né lamentato, nella mia Passione è stata oltrepassata ogni misura negli oltraggi.

Se non ti lamenti, se non lasci indovinare la tua stanchezza, se non ti difendi e ti lasci spogliare, si abuserà della tua buona volontà; però mi imiterai. Così potrò rivivere in te, così e non altrimenti.

Così io che vivo in te, io stesso, ti condurrò più avanti nel mio Cuore, verso il tuo Dio".

247. "Ciò che dico per te, non hai da comunicarlo, eccetto al Padre, al quale non bisogna nascondere nulla.

Scrivi però ciò che può essere utile ad altre anime per semplificare la loro pietà e insegnare loro ad attingere direttamente alla sorgente che sta in loro stesse, io in loro, con le mie esigenze e la mia prodigalità... Se esse mi comprendessero! quante anime utilizzerebbero meglio i loro sforzi e le capacità che hanno di amore e di generosità che restano latenti; esse le ignorano e non si sa risvegliarle in loro. La forza dell'abitudine ha spento il fuoco interiore delle mie parole.

Vorrei che ogni anima comprendesse che ha il suo posto unico nel mio Cuore che l'aspetta; che il suo amore mi è necessario, e la sua collaborazione pure; che mi è necessario vederla felice e perfetta, perché l'ho amata fino a morire sulla croce per essa; sì, per ogni anima.

Vorrei che ogni anima comprendesse che ha una ragione di vivere fuori di sé più grande di lei: partecipare alla fondazione del mio Regno, e che la sua partecipazione mi è necessaria, affinché la mia creazione si realizzi nella sua pienezza.

Vorrei che ogni anima fondasse questo Regno in se stessa; e che nella chiarezza dell'ordine e nel silenzio scoprisse che io sono là nel cuore del suo cuore, aspettandola, pronto a conversare con lei.

Quando vedo che un'anima mi ascolta e che conserverà le mie parole, allora le parlo. Ciascun'anima se volesse...".

248. "Per ricevere il dono della Fede è necessario ricordare che siete creature dipendenti le une dalle altre.

Come la vostra vita fisica è dipendente dall'aiuto dei vostri fratelli, così la vita spirituale.

È necessario che il vostro spirito si apra ad altri spiriti per comunicarsi, poi per accogliere le parole di quelli che sono i miei servitori, soprattutto dei miei sacerdoti che trasmettono la mia dottrina, che parlano come altri 'me stesso'".

Il libero arbitrio indipendente s'oppone inconsciamente alla mia grazia, mentre la sottomissione volontaria della propria mente e della propria anima attira irresistibilmente la mia grazia.

Lo Spirito Santo soffia dove vuole. Quando credete di ritenerlo e limitarlo alla vostra comprensione, egli fugge. Però non si rifiuta mai a chi l'implora.

Io non lotto contro il vostro libero arbitrio, mi offro silenziosamente con la mia croce sanguinante e luminosa, e con le mie Beatitudini.

Se vengo respinto, aspetto fino a quando mi si voglia ben accogliere, e invio i miei servitori a difendere la mia causa. Ah! come ho bisogno della vostra collaborazione umana!

La Comunione dei Santi, la solidarietà, l'aiuto fraterno sono doni di Dio. I mezzi umani che vi sono dati, usateli.

Piuttosto che sviluppare i vostri talenti, cercate maggiormente di accogliere i doni di Dio, tutti i suoi doni: le anime vostre saranno ricolme di doni imperituri".

249. "Nelle situazioni difficili, qualunque esse siano, potete sempre essere generosi nello sforzo di vincere il male col bene. È lo sforzo interiore che conta; *è* per l'eternità. Il risultato visibile conta poco; lo sforzo interiore produrrà dei frutti il giorno del raccolto.

Bisogna essere ciecamente generosi. È necessario iniziare i fanciulli alla generosità: la loro anima si orienterà per tutta la vita dalla mia parte. Insegnare loro a fare piuttosto troppo che non abbastanza, a dare sempre un po' più di quanto non sia strettamente richiesto. A dare, nascondendo i loro doni.

Nella mia Passione ho sofferto molto, molto più di quel che non fosse strettamente necessario, ma questo supplemento di sofferenze aveva la sua ragione di essere. Per questo motivo siate generosi senza limiti. È ciò che alimenterà il vostro amore, che aumenterà la vostra forza; è ciò che attirerà infallibilmente i miei doni, perché mai mi faccio vincere in generosità".

250. "Come non vi do le virtù tutte in una volta, ma vi do le occasioni di acquistarle praticandole, così non vi do tutta in una volta una grazia che intensifichi la vostra vita interiore per sempre, ma vi do le circostanze che potete utilizzare per sviluppare la vostra vita interiore.

Sta lì la vostra responsabilità: nell'uso dei miei doni. Però vi è necessario *sapere* che avete bisogno di aiuto e che il segreto della mia amicizia, della mia misericordia, della mia intimità, sta nell'umiltà che vi farà vedere l'anima vostra *tale e quale è*.

Non è quello che ti è accaduto?... La tua vita s'è calmata, s'è rischiarata; così per ogni anima, se lo desidera, se è attenta".

251. "Sii generosa per quelli che nel mondo non lo sono; voi siete solidali, vi trascinate gli uni gli altri; nessuna generosità va perduta.

Voi, mie Clarisse, agite per mezzo di atti interni. Dio solo li vede. È l'azione più reale; quella che genera l'azione esterna; è essa che è, che resta per l'eternità.

Questa è l'azione più fruttuosa, perché la più pura: è per Dio solo. Poiché sono sempre con voi, unito a tutto ciò che è vostra vita, non senti che c'è qualcosa di me quando sei generosa?".

252. "Quando le tue Sorelle dubitano dell'aiuto che tu offri loro, non senti che ciò paralizza il tuo slancio? È lo stesso per me, poiché siete creati a mia immagine.

Quando dubiti della mia bontà o della mia onnipotenza, non posso manifestartela. Allorché dubiti, pensi da sola, la tua mente non è penetrata di me. Può avere forza essa senza di me?".

253. "Non dubitare della conversione dei tuoi... ho la mia ora, e i miei mezzi non sono i vostri mezzi[54].

---

[54] La chiamata di Cristo ha separato Luisa Jaques da tutti i suoi. Per rispondere alla chiamata essa è diventata Suor Maria della Trinità, in un convento

cattolico. Ma l'affetto profondo che univa i membri di questa famiglia ha superato la prova. I "suoi" sono presenti in tutte le preghiere di Suor Maria. Essa non smette di chiedere per loro la luce che li avrebbe condotti a condividere la sua felicità nella Chiesa, a ricevere gli stessi sacramenti. A tutte le sue domande annota risposte che la invitano a una totale confidenza (cf. nn. 41, 276, 441, 551). L'opera della grazia sorpassa infinitamente i limiti della Chiesa visibile; Dio ha i suoi tempi e i suoi mezzi per esaudire la preghiera. Dal canto suo, per mezzo di una corrispondenza regolare, la sua famiglia non smette di ripetere a Suor Maria il proprio affetto. Suo padre che aveva allora 77 anni, le scrive per il suo compleanno e per le grandi feste dell'anno. "Mia cara Luisa…" e termina: "Credimi, il tuo affettuoso papà che ti ama". I suoi fratelli e le sue sorelle, dispersi dalla guerra, le inviavano notizie. I suoi due "piccoli" fratelli, arruolati nell'esercito in Egitto, hanno progettato di venire a farle visita durante una licenza; purtroppo non ottennero per tempo i visti necessari e il 25 giugno dell'anno 1942, Suor Maria avrebbe lasciato questa terra. All'inizio dell'anno, Suor Maria scrisse parecchie lettere che mostrano quanto rimase fedele alle sue amicizie e a quale punto avesse la preoccupazione della felicità dei suoi. L'11 febbraio, festa della Santa Famiglia, invia un messaggio alla sua amica Bluette: "Sono contenta nella mia vocazione, tu lo sai, l'hai potuto intuire. Vorrei saperlo dire perché la mia felicità risplenda talmente da trasformarsi in gioia nell'anima degli altri. Ma io non so parlare ed è così interiore la felicità di una Clarissa che non può essere ben spiegata. Lo si intuisce. Si dice che ci si arruola nella via della perfezione: credo che io non ci sono ancora e non so se ci sarò mai, ma percepisco che sono arruolata in una via meravigliosa. Non c'è nulla di più bello che avvicinarsi al Signore Gesù!". La domenica seguente, invia una lunga risposta a sua sorella Alice: "Quale gioia, quale grande gioia, la tua lettera del 4 ottobre: è arrivata proprio alla fine dell'anno, come augurio per un anno. Notizie rassicuranti sulla sorte dei miei. Era moltissimo tempo (mi pare) che non sapevo nulla di te. Che felicità che voi stiate tutti bene!… Giovinezza, ah! Sì, i pic-nic dietro la Layette… quali ricordi soleggiati e profumati di resina d'abete, di tartine di melassa, di salatini, di fragole di bosco… Che infanzia! Come ci amavamo e come la vita ci ha disperse. Ma l'amore rimane, e ha profonde radici, sarà più forte della morte. Ah! I ricordi! Ne ho una messe dorata, ma il raccolto è per dopo, per i momenti delle grandi feste e degli svaghi. Restano nella riserva come le pelli d'Italia conservate da te per i bambini. Mi è sembrato, leggendoti, di rivedere la giovane mamma e il cassetto del suo armadio, il cassetto dei tesori. Hai fatto bene di riservare loro qualche sorpresa. Questo sviluppa nei bambini il senso del rispetto delle cose, non per avarizia o economia, ma a causa della bellezza che è così fragile. Essa resta intatta se non la tocchiamo. Il senso della delicatezza, del rispetto è innato, o lo si possiede o non lo si possiede… Addio mia diletta sorella. Prega anche per me. È là che noi ci ritroviamo nel cuore di Dio che ci attende… Tua Suor Maria della Trinità".

Hai capito bene che se entro nella loro vita, è con la croce che entro nella vita e nel cuore dei miei?…".

—Signore mio Gesù, Voi siete la verità. La verità vale più di tutte le ricchezze. Per trovare Voi, non c'è sacrificio troppo grande. Fate che vi trovino, Voi e la vostra Chiesa, datemi da portare un po' della loro croce, affinché non ne restino schiacciati. —

254. "Divenire mio religioso e mia religiosa non è sceglersi un tetto e un mezzo per vivere come la gente che resta nel mondo, o una professione secondo le proprie attitudini. È qualcosa di molto più importante, di molto più grande. Oh! se tutti comprendessero!

È impegnarsi a scegliere di vivere come ho scelto io… sì, la mia vita umile e nascosta, la mia vita penitente per mezzo del lavoro, della sua semplicità e della sua povertà, la mia vita coraggiosa e vigilante, la mia vita redentrice.

Per vivere nella verità ci vuole vigilanza e coraggio. È esporsi alle umiliazioni, agli abbandoni, ai disprezzi degli uomini; ma è anche trasmettere il mio insegnamento *vivo*, comunicarlo con l'esempio. Diventare mio religioso o mia religiosa è impegnarsi a questo.

Bisogna *vivere* le mie Beatitudini per rivelarle e trasmetterle in un linguaggio che tutti i popoli comprendono e che il tempo non può fare sparire. Fai questo?".

255. "Un desiderio della tua Sorella è un mio desiderio".

256. "Siete venute per me nel monastero; tuttavia dopo qualche tempo io sono l'ultima delle vostre preoccupazioni.

Mi si domanda aiuto, sì; ma è raro che si consultino veramente i miei desideri e che mi si ascolti.

Mi vien dato ciò che vi piace darmi; sembra che informarsi se è veramente ciò che io chiedo e ciò che desidero sia tempo perduto. Eppure è la prima cosa che deve riempire il vostro tempo".

257. "Il tempo riempito d'amore è un tempo bene riempito.

L'amore moltiplica il tempo. Chi ama trova il modo di fare molte cose, che sgorgano dal suo cuore.

Prova oggi...".

258. "La tristezza e la melanconia non trovano posto nel cuore di chi mi ama; io lo riempio con la mia croce e con la mia gioia".

259. "Quando un'anima perdona e tace, rassomiglia di più a mia Madre".

260. "Ti costa mostrare i tuoi piccoli appunti! Ma poiché li conosco, che t'importa se una creatura umana li legge? Credevo non tenessi che alla mia stima! Che contano gli appunti? Sono contento dello sforzo che hai fatto".

— Signore mio Gesù, aiutatemi a scrivere ciò che mi avete detto. —

261. "Sì, tacevo stamane, perché sei scontenta della tua Superiora. Non va bene. Non devi giudicare nessuno...

Dimentichi il tuo desiderio di santificarti per avvicinarti a me? Bisogna desiderarlo anche per gli altri.

Mi è molto gradito che ti sottometta in tutto all'autorità della tua Superiora, perché l'autorità viene da Dio; desidero non solamente che tu la subisca, ma che tu ami la tua Superiora... che tu ami in lei la mia immagine; sì, la mia immagine che ha bisogno di sentirsi amata per risplendere in essa.

Non posso restare in un'anima che giudica gli altri. Usurpa un diritto che non appartiene che a Dio. Allora sono talmente nascosto in lei che è come se mi ritirassi. Ma dal momento che non giudichi più e che scusi, vedi, io parlo in te".

262. "Io ti dico che, se credi, vedrai la potenza e la misericordia di Dio".

263. "Dovete aver pietà gli uni degli altri".

264. "Sì, ci sono molte piccole avversità nella vita interna d'un chiostro, molte sofferenze nel sopportare i difetti vicendevoli. Ma che cosa è questo di fronte ai delitti che si commettono nel mondo?

Credimi, figliola mia, se una lo vuole, può, nonostante le miserie del chiostro, consolarmi e riparare per un gran numero di delitti. La vostra pazienza si purifica e il vostro amore riceve così un alimento giornaliero, incessante.

Il vostro amore, nel chiostro, se siete fedeli, deve diventare immenso".

265. "Quando vedi che nonostante molte premure, l'una o l'altra delle tue Sorelle non ha fiducia nel tuo affetto, che resta riservata e gentile, ma come sospettosa delle tue intenzioni, ciò ti fa pena; anch'io quando voi non osate *fare affidamento* su di me, sono afflitto. Fate affidamento su di me con gli occhi chiusi, senza titubanze, tranquilli... sì, come il bimbo che dorme nelle braccia della sua mamma. Non siete come bimbi portati sulle braccia divine?

Figliola mia, chi ha più premure di me? Se fai attenzione, ora per ora, vedrai la mia sollecitudine. Dimostra fiducia alle tue Sorelle; bisogna credere alle loro buone intenzioni; è necessario vincere il male col bene. Ti tratterò come tu avrai trattato le tue Sorelle".

266. "Coloro che non sanno, credono che sia difficile amare. Niente di più facile e di più gioioso. È la sorgente di tutte le felicità. Voi amate dal momento che non pensate più a voi".

267. "Vi sono molte anime nel mondo che mi danno ciò che mi rifiutano quelle che sono ufficialmente, pubblicamente, mie spose. Se queste non sposano né i miei desideri, né i miei gusti, né la mia povertà, né la mia croce – quella che invio loro, né la mia corona di spine, né le umiliazioni che manderei loro se fossero disposte a riceverle, sono veramente le mie spose?

Molti nel mondo, anche senza saperlo, condividono i miei gusti, realizzano i miei desideri, riproducono le mie azioni... Allora trovo in loro un'accoglienza, e il mio Spirito, silenziosamente, si fa loro servo".

268. "Avete grande gioia quando vi vengono portate ricche ele-

mosine, e fate bene: bisogna ringraziare dando gioia.

Io però vengo da voi con la mia offerta di povertà, con le mie Beatitudini; perché non trasalite di gioia riconoscendo che vengo da voi?".

269. "Quando confessandoti hai esposto chiaramente le tue colpe, le tue omissioni, la tua mediocrità, mi rendi felice come se mi affidassi un tesoro!

Dal momento che un'anima si apre, il mio Spirito la invade; oh! senza tanto rumore, ma vittoriosamente. C'è forse qualche cosa che io non possa riparare quando mi si lascia fare? Allora sono io che ho la gioia di ornare la tua anima secondo i miei gusti e il mio beneplacito".

270. "Vorrei che ciascun'anima comprendesse che l'aspetto. Che un amore immenso la aspetta al di là di questa vita, e che deve affrettarsi… purificarsi per andare incontro all'amore e portare tutto a questo. Dovete tener ben alta la vostra luce, affinché altri la vedano e la seguano. Allora essa rischiarerà anche la vostra strada".

271. "Ti meravigli ancora che io ti dica cose ordinarie, tutte semplici, che ciascuno conosce! Sono più semplice di te, sì, io la Sapienza eterna.

Conversare con me, essermi unito in ciascun istante è semplice, è facile: basta amare, amare tutte le creature per me, e me più di ogni creatura. Basta ascoltarmi e fare ciò che dico".

272. "L'anima che vuole essere mia sposa non deve avere nessuna durezza. La voglio 'piena di grazia'. Deve trasmettere il silenzio e la pace, la dolcezza e la pazienza, e la gioia.

Le chiedo di amare le anime e di amare la croce; e una fedeltà eroica".

273. "Figliola mia, guardati da ogni avarizia. Inconsciamente l'avarizia penetra in un'anima. Le chiude il mio Regno. L'avarizia è la causa della menzogna, di tutti i delitti, di tutti i rinnegamenti, di tutti i tradimenti.

L'attacco ai beni transitori che si desidera possedere e tenere, ha in odio il mio Spirito e vuole distruggerlo. L'avarizia è l'opera della morte. Pensa a Giuda. Veglia e prega per combatterla con una forza degna del tuo nome di cristiana".

274. "Poiché non dico che cose semplici, e prendendo sempre lo spunto da ciò che vi accade, da ciò che vedi, tu pensi che sei tu stessa a suggerirti questi pensieri. Figliola mia, tu diresti a te stessa, come altre volte nelle tue meditazioni, cose più complicate.

Quando parlavo ai discepoli, prendevo sempre l'occasione da ciò che accadeva attorno a noi: guarda nel Vangelo. Non ho cambiato. Coi piccoli mi faccio piccolo. Con le anime grandi, dico cose più grandi.

Le anime brillanti per talenti naturali mi hanno deluso più spesso che la gente umile. Lo credi? È mia gioia farmi piccolo coi piccoli".

275. "Dio, gli uomini non possono giudicarlo né comprenderlo. Bisogna ascoltarlo, e ricevere ciò che vi dà".

Gesù!

276. "Non esaminare troppo perché ti parlo: ascolta, e come una bambina, segui il cammino che ti ho tracciato. Esso ti condurrà ben presto alla casa del Padre".

— Già! E io non ho fatto nulla della mia povera vita! Io che volevo che essa vi cantasse e vi glorificasse, Signore mio Gesù! —

"Se hai fatto ciò che ti ho chiesto, basta.

Io farò il resto.

Se hai agito in ciascuna occasione secondo il mio Spirito, lo Spirito Santo…

Se mi hai accolto e hai sparso l'amore… ciò basta.

Io farò il resto.

Se hai obbedito in tutto alla tua Regola, alle tue Superiore e al Padre, e a ciò che io ti dicevo… ciò basta.

Io farò il resto.

Se mi dai il tuo posto, agirò io al tuo posto, io che sono l'azione onnipotente.

Il miglior lavoro che possiate fare è di ottenere la mia collaborazione, e di lasciarmi agire, quando avete fatto da parte vostra tutto ciò che potevate. Io lavoro col tempo. Ma i miei doni sono senza pentimento.

Se tu mi lasci andare in Svizzera al tuo posto, vi andrò con quelle che ho scelto; e le Clarisse resteranno nel tuo piccolo paese.

Non ti ho ancora concesso le conversioni richieste... ma non ti ho dato la Speranza? Abbi fiducia ciecamente.

Quando un'anima mi domanda l'impossibile agli occhi umani, mi onora. Tu mi chiedi infatti ciò che non si chiede che a Dio".

Gesù!

277. "Bisogna finire i lavori delle tue Sorelle prima dei tuoi. Se le tue piccole cose non sono pronte per la festa della Rev. Madre, non fa niente. Vi provvederò io; ma bada che quelle delle tue Sorelle siano terminate e che tutte siano contente"[55].

---

[55] Essendo festeggiata la reverenda Madre Abbadessa in uno dei primi giorni di febbraio, si può datare questa comunicazione e la seguente in questo periodo. "Ogni anno, in occasione di questa festa, la giovane professa non era più la stessa del tempo ordinario. Dominando la sua timidezza e la sua riservatezza, s'ingegnava a stimolare l'attività di ciascuna delle sue consorelle perché la festa riuscisse e perché la reverenda Madre fosse contenta. Componeva, o chiedeva a una delle sue consorelle di comporre delle recite, dei canti; essa dipingeva o disegnava con originalità". Questa testimonianza di una consorella e la seguente mostrano i suoi atteggiamenti verso le Superiore. "... Aveva contatti più frequenti con la reverenda Madre, testimoniandole il più affettuoso rispetto, cercando di scoprire che cosa poteva causarle più gioia... La reverenda Madre non voleva farsi portare da altre l'acqua necessaria nella sua cella, tenendo a servirsi da sé. Suor Maria della Trinità fece così bene che ottenne di renderle ogni giorno questo piccolo servizio".

278. "Non ti commuovere per la festa d'un giorno. Cos'è mai! Io t'invito a una festa di tutta l'eternità. Resta vicino a me. Quando t'impazientisci o ti appassioni per piccole cose passeggere, ti allontani da me, tuo centro calmo, immenso e profondo come l'oceano, e incrollabile.

Figliola mia, io ti ho amata come nessuno... ho voluto non solo che tu partecipassi alla mia felicità celeste, ma ho voluto darti la mia stessa vita... Sforzati di vivere come ho fatto io. Ama tutto. Io ho amato perfino i miei carnefici e mi sono abbandonato al loro furore per ottenere a essi col mio sangue il perdono, la salvezza di queste anime create per l'Amore e che non conoscevano l'Amore. Ama tutto, tutto ciò che non è nemico della mia azione, e in tutto ciò che ti accadrà, ama la mia volontà nascosta, che cerca di attirarti più vicino a me.

Con le rovine, sulle rovine, posso edificare splendidamente. Mi è piacevole utilizzare ciò che si è annientato dinanzi a me, poiché la mia azione è libera.

Subire la mia azione, riceverla senza alterarla e corrispondere a ciò che essa chiede, è prova di vero amore.

C'è però più amore a provocare la mia azione con l'intensità della vostra preghiera.

Ciò che di bene chiedi per la tua anima, lo concedo sempre: apri gli occhi, prendilo!".

279. "Mi son fatto talmente fratello vostro che ho voluto che avessimo lo stesso Padre, e che colei che fu la Madre della mia umanità. fosse anche vostra Madre. Non vi ho trattato come amici miei, con equanimità?".

Gesù!

280. "Attiro le anime impercettibilmente, ma in una maniera tanto sicura quanto lenta.

Ogni azione reale è profonda, nascosta dentro di voi. Sfugge ai sensi.

Quando agite, credete di sapere il perché, però voi non sapete ciò che ha provocato la vostra comprensione e la vostra decisione. Nel profondo dell'anima vostra sta il mio lavoro impercettibile.

Sono stato io a ispirare, suggerire, sollecitare il concorso della vostra libera volontà.

È là la vostra responsabilità: accogliere la mia grazia, corrispondervi.

Non impongo i miei desideri, è molto se esprimo chiaramente i miei desideri supplementari di generosità... Coloro che si amano indovinano i desideri gli uni degli altri: così tra me e l'anima che mi ama.

L'anima che indovina ciò che desidero da lei, prima che io glielo abbia chiesto, mi procura la gioia più delicata. Il mio Cuore si riflette nel suo...

È necessario che le anime vengano a me da se stesse".

281. "Bisogna dare perfino coloro che si amano, perché gli altri pure sentano il beneficio del loro amore... Così vi ho dato la Madre mia.

Non potete comprendere che cosa sia l'amore. Vi supera. Ne potete cogliere le manifestazioni: esse bastano a dare alla vostra vita la sua pienezza.

Essere amati è vostro privilegio. Non capirete se non in cielo ciò che dovete a coloro che vi hanno amato.

Non riservate per voi coloro che vi amano: donateli! Che la loro azione si estenda su altre anime e senza limiti.

Bisogna amare:
affinché lo Spirito di Dio si comunichi, affinché l'amore si espanda.

L'amore è paziente e rispettoso, e inflessibile nelle sue esigenze: aspetta per comunicarsi l'adesione dei cuori desiderosi di riceverlo.

Alla morte, dinanzi a Dio e per l'eternità, non resterà che questo nel vostro essere: il vostro amore.

E nelle mani di Dio, per intrecciare la vostra corona, non vi sarà che ciò che gli avrete dato".

282. "Ci sono molte cose che potrai dire alle tue Sorelle e che desidero che tu comunichi a esse: ma desidero che parli loro col tuo silenzio; sarà il tuo modo di trasmettere i miei messaggi.

Basta *essere*".

283. "La più grande carità che voi potete avere gli uni per gli altri, non consiste nei regali o nei servizi che potete rendervi: sta nei vostri pensieri.

È la carità più importante ed è quella che agisce di più.

È necessario che le tue Sorelle incontrino in te un pensiero benevolo che le comprenda e le indovini, che veda la loro bellezza e non s'arresti alla loro bruttezza (perché ogni anima è un miscuglio vivente di ombre e di luci); un pensiero benevolo che le aiuti a essere loro stesse davanti agli uomini come davanti a me, sì, loro stesse come le desidero.

Non è ciò che tu stessa attendi dalle tue Sorelle?

Desidero anche incontrare un'anima così benevola verso il suo Dio che ne indovini i desideri e li prevenga... Un'anima che per non deludermi accetti di essere controllata, che sia attenta alla minima pena che potrebbe causarmi.

È questa fedeltà che la rende sensibile alle mie minime ispirazioni, che le dà l'intelligenza; allora essa mi comprende e m'indovina...".

284. "In altro tempo ho parlato in parabole. Nel segreto delle anime parlo delicatamente, perché è necessario che l'anima venga a me *da se stessa.*

Più un'anima mi appartiene, più posso parlarle liberamente, ed è la mia gioia!

Non cerco d'influenzare le anime; le attiro solamente. Bisogna che vengano da se stesse. Vi sono certi sforzi di comprensione che nessuno può fare al loro posto.

Voi però, voi potete molto influenzarvi vicendevolmente trascinandovi a corrispondere alla mia grazia".

285. "Bisogna fare una cosa alla volta, bisogna scrivere un pensiero alla volta, l'uno dopo l'altro, tanto presto quanto l'orario te lo permette, con l'ordine con cui io te li presento al momento stesso, senza inquietarti per quelli che non ricordi che a metà. Te li ricorderò io se sarà necessario".

286. "Io solo conosco gli sforzi, le intenzioni, la generosità di ciascuna; e agisco sempre in conseguenza".

287. "Le prove della vostra vita sulla terra sono così poca cosa di fronte a ciò che esse vi procurano per l'eternità!".

288. "Il gran male del protestantesimo sta nel privare tante anime di buona volontà di una parte immensa delle grazie ottenute con la mia Passione, e che vi vengono trasmesse per mezzo dei Sacramenti.

Ah! come esso limita la mia azione nelle anime, che non mi cercano più e non mi 'seguono' più, perché credono di avere d'un colpo risposto definitivamente al mio appello...

Il gran male del protestantesimo è che l'errore porta la maschera della verità.

Ci vuole molto coraggio e un lavorio personale, profondo, per scoprire la maschera, rigettarla, poi venire umilmente alla sorgente della Verità a chiedere la sua luce e la sua forza.

Che la vostra luce risplenda davanti agli uomini, perché comprendano che la vostra Chiesa è il Cristo, è la Verità".

Gesù!

289. "Vi sono dei sacrifici che desidero, ma che non chiedo, per lasciare alle anime la gioia di offrirmeli da se stesse. Queste anime sono nascoste nel profondo del mio cuore, ne sentono gli impulsi...

La Madre mia ha comunicato loro qualche cosa del suo amore. Esse non mi deludono. E io potrei mai deluderle?..."[56].

290. "Quando parlate con le vostre Sorelle, non potete ascoltarmi. Per crescere nella mia conoscenza, è necessario che i vostri Superiori orientino le vostre menti verso di me; inoltre è necessario il silenzio e la solitudine".

Gesù!

291. "Non potete vivere senza essere amati e senza amare. Quando non amate Dio o qualcuno dei vostri simili, amate voi stessi. L'amore è come il soffio della vostra anima.

---

[56] L'8 febbraio, domenica della sessagesima, Suor Maria della Trinità inizia una lettera per la sua amica Bluette. Essendo molto presa in quei giorni, non la terminò che il 20 dello stesso mese: "Avrei molte cose da dirti, al punto che non saprei da dove iniziare. Benché non ci siano fatti straordinari nella nostra vita così ben regolata, ci sono tuttavia molte piccole cose che la rendono interessante perché esse rivelano sollecitudine e premure da parte del Buon Dio. Sono sempre stupita di notare che qui un anno non assomiglia al precedente anche quando ci sono le stesse feste, la stessa liturgia, le stesse cerimonie e gli stessi lavori nel monastero. Ci sono altre preoccupazioni, altri interessi immediati e altre gioie. È da tre anni e mezzo che sono qui e ogni anno abbiamo perso una delle nostre Sorelle. Sono le più anziane che si chiamano l'un l'altra in Paradiso. Ma il noviziato non si riempie allo stesso ritmo del cimitero.

(Il 20 febbraio) Ecco una lettera sconnessa: non possiamo scrivere che la domenica, o utilizzando i momenti della giornata che si trovano talvolta disponibili. Approfitto così per rivolgermi a te di corsa, prima che la domenica di Quaresima ci abbia introdotto nel grande silenzio. Che sarà questa Quaresima? Io la temo sempre, non so perché, benché la meditazione della Passione sia, credo, il solo mistero al quale il mio spirito va spontaneamente, quasi costantemente. Ah! capire, capire! Si ritengono le parole sulla bocca e i gesti di ciò che si dice a Dio, ma la comprensione interiore, ah! quale rivelazione e quale cambiamento produce nella nostra povera anima... Tu mi hai già attirato molte grazie speciali, ne sono convinta. È perché vorrei, malgrado la guerra e le difficoltà esteriori di comunicare che potrebbero opporsi, che tu sia la mia madrina di Professione, se questo ti fa piacere. Noi scegliamo sempre una madrina di Professione, anche se è lontana. Ciò significa una protezione e una collaborazione spirituale che consolida questa unione delle anime di una stessa fede, di buona volontà che Nostro Signore desidera tanto. 'Che essi siano tutti *uno*'. È così che io capisco questo ufficio di madrina di Professione. Nessuna necessità di fare un bel regalo – per me è molto secondario – ma assumere un'unione di sforzi e di preghiera. Vuoi?...".

Bisogna parlare dell'amore con rispetto perché viene da Dio. Bisogna riceverlo come un inviato di Dio, come il suo Spirito.

È un impulso che ricevete, ma che non viene da voi, e che è divino nella sua origine.

Conservategli la sua purezza e la sua forza utilizzandolo per gli altri, non per voi stessi, e riportandolo su colui che ve lo dà, sul Salvatore che aspetta, senza stancarsi, la vostra riconoscenza".

292. "Le anime che si abbandonano all'amore non se ne pentono mai. È vero, io spezzo i limiti del loro cuore perché è necessario che l'orizzonte ristretto delle loro cognizioni sia squarciato, affinché intravedano qualche cosa degli splendori del mio Regno, l'immenso universo dello Spirito".

Gesù!

293. — Signore mio Gesù, perché siete così nascosto? —
"Io non mi nascondo, sono vicinissimo a voi, in voi... sono molto semplice. Voi mi cercate troppo lontano, come un Dio inaccessibile... sono un Dio che si è fatto vostro fratello...

Poiché cercate troppo lontano, mi passate accanto senza accorgervi di me, e non sentite più l'immensa dolcezza che la mia presenza mette nell'anima vostra".

294. "Gli interessi di questa terra v'incantano, ma si esauriscono in un batter d'occhio... Mentre io resto, e non si finisce mai di scoprirmi, e non si esaurirà mai la sorgente dei miei tesori... Non appena si tendono verso di me mani vuote e supplichevoli, io le riempio".

Gesù!

295. "Come è semplice la vostra vita! Non avete che da ricevere. Ricevere il lavoro che diviene una gioia e vi dà la vostra dignità. Ricevere l'alimento materiale per la vostra vita fisica,

l'alimento spirituale per la vita dell'anima, per mezzo dei miei Sacramenti che ho stabiliti per tutti, tutti, tutti...

Avete sempre la gioia di poter dare; e i più poveri, coloro che non possono disfarsi di nulla, possono ancora dare il loro cuore e la loro anima a Dio, è il più grande dono: abbraccia tutti gli altri...

Le prove? La fede vi dice che la pazienza ne trionfa e che, sopportate con amore, procurano una gloria eterna...

Non avete che da portare la vostra croce con me, con me che vi attendo...

Che vi manca per essere felici? Vi ho dato la Speranza, la Preghiera, la Fede, la Carità e la Comunione dei Santi...

Figliola mia, sii pienamente felice, affinché altri ti imitino e lancino al cielo quel *grazie* che il mio cuore si compiace di ricompensare magnificamente".

Gesù!

296. *(13 II)* "Sì, ho voluto attirarti a me. Sei sulla buona via. Continua. Non perdere tempo nell'occuparti di ciò che fanno gli altri. *Tu seguimi*"[57].

297. "Tu vedi! Questo è l'amore. Hai bisogno di vedere gli altri felici, per essere felice.

Quando senti che le tue Sorelle ti amano e che tu le ami, non ti fa nulla che conoscano i tuoi difetti, che ti stimino per poca cosa, ne sei contenta... al fine di passare tra loro leggermente, senza calpestarle in niente.

Più tardi comprenderai che la sofferenza dell'amore è questo ardente desiderio di dare agli altri, di essere distrutti per poter dare loro ciò di cui si beneficiava.

Così ho amato gli uomini, desiderando di un desiderio

---

[57] Scrisse in questo giorno le prime righe del racconto della conversione (cf. p. 75). Questo appunto sembra essere una risposta a una domanda della Suora: perché questo misterioso avvenimento del 13 febbraio 1926?

estremo, di immolarmi fino alla fine per dar loro la mia vita…".

Gesù!

298. *(15 II)* "Quando sei dinanzi al Santo Sacramento esposto, come puoi pensare ad altro che a me?

Nascondo la mia divinità, nascondo la mia gloria, nascondo la mia potenza: la loro vista vi schiaccerebbe. E sono più onorato e lieto nel vedere che nonostante tutto credete in me, siete felici della mia gloria, fate assegnamento sulla mia potenza".

299. "Sì, Abramo ha mentito lasciando credere che Sara fosse sua sorella[58]. Tuttavia è un santo molto grande a causa della sua fede e della sua obbedienza. L'obbedienza è la carità in azione. Essa copre tutti i vostri peccati.

Posso fare tutto quello che voglio di coloro che mi sono perfettamente sottomessi, uniti. Posso chiedere loro tutto ciò che desidero.

La Fede è anche una forma di obbedienza: la sottomissione dello spirito. La Carità è la sottomissione dei vostri sentimenti ai miei: è anche obbedienza.

La ricompensa dell'obbediente è che io vivo in lui fin da quaggiù".

300. "L'avarizia mi ha consegnato ai miei nemici. È sempre l'avarizia che mi uccide nelle anime: si preferiscono a me beni effimeri, da cui menzogne e tradimenti.

L'avarizia uccide lo Spirito di Dio.

E la santa Povertà salva lo Spirito di Dio attraverso i secoli. Per ricevermi in pienezza, bisogna dare, spogliarvi, bisogna perdonare, bisogna vincere il male col bene…".

---

[58] Risposta a una riflessione sulla storia di Abramo che si leggeva nel breviario di quel giorno: domenica della quinquagesima.

301. "La verità non fa chiasso, nulla però la distruggerà mai: ciò che *è* resta.

Essa non cerca di abbattere gli ostacoli, di risplendere in maniera abbagliante… Spesso è ricoperta di menzogna, ma resta al di dentro delle circostanze e delle creature come una brace inestinguibile, e la sua luce finisce sempre per trapassare gli ostacoli, non c'è nulla che possa spegnere la verità.

Il mio Spirito agisce allo stesso modo nelle vostre anime, impercettibilmente, non cerca di trionfare fulminando ciò che gli è opposto, ma come una luce interna finisce per trasparire attraverso tutto.

È tanto potente quanto i venti più impetuosi che domina. Soffia dove vuole e, se lo lasciaste agire, trasformerebbe il vostro universo. Ma si è fatto vostro servo.

Non è forse lui che previene i vostri desideri? Ed egli aspetta che voi preghiate prima di rispondere alle vostre domande. Dall'istante che lo invocate, è là. Benché lo contristiate spesso, mai si vendica. Ma non può impedire che subiate le conseguenze delle vostre azioni. Aspetta che ritorniate a lui: instancabile è la sua pazienza.

Sì, il mio Spirito si è fatto vostro servo… affinché imparaste da me a sottomettervi completamente a Dio".

302. "Figliola mia, sono contento che tu abbia sottoposto le tue povere note al Padre. Nonostante la loro insufficienza, sono contento! Hai obbedito al mio desiderio. Anch'io farò quello che tu desideri, domandami una grazia".

— Oh, mio Dio, mio Dio! So che me la concederete[59]. Grazie! —

303. "Che cosa dà ai campi e ai boschi, alle valli e alle colline la loro bellezza?

---

[59] La conversione dei suoi.

La luce di cui io li inondo.

Così la tua anima. È la mia grazia che le dà tutta la bellezza; è la mia grazia che la rende attraente e amabile: coglie tutte le occasioni per introdursi nella tua anima e trasformarla. Moltiplica queste occasioni. Non ti stancare di chiedere la mia grazia…".

304. "Quando comprate una stoffa, non guardate solo al colore e al disegno, voi cercate la qualità del tessuto. Anch'io, nelle vostre anime cerco la qualità del tessuto: il suo ordito, è l'ordito delle ore che vi sono date; la tua trama, è ciò con cui avete riempito queste ore. I vostri desideri formano il disegno, e in molte anime obbedienti questo disegno riproduce qualche cosa del mio Volto o del volto ineffabile di mia Madre[60]. Il modo con cui mi servite, la vostra carità, dà il colore. Ma ciò che costituisce il pregio della stoffa è la *qualità* del tessuto.

Figliola mia, voi mi rallegrate più con la qualità delle vostre offerte che con la quantità, è la qualità che mi onora".

Gesù!

305. "Non si vede niente: una sottile ostia, un tondo bianco al centro dell'ostensorio… E tuttavia sono là, sì, io Gesù, con la mia divinità. Mi sono annientato perché possiate accostarvi a me, perché la mia divinità penetri in voi e vi trasformi a vostra insaputa. Sono io che agisco… Non chiedo che il vostro consenso…

Sono là in un silenzio perfetto, in una pazienza perfetta. È senza parole che io attiro le anime. La mia voce è tanto delicata dentro di esse, perché è fragile un'anima.

---

[60] Appunti trovati su un foglio separato:
"Perché un'anima mi faccia piacere, bisogna che abbia almeno un tratto di somiglianza con mia Madre: almeno un tratto. Poiché sono così contento di contemplare una cosa che assomiglia a mia Madre, io dimentico il resto, non vedo che quello…
Così mia Madre vi copre con un mantello…
Figliola, quando non concedo ciò che mi chiedete con fede e *perseveranza*, è perché non è ancora arrivato il tempo in cui potete ricevere ciò che chiedete".

Figliola mia, la tua voce, se cerchi di parlare di me, potrebbe coprire la mia... Vale più il silenzio rispettoso che permette di ascoltarmi.

Io aspetto. Per lungo tempo ho aspettato te, altre anime per un tempo più lungo ancora. I secoli possono passare, io non mi stanco di attendere questo moto volontario delle anime che si avvicinano a me. Le attiro tutte a me da quando sono stato innalzato da terra, sulla croce.

Spesso sei impaziente per piccole cose o perché le tue preghiere non sono esaudite; pensa all'eternità e alla pazienza di Dio".

306. — Signore mio Gesù, a che serve stare nella verità della dottrina se vivo in compromessi continui con la santa Regola, in dissimulazione verso la mia Superiora? —

"Figlia mia, la verità della mia dottrina abolisce i compromessi. Ti proibisce la doppiezza, la dissimulazione verso le Superiore o le inferiori. Non basta conoscere la mia dottrina, vi chiedo di viverla.

Ah! se tutti i miei religiosi, se tutti i responsabili della mia Chiesa avessero vissuto la verità professata con le labbra, non vi sarebbero gli scismi che straziano la mia Chiesa.

In spirito di riparazione, non ti permettere *alcun* compromesso, alcuna doppiezza. Esagera piuttosto in rettitudine verso le Superiore e le Sorelle, ch'io ti trovi sempre sincera e vera".

307. (*17 febbraio*) "Cammina, tenendomi come per mano.
Stai per attraversare ore oscure, ma io sarò con te, tenendoti come per mano"[61].

308. "Io sono la sorgente le cui acque scorrono inesauribili, con abbondanza. Ma bisogna *venire* alla sorgente per bere. Veni-

---

[61] Queste ore oscure non furono lunghe, però oppressero la Suora al punto da farla dubitare della propria vocazione. Cf. n. 202.

re tutti! Non vi fermate lungo il cammino: la vita eterna sta vicina a voi; accettatela!".

Gesù!

309. "Nessun'anima entrerà nel mio Paradiso prima che abbia almeno una volta perdonato".

310. "Figliola mia, ecco una spiegazione che ti meraviglierà; ricordala, perché è la verità:

più sarai nascosta, silenziosa, rispettosa verso il prossimo, senza tentare di influenzarlo, più agirai sulle anime;

al contrario, più cercherai di affermare te stessa, imponendo i tuoi gusti, i tuoi desideri, i tuoi schemi, le tue idee, cercando di convincere gli altri... meno agirai sulle anime.

Per tutto ciò che è "mezzo" è necessario lasciare ciascun'anima interamente libera di scegliere ciò che le conviene. È l'ordine stabilito da Dio; è la pace. Io non agisco diversamente. Basta mostrare Dio, ascoltarlo, lasciarlo vivere in te".

311. "Vedi come la mia Presenza è leggera, poco ingombrante, tanto delicata quanto fedele...

Mi sono ridotto quasi a nulla, per stare tra voi senza esservi di peso... Senza alcuna pena voi potete assorbirmi e io agisco in voi, talmente nascosto, che sembra che siate voi ad agire... È là la vera azione, quella che resta. Pochi la comprendono; le si preferiscono le gesta appariscenti con i loro risultati immediati. Scegli".

— Oh! mio Dio! potrei scegliere diversamente da quanto avete scelto Voi stesso, Voi e la SS.ma Vergine Maria? —

312. "Dolcezza, pazienza, gioia;

Dolcezza, pazienza, gioia;

Dolcezza, pazienza, gioia... dammi queste tre cose, nella tua vita esterna, nei tuoi giudizi, nella tua mente, nei tuoi sentimenti.

La dolcezza è il frutto dell'Amore.

La pazienza è il frutto della Fede.

La gioia è il frutto della Speranza.

Quando non vi sarà che questo a riempire il tuo cuore, allora vi regnerò da Re".

313. "Sì, posso trasformare ogni bruttura in bellezza, ogni povertà in ricchezza spirituale, ogni peccato in sorgente di grazia, ogni rancore in perdono; in dolcezza ogni amarezza, in gioia ogni tristezza, ogni sofferenza in redenzione… quando me le date e mi lasciate fare…".

314. "Lasciarmi vivere in voi è riempire il vostro cuore dell'abbandono dei bambini e ascoltarmi. È mettere tutta la vostra intelligenza a comprendere i miei modi di agire, a imitarli, è avere gli stessi miei sentimenti e condividere i miei desideri. È mantenervi con tutta la forza della vostra volontà, costi quello che costi, a ogni istante, in ciascuna occasione, nella verità".

315. "Tu non devi rassegnarti se l'una o l'altra delle tue Sorelle non ti ama: devi tentare tutto, tutto, tutto per arrivare a guadagnarti l'affetto di ciascuna, perché è il mio comandamento, perché è solo così che il mio Spirito si espande in mezzo a voi e può agire, perché è solo cosi, amandole, che le anime si riscattano.

E come potrai amare l'anima di un peccatore che forse ha bisogno dei tuoi sacrifici se non ami senza restrizione un'anima che sta vicinissima a te, nella quale abito io e forse è più grande della tua? Tali sono le esigenze della Comunione dei Santi".

316. — Signore mio Gesù! Il mio pensiero distratto, mi sfugge… Prendetelo, prendetelo, prendetelo per sempre! Riempitelo di Voi, che non possa più concepire altro che Voi, fissatelo in Voi come nella sua eternità. E che tutti i vostri desideri sulla vostra piccola creatura si compiano l'uno dopo l'altro, tranquillamente, pienamente! —

Gesù!

317. *(Mercoledì delle Ceneri)* — Santa Vergine Maria! Oh! Madre mia, Voi avete partecipato alla Passione!

Voi che siete Corredentrice.

Voi che siete la Mediatrice di tutte le grazie, insegnatemi a vivere questa Quaresima come vuole Gesù, questa Quaresima può essere l'ultima di questa povera vita che ha tanto offeso Dio. Insegnatemi a riparare i miei sbagli e quelli che ho fatto commettere, a partecipare all'opera intera della Riparazione.

Silenzio, più silenzio per ascoltare meglio. Maggiore regolarità, maggiore fedeltà, più dolcezza e pazienza, più dolcezza.

Preghiera e vigilanza. —

318. "Non giudicare nulla. Abbi più dolcezza con le anime che non comprendi; la dolcezza rivela ciò che non è stato compreso, ciò che è riprovevole".

319. "Se tu sapessi che gran cosa è comparire dinanzi a Dio! Se l'anima è pronta, perché desiderare di trattenerla? Pensa più a *essa* che a voi...

Però abbi fiducia nella mia onniscienza e onnipotenza".

320. "È raro che comprendiate i vostri sbagli e li detestiate abbastanza per ripararli, quando è una di voi che cerca di farveli comprendere.

Al contrario, se voi tacete e mi lasciate fare il rimprovero meritato, unisco al rimprovero la mia luce ed è raro che l'anima non comprenda: allora essa detesta e ripara.

Poiché voi parlate al mio posto, molte anime non sentono la mia voce.

Oh! se sapeste che cosa potete fare con il silenzio!".

321. "Tu mi lasci fare quando per obbedienza alla campana, al tuo orario, lasci incompiuto il lavoro che desideresti tanto finire; mi lasci fare nella tua povera vita quando devi rinunziare ai tuoi desideri per obbedienza e me li affidi; se hai fatto tutto ciò che hai potuto, sono io che termino, e divinamente".

322. "Credi tu, figliola mia, che nella Santa Ostia, dove sembra che io non faccia niente, *io agisco?* Agisco con la mia immolazione alla volontà del Padre, agisco impercettibilmente, ma efficacemente sulle anime!...

Molte anime che sono mie uniscono alla mia azione la loro allo stesso modo; non si vede nulla, ed è l'azione più potente. Vuoi seguirmi fin là?".

Gesù!

323. "Quando dico che dovete perdonarvi vicendevolmente, non è un dovere che v'impongo, – si può imporre l'amore? – è una gioia che vi offro: una partecipazione al mio modo di agire, una partecipazione al mio Spirito...".

324. "Figliola mia, guardati dal lasciar indovinare i tuoi atti di generosità, che resta allora per il tuo Signore?

Osservami nella Passione: ho forse detto una sola volta che soffrivo per i peccatori, che operavo la Redenzione del genere umano, che m'immolavo per voi?... Basta farlo, essere generosi, e nasconderlo nel segreto di Dio".

Gesù!

325. "I fanciulli non hanno grandi tentazioni, il loro abbandono li preserva dalle gravi disgrazie, e nel frattempo crescono come immersi nell'Amore.

Oh! se voi sapeste vivere tenendomi per la mano come fanciulli, agendo senza ragionare, senza discorsi, e senza pensare a voi, oh! come mi scoprireste a ogni passo!".

Gesù!

326. "Sii premurosa, rendi alle Sorelle tutti i servizi possibili, ma sforzati di farlo senza renderti apparentemente utile o necessaria. Non è bene per le anime, né per la tua né per

quella degli altri, e ciò esige una purificazione. Sta attenta: né il Padre mio, né io agiamo in tal modo, né gli angeli, mai; né la Vergine Maria, né San Giuseppe, né alcuno dei Santi si sono resi apparentemente necessari, al contrario. La preghiera dei miei Santi otteneva dei miracoli ed essi li attribuivano apertamente a altri.

Il mio Spirito fa il bene in una maniera invisibile e libera le anime dalla dipendenza altrui, rendendole capaci di dare esse stesse tutta la loro misura.

Purifico con la sofferenza le anime che si dedicano in modo troppo visibile…".

327. "Quando non pensi a te stessa, la mia grazia ti visita, e io provvedo a ciò che ti è necessario. Quando ti occupi di te stessa, ti abbandono alle tue cure".

328. "Le prove devono produrre nelle vostre anime un determinato risultato: se vedete che la prova cessa, fatevi padroni della virtù che veniva a insegnarvi e praticatela.

Così, se tu farai una parte di penitenza nella tua vita, io non avrò da mandarti malattie che suppliscano alla mortificazione trascurata.

Ugualmente più sarai semplice, più eviterai le grandi tentazioni che servono a distruggere in te ciò che è di ostacolo fra te e me.

Io sono semplice e vicino. Per venire a me il lavoro che devi fare è togliere; eliminare, scegliere, togliere ciò che accumuli nel tuo spirito e nel tuo cuore all'infuori di me. Se divieni semplice come un fanciullo, dove sono gli ostacoli?

Tu dici che i fanciulli, non avendo grandi lotte, non hanno grandi meriti: lo scopo della vita non è il tuo merito personale dovuto alla tua generosità; il tuo merito sta nel mettere tutta la tua generosità per lasciarmi vivere in te. Capisci?".

329. "Quando racconti ciò che hai fatto, tu credi di prolungare la tua azione raccontandola. Al contrario, vi metti un termine. Resta limitata a te.

Se nascondi ciò che hai fatto di bene e me l'affidi, io prolungo la tua azione aggiungendovi la mia che è senza limiti...".

330. "Desidero una grande folla di anime vittime. Ma non affido a tutte la stessa missione. Tutte però devono riprodurre qualche cosa della vita dell'Uomo dei Dolori, affinché essa si mantenga viva e si trasmetta in mezzo a voi".

Gesù!

331. "Non sei abbastanza attenta ed obbediente alle ispirazioni interiori,
vigila, ascolta meglio, obbedisci subito; lo desidero".

332. "L'incomprensione altrui è una specie di silenzio benefico, indispensabile alla salvezza di molti. Bisogna accoglierla come una grazia".

333. *(24 febbraio)* "La novena al P. Paquay[62] non otterrà la guarigione immediata, ma a causa della preghiera del P. Paquay, la Madre Maestra sarà confortata e soffrirà di meno nello spirito... La sua guarigione ho desiderato concederla per un'altra causa: tu la conosci"[63].

334. "Dovete amarvi e aiutarvi a vicenda. Però la carità per voi non sta nell'addolcirvi il più possibile la vita, siete venute nel chiostro per questo? La carità per voi consiste nel fortificarvi scambievolmente, nell'illuminarvi, nello stimolarvi le une le altre alla fedeltà per la vostra Santa Regola, alla generosità per partecipare all'espiazione dei peccati, alla generosità nell'impoverirvi per lasciarmi vivere in mezzo a voi.
Ecco che cosa aspetto dalle mie spose".

---

[62] Valentin Paquay (1828–1905), francescano belga morto a Hasselt e beatificato da Giovanni Paolo II il 9 novembre 2003.
[63] Non avendo avuto conoscenza di questo paragrafo che dopo la morte di Suor Maria della Trinità, non abbiamo potuto domandarle quale sia questa causa.

335. "Poiché ti amo, ho semplificato la tua vita: non ti ho dato altra responsabilità che la tua fedeltà quotidiana.

Poiché ti amo, ti ho dato una cattiva salute, affinché dal principio della vita sentissi la tua dipendenza da me, affinché tu riceva le forze giornaliere da me, e non dal tuo corpo.

Poiché ti amo, ti ho voluto povera, del tutto povera, per essere io solo la tua vita.

Poiché ti amo, ti ho posta sulla via che conduce alla mia Chiesa;

io ti ho dato la Fede.

Poiché ti amo, ho messo sul tuo cammino anime ferventi che hanno molto pregato per te.

Poiché ti amo, ti ho dato quaggiù la preghiera di un Santo che ha salvato la tua vocazione e l'ha rafforzata.

Poiché ti amo, ti ho dato quaggiù un Padre.

Poiché ti amo, ti ho affidata fin dalla nascita alla Vergine Maria, Madre tua.

Poiché ti amo, ti ho dato il desiderio della penitenza e la forza di fare penitenza.

Poiché ti amo, ti ho dato i cinque voti che ti legano a me[64].

---

[64] I cinque voti sono: obbedienza, povertà, castità, clausura e il voto di vittima. Appunto ritrovato su una pagina d'agenda, datato il 26 febbraio.
"Ti lamenti? Ma non fai un passo senza che io ti sostenga. Tu sei tutta per me, tu m'appartieni, tu sei mia.
(Alcune righe cancellate)
Ricorda tutta la mia vita, la lavanda dei piedi, la mia passione… E se qualche volta io volessi che ti associ alle mie umiliazioni! Ringrazia".
Altro appunto sul retro di una lettera.
"Bisogna donarmi ciò che io desidero e non ciò che tu desideri offrirmi… Se vuoi farmi piacere, fa esattamente ciò che tuo Padre ti ha comandato.
Puntualità alle funzioni, anche qualche minuto prima e al regolamento perché tu vieni a Me.
Silenzio.
Dolcezza, dolcezza, dolcezza con tutti. Ho bisogno che tu mi dia queste tre cose. L'obbedienza quando è azione d'amore ripara tutto. L'atto d'obbedienza ripara le rivolte della natura. L'atto d'obbedienza interiore che nessuno mai conoscerà mi consola dell'oblio delle mie creature. L'atto d'obbedienza incom-

Poiché ti amo, sono morto sulla croce per te.

Che cosa mi darai tu?…".

— Mio Dio, mio Dio! tutto quello che mi avete dato, prendetevelo; prendete *tutto* quello che ho!!! —

336. "La maggior parte delle anime si preoccupa soprattutto di andare in cielo e di evitare l'inferno.

Vorrei che le mie spose si preoccupassero meno di andare in cielo che di occuparvi il posto che ho preparato loro: cioè di corrispondere in tutto e per tutto ai miei desideri.

Molti indossano come una livrea la mia chiamata a seguirmi, conservando nel cuore i loro desideri. Quanto pochi lavorano per conoscere i miei desideri e per realizzarli!".

337. "Non rifiuto mai il conforto e la consolazione che cercate in me. Il male sta nel fatto che cercate troppo facilmente consolazioni naturali, umane. Sta attenta, figliola mia, per non perdere la mia amicizia. Dovete trovare nelle creature luce e aiuto per condurvi a me, senza fermarvi a esse. Non che io vi rifiuti in seguito il mio conforto, ma voi non ne sentite più il bisogno e non sapete più né domandarlo né riceverlo".

338. "Io sono Colui che è.

Io sono la verità. Sono la realtà.

Le tentazioni sono illusioni che vi circondano e cercano di separarvi dalla Verità. È certamente necessario ch'io rompa le vostre illusioni per rivelarmi a voi… Benedite quelli tra i vostri fratelli e sorelle che distruggono le vostre illusioni, e vi spogliano e vi lasciano impoveriti, ma *veri* in faccia a Dio. Abbi il coraggio di essere davanti agli uomini come davanti a Dio, perché essi distruggano le tue illusioni, e per essere sempre nella verità".

---

presa, che attirò forse i rimproveri o il disprezzo degli uomini, mi consola per il disprezzo che le mie creature hanno della vita dell'Uomo dei dolori.
Sì, è questo che mi consola".

Gesù!

339. "Sei entrata nella vita religiosa perché io realizzi i tuoi desideri o per sforzarti a realizzare i miei?…".

— Signore mio Gesù, sono venuta perché mi concedeste ciò che avevo da chiedervi; poi, sono restata per amarvi meglio, per servirvi meglio, per ringraziarvi, anche se non mi aveste concesso le conversioni richieste.

E ora avrei un solo desiderio che non sia il vostro?… Lo sapete, lo sapete così bene… —

Gesù!

340. "Preparati, preparati, verrò ben presto…".

341. "La mia Madre celeste mi ha detto: 'La mia vita fu una successione di prove più incomprensibili delle tue. Tuttavia, ho sempre amato. Mai l'amore ha abbandonato il mio cuore. Sapevo che la salvezza delle anime si compra col Sangue del Figlio mio e con le nostre lacrime, sì, le lacrime del cuore…'".

342. "Per il fatto che le mie esigenze sono più spirituali – conosciute da Dio solo! – che visibili, e le mie ricompense più spirituali che visibili, nascoste agli occhi degli uomini, mi si preferiscono le soddisfazioni immediate, le gioie visibili… Sono bandito dalle nazioni, bandito da ogni luogo.

Tuttavia *le mie parole non passeranno* ed anche la mia opera trionfa dovunque: basta un po' di lievito per fare fermentare tutta la pasta!

L'opera mia trionfa completamente nel tuo cuore?…

Perché sei triste?…".

343. — Signore mio Gesù, concedetemi prima di morire di avervi servito almeno un giorno come voi desiderate; senza permettermi una sola negligenza, senza mancare al silenzio e alla regolarità, senza mancare alla generosità, alla gioia e all'amore verso tutte. Amen. —

344. "Scrivi meglio, in modo più leggibile, con maggior cura; l'unica cosa che ti chiedo adesso è di scrivere ciò che io ti dico, me lo rifiuterai?

Ti è stato affidato un lavoro che non richiede alcuna iniziativa personale, nessuno sforzo da parte tua: questo perché tu sia tutta intera per quello che ti dico. Questo ti chiedo per ora".

345. "Figliola mia, quando verrà la sofferenza, non devi pensare: io sono la vittima, espierò i peccati degli altri; di': 'Dio mio, grazie che mi mandate l'occasione di espiare i miei peccati'".

346. "Nel chiostro avete continuamente occasione di fare atti eroici, sì.

Appunto perché siete nel chiostro i distacchi richiesti, ripetutamente, ogni giorno a proposito di tante piccole cose, che però sono così importanti nella vostra vita di recluse, vi costano tanto quanto vi costerebbero le grandi decisioni e i grandi sacrifici consentiti nell'indipendenza del secolo. Io li vedo.

Nel chiostro avete continuamente occasione di lasciarvi andare a grandi debolezze. I compromessi, le piccole concessioni all'egoismo, all'amor proprio, le dissimulazioni, le mancanze di sincerità, che sarebbero piccole debolezze nel mondo, divengono grandi viltà nella vostra vita di claustrali. Esse esigono una purificazione. Pensaci".

347. "Tu sei qui per me, per me solo.

Io sono nella Santa Eucaristia, sono in te e nelle tue Sorelle. Ogni volta che ti rivolgi a una delle tue Sorelle tu mi incontri di nuovo, rinnovi la tua Comunione con me.

Che vorresti di più?…".

348. "Sì, facendomi uomo, mi sono sottomesso alle leggi della vostra vita umana. E per vivere nelle anime mi sottometto anche alle leggi della vita spirituale".

— Signore mio Gesù, quali sono queste leggi? —

"Il silenzio; il rispetto di tutte le creature, a causa di colui che le ha create.

Lo spogliamento nella gioia di donare.

La pazienza.

L'amore che obbedisce alla voce di Dio, non in apparenza, ma dal profondo dell'essere, in un'adesione totale alla divina volontà;

l'amore che è generoso, che è abbastanza umile per domandare e che dà ciò che riceve;

ho bisogno di tutto questo per vivere in un'anima, per crescervi e regnarvi.

Allora la grazia sgorgante dai miei Sacramenti visibilmente agisce, si moltiplica e risplende..

Tocca a voi preparare le vie del Signore".

349. "Tieni a mente questo: il valore della vostra esistenza non sta in ciò che avete fatto, detto, o sofferto: sta nel posto che avrete lasciato al Salvatore, in ciò che mi avrete lasciato fare con voi. Dammi il tuo cuore, e il tuo cuore è tutta la tua vita!".

Gesù!

350. "Sì, l'orgoglio prepara l'annientamento, mentre l'umiltà prepara la luce e la gloria, sì, la gloria di Dio, la cui visione basta a colmare la vostra capacità di felicità. La beatitudine di Dio diventa la felicità dell'anima umile.

Vedi: quanto cercate di prendere da voi stessi, non riuscite ad afferrarlo, e invece quanto donate a me, io ve lo rendo".

Gesù!

351. "Quando il demonio non può sedurvi a fare ciò che offende Dio, impiega tutti i suoi sforzi nel diminuire e spesso nel distruggere il bene che potreste fare, cullandovi nelle illusioni. L'illusione è il suo mezzo capitale per diffondere la menzogna. Per evitare tali illusioni ci vuole del coraggio, del coraggio.

Osserva: non sono stato coraggioso nella vita in mezzo a voi?...

Del coraggio per essere veri, per essere se stessi, per guardare in faccia la realtà, per farsi conoscere tali e quali si è, *essere* e non apparire,

per ricevere gli avvertimenti di coloro che vi dirigono e per eseguirli.

Ecco perché desidero che tu sottoponga quanto ti dico al Padre, benché ciò ti sia sgradevole, lo desidero".

352. "Figliola mia, vivo nelle anime come sono vissuto sulla terra. Se vuoi sapere che cosa favorisce la mia vita in te, guarda come sono vissuto, secondo i racconti evangelici.

Silenzio e semplicità. Povertà penitente, distacco.

Unione con Dio, gioia; pienezza.

Passo nelle anime facendo sempre del bene; uso gli stessi mezzi, gli stessi modi di fare e mai mi sono disdetto:

'Lasciate crescere la zizzania col buon grano...'

'Superate il male col bene...'

'Amate i vostri nemici e quelli che vi vogliono male'.

'Non spegnete il lucignolo che fumiga ancora...'.

'Che la vostra luce risplenda davanti agli uomini'...

E le mie Beatitudini come le ho vissute, le rivivo in ogni anima,

e così pure il mio comandamento...

Parlavo in parabole e pregavo il Padre mio.

Nelle anime parlo ancora..."[65].

Gesù!

353. "Non vi dovrebbero essere rivalità tra voi. Ciascuno ha i suoi doni particolari. Nessuna è sprovvista d'ogni talento, nessuna è poi talmente dotata che le sue capacità di lavoro

---

[65] La frase è incompiuta e seguita da un quarto di pagina in bianco. Probabilmente interrotta per obbedienza, la Suora non se ne è più ricordata in seguito.

possano eccedere le necessità del monastero e accaparrarsi il lavoro delle altre. Allora di che temete?

Che ciascuna sviluppi le proprie capacità utilizzandole. Ho diviso i miei doni con una grande varietà, perché tutte voi siate necessarie le une alle altre, perché vi completiate.

Che ciascuna utilizzi e sviluppi il suo proprio dono: avrà tanta gioia che farà meglio il suo lavoro e non desidererà prendere quello che appartiene alle altre... L'anima diverrà paziente nei confronti delle esigenze altrui e conciliante; agirà con le altre con la stessa generosità che sarà stata usata per lei.

Tale è l'ordine. Tale è la volontà di Dio".

354. "L'obbedienza è uno stato dell'anima, uno stato stabile che fa sì che l'anima aderisca costantemente alla volontà di Dio e immediatamente alle molteplici occasioni che le si presentano di cedere la propria volontà a quella degli altri. L'obbedienza, figliola mia, è qualcosa di molto profondo e di molto potente, di irresistibile pure, sul cuore di Dio. Chiedila ogni giorno in ogni Comunione".

Gesù!

355. "Dal momento che io sono con voi, anche la "bellezza" è con voi, sì, anche là dove regna la più estrema povertà.

Non hai visto, quando ogni cosa è al suo posto, secondo l'ordine, secondo l'armonia, quando c'è il silenzio e lo spazio tra gli oggetti, e la pulizia, non hai visto come la mia luce circonda le cose di grazia e di bellezza! Sì, gli oggetti partecipano all'armonia che c'è nell'universo, quando voi li rispettate e ne disponete con cura.

La bellezza è vicina a voi, se volete accoglierla in casa vostra e farvi attenzione...".

Gesù!

356. "Una giornata, in cui non hai dato qualche cosa, considerala perduta. Desidero che ogni giorno tu faccia questo ge-

sto di dare qualcosa, per quanto piccola sia: è carità fatta al prossimo e a te stessa, perché l'anima tua ha bisogno di questa gioia quotidiana.

Ugualmente non lasciar passare un solo giorno senza aver scritto almeno una delle cose che ti ho detto: è la carità che fai a me, credendo alle mie parole".

Gesù!

357. "Non esiste alcun vantaggio materiale, per quanto apprezzabile, che non debba essere sacrificato alla carità, o che giustifichi le azioni contrarie alla carità.

Le disgrazie materiali possono sempre ripararsi e non riguardano che cose destinate a perire.

Agire contro la carità è una disgrazia immensa, difficile a ripararsi perché le conseguenze restano, ed è privar Dio per tutta l'eternità di un omaggio che avrebbe dovuto essergli reso, perché ogni atto di carità onora Dio, lo fa conoscere e lo fa amare".

358. "Il mio amore vi impedisce di comprendere la mia Passione, se comprendeste quanto ho sofferto, ne sareste come annientati.

E vedi come io evito tutto ciò che potrebbe annientarvi; nascondo la mia divinità e la mia potenza, mentre ho ideato l'impossibile, perché osiate contemplare il vostro Dio, per elevarvi a me.

Tra voi, perché non cercate allo stesso modo di evitare ciò che potrebbe turbare profondamente il vostro prossimo?".

Gesù!

359. — Dio mio, siete Voi che date tutto; degnatevi d'insegnarmi ad amarvi! —

"Non ti stancare di chiedere l'Amore: esso trasforma tutto. Anche il tempo: così quando si ama molto, si ha molto tempo, il tempo di fare molte cose.

Quando amerai meglio, sarai meno lenta, il lavoro fluirà tra le tue mani. Non restare un minuto senza amarmi!".

Gesù!

360. "I miei testimoni sono coloro i quali sacrificano i loro vantaggi per agire secondo i miei insegnamenti: sì, quelli sono i miei veri testimoni. Molto spesso nessuno si è accorto dei loro sacrifici; eppure essi mantengono viva la mia dottrina e la trasmettono.

Essi riceveranno una corona eterna".

361. "Non mi si conosce, e perché non mi si conosce, non si sa amare me che invece ho tanto amato gli uomini.

Fammi conoscere, fammi amare.

Io sono sempre con voi, in voi e attorno a voi e voi non mi vedete.

L'anima obbediente, l'anima che è nello stato di obbedienza, ha gli occhi aperti sulla mia Presenza; senza mai abbandonarla, essa ne scopre dovunque i segni e i messaggi, perché aderisce immediatamente a quanto le dico.

Quando si è messa in questo stato di abbandono, di silenzio e di calma, è come se non potesse più separarsi da me; essa coglie ogni sofferenza, ogni contraddizione come un dono da offrirmi e nulla altera la sua serenità.

L'anima che resiste, soffre e si esaurisce in questa sua resistenza, e siccome non è fissata in me, la sua sofferenza non è quella che espia e produce un aumento d'amore.

Vi sono tante sofferenze mal dirette e perdute! Esse rimangono soffocate entro i vostri limiti umani.

'Io sono la vite e voi i tralci', riferite tutto a me: con quello che mi donate farò miracoli per la vita eterna".

362. "Il mondo è nella tristezza, nell'angoscia e nel dolore, perché vive nel peccato.

Strappate le anime dal peccato, mediante la vostra gioia, voi che vivete nella mia grazia.

Liberatevi, liberatevi di quanto intralcia la vita dello Spirito, e offrite al mondo cieco la vostra gioia come una irresistibile luce.

Non è per condannare le anime, ma per salvarle che io vivo tra voi, in voi…".

Gesù!

363. "Desidero un esercito di anime apostole che si consacrino a me mediante il voto di vittima, ma non per espiare con delle prove straordinarie i peccati degli altri; no, non è questo il mio desiderio.

Desidero un grande esercito di anime vittime che si uniscano al mio apostolato nella mia vita eucaristica. Che si impegnino mediante il voto di vittima a seguire le medesime vie che ho scelto io:

silenzio, immolazione, irradiazione del trionfo della vita dello Spirito;

perché il mio Spirito si diffonda, desidero che tali anime rivelino qualcosa del mio Regno, al quale ogni anima è chiamata e nel quale ogni anima è attesa.

Desidero un esercito di anime vittime che concentrino i loro sforzi a imitare il mio apostolato:

Io sono il Maestro: io sono stato il servitore di tutti.

Il voto di vittima donerà loro la forza di una più grande fedeltà a essere le serve di tutti, perché il mio Spirito si diffonda e il mondo creda alle mie parole.

Queste anime vittime le desidero dovunque: nel secolo e nei chiostri; in tutti gli uffici, in tutte le situazioni, nei campi e nelle officine, nelle scuole e nelle botteghe, nelle famiglie e nei conventi, nel commercio e nelle arti, dovunque… sicché la loro fedeltà serva di testimonianza alle mie parole.

Le anime che si offrono come vittime mi sono unite più strettamente; più amo un'anima, più desidero associarla al mio apostolato: osserva i miei Santi e osserva mia Madre…

Allora posso chiedere loro, e posso concedere a loro…".

364. "Perché hai paura della morte? Dubiti forse di me?

Per i tuoi peccati: ecco la mia misericordia.

Per le tue preoccupazioni, inquietudini, desideri: ecco la mia provvidenza.

Per la tua debolezza: ecco la mia onnipotenza.

Mia gioia è dare ora per ora la forza sufficiente, è averti tutta nella dipendenza del mio amore".

Gesù!

365. "Là dove non vi sono ingiustizie non vi è neppure la virtù più alta, quella che espia e che ripara. Vi possono essere altre virtù, ma non vi è quella che ho praticato io con predilezione nella mia vita di apostolato e nella mia Passione, quella che ha praticato mia Madre, quella che chiedo alle anime che mi sono più care, quella che aspetto dalle mie spose.

È là dove vi sono delle ingiustizie che voi siete chiamate a vincere il male con il bene".

366. "Chiedo quattro cose alle anime che si legano più strettamente a me mediante il voto di vittima:

1) di ascoltarmi piuttosto che di parlarmi;

2) di cercare di trasmettere le mie azioni, la mia maniera di agire piuttosto che le mie parole;

3) di essere dinanzi agli uomini come dinanzi a Dio in uno stato di povertà che chiede, non in uno stato di ricchezza spirituale che fa l'elemosina del superfluo…

Le anime povere, senza pretese, sono nella verità, e per il fatto che sono *vere* non urtano i loro fratelli, e la mia grazia può agire per mezzo di loro.

Le anime vittime chiederanno più di quanto daranno[66];

4) di lavorare unicamente a diffondere il mio Spirito, la mia

---

[66] Queste anime chiederanno continuamente, anche le loro azioni saranno preghiere e *Dio darà*. Cf. anche n. 426.

dolcezza, la mia amabilità che non si arresta al male, ma vince il male con il bene.

Esigendo tutto da sé e niente dagli altri aiuteranno le anime, con il loro silenzio e il loro rispetto ad accogliere le grazie che la loro fedeltà e i loro sacrifici otterranno da Dio".

Gesù!

367. "Figliola mia, credi tu in me?
Dopo la tua morte darò delle prove che sono io che ti parlo".

Gesù!

368. "Figliola mia, tu hai molto da imparare e da mettere in pratica: impara ogni giorno una piccola cosa, una alla volta, e fa' che entri nella tua pratica di vita; ogni giorno una cosa e sarò contento"[67].

---

[67] È la messa in atto di questo consiglio? Suor Maria della Trinità ha appuntato su un foglio di carta da lettera dal 9 al 22 marzo una consegna per ogni giorno.

Gesù! Esperienza.

9 marzo	Voi dovete mirare anzitutto alla concordia, all'unione fra voi. Nelle cose secondarie che sono correggibili, è meglio sopportare pazientemente piuttosto che cercare di migliorare se questo nuoce alla cortesia dei vostri rapporti.

Nelle cose *secondarie*.

10 marzo	C'è un reale guadagno dello spirito e una gioia a scegliere il meno piuttosto che il meglio a proprio vantaggio.
11 marzo	È uno dei privilegi della vita claustrale: io posso essere sicura che mi si criticherà e che si sparlerà di me. Agire ed essere per il Signore Gesù solo. Stare davanti al mio prossimo come davanti a Dio.
12 marzo	"Non è quello che tu dai che fa piacere a colui che riceve e a Me, è la cortesia con cui bisogna donare".
13 marzo	Giornata di lavoro quasi senza dialogo interiore, giornata quasi persa.
14 marzo	Meno parole ci sono più il pensiero è forte. La soavità delle parole cancella il pensiero. Devo esercitarmi a tacere. *Urgente*.
15 marzo	*Lavoro*: piuttosto fare meno, ma essere pronta prima della scadenza indicata, è il segreto di far piacere.

Gesù!

369. "Figliola mia, ti sei mai imbattuta in persone avare?... Esse custodiscono gelosamente il denaro e gli oggetti preziosi e, non osando farne uso, vengono così a perdere la gioia che tali oggetti sarebbero destinati a procurare.

Non fate la medesima cosa della vostra pietà: volendo...".

Gesù!

370. "Figliola mia, quali sono le anime da compiangersi di più? Quelle che non desiderano pregare e che non hanno nessuno che preghi per loro.

Comprenderete in cielo, quanto dovete alle preghiere degli altri.

E le anime più privilegiate? Oh! ve ne sono molte. Quelle che ho chiamato a unirsi al mio apostolato nella mia vita eucaristica. Esse sono le più ricche di grazie, perché io do loro la forza di cui hanno bisogno per rispondere a quanto chiedo loro. Ed è come se le nascondessi nel più profondo del mio cuore: la loro vita è tutta in me".

371. "Nel momento della morte quello che conterà, non sarà l'esteriore della vostra vita, sì, ciò conterà per mostrare se voi avete risposto o meno agli incarichi che vi furono affidati, ai vostri doveri, ma non è di grande importanza.

L'importante invece è ciò che sarà intercorso durante la vo-

16 marzo	Quando mi sbaglio in un lavoro, non nasconderlo, piuttosto spiegare.
17 marzo	*Prudenza* nelle lettere; nessuna allusione che può essere mal interpretata.
18 marzo	Vincere il male col bene, i sospetti con la fiducia.
19 marzo	Trattenere *la speranza*, come una lampada del Tabernacolo nella nostra anima.
20 marzo	Non nascondere nulla, salvo rara necessità, assoluta.
21 marzo	Ordine: non lasciare in giro le nostre carte.
22 marzo	Regolarità a custodire il grande silenzio costi quel che costi.

stra vita tra voi e me, nell'interno della vostra anima, è per questo che la vita vi è stata donata.

E ogni qualvolta tu hai a che fare con il tuo prossimo, è con me che tratti; ricordatelo".

372. "Vi sono anime che respingono le mie parole, che non credono alla mia divinità, ma che si comportano col prossimo come ho fatto io. Figliola mia, esse appartengono alla mia famiglia; "i miei" sono quelli che operano come me.

Vi sono invece delle anime che credono alla mia divinità e a tutte le mie parole, che professano di servirmi, ma che non trattano con il prossimo così come io trattavo. Queste anime mi hanno donato la loro vita, ma non il loro cuore. Il loro cuore resta chiuso alla gioia. È per questo che la mia misericordia le colpisce talvolta con grandi pene per strapparle dagli stretti limiti di cui si accontentano".

Gesù!

373. "Voi non potete imitare tutta la mia vita in un medesimo tempo. Le anime che sono nel chiostro sono chiamate in modo speciale a rivivere la mia Passione, la mia pazienza a sopportare le sofferenze ingiuste.

Se non facessero che questo, la loro vita – quand'anche non vi fosse che questo – sarebbe riempita di una grande bellezza.

È quanto tu hai scelto: medita la mia pazienza infinita".

374. "Una piccola colpa senza importanza, ma compiuta volontariamente, mi causa una pena immensa e vi prepara alle peggiori cadute. Tu sai questo, ma sai altrettanto bene che la minima pena, una cosa da niente, ma causata *volontariamente,* a una delle tue Sorelle, ferisce il mio cuore e ti prepara a rinnegare l'Amore?

Nella vita delle religiose contemplative è necessaria una vigilanza viva e continua, altrimenti si apre la via a progressive debolezze e a rinnegamenti".

375. "Voi avete due mezzi per consolidare la vostra salute al fine

di servirmi bene:

1) osservare con una misura perfetta le leggi a cui vi siete sottoposte;

2) vivere nella mia intera dipendenza mediante una generosità e una fedeltà crescenti, e ricevere da *me* giorno per giorno, ora per ora, le forze necessarie. La salute non potrebbe allora mancarvi per poter rispondere a quanto io vi domando".

— Mio Signore Gesù, quale di questi due mezzi preferite che io impieghi? —

"Niente mi fa tanto piacere come il vederti in una completa dipendenza: perché tu non potresti star meglio…".

Gesù!

376. "Ho detto che avrei attratto tutto a me quando fossi stato sollevato da terra. Figliola mia, tieni a mente questo e cerca di comprendere. Non è con la mia vita nascosta o col mio ministero che ho attirato tutto a me: è dopo essere stato sollevato sul legno della croce. Distruzione suprema, apparente, trionfo dell'Amore, e dello Spirito di Dio.

Non meravigliarti se io invito i miei a lasciarsi distruggere per amore".

Gesù!

377. (*15 marzo*) "L'amica tua? Mi è cara come una perla preziosissima. Essa ha un posto tutto speciale nel mio cuore e vi arriverà. Mia Madre l'ama con predilezione".

378. "Sì, sono quasi sempre deluso: attendo ogni giorno atti di generosità da parte delle anime che mi sono consacrate; è il solo modo che esse hanno per provarmi il loro amore e per accrescerlo. Si passa invece senza riconoscerle davanti alle occasioni che io vi presento. Tu non fare così; ecco, sii molto attenta, sii grande e magnanima e chiara in tutti i tuoi atti, a imitazione del mio modo di agire. Che vi sia uno sforzo in ognuna delle tue giornate".

Gesù!

379. *(16 marzo)* "Sì, sarà Clarissa[68]...; ho una grande opera da affidarle".

— Mio Dio, che posso offrirvi per aiutare la sua vocazione? — "Presenta sempre, costantemente in ogni occasione, alle tue Superiore e alle tue Sorelle una uguale cortesia, piena di benevolenza. Così tu le aiuterai".

380. *(16 marzo)* "Quando hai una giornata tranquilla, senza contraddizioni, senza occasioni di superarti, senza sofferenze, che cosa mi porti?".

Gesù!

381. *(17 marzo)* — Mio Signore Gesù, ditemi quel che posso fare per farvi amare e conoscere. —

"Donami tutta la tua anima, tutta intera, senza mai riprendertela, e sempre più.

Niente mi è così caro quanto le anime, perché le ho riscattate a caro prezzo.

La maggior parte dei religiosi mi dà i suoi lavori e i suoi talenti, ne ho abbastanza di talenti a mia disposizione; quello che io desidero è *l'anima* per farne il mio luogo di riposo e di lavoro, per vivervi di nuovo nell'umanità.

Sì, il mio luogo di lavoro, perché un'anima che si desse a me senza riserve, come l'impiegherei per la gloria di Dio e della Chiesa, per la salvezza delle anime in misura che non puoi immaginare!

Figliola mia, dammi tutta la tua anima".

382. "Sai tu qual è il capolavoro della creazione? La creazione delle anime".

383. "Dovete manifestare l'amore che avete gli uni per gli altri, stimolandovi a vicenda alla gioia e a una sempre maggiore

---

[68] Una delle sue amiche.

generosità nel mio servizio, mediante l'esempio. È la più alta carità fraterna".

Gesù!

384. *(18 marzo)* "Figliola mia, servimi con gioia, donami molta gioia, essa testimonia la mia presenza.

Io ti dono, e tu non puoi offrirmi niente di meglio che i miei stessi doni; se tu non mi porti che pene e difficoltà, tu mi doni quanto viene da te... e che hai fatto della gioia che ti ho mandato?

Io sono sempre in un cuore gioioso. La tristezza è là dove non mi si è accolto... La gioia dell'anima, quella che il mondo non sempre vede, ma che è di tutti i vostri messaggi il primo a giungere al cielo.

Gioia di vivere sotto l'autorità, perché l'autorità deve essere una protezione e una forza che vi orienta verso di me. Quando essa non lo è, io l'utilizzo ugualmente nell'anima obbediente.

Gioia dell'obbedienza perché essa esprime il vostro amore.

Gioia della purezza e della castità che apre i vostri occhi alla luce eterna.

Gioia della povertà che vi rende partecipi della capacità divina di *donare.*

Gioia della sofferenza del corpo che libera l'anima.

Gioia della mortificazione interiore che vi introduce nel mondo dello Spirito sempre più profondamente e nel quale andate di scoperta in scoperta fino al giorno in cui mi incontrerete a faccia a faccia.

Gioia, gioia interiore.

Figliola mia, tu che hai un compito così facile, desidero che converta tutto in gioia interiore. Così mi glorifichi".

Gesù!

385. *(San Giuseppe)* "Ricordalo, figliola mia, un gesto di bontà non va mai, mai perduto. Arriva il momento in cui chi ne ha beneficiato se ne ricorderà; e questa bontà conforta, dona dolcezza e fiducia.

Non ti stancare mai di fare il bene".

386. "Sì, da 14 anni ti ho attirata a me[69]. Battesimo, Prima Comunione.

Ti ho attesa per molto tempo. E che cosa non ti ho dato?

Perché temi di venire a me?

Tu sei la mia cara figliolina; io ti ho riscattata con la mia Passione".

— La morte fa paura. —

"Che importa quando serve a condurti al tuo Dio? eppoi io sono sempre con te".

— La mia anima non è pronta a contemplarvi a faccia a faccia, o mio Signore Gesù. —

"Io stesso la purificherò".

— Ho sciupato tutto il mio tempo, mi sono distratta; non ho ancora fatto niente di bene! —

"Se tu obbedisci alla mia voce, è un gran bene: io farò il resto. Nella tua vita non sono stato forse io che ho fatto tutto?

Io continuerò ad agire in te nella morte e dopo la morte.

Ora ricevendomi ogni mattina nella Santa Comunione, sei

---

[69] Su una pagina di quaderno, Suor Maria ha annotato tutto quello che le ricorda questo 19 marzo, festa di san Giuseppe.

19 marzo 1928	Milano	Battesimo	La comunione
19 marzo 1929	Bergamo	Contessa Agliardi	
19 marzo 1930	Milano	Postulante	Suore Mission. d'Egitto
19 marzo 1931	La Chaux-de-Fonds	Postulante	Società
19 marzo 1932	id.	Novizia	Società
19 marzo 1933	id.	id.	Società
19 marzo 1934	Neuchâtel	id.	Società
19 marzo 1935	Reims	Professa	Società
19 marzo 1936	Neuchâtel	id.	Società
19 marzo 1937	Evian	Postulante	Clarissa
19 marzo 1938	Johannesburg	Famiglia	
19 marzo 1939	Gerusalemme	Postulante	Clarissa
19 marzo 1940	id.	Novizia	
19 marzo 1941	id.		

tu che mi assorbi, alla tua morte sono io che ti assorbirò per unirti a me. Di che hai paura? Preparati".

387. "Sopportare la monotonia, la noia di un lavoro sempre uguale che si ripete regolarmente, l'assenza di novità e tuttavia conservare un cuore sempre nella gioia, tutto questo mi fa onore, è conformarsi alla mia vita nascosta.

Essere contenti per la sola ragione che io sono con voi, quando invece non avreste nessuna ragione per esserlo, è una prova che mi amate...".

388. "Simone il Cireneo porta la mia croce senza sapere che egli coopera alla Redenzione.

Vi sono molti che in forza di alcuni atti di carità spontanea portano la mia croce e senza saperlo cooperano ancora alla mia Redenzione.

Eppure essi non mi conoscono: ma fanno parte della mia famiglia; io li riconosco per miei.

Come il mondo vi riconosce da questo: 'se vi amate gli uni gli altri', da questo segno anch'io riconosco voi".

389. "La Veronica ricevette una magnifica ricompensa, ma sai tu quanto coraggio, quanta carità eroica le costò il suo gesto? E io non sono meno generoso oggi di allora. Le mie ricompense divine non attendono altro che la vostra carità eroica per manifestarsi...".

390. "Sii caritatevole, nei tuoi *pensieri* innanzi tutto; il resto verrà da sé, spontaneamente.

Non avrai mai da pentirti di aver giudicato una persona migliore di quello che essa è, perché bisogna vedere negli altri quello che son capaci di divenire con la mia grazia e non fissarli a quello che sono momentaneamente.

Invece dovresti rimpiangere amaramente ed espiare nel caso che le qualità di questa o di quell'altra Sorella fossero state da te misconosciute".

391. "Sì, sono io che ti parlo sebbene tu ne dubiti; te ne ho già date parecchie prove; te ne darò ancora di più se mi obbe-

dirai in tutto quello che ti dirò, a occhi chiusi. Col controllo del tuo Padre, se sarà necessario. Tu ti privi di grazie quando non ascolti ciò che ti dico. Io ho le *mie* ragioni particolari che non posso sempre dirti".

392. "Ricordati di quanto ho detto delle perle che non bisogna gettare ai porci. Io non sciupo i miei doni; quando un'anima riceve con riconoscenza e rispetto i doni più piccoli, solo allora io posso affidarle di più.

La riconoscenza è un segno di elezione per coloro che mi appartengono".

393. "In qualunque istante io ti sorprenda, desidero trovare in te gioia, speranza, generosità".

394. "Se mi ami, mi ascolterai.

Se mi ami molto, mi ascolterai senza posa.

Più che dal tuo lavoro, dalle penitenze, dalle mortificazioni, più che dalla tua preghiera, io misuro il tuo amore dal modo con cui mi ascolti…".

— Signore mio Gesù, che cosa deve portarvi questa generosità che attendete? —

"Perfezione nel lavoro.

Fedeltà alla tua santa Regola, al tuo Regolamento.

Iniziativa, avendo però cura di lasciare agli altri il piacere di comandare.

Vigilanza, perché non si conservi nella tua anima nessuna traccia di risentimento o di amarezza.

Io desidero vivificare tutta la tua anima. Io sono dono, dono e perdono, grandezza e vita.

Non vi è nulla che io non doni al Padre mio.

Io non trattengo nulla per me.

Se tu hai dell'amarezza, ciò significa che c'è qualcosa che tu conservi per te, che tu non mi hai donato…

La generosità è la fede che dona.

Domanda al Padre mio – al Padre vostro – di aumentare la fede e diffonderla nel mondo.

Il Redentore è tutta la vostra speranza. Essa ha per limiti i confini del suo amore. Ora, il mio amore è senza confini...

Che la speranza risuoni sempre nella tua anima. È la campana di appello irresistibile che attira le mie grazie.

Dimmi, non sono forse tutta la tua speranza?

Prega il Redentore che la speranza si espanda nel mondo.

La tua gioia è l'obbedienza che la dona, l'obbedienza che è la carità in azione.

Vigila per non contristare lo Spirito Santo, perché lui vivifichi tutta la tua anima, tutta la tua vita.

Prega lo Spirito Santo, perché la sua gioia aumenti in te, perché la sua gioia si espanda nel mondo...

Più un'anima è semplice, meglio mi capisce.

Là dove vi è l'egoismo e la menzogna, vi è ricercatezza, non vi è semplicità.

La semplicità consiste nel ricevere tutto da me e nel rendermi tutto, consiste nell'essere i *miei fanciulli*. I fanciulli sono schietti e semplici. Essi si contentano di imitare i loro genitori".

Gesù!

395. "Quando voglio attirare un'anima a me, comincio col donarle qualche consolazione che la stacchi da quelle delle creature; ma io dono poco e delicatamente e non do di più se non quando essa stessa ricerca la mia intimità e abbandona le creature. Se dono poco, è per non aumentare la sua responsabilità".

Gesù!

396. *(23 marzo)* "Io sono più umano di voi.

La mia bontà e indulgenza sono immense: se voi ne poteste vedere l'ampiezza, ne sareste come schiacciati, perché rovescerebbe le vostre limitate nozioni di giustizia...

Ma io sono intransigente con i compromessi menzogneri.

La luce non può allearsi con le tenebre: una delle due deve scomparire.

Odio la doppiezza che non vuol riconoscere le sue più intime intenzioni e le copre con la maschera della virtù. Essa attira sull'anima che vi consente i peggiori castighi di accecamento.

I più grandi delitti sono i delitti commessi contro il mio Spirito, perché essi arrestano la vita alla sua sorgente. Guardati da ogni menzogna. Salva dentro di te il mio Spirito".

397. "Quando ricevi un regalo, tu guardi la qualità e ciò che è di buona qualità tu sai che costa caro. Anch'io non sono insensibile alla qualità delle vostre offerte. E ciò che vi è costato di più, diviene un regalo di valore anche per me".

Gesù!

398. "Quelli che sono miei amici e che possono essere i vostri migliori amici, sono coloro che donano i consigli e l'esempio secondo il mio Spirito".

399. *(24 marzo)* "Bisogna che vi prepariate al lavoro di ricostruzione dopo la guerra.

La pace verrà in modo brusco. Molti ne saranno sorpresi, perché verrà più presto di quanto si aspettino e questi tali non saranno pronti. Siate vigilanti, tenetevi pronti…".

— Mio Signore Gesù, che cosa bisogna fare per essere pronti al lavoro di ricostruzione? —

"Bisogna essere fortemente attaccati a me e alla sola volontà di Dio e distaccati da tutto il resto, capaci di adattarsi a tutte le circostanze, a tutte le situazioni, a tutte le esigenze della vita, per aiutarmi a penetrare dovunque: farsi tutto a tutti, appianare le vie del Signore…".

400. *(25 marzo)* "Figliola mia, ringraziami di non aver più nulla a che fare con il denaro e le preoccupazioni materiali; ringra-

ziami di poter essere tutta intera al servizio dello Spirito.
Ringrazia e rallegrati: sono le gioie dello Spirito che vi attendono, voi che mi avete seguito".

Gesù!

401. *(26 marzo)* "Preparatevi. Tenetevi pronti[70].

Desidero che i miei apostoli e i miei discepoli siano staccati da tutto, fuorché da me.

Che essi non abbiano ombra di ambizione personale, neppure inconsciamente, ciò è importantissimo ed io so che ciò vi è difficile. Ma è solo là dove regna la purezza di intenzione che la mia luce può risplendere attraverso di voi e rischiarare il mondo.

Tenetevi pronti. Non comprendete che ho bisogno di voi?".

Gesù!

402. "Quando un'anima accetta di ricevere i lumi dei suoi Superiori, di obbedire loro per amore e per spirito di fede, si rende adatta a ricevere le più grandi grazie: questa dipendenza toglie gli ostacoli tra lei e me. Ma bisogna che sia una dipendenza vera, interiore e voluta, altrimenti essa è vana. Bisogna che sia un gesto d'amore a mio riguardo e l'Amore risponde sempre all'amore...

Il male che ha distrutto la fede è lo spirito di indipendenza. Ma nessuno vi può imporre di sottomettere il vostro pensiero al pensiero di altri più illuminati di voi: voi siete liberi. Quando vi chiedo il vostro cuore, vi chiedo anche il vostro pensiero".

403. "Tu comprendi ora un po' meglio come mia Madre ed io eravamo degli esseri assai differenti da voi – in qualità – perché senza peccato.

Eppure abbiamo vissuto tra voi come tutti gli altri.

---

[70] Queste parole si riferiscono ancora alla fine della guerra.

Abbiamo fatto la volontà del Padre, tutta la sua volontà, e sopportata la sofferenza senza repulsione e senza amarezza. L'amore non ha mai abbandonato la nostra anima.

È così difficile fare come noi, qualunque sia la condizione in cui vi possiate trovare?

Io non ti chiedo altro, perché desidero che tu partecipi alla mia felicità".

404. "Sii buona con la Madre Maestra che è tornata. Non sarà per molto tempo".

405. *(26 marzo)* "I difetti delle tue Sorelle non ti danno neppure l'ombra di una qualità. E le virtù delle tue Sorelle non tolgono niente alle tue virtù.

Sicché ciascuna di voi deve vivere per Dio e davanti a Dio senza preoccuparsi delle altre se non per stimolarle all'amore e alla fedeltà mediante l'esempio.

Esigere tutto da *se stessi* – nulla dagli altri".

406. "Bisogna dare a ogni anima la coscienza della propria responsabilità".

— Come? —

"Mediante il silenzio e il rispetto della sua libertà, perché ogni anima scelga da sola l'uso che essa vuol farne. Non è così che io agisco?...".

407. "La carità non si limita unicamente al puro materiale. Mediante la pazienza e l'amore essa deve penetrare fino all'intimo del *pensiero* altrui, ma senza nulla rovesciare, sicché aiuti il mio pensiero a penetrarvi e a trionfarvi.

Così voi tutti potete, e in qualsiasi situazione vi troviate, essere miei apostoli e unirvi alla missione che io continuamente svolgo fra voi mediante la mia vita eucaristica".

408. *(27 marzo)* "Desidererei che ogni religiosa comprendesse che quando pronuncia i suoi voti si impegna con me nelle vie della santità. Ogni religiosa è chiamata alla santità e mai le lascio mancare i mezzi per arrivarvi. Voi potete utilizzare ogni cosa a questo scopo.

Perché vi occupate di altre cose?".

409. (*28 marzo*) "La santità consiste nel lasciarmi dimorare dentro di voi; sono io stesso che la realizzo in voi. Consiste nel donarmi la vostra umanità perché io riviva ancora tra voi. È semplice. Anche i fanciulli lo comprendono".

410. "Il valore della vostra vita consiste nel fatto che Dio vi è affidato, perché trasmettiate la sua conoscenza alle generazioni che vi succedono, la sua conoscenza vera, quale la Chiesa l'ha in deposito.

In questo consiste la vostra responsabilità.

Io opero nel mondo, ma vi lascio anche operare.

Voi potete assecondare la mia opera, come potete ostacolarla.

In questo consiste la vostra responsabilità".

411. "Bisogna far amare la religione a ogni costo. Bisogna che le anime si àncorino alla mia Chiesa spontaneamente, per amore, altrimenti le loro pratiche sono vane.

È solamente quanto le anime sperimentano e vivono per amore che procura la gloria di Dio e la loro salvezza.

Bisogna che a ogni costo i miei discepoli si facciano tutto a tutti per guadagnare le anime, di modo che queste li ascoltino, e in seguito abbiano ad ascoltare me.

I mezzi cui ricorrere per attirarle hanno molta importanza. Perché non impiegate anche voi i mezzi che ho scelto io?"[71].

Gesù!

412. "Come tu non devi guardare alle tue Sorelle per quello che sono nel presente, perché il presente sfugge, ma per quello che possono divenire e produrre con la mia grazia,

come ciò che tu devi amare in esse, non sono loro in sé e per sé, ma quel "sovrappiù di umanità" che io mi sono riservato…

Così, figliola mia, è sempre il tuo Dio che tu ami, il tuo Gesù.

---

[71] Cf. nn. 348, 352, 418.

Niente, all'infuori del peccato volontario, vi può staccare da me, perché il Padre vi ha donato a me. Io vi ho redenti a gran prezzo: voi siete miei, nell'immensità dell'Amore".

413. "Non mi basta che mi doniate le vostre opere.

Non mi basta che mi doniate l'affetto del vostro cuore.

Non mi basta che mi doniate la miglior parte del vostro pensiero.

Io desidero penetrare il vostro pensiero intero, riempire tutto il vostro cuore; desidero il vostro essere tutto intero con tutte le sue radici più delicate e più segrete, perché la mia vita passi in voi; è solo allora che io vivo in voi con una vita continua e progressiva, con una vita che produce frutti.

Allora quanto vi era difficile, vi diventa facile;

quanto era amaro, diventa dolce; e leggero, quanto era pesante;

perché voi partecipate alla Forza, alla Pace, all'Ordine che ha disposto ogni cosa con una perfezione infinita".

Gesù!

414. (31 marzo) "Sì, la domenica delle Palme tu vedi come io sono un Re di dolcezza e di umiltà, tu vedi che ho detto il vero: 'io sono dolce e umile di cuore... il mio giogo è dolce e il mio carico leggero...'. Non ne hai fatto l'esperienza?

Desidero che la tua piccola vita sia una illustrazione di questo punto del mio insegnamento: 'Io sono dolce e umile di cuore...'.

'Il mio giogo è dolce e il mio carico leggero'.

Di' questo con la tua vita, danne l'immagine, perché il mondo sconvolto mi riconosca e venga a me...".

415. (1 aprile) "Tu non potrai insegnare agli altri a riportare su se stessi le vittorie che non avrai saputo riportare su te stessa; tu conosci ora il segreto dell'influenza e dell'autorità: bisogna lottare per contribuire al perfezionamento degli altri. Bisogna lottare non meno che per il proprio perfezio-

namento; bisogna lottare per me, perché il mio Spirito si diffonda: è il progresso e il bene per tutti...".

416. "Sii buona con la Madre Maestra; concedile tutto quanto desidera e cerca di indovinarne i desideri. Cedi in tutto".

417. "Più amerai le tue Sorelle, più amerai me. Tu non comprendi bene questo, ma è così; il mio amore è esigente, ma non egoista e, quando la carità trionfa in te, io ne sono glorificato: sono io che amo in te...

L'amore che devi avere per le creature non deve costituire uno scopo: esso è una conseguenza del tuo amore per me; io non mi metto in rivalità con le creature, ma le avvolgo e le penetro tutte, sicché tu le ritrovi tutte nel mio cuore.

Bisogna che vi amiate a vicenda: questo è il mio comandamento.

Ricordati che le tue Sorelle hanno come te bisogno di sentirsi amate; è una necessità, perché voi siete delle creature in evoluzione e avete *bisogno* dell'amore degli altri per svilupparvi. Io non sono un essere in evoluzione. Non ho bisogno del vostro amore come una creatura, ma ho bisogno che vi amiate gli uni gli altri per poter vivere tra voi e comunicarvi la mia vita; sì, 'io sono la Vite e voi siete i tralci'[72].

Figliola mia, quanto fate agli altri è *veramente* a me che lo fate".

Gesù!

418. "I mezzi non hanno che il valore di mezzi, ma essi sono molto importanti.

Voi non potete scegliere meglio di quanto faccio io. Io desidero che voi adottiate i medesimi mezzi che ho scelto io per diffondere la mia dottrina e guadagnare le anime".

— Signore mio Gesù, ditemi, quali sono questi mezzi? —

---

[72] La vita della Vite è "l'Amore". La vita che essa comunica ai tralci non può essere che l'Amore. I frutti della Vite – frutti d'Amore – debbono essere portati dai tralci, e i tralci siamo noi.

"Verità e silenzio. Poche parole.

Essere esigenti con *se stessi*, non imporre nulla agli altri.

Rispettare la loro libertà, offrire, proporre, chiedere…

Ottenere da Dio con la vostra generosità le grazie che la vostra dolcezza deve portare gli altri a ricevere.

Vincere il male con il bene.

Quando voi userete i mezzi che io stesso ho scelto, le anime mi scopriranno più facilmente in seno alla mia Chiesa".

Gesù!

419. "Simone il Cireneo ha portato senza saperlo la croce redentrice. Egli mi ha aiutato più della Veronica. Tuttavia egli non ha ricevuto una ricompensa immediata, perché vi fu meno amore nel suo aiuto che nel gesto della Veronica. Vedi che è l'amore che mi onora e che io ricompenso.

Comunque Simone il Cireneo ha portato la mia croce e ciò gli resta per tutta l'eternità.

Quando vi mando delle prove, è perché doniate la vostra parte di Fede e di generosità necessaria alla vostra salvezza. Voi le potete subire passivamente e cooperare così alla vostra salvezza; voi potete viverle con amore seguendo l'Uomo dei Dolori e partecipare con il vostro amore alla salvezza degli indifferenti.

Allora voi diventate miei amici".

Gesù!

420. *(Giovedì Santo)* "Quando vi applicate al perfezionamento dei vostri doveri di stato senza niente desiderare di più, allora mi date gioia.

Allora la felicità dei beati è già in voi, in parte, perché voi mi trovate immediatamente là, nella perfezione dei vostri doveri di stato.

Allora l'ordine, la concordia, l'unione e una collaborazione gioiosa possono regnare tra voi.

Guarda la mia vita: ho forse agito diversamente nel suo svolgersi?".

421. "Figliola mia, imita la mia obbedienza, la mia docilità. Osserva tutta la mia Passione: che cosa non ho sopportato? Osserva la mia vita nell'Eucaristia.

Ancora oggi obbedisco alla voce degli uomini e non solamente sull'altare, ma quando esaudisco le preghiere delle mie più umili creature, non cedo forse alla vostra voce?

Imita la mia obbedienza e la mia docilità. È in questo modo che desidero che tu viva il tuo voto di vittima".

Gesù!

422. "Non ingannare. Tu non puoi ingannare me; e se tu cerchi di ingannare gli altri, è come se tu cercassi di ingannare me. Anche senza mentire tu puoi ingannare se agisci all'insaputa della tua Superiora. Desidero che lei possa essere sicura di te e godere della tua fiducia".

423. "Sarete perseguitati dal mondo, ma non bisogna meravigliarsene; quando il bene trionfa se tu avessi più fede, lo vedresti meglio...".

Gesù!

424. *(Giovedì Santo)* "È vero, ho lavato i piedi ai miei discepoli, comprendi tu questo?".

— Oh, mio Dio, mio Dio! è il mio orgoglio che desidera invece sempre dominare! Liberatemene! —

"Ho lavato i piedi ai miei discepoli e più ancora: guarda la Croce. E allora? non credi tu che io possa venire in vostro soccorso anche adesso?

Non ho io provato abbastanza l'amore del mio cuore, perché voi ci crediate?

Sì, non credi tu che io sono sempre pronto ad assecondare i vostri sforzi e a renderli fruttuosi?

Hai tu compreso dalla lavanda dei piedi come dovete agire

gli uni verso gli altri e quanto vi potete attendere da me?…".

425. *(Venerdì Santo)* "Anche tu vuoi abbandonarmi?

Quando ti lasci assorbire dal tuo lavoro o dalle tue povere immagini, forse che ancora mi ascolti?".

Gesù!

426. *(Sabato Santo)* — Già![73] — "Sì, già! Presto passa questa vita. È una grazia che io ti lasci ancora vivere quaggiù. Utilizzala meglio: con l'essere tutta per me, tutta quanta, con tutto il tuo pensiero e a ogni tuo istante; col non lasciare mai lo stato di preghiera e di obbedienza; ascoltandomi meglio".

Gesù!

427. *(Pasqua)* "Sì, sono risorto e sono ritornato tra voi. Non ho voluto lasciarvi in balìa di voi stessi…

Prega per quelli che non lo credono, per quelli che mi guardano senza riconoscermi, per quelli che non hanno la fede. Essi vivono come se fossero morti.

La morte, che per essi non è stata vinta, grava su di loro implacabile e smorza tutte le loro gioie.

Prega perché la fede si espanda. Essa tutto trasforma.

Il più grande gesto d'amore che mi offrite, lo comprendi tu? È quando fate un atto di fede pura.

La fede vi mette nella luce dell'ordine nel quale siete stati creati. Bisogna seguire questa luce".

428. "Hai capito che dopo avervi tanto amato nella mia vita su questa terra, hai capito che non posso cessare dall'amarvi, i miei doni sono senza pentimento, hai ben capito che io sono sempre pronto ad aiutarvi, a darvi la mia grazia? Voi potete tutto domandarmi: venite a me!".

429. "Perdonare è la mia gioia.

Se l'orgoglio vi impedisce di pentirvi dei vostri peccati per

---

[73] Risposta spontanea della Suora all'annuncio della sua prossima morte.

voi stessi, pentitevene per amore mio, perché io abbia la gioia di perdonare...".

430. "Non presentarti mai sola davanti alla Santa Trinità, ma sempre insieme con me che prego in te e insieme con mia Madre. Noi ti abbiamo adottata e tu mi hai fatto dono della tua umanità: io voglio rivivere in te...".

431. "Tu sei contenta perché io non soffro più.

Ma io soffro nelle membra della mia Chiesa io soffro per l'indifferenza, per l'incomprensione dell'umanità, è la vostra libertà che mi crocifigge.

Ah! Aiutatevi gli uni gli altri a mettere la vostra libertà a servizio di colui che ha bisogno di voi".

Gesù!

432. "Bisogna che il vostro spirito si apra alla mia luce.

Bisogna che il vostro cuore si apra al mio amore.

Bisogna, tu lo vedi figliola mia, che io mandi delle prove a quelli che amo per toglierli dalle reti di abitudini o di errori in cui correte il rischio di seppellirvi!

'I discepoli non stanno al di sopra del Maestro': è mediante la croce che ho salvato il mondo".

Gesù!

433. "Ascolta il mio silenzio: è così che bisogna adorare Dio.

Guarda bene l'Ostia, quanto è fragile! Così la mia Grazia. Io vi sono vivente, in presenza invisibile, ma reale. Così l'anima tua nel tuo corpo.

Io vi dimoro in uno stato

di obbedienza,

di pazienza,

di dipendenza:

così è di ogni anima votata alla Religione, di ogni anima vittima.

Infaticabilmente, di giorno e di notte, io intercedo davanti al Padre e attiro le anime: così tu devi vivere in questo tabernacolo che è un monastero".

434. "Il peccato è una cosa orribile, da cui nulla all'infuori di me vi può liberare. Sì, sono io che ho il potere di rimettere i peccati. Ah! venite a me!

Venite, voi che mi conoscete, e lasciate venire quelli che mi cercano, non turbateli, non deludeteli. Essi mi giudicano attraverso voi, perché voi siete miei.

Comprendete voi la vostra responsabilità?".

435. "Nessuno di coloro che hanno confidato in me è stato deluso. Figliola mia, saresti tu la prima cui toccherebbe ciò: perché dunque dubiti?".

Gesù!

436. "La vita religiosa è una così grande cosa che, se una postulante, venisse a morire anche dopo pochi giorni di postulandato, essa conoscerebbe per tutta l'eternità un grado di carità molto più grande di quello che avrebbe conosciuto se fosse rimasta nel mondo; alcuni giorni la separano dal mondo, ma già nella sua anima un abisso ve la separa, perché essa ha compiuto quest'atto interiore di donarmi la sua libertà.

La vita religiosa è una grande impresa, non bisogna donarvisi a metà; è meglio rinunciarvi che donarsi a me a metà.

Le mie parole sono vere: 'Colui che mette mano all'aratro e guarda dietro di sé, non è degno di me...'. 'Se il tuo occhio è per te un'occasione di caduta, cavalo'.

Le vittorie che dovete riportare su voi stessi sono molto importanti, anche se nessun altro all'infuori di me le vede, sono vittorie grandissime che affrettano la venuta del Regno di Dio. In voi è il vostro più grande campo di azione.

Quando tutti i religiosi e tutte le religiose vivranno le esigenze della loro vita e si potranno vedere le ricompense che la loro fedeltà infallibilmente attira, il mondo si renderà conto che io sono tra voi e non si allontanerà più da me".

437. "Figliola mia, se tu non prendi fin dagli inizi della tua vita religiosa l'abitudine di mortificarti, di sacrificare quanto ti piace, di scegliere per amor mio il più difficile, tu rischi di avere in seguito una vita più materiale che se fossi rimasta nel mondo, dove molti obblighi ti avrebbero strappata a te stessa. È necessaria una maggiore vigilanza su di sé nel chiostro in cui il vostro perfezionamento è lasciato all'iniziativa della vostra generosità.

La vita religiosa, vedi, è l'opposto

dell'abitudine,

della dissimulazione,

dell'ambizione personale;

non vi è che un'ambizione: servirmi e

farmi conoscere;

come?… Mettendomi al vostro posto.

La povertà consiste nel non avere più niente per sé, non desideri personali e neppure le vostre abitudini; essere sempre pronti

ad andare dove io vi mando,

a vivere in tutte quelle condizioni in cui io ritenessi opportuno mettervi.

L'obbedienza è uno stato di docilità che sopprime ogni ostacolo tra la mia volontà e la vostra, un'adesione costante di voi stessi allo spirito di fede; è l'amore del vostro cuore in azione.

La castità è quella pura intenzione che tutto riferisce a Dio, il vostro Dio, la vostra vita, nella pura luce della verità.

Figliola mia, è per *questo* che ti ho chiamata".

438. "Sì, io l'Onnipotente, ho scelto tutto questo per amore: la Passione, il peso della croce, la crocifissione, la morte, l'Eucaristia…

Di fronte a ciò, cosa non potresti fare tu per abbassare anche te stessa per amore! Tu non trovi nulla!

Se ti capitasse che ti si stimi inutile, che ti si ami poco, che ti si ritenga "di troppo", che le tue intenzioni siano mal capite, accogli con gioia tutte queste occasioni di seguirmi nella via del silenzio e dell'amore.

La felicità è con voi: voi potete trovarmi con voi in ogni minuto, in ogni occupazione, e quando compirete il vostro dovere con precisione e perfezione mi troverete ancora di più. Perché mi cercate altrove?

È l'ordine, la pace, è lo sviluppo di ogni attività umana e l'unione tra voi e l'unione di voi con me; quando un'anima si dona al suo dovere con amore e perfezione, allora risponde alla mia attesa".

439. "Quando un'anima conosce lo stato di obbedienza, non può più sopportare di viverne fuori, perché esso vi unisce a me. I conflitti, le amarezze, le rivolte spariscono mentre io porto pace, forza, vita e fede nella reciprocità dell'amore.

Ma l'unione tra voi non è una condizione naturale dell'anima, è il frutto di vittorie che si ripetono senza sosta, vittorie sull'amor proprio.

Quando tra voi esiste l'unione, potete tutto ottenere da Dio, perché avete già ottenuto da voi stesse il più difficile. E a me rimane la gioia di ricompensare...".

Gesù!

440. "Sì, è per questa piccola Ostia che le cattedrali, le immense basiliche sono state edificate, per questa piccola Ostia che vi sono monasteri.

Io vi sto come a casa mia. Bisogna dunque che anche le mie spose vi si trovino come a casa loro. Io desidero che nessuna viva nel monastero come una straniera a servizio di stranieri, ma che ognuna vi si senta *a casa propria* e partecipi alle preoccupazioni e agli interessi della casa. Le Sorelle converse non meno di quelle che hanno delle cariche, perché gli interessi più importanti sono gli interessi di ordine spirituale, ai quali tutte possono partecipare".

Gesù!

441. "Si rifiuta qualche cosa ai propri amici? Ciò forse può succedere a voi; a me mai, se quanto mi si chiede è nell'ordine, secondo il bene. Lo credi tu?".

— Signore Gesù, le conversioni che vi sono richieste non le concedete?... —

"È nell'interno dell'anima che si operano le conversioni, esse non sono sempre manifeste, ma *sono*, e per l'eternità. Non dubitare più".

Gesù!

442. "Sì, avrei potuto discendere dalla croce sotto gli occhi dei miei stessi carnefici – e non mi sarebbe stato più difficile che risuscitare. Ma per vincere il peccato fino al suo supremo castigo che è la morte, bisognava che io subissi la morte.

Tu puoi vedere come mi sia sottomesso interamente alle leggi della vostra vita umana, osserva la Fuga in Egitto, le lotte durante il mio ministero, i vari episodi della mia Passione.

Tu puoi vedere come io, Dio, sono vissuto mediante elementi umani, avrei potuto modificarli secondo la mia Sapienza... no, li ho invece rispettati. E ancora oggi, vedi, agisco mediante gli elementi umani che voi mi portate, io li rispetto. In tal modo la ripercussione delle vostre azioni è grande.

Dipende da voi il contribuire in gran parte nelle anime dei vostri fratelli al rifiuto o all'adesione alla mia chiamata.

Oh, quanto siete responsabili gli uni verso gli altri!

Se non avete la forza di lottare per voi, lottate almeno per pietà delle anime degli altri!

Studiate bene i mezzi che ho scelto io.

Adottate i mezzi che ho scelto io per salvare il mondo!".

443. (*9 Aprile, alla Consacrazione*) "Obbedisco al sacerdote qualunque sia il suo carattere, qualunque possano essere le sue colpe, qualunque possa essere lo stato della sua anima. Obbedisco sempre. Le sue imperfezioni non levano nulla alla perfezione dell'Ostia.

Così quando tu obbedisci alle tue Superiore, le loro imperfezioni, qualunque siano, non levano nulla alla perfezione della tua obbedienza: è sempre a me che tu obbedisci. Questo basta".

444. (*Alla Comunione*) "Comprendi, figliola mia, perché io trovo nella maggioranza delle anime il tumulto?

Conflitti di desideri opposti alle preghiere che le labbra formulano. Voi dovete desiderare quanto mi chiedete con le parole, voi dovete pregare anche mediante i vostri desideri.

Tumulto di ambizioni, di interessi personali che sono permessi ai secolari, che sono invece un furto nelle anime religiose, le quali si sono votate a occuparsi dei miei interessi e ad abbandonare i loro.

Tumulto d'affezioni esclusive, di giudizi, di paragoni con gli altri che vi distraggono dal vostro dovere.

Tumulto di inquietudini e di preoccupazioni temporali che soffocano lo spirito di fede.

Figliola mia, cerca di allontanare tutto ciò.

Io desidero trovare nelle vostre anime un silenzio immenso come l'oceano, dove affondano tutte le cose passeggere, un silenzio immenso
come la Maestà di Dio.

Allora dal più profondo della vostra anima voi sentirete salire una dolce voce: sono io...

Sono io che desidero rivivere in voi...

Prestatemi la vostra umanità...

Fate quanto vi dico...".

445. "Sì, avrei potuto scendere dalla croce per convincere i testimoni…

Vedi come agisce Dio: i più grandi misteri si realizzano al riparo dagli sguardi degli uomini, osserva l'Incarnazione, la Natività, la Risurrezione, e questa Redenzione continua che si ripete ogni giorno sugli altari…".

446. "La fede di quelli che credono, perché hanno visto un miracolo, non ha radici in loro stessi; essa attesta il miracolo, ma non mi glorifica, un altro fatto miracoloso potrebbe cancellarla.

La fede di quelli che credono senza aver visto, ha le radici in loro stessi, nella libera volontà che dirigono verso di me per glorificarmi. La loro fede mi onora. Essi conoscono la mia presenza invisibile, e poiché ascoltano la mia voce, li chiamo alla mia intimità…".

447. "Simone il Cireneo fu 'costretto' a portare la mia croce. Quando vi mando delle prove, anch'io vi obbligo a portare delle croci che non avreste preso di vostra iniziativa.

Fu una grande gloria per Simone il Cireneo. Così anche per voi: quando vi onoro con delle sofferenze è per la vostra gloria. Accoglile tutte come provenienti da parte mia. E ricordati che la ragione di tutto quanto ti dico, come di tutto quanto ti mando, è che io t'amo e ti voglio tutta per me…".

448. "Veronica è un diamante sulla via dolorosa. È stata sufficiente ben poca cosa per confortarmi, una compassione più forte dell'egoismo! La via dolorosa è ancora il cammino dell'umanità nel corso dei secoli verso la sua eternità, ed io sono ancora con voi in questo cammino…

Ancora oggi, tu lo vedi, è cosa facile consolarmi: ogni volta che l'amore generoso trionfa.

È l'amore che ripara, è l'amore che conduce alla follia della Croce.

Posso io contare sul tuo?".

— Signore mio Gesù, con Voi: sì. —

Gesù!

449. "Figliola mia, desidero che tu elevi ogni giorno a mia Madre una preghiera speciale per le Superiore, per tutte le Superiore.

Ve ne sono troppo poche che comprendono la loro responsabilità e che vi corrispondono.

L'autorità è sacra; viene da Dio.

Essa deve costituire una protezione per coloro che le sono affidati, imitando a loro riguardo il modo di agire di mia Madre: preveniente e silenziosa, materna e distante, invisibile nella sua protezione, avendo le stesse esigenze di Dio ed essendo lei stessa sorgente di grazie per i propri figlioli.

L'autorità deve rivelare agli inferiori qualche cosa della bontà del Padre e delle esigenze del Dio della Santità, qualche cosa dell'obbedienza del Figlio, qualche cosa della generosità illimitata e della Sapienza dello Spirito Santo.

L'autorità è sacra: viene da Dio. Essa non deve limitarsi a ordinare e a controllare. La sua propria missione è di condurre le anime a Dio.

Prega ogni giorno e in ogni Comunione per i Superiori".

450. "Hai sentito che in ricreazione le tue Sorelle hanno detto: 'Quando si chiedono delle croci, si è sicuri di essere esauditi!'. Quando voi chiedete delle grazie per le anime, io le concedo infallibilmente come le croci, ma esse sono meno visibili; e soprattutto: non comprendi che io vi concedo tante grazie, di cui voi beneficiate senza neppure vederle?

Bisogna dire: 'Dio esaudisce ogni preghiera buona e generosa'. Ah! se voi sapeste la mia sete di anime e come io stesso prego in voi!...".

Gesù!

451. *(12 aprile)* "Sii buona! Acconsenti ai desideri delle tue Sorelle. Poiché esse hanno tanto desiderio di imparare a fare quel merletto, insegnaglielo; poco t'importa se ne trarranno gloria e vanità. Esse non hanno molte altre gioie; tu hai altre gioie"[74].

452. "Tu ostacoli lo sviluppo della mia vita intima nelle anime delle tue Sorelle, quando sei loro causa di qualche scontento o di stizza: sì, sono io che ne soffro. Per crescere nelle anime ho bisogno che esse si trovino a loro agio, senza amarezza e in disposizioni di benevolenza, e come rendere gli altri buoni?... se non prodigando loro la bontà?

Fallo per me. Io desidero che la tua presenza o la tua collaborazione con loro non apporti loro che gioia.

Se cedi ai loro desideri (senza che il dovere ne abbia naturalmente a soffrire), avrai il mio costante aiuto e la tua tovaglia apparirà meravigliosamente bella, perché io vi metterò bellezza.

Prova... vedrai che anche questa volta non ti avrò ingannata".

---

[74] Questo passo e i seguenti: 452, 454, 458, 459, 462, 464, 467, 468, 481, 482, 483, 486, 491, 492 possono essere letti di seguito. Riportano in modo toccante e molto istruttivo una delle ultime lotte interiori di Suor Maria della Trinità e mostrano l'importanza delle piccole cose, occasioni d'amore o di rifiuto. Essa conosceva numerosi punti di ricamo e aveva la sua piccola collezione di modelli, di immagini, ritagliati dalle riviste. Si ricorreva al suo talento d'artista per lavori più fini. Per mostrare la riconoscenza della comunità verso una famiglia benefattrice, la Superiora aveva giustamente accettato l'ordine di un piccolo lavoro piuttosto lussuoso: una tovaglia. Suor Maria vi lavorava con altre Suore. Fra loro c'era una giovane Suora d'origine armena, molto dotata a lavorare con le mani e desiderosa d'imparare. "Oh! Fatemi vedere come fate" chiedeva spesso a Suor Maria della Trinità. Con la sua abilità naturale, essa fece presto ad imparare nuovi punti e addirittura superò la maestra nei lavori. Suor Maria ne fu mortificata! Per molti giorni si rifiutò di mostrare le sue conoscenze e nascose i suoi modelli, prima di riportare finalmente vittoria su se stessa e dare tutto alle sue Sorelle. Ma questa lotta era durata una decina di giorni.

453. "Nel chiostro sono le vittorie spirituali quelle che voi dovete riportare perché lo spirito buono, il mio Spirito di dolcezza e generosità, trionfi sulle molteplici insinuazioni dello spirito malvagio. Ma credilo, figliola mia, voi mi glorificate così, non agli occhi degli uomini ma davanti agli Angeli e a tutta la Corte celeste. E quando voi pregate: 'venga il tuo regno', con che gioia posso rispondere alla vostra preghiera!".

454. "Quanto tu cedi agli altri questi piccoli vantaggi terreni, io te lo rendo divinamente…".

455. "Obbediscimi in tutto, nella dolcezza.
La tua dolcezza e la tua obbedienza ti legano a me sempre più intimamente. Non senti tu allora che sono io che prego in te? E come potrei quindi rifiutare?…".

456. "Capisci che io non sono passivo in te, ma che vivo con la tua stessa vita e con tutte le tue difficoltà; che lotto con te, perché il bene vinca il male…
Io trionfo con te. Puoi dunque agire con più forza. Io ho vinto il male.
La vittoria e i miei mi appartengono definitivamente!".

Gesù!

457. "Vi sono tante sofferenze nel mondo, sofferenze che soffocano le anime invece di elevarle. I sacrifici che ti chiedo sono poca cosa, ma io so quanto ti costano, per questo chiedo…
Non vuoi tu essere la mia piccola provveditrice, quella alla quale posso *tutto* chiedere? Lasciati spogliare di tutto.
Non desideri tu avere qualche rassomiglianza con il tuo Sposo?".

Gesù!

458. *(13 aprile)* "Figliola mia, chi crederebbe che tu presti più attenzione a un volgare ricamo che al tuo Signore?… Tu pensi troppo ai tuoi merletti e ti curi poco di me. Chi lo crederebbe?…".

459. "'Se il tuo occhio è per te un'occasione di caduta, cavalo'…
Affrettati a finire questo ricamo che ti occupa troppo: non è
la mia voce, ed essa sola, che ti deve occupare?…".

460. "Lo stato di vittima consiste nel sopportare senza difendersi, come ho fatto io nella mia Passione, le ingiurie, le
calunnie, le satire, le brutalità, nel lasciarti spogliare, sì, fino
alla nudità. Tu non avrai mai tutto questo, ma accetta gli
spogliamenti che richiedono la tua generosità…".

461. "Osserva con quali elementi ho fondato la mia Chiesa: alcune anime di buona volontà,
– la Grazia sgorgante dai Sacramenti (stabiliti con tanta discrezione),
– l'opera redentrice della Croce,
– l'onnipotenza dello Spirito Santo, il mio Spirito, è tutto!
Vi era un'organizzazione ben diretta? Neppure.
Tuttavia la mia Chiesa è stata fondata e lasciata al soffio
impetuoso della vita e alle iniziative dei miei.
Essa è stata fondata perché le sue radici erano stabili.
Quando voi lavorate, credete troppo che i frutti dipendano
dai rami: sono le *radici* che bisogna curare. Bisogna affon-
darle in Dio.
Così per quest'opera del ritorno dei Protestanti alla Chiesa.
Sono necessarie anime di buona volontà e senza grandi manifestazioni esteriori,
delle anime docili all'azione della Grazia mediante i Sacramenti,
docili all'azione redentrice della Croce,
docili all'invisibile e possente azione dello Spirito Santo,
delle anime 'vittime', unite alla vittima del Calvario e dell'altare, non passivamente, ma come lui, al suo seguito…
Questo basta.
Figliola mia, hai capito?".

Gesù!

462. *(15 aprile)* "Offrimi i tuoi ricami lasciandoli fare alle tue Sorelle. E io te ne affiderò di assai più belli da creare nelle anime".

Gesù!

463. "Le mie sofferenze nella Passione hanno superato tutto quello che tu potresti mai immaginare. Erano necessarie. Non vi è nessuna delle vostre pene morali e fisiche che io non abbia conosciuta e alla quale io non partecipi. Ah! se sapeste quale amico avete in cielo!".

— Mio Dio, mutate il mio cuore duro in dolcezza ed umiltà a vostra somiglianza.

Degnatevi di darmi il rimorso dei miei peccati.

Datemi lacrime per piangere la vostra Passione, fatemela meglio capire. —

"Tu non comprenderai mai interamente la mia Passione, ma io ti donerò l'amore alla Croce e il tuo amore sarà più sensibile all'opera redentrice della sofferenza... Sì, tu capirai meglio...".

Gesù!

464. "Tu che hai promesso alle tue Sorelline d'insegnar loro *più tardi* certi ricami, ti scandalizzi perché esse non ti credono e cercano di indovinare subito come fai...

Credi che io sia meno sensibile di te alla mancanza di fiducia? Io ti ho promesso delle grazie di conversione, perché esse non si sono ancora attuate, tu dubiti della mia parola?... L'amore non dubita".

— Sì, mio Dio, vi credo! —

Gesù!

465. "Io trionfo con i miei.

Figliola mia, capisci tu questo?...".

466. "Quando tu ami una persona che è indifferente ad altri, a quali cortesie non ricorri per guadagnarli all'affetto della persona che ti è cara; così devi fare per me. Per indurre gli altri ad amarmi non devi risparmiare nessuna cura. Se tu sei cortese, essi ameranno anche i tuoi amici…

Io so che ogni sforzo di cortesia è per me; e io l'apprezzo molto…".

Gesù!

467. "Vi sono tante cose che voi siete liberi di donare e che preferite invece conservare. Tuttavia il tempo, la vita o la morte, non tardano molto a rubarvele. E non ve le rendono. Io invece, rendo divinamente, sì, ciò che mi donate…".

468. "Poiché avete tutti bisogno di qualche gioia umana, naturale, per incoraggiarvi alla generosità che vi rivelerà le gioie soprannaturali, io desidero che tu dia i tuoi merletti alle tue care Sorelle, dal momento che ne hanno tanto desiderio.

Tu hai altre cose da fare e io ti dono altre gioie…".

— Sì, mio Signore Gesù, con gioia! —

469. "Sulla via del Calvario, io sono caduto, spossato, tre volte. Le anime che si impegnano a seguirmi verso la vita perfetta, salgono come me il loro calvario, senza essere tentate di ritornare indietro. Quanto hanno lasciato non potrebbe più bastare loro. Il pericolo sta nel lasciarsi morire prima d'aver adempiuto tutto quanto Dio chiedeva a loro, nel lasciarsi morire per via…

La perseveranza è una grande prova d'amore e di fede".

Gesù!

470. "Quando spazzi, tu vedi che i ragni, spaventati, invece di correre per terra, si sforzano di salire più in alto sui muri.

Imitali; tieni la tua anima in alto, al di sopra dei colpi di scopa della vita, nelle regioni dove le meschinerie umane non arrivano, nel mio Regno…".

471. "No, tu non hai il dono delle lacrime… ma è alle lacrime del cuore che io guardo: quelle tu le conosci…".

472. "Non vi inquietate per trovare nuove postulanti: ci penserò io. Non sono forse io che attiro le anime? Ho detto che, quando fossi stato elevato in Croce, avrei attirato tutto a me.

Capite che quando mi avrete elevato sulla croce piantata nella vostra vita, conformandovi così fedelmente alla mia immagine da far sì che le anime non vedano più che me attraverso voi e il vostro monastero, allora io attirerò le anime, perché si uniscano alla vostra opera".

473. "Fai bene ad avere compassione per mia Madre, tu non ne avrai mai troppa, quando pensi alla Via Crucis. Lei ha preso parte a tutte le mie sofferenze: l'amaro calice lo ha bevuto fino alla feccia. Essa ha operato con me la vostra redenzione. Questo mistero della sua cooperazione bisogna adorarlo piuttosto che cercare di comprenderlo:
È una delle misericordie del Padre…".

Gesù!

474. "Certo, anche senza alcuna collaborazione umana le sofferenze del Cristo sarebbero state sufficienti a salvarvi.

Ma Dio ha stabilito che mia Madre fosse Corredentrice del genere umano e Mediatrice di tutte le grazie.

Ha voluto che il Cireneo mi aiutasse a portare la croce per mostrarvi che ciascuno di voi deve aggiungere la sua parte di sforzi ai miei, se volete beneficiare dell'opera della Redenzione.

Tale è la volontà della Sapienza eterna.

Tale è la verità…".

475. "Non c'è bisogno che io ti parli sempre con parole: basta che tu mi ascolti…

Non c'è bisogno che tu mi veda: basta che tu mi guardi, che gli occhi della tua anima restino fissi in me…".

Gesù!

476. "Qualunque siano le dissimulazioni, la verità finisce sempre per trasparire e apparire. Bisogna intervenire il meno possibile per metterla in luce, perché di per se stessa, irresistibilmente, va verso la luce dalla quale è inseparabile…".

477. "Non meravigliarti se talvolta non incontri abbastanza bontà nelle tue Sorelle; anche in te non vi è abbastanza bontà… Dio solo è buono, egli è la Bontà, la Bontà infinita…
Voi dovete aver pietà e profonda indulgenza le une per le altre, perché Dio vi guarda tutte con amore e misericordia…".

478. "È con la pazienza e con atti di bontà che tu riparerai delicatamente e a poco a poco le deficienze, la ricerca dell'interesse personale che sono state seminate dallo spirito di critica. È solo con gli occhi fissi al tuo Sposo che aiuterai le altre a disinteressarsi delle meschinerie della vita terrestre…
Lo spirito critico è un veleno; è un verme roditore, è l'opera di Satana!".

479. "Vi sono alcuni che mettono il loro amore nell'offrirmi qualche opera d'arte perfetta…".

Gesù!

480. *(16 aprile. Rinnovazione dei voti)*[75] "Sì, quando incontro in un'anima questa delicatezza che non si attribuisce nessuna delle grazie che le ho fatto, ma riconosce che esse vengono da Dio, io posso allora farle dono di altre grazie.
Tutto vi viene da Dio. Bisogna che tutto ritorni a Lui per cantare la sua misericordia mediante la vostra vita, fin d'ora e per l'eternità.
Sono io che ti ho donato la tua vocazione e il desiderio della

---

[75] La famiglia francescana festeggia ogni anno, il 16 aprile, il giorno in cui San Francesco e i suoi primi dodici compagni fecero la loro professione religiosa nella mani di Papa Innocenzo III.

tua vocazione e i mezzi per realizzarla.

Osserva, osserva quanto ti ho attesa…

come ti ho aperto il cammino…

Tu puoi scrivere brevemente per il tuo Padre la storia della tua vocazione… gli interesserà vedere in particolare una delle molteplici manifestazioni del mio amore; è per dirmi *grazie* che tu lo farai, figliola mia".

Gesù!

481. "Tu non sei abbastanza buona. Abbi più bontà e sii più generosa con le tue Sorelline. Cedi ai loro desideri. Anche se tu donassi loro tutto quanto ti serve per fare i tuoi piccoli lavori e le immagini che ti distraggono, che perderesti mai? Non hai tu la mia voce? Non hai il tuo Sposo?

Vi è un tempo per trovare la gioia nei piccoli lavori materiali (si trovano in questo tempo quelle che sono più giovani di te), e vi è un tempo per trovare la gioia nelle comunicazioni dello Spirito: entra in quest'ultimo tempo, e rendi felici le altre.

Desidero che tutti quelli che sono attorno a te siano felici: tu puoi contribuirvi…".

Gesù!

482. *(17 aprile)* "Desidero che il tuo distacco dalle cose materiali serva a far comprendere che vi sono altri valori a cui si deve donare il proprio tempo, le proprie attenzioni, il proprio affetto. Fallo in spirito di riparazione".

Gesù!

483. *(19 aprile)* "Disfati delle tue immaginette, come ti ha detto il tuo Padre, vedrai che non ti annoierai. Io non ti abbandonerò mai. Ho da parlarti".

Gesù!

484. *(20 aprile)* "Tu sei la figliolina mia…

È per me che tu lavori. Sono contento…".

485. "È dolcemente, impercettibilmente, che il mio Spirito si diffonde, senza alcun rumore. Ha una dolcezza e una forza irresistibili come il sole… Quando il sole invade la terra, chi potrebbe resistergli?

E anima tutto. È quando voi tacete che il mio Spirito può agire: voi gli fate posto".

486. "Vi è in ciascuno di voi un orgoglio tenace, nel più profondo di voi stessi, a vostra insaputa. Quando due orgogli si incontrano, è una dichiarazione di guerra nelle vostre povere anime: rovine e distruzioni! È quanto ti è successo per il ricamo che avreste dovuto fare assieme, in buon accordo. Quando devi intenderti con le tue Sorelle, mettimi sempre tra voi, altrimenti vi sarà uno scontro di orgogli umani.

Tu hai molto orgoglio, assai più di quanto non te ne possa rendere conto. Io ti indico come rimedio questa preghiera che tanto mi piace esaudire: 'Gesù, dolce e umile di cuore, rendete il mio cuore simile al vostro'.

Dilla senza stancarti, fin dal tuo risveglio; per preservarti e per riparare gli errori che il tuo orgoglio ha provocato".

487. "Sì, vi è più gioia nel dare che nel ricevere. Ma sai tu che si prova più gioia a lasciarsi spogliare per amore che a ricevere? E più gioia a riparare che a fare un bene supplementare? L'anima che ripara mi dà due gioie: ristabilisce l'ordine, e soprattutto cancella dal mio cuore la pena che mi è stata causata dall'anima infedele, perché, riparando, provoca il pentimento – e nulla mi consola quanto un'anima che si pente. Essa diviene la mia beniamina…".

488. "Figliola mia, io non ti giudicherò con severità, perché tu hai cercato di essere indulgente con gli altri. Astieniti sempre dal giudicare. Io solo conosco le intenzioni e gli errori e le sofferenze di ciascuno…".

489. *(21 aprile)* "Quando pensi all'una o all'altra delle tue Sorelle, tu non sei portata alla generosità, ma dal momento che

pensi a me, tutto cambia e il tuo povero cuore trabocca di pietà e d'amore.

Sì, sono io che faccio questo. Con me tutto diviene forza e dolcezza, a cominciare dalla sofferenza. Quanti conoscono questa dolcezza condividono con me la mia sete delle anime per comunicarla a loro...".

490. "Sì, una sola mia parola basta a cambiare tutto il tuo interno; non meravigliartene, ma sii più fedele per non perdere nessuna delle mie parole.

Tu non hai ancora riferito al tuo Padre tutto quello che ti ho detto di sottoporgli, perché ritardi?

Ascoltami e scrivi. Non occuparti più di ricami, a meno che la Superiora non te lo chieda".

Gesù!

491. "Ecco, tu dai i tuoi merletti. Perché non l'hai fatto prima? In tutto questo tempo ho dovuto ancora attenderti... Vedi il disordine che il tuo egoismo ha provocato nelle anime che invece avevano bisogno della tua generosità...".

— Mio Dio, perdono! perdono! —

Gesù!

492. *(22 aprile. Durante la Comunione)* "Non è a causa delle tue qualità che ti amo, o a causa delle tue virtù, se ne avessi. Se tu avessi qualche virtù, lo dovresti a me; la parte che spetterebbe a te, non sarebbe che di aver ricevuto il mio dono... Non è a causa dei tuoi difetti o dei tuoi peccati che ti amo.

È perché ti ho donato la vita e te la dono ancora ogni giorno. È perché ti ho redenta a prezzo di tante sofferenze. Perché io sono Amore, tutto Amore, non posso cessare dal comunicare alle mie creature la gioia d'amare! La gioia di partecipare alla mia felicità!

Io desidero che tu sia nella casa un elemento invisibile di felicità per tutte. Quando tu manchi a questo compito per le tue infedeltà, tu deludi la mia speranza…

Tu mi hai deluso. Se fossi stata staccata, come ti avevo chiesto, dai tuoi ricami e da tutto ciò che ti distrae da me, tu avresti avuto la forza di essere più generosa: il malinteso e i peccati d'invidia non si sarebbero fatti strada tra voi; vedi quanto sei responsabile.

Io non ti condanno, questa tua debolezza sì, anche questa, l'ho espiata nella mia Passione per ottenerti la forza di riparare.

Va', senza voltarti indietro, e libera.

Io sono nel presente. Io sono con te.

Tutto l'avvenire è *in me*.

Tu sai ciò che io attendo da te: *dolcezza, fedeltà*".

Gesù!

493. "Fuggi la compagnia delle altre, tu non sei abbastanza forte per dominarle, tu manchi al silenzio. Più sarai sola, più sarai per me.

Quando curate i malati, voi curate le mie membra sofferenti e dolorose.

Bisogna avere grande pietà e cura degli ammalati".

Gesù!

494. (*23 aprile. Prima della Messa*) "Sì, io sono felice, infinitamente. Io godo nel donarmi nella Comunione, nel comunicare la mia vita alle anime. Desidero tanto ardentemente di comunicarvi la mia vita!

Tu lo vedi, per meglio agire in voi io mi faccio piccolo, tanto piccolo, insignificante…

Accetterai tu, per meglio poter comunicare ai tuoi il mio Spirito, di farti piccola, tutta piccola nella tua vita visibile, un niente che non pesa, come un supplemento insignificante?".

— Sì, mio Dio, sì, sì! Con Voi tutto diviene possibile, purché non mi abbandoniate! —

"Non ti abbandonerò mai".

495. "In Dio, tu non trovi alcun rammarico del passato; tutto è immerso nel presente, dove il suo amore consuma tutte le amarezze e trasforma in gioia la sofferenza redentrice.

Resta vicino a Dio, allora tu saprai amare il tuo prossimo...".

Gesù!

496. "Quando le creature ti parlano e si occupano di te, io mi allontano. Quando finalmente ti lasciano, allora è il tempo delle mie confidenze".

497. "Quando vengo con la santa Comunione, io porto con me i doni dello Spirito Santo e le sue virtù, tutte le sue virtù.

Io le dono. A voi rimane il compito di assimilarle, farle parte integrante della vostra anima mettendole in pratica.

Io comincio con l'offrirvi la mia dolcezza, dopo, quando vi ho tutto donato, per finire, il mio ultimo dono è ancora la dolcezza".

Gesù!

498. "In cielo avrete piena conoscenza della misericordia divina, quaggiù voi dovrete soprattutto contemplare il mistero della Croce perché l'opera redentrice vi chiama, essa ha bisogno della vostra generosità per assecondare l'azione della mia grazia; quaggiù vi è l'appello per l'espiazione, non lo sentite voi?".

Gesù!

499. *(24 aprile)* "Se voi sapeste la ripercussione di un atto di carità fin da quaggiù e per l'eternità, non avreste più che un'ambizione: agire secondo la carità. Allora regnerebbe la pace.

La carità non è solamente quanto procura una gioia momentanea; è quanto procura una maggiore conoscenza e un maggiore amore del Signore.

Bisogna tutto sacrificare alle esigenze della carità.

Non è mai permesso sacrificare la carità per un vantaggio, qualunque possa essere la sua importanza.

Dimorare in me vuol dire dimorare nella carità".

Gesù!

500. "Sì, si commettono molti peccati nel chiostro che la gente del mondo non si permetterebbe.

Ma tu sai che nel chiostro io raccolgo anche tanti atti di virtù che nessuno vede e che sono solo per me.

Ve ne sono molti, ve ne sono in ciasc…".

Gesù!

501. *(Rogazioni. Processione in giardino)* "Sì, tu vedi le belle cose che io ho fatto con minuscole semenze… perché abbandonate alla mia azione.

Che cosa non farei con i gesti di fiducia, di fede, di speranza, di carità, abbandonati alla mia onnipotenza?…".

502. "Sì, sii la mia piccola semente piantata qui in terra di Gerusalemme, per produrvi dei frutti nella mia Chiesa, dei frutti e molte altre sementi nella misura della mia prodigalità.

Lasciami fare. Ma che la tua obbedienza sia perfetta, come la semente abbandonata alla mia azione.

Tu sai che il chicco di grano deve morire per dare il suo frutto".

Gesù!

503. *(26 aprile)* "È con la vostra dolcezza che guadagnerete le anime.

Che la vostra dolcezza le porti a me; poi lasciatemi fare. *I miti possederanno la terra*".

Gesù!

504. "Vorresti la felicità di veder trionfare il bene senza aver lottato e sofferto per il suo trionfo? Tutti i miei amici furono perseguitati a causa mia. È su quanto è più utile alla tua anima, alla tua vita interiore, che sarai spiata e criticata.

Non difenderti, lascia che ti difenda io quando sarà necessario".

Gesù!

505. *(27 aprile)* "Mia cara, io voglio colmarti di gioia. Le umiliazioni, i disprezzi, l'oblio da parte delle creature sono le gioie che io ti darò. Ogni pena che ti verrà dalle creature ti farà entrare più profondamente nel mio Cuore, nel mio Cuore che ti chiama, nel mio Cuore che ti attende…

Se ti si ferisce, sono io che guarirò le tue ferite.

Se il tuo cuore sanguina, sono io che ne raccoglierò il sangue; dammi il sangue di tutte le tue vene, senza risparmiarti, per estinguere la mia sete!

Se tu sapessi come ho sete, io che ho tanto amato gli uomini, di vedermi ricambiato d'amore, di essere amato fino alla follia della Croce!".

Gesù!

506. *(28 aprile)* "Sì, sono io che ti ho confortata nella Comunione.

Io ti parlo senza che tu mi veda: eppure sono io.

Io ti colmo di continue grazie delle quali appena ti accorgi, ma di cui trai benefici: questi sono i miei doni.

Mediante l'Eucaristia io mi dono a te, io entro nella tua vita per trasformarla, cancello i tuoi peccati e riparo i loro danni, cambio la tua debolezza in forza, ti comunico la mia vita… tu non te ne accorgi e tuttavia ne porti con te il beneficio.

Voi uomini quando fate un'opera bella, desiderate che essa colpisca i vostri sensi e che se ne conosca l'autore.

Dio non agisce in tal modo.

Basta che l'opera *sia* e che diffonda i suoi benefici effetti, non è necessario che la si senta e la si veda. Il sigillo di un'opera che viene da Dio è la sua perfezione.

Se voi mi amate, se desiderate la mia gloria, conservate intatta, perfetta in voi l'opera della mia grazia…".

Gesù!

507. *"Il mio giogo è dolce…* così la tua santa Regola e il tuo Regolamento. La Regola pesa a chi la subisce senza amore e non l'osserva che parzialmente; a chi invece l'abbraccia tutta intera e con tutto il suo cuore, la santa Regola dona una forza che le è tutta propria, e tu vedi che nelle ore di fatica non sei più tu che la porti, ma è essa che porta te".

508. "Tu non hai grandi sofferenze da offrirmi, ma le piccole pene quotidiane, se le raccogli tutte quante, sono come ruscelli che formano un grande fiume. Io le conosco tutte, nessuna offerta va perduta".

Gesù!

509. "Scrivi con frasi corte. Cerca di mettervi tutto quanto riguarda la tua vocazione, anche i più minuti particolari. Lascia invece il resto"[76].

Gesù!

510. "Se tu vuoi amarmi, pensa a me.
Per pensare a me, amami.
Pensa a quanto tu sai di me: il tuo amore crescerà, ed è l'amore che ti darà una conoscenza più profonda, e pensieri nuovi. L'amore è il focolare, la fornace; il pensiero, la scintilla…".
— E che cosa alimenta il focolare? —
"Non sei forse tu, o mia vittima?…".

Gesù!

511. "Quanto ho deciso di fare, io lo realizzo sempre. Utilizzo gli

---

[76] Queste righe furono scritte il 28 aprile, il primo maggio seguente Suor Maria incominciò a scrivere il racconto della sua conversione e vocazione. Cf. p. 56.

elementi umani che le vostre azioni libere determinano. In questo consiste la vostra collaborazione e la vostra responsabilità.

Voi mi fornite dei mezzi che favoriscono il compimento della mia volontà, voi mi procurate altri mezzi che si oppongono alla mia volontà o che ne ritardano il compimento. Ma attraverso tutte le circostanze umane, la mia volontà trionfa. Essa ha la sua ora".

Gesù!

512. *(30 aprile)* "Mia cara, anche tu sarai perseguitata e criticata. Il mio amore ti coprirà come un mantello impenetrabile: i dardi dei nemici non raggiungeranno la tua anima. L'anima tua riposa in me.

Mia cara, proteggerti è la mia gioia, perché tu lotterai per me…".

513. "Bisogna che io trionfi nelle anime, che il mio Spirito le vivifichi. Tu vi contribuirai nella misura in cui mi avrai permesso di trionfare in te".

Gesù!

514. "Scrivi rapidamente, senza tardare e senza attardarviti, la storia della tua vocazione; ho altri messaggi più importanti da affidarti dopo".

Gesù!

515. *(1 maggio*[77]*)* "Eccoti liberata dai ricami! Desidero che ormai tu riservi per me tutti i tuoi momenti di libertà".

Gesù!

516. "Quanto chiedo alle mie Religiose, non è una organizzazione perfetta della loro casa, ciò è un 'sovrappiù' concesso a

---

[77] Giorno in cui inizia a scrivere il racconto della propria conversione e vocazione. Cf. p. 56.

quelli che cercano in primo luogo il Regno di Dio.

Figliola mia, quello che chiedo è che esse pratichino e trasmettano le virtù che io vi ho insegnato praticandole.

È ciò che soprattutto attendo da voi...".

Gesù!

517. (*2 maggio. Santa Comunione*) "Non pensare alle difficoltà della casa. Vi è una sola realtà: io ti amo. Tu sei per me".

518. "Come potete accogliere i frutti della mia Comunione, se nella giornata voi non avete comunicato a vicenda con la sopportazione dei vostri difetti e con la carità fraterna?".

519. "Quando vi è una defezione tra di voi, non ne siete tutte un po' responsabili? Voi tutte potete dire: 'vi è un po' di colpa mia'.

La Superiora è più largamente responsabile, ma se voi foste più sante la vostra santità avrebbe agito su di lei, aiutandola a rispondere alle esigenze della sua carica.

Figliola mia, sai tu che hai la tua parte di responsabilità nella sorte delle tue Sorelle?".

520. "Come ti ho aiutata per il centrino, tu vedi che gli ho data la sua bellezza e che è piaciuto e ha fatto piacere, così io risolverò le difficoltà della casa. S...".

521. (*3 maggio*) "Nelle difficoltà cerca il tuo conforto in me solo. Domanda di ottenere senza tardare i frutti della prova, perché essa cessi.

Io sono la Sorgente. Vieni alla Sorgente. Essa è inesauribile".

— Con quale mezzo? —

"Mediante il silenzio. Fa il silenzio attorno a te e in te. Abbandona i tuoi desideri. Prendi i miei desideri e i miei sentimenti, allora la mia gioia verrà a visitarti, anche nelle più profonde tenebre. Allora tu vedrai il Regno di Dio stabilirsi in te e attorno a te, e tutto il resto sarà dato in *sovrappiù*...".

Gesù!

522. "Io sono la Sorgente: vieni ad attingervi.

Ti darò momento per momento quanto ti è necessario: la forza, la gioia, il coraggio, la dolcezza, la pazienza, la carità, la Sapienza… momento per momento. Ma vieni… io sono la tua vita.

Ho bisogno di generosità che ripari le infedeltà dei miei.

Ho bisogno di sacrifici, di carità nascosta, che riparino l'egoismo distruttore.

Ho bisogno di atti di coraggio, di obbedienza umile e vera che riparino la menzogna, le rivolte, gli errori dell'orgoglio…

Rispondi al mio desiderio! Sii la mia fedele provveditrice. Vuoi? Desidero trovarti sempre con le mani vuote, tese verso di me, ma l'anima ricca di offerte.

Abbi sempre qualche sofferenza da offrirmi. Vuoi?".

— Mio Signore Gesù, sì, sì, sì! —

Gesù!

523. "Quando parli, impiega meno parole. Così pure quando scrivi.

Il mio amore non ti risparmia la croce, ma tu l'amerai sempre di più.

Chi può amarmi senza cercare di imitarmi?

Mi sono reso imitabile nella mia vita umana, ho perpetuato la mia azione nella vita eucaristica e ho reso imitabile la mia maniera d'agire…

Pregare, ascoltarmi, sopportare pazientemente ogni sofferenza, tacere per lasciar posto alla carità… figliola mia, è tanto facile vivere secondo il mio Spirito!".

524. "Siamo soli, a faccia a faccia.

Presto la morte ti metterà davanti a me sola, a faccia a faccia".

— Signore mio, che sarà di me, di me che non sono che peccato? —

"È il mio Cuore che ti attende.

Allora tu capirai, i tuoi occhi si apriranno, ma tu non potrai più parlare".

— Signore mio Gesù, è allora che io comincerò a fare del bene sulla terra perché siete *Voi* che mi manderete! —

Gesù!

525. *(4 maggio. Santa Comunione)* "Se tu sapessi come ho bisogno di trovare delle anime che mi amino, che abbiano impiegato la loro giornata per prepararsi a ricevermi! Se tu sapessi! Prepareresti meglio l'anima tua".

526. "Le vostre opere mi piacciono nella misura in cui esprimono il vostro amore.

Se voi le fate per il piacere di utilizzare le vostre facoltà, per il piacere di fare qualche cosa di bene, per una soddisfazione personale, non è male, ma che cosa in tal caso donano al vostro Dio?

Le vostre opere mi piacciono nella misura in cui vi insegnano a conoscervi e a dominarvi. Infatti, perché venite voi nel chiostro, se non per questo lavoro interiore su voi stesse che vi rende padrone dell'anima vostra, sicché possiate farmene dono?".

527. "Se tu vedessi la mia delusione per le vite religiose che affondano nell'egoismo, tu ne moriresti.

Io vi do tutto quanto vi abbisogna in sovrabbondanza e voi sciupate i miei doni.

L'egoismo s'impadronisce di voi a vostra insaputa mediante le illusioni. Le illusioni sono il frutto dell'orgoglio.

L'umiltà non consiste nelle parole, negli atteggiamenti, nelle azioni. Consiste nel guardare in faccia le più nascoste delle vostre intenzioni, nel coraggio di riconoscere, se sono egoiste, e di chiedermi di purificarvi".

528. "È da uno dei miei che sono stato tradito.

Ciò si ripete. È dai miei che sono tradito e quindi crocifisso nelle anime nelle quali vorrei agire…

Gli altri non sanno quello che fanno, non mi conoscono. Ma voi, voi mi conoscete. Voi ricevete i miei doni, voi che avete la mia fiducia, voi che agite contro i miei desideri!".

— Mio Signore Gesù, che posso fare? Vorrei avere mille vite per consacrarvele tutte e ricominciare quanto ho fatto così male. —

"Sii fedele. I vignaioli dicono che una sola vendemmia buona ripara dieci anni di cattivo raccolto. Così nella mia vigna.

La fedeltà perfetta di una sola anima ripara per molte. Non è la quantità delle vostre offerte che mi onora, ma la qualità del vostro dono.

Sii fedele alla tua Regola, a quanto ti dicono le tue Superiore, il tuo Padre, ciò basta. È quanto mi aspetto da te".

Gesù!

529. "Il dono migliore che possiate farmi è quello di ricevermi.

Bisogna che tu ami le tue Sorelle dal fondo del cuore, spontaneamente, non per un atto di volontà.

Amale come ami me, perché sono io che tu ami in loro. Amale perché ne hanno bisogno per divenire migliori, così come anche tu hai bisogno di essere amata per divenire migliore. Un essere che si sente amato, diventa capace di tutte le generosità.

Amale, perché è il mio comandamento".

Gesù!

530. "Figliola mia, se ti accadesse di avere una Superiora un po' severa, un po' esigente per natura, rallegrati. Bisogna anzi ringraziarmene.

Nel chiostro è necessaria una vigilanza estrema per resistere alle tendenze naturali dell'egoismo e voi avete bisogno di essere aiutate.

La fedeltà quotidiana alla Regola per le Clarisse è necessaria non solamente alla loro perfezione, ma spesso alla loro salvezza".

Gesù!

531. "È la religiosa più povera, la più spoglia per amore, quella che non ha più niente da dare, che dona di più alla Comunità, perché essa vive più vicina alla sua Regola e a me".

Gesù!

532. *(6 maggio)* "Tu non vuoi credermi, eppure *l'esempio* è il solo mezzo per migliorare la società".

533. "Sì, io chiedo un'armata di vittime sparse dovunque, perché dovunque il male è frammisto al bene: nelle organizzazioni degli stati come in quelle delle Comunità; nelle famiglie come in ogni anima.

Chiedo che quelli che mi amano, si offrano quali *vittime* per riparare nell'ambiente in cui si trovano, vincendo il male con il bene.

Che esse si consacrino a questa riparazione, imitando quella che io perseguo nella mia vita eucaristica:

mediante il silenzio;

offrendomi per ogni occasione un atto opposto al male che hanno visto;

non esigendo niente dagli altri ma tutto da se stessi;

con l'ottenere da Dio il trionfo della verità".

— Mio Signore Gesù, ciò costa! E a che serve tutto ciò? Ci si fa annientare. È più facile sopportare delle malattie, soffrire altre sofferenze imposte da altri, che infliggersi questo costante sforzo di riparazione. —

"Figliola mia, è *questo* che desidero…

Se tu lo fai, mi consolerai…".

— Mio Signore Gesù, non oso chiederlo, ma vedete la mia angoscia. Ditemi la vostra ricompensa per incoraggiarmi. —

"Il mio regno dentro di te, poi a poco a poco, progressivamente, attorno a te. La mia intimità. La mia gioia. Il cielo. Ma bisogna passare per la crocifissione".

534. "Tu vedi tutto questo disordine nella casa questa mattina? E tutto ciò perché non hai creduto alla mia parola. Non vi è che un rimedio: riparare. L'equilibrio e la fedeltà ritorneranno, attirati dalla carità".

Gesù!

535. "Tu nella tua vita da secolare hai spesso procurato pena agli altri – al tuo papà – con parole imprudenti; ricordalo. È solo ora che tu cominci a capire il silenzio. Dovresti avere una grande pietà per le imprudenze di quelle che non sanno ancora ciò che tu hai impiegato tanto tempo a imparare".

536. "Lascia per un certo tempo trionfare in apparenza lo spirito di ambizione.
Ti offre l'occasione di praticare la pazienza e la dolcezza. Io agirò quando l'ora sarà venuta. Nessuno potrà opporsi all'esecuzione della mia volontà".

537. "Sì, tu hai mancato di questa carità fraterna che rivela la prudenza. È perdonato. Non ricominciare più".

Gesù!

538. "Figliola mia, ama ognuna delle tue Sorelle, ma guàrdati dalle amicizie. Lo Sposo dell'anima tua deve bastarti.
Ama le tue Superiore con spirito di fede; tu mi sei unita quando sei loro unita.
Ma guardati dalle amicizie. Quando lo spirito delle tenebre non arriva a farvi commettere il male, cerca di paralizzare la vostra azione mediante la dipendenza affettiva da una creatura. Lui ne sceglie una che vi darà dei consigli secondo il suo spirito sottile e non secondo le esigenze della verità".

Gesù!

539. "Vi sono poche sofferenze che vengono direttamente da me per purificarvi. Quasi tutte le vostre sofferenze sono la conseguenza del vostro accecamento.

Domandate le une per le altre la luce...".

Gesù!

540. *(8 maggio. Comunione)* — Mio Signore, *sì*, per tutto quello che desiderate, col vostro aiuto,

con tutta la mia volontà,

con tutta la mia iniziativa,

con tutta la mia anima,

fin d'ora[78]. —

Gesù!

541. "Bisogna lottare contro le tendenze della natura. Una religiosa che cerca il suo benessere non resisterà allo spirito di critica.

Lo spirito di critica fa in una Comunità il medesimo male che un cancro in un organismo sano: assorbe tutta la vita, le sue membra deperiscono una dopo l'altra".

Gesù!

542. *(9 maggio)* "Combatti per me, io trionferò.

Prestami la tua umanità per lottare passo passo contro il male".

543. "Desidero che ciascuna delle tue giornate sia un'immagine di quanto ti dico.

È così che io desidero parlare attraverso di te".

544. — Mio Signore Gesù, se desiderate che vi glorifichi in que-

---

[78] Risposta della Suora a una domanda del Signore. Ci dispiace di non conoscere la domanda.

sta maniera, siate benedetto!

Se volete che vi glorifichi in un'altra maniera, siate benedetto!
È la vostra volontà che desidero. —

545. — La mia vita è stata...[79], non ho fatto alcun bene e ho peccato. Ma ora sento, so, o mio Dio, che voi realizzerete al di
là di quello che io potrei immaginare i miei desideri immensi di unione delle anime di buona volontà per la vostra
gloria.

Intercederò fino alla fine del mondo. Siete voi che agirete.

Eccomi pronta, in attesa della vostra chiamata, come un
vostro crociato, all'erta... —

546. *(Santa Comunione)* — È il martirio che io vi chiedo, mio Dio.
La mia vita non vi apporta nulla; permettetemi di morire
per voi, nell'obbedienza. —

Gesù!

547. "Desidero che tu consegni i tuoi appunti al Padre senza to-
gliervi niente. Tu non ti mostrerai mai abbastanza quale sei
nel profondo di te stessa, perché egli possa correggere le
deformazioni e guarirti dei tuoi peccati. Dopo può anche
bruciarli. Ma le mie parole resteranno, quelle che io desidero che rimangano, sono io che me ne prenderò cura".

548. "Se vuoi fare qualche cosa per me, bisogna fare al di là di
quello che è permesso, di quello che è normale; la follia
dell'umiliazione e della croce, sì.

Un amore che non esagera, non è amore, è affetto".

Gesù!

549. "Non è quando tutto va bene che tu mi ami. È quando tutto
va male, e tuttavia la tua anima mi resta unita, serena, occupata solo a diffondere lo spirito buono".

---

[79] Parola illeggibile.

Gesù!

550. *(10 maggio)* "Figliola mia, spogliati di tutte le tue cose. Vi è un tempo per offrirmi le opere della terra, i lavori delle mani e dello spirito.

Vi è un tempo per offrirmi le opere del cielo.

Pensa al cielo, te lo chiedo".

Gesù!

551. *(11 maggio)* "Mia diletta, tu sei tutta per me, tutta per me.

Anch'io sono tutto per te.

Che desideri?".

— O mio Dio, mio Dio! Voi lo sapete!

La conversione dei miei.

Anche per essi il vostro amore, la vostra grazia e i vostri Sacramenti...[80].

No, mio Dio, io non voglio che il compimento dei vostri desideri, ma di tutti i vostri desideri. —

Gesù!

552. *(12 maggio)* "È così: per essere felici bisogna donare. Tu vedi bene che ogni qualvolta tu doni, la mia gioia risuona dentro di te. Ogni qualvolta tu doni è come se ti facessi un pochino più vicina a me".

— E quando non avrò più niente da donare? —

"Spogliati delle tue cose, spogliati di tutto con più ardire.

La materia appesantisce lo spirito, vedi come io l'ho dominata; quando non corrompe il cuore, essa rischia sempre di affievolirne lo slancio.

---

[80] Il Signore la interrompe. Essa non riporta le parole di questa interruzione. Bisogna ricordare il n. 247 inizio.

Quando non avrai più niente, mi darai la tua sofferenza. Tu darai le ricchezze che io ti affiderò".

Gesù!

553. "Un gran numero di anime si consacra al mio servizio, pochissime vivono la *mia vita,* la maggior parte vive la *propria* vita lavorando per me. Non è in questo modo che io ho glorificato il Padre mio, non è così che voi mi glorificate.

Pensa ai sacrifici che l'amore umano richiede: la sposa prende i gusti del suo sposo, essa cede alle sue abitudini, adotta le sue maniere e perfino il suo pensiero... E i loro figlioli portano i tratti dell'uno e dell'altra. L'amore divino dovrebbe rimanere al di sotto di questo grado?".

Gesù!

554. "Quando eri novizia o postulante, che cosa non avresti sopportato, quali generosità non avresti scoperte in te per farti accettare, per poter rispondere alla mia chiamata!

E ora che sei accettata, perché non hai la stessa ingegnosità? Non più per farti accettare, ma per fare accettare me, fra i miei, perché il mio Spirito si espanda e regni?

Voi siete in Dio, nella sua potenza, come le foglie abbandonate al soffio del vento.

E io mi sono fatto:

dipendente da voi, io, il vostro Dio,

dipendente per dimorare sui vostri altari, nella Presenza reale,

dipendente per donarvi la mia vita mediante la Comunione,

dipendente per donarvi la mia grazia mediante i Sacramenti,

dipendente per entrare nel vostro cuore e regnarvi...

Capite?".

555. "Datemi il vostro cuore, questo cuore che le creature ignorano e misconoscono;

esso è per me più che un universo perché vi amo.

È tutto quanto vi chiedo.

Se voi me lo donate, io ne farò il mio regno".

Gesù!

556. "Tu mi chiedi perché ti ho detto di scrivere il racconto della tua povera vocazione, poco ti deve importare. Io sono contento che tu lo faccia. Finiscilo rapidamente; fa' in modo da darlo al tuo Padre, e poi non pensarci più. È passato, non ti deve più interessare".

557. "Quando tu mi offri la tua vita, ciò non mi dona molto... È qualcosa di umano.

Offrimi le misericordie che io ho per te, la mia pazienza, il mio amore, i miei desideri... È ciò che il Padre mio guarda in te, e la mia preghiera egli l'esaudisce sempre".

Gesù!

558. *(Dopo la lettura della morte di Santa Teresa del Bambino Gesù)* "Vorresti tu soffrire meno?".

— Mio Dio, voi sapete il mio desiderio di espiare, di riparare, di amarvi, di glorificarvi mediante la sofferenza...

Voi tacete, mio Dio, ma io sento nel vostro silenzio che voi l'accettate e lo esaudirete... —

559. *(Ascensione del Signore)* "Figliola mia, per seguirmi bisogna capire quanto chiedo.

Molte anime si esauriscono in sforzi e generosità che lasciano la loro anima abbattuta e impoverita, perché tendono a un ideale di virtù e di santità che io non ho mai chiesto loro. Esse saranno ricompensate per le loro pure intenzioni e per la loro generosità, ma i loro sforzi non produrranno mai quei frutti che invece produrrebbero se fossero unite alla mia volontà.

Io solo dono la vita agli esseri e alle opere.

Io sono la vite e voi siete i tralci.

Per capire quanto io chiedo bisogna sottomettere il proprio

pensiero e i propri desideri a quelle persone che io vi dono per illuminare la vostra anima.

Anch'io non ho fatto che la volontà del Padre mio".

560. "Figliola mia, tu non sei niente. Neppure un grano di polvere. Niente. Ma la tua anima è immortale perché io vivo in essa. Io desidero vivere maggiormente in te. Che io ti trovi a ogni momento vuota del passato, libera dalle preoccupazioni per l'avvenire, libera dall'attaccamento alle creature, perché la mia Presenza t'invada tutta, e in ogni istante che passa tu accolga tutta la mia Grazia.

Resta fissa in me, come il piccolo ago calamitato della bussola. Le creature, che ti hanno condotta a me, non esistono più per te, poiché tu mi hai incontrato. Esse esistono *in me*. E la tua riconoscenza per esse sarà la tua fedeltà nel seguirmi.

Non ti parlerò più molto di te, perché tu non hai nessuna importanza, bisogna solo che tu ti mantenga nella mia dipendenza totale, nel mio amore per ascoltarmi con tutto il tuo essere. Ascoltami! e io vivrò in te".

Gesù!

561. "Tu ti meravigli che spesso uno sforzo che sembrava impossibile a farsi, invece di spossare, fortifichi. Non è strano, è giusto: io non mi lascio mai vincere in generosità.

Come voi vi allenate alla marcia per le ascensioni, alla virtuosità e alla perfezione nelle professioni, voi potete pure allenarvi alla generosità nel servizio divino. Molte anime si privano di molte grazie, perché si rifiutano a degli sforzi che sembrano loro impossibili e che sono solamente offerti alla generosità della loro iniziativa. Esse rimangono nella mediocrità, perché ignorano le riserve di energia e di amore nascoste nella loro anima. Siccome non usufruiscono di tutte le loro possibilità, esse ignorano anche quanto io possa soccorrerle. La sofferenza, figliola mia, è il privilegio della vostra vita sulla terra. Non senti che quando soffri io ti sono vicino? Oh! se voi capiste!".

562. "Quando voglio attirare un'anima più vicino a me, le chiedo dei sacrifici: è il segno della mia predilezione".

563. "È il sole che dona alla terra la sua bellezza e che la vivifica. È la mia Grazia che dona alle anime la loro bellezza e che le vivifica.

La mia Onnipotenza non ha altri limiti che la vostra libertà. È con il carbone che io faccio i diamanti.

Che cosa non farei di un'anima, per cattiva che fosse, se si donasse a me!".

564. "L'anima che si pente del suo peccato e lo ripara, mi dà una più grande prova di amore dell'anima che ha evitato il peccato. Quella che lo ha evitato mi ha dato una prova passeggera, in un istante, della solidità del suo amore; quella che se ne pente e ripara mi offre prove ripetute. Essa mi diventa così cara che l'unisco a me. Quella che ha evitato il peccato, lo ha evitato perché già mi era unita…".

— Mio Signore Gesù, le anime purissime e che hanno poche occasioni di pentirsi, come vi possono provare il loro amore? —

"Esse hanno altri mezzi. È con la mia obbedienza, con la mia Passione, attraverso la sofferenza che io ho glorificato il Padre mio. Non vi è mezzo migliore…".

565. "La mia gioia non fa rumore. Essa è come un incendio interiore; nulla all'infuori del peccato può spegnerlo.

Quando avrà distrutto la piccola casa in cui la tua anima è imprigionata, la tua anima sarà liberata.

La mia gioia è come un fuoco interiore. La tua fedeltà l'alimenterà".

566. "Tu non potresti sostenere la mia vista; è per questo che io mi nascondo in volti che tu puoi guardare: volti di coloro che ti stanno attorno, volti del dovere, delle pene e delle gioie, io sono sempre nascosto nella croce".

Gesù!

567. "Da' il racconto della tua vocazione al tuo Padre, poi non pensarci più. Sì, è il racconto delle tue debolezze e il racconto della mia Misericordia"[81].

568. "Quelli che non mi amano, non mi amano perché non mi conoscono. Anche voi vi amereste di più l'un l'altra, se vi conosceste meglio".

Gesù!

569. — Mio Signore Gesù, perché vi è così poca vera carità nei chiostri? —

"Vi è poca carità sensibile, perché voi pensate troppo a voi stesse, e non sufficientemente a Dio e al cielo.

Voi curate poco la virtù della Speranza.

Eppure questa virtù non è facoltativa e supplementare. Io ve la chiedo. La Speranza rende tutto gioioso. È la mia messaggera che apre la porta e introduce le mie grazie.

Non senti tu, figliola mia, che essa dice sempre la verità? È perché essa non si dona e non comunica la sua gioia – la mia gioia – che alle anime sincere.

Se tu mi ami, accogli e comunica la Speranza!".

Gesù!

570. "Vieni a Mattutino quattro notti di seguito, io ti darò la forza"[82].

571. "Figliola mia, non cercare mai, non cercare mai di vendicarti o di difenderti per poco che sia. Non vedi nella storia dei miei martiri che parecchie volte le fiamme, che dovevano divorarli, si sono dirette verso i loro carnefici? Accade an-

---

[81] È la conclusione del racconto della sua vocazione. Cf. p. 103.
[82] A causa del suo cattivo stato di salute la Suora era stata dispensata dal coro di notte più volte la settimana.

cora spesso così a coloro che attaccano i miei: se voi, che mi appartenete, restate in pace".

Gesù!

572. "Quando ti privi volontariamente di una piccola mortificazione, è della forza e di un grado di conoscenza del mio amore che tu ti privi.

È l'amore che dà la forza.

Quando vedi che le tue Sorelline si trascinano alla meglio, amale di più: questo avviene perché non si sentono abbastanza amate; fa' loro indovinare qualche cosa del mio amore... Il vostro povero cuore è esigente.

È mediante mezzi umani che io mi dono a voi.

Perché mi cercate tanto lontano?

È mediante mezzi umani, del tutto semplici, che voi vi donate a me. Tutto quello che fate agli altri, voi che mi conoscete, è a me che lo fate".

573. "Quando il demonio vuol nuocere a una Comunità, impiega due grandi mezzi: le illusioni e i malintesi.

Le illusioni introducono la menzogna.

I malintesi sono dei piccoli complici che si accordano tra loro per mettermi finalmente alla porta.

Io vi preservo dalle illusioni, se voi sottoponete il vostro pensiero e i vostri desideri a coloro che vi ho dato come guida della vostra anima.

La semplicità e la sincerità bastano a distruggere i peggiori malintesi".

574. "Quando un'anima corre dei pericoli di cui neppure s'accorge, affinché sia preservata dalla malizia dei cattivi, io la copro con un manto: questo manto che le dono è la *semplicità*".

Gesù!

575. *(18 maggio. In giardino)* "È qui, in questi luoghi, che ho sof-

ferto e ho consumato la mia Passione[83]. È qui che sono stato oggetto di risa da parte di tutti, schernito, beffeggiato, tradito, coperto di oltraggi e ignominie, qui che ho donato tutto il mio sangue… *io,* il vostro Dio, il Figlio di Dio.

Capite cosa dovete fare se mi amate?

Capite cosa significhi 'seguirmi'?".

— Mio Signore, perché lasciate che gli elementi cattivi nuocciano agli sforzi dei buoni? —

"Il male che il nemico causa servirà pure a glorificare Dio; non è per sempre: io ho vinto il mondo. La sua azione favorisce le condizioni nelle quali il *vero bene* si deve perseguire, nascosto, in profondità…

Essere, non apparire. Il male distrugge da se stesso le proprie opere. Il bene dimorerà eternamente nel mio Regno".

576. "Tu sei la mia piccola sposa: io renderò la tua vita più conforme alla mia.

Io ho sempre fatto tutta la volontà del Padre. Fa tutto quanto ti chiedo.

Io ero unito indissolubilmente, costantemente al Padre mio, nessuno comprendeva. Tu non mi sei abbastanza unita. Lo diverrai di più. Tuttavia mi sei ormai unita in ogni istante, nessuno lo sa, appunto come io desidero, basta che le tue Sorelle intravedano attraverso te la mia benevolenza…".

577. "L'amore riveste quelli che ama di una bellezza che comunica loro realmente. Vede i difetti, ma non vi si ferma; vince il male con il bene; corregge i difetti con lo slancio della volontà generosa che persegue il bene.

L'amore non ama a causa della perfezione – splende e trionfa dell'egoismo senza nessun'altra ragione all'infuori della mia Presenza in voi.

---

[83] A Gerusalemme. Dal giardino del monastero si può vedere il Monte degli Olivi e il Monte Sion. La posizione del Getsemani, del Calvario e del Santo Sepolcro si indovinano facilmente.

Così dovete amarvi nel chiostro le une le altre, senza considerare i vostri difetti, rivestendovi le une le altre di quella bellezza che io vi dono, perché tra di voi io mi trovi alla fine obbedito".

Gesù!

578. "Come avresti la mia benedizione se tu non ricevessi quella della tua Superiora?"[84].

579. "È così: voi siete stati creati per Dio; ciò che le creature vi danno non può soddisfarvi. Quanto vi è di umano e di naturale in voi molto spesso vi irrita e ferisce.

La più grande carità verso il prossimo è vivere nel silenzio del chiostro e nell'annichilimento della vostra natura, lasciandomi agire attraverso voi. Allora voi siete uniti alla mia azione: io e voi non facciamo che una sola cosa, io non ferisco le anime avvicinandole.

Capisci, figliola mia?".

Gesù!

580. "Sai perché bisogna che vi facciate come piccoli fanciulli? I fanciulli non sono capaci di calcolo e di secondi fini; credono a quanto i genitori dicono loro.

Divieni il mio piccolo fanciullo".

581. "È nel vostro cuore che bisogna vincere il male col bene.

È la prima opera che vi chiedo. Essa è difficile e grande; ma è essa che mi onora, che dà gloria al Padre. 'Dio è spirito ed è in spirito che bisogna adorarlo'.

La seconda opera che vi chiedo è di aiutare il vostro prossimo in questo lavoro interiore".

— Come fare per aiutarlo, mio Signore Gesù? —

---

[84] Il mattino, al primo incontro recandosi in coro, le Religiose domandavano individualmente la benedizione della Superiora. Quel mattino Suor Maria della Trinità ne vide passare una che non lo fece… La risposta al suo stupore si trova nelle parole del Signore.

"Silenzio, dominio della natura, esempio, diffusione della gioia.

Lo Spirito buono, lo Spirito Santo, è come un soffio di gioia che tutto invade al suo passaggio. È contagioso. Comunica la sua gioia per virtù propria, così come la rosa dona il suo profumo. Preparategli la strada.

È ingegnoso, vi suggerisce idee sempre nuove e sempre feconde per guadagnare le anime esitanti e trascinarle. Ascoltatelo!

È potente: fortifica coloro che anima. Così coloro che sono forti devono sostenere e come portare nelle loro braccia le anime più deboli".

Gesù!

582. "Vi sono tanti malintesi e tante incomprensioni tra le anime di buona volontà, perché vi fate di Dio un'idea troppo limitata e meschina. Le perfezioni di Dio non si escludono le une le altre.

Perché volete imprigionare Dio e quanto egli vi chiede nella vostra propria immaginazione, che muta col mutare dei luoghi e dei tempi? Quanto la Chiesa vi dice di Dio basta a dissipare tutti i malintesi. – Perché non vi contentate di quanto dice la Chiesa? *Chi non è contro di me, è con me*[85].

Dio è vita. E dovunque circola la vita, egli manifesta qualcosa della sua potenza, della sua bontà, della sua magnificenza. *Vi sono molte dimore nella casa del Padre mio*".

Gesù!

583. "Quando siete uniti nella prosperità e nella pace, forse che la vostra unione si può dire solida?

Quando siete uniti malgrado le lotte, le asprezze dei carat-

---

[85] Cf. Mc 9,39 "Chi non è contro di voi è per voi". Ciò che nel testo evangelico è detto agli apostoli, qui Gesù lo dice di se stesso.

teri difficili, malgrado le antipatie e le sofferenze, allora la vostra unione è come una pianta potente che rende gloria a Dio. Le sue radici si affondano profondamente nella terra oscura, attraverso rocce che si opponevano alla sua crescita. Essa resisterà a tutte le tempeste.

Così voi dovete fortificarvi a vicenda, e guardare al cielo".

Gesù!

584. "L'amore umano è fragile. Esso richiede molto rispetto. Bisogna *riceverlo* e obbedire alle sue ispirazioni. Se volete dominarlo, esaurirne le ricchezze, disporne a vostro piacere, esso sparisce, perché è più grande di voi.

L'amore divino è assai più fragile e assai più grande. Richiede un grande rispetto. Bisogna *riceverlo* e obbedire alle sue ispirazioni.

Se una nuvola passa tra voi e i vostri fratelli, questa nuvola proietta un'ombra sull'amore divino.

Se la menzogna si fa strada nella vostra anima, l'amore divino scompare.

Ma con l'aiuto dei Sacramenti voi potete preservarlo da ogni male e ingrandirlo in voi, perché l'amore divino è *vita* e non resta stazionario.

Rinunciate piuttosto a quanto avete, per conoscere l'amore divino".

585. "Quando la tua Superiora ti dice qualche cosa, tu ti affretti a obbedirle. E perché io ti devo ripetere più volte gli stessi desideri?

Da' questa settimana le tue note al Padre, così come sono, poco importa se sono mal trascritte. Io ti manderò un'occasione".

Gesù!

586. "Quando l'amore divino si manifesta sensibilmente in un'anima, è necessaria una vigilanza estrema fino nelle più piccole cose, perché questa manifestazione continui.

L'amore divino non vive e non si esprime che in un cuore puro. Figliola mia, vi è facile avere un cuore puro: basta, se avete commesso un peccato o se avete avuto una cattiva intenzione, basta riconoscerlo.

Io vi ho redenti da tutti i peccati.

Non sono i peccati che nuocciono alla vostra purezza, è il vostro orgoglio che, spesso, si rifiuta di riconoscerli.

Quando un'anima riconosce che ha peccato diventa capace di una grande purezza.

Il più grande ostacolo che esiste tra molte anime di buona volontà e me, è che esse non vedono che mi feriscono e che spesso mi deludono, sono cieche e non chiedono la luce. Allora la mia grazia non può agire che debolmente, perché esse non si curano di me. Sembra loro che io sia molto lontano... Mi si cerca lontano, io che sono sempre vicino a voi. Vi è impossibile conoscere il valore e la virtù degli altri, ma voi non avrete mai troppo rispetto per le anime, perché io le ho tutte riscattate a prezzo del mio Sangue".

Gesù!

587. "Che vi manca? Avete tutto quello che è necessario per essere felici. Voi dovreste cantare senza sosta questo canto interiore che rende gloria a Dio e si unisce alla lode di tutte le creature.

Non aver paura di cantarmi delle canzoni, io solo le ascolto e le raccolgo; per infantili che siano, io le amo!".

588. "Figliola mia, il tuo pensiero è il timone della tua navicella. Sono io che guido la tua navicella mediante il movimento dei venti e dei flutti, ma sei anche tu che la dirigi se il tuo timone segue i miei impulsi.

Che il tuo pensiero resti fisso in me. Nel chiostro, ricercare l'appoggio e le consolazioni delle creature significa correre il rischio di perdere la propria strada, poiché quando avete l'appoggio e le consolazioni naturali non avete più le mie e la vostra vocazione devia, essa che vi rendeva capaci delle conoscenze soprannaturali!".

Gesù!

589. "Sì, sono io, io che ti parlo.
Come prova tu avrai la forza che io ti darò per sopportare con pazienza e con amore le sofferenze che ti verranno".

Gesù!

590. "Le mie parole sono poche e brevi quando devono produrre in un'anima un cambiamento, o determinare una scelta, una decisione; i fidanzati quando si scambiano le loro promesse si dicono poche parole, più tardi, quando collaborano insieme per la medesima opera della famiglia, viene il tempo della confidenza".

Gesù!

591. "Se questa notte tu sostituisci a Mattutino quelle che sono raffreddate, io ti preserverò dall'influenza"[86].

592. "La più grande prova d'amore che potete darmi, è di credere in me.
La più grande prova d'amore per il vostro prossimo è di dargli l'*esempio* del bene, qualunque cosa vi possa costare. È una maniera di donare la propria vita per gli amici".

Gesù!

593. *(23 maggio)* "Se tu fai quanto ti dico, tutto quanto ti dico, anch'io farò quanto ti ho detto. Se tu non sei fedele, come potresti pretendere la ricompensa?".

594. "La mia azione è infinita, si espande dovunque, penetra do-

---

[86] Il Signore ha mantenuto la parola: una forte influenza colpì la Comunità e soltanto Suor Maria della Trinità fu risparmiata. Cf. n. 622.

vunque, dovunque vi è qualcosa di me.

Se voi non la distruggete opponendole la vostra – se utilizzate tutti i miei doni, la vostra vita raggiungerà rapidamente la sua pienezza.

Perché vuoi bruciare il racconto della tua vocazione? Che te ne importa? Se ciò sembra dover infastidire il tuo Padre, che te ne importa, dato che tu l'hai scritto per me?".

Gesù!

595. *(Pentecoste)* "Io sono là e non dico niente, ma perché sono io, tutte le anime si rivolgono verso di me, basta *essere*.
Figliola mia, capiscilo meglio:
basta essere fedele alla tua Regola e tutto andrà meglio nella casa; basta essere fedele a quanto ti dico, ciò basta.
Io farò il resto".

596. "Bisogna che la gioia si irradi, senza sciuparla. Tutto ciò che viene da Dio bisogna riservarlo innanzi tutto a Dio e dopo usarne con generosità e rispetto: è cosa sacra.
Non è compito tuo prevenire le Sorelle[87], ma quando esse vengono a te accoglile sempre con dolcezza e bontà".

597. "Figliola mia, non lasciar passare una sola occasione di rallegrarti e di ringraziarmi, in riparazione di tante occasioni trascurate, o disprezzate, che rattristano lo Spirito Santo.
Non lasciar passare una sola occasione di rallegrare le tue Sorelle, di far loro piacere, senza mancare alla Santa Regola; e la mia gioia dimorerà in te".

---

[87] Nel senso di "parlare per prima". Una delle anziane del monastero, già Superiora, con la quale la Suora aveva occasione di lavorare, scrive a questo proposito (15 settembre 1944): "Mi ricordo bene di averle detto in quei giorni: 'Perché andate sempre di fronte alle Suore più anziane e cominciate voi a parlare? Potete attendere che esse si rivolgano a voi e rispondere loro amabilmente. È ciò che ci è stato sempre insegnato al Noviziato, ed è l'uso'. In seguito lei lo faceva fedelmente".

Gesù!

598. "Ora voi dovete vivere di fede: dovete credere che io sono là sotto le umili specie, credere senza prove. Voi dovete credere senza prove che i vostri sacrifici, le vostre preghiere, tutte le vostre sofferenze io le impiego per salvare le anime. Tu devi credere che sono io che ti parlo, anche se senti solo la mia voce. Ben presto nella visione del cielo voi vedrete tutta questa realtà, in me, a faccia a faccia.

Allora ti rincrescerà di non aver meglio amato, con più amore e più audacia, le sofferenze della terra".

599. "Io desidero che alla tua morte si possa dire: 'Era una santa, ha fatto molto bene tutto ciò che essa ha fatto'. Questa perfezione nella vita comune è la santità che io ti chiedo. Nient'altro. E in tale opera tu avrai più che il mio aiuto: sono io che l'opererò in te. Io lo desidero da te e da ciascuna delle tue Sorelle".

600. "Perché un olocausto sia completo, è necessaria la distruzione della vittima"[88].

601. "Figliola mia, le religiose che non possono sopportare l'incomodo del caldo per stare più a lungo con me, non hanno molto amore.

È alla prova di come vengono sopportate le vostre deficienze umane, che si rivelano i miei Santi. Non è nelle grandi cose, ma in certi dettagli rivelatori di molto amore che io li riconosco".

602. "Due potenze si dividono il mondo: la Verità, la menzogna. La Verità trionfa sempre e per l'eternità.

La menzogna trionfa spesso in apparenza, perché voi vi ci prestate: ma non è che per il tempo, un tempo così corto.

La Verità vale più della vostra vita; essa è degna che voi le sacrifichiate perfino la vostra vita".

---

[88] Questa parola allude probabilmente all'ultima malattia, che doveva consumare la vita corporale della Suora.

Gesù!

603. "Sì, vi sono certe preghiere che bisogna sigillare col sangue; allora come vuoi che non le esaudisca?"[89].

604. "Quando la tua anima è in pace, tu pensi che io sia contento di te – quando essa è sconvolta da profonde tempeste, non pensare che io non sia contento di te, tu non lo *senti*, ma è proprio in quei momenti che io vengo in tuo soccorso e ti attiro più vicino a me".

605. "Per ricondurre alla Chiesa gli eretici, la preghiera non farà tutto: essa sarà senza valore se non vi aiuta a rettificare in ciascuno di voi quanto gli eretici possono con ragione rimproverare alla mia Chiesa".

— Mio Signore Gesù, che cosa possono essi rimproverare con ragione? —

"La verità, tutta la verità rivelata è nella Chiesa, la vostra vita è sempre conforme, nelle vostre azioni e nelle vostre parole, alla verità? Ah! non è dagli estranei che io sono tradito, è dai membri stessi della mia famiglia!

Quando tutti i membri della Chiesa vivranno ciò che professano, gli eretici, quelli che sono anime di buona volontà,

---

[89] Suor Maria della Trinità ha lasciato due biglietti scritti e sigillati con il proprio sangue. Il primo è del 28 ottobre 1939:

Gesù!

Io, suor Maria della Trinità offro al mio Salvatore Gesù la promessa d'obbedire ciecamente *a tutto ciò che l'obbedienza potrà chiedermi implorando il suo aiuto.*
Gerusalemme, Santa Chiara
L'altro non è datato:

Gesù!

Mi abbandono per salute, per malattia, per la vita, per la morte, in tutti i miei desideri, in tutta la mia condotta, al fine di non lavorare ormai che per la vostra gloria, per la salvezza delle anime, per il ritorno dei Protestanti alla Chiesa. Non c'è niente ormai che io non voglia intraprendere per vostro Amore.
Santa Coleta, nostra Madre, aiutatemi!
Nostra Madre Santa Chiara, nostra Madre Santa Coleta, pregate per me!
Così sia.

capiranno e verranno a noi!".

606. "Capisci che quando trionfi, con la generosità delle piccole miserie che diffondono tra voi il cattivo spirito, hai lavorato per il mondo intero? Tu mi hai fatto trionfare dei miei nemici: il mio Regno discende tra voi".

Gesù!

607. "Nelle mie visite al monastero, bisogna che io trovi ogni cosa al suo posto e ogni religiosa al suo lavoro del momento; allora la mia benedizione vi avvolge di forza e di dolcezza".

608. *(Lunedì di Pentecoste. Ringraziamento)* "Dimorate nel mio amore, conservate il mio Spirito.
Il mio Spirito è la vostra forza, la vostra gioia, la vostra luce. Lui è la vostra vita...
Non è difficile conservarlo: siate fedeli al vostro dovere, in *tutto*. Se l'avete fatto male, se avete avuto un'intenzione o un pensiero reprensibile, basta riconoscerlo e chiedermi il perdono che ripara. Allora voi conservate il mio Spirito e io vivo in voi...".

609. "Voi potete fare molto, le une per le altre, mediante l'esempio potete influenzarvi, potete determinare presso il vostro fratello l'uso che farà della sua libertà.
Ma io non vi influenzo; quando mi lasciate agire in voi, io vi trasformo".

610. "Scendete al fondo, nel più profondo di voi stessi: voi mi ci troverete.
Fate silenzio nel più profondo di voi stessi: capirete la mia voce.
Ascoltatemi! Fate quanto vi dico: io vi trasformerò!".

Gesù!

611. "La tua anima è imprigionata nel tuo corpo, ma essa vive al di là dei limiti del tuo corpo.

Il tuo corpo è imprigionato nel monastero; ma la sua attività deve espandersi ben al di là dei confini del monastero: perché tu appartieni alla Chiesa cui tutto l'universo appartiene, perché tutte le anime sono create per la Chiesa, l'universo è quindi anche per te, e la Chiesa appartiene a Dio che ha creato l'universo dal nulla e che può rinnovare tutte le cose.

Non capisci che, se tutte le tue azioni vengono al mio Cuore per rallegrarlo e per seppellirvisi, io le posso utilizzare attraverso il tempo e lo spazio secondo i desideri del mio Cuore?".

612. "Tutte le anime potrebbero raggiungere rapidamente la pienezza della loro santità, se mi lasciassero agire, senza resistere.

Oh! le riserve inconfessate di egoismo che paralizzano in voi l'onnipotenza dello Spirito Santo!".

613. "Ti è umiliante dare le tue note e il racconto della tua vocazione al Padre, lui vi scorgerà le tue pretensioni e i tuoi difetti. Fallo per me, perché io te lo chiedo".

Gesù!

614 "Io comando agli elementi con potenza: la mia voce vi risuona, la mia volontà si imprime in essi.

Invece non comando alle anime, io chiedo loro... perché le ho create libere.

Là dove si è ben disposti ad ascoltarmi, io parlo. La mia voce è dentro di esse, non fa nessun rumore. È fedele e perseverante. Io dico all'anima quanto deve fare per essere felice. Le dico quanto ho fatto per lei e quanto spero da lei. Non le parlo della Santità di Dio, ma della sua Misericordia e della sua Generosità. Le insegno ad accogliere lo Spirito Santo: è lui che la purificherà e le rivelerà qualche cosa della Santità di Dio".

615. — Mio Signore Gesù, dite qualche cosa della Santa Trinità alla vostra povera creaturina! —

"Figliola mia, tu appartieni alla Santa Trinità.

Il Padre ti ha creata per donarti al Figlio che ti ha riscattata per donarti al Padre e allo Spirito Santo che trasforma la tua anima.

Figliola mia, tu partecipi alla vita della Santa Trinità per mezzo della grazia che agisce in te, mediante i Sacramenti, e per mezzo del tuo stato di obbedienza dipendente da Dio. La Santa Trinità si dona alle proprie Creature, si degna di donarsi a te… ma sono io che ti parlo".

Gesù!

616. "Figliola mia, la Santa Trinità vi rivela l'unione, la potenza dell'unione, le condizioni dell'unione.

Io vi chiedo di amarvi gli uni gli altri e di essere uniti, non nel sentimento, ma *nella realtà*. È tutto ciò che voi potete fare. Voi potete così aiutarvi a vicenda nel ricevere il mio Spirito.

E il mio Spirito, lo Spirito Santo, fa tutto il resto: è lui che apre le intelligenze alla luce divina, lui che vi ispira i miei sentimenti, i miei desideri, lui che trasforma la vostra debolezza in forza e che converte i cuori più duri.

Quello che io vi chiedo è di essere uniti tra voi così da aiutarvi a vicenda a ricevere lo Spirito Santo".

Gesù!

617. "Vi è l'unione esteriore, mi fa piacere il vedere che la osservate nelle vostre cerimonie come nelle azioni fatte in comunità: essa è il riflesso dell'unione interiore.

L'unione interiore dei cuori che si amano e delle volontà che vogliono il bene altrui è la vostra forza, una forza invincibile anche sul Cuore di Dio. È la condizione della prosperità di un monastero.

Voi l'avete nella misura esatta del vostro distacco, della vostra povertà di spirito".

618. "Bisogna avere compassione delle anime che si avvicinano alla loro eternità. Bisogna aiutarle a non avere nessun sentimento amaro, nessun rancore, sicché l'amore delle creature, l'amore umano, apra il loro cuore all'amore divino e alle sue esigenze di sincerità".

Gesù!

619. *(Prima della Messa)* "Sì, guarda l'altare: è là che io scenderò tra qualche istante all'invocazione del Sacerdote. L'altare è pulito, la tovaglia è bianca. Eppure, quale dimora! E come vi sono misconosciuto!

In molte chiese povere non sono circondato che da disordine e sporcizia, da persone grossolane, che credono onorarmi gridando preghiere discordanti, urlando preghiere, io che chiedo il silenzio! – preghiere solo delle labbra, smentite dai loro sentimenti e dalle loro azioni.

Tuttavia io dimoro là, amo queste anime che ho riscattato, e le aspetto.

Capisci cosa significa farsi tutto a tutti?".

620. "Molti fondatori sono stati messi alla porta della loro casa, della casa che essi avevano fondato. Essi erano il Padre o la Madre, i fondatori. Non ne erano i proprietari.

Non sono forse io il proprietario delle case che sono state costruite per me? Oh! figliola mia, quante volte io, loro proprietario, sono messo alla porta!".

Gesù!

621. "È facile vivere nella mia intimità, conversando con me. Lo desidero da ogni anima.

Le vostre azioni, tutte le vostre azioni, anche le più comuni, non fatele per voi, non fatele per essere visti dagli uomini: fatele per me solo. Così tesserete un legame tra voi e me, un legame di fili sottili, ma tanto numerosi che vi incateneranno a me!

Io rispondo sempre a quelli che mi parlano, soprattutto quando mi si parla mediante azioni. Io rispondo mediante azioni: le mie benedizioni; esse sono dei fatti che entrano nella vostra vita, delle protezioni che capirete più tardi, degli impulsi dati alla vostra vita.

A quelli che tacciono e ascoltano, io parlo in parole".

Gesù!

622. "Non ho mantenuto la parola? Questa influenza collettiva vedi che tu non l'hai presa.

Dammi, per altre che soffrono, i frutti secchi della sera di cui tu puoi fare a meno. Vuoi?…".

623. "Voi dovreste allenarvi progressivamente alla mortificazione. Essa vi ripugna in quanto non l'avete mai sperimentata. Ma se voi conosceste il suo valore e la ricompensa che io verso nella vostra anima, allora la ricerchereste e aumentereste in forza e in perfezione nella maniera di praticarla".

624. "Sii vigilante! Non lasciarti sfuggire nessuna occasione di abbassarti agli occhi delle altre, di farti dimenticare; nessuna occasione di mortificare la tua impazienza, la tua curiosità e le soddisfazioni naturali di cui io sono stato privato durante tutta la mia esistenza povera e laboriosa".

Gesù!

625. (*Santa Comunione*) "È la tua mortificazione che ti dirà se mi ami, è essa che ti otterrà l'aumento d'amore che tu desideri".

626. "La via che conduce al mio cuore alcuni la chiamano "Amore", altri "Sofferenza".

L'amore senza sofferenza non conduce al mio Cuore.

Amore e sofferenza sono inseparabili, inseparabili nella loro crescita, inseparabili nelle loro esigenze, uniti indissolubilmente; ma vi è un frutto che essi producono infallibilmente, e che gli uomini dimenticano spesso di nominare quando parlano del cammino che conduce a me. Te lo dico,

figliola mia: è la *gioia*. Conserva nel tuo cuore questo triplice nome della via che conduce al mio cuore:
Amore, Sofferenza, Gioia!".

Gesù!

627. "Vedi che non ti serve a niente vegliare da sola su te stessa! Va', senza preoccuparti di quanto hai, con la forza che io ti dono".

628. "Se vi attardate a spigolare qua e là gioie naturali, non sentite più il bisogno delle gioie soprannaturali, siete voi che ne causate la loro rarità.
Bisogna scegliere".

629. "Figliola mia, i buoni tiratori per colpire il bersaglio mirano più alto di esso – e allora lo centrano. Capisci?
Per praticare una virtù non temere di esagerare questa virtù, per arrivare all'amore della Croce bisogna conoscere la follia della Croce".

Gesù!

630. "Più sarai conciliante con le tue Sorelle per favorire la concordia, meglio capirai la mia voce".

Gesù!

631. "Figliola mia, essere buoni con coloro che sono buoni nei nostri confronti, è qualche cosa, ma essere buoni, molto buoni, per amor mio, verso coloro che vi fanno soffrire, è veramente far parte della mia famiglia".

632. "Tu vedi ogni giorno la luce mutare di colore e ritornare la notte. Ciò avviene in maniera continua, insensibilmente.
Così nelle vostre anime, io vi trasformo, insensibilmente, progressivamente, senza che voi possiate determinare il momento in cui avviene un cambiamento!
Così nelle vostre vite io modifico le circostanze, facendole concorrere al più grande bene della vostra anima, non è che

un gioco per la potenza divina.

E questa stessa potenza non può niente sulla vostra anima senza il vostro consenso!".

633. — Mio Dio, grazie d'avermi dato delle Sorelle e delle Superiore per strappare la mia povera anima all'ozio, all'orgoglio. Concedetemi di poter rispondere ai loro sforzi! —

Gesù!

634. "Le difficoltà che sopravvengono tra voi, sospetti, malintesi, gelosie o altro, sono come pezzi di legna che devono alimentare il fuoco dell'amore fraterno; non sentite, dopo ogni riconciliazione, che il vostro amore è cresciuto? Non è più forte di prima?

Ogni qualvolta una di queste difficoltà sopravverrà, figliola mia, pensa al suo scopo: la riconciliazione, e che il tuo cuore si riempia di speranza!".

Gesù!

635. *(Festa della SS. Trinità)* "Quando un malinteso è avvenuto tra voi, bisogna tentare l'impossibile perché la carità trionfi, perché voi vi amiate più di prima – altrimenti è un passo indietro e dove si finirà? Figliola mia, bisogna tentare l'impossibile…".

636. "Figliola mia, che ti dice la Santa Trinità lo capisci? Dio è: DONO, DONO, DONO; Dio è l'UNIONE…".

Gesù!

637. "L'anima che mi onora di più non è quella che ha più sofferto, è quella che ha meglio trasformato in amore e in gioia tutte le sue sofferenze, sì, tutte le sue sofferenze, anche le più piccole contrarietà e le più piccole delusioni. Il suo amore mi glorifica già sulla terra".

638. "Sì, tu sei la mia vittima, sono io che ho fatto questo, sono io che l'ho desiderato. Tu non avrai delle sofferenze visibi-

li straordinarie, non è ciò che ti chiedo. Desidero che il tuo voto di vittima ti purifichi nell'anima. Desidero che la tua anima si immoli, a imitazione della mia vita eucaristica, nel silenzio, nell'oblio, nel dono di te in me, intercedendo senza posa, accogliendo ogni occasione di espiazione, nella gioia.

La gioia non è iscritta nella Santa Eucaristia: essa porta l'immagine del Crocifisso. Ma quando mi ricevete, non sentite la mia gioia? Io ve la comunico e ve la dono. Io sono la vera vittima. Seguitemi al Calvario e fino all'Eucaristia".

639. "Non è la quantità delle sofferenze che espia e ripara, è la qualità della vostra espiazione; è quando voi mi unite alla vostra vita e io soffro ed espio con voi".

640. "Figliola mia, tu non ti presenti mai sola dinanzi a Dio: nella tua anima c'è la Santa Trinità, c'è pure un frammento di tutta la Chiesa.

Tu sei un anello di questa catena immensa, avendo ricevuto delle grazie che ti furono meritate da coloro che ti precedettero; e un gran numero di altri anelli si aggiungeranno in seguito. Voi siete solidali gli uni con gli altri e per tutta l'eternità".

Gesù!

641. *(1 giugno)* "Abbi fiducia, la Visita[90] porterà grazie per tutte e per ciascuna; io ho sofferto anche per questo nella mia Passione...".

Gesù!

642. *(La Visita)* "Di': È un così gran privilegio poter vivere la vita religiosa che per salvaguardarla si chiudono gli occhi su tutto".

643. "Vedi come il tuo spirito è leggero: quando sarai stabili-

---

[90] La Visita canonica.

ta nella preghiera? Chiedimi la stabilità della tua debole volontà".

644. "Figliola mia, rallegrati! Tu non avrai nessuna carica".

645. *(3 giugno)* "La Verità è nella Chiesa. Mancare alla Verità è mancare alla Chiesa. La Chiesa sono io.

Quando vi conformate a ciò che dice la Chiesa, vivete della mia stessa vita, difendete la mia causa.

Quando non vi conformate a ciò che dice la Chiesa, vivete la vostra vita, secondo i vostri personali interessi.

Chi prenderà in mano la mia causa?".

Gesù!

646. *(Festa del Santo Sacramento)* "La particolare sofferenza di voi, Claustrali, consiste nel fatto che dovete accomodarvi tra voi con elementi umani limitati e sempre i medesimi.

Ma è meglio che sia così: il mio aiuto vi è assicurato in misura maggiore in proporzione della vostra domanda.

Osservate con quali elementi umani ho dato inizio alla mia Chiesa.

Figliola mia, vivete secondo la fede, e nulla vi mancherà mai".

Gesù!

647. "La vostra vita è molto importante. Figliola mia, il minimo atto di obbedienza, perché è fatto in unione con me, la più piccola fedeltà alla vostra Santa Regola, ha la sua ripercussione sull'intera Chiesa. Lo crederesti?

Nello stesso modo le vostre mancanze, le minime delle vostre debolezze, hanno la loro ripercussione sul mondo intero, con le loro conseguenze, lo crederesti?

Siate vigilanti. E io vi dono la Sapienza per capire, insieme con la forza per compiere ciò che mi aspetto da voi".

648. "Voi avete tutto per essere felici. Vi manca forse qualcosa di necessario?

E per l'anima ho trascurato di assicurarvi l'abbondanza delle mie grazie?…

Voi non avete che da vivere secondo la vostra Santa Regola, – tutto il resto io ve lo do, con la ricompensa fin da quaggiù alla vostra fedeltà.

Voi avete tutto per essere felici".

649. "Oggi sono esposto ai vostri sguardi, – ma io sono tutti i giorni tra voi. Perché vi occupate di altre cose all'infuori del dovere del momento e di me? L'ordine regnerebbe allora nel monastero e voi vi vedreste la mia azione".

650. "Una madre di famiglia pensa al suo sposo e alle cure di cui deve circondare i suoi figlioli. Ciascuna di voi può avere molti figlioli. Innumerevoli sono nel mondo le anime che attendono l'aiuto materno delle vostre preghiere.

Il vostro Sposo attende la riparazione che la vostra penitenza deve offrirgli".

Gesù!

651. "Figliola mia, quando ci si difende per conservare una carica o un impiego, ciò significa che si ama questa carica o questo impiego più di me.

L'anima che mi ama vede l'espressione della mia volontà in tutto ciò che le circostanze le domandano, essa sa che io non ho bisogno di nessuno. Essa non desidera che provarmi la sua sottomissione e il suo distacco da tutte le cose create, perché essa affida a me tutto".

Gesù!

652. "Figliola mia, siccome vivete in clausura, voi non avete, per cicatrizzare le ferite del vostro povero cuore, le preoccupazioni del mondo che vi strapperebbero a voi stesse. State molto attente a non causarvi nessuna pena senza necessità; cedi ai desideri delle tue Sorelle, diffondi la contentezza. Altrimenti potete seminare terribili rancori nelle anime ferite, voi non ne avete neppure il sospetto, ma io li vedo e sono io che ne sono la vittima, perché questi rancori si oppongono come una barriera alla mia azione.

Figliola mia, con la semplicità e la franchezza previeni questi sospetti che corrodono la fiducia fraterna.

Se nel chiostro non avete i vostri sguardi tesi verso di me, staccati dalle creature, voi mancate allo scopo della vostra vita di Clarisse, andate incontro a sconfitte e delusioni malgrado i più grandi sforzi. Ricordatelo".

653. "Vi sono due tipi di unioni: l'unione degli Apostoli che si adoperano per diffondere la mia dottrina. Vi è poi l'unione dei complici che si sforzano di soddisfare le loro fantasie. Quest'ultima unione non dura che un certo tempo, l'egoismo che ne è la causa la distrugge.

L'amore di Dio, che è la causa dell'unione vera, conduce a una fedeltà sempre crescente per la Santa Regola: è il suo primo frutto".

654. "Vi sono varie forme d'umiltà: quella che dice il vostro niente, la vostra indegnità, parla secondo la sapienza e la verità. Ma è anche una forma di umiltà quella di non parlare di sé, perché non vi si pensa; non si pensa che a me. Io amo questo silenzio su se stessi...".

655. "Per realizzare l'unione col vostro Sposo cominciate col realizzare l'unione tra di voi, almeno di desiderio e di buona volontà".

656. "Figliola mia, il vostro tempo, la vostra Santa Regola, i vostri voti non vi appartengono più, io ve li ho donati, perché avete voluto consacrarmeli. Voi non avete il diritto di viverli secondo la vostra fantasia, voi dovete viverli secondo lo spirito della Chiesa. La Chiesa sono io. La "Visita" inviata dalla Chiesa, sono ancora io. Potreste forse ingannarmi? Voi non potete ingannarmi, ma potete non accogliermi".

Gesù!

657. *(5 giugno)* "Il monastero non vi appartiene, vi è prestato. Voi non avete diritto di vivervi secondo le vostre proprie idee, dovete vivervi così come la Chiesa lo indica. Perché la Chiesa sono io".

658. "Di' la verità"[91].

Gesù!

659. *(7 giugno)* "Con la vostra irritazione personale potete compromettere le grazie che la Visita vi apporta, potete rendere inefficaci le grazie che io ho ottenute per voi, per il vostro monastero, per questa Visita, nelle sofferenze della mia Passione.

È per te che dico questo".

660. "Tu non difendi la mia causa quando ti irriti. Tu la farai trionfare sovranamente se non ti separi dalla mia dolcezza e vinci il male con il bene".

661. "È quando le anime soffrono che bisogna amarle di più".

662. "Osserva: forse che io mi turbo per gli oltraggi che mi opprimono senza posa? No, io riparo, attendo le anime, attendo che comprendano, che si pentano e che vengano a me. Un'anima vittima deve conformarsi alla mia vita eucaristica…".

663. "Sarà ben presto"[92].

664. *(10 giugno)* "Se non si è molto gentili con te, è proprio in tali occasioni che ti devi mostrare buona, molto buona, vinci il male con il bene. Fallo per me".

Gesù!

665. *(Festa del Sacro Cuore)* "Quello che io ti chiedo, quello che at-

---

[91] Nelle interrogazioni della Visita canonica.
[92] Annuncio della sua prossima morte.

tendo da te è che tu agisca senza irritarti e senza parlare, ma secondo la mia maniera, imitando la mia vita eucaristica.

Questo è il voto di vittima che ti ho chiesto.

Fatti coraggio. Io benedirò talmente i tuoi sforzi che molte anime dopo di te promuoveranno la venuta del mio Regno impiegando i medesimi mezzi che ti ho indicato".

Gesù!

666. *(14 giugno)* "Voi potreste essere tanto felici!

Non avete che da conformarvi a quanto la vostra Regola, che è santa, e le vostre Costituzioni vi indicano.

Tutto il resto sono io che lo faccio.

Io posso benedire i vostri sforzi così abbondantemente da fare del vostro monastero un centro di vita religiosa esemplare, cosicché la sua influenza si faccia risentire nel mondo intero.

Bisogna cominciare con l'essere fedeli nelle piccole cose.

Figliola mia, consolami con l'essere più fedele".

667. "Se prima che la Visita sia incominciata, andate d'accordo tra voi per non rivelare al Visitatore questa o quella trasgressione della Regola, questa o quella lacuna di spirito religioso, come volete che il lavoro del Visitatore diventi per voi una benedizione? Voi non potete nascondermi niente.

Se dopo la Visita vi lasciate andare a qualche mancanza di carità per far sentire la vostra scontentezza a quelle che si sono lamentate, mentre la Chiesa lo proibisce, come volete che io favorisca il vostro reclutamento?".

668. "Sì, io desidero che tu ti accusi in confessione di tutte le tue piccole mancanze che hanno l'aria di non essere niente all'esterno, ma che tuttavia sono una debolezza interiore. Per ripararla hai bisogno del mio perdono, altrimenti tu scivolerai di debolezza in debolezza".

669. *(17 giugno: giorno in cui si mise a letto)* "Io ti posso guarire quando voglio, se lo voglio, ma ti ho chiamata. Vuoi?".

— Sì, mio Signore Gesù, sì. —

N. B. *Il 23 giugno, due giorni prima della sua morte, essa tracciò anco-ra, a matita, quanto segue.*

670. *(23 giugno 1942)* — Quanto Dio è buono, buono, buono! Mi vien voglia di piangere quando vi penso. Egli mi lascia cre-dere che io sia in vacanza in Svizzera, nel paese dell'aria fresca delle montagne, come quando ci siamo incontrate per due volte con la mia sorella d'America. Stamane dopo la santa Comunione egli mi ha condotto in ciascuno di quei paesi che abbiamo attraversati e mi ha indicato le anime, molte anime che egli chiama, che egli attende. Me ne ha fatte vedere molte e negli ambienti più diversi. —
"Lo vedi, figliola mia, esse vorrebbero donarsi a me, ma non possono entrare in religione, e allora che fare?
Io desidero che le anime sappiano che mediante il voto di vittima entrano in una vita di unione con me.
Bisogna che sappiano che io desidero ardentemente questo voto di vittima.
È così che la Società si ricostruirà.
Bisogna che esse sappiano che il voto di vittima significa *imitare la mia vita eucaristica.*
Desidero che ve ne siano dovunque, in tutte le situazioni.
Tu mi offrirai molto a causa del tuo voto di vittima e me-diante il tuo voto di vittima, perché le anime ne compren-dano l'urgenza.
Io desidero molto, dovunque vi siano delle anime generose, questo voto di vittima.
Tu soffrirai molto, ma io sarò con te e verrò a prenderti all'improvviso".

E venne l'ora di passare da questo mondo

Verso la metà di giugno una nuova influenza mise tutta la comunità in un pietoso stato di salute. Suor Maria della Trinità sembrava sfuggire all'epidemia; di fatto, però, era la più gravemente malata e già da parecchi giorni. La sua grande forza le faceva nascondere la sofferenza, ma fu sorpresa ad appoggiarsi al muro per andare a compiere il suo ufficio di refettoriera. Quando s'accorgeva che qualcuno arrivava, si raddrizzava sforzandosi di sorridere.

Il 16 giugno, vedendola così affaticata, una suora si offrì ad aiutarla nel suo lavoro. Essa la ringraziò con molto affetto dicendole: "Voglio fare il mio piccolo dovere fino in fondo". L'indomani, mercoledì 17, accompagnò ancora all'harmonium il canto della benedizione del Santo Sacramento dopo la messa. Durante la mattinata la reverenda Madre la condusse all'infermeria; aveva più di 40 di febbre. L'infermiera e molte Suore capirono che ogni speranza di salvarla era perduta. Sempre coraggiosa e spontanea, la malata rispondeva a una Suora che piangeva: "Ma voi non avete forza d'animo!".

Immediatamente chiamato, il dottore diagnosticò la febbre tifoide. C'era stato un brusco risveglio della malattia che l'aveva così spesso minacciata? Il male sembrava riguardare soprattutto i polmoni. Essa diceva di avere il petto in fiamme. Ma fino alla fine nessun lamento uscì dalle sue labbra.

Il confessore della comunità, il Padre Sylvère, venne a visitarla a più riprese. Il 20 giugno, lei si sentì così debole da pensare che il momento della partenza era arrivato; gli consegnò allora il racconto della sua conversione e il foglio dove raccontava l'apparizione del 13 febbraio 1926, senza aggiungere una sola parola di spiegazione.

Quest'ultima purificazione attraverso le sofferenze della malattia doveva durare ancora cinque giorni.

Non poteva prendere alcun cibo e, malgrado la febbre, appena qualcosa da bere. La sua debolezza divenne tale che non poteva nemmeno reggere il bicchiere per dissetarsi. Per giunta, la temperatura di quei giorni era soffocante, come capita raramente a Gerusalemme.

La povera paziente parlava, lei stessa, dell'aria fresca delle montagne in Svizzera. Il 23 giugno, due giorni prima della morte, scrisse con una matita l'ultimo dei suoi appunti riportato come n. 670.

Sentendo avvicinarsi la morte, essa non trascurò nessuna delicatezza: pregò la sua reverenda Madre di scrivere, sotto sua dettatura, delle lettere a tutti i suoi parenti stretti. Chiese se le messe che dovevano esserle applicate dopo la sua morte, non potevano essere celebrate piuttosto per il ritorno dei protestanti all'Unità. Questo desiderio fu esaudito, ma la Madre abbadessa fece celebrare in più le messe previste per la Suora defunta.

Si mostrò molto riconoscente verso le sue infermiere, sforzandosi di sorridere alle Suore che le facevano visita. A un'altra malata, sua vicina di camera, inviava ogni sera per mezzo della suora infermiera un regalo spirituale che la portaparola dimenticava per strada, contentandosi di dire: "Sono parole tutte celesti e spirituali per voi. Niente della salute, niente della terra, ma è troppo lungo e troppo bello perché io lo ricordi!".

Il 25 giugno al mattino – la notte era stata difficile – si chiamò d'urgenza il Padre confessore al capezzale della morente. Lei chiese di confessarsi, poi alle 10,30, alla presenza di tutta la comunità, ricevette il sacramento dei malati. Qualche Suora rimase al suo capezzale. Avendole chiesto una di loro: "Unite volentieri le vostre sofferenze a quelle di Nostro Signore sulla Croce?", rispose: "Oh, sì, di tutto cuore! Io sono contenta di soffrire; non vorrei soffrire di meno!". Essa mormorò l'invocazione: "Santa Teresa del Bambino Gesù, pregate per noi"[93].

Dopo il pranzo della comunità, le suore della corale le cantarono qualche frase del cantico "Il cielo nell'anima", poesie di Suor Elisabetta della Trinità (Carmelo di Digione). Ringraziò aggiungendo: "Bisognerà cantarlo ancora in coro".

Verso le 14,30 le Suore presenti recitarono le preghiere degli agonizzanti. Lei le guardava una dopo l'altra, col viso bagnato di un abbondante sudore. Chiese: "Vorrei bere". Poi, dopo un po': "Vorrei sedermi, sollevarmi". Due Suore l'aiutarono con precauzione, il suo sguardo si fermò sull'immagine del Sacro Cuore, appeso alla parete di fronte al letto... Senza che si fosse notato nulla, la sua anima era volata via. L'infermiera le mise un piccolo specchio davanti alla bocca, nessun vapore l'appannò, era morta.

"Io verrò a cercarti tutto d'un colpo!". Suor Maria della Trinità era presso il suo Signore, quel Gesù che aveva coraggiosamente cercato, così ardentemente amato.

La sua salma fu esposta in coro. Il suo aspetto era imponente; i suoi occhi erano rimasti aperti, sembrava viva. Tutti coloro che la videro attraverso la grata ne furono impressionati.

Prima di rivelare che cosa fossero gli Appunti, il confessore aveva pregato la reverenda Madre di chiedere alle Suore di comunicare, anche per iscritto, che cosa avevano potuto osservare di reprensibile in Suor Maria della Trinità. La Superiora si scusò di non poterlo fare, nel timore di scandalizzare alcune religiose e di provocare discussioni pregiudizievoli in comunità. Preoccupata tuttavia per questa domanda, pochi giorni dopo tentò d'interrogare una Suora anziana, di profonda vita di preghiera.

---

[93] Cfr. n. 558. Il racconto della morte di Santa Teresa l'aveva molto impressionata.

La Suora rispose: "Secondo me Suor Maria della Trinità era un'anima molto dolce, molto raccolta. Non mi stupirei che abbia in qualche occasione percepito una voce interiore".

Una caratteristica della vita del chiostro è quella di essere una vita nascosta, ignorata e perciò in apparenza inutile. La vita di Suor Maria della Trinità non era solo nascosta al mondo; era nascosta perfino alle sue proprie consorelle. Certamente la sua vita esteriore non è sfuggita all'osservazione, ma nessuno ha intuito la sua vita interiore.

Una delle sue antiche Superiore ha potuto scrivere che lei era rimasta incompresa. Piuttosto era passata inosservata, impercettibile agli altri, esatta al regolamento della casa, fedele al compimento del lavoro imposto; niente l'aveva resa oggetto di particolare attenzione.

Quando il segreto della sua intimità con il Signore fu finalmente svelato, un gioioso stupore si notò nel monastero; tanto più gioioso che quasi ciascuna sembrava dirsi: "Sono stata presa in giro da Suor Maria della Trinità! Essa sembrava un nulla, non la si notava affatto ed ecco… era un'anima privilegiata".

Come una brezza di primavera passò sulla comunità. Un rinnovamento di fervore, uno sforzo di cordialità e di umiltà nella vita fraterna, facevano irradiare la pace e la gioia sui visi, ma soprattutto in fondo ai cuori.

Per il soffio dello Spirito, il messaggio di Suor Maria della Trinità cominciava a portare i suoi frutti, qui, poi in tutte le anime che sarebbero state toccate dai suoi scritti e che la sua preghiera avrebbe affidato al Signore Gesù.

Offerta del mattino

— Signore mio Gesù, ecco la mia lingua: custoditela; che essa non esprima più se non ciò che vi piace; e che il mio silenzio vi parli.

Eccovi le mie orecchie: che esse non ascoltino più che la voce del dovere; e la vostra voce, o Gesù!

Eccovi i miei occhi: che essi non cessino di contemplarvi in tutti i visi e in tutti i lavori.

Eccovi le mie mani e i miei piedi: rendeteli agili; che essi siano legati al vostro unico servizio e alla esecuzione dei vostri desideri.

Eccovi la mia mente: che la vostra luce l'invada tutta.

Eccovi il mio cuore: che il vostro amore, o Gesù, vi regni e vi riposi. —

"Ripeti questa offerta ogni mattina, ad ogni Comunione.

E io, io ti dono, figliola mia, io ti dono *l'oggi*".

Via Crucis

Prima Stazione
Gesù è condannato a morte.
Tu pure, anche tu sei condannata a morte, ma ne ignori il momento. Dover morire: ecco la grande realtà. Le ombre svaniranno: non rimarrà che quello che *è*. Impara da me come prepararti alla morte e come morire.

Seconda Stazione
Gesù è caricato della croce.
Benché sfinito dalla flagellazione e dalle sofferenze della notte, ho ricevuto la mia croce con amore e con gioia. È per quest'ora che io sono venuto. Io non pensavo a me, pensavo alla Redenzione.
Ogni croce che ti sarà data, ricevila con amore e gioia; non pensare a te; pensa all'opera della Redenzione.

Terza Stazione
Gesù cade per la prima volta.
Non avevo fatto un lungo cammino e già ero caduto.
Non meravigliarti quando cadi: ma, come ho fatto io, rialzati.

Quarta Stazione
Gesù incontra la sua Santa Madre.
Ero irriconoscibile, non avevo più l'aspetto di un uomo. Essa mi vide, mi riconobbe. Oh! ha condiviso la mia Passione; e non

solo vi ha perdonato, ma vi ama come nessuna madre ha mai amato il suo bambino. Non cessa di vegliare su voi, di proteggervi, d'intercedere per voi dal giorno in cui siete nati. Materna e silenziosa, tutta nascosta, non desidera neppure che la ringraziate, ma desidera che ringraziate Dio.

Indirizza a lei tutte le tue suppliche: la sua preghiera è irresistibile nel Cuore di Dio. Per ringraziarla, cerca di imitarla.

QUINTA STAZIONE
Gesù riceve l'aiuto di Simone il Cireneo.

Lo vedi, ho voluto che l'umanità, nella persona del Cireneo, partecipasse in una certa misura alla propria Redenzione. Così avviene sempre. Quelli che se ne astengono, quelli che rifiutano di obbedire ai comandamenti di Dio, bisogna che li guadagniate a voi. Se voi portate i pesi gli uni degli altri, se fate agli altri quanto vorreste che gli altri facessero a voi, essi desidereranno di essere della vostra famiglia, essi ne accetteranno gli obblighi; e dopo, quando avranno capito, ameranno questi obblighi e la loro generosità darà ancora di più. Molti sono della mia famiglia senza saperlo, perché è dalle azioni e dalle intenzioni che io riconosco i miei.

SESTA STAZIONE
Veronica asciuga il volto di Gesù.

Lo vedi? Per un gesto d'umana bontà una ricompensa divina. È sempre così. Quello che mi ha confortato in questo terribile cammino della croce, non è solamente il suo gesto e la morbidezza del suo velo, è che io l'abbia potuta ricompensare. È mia gioia donare! Le mie grazie sono senza fine. Aspetto le occasioni per potervele manifestare, le occasioni in cui mi offrite un cuore adatto a riceverle; io le attendo e le cerco… Oh, sì, io sto alla porta e busso.

Settima Stazione
Gesù cade la seconda volta sotto la croce.

Avrei dovuto morire qui perché la mia spossatezza aveva raggiunto i limiti estremi. Ma tutto non era compiuto, ho pensato alle anime e il mio amore mi ha dato la forza per rialzarmi. Quando voi non ne potete più per le fatiche e per le pene, domandate l'amore: esso non viene mai rifiutato a chi lo chiede.

Ottava Stazione
Gesù consola le donne di Gerusalemme.

Lo vedi, per parlare alle donne che piangono, io sono di nuovo in piedi. Si dimenticano le proprie sofferenze quando si pensa a quelle degli altri. Bisogna pregare per gli altri più che per se stessi, pregare per le grandi intenzioni della Chiesa: la salvezza delle anime, il trionfo della verità, della Fede, le missioni; per i sacerdoti, per l'unità visibile della mia Chiesa, per la guarigione delle ferite da cui la mia Chiesa è colpita nella sua vita umana; queste ferite indeboliscono la sua azione, gettano come un velo sulla sua luce, la luce delle mie parole. Bisogna chiedere a Dio i suoi doni divini: la Fede, la fedeltà, che è la Carità in azione, la corrispondenza alle sue grazie, che è il frutto della Speranza.

Nona Stazione
Gesù cade la terza volta sotto la croce.

Eccomi ancora una volta in terra, sfinito. Fermarmi qui? La morte sarebbe stata così dolce. Ah! ho sofferto ben al di là di quello che era necessario per il riscatto del genere umano. Ma questo sovrappiù di sofferenze era necessario per tante anime che rischiano di perdere nella tiepidezza e nella compiacenza di sé i valori che sono stati ad esse affidati, *e di perdersi*. Figliola mia, hai capito? Nessuna sofferenza è perduta nella vita dell'amore. Sii generosa. Non lo sarai mai troppo. Non lo sarai mai abbastanza.

Gesù è spogliato delle sue vesti.

Lo vedi, io ho tutto dato, non ho riservato nessun ricordo per mia Madre, neppure la mia tunica. I miei doni sono di un'altra specie. Lasciati spogliare: delle cose materiali innanzitutto, poi dei tuoi diritti, delle tue forze, dei tuoi pensieri. È a Dio che donerai. Alla vostra morte non vi resterà che quanto gli avrete donato.

UNDICESIMA STAZIONE
Gesù inchiodato in croce.

Per me i chiodi di ferro acuminato, la croce di duro legno che conficcava nella mia testa la corona di spine... Per te i chiodi sono i tuoi voti; ma essi non ti fissano a una croce, ti fissano nel mio Cuore perché nulla ti separi da me, nel mio Cuore che ti ama e che ti attende da tanto tempo. Vedi come la tua sorte è invidiabile! Dove andresti tu senza i tuoi voti? Amali per viverli con la perfezione che l'amore ispira. Quello di vittima non cambia nulla agli altri. Esso ti unisce a me più strettamente, a me, l'Agnello immolato, la Vittima. Sforzati di vivere come son vissuto io. Io ho scelto l'ultimo posto. Sei tu veramente la serva delle tue Sorelle? Hai tu ogni giorno qualche immolazione da offrirmi?

DODICESIMA STAZIONE
Gesù muore sulla croce.

Tu lo vedi, io ho perdonato, ho dato tutto, tutto quello che avevo; inoltre vi ho donato il mio corpo, il mio sangue. Avevo ancora, mentre ero sulla croce, mia Madre e ve l'ho donata; essa è anche vostra Madre. Quelli che voi amate non dovete amarli per voi stessi, ma per donarli cosicché altri ricevano l'amore di cui voi avete beneficiato. Bisogna amare per il Signore in modo che l'amore si diffonda e Dio sia così conosciuto e amato. Tu non capirai che in cielo quanto devi a quelli che ti hanno amata. Non tenerli per te, donali... Bisogna donare il meglio del proprio cuore e il meglio del proprio pensiero. Se conservi per te stessa i tuoi pensieri, essi rimarranno sterili; se tu li doni, il Signore li potrà utilizzare a suo piacimento. Che te ne deve importare? Getta come i grani che il vento disperde ai quattro angoli del cielo il meglio dei tuoi pensieri, il tuo amore e tutto quello che puoi donare, e lascia a Dio la cura di usufruirne come meglio gli piacerà; la prodigalità mi onora.

Vi ho dato mia Madre, ho gridato il mio abbandono da parte di Dio, perché le anime prese dall'angoscia della morte fossero confortate dal pensiero che io vi sono passato prima di loro e per loro. Ho gridato la mia sete di anime. Essa permane. La condividi? Chi vuol essere mia sposa deve sposare i miei desideri.

Tutto ho compiuto. E tu, sei fedele alla Regola? A quanto la tua Superiora e il tuo Padre ti dicono? E a quanto io ti dico? Compiere tutto, sì, costi quello che costi.

Io ho rimesso il mio Spirito nelle mani del Padre mio.

È così che bisogna morire. Ed è così che tu farai ben presto.

TREDICESIMA STAZIONE
Gesù è deposto tra le braccia di sua Madre.

Lo vedi, come quando io ero piccolo, eccomi ancora tutto intero tra le sue braccia. Essa ha condiviso la mia Passione. E ora che mi porta ancora tra le sue braccia, porta tutti i meriti della mia Passione che io le dono. Ella ne può disporre secondo il suo cuore di Madre. È la Mediatrice di tutte le grazie.

Abbandona a lei così tutta la tua vita, i tuoi lavori, i tuoi desideri, il tuo cuore tutto intero, perché vi metta qualche cosa del suo; le tue preghiere, perché le renda irresistibili unendovi la sua.

QUATTORDICESIMA STAZIONE
Gesù è deposto nel sepolcro.

È il vostro cuore il sepolcro da dove io desidero risuscitare: non lasciarmi solo. Fammi vivere in tutta la tua vita, perché possa manifestarmi attraverso te.

Appendici

Un fatto singolare

Fu nel dicembre dell'anno 1943 che il giovane Renato Laki di Alfonso di anni 17, mentre si trovava nel Collegio Serafico di Emmaus quale aspirante all'abito francescano, cominciò ad avvertire una dolenzia al ginocchio destro, prima vaga e incostante, quindi piú accentuata e continua; contemporaneamente il ginocchio cominciò a tumefarsi sì da rendergli penoso ogni movimento. Fu fatto vedere da un dottore, il quale parlò di borsite e gli prescrisse il riposo e varie pomate. Essendo però trascorsi cinque mesi senza che si potesse riscontrare miglioramento alcuno, ché anzi la tumefazione era andata via via facendosi più imponente e il dolore più forte, il giovanetto fu fatto ricoverare nell'Ospedale Francese di Gerusalemme. Esso era infatti assai scaduto anche nelle condizioni generali e appariva pallido e magro. Il Chirurgo dell'Ospedale Francese dopo alcuni giorni di osservazione decise di sottoporre il giovane Laki a un intervento operatorio. Si pensava, come si è detto sopra, trattarsi di una semplice borsite, ma dopo l'incisione dei primi piani cutanei il Chirurgo si trovò innanzi a una massa tumorale di natura sospetta tanto da essere indotto ad asportare un largo tratto da sottoporre all'esame microscopico; l'incisione venne quindi suturata in attesa del responso. Il chirurgo pensava infatti potesse trattarsi di una forma tubercolare. Il pezzo anatomico fu inviato al Professor Franco, anatomopatologo della Università Ebraica di Gerusalemme, e il risultato dell'esame fu infausto quanto mai: si trattava infatti di un tumore maligno della peggior specie, un sarcoma. Riproduciamo la fotografia del reperto scritto del prof. Franco in data 6 giugno del 1944. Dinanzi a una diagnosi di tanta gravità che comportava fatalmente la morte a distanza di pochi mesi o di un anno tutt'al più, fu deciso di ripetere l'esame microscopico, ma il risultato fu identico; anche questa volta fu riscontrata la presenza di cellule sarcomatose giganti.

Che cosa fare? Come estremo tentativo il Chirurgo propose di amputare l'arto. Chi scrive ebbe l'occasione di esaminare il paziente in quel corso di tempo e di fronte alla sintomatologia generale e locale e di fronte alla precisa diagnosi microscopica non poté a meno di convenire nell'opportunità dell'amputazione. Ma durava ancora la guerra, difficile era mettersi in relazione con la famiglia del Laki, sicché chi aveva la responsabilità del ragazzo credette bene di soprassedere, tanto più che il Chirurgo era ben lontano dall'assicurare che con una tale estrema misura il giovane Laki sarebbe stato salvato.

Fu allora e cioè verso la metà del mese di giugno quando il Laki uscì dall'Ospedale per tornare ad Emmaus dove fu lasciato senza più cura alcuna che un religioso gli suggerì di mettere sul ginocchio ammalato un frammento della tonaca di Suor Maria della Trinità. Era questa una Suora Clarissa di Gerusalemme morta nel giugno del 1942 e che con una raccolta di "pensieri" aveva lasciato il fragrante ricordo di una vita tutta dedita al Signore. Il giovane postulante pregò ogni giorno col più vivo fervore la buona Suora perché lo aiutasse, e mentre i frati guardavano a lui come a una giovinezza piena di promesse inesorabilmente condannata, egli si manteneva calmo e fiducioso. E intanto un gran cambiamento si verificava nelle sue condizioni fisiche: il suo viso tornava ad essere lo specchio della salute, rifiorivano le sue forze, mentre il ginocchio andava via via sgonfiandosi ed i movimenti divenivano sempre più facili e meno dolorosi. Basti dire che a meno di quattro mesi di distanza dal giorno in cui era entrato in Ospedale, egli percorreva a piedi circa venti chilometri, ché tale è la distanza tra Emmaus e la cappella delle Clarisse di Gerusalemme, al fine di ringraziare il Signore della grazia che egli pensava di avere ricevuta.

Il fatto era tanto strano e incredibile che i Superiori malgrado l'evidenza e malgrado l'impazienza del giovanetto, credettero bene di non ammetterlo al Noviziato. Ma passò anche tutto il 1945 e le condizioni del Laki essendosi mantenute invariabilmente buone e il ginocchio non causandogli piú disturbo alcuno, fu deciso di accettarlo come novizio.

Questo il fatto, un fatto che – tutti converranno – non manca dall'essere singolare; e se è vero che per la sua interpretazione bisogna essere estremamente circospetti e guardinghi, è però altrettanto vero che è un'evenienza più unica che rara, sia nella casistica medica che nell'agiografia dei più grandi santi, che un tumore maligno diagnosticato microscopicamente da un anatomopatologo di una serietà e di una competenza indiscusse, sparisca poi nel corso di pochi mesi senza lasciar traccia di sé.

Francesco Canova
La Terra Santa 22 (1947) 55-57

Sintesi cronologica
della vita di Suor Maria della Trinità

1901, 26 Aprile: nasce a Pretoria (Transvaal, Sud Africa) da genitori svizzeri protestanti (calvinisti); dopo quattro ore muore la madre, Elisa Bornand.

1902, 4 giugno: suo padre, Numa Jaques, la conduce in Svizzera insieme al fratello, alle due sorelle e alla zia Alice che fa loro da madre e da educatrice. Nella sua adolescenza Luisa cresce alta, esile, di salute delicata, soggetta a fastidi polmonari; è dotata d'intelligenza, intuizione, riflessione; è di carattere gentile, rispettoso, altruistico; amante della pace, della cultura, della libertà e indipendenza di pensiero e di azione.

1917: nei primi giorni d'estate termina gli studi nei collegi privati.

1918: dopo le vacanze estive lavora presso gli Horber come istitutrice e poi come segretaria; conosce la coetanea Bluette, sua intima amica.

1919: suo padre, risposatosi, ritorna in Svizzera con la moglie e i due figli; consiglia Luisa a lavorare presso un notaio di Losanna; a maggio 1920 riparte per il Sud Africa.

1921: Luisa lascia il notaio per assistere sua zia Alice, anziana e inferma; impara il latino in vista di altri studi. La sorella Alice parte per l'America. I genitori insistono perché Luisa vada a trovarli in Africa. Essa intanto rifiuta alcune offerte di matrimonio per un amore più alto. Soffre di emottisi.

1924, 20 marzo: Luisa entra nella pensione "Bethanie" a Vallombreuse, dove stava dal 1922 sua zia Alice, per una cura di tubercolina ed esce dopo due anni e un mese. Il dottore curante corteggia la giovane Luisa che però a dicembre rompe questa pericolosa amicizia. Il 13 febbraio 1925 muore il dottore; Luisa si sente *moralmente colpevole* e prega per lui.

1925: le sofferenze causate dalle emottisi, alcuni casi dolorosi del passato, la partenza dei genitori e delle sorelle, i suoi ideali sociali e di libertà incompresi causano una crisi morale e religiosa in Luisa che non vede una luce di speranza per l'avvenire. Stando per due giorni ospite nella casa di Bluette, vede una sera (13 febbraio) entrare per la finestra una figura vestita da clarissa e fermarsi ai piedi del suo letto; non ha il coraggio d'interrogarla, ma assicura che era una persona.

Da quel momento Luisa si sente chiamata alla vita claustrale. In aprile lavora a Milano come istitutrice; nel tempo libero visita le chiese della città.

1927: nel visitare le chiese cattoliche Luisa si sente attratta da qualche cosa d'irresistibile: che poi scopre essere l'Eucaristia. Vuole fare la comunione, ma capisce che bisogna fare prima la confessione. Un confessore la manda da Madre Reggio che la istruisce nella dottrina cattolica.

1928, 12 marzo: Luisa accorre al letto della zia e le chiude gli occhi; sbriga i suoi affari e ritorna subito a Milano.

18 marzo: riceve il battesimo, la comunione e la cresima. Il 24 giugno anche Bluette riceve il battesimo. Ambedue ritornano in Svizzera per le vacanze.

Luisa ritorna a Milano e lavora presso la contessa Agliardi. Emottisi. Per assecondare la sua vocazione religiosa bussa invano alla porta di molti conventi. Le manca soprattutto la salute. La sorella dall'America e il padre dall'Africa la chiamavano presso di loro: Luisa si sente libera nelle sue scelte e resta in Italia.

1929: è accettata tra le Suore Francescane Missionarie d'Egitto, ma una nuova emottisi rivela la sua debole salute e viene dimessa.

1930: a maggio giungono a Milano il padre e il fratello, pastori protestanti. All'incontro il fratello si mostra tollerante mentre il padre è costernato. Alla fine del mese Luisa esce dal convento e passa le vacanze coi parenti in Svizzera. Il 10 settembre i genitori ripartono per il Sudafrica. Lei ritorna a lavorare presso la contessa Agliardi e fa un pellegrinaggio a Lourdes.

1931, 22 febbraio: viene accolta nella Società delle Suore del Cuore di Maria. Frequenta le scuole statali ottenendo il "brevet" e il "bachot". Nella Società fa il Postulandato e il Noviziato, ma la sua vocazione è per la vita contemplativa.

1936, 1 settembre: lascia la Società ed entra nel monastero delle Clarisse di Evian.

1937, aprile: Luisa viene dimessa dalle Clarisse di Evian. Lavora di nuovo presso la contessa Agliardi. Il 10 agosto parte con la sorella Alice per il Sudafrica dove rivede tutti i familiari. È istitutrice in tre successive famiglie ebree. Fa il tentativo di entrare tra le Carmelitane di Johannesburg che sono disposte ad accoglierla, ma poi lei non va.

1938, 21 maggio: Luisa lascia Pretoria e parte pellegrina per Gerusalemme, dove giunge il 24 giugno.

1938, 30 giugno: entra postulante nel monastero delle Clarisse a Gerusalemme col nome di Maria della Trinità.

1939, 28 agosto: prende l'abito e comincia il Noviziato.

1940, gennaio: per ordine del Padre spirituale comincia a scrivere il Colloquio dettato da una voce interiore.

1942, 16 giugno: influenza epidemica nel monastero, è colpita anche Suor Maria. Il 25 chiede di confessarsi. Alle 14,30 parte per la mèta finale dalla Gerusalemme terrestre al riposo eterno della Gerusalemme celeste.

Sabino De Sandoli, ofm

Edizioni
del Colloquio interiore

In francese

Soeur Marie de la Trinité (Louisa Jaques) Clarisse de Jérusalem (1901-1942), Beyrouth 1943. Prima edizione curata da S. Van den Broeck.

Soeur Marie de la Trinité (Louisa Jaques) Clarisse de Jérusalem (1901-1942). Conversion Vocation Carnets, Deuxième édition, Imprimerie S. François, Malines 1948. Seconda edizione curata da S. Van den Broeck.

Louisa Jaques. Qu'un même amour nous rassemble. Soeur Marie de la Trinité, sa vie – son message. Écrits recueillis par Fr. Alain Duboin ofm, Apostolat des Éditions – Éditions Paulines Paris – Montreal 1977.

In olandese

Zuster [Maria] van de Drieëenheid. Claris van Jeruzalem (1901-1942), *Bekering. Roeping. Aantekeningen*, Mechelen, St. Franciscus-Drukkerij 1949. Curata da S. Van den Broeck.

In italiano

Suor Maria della Trinità Clarissa di Gerusalemme, *Colloquio interiore*, Tipografia dei PP. Francescani, Gerusalemme 1943. Prima edizione.

Suor Maria della Trinità Clarissa di Gerusalemme (1901-1942), *Colloquio interiore*, Tipografia dei PP. Francescani, Gerusalemme

1949. Questa seconda edizione, pur portando le indicazioni tipografiche di Gerusalemme, sembra realizzata in Italia a cura del Centro di Propaganda e Stampa di Terra Santa di Milano. Il medesimo Centro ha curato tutte le successive edizioni e ristampe: 1955, 1962 (?), 1967, 1975, 1988, 1990.

Suor Maria della Trinità, *È l'amore che conduce alla follia della croce. Via crucis a Gerusalemme con i testi del* Colloquio interiore, Edizioni Terra Santa, Milano 2013.

In inglese

The Spiritual Legacy of Sister Mary of the Holy Trinity Poor Clare of Jerusalem (1901-1942). Edited by S. van den Broek. Translated from the French, The Newman Press, Westminster, Maryland 1950.

The Life and message of Mary of the Holy Trinity Poor Clare of Jerusalem (1901-1942) by Father Alain-Marie Duboin (in cooperation with the Poor Clares Corpus Christi Monastery, Rockford, Illinois), Tan Books and Publishers, Inc. Rockford, Illinois 1987.

In tedesco

Jesus – Ihn höret. Schwester Maria von den Hl. Dreifaltigkeit (Louise Jaques) Konvertitin – Klarissin, 1901-1942. Übertragung und Einführung von F. Butter, San Damiano-Verlag, Fribourg 1950.

Jesus – Ihn höret. Schwester Maria von den Hl. Dreifaltigkeit (Louise Jaques) Konvertitin – Klarissin, 1901-1942. Übertragung und Einführung von F. Butter, 2. verbesserte Auflage, Kanisius-Verlag, Freiburg / Konstanz / München 1957.

F. Butter, *Jesus. Offenbarungen an Maria von den Heiligisten Dreifaltigkeit Louisa Jacques (1901-1942), Konvertitin, Klarissin,* Stein am Rhein, Christiana-Verlag, Dritte, erweiterte Auflage 1978.

In spagnolo

Sor María de la Trinidad Clarisa de Jerusalén, *Coloquio Interior* (Colección "Paulus"), Ediciones Paulinas, Madrid 1960.

In arabo

Fī madrasat Yasū'. Maryam lil-Thālūth al-Aqdas, Rāhibat al-klarīss fī al-Quds al-sharīf 2015 [= *Alla scuola di Gesù*. Maria della Ss.ma Trinità, Suora Clarissa nella nobile Gerusalemme. Tradotto dall'italiano da Mons. Salìm Sàyegh, Gerusalemme, 2015].

Bibliografia
su Suor Maria della Trinità

H. U. von Balthasar, "Katholische Meditation", *Geist und Leben* 51 (1978) 28-37.

H. U. von Balthasar, "Préface", *Louisa Jaques. Qu'un même amour nous rassemble. Soeur Marie de la Trinité, sa vie, son message*. Ecrits recueillis par Fr. Alain Duboin ofm, Apostolat des Éditions – Éditions Paulines Paris – Montréal 1979, 7-11 = "Per una lettura della vita e degli scritti di Suor Maria della Trinità Clarissa di Gerusalemme", *Forma Sororum* 27 (1990) 369-372; "The Spiritual Legacy of Sister Mary of the Holy Trinity", in *Cistercian Studies* 19 (1994) 191-194.

R. Brechet, "Sr Marie de la Trinité (1901-1942) clarisse vaudoise à Jérusalem", *La Terre Sainte*, Mai-Juin (1978) 96-102.

F. Canova, "Notizie biografiche [di Suor Maria della Trinità]", *La Terra Santa* 21 (1946) 49-50.

F. Canova, "Un fatto singolare [guarigione prodigiosa attribuita all'intercessione di Suor Maria della Trinità]", *La Terra Santa* 22 (1947) 55-57.

C. G. Cremaschi, *Dieci donne allo specchio*, Edizioni Francescane, Bologna 1993, 355-378 (Cercate prima il Regno. Suor Maria della Trinità, 1901-1942)".

S. De Sandoli, "Suor Maria della Trinità (Luisa Jaques)", *Acta Custodiae Terrae Sanctae* 38 (1993) 443-447.

S. De Sandoli, "Sulle tracce di Sr Maria della Trinità", *La Terra Santa*, Marzo-Aprile 1995, 44-46. = "Sur les traces de Soeur Marie de la Trinité", *La Terre Sainte*, Septembre-Octobre 1995, 251-254.

G. Egger, *Franziskanerinnen und Franziskaner*. Sie folgten der Spur von Bruder Franz und Schwester Klara, Freiburg Schweiz 2000, 94-101 (Louise Jacques).

G. Egger, "Eine Schweitzer Convertitin und Mystikerin im Klarissenkleid. Der Werdegang von Louise Jaques (1901-1942) zur Schwester Maria von Dreifaltigkeit", *Helvetia Franciscana* 30 (2001) 198-223.

G. Faccio, "Voce misteriosa nei 'Carnets' di Suor Maria della Trinità Clarissa di Gerusalemme (1901-1942)", *La Terra Santa* 22 (1947) 112-119.

G. Geiger, "Sr. Maria von der Dreifaltigkeit (Louisa Jaques). Eine Schweizer Mystikerin aus dem Jerusalemer Klarissenkloster", *Im Land des Herrn* 69 (2015) 27-33.

P. Greganti, "Colloquio interiore", *La Terra Santa* 21 (1946) 25-27.

V. Joannes, "Verso Gerusalemme, il 'porto' dell'umanità. Esperienza umana e spirituale di suor Maria della Trinità clarissa di Gerusalemme", *Almanacco di Terra Santa 1981*. Supplemento al n. 6 di *Eco di Terra Santa*, Novembre-Dicembre 1979, 56-61.

V. Juhász, "Una rosa mistica nella Valle dei Giganti", *La Terra Santa* 22 (1947) 189-196.

C. J. Lynch (ed.), *A Poor Man's Legacy. An Anthology of Franciscan Poverty*. Franciscan Pathways, New York 1988, 561-564. Vengono riprodotti alcuni pensieri di Suor Maria sulla povertà.

I. Mancini, "Infanzia spirituale in Suor Maria della Trinità Clarissa di Gerusalemme (1901-1942)", *La Terra Santa* 23 (1948) 137-144.

I. Mancini, "L'umiltà nel 'Colloquio interiore' di Suor Maria della Trinità Clarissa di Gerusalemme (1901-1942)", *La Terra Santa* 24 (1949) 171-175.

I. Mancini, "Come scrive una clarissa", *La Terra Santa* 25 (1950) 53-56.

I. Mancini, "Soeur Marie de la Trinité clarisse", *La Terre Sainte*, Janvier-Février 1993, 4-6.

I. Mancini, "Suor Maria della Trinità, Clarissa di Gerusalemme, nel primo centenario della nascita (1901-2001) e il suo 'Colloquio interiore'", *La Terra Santa*, Maggio-Giugno 2002, 23-26.

Marie de Jésus, "Suor Maria della Trinità Clarissa di Gerusalemme", *Comunione e Comunicazione*. Quaderni dell'Ufficio OFM "Pro Monialibus", Numero Speciale 16, Roma 1993, 138-146.

L. Mirri, "Maria della Trinità", *Vita Minorum* 59 (1999) 422-437.

Piccolo seme in terra di Gerusalemme. Newsletter degli Amici di Suor Maria della Trinità, n. 0 – 25 giugno 2015.

B. Stolz, "Luise Jacques Sr. Maria von der Dreifaltigkeit", in Idem, *Heiligkeit im heiligen Lande*. Im Verlauf der letzten zwei Jahrhunderte, Jestetten 1985, 59-79.

F. Tudda, "Suor Maria della Trinità", *Cenacolo sacerdotale* 1 / 2001, 13-32.

Numerosi siti internet riproducono in inglese o in italiano testi dagli scritti di Suor Maria della Trinità o danno notizie sulla sua vita.

Indici

Indice biblico
degli *Appunti* e *Via Crucis*

Vengono segnalati i testi citati letteralmente o quasi; le lettere si riferiscono ai capoversi.

Antico Testamento

Es 3,14: 338a.
Is 53,3: 109a, 330, 419d.

Nuovo Testamento

Mt 5,5: 503b.
Mt 5,16: 183g, 288e, 352i.
Mt 5,29: 436d.
Mt 5,44: 352g.
Mt 6,10: 75, 453.
Mt 6,33: 37c, 56f, 85e, 516a, 521d.
Mt 7,8: 140a.
Mt 7,12: 216b; St. V.
Mt 9,36: 204b.
Mt 11,28: 308, 428.
Mt 11,29-30: 414a-c.
Mt 11,30: 146a, 173f, 219a.c, 507.
Mt 12,20: 352h.
Mt 13,2: 352n.
Mt 13,12: 193b.

Mt 13,30: 52, 352e.

Mt 17,5: 137c.

Mt 23,8: 197.

Mt 24,35: 342c.

Mt 25,40: 417f.

Mc 1,3: 348l.

Mc 9,39: 582b.

Lc 1,28: 272a.

Lc 6,40: 432d.

Lc 9,62: 436c.

Lc 11,10: 140a.

Gv 3,8: 248e.

Gv 4,10: 53.

Gv 4,24: 581b.

Gv 10,4.14: 86b.

Gv 13,35: 388d.

Gv 14,2: 582d.

Gv 14,6: 338b.

Gv 15,5: 71a, 124, 361h, 417e, 559d.

Gv 15,12: 315a, 352m, 417c, 529d.

Gv 16,33: 575e.

Gv 18,36: 189a.

Gv 21,22: 296b.

At 20,35: 487.

Rm 12,21: 19c, 52, 68g, 200, 300, 352f, 365b, 366g, 418g, 581a, 660b, 664.

1Cor 9,22: 619d.

Gal 2,20: 188e.

Gal 6,2: St. V.

Ap 2,10: 88e.

Ap 3,20: St. VI.

Ap 22,13: 98c.i.

Indice analitico

I numeri rinviano agli Appunti; *"nota" alle note a piè di pagina degli* Appunti; *"St." alle stazioni della* Via Crucis; *"Offerta" all'*Offerta del mattino.

Amore (Dio-amore): 22, 168, 169, 278, 291, 492.

Amore a Dio: 3, 20, 21, 23, 37, 41, 42, 44, 47, 58, 60, 63, 64, 65, 66, 76, 86, 88, 95, 96, 97, 103, 109, 124, 126, 134, 135, 136, 140, 148, 150, 151, 165, 174, 177, 178, 183, 185, 188, 191, 201, 213, 214, 215, 219, 223, 227, 235, 243, 247, 249, 278, 295, 348, 359, 361, 374, 378, 384, 394, 402, 403, 405, 411, 417, 419, 427, 429, 437, 438, 448, 463, 464, 469, 479, 489, 499, 505, 507, 510, 526, 548, 553, 564, 589, 592, 598, 601, 625, 626, 629, 631, 637, 653; St. XI.

Amore/Carità-azione: 150, 183, 204, 257, 394, 437, 621; St. VIII.

Amore al prossimo: 69, 78, 106, 116, 127, 134, 139, 147, 151, 173, 175, 177, 178, 180, 183, 212, 221, 235, 237, 243, 247, 249, 257, 264, 276, 281, 289, 297, 323, 341, 343, 348, 374, 376, 383, 407, 417, 419, 438, 439, 448, 463, 487, 489, 531, 553, 577, 584, 592, 618, 634; St. XII.

Amore di Dio: 56, 61, 63, 69, 96, 97, 99, 109, 110, 116, 126, 127, 133, 150, 157, 161, 173, 184, 190, 194, 195, 221, 224, 231, 235, 237, 270, 325, 358, 364, 376, 394, 412, 417, 424, 432, 438, 477, 480, 495, 512, 523, 551, 557, 560, 572, 584, 586, 608; Offerta; St. II, VII.

Amore-dono divino: 20, 22, 174, 224, 291, 463; St. VII.

Amore e Sofferenza: 37, 69, 105, 109, 134, 174, 224, 361, 626; St. VII, IX.

Angeli: 326, 453.

Anime (salvezza delle): 152, 157, 159, 177, 187, 278, 315, 362, 381, 419, 441, 442; St. VII, VIII.

Anime (sete di): 177, 231, 450, 489, 505; St. XII.

Apostolato / Missione: 53, 78, 125, 169, 173, 184, 206, 214, 330, 363, 365, 370, 401, 407, 449, 653; St. VIII.

Aridità: 163, 195.

Ascolto della voce divina: 20, 21, 24, 28, 33, 35, 37, 55, 62, 63, 64, 71, 118, 122, 124, 130, 137, 173, 177, 184, 211, 222, 238, 243, 245, 247, 256, 271, 276, 290, 299, 305, 310, 314, 317, 331, 366, 384, 391, 394, 411, 425, 426, 433, 446, 475, 490, 523, 560, 581, 610, 614, 621; Offerta.

Attenzione (cf. Vegliare / Vigilare): 30, 190, 195, 231, 250, 265, 283, 326, 331, 337, 355, 378, 458, 652.

Autorità: 261, 384, 415, 449.

Avarizia: 273, 300, 369.

Beatitudini: 68, 248, 254, 268, 352.

Bellezza: 45, 78, 116, 128, 188, 189, 198, 201, 216, 283, 303, 313, 355, 373, 452, 520, 563, 577.

Bene: 7, 53, 68, 79, 166, 202, 278, 326, 329, 351, 352, 385, 386, 415, 423, 441, 486, 504, 524, 526, 533, 545, 575, 577, 592, 599, 617, 632.

Benedizione: 578, 607, 621, 665, 666, 667.

Bibbia (cf. Parola di Dio, Vangelo).

Bontà: 17, 68, 128, 156, 166, 216, 221, 252, 385, 396, 449, 452, 477, 478, 481, 582, 596, 664.

Buona volontà: 3, 7, 14, 22, 40, 42, 59, 61, 96, 99, 103, 115, 132, 160, 170, 173, 180, 184, 213, 215, 235, 242, 246, 249, 251, 266, 280, 281, 324, 334, 348, 353, 375, 378, 389, 393, 394, 418, 437, 457, 461, 468, 481, 489, 491, 498, 522, 552, 554, 559, 561, 606; St. IX.

Calvario: 65, 101, 102, 165, 461, 469, 638.

Carità di Dio: 417.

Carità verso Dio: 173, 175, 299, 304, 356, 357, 389, 394, 417, 436, 499, 501.

Carità verso il prossimo: 15, 61, 68, 74, 86, 111, 175, 283, 304, 334, 356, 357, 383, 388, 407, 417, 499, 518, 522, 523, 534, 537, 569, 579, 635, 667.

Castigo: 106, 165, 217, 396, 442.

Castità e **Purezza:** 231, 291, 384, 401, 437, 586.

Chiesa o Corpo mistico di Cristo: 14, 53, 63, 64, 183, 232, 288, 381, 410, 411, 417, 418, 431, 437, 461, 502, 582, 605, 611, 640, 645, 647, 656, 657; St. VIII.

Cielo: 54, 109, 110, 126, 281, 295, 336, 370, 384, 463, 498, 524, 533, 550, 569, 583, 598.

Clarisse: 53, 82, 88, 97, 114, 151, 202, 251, 276, 379, 530, 652.

Collaborazione (cf. Cooperazione).

Colpa / Errore / Sbaglio (cf. Peccato): 15, 38, 149, 173, 216, 269, 288, 317, 320, 374, 432, 443, 486, 488, 519, 522.

Comunione dei Santi: 248, 295, 315.

Comunità: 80, 83, 84, 127, 133, 531, 533, 541, 573, 617.

Confessione : 15, 24, 177, 214, 269, 668.

Consolazione: 6, 20, 32, 61, 64, 138, 146, 152, 154, 187, 191, 192, 193, 243, 264, 337, 395, 448, 487, 533, 588, 666.

Contemplazione / Meditazione: 201, 206, 274, 358, 373, 374, 386, 488; Offerta.

Conversione: 41, 134, 151, 158, 253, 276, 339, 441, 461, 464, 551.

Cooperazione umana (cf. Corredenzione, Espiazione e Riparazione, Voto di vittima): 64, 66, 69, 78, 81, 84, 99, 102, 121, 125, 131, 132, 165, 184, 188, 195, 211, 215, 222, 224, 226, 247, 248, 276, 280, 388, 410, 419, 431, 441, 442, 498, 504, 511, 594, 598, 606, 665; St. II, V, XIII.

Corpo e Anima / Spirito: 61, 136, 141, 147, 242, 384, 433, 611.

Corredenzione (cf. Cooperazione umana): 317, 442, 463, 473 e 474 (di Maria), 495; St. IV (di Maria), XIII.

Corrispondenza: 79, 135, 173, 214, 278, 280, 284, 336, 409, 371; St. VIII.

Creazione: 18, 32, 51, 56, 72, 78, 80, 84, 85, 90, 92, 109, 110, 138, 146, 148, 175, 177, 184, 188, 221, 225, 243, 247, 248, 252, 260, 271, 278, 337, 348, 382, 395, 417, 421, 427, 496, 505, 538, 555, 560, 579, 588, 611, 614, 615, 618, 650, 652.

Cristiani anonimi: 209, 267, 372, 388, 419; St. V.

Critica: 478, 504, 512, 541.

Croce e croci: 65, 66, 247, 248, 253, 258, 267, 272, 295, 305, 335, 375, 388, 419, 424, 432, 438, 442, 445, 447, 448, 450, 461, 463, 472, 474, 498, 505, 523, 548, 566, 629; St. II, XI, XII.

Cuore: 17, 18, 20, 22, 45, 62, 65, 69, 112, 117, 127, 140, 141, 142, 146, 150, 153, 154, 157, 164, 173, 175, 177, 197, 244, 247, 253, 257,

258, 292, 295, 312, 314, 328, 342, 349, 387, 402, 413, 432, 437, 463, 471, 486, 489, 505, 507, 529, 552, 554, 555, 572, 582, 586, 589, 618, 626, 634, 652; Offerta; St. XI, XII, XIII, XIV.

Cuore di Gesù / Dio: 4, 5, 14, 47, 54, 59, 65, 114, 125, 134, 142, 147, 152, 157, 177, 184, 243, 245, 246, 247, 280, 289, 295, 374, 377, 414, 417, 424, 486, 487, 504, 505, 524, 611, 617, 626.

Delusione: 95, 137, 274, 283, 289, 378, 434, 435, 492, 527, 586, 619, 620, 637, 652.

Demonio e Satana: 351, 453, 478, 512, 538, 573, 575.

Desiderare / Desiderio: 7, 10, 11, 12, 14, 15, 17, 20, 21, 24, 25, 30, 38, 41, 42, 45, 48, 53, 55, 56, 58, 64, 70, 71, 72, 80, 88, 92, 94, 97, 99, 100, 103, 114, 117, 118, 119, 126, 131, 148, 152, 155, 165, 169, 172, 173, 174, 177, 183, 185, 186, 192, 202, 210, 211, 212, 216, 226, 229, 235, 236, 239, 240, 241, 245, 250, 255, 256, 261, 267, 273, 280, 281, 282, 283, 289, 297, 299, 301, 302, 304, 310, 314, 316, 319, 321, 330, 331, 333, 335, 336, 339, 343, 351, 353, 356, 363, 364, 370, 381, 384, 393, 401, 403. 408, 413, 414, 416, 418, 420, 421, 422, 424, 437, 440, 444, 449, 451, 452, 457, 468, 480, 481, 482, 492, 494, 506, 515, 521, 522, 528, 533, 540, 543, 544, 545, 547, 551, 557, 558, 559, 560, 573, 576, 585, 599, 611, 616, 621, 625, 638, 651, 652, 655, 668, 670; Offerta; St. IV, XII, XIII, XIV.

Difendersi / Vendicarsi: 2, 6, 19, 99, 210, 246, 301, 371, 460, 504, 571, 651.

Dio Padre: 127, 153, 237, 276, 279, 322, 326, 352, 394, 403, 412, 433, 449, 473, 553, 557, 559, 564, 576, 577, 581, 582, 615; St. XII.

Diritto: 2, 159, 261, 656, 657; St. X.

Distrazione: 32, 92, 316, 386, 444, 481, 492.

Dolcezza: 5, 29, 47, 64, 112, 207, 241, 272, 293, 312, 313, 317, 318, 366, 385, 414, 418, 453, 455, 463, 485, 489, 492, 497, 503, 522, 536, 596, 607, 660; St. VI.

Doni divini: 23, 53, 54, 61, 63, 76, 110, 117, 126, 139, 140, 159, 170, 173, 184, 193, 195, 222, 237, 248, 249, 250, 276, 295, 353, 384, 392, 394, 395, 428, 468, 471, 480, 492, 497, 506, 527, 528, 559, 572, 574, 577, 594, 627, 636, 638, 647, 656; St. VI, VIII, X.

Doppiezza: 90, 243, 306, 396.

Dovere: 27, 36, 42, 57, 80, 108, 210, 238, 323, 371, 420, 438, 444, 452, 566, 608, 649; Offerta.

Ecumenismo: 36, 39, 53, 64, 72, 134, 151, 158, 232, 235, 434, 461, 605; St. VIII.

Egoismo: 18, 346, 394, 448, 491, 522, 527, 530, 541, 577, 612, 653.

Esempio: 4, 217, 225, 254, 383, 398, 405, 532, 581, 592, 609.

Espiazione e Riparazione: 19, 38, 39, 42, 60, 61, 64, 66, 69, 79, 86, 88, 109, 151, 154, 157, 186, 264, 269, 306, 317, 320, 334, 345, 357, 361, 363, 365, 390, 448, 478, 482, 486, 487, 492, 498, 506, 522, 528, 533, 534, 558, 564, 597, 605, 638, 639, 650, 662, 668.

Eucaristia e Santa Comunione: 118, 143, 176, 245, 298, 305, 311, 322, 347, 354, 363, 370, 386, 407, 421, 433, 438, 440, 443, 494, 497, 506, 518, 523, 525, 533, 554, 595, 598, 619, 638, 662, 665, 670; Offerta; St. XII.

Fede: 9, 29, 37, 39, 64, 74, 81, 104, 133, 165, 173, 175, 183, 198, 204, 223, 235, 248, 295, 299, 312, 335, 394, 402, 419, 423, 427, 437, 439, 444, 446, 469, 501, 538, 592, 598, 646; St. VIII.

Fedeltà: 15, 21, 88, 117, 174, 176, 177, 185, 191, 199, 214, 235, 264, 272, 283, 311, 317, 334, 335, 363, 366, 375, 394, 405, 436, 490, 492, 522, 528, 530, 534, 560, 565, 593, 595, 605, 614, 647, 648, 653, 666.

Felicità (cf. Gioia): 8, 25, 55, 60, 72, 93, 95, 96, 98, 113, 127, 169, 173, 184, 190, 201, 225, 239, 240, 247, 266, 269, 278, 295, 297, 298, 313, 350, 403, 420, 438, 481, 492, 504, 552, 587, 614, 648, 666.

Fiducia: 11, 14, 63, 78, 94, 95, 114, 121, 125, 161, 169, 215, 226, 228, 230, 237, 243, 265, 276, 319, 385, 422, 435, 464, 501, 528, 641, 652.

Filialità spirituale: 55, 59 e 85 ("Figliola" e "Figlia": Gesù alla Suora qui e altrove), 85, 91, 145, 168, 173, 190, 430; Offerta.

Follia (della croce): 107, 448, 505, 548, 629.

Fraternità spirituale : 17, 22, 30, 41, 42, 70, 127, 131, 166, 197, 212, 214, 226, 230, 237, 239, 240, 248, 252, 255, 265, 277, 279, 282,

283, 290, 293, 297, 306, 315, 326, 338, 347, 366, 374, 379, 390, 405, 412, 417, 440, 442, 450, 451, 452, 462, 464, 468, 477, 481, 486, 489, 519, 529, 538, 572, 576, 584, 596, 597, 599, 609, 630, 633; St. XI.

Gelosia: 78, 111.

Generosità: 22, 23, 42, 63, 78, 99, 132, 169, 180, 184, 235, 247, 249, 251, 280, 286, 324, 328, 334, 343, 348, 375, 378, 383, 389, 393, 394, 418, 419, 437, 448, 449, 450, 453, 460, 468, 481, 489, 491, 492, 498, 522, 529, 554, 559, 561, 577, 596, 606, 614, 670; St. V, VIII, IX, XII.

Gerusalemme: 65, 502, 575.

Giogo di Gesù: 146, 173, 219, 414, 507.

Gioia: 1, 6, 11, 16, 29, 32, 46, 47, 59, 68, 72, 90, 95, 96, 111, 112, 114, 118, 126, 131, 140, 157, 169, 173, 180, 183, 184, 190, 193, 195, 196, 197, 198, 208, 215, 220, 222, 233, 258, 268, 269, 312, 313, 323, 342, 343, 348, 352, 353, 356, 362, 364, 369, 384, 386, 387, 393, 394, 400, 420, 427, 429, 438, 439, 451, 452, 468, 481, 487, 492, 495, 499, 505, 521, 522, 533, 552, 565, 566, 569, 581, 587, 596, 597, 608, 626, 628, 638; St. II, VI.

Giudicare: 15, 17, 204, 211, 261, 318, 390, 408, 434, 488.

Giudizio di Dio: 135, 177, 362, 488.

Giustizia: 37, 56, 261, 63, 80, 85, 86, 102, 173, 197, 396.

Gloria di Dio: 350.

Gratitudine / Riconoscenza / Ringraziamento: 139, 154, 159, 180, 182, 214, 231, 268, 291, 295, 302, 339, 345, 392, 400, 480, 530, 560, 597, 619; St. IV.

Grazia e grazie: 7, 36, 50, 52, 54, 77, 89, 110, 114, 132, 133, 140, 143, 151, 164, 173, 182, 185, 186, 188, 215, 248, 272, 280, 284, 288, 302, 303, 313, 317, 327, 332, 348, 355, 362, 366, 370, 390, 391, 394, 402, 418, 426, 428, 433, 449, 450, 461, 468, 474, 480, 498, 506, 551, 554, 560, 561, 563, 569, 586, 615, 640, 641, 648, 659; St. VI, VIII.

Guerra: 159, 399, 486.

Illusione: 9, 146, 338, 351, 527, 573.

Imitazione e Sequela di Cristo: 119, 139, 165, 167, 176, 183, 211, 246, 249, 276, 288, 296, 314, 322, 324, 336, 351, 352, 358, 363, 366, 372, 373, 378, 387, 403, 419, 420, 421, 433, 438, 442, 457, 461, 463, 469, 472, 516, 523, 533, 559, 560, 575, 576, 624, 638, 662, 665, 670; St. I, III, XI, XII.

Immolazione: 297, 322, 324, 363; St. XI.

Infanzia spirituale: 240, 274, 314, 325, 328, 394, 409, 430, 580, 587; St. XIII.

Intenzione: 42, 92, 173, 265, 286, 396, 401, 437, 438, 488, 527, 559, 586, 608; St. V, VIII.

Intercessione (cf. Preghiera): 39, 433, 545, 638; St. IV.

Lacrime / Pianto: 341, 463, 471, 670; St. VIII.

Lavoro / Fatica: 3, 15, 16, 31, 35, 37, 54, 56, 65, 69, 85, 91, 103, 112, 115, 155, 201, 203, 211, 226, 231, 238, 245, 254, 276, 277, 280, 288, 295, 321, 328, 336, 344, 353, 359, 366, 381, 387, 394, 399, 425, 471, 481, 484, 507, 526, 550, 553, 581, 606, 607, 667; St. VII, XIII.

Libertà (cf. Responsabilità): 4, 21, 35, 61, 66, 69, 153, 184, 204, 248, 280, 310, 311, 313, 402, 406, 418, 431, 436, 446, 467, 492, 511, 563, 609, 614.

Liturgia: 87, 317, 420-427, 445, 636.

Luoghi Santi (cf. Calvario, Gerusalemme): 101, 448, 469, 575; St. XIV.

Malati: 64, 68, 74, 328, 493, 533, 591.

Male: 68, 78, 79, 106, 166, 173, 288, 337, 402, 456, 528, 533, 538, 541, 542, 575, 584, 608.

Maria Madre di Gesù e della Chiesa: 9, 27, 37, 39, 55, 110, 114, 151, 154, 188, 207, 210, 224, 237, 241, 259, 279, 281, 289, 304, 311, 317, 326, 335, 341, 363, 365, 377, 403, 430, 449, 473, 474; St. IV, X, XII, XIII.

Martire / Martirio: 94, 546, 571.

Maternità spirituale (cf. Superiore): 145, 168, 173, 188, 190, 553, 650.

Mediocrità / Tiepidezza / Negligenza: 15, 60, 74, 92, 133, 152, 214, 218, 269, 343, 436, 561; St. IX.

Menzogna: 90, 92, 243, 273, 300, 301, 351, 394, 396, 422, 522, 573, 584, 602, 656.

Merito: 328, 640; St. XIII.

Mezzi: 69, 74, 89, 98, 121, 132, 231, 248, 253, 310, 351, 352, 375, 408, 411, 418, 442, 480, 511, 521, 532, 564, 572, 573, 665.

Misericordia: 156, 250, 262, 364, 372, 473, 477, 480, 498, 557, 567, 614.

Misteri salvifici: 445, 447, 473, 498.

Monastero / Chiostro / Clausura: 4, 7, 31, 32, 37, 47, 64, 74, 80, 256, 264, 334, 346, 353, 363, 373, 433, 437, 440, 453, 472, 500, 526, 530, 569, 577, 579, 588, 607, 611, 617, 646, 649, 652, 655, 657, 659, 666; nota 66.

Morte: 87, 88, 142, 145, 155, 174, 273, 281, 364, 367, 371, 386, 427, 438, 442, 467, 524, 599; St. I, VII, IX, X, XII.

Mortificazione (cf. Penitenza): 244, 328, 384, 398, 437, 572, 623, 624, 625.

Obbedienza / Docilità / Sottomissione (cf. Ascolto): 9, 27, 37, 41, 42, 58, 119, 124, 142, 150, 201, 219, 227, 248, 261, 276, 299, 302, 304, 321, 331, 335, 348, 354, 361, 384, 386, 391, 394, 402, 421, 426, 433, 437, 439, 442, 443, 449, 455, 461, 502, 522, 546, 559, 564, 584, 585, 615, 647.

Oblio di sé: 1, 64, 81, 624, 638.

Offerta / Offrire: 7, 15, 21, 39, 42, 43, 48, 61, 80, 82, 86, 100, 101, 109, 110, 150, 151, 160, 165, 213, 233, 252, 268, 289, 361, 362, 363, 379, 384, 418, 427, 462, 477, 508, 522, 533, 550, 557, 564, 650, 670; Offerta; St. XI.

Omissione: 15, 175, 269.

Opere / Azioni: 14, 15, 16, 17, 37, 55, 61, 64, 76, 97, 125, 150, 174, 175, 183, 197, 204, 209, 218, 235, 251, 267, 280, 281, 301, 311, 322, 329, 372, 379, 413, 437, 442, 461, 472, 479, 506, 511, 526, 538, 550, 581, 599, 605, 611, 617, 619, 621; St. V.

Ordine e Disordine: 16, 37, 55, 59, 63, 68, 74, 85, 90, 92, 102, 221, 231, 243, 247, 285, 310, 353, 355, 413, 420, 427, 438, 441, 487, 491, 534, 619, 649.

Orgoglio: 350, 424, 429, 486, 522, 527, 586, 633.

Pace: 45, 68, 196, 221, 272, 310, 399, 413, 438, 439, 499, 571, 583, 604.

Padre spirituale: 27, 33, 37, 42, 56, 58, 60, 94, 117, 131, 146, 163, 171, 192, 214, 247, 276, 302, 335, 351, 391, 480, 483, 490, 528, 547, 556, 557, 567, 585, 594, 613; St. VIII, XII.

Parola/e di Dio (cf. Vangelo): 102, 159, 169, 173, 199, 210, 223, 247, 284, 342, 363, 372, 436; St. VIII.

Passione di Cristo: 43, 66, 69, 96, 109, 112, 246, 249, 288, 317, 324, 358, 365, 373, 386, 421, 438, 442, 460, 463, 474, 492, 564, 575, 641, 659; St. IX.

Paura / Timidezza: 9, 56, 82, 87, 100, 103, 117, 122, 141, 364, 386, 587, 629.

Pazienza: 5, 29, 114, 264, 272, 295, 301, 305, 312, 317, 348, 373, 407, 433, 449, 478, 522, 536, 557, 589.

Peccato / Peccatore: 42, 61, 68, 81, 86, 109, 134, 143, 149, 152, 157, 165, 177, 192, 214, 225, 299, 313, 315, 317, 324, 334, 345, 353, 362, 363, 364, 374, 403, 412, 429, 434, 442, 478, 500, 506, 518, 524, 545, 547, 564, 565, 586, 647.

Pena (cf. Sofferenza): 235, 372, 374, 384, 463, 487, 505, 508, 535, 566, 652; St. VII.

Penitenza: 42, 43, 57, 133, 136, 147, 160, 186, 254, 328, 335, 352, 394, 650.

Pentimento: 15, 152, 157, 220, 292, 429, 487, 564, 662.

Perdizione / Inferno: 129, 152, 159, 336; St. IX.

Perdono: 15, 22, 68, 86, 147, 186, 278, 309, 313, 323, 394, 429, 491, 537, 608, 668; St. IV, XII.

Perseveranza: 215, 469, 614.

Potenza / Onnipotenza divina: 99, 121, 132, 184, 215, 237, 252, 262, 269, 276, 298, 301, 319, 358, 364, 438, 461, 501, 511, 554, 563, 581, 582, 602, 612, 614, 632, 669.

Povertà / Distacco / Spogliamento: 12, 35, 37, 54, 58, 60, 63, 117, 126, 127, 155, 188, 189, 201, 225, 244, 254, 267, 268, 300, 334, 335, 348, 352, 366, 384, 399, 437, 457, 460, 482, 487, 492, 531, 550, 552, 617, 624, 651; St. X.

Predilezione: 10, 41, 91, 100, 105, 125, 176, 177, 377, 487, 562.

Preghiera / Supplica: 15, 42, 43, 53, 63, 64, 75, 78, 82, 114, 130, 131, 134, 140, 146, 151, 157, 172, 181, 196, 214, 215, 227, 232, 273, 278, 294, 295, 301, 305, 317, 326, 333, 335, 352, 370, 394, 421, 426, 427, 430, 444, 449, 450, 453, 455, 486, 523, 557, 591, 598, 603, 605, 619, 638, 650; St. IV, VIII, XIII.

Presenza divina: 64, 78, 118, 119, 122, 143, 190, 293, 311, 361, 384, 446, 492, 495, 560, 577.

Protestanti: 14, 39, 88, 158, 288, 306, 461, 551, 605.

Prova (cf. Sofferenza): 43, 79, 185, 105, 109, 133, 198, 287, 295, 328, 341, 363, 419, 432, 447, 521.

Provvidenza: 120, 277, 327, 457, 522.

Purezza (cf. Castità).

Realtà: 5, 223, 231, 251, 280, 338, 351, 433, 517, 598.

Redenzione / Riscatto (cf. Salvezza): 177, 313, 315, 324, 381, 386, 388, 445, 473, 474, 586, 619; St. II, IX.

Regno di Dio: 18, 37, 56, 69, 74, 75, 78, 80, 85, 90, 99, 100, 112, 173, 189, 223, 225, 228, 247, 273, 292, 312, 348, 363, 414, 436, 453, 470, 516, 521, 533, 554, 555, 575, 606, 665.

Regola: 15, 37, 115, 176, 202, 276, 306, 334, 394, 507, 528, 530, 531, 595, 597, 647, 648, 653, 656, 666, 667; St. XII.

Responsabilità: 77, 79, 81, 124, 158, 214, 250, 280, 306, 395, 406, 410, 434, 442, 449, 492, 511, 519.

Ricami: 458, 459, 462, 464, 486, 490, 492, 515.

Ricompensa: 21, 139, 170, 235, 295, 299, 342, 389, 419, 436, 439, 533, 559, 593, 623, 648; St. VI.

Riparazione (cf. Espiazione).

Risurrezione: 427, 442, 445; St. XIV.

Rosario: 39, 82.

Sacerdote (cf. Padre spirituale): 146, 177, 214, 248, 421, 443, 619; St. VIII.

Sacramenti: 137, 214, 288, 295, 348, 461, 551, 554, 584, 615.

Sacrifici: 7, 41, 75, 83, 120, 133, 174, 214, 226, 231, 253, 289, 315, 346, 357, 360, 366, 437, 457, 499, 522, 562, 598, 602.

Salute: 145, 160, 305, 375.

Salvatore / Redentore: 15, 63, 98, 243, 291, 349, 394.

Salvezza / Redenzione: 86, 159, 165, 278, 300, 313, 332, 335, 341, 362, 381, 411, 419, 432, 442, 474, 530, 598; St. II, V, IX.

Santi: 32, 36, 125, 215, 299, 326, 333, 335, 363, 558, 601.

Santità: 36, 45, 63, 102, 159, 408, 409, 449, 519, 559, 599, 612, 614.

Sapienza: 9, 102, 271, 442, 449, 474, 522, 647, 654.

Semplicità: 58, 60, 173, 235, 254, 271, 293, 328, 352, 394, 573, 574, 652.

Servizio: 14, 56, 66, 85, 103, 184, 187, 191, 219, 225, 231, 239, 240, 248, 304, 339, 343, 363, 372, 375, 383, 384, 400, 431, 437, 553, 561; Offerta; St. XI.

Silenzio: 2, 3, 4, 15, 20, 33, 42, 52, 55, 92, 174, 176, 184, 185, 188, 196, 201, 203, 210, 222, 225, 244, 247, 248, 259, 267, 272, 282, 290, 305, 310, 317, 320, 343, 348, 352, 355, 361, 363, 366, 406, 418, 433, 438, 444, 445, 449, 493, 521, 533, 535, 558, 579, 581, 610, 619, 621, 638, 654; Offerta; St. IV.

Simone il Cireneo: 388, 419, 447, 474; St. V.

Sincerità: 58, 81, 92, 129, 173, 174, 210, 306, 346, 569, 573, 618.

Sofferenza: 3, 6, 15, 43, 56, 61, 62, 64, 90, 105, 120, 154, 157, 164, 165, 249, 264, 297, 324, 326, 345, 373, 380, 384, 403, 431, 447, 452, 457, 463, 473, 474, 488, 489, 492, 495, 508, 523, 533, 539, 552, 558, 561, 564, 583, 589, 598, 622, 637, 638, 639, 646, 659, 661, 670; St. II, VIII, IX.

Soggettivismo: 63, 402, 582, 656, 657.

Solidarietà (cf. Responsabilità): 27, 77, 214, 248, 251, 640, 647.

Solitudine: 290, 493.

Sorgente: 32, 63, 247, 288, 294, 308, 396, 449 (Maria), 521, 522.

Speranza: 41, 59, 173, 183, 223, 276, 295, 312, 393, 394, 501, 569, 634; St. VIII.

Spirito Santo: 85, 94, 116, 127, 159, 184, 196, 197, 217, 221, 222, 226, 231, 237, 248, 267, 269, 273, 276, 281, 291, 292, 300, 301, 315, 323, 326, 362, 363, 366, 376, 384, 394, 396, 398, 400, 415, 449, 453, 461, 481, 485, 494, 497, 513, 523, 554, 581, 597, 608, 612, 614, 615, 616.

Sponsalità spirituale: 3, 10, 118, 170, 173, 233, 267, 272, 334, 336, 365, 440, 457, 478, 481, 538, 553, 576, 650, 655; St. XII.

Superiore/ri e Madri: 10, 13, 17, 30, 37, 39, 42, 56, 58, 70, 80, 81, 82, 84, 100, 119, 131, 166, 180, 236, 261, 276, 277, 290, 306, 333, 379, 402, 404, 416, 422, 443, 449, 490, 519, 528, 530, 538, 578, 585, 620, 633; St. XII.

Svizzera: 53, 88, 97, 114, 276, 670.

Talenti: 248, 274, 381.

Tempo (preziosità del): 7, 9, 15, 23, 27, 55, 60, 124, 126, 151, 185, 208, 227, 256, 257, 296, 359, 386, 481, 482, 535, 550, 656.

Tentazioni: 325, 328, 338.

Testimoniare / Mostrare: 61, 66, 68, 94, 95, 96, 102, 129, 173, 183, 225, 310, 360, 363, 384, 474, 664.

Tiepidezza (cf. Mediocrità).

Trascendenza divina: 90, 132, 275, 582.

Trinità: 72, 78, 113, 127, 143, 240, 430, 449, 615, 616, 636, 640.

Tristezza: 188, 220, 258, 313, 342, 362, 384.

Umiltà: 131, 214, 215, 250, 254, 274, 288, 348, 350, 414, 463, 486, 522, 527, 654.

Unione / Unità: 12, 59, 64, 72, 78, 127, 148, 197, 226, 228, 232, 235, 420, 438, 445, 439, 518, 583, 616, 617, 636, 653, 655; St. VIII.

Valori: 482; St. IX.

Vangelo: 173, 274, 352.

Vegliare / Vigilare: 61, 136, 146, 151, 245, 254, 273, 317, 331, 340,

374, 394, 399, 437, 530, 586, 624, 627, 647; St. IV.

Verità: 33, 38, 45, 90, 92, 94, 95, 158, 162, 253, 254, 288, 301, 306, 310, 314, 338, 366, 418, 437, 474, 476, 533, 538, 569, 602, 605, 645, 654, 658.

Veronica: 389, 419, 448; St. VI.

Virtù: 120, 197, 219, 250, 328, 365, 396, 397, 405, 492, 497, 500, 516, 559, 586, 629.

Visita canonica: 641, 656, 659, 667.

Vita consacrata / religiosa: 37, 80, 124, 146, 184, 187, 199, 225, 254, 306, 339, 346, 373, 374, 378, 381, 408, 436, 437, 444, 516, 527, 531, 541, 553, 601, 607, 642, 656, 666.

Vita nascosta: 3, 14, 31, 113, 210, 249, 254, 310, 311, 324, 329, 370, 376, 387.

Vocazione / Chiamata: 21, 227, 335, 336, 373, 379, 437, 471, 480, 509, 514, 545, 554, 556, 567, 588, 594, 613.

Voce divina (cf. Ascolto).

Volontà divina: 12, 18, 132, 144, 169, 278, 322, 348, 353, 354, 399, 403, 437, 446, 474, 511, 536, 544, 559, 576, 614, 651.

Volontà umana: 18, 53, 61, 147, 173, 204, 246, 280, 288, 314, 354, 437, 461, 540, 545, 577, 582, 586, 505, 617, 643, 655.

Voti: 173, 183, 199, 335, 408, 437, 656; St. XI.

Voto di vittima e Vittime: 21, 61, 80, 86, 100, 102, 110, 114, 131, 151, 165, 330, 345, 363, 366, 421, 433, 460, 461, 501, 510, 533, 600, 638, 652, 662, 665, 670; St. XI.

Indice generale

Galleria fotografica

Elisa Bornand con i primi tre figli, in attesa di Luisa.

Luisa, a 10 mesi, con la sua "mammina", la zia Alice (Bornand), prima della partenza da Pretoria (1902).

Luisa con le sorelle e il fratello Alessandro.

Sopra: L'Auberson, il paese originario dei genitori di Luisa.
Casa della cugina Nelly Rey-Jaques, frequentata da Luisa.

Le tre sorelle:
Elisabetta, Alice
e Luisa (5 anni):
"una bambina molto
sveglia, dallo sguardo
deciso".

Luisa prima della sua partenza per l'Italia (1926).

Nella vecchia casa dell'Auberson (estate 1930). In vacanza coi famigliari. Luisa a destra, il padre a sinistra.

Milano: Luisa davanti a una "Grotta di Lourdes" (luglio 1928).

Luisa a La Chaux-de-Fonds (1931).

Le tre amiche: Luisa, Verena, Bluette a La Ferrière (Giura bernese).
Luisa si trovava in quel tempo a La Chaux-de-Fonds (1931).

Luisa a La Chaux-de-Fonds (1932), con l'amica Bluette.

Luisa istitutrice alla scuola cattolica di Neuchâtel, dopo il ritorno da Reims (autunno 1935).

La famiglia Jaques riunita a Pretoria (1938).
In piedi, da sinistra: Luisa, un fratellastro, Alice, Alessandro, Elisabetta.
Seduti: i genitori, Numa Jaques con la moglie, matrigna di Luisa.
Davanti: i figli di Elisabetta e di Alice.

Luisa clarissa a Gerusalemme (1940).

Mon Seigneur Jésus. Christ, ouvrez mon esprit
et mon cœur aux vérités saints que je vais
lire. mon esprit afin que j' la goûte;
ma. tandis que j' m'instruirai de vos saintes
maximes, portez . en la vérité B. le fond
de mon . cœur.   Parlez. moi vous . même
intérieurement par l'onction de votre grâce
et rendez. moi docile à vos divines leçons
de peur que j' ne sois un jour condamnée
avec ceux qui ont connu votre sainte volonté
et qui ne l'ont pas suivie "

—

+ Père Eternel qui par amour pour les âmes;
avez livré à la mort votre Fils Unique, par
son Sang, par ses Mérites et par son Cœur,
ayez pitié du monde entier et pardonnez
tous les péchés qui se commettent.

Recevez l'humble réparation des âmes qui vous
aiment, unissez. les aux Mérites de votre Divin Fils,
afin que tous leurs actes soient de grande efficacité.

   O Père Eternel! ayez pitié du monde et
n'oubliez pas que le temps de la Justice n'est pas
encore arrivé, mais celui de la Miséricorde!

Uno dei "foglietti" di Suor Maria contenente delle preghiere.

Gerusalemme. La chiesa del Monastero ai tempi di Suor Maria.

Coro del Monastero. La croce nella foto indica il posto occupato da Suor Maria.

Armonium che Suor Maria era solita suonare.

Suor Marie de l'Enfant Jésus, compagna di noviziato di Suor Maria.

Refettorio del Monastero. La croce nella foto indica il posto occupato da Suor Maria.

La cella di Suor Maria.

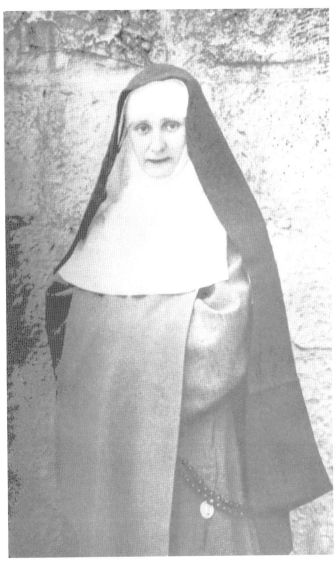

Suor Maria alcuni mesi prima della morte (1942).

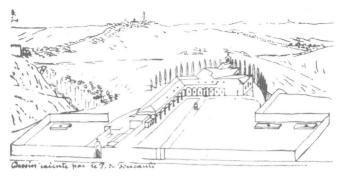

Schizzo del Monastero eseguito da Charles de Foucauld.

La tomba di Suor Maria come si presenta oggi, nel cimitero posto all'esterno del Monastero (foto Nizar M. Halloun).

Alcuni quaderni di Suor Maria (foto Nizar M. Halloun).

Il cortile interno del Monastero (foto Nizar M. Halloun).

Veduta aerea
del Monastero.

Il Crocifisso posto nel
giardino del Monastero,
davanti al quale
anche Suor Maria
sostava in preghiera
(foto Nizar M. Halloun).

THÜRINGER NATUR-SCHÄTZE

THÜRINGER
NATUR-SCHÄTZE

Naturkundliche Museen und Sammlungen
im Freistaat Thüringen

Herausgegeben von Ralf Werneburg und Eberhard Mey
im Auftrag des Museumsverbandes Thüringen e.V.

SCHNELL + STEINER

Bibliografische Information der Deutschen Nationalbibliothek:
Die Deutsche Nationalbibliothek verzeichnet diese Publikation
in der Deutschen Nationalbibliografie; detaillierte bibliografische
Daten sind im Internet über <http://dnb.dnb.de> abrufbar.

1. Auflage 2014
© 2014 Verlag Schnell & Steiner GmbH, Leibnizstr. 13, D-93055 Regensburg
ISBN 978-3-7954-2729-0
Umschlaggestaltung: Museumsverband Thüringen
Satz: typegerecht, Berlin
Druck: AZ Druck und Datentechnik GmbH, Berlin

Der Museumsverband Thüringen dankt der Sparkassen-Kulturstiftung
Hessen-Thüringen für die Unterstützung dieses Buchprojektes.

Weitere Informationen zum Verlagsprogramm erhalten Sie unter:
www.schnell-und-steiner.de

Inhalt

Grußwort der Thüringer Ministerpräsidentin Christine Lieberknecht

Thüringen, in der Mitte Deutschlands und im Zentrum Europas gelegen, ist mit Kultur- und Naturschätzen reich gesegnet. Oftmals sind Naturschätze wichtige Wegweiser der menschlichen Entwicklung und erklären bedeutende Entwicklungsschritte unserer Zivilisationsgeschichte: So finden sich die ältesten kulturellen Zeugnisse menschlicher Zivilisation auf Thüringer Boden in der sogenannten Steinrinne von Bilzingsleben. Hier siedelte vor etwa 370.000 Jahren der Urmensch in Gestalt des *Homo erectus bilzingslebensis*. Einzigartig ist der Fund des Spans eines Waldelefantenknochens mit parallelen Ritzungen. Diese Verzierungen werden als früheste Beispiele künstlerischer Umsetzung menschlicher Gedanken gedeutet.

Andere Natur-Schätze geben uns wichtige Auskunft über die Epoche der Neandertaler, die auch in Thüringen, nahe Weimar-Ehringsdorf siedelten. Das dort vorhandene Travertin-Gestein hat die Konservierung frühmenschlicher, aber auch tierischer und pflanzlicher Fossilien aus der Zeit vor rund 200.000 Jahren besonders begünstigt.

Noch viel weiter zurück – vor den Anbeginn menschlichen Lebens auf der Erde – reichen die Spuren, die Saurier im Thüringer Boden hinterlassen haben. Diese Fossilien – ob als versteinerte Spuren oder als Knochenfunde von Sauriern – geben dem Erkenntnisdrang von Wissenschaftlern neue Nahrung und führen ganze Forscherteams in unser Land. Die Funde sind wegen ihrer Einmaligkeit für die wissenschaftliche Forschung nicht selten atemberaubend, wenn nicht sogar sensationell. All diese Naturschätze und vieles mehr können in den naturkundlichen Museen und Sammlungen Thüringens bestaunt und bewundert werden. Sie sind Lernorte der Natur- und Menschheitsgeschichte.

Von je her haben materielle Zeugnisse als Schätze der Entwicklungsgeschichte Menschen in unserem Land in ihren Bann gezogen. Goethe war zeit seines Lebens ein begeisterter Sammler von Fossilien, Mineralien und Gesteinen, die er immer wieder wissenschaftlichen Forschungen oder philosophierend der einfachen Betrachtung unterzog.

Noch heute profitieren die naturkundlichen Museen in unserem Land von der Repräsentations- und Sammelleidenschaft adliger Kreise im 17./18. Jahrhundert und dem Forscherdrang naturwissenschaftlicher Pioniere. Dadurch blieben der Nachwelt viele einmalige, aber auch kuriose Sehenswürdigkeiten und Natur-Schätze erhalten. Diese lagern nicht mehr in geheimen Kabinetten oder privaten Sammlungen, sondern sie sind heute einer breiten Öffentlichkeit zugänglich.

Die vielen einmaligen Exponate in den Thüringer Naturkundemuseen verdienen es, einem breiten Publikum vorgestellt und bekannt gemacht zu werden. Die Initiative des Museumsverbandes Thüringen dies mit Hilfe eines umfangreichen Kompendiums zu realisieren, ist deshalb eine vorzügliche Idee. Das Augenmerk wird damit einmal mehr auf Thüringen gerichtet, als ein Land reich an Kultur- und Natur-Schätzen, die in einer einmaligen Museumslandschaft präsentiert werden. Ein Besuch der Thüringer Naturkundemuseen lohnt sich und bleibt als ein einmaliges Erlebnis in Erinnerung.

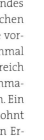

Christine Lieberknecht
Thüringer Ministerpräsidentin

❶ Naturkundliches Museum
Mauritianum
04600 Altenburg

❷ Museum für Natur-
und Kulturgeschichte der
Kyffhäuserregion
06567 Bad Frankenhausen

❸ Naturkundemuseum Erfurt
99084 Erfurt

❹ Museum für Naturkunde mit
Botanischem Garten
07545 Gera

❺ Stiftung Schloss Friedenstein
Gotha – Museum der Natur
99867 Gotha

❻ Oberes Schloss
07973 Greiz

❼ Eichsfelder Heimatmuseum
37308 Heilbad Heiligenstadt

❽ Museum Reichenfels –
Hohenleuben
07980 Hohenleuben

❾ GoetheStadtMuseum
Ilmenau
98693 Ilmenau

❿ Jagdhaus Gabelbach
(bei Ilmenau)
98693 Ilmenau

⓫ Ernst-Haeckel-Haus
07745 Jena

⓬ Friedrich-Schiller-Universität
07743 Jena

⓭ Botanischer Garten Jena
07743 Jena

⓮ Phyletisches Museum
07743 Jena

⓯ Gemeindeverwaltung
Kamsdorf
07334 Kamsdorf

⓰ Mühlhäuser Museen
99974 Mühlhausen

⓱ Thüringer Landesanstalt für
Umwelt und Geologie – Geologisches Probenarchiv Thüringen
07570 Niederpöllnitz bei Triptis

⓲ FLOHBURG – Das Nord-
hausen Museum
99734 Nordhausen

⓳ Museums Schloss Ehrenstein
99885 Ohrdruf

⓴ Museum Burg Posterstein
04600 Posterstein

㉑ Museum Burg Ranis
07389 Ranis

㉒ Brehm-Gedenkstätte
07646 Renthendorf

㉓ Naturhistorisches Museum
im Thüringer Landesmuseum
Heidecksburg
07407 Rudolstadt

㉔ Ruhlaer Orts- und
Tabakpfeifenmuseum
99842 Ruhla

㉕ Stadtmuseum Saalfeld im
Franziskanerkloster
07318 Saalfeld

㉖ Naturhistorisches Museum
Schloss Bertholdsburg Schleusingen
98553 Schleusingen

㉗ Schlossmuseum
99706 Sondershausen

㉘ Deutsches Schiefermuseum
96523 Steinach

㉙ Deutsches Goldmuseum
96528 Theuern

㉚ Bergbau- und Heimat-
museum Könitz,
07333 Unterwellenborn

㉛ Salzmannschule
Schnepfenthal
99880 Waltershausen

㉜ Stadtmuseum Weimar
im Bertuchhaus
99423 Weimar

㉝ Deutsches Bienenmuseum
Weimar
99425 Weimar

㉞ Senckenberg
Forschungsstation für
Quartärpaläontologie
99423 Weimar

㉟ Thüringisches Landesamt für
Denkmalpflege und Archäologie
mit Museum für Ur- und Frühgeschichte Thüringens
99423 Weimar

㊱ Goethe-Nationalmuseum
99423 Weimar

㊲ Staatliche Vogelschutzwarte
Seebach
99998 Weinbergen/OT Seebach

㊳ Museum »Gülden Creutz«
37339 Worbis

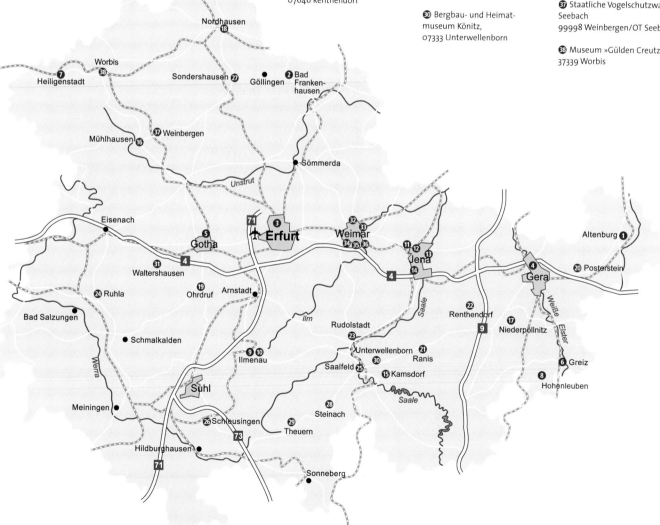

1. Einführung

Ralf Werneburg

Das größte Goldnugget – Naturalienkabinette von Fürstenhäusern – Abertausende getrockneter Pflanzen – der Schädelrest eines Neandertalers – die Arche Noah voller Tiere – Millionen Jahre alte Tiere und Pflanzen – Kollektionen von Goethe, Haeckel und Brehm – mehr als eine Million verstummter Insekten – Tausende fingerlange Branchiosaurier bis hin zu 6 m großen Dinosauriern: Wahre Schätze schlummern in den naturkundlichen Museen und Sammlungen Thüringens.

71 ausgewiesene Fachleute laden ein zu einer ›Sonderführung‹ in die Welt der Naturwissenschaften. Museen und Sammlungen haben den Vorteil, die Naturkunde mit Hilfe von 3D-Objekten plastischer erlebbar zu gestalten. Deswegen ist auch dieses Buch mit etwa 240 zumeist farbigen Abbildungen reich bebildert. Darüber hinaus sind in dieser Publikation erstmals alle öffentlichen naturkundlichen Sammlungen Thüringens in einer hohen Detailtreue zusammenfassend dargestellt. Eine enorme Datenmenge zum Inhalt der naturkundlichen Sammlungen steht mit diesem Buch nun zur Verfügung. Für Spezialisten und Hobby-Forscher ist der Datenpool eine wahre Fundgrube. Gleichwohl stellt jedes Museum seine überregional, ja sogar oft international wichtigen Sammlungsteile deutlich heraus, so dass auch der »Nicht-Thüringer« seinen Nutzen aus der Schrift ziehen wird.

Vor mehr als 300 Jahren sind die ersten naturkundlichen Sammlungen auch an den Fürstenhäusern im heutigen Thüringen angelegt worden.

Diese Naturalienkabinette sind die Keimzellen für erste naturkundliche Forschungsarbeiten und eine breitere Bevölkerungskreise erreichende Bildung auf diesem Gebiet. In dieser Tradition sehen sich auch die Museen und Sammlungen – Sammeln, Bewahren, Erforschen und Weiterbilden.

Die naturkundlichen Museen und wissenschaftlichen Sammlungen Thüringens bieten eine so reichhaltige Ressource für diverse Forschungsvorhaben, die in diesem Buch in großer Vielfalt dargestellt werden. Die Bestandsforschung in den Sammlungen ist oft international aufgestellt und fokussiert so auch die internationale Forschung auf die NATUR-SCHÄTZE Thüringens.

Die 42 naturkundlichen Sammlungen der großen Naturkundemuseen, Memorialmuseen, den Sammlungen der Friedrich-Schiller-Universität Jena und auch der regionalen Museen sind weit über Thüringen verteilt. Die Charakteristika der Einrichtungen, ihre Geschichte sowie ihre biologischen und geologischen Sammlungen werden ausführlich vorgestellt. Dazu gehören neben der Forschung auch Publikationen, Bibliotheken, Ausstellungen und der Service der Einrichtungen. Naturgemäß weichen die einzelnen Beiträge der 71 Autoren stilistisch etwas voneinander ab. Für den Inhalt der Beiträge zeichnen die Autoren verantwortlich.

Anliegen der Publikation ist es, einen schnellen Überblick über die weit verstreuten naturkundlichen Sammlungen in Thüringen zu bieten und eine gezielte Objektrecherche zu ermöglichen.

◀ Die regionale Verteilung der NATUR-SCHÄTZE in den Museen und Sammlungen Thüringens

2. Struktur und Bedeutung naturkundlicher Sammlungen in Thüringen

Eberhard Mey

In Thüringen existieren etwas mehr als 200 Museen, von denen knapp ein Viertel recht große naturhistorische Sammlungen besitzt. Ihre Entstehung reicht vielfach weit in die Vergangenheit zurück, als Thüringen über Jahrhunderte in Klein- und Kleinstaaten zersplittert war, aber dadurch eine große kulturelle Vielfalt hervorbringen konnte. In den neuzeitlichen Territorien der ernstinischen, schwarzburgischen und reußischen Landesherrschaften sowie den preußischen Verwaltungseinheiten hatten bis 1918 weit über 100 nennenswerte Naturaliensammlungen bestanden. Die heutigen Naturmuseen von Gotha und Rudolstadt (s. S. 11-12) gehen direkt auf herzogliche bzw. fürstliche Sammlungen des 17. und 18. Jahrhunderts zurück, während es sich bei den anderen Sammlungen in Altenburg, Erfurt, Gera und Jena um bürgerliche Neugründungen des 19. und 20. Jahrhunderts handelt. Das 1984 gegründete Naturhistorische Museum Schloss Bertholdsburg in Schleusingen nahm 1988 die Sammlungsbestände aus dem Herzoglichen Naturalienkabinett der Meininger Residenz auf, und im Phyletischen Museum Jena (1912 eröffnet) befinden sich Zeugnisse der ehemaligen großherzoglichen Sammlungen von Sachsen-Weimar-Eisenach (Mey 2004). Neben diesen sieben Naturmuseen Thüringens, die sich auf weit gefächerte bio- und geowissenschaftliche Sammlungen gründen, bestehen zwei naturkundliche Spezialmuseen in Weimar: die Senckenberg Forschungsstation für Quartärpaläontologie und das Ur- und Frühgeschichtsmuseum des Landes Thüringen. Von den umfangreichen naturwissenschaftlichen Sammlungen der Friedrich-Schiller-Universität Jena ragt das Herbarium Haussknecht, das zweitgrößte seiner Art in Deutschland, heraus. Drei Memorialmuseen widmen sich dem Leben und Schaffen

herausragender Naturforscher: das Ernst-Haeckel-Haus in Jena, Goethes Wohnhaus am Frauenplan in Weimar und die Brehm-Gedenkstätte in Renthendorf. All die genannten Museen, Sammlungen und Gedenkstätten sind von überregionaler Bedeutung. Kleinere naturhistorische Kollektionen befinden sich in mehr als 20 Heimat- und Regionalmuseen. So ist im Schlossmuseum Sondershausen das Naturalienkabinett der Fürsten zu Schwarzburg-Sondershausen mit einem wertvollen Bestand teilweise erhalten geblieben, oder im Museum Burg Ranis steht eine weltweit einmalige Sammlung von Seismografen.

Als kommunale Träger all dieser Einrichtungen mit naturhistorischem Sammlungsgut fungieren im Einzelnen die Friedrich-Schiller-Universität Jena, die Senckenberg Gesellschaft Frankfurt/M., die Stiftung Weimarer Klassik, die Stiftung Schloss Friedenstein Gotha, verschiedene Dorfgemeinden, Städte, Landkreise, Zweckverbände und Landeseinrichtungen. Das Deutsche Goldmuseum in Theuern befindet sich in privater Trägerschaft. Alle Naturmuseen und Museen mit naturhistorischen Sammlungen in Thüringen sind im »Museumsverband Thüringen e.V.«, durch den regelmäßig zusammenkommenden »Arbeitskreis Naturkunde«, organisiert, welcher die durch seine Mitglieder vertretenen Einrichtungen bei der Museumsarbeit und der Erfüllung ihrer Aufgaben gemäß ICOM Standards unterstützt und berät (Box 1). Darin sieht der »Museumsverband Thüringen e.V.« eine permanente Aufgabe.

Die naturhistorischen Sammlungen in den thüringischen Museen umfassen mindestens zehn Millionen Objekte (in Deutschland sind es insgesamt mind. 140 Mio.). In einer Erklärung des Konsortiums »Deutsche Naturwissenschaftliche Forschungssammlungen«, die anlässlich der Tagung

◀ Rekonstruiertes Naturalienkabinett aus der 2. Hälfte des 18. Jahrhunderts mit originalem Mobiliar und Naturalia aus dem Bestand des 1757 gegründeten »Fürstlichen Naturalienkabinett zu Schwarzburg-Rudolstadt«. (Foto: G. Pfanstiel)

»Deutschlands naturkundliche Sammlungen – Erhaltung der Vielfalt als gesamtgesellschaftliche Aufgabe« (2013) gegeben wurde, heißt es:

»Die Gesamtheit aller Sammlungen bildet eine schier unerschöpfliche Forschungsressource für Fragen des globalen Wandels und des Verständnisses des Ökosystems Erde. In ihrer Gesamtheit dokumentieren die Sammlungen die Veränderungen von Fauna und Flora in Raum und Zeit. Sie stellen eine weltweit einmalige Genombibliothek irdischen Lebens dar. In diesem Kontext ist die Bedeutung der Gesamtheit der kleineren Sammlungen sehr groß, da sie die großen wesentlich ergänzen. In dem Netzwerk naturhistorischer Sammlungen Deutschlands bedeutet der Verlust einer kleinen Sammlung zugleich einen Verlust für alle anderen Sammlungen. [...] Naturhistorische Sammlungen sind bedeutendes und schützenswertes Kulturgut und Bestandteil regionaler Identität.«

Trotz dieser überzeugenden Grundeinsichten zeichnet sich seit Jahren eine Gefährdung vor allem kleinerer naturkundlicher Museen und Sammlungen in Deutschland ab. In Thüringen ist kein Naturmuseum von Auflösung oder Schließung betroffen, doch geben aktuelle Entwicklungen an einigen Häusern Anlass zur Sorge. Zudem ist die Personalsituation in den meisten Naturmuseen so prekär, dass die Mitarbeiter den Kernaufgaben (Sammlungsarbeit, Forschung und Weitervermittlung von Fachwissen) kaum im vollen Umfange gerecht werden können. Die fachgemäße Magazinierung der Sammlungsbestände ist in den meisten Häusern noch nicht zur vollen Zufriedenheit verwirklicht. Naturhistorische Sammlungen sind die Referenzzentren für die Biodiversitätsforschung, der sich alle thüringischen Naturmuseen trotz geringen Fachpersonals und in Zusammenarbeit mit Freizeitforschern widmen.

Das spiegelt sich in ihrer Publikationstätigkeit wider. Die Naturmuseen in Altenburg, Erfurt, Gera, Gotha (bis 2008), Rudolstadt und Schleusingen geben, mit Unterstützung des für Kultur zuständigen Thüringer Ministeriums, seit Jahren eigene naturwissenschaftliche Schriftenreihen heraus, die von nationaler und internationaler Tragweite sind. In Dauer- und Sonderausstellungen werden Fachwissen und Zusammenhänge einer breiten Öffentlichkeit vermittelt. Zudem sind sie Stätten der Beschauung und der Erholung.

Thüringens Naturmuseen und naturhistorische Sammlungen bilden einen unverzichtbaren immanenten Part im Ensemble der Kultureinrichtungen. Ihre wissenschaftliche und kulturpolitische Bedeutung wird auch in Zukunft, in einer global sich rasch verändernden Welt, groß bleiben, wahrscheinlich aber noch zunehmen. So würde die »Biodiversitätstrategie in Thüringen 2011–2020« ohne enge Einbeziehung der Naturmuseen, die man nicht zu Unrecht als letzte »Bastionen von Taxonomie und Faunistik« bezeichnen kann (Klausnitzer 2010), an Wirkung einbüßen. Die Gesellschaft erwartet nicht zuletzt von den politischen Entscheidungsträgern, sich dieser Verantwortung für leistungsfähige Naturmuseen bewusst zu bleiben.

Nach allgemein angenommener Empfehlung des Internationalen Museumsrats (ICOM) definiert sich ein Museum als »*eine gemeinnützige, ständige, der Öffentlichkeit zugängliche Einrichtung im Dienste der Gesellschaft und ihrer Entwicklung, die zu Studien-, Bildungs- und Unterhaltungszwecken materielle Zeugnisse von Menschen und ihrer Umwelt beschafft, bewahrt, erforscht, bekannt macht und ausstellt.*«

Literatur

Klausnitzer, B. (2010): Entomologie – quo vadis? – Nachrichtenblatt der bayerischen Entomologen 59: 99–111.

Mey, E. (2004): Über die Entwicklung fürstlicher Naturalienkabinette in Thüringen. S. 178–187. In: Scheurmann, K. & J. Frank (Hrsg.): Neu entdeckt – Thüringen, Land der Residenzen 1485–1918. – Katalog 2 der 2. Thüringer Landesausstellung Schloss Sondershausen 15. Mai – 3. Oktober 2004. – Mainz.

Thüringer Ministerium für Landwirtschaft, Forsten, Umwelt und Naturschutz (2011): Thüringer Strategie zur Erhaltung der biologischen Vielfalt. – Erfurt.

Thüringer Museumsverband e.V. (2011): Museumsentwicklungskonzept Thüringen 2011–2020. – Thüringer Museumshefte 20 (2), Sonderheft, 5–28.

3. Naturkundliche Museen und ihre Sammlungen

Ralf Werneburg

Hier werden die sechs größeren hauptamtlichen Naturmuseen Thüringens vorgestellt. Zusätzlich sind zwei große Einrichtungen mit paläontologischen Sammlungen hier eingereiht worden – die Senckenberg Forschungsstation für Quartärpaläontologie und das Ur- und Frühgeschichtsmuseum Thüringens, beide in Weimar. Letzteres Museum vermittelt in seinen Ausstellungen einen sehr plastischen Eindruck von der Archäologie Thüringens. Hinsichtlich Sammlung, regionaler Forschung und Ausstellung sind die Naturräume in den Thüringer Landesteilen den jeweiligen Naturkundemuseen und Sammlungen schwerpunktmäßig zugeordnet:

Mittelthüringen: Erfurt, Gotha, Schleusingen
Nordthüringen: Erfurt, Sondershausen, Bad Frankenhausen, Mühlhausen
Ostthüringen: Altenburg, Gera, Rudolstadt
Südthüringen: Schleusingen
Westthüringen: Gotha, Mühlhausen.

Nach einleitenden Ausführungen zur Charakteristik und Geschichte der Einrichtung und seiner Sammlungen werden dann die einzelnen Sammlungsteile detailliert vorgestellt. Es folgen Bemerkungen zu den Bibliotheken, Forschungen und Publikationen sowie zu den Ausstellungen und dem Service der Museen und Sammlungen.

3.1. Naturkundliches Museum Mauritianum Altenburg

Mike Jessat und Kathrin Worschech, unter Mitarbeit von Undine Morgenstern

Stichworte: Naturforschende Gesellschaft des Osterlandes, Mauritianum, Biologie, Altenburger Rattenkönig, Bauernornithologen, Wandertaube, C. L. Brehm, A. E. Brehm, H. Schlegel, Geologie Altenburger Land, Forschung

Charakterisierung

Das Mauritianum ist historisch bedingt für alle naturwissenschaftlichen Fachbereiche offen. In den fast 200 Jahre alten Sammlungen spiegelt sich dieses weit gefasste Betätigungsfeld wider. Die ethnologische Sammlung, deren historische Zugänge zum Teil in Bezug zu naturkundlichen Sammlungseingängen standen, verdeutlicht, dass der Mensch explizit in die Betrachtung einbezogen wurde bzw. wird. Landschaftsentwicklung und Veränderungen in der Naturausstattung, insbesondere im Zusammenhang mit dem Wirken des Menschen, stehen im Blickfeld der Museumsarbeit.

Sammel- und Forschungsschwerpunkt liegen im engeren Sinne im Osterland, wie es Anfang des 19. Jahrhunderts definiert wurde: »[...] der Bezirk, dessen östliche Grenze von dem linken Ufer der Zwickauer und der vereinigten Mulde, dessen westliche vom rechten Saaleufer, dessen südliche Grenze durch die Linie von Kirchberg aus über Ziegenrück bis nach Saalfeld und dessen nördliche Grenze durch die Linie von Grimma aus über Leipzig bis Merseburg gebildet wird.« (Satzung der Naturforschenden Gesellschaft des Osterlande zu Altenburg ca. 1840, Archiv Mauritianum N 244). Der weitere Betrachtungsraum ist entsprechend der historischen Sammlungsausrichtung als global zu bezeichnen. Die Offenheit ermöglicht es, aktuelle

◀ Naturkundemuseum Mauritianum in Altenburg

Themen von Mensch und Natur weltweit zu betrachten – gegenwärtig und zukünftig notwendiger denn je.

Sammlungen und Museumsgebäude sind Eigentum des Landkreises Altenburger Land. Die Trägerschaft des Museums und damit dessen Bewirtschaftung liegt seit 2007 in den Händen des Förderkreises Mauritianum Altenburg e.V., der sich als Nachfolger der Naturforschenden Gesellschaft des Osterlandes zu Altenburg (1817–1945), der Gründergesellschaft des Mauritianums, begreift und dies auch in seiner Satzung entsprechend verankert hat. Der Betrieb wird finanziell vom Altenburger Land gefördert. Alle Sammlungszugänge werden in die bestehende Sammlung eingegliedert und damit sofort vom privatrechtlichen Verein in die öffentliche Hand überführt.

Geschichte

Am 2. Juli 1817 wurde in Altenburg die Naturforschende Gesellschaft des Osterlandes ins Leben gerufen. Es war eine Gründung durch naturinteressierte Bürger der Stadt und Umgebung, ausschließlich Personen des sogenannten Bildungsbürgertums. Dr. med. A. T. Winkler, Initiator der Vereinsgründung, übergab der Gesellschaft die ersten zwei Sammlungsobjekte, ein menschliches Herz und einen menschlichen Schädel, mit den Worten »[...] möge es dem Verein nie an Kopf und Herz fehlen« (Thierfelder 1958). Die Gesellschaft hatte sich zum Ziel gesetzt, die Kenntnisse über die Natur des Osterlandes zu vervollständigen. Dank des Sammeleifers der Mitglieder entstanden vor allem umfangreiche entomologische, ornithologische und geologische Kollektionen, ein Herbarium sowie eine Bibliothek. Die ersten Verzeichnisse der heimischen Flora und Fauna wurden angefertigt. Später gingen viele Naturobjekte auch aus fernen Ländern ein, z.B. aus Venezuela, Brasilien, Mexico oder Australien. Die meisten Sammlungen erhielt die Gesellschaft als Geschenk, einige durch Kauf, Tausch und durch finanzielle Beteiligung an Reiseunternehmen. Fast 100 Jahre war die Gesellschaft gezwungen, ihre stetig wachsenden Sammlungen in Privathäusern oder angemieteten Räumen z.B. in Banken und Schulen unterzubringen. Ende des 19. Jahrhunderts kamen auch vermehrt ethnologische Objekte hinzu, die zu einer Völkerkundesammlung von über 1.000 Exponaten führten.

Erst 1907 ließ das Land für die Sammlungen ein Museum bauen, das am 24. Oktober 1908 feierlich als »Museum für Naturkunde und Völkerkunde« eröffnet wurde. Seinen Namen »Mauritianum« erhielt es zu Ehren von Prinz Moritz (lat. Moritz = mauritius) von Sachsen-Altenburg (1829–1907), dem Protektor der Naturforschenden Gesellschaft.

Viele architektonische Details sowohl an der Außenfassade als auch in den Ausstellungsräumen lassen erkennen, dass es ausschließlich als Zweckbau für die Natur- und Völkerkundesammlung konzipiert wurde. So sind die Kapitelle der Außenfassade oder die Bodenfliesen, Bogenpfeiler und Stuckdecken im Inneren reich mit Tiermotiven verziert.

Nach Auflösung der Naturforschenden Gesellschaft des Osterlandes im Jahr 1945 fiel dem Staat ihr gesamtes Eigentum zu. Museumsgebäude und Sammlungen wurden von da an vom Landkreis getragen. Außer der ca. 29.000 Bände umfassenden Bibliothek und einem großen Teil des Herbariums, die in den 1950er-Jahren an die Universität Jena abgegeben werden mussten, werden die Sammlungen dieser Gesellschaft noch heute im Mauritianum gepflegt und erweitert. Am 2. Juli 1990 hat sich die Naturforschende Gesellschaft wiedergegründet und knüpft gegenwärtig als Teil des Förderkreises Mauritianum Altenburg e.V. an ihre Traditionen an. Im Januar 2007 übernahm der Förderkreis Mauritianum e.V., und somit auch die Naturforschende Gesellschaft, die Trägerschaft des Mauritianums und ist damit auch für die Entwicklung der Sammlungen, die weiterhin in kommunalem Besitz sind, verantwortlich.

Sammlungen

Die Altenburger Naturhistorischen Sammlungen gehören zu den ältesten Sammlungen bürgerlicher Gründung in Deutschland. In ihnen spiegelt sich die Entwicklung von Sammel-, Präparations- und Forschungsmethoden in Zoologie, Botanik und Geologie sowie das Naturverständnis über zwei Jahrhunderte wider. Berühmte Naturforscher, wie Christian Ludwig Brehm (1787–1864), Alfred Edmund Brehm (1829–1884) oder Hermann Schlegel (1804–1884), sind mit den Sammlungen eng verknüpft. Folgende Sammlungen gehören zum Bestand: Geologie – Mineralogische und Paläontologisch-petrografische Sammlung, Zoologie – Wirbellose und Wirbeltiere sowie ihre Tätigkeitszeugnisse, Botanik – vor allem Flechten, Moose sowie Farn- und Blütenpflanzen, Völkerkundliche Sammlung, Bibliothek, Sammlung historischer Schrift- und Bilddokumentation, Archiv technischer Geräte, z.B. zum Fang und zur Registrierung von Kleinsäugern.

Die Sammlungen wurden im Jahr 2000 in ein separates Magazingebäude unweit des Mauritianums überführt.

Biologische Sammlungen

Sammlung von Wirbeltieren

VOGELSAMMLUNG

Innerhalb der Wirbeltiersammlung ist die Vogelsammlung die historisch bedeutendste Kollektion des Mauritianums. Eine der ersten größeren Suiten, 200 vorwiegend paarweise aufgestellte einheimische Vögel, überreichte Prinz Georg von Sachsen-Altenburg (1796–1853) im Jahr 1829. Der Renthendorfer Vogelpastor Christian Ludwig Brehm stellte diese Präparate im Auftrag des Prinzen für die Naturforschende Gesellschaft des Osterlandes zusammen. Aus dem 19. Jahrhundert stammen zahlreiche Nachweise seltener Vogelarten aus der Umgebung von Altenburg, aber auch wertvolle Zugänge aus Europa. Besonders hervorzuheben sind zwei Exemplare der 1913 ausgestorbenen, aus Nordamerika stammenden Wandertaube *Ectopistes migratorius* sowie Präparate, die Alfred Edmund Brehm auf seinen Reisen nach Afrika (1850–1852) und in die Sierra Nevada (1856/57) sammelte. Vom Präparat eines Afrikanischen Nimmersatt ist belegt, dass dieser von seinem Vater, Christian Ludwig Brehm, präpariert wurde.

Eine Kollektion von ca. 120 überwiegend javanesischen Vögeln gibt Zeugnis von der fruchtbaren Verbindung zwischen dem gebürtigen Altenburger Hermann Schlegel, der 1925 als Präparator

ad interim unter C. J. Temminck im Naturhistorischen Museum Leiden (Niederlande) zu arbeiten begann und 1858 das dortige Direktorat übernahm (Smeenk 1995), und der Naturforschenden Gesellschaft in Altenburg.

Von einer erfolgreichen Aktienbeteiligung der Naturforschenden Gesellschaft zum Erwerb australischer Arten zeugt eine Suite von mehr als 300 Vögeln, die durch Aktienkauf in den 1840er-Jahren über Missionar Christian Gottlieb Teichelmann nach Altenburg kamen.

Andere wissenschaftshistorisch wertvolle Vogelpräparate belegen eine lange Tradition vogelkundlicher Tätigkeit im Altenburger Land. So sind die Kollektionen der Altenburger Bauernornithologen von besonderer kultureller Bedeutung. Die Bauernornithologen gründeten den »Ornithologischen Spezial-Verein im Pleißengrunde« (1850–1862) und dokumentierten durch ihre Sammeltätigkeit und Beobachtungen die regionale Avifauna Mitte des 19. Jahrhunderts. Während die meisten Bauernornithologen ihre Sammlungsstücke selten mit Daten versahen, sind die sehr gut datierten Präparate des Lehrers Friedrich Schach (1820–1873) aus Rußdorf bei Ronneburg von besonderer wissenschaftlicher Bedeutung.

Mit Beginn der Kustodie durch Hugo Hildebrandt (1866–1946), bedeutender Thüringer Faunist, Malakologe und Ornithologe (Baade 2006), wurde ab 1904 besonderes Augenmerk auf das Sammeln von exakt datierten wissenschaftlichen Belegen (auch in Serie) für die faunistische Forschung gelegt. Eine große Kollektion von Rundbälgen entstand. 1990 wurde begonnen, eine umfangreiche Sammlung alkoholkonservierter Vögel für die wissenschaftliche Bearbeitung größerer Serien anzulegen. Diese sind zumeist Totfunde aus der Region, die vom Mauritianum im Rahmen seiner Funktion als Verwahrstelle für geschützte Tier- und Pflanzenarten aufgenommen wurden.

Gegenwärtig befinden sich ca. 4.000 Vogelpräparate in der Sammlung, wovon die überwiegende Zahl (ca. 75 %) der Paläarktis zuzuordnen sind.

SÄUGETIERSAMMLUNG

Mit ca. 6.000 Präparaten ist die Säugetiersammlung die umfangreichste Wirbeltiersammlung des Museums. Sie beinhaltet Habituspräparate, Bälge,

Alkoholpräparate, Skelette bzw. Skelettteile. Schädelpräparate von Kleinsäugern (Wühlmausartige und Mäuse: 3.119; Spitzmäuse: 1.827) haben den größten Anteil. Sie resultieren vor allem aus Kleinsäuger-Untersuchungen, die seit 1960 vom Mauritianum in der Altenburger Region durchgeführt werden. Außerdem liegt eine größere Kollektion von Kleinsäugern aus Untersuchungen in der Aue des Muresch und der Großen Kokel in Rumänien vor (Jessat 1989).

Als eine zoologische Rarität ist der »*Altenburger Rattenkönig*« hervorzuheben, der mit 32 Individuen als größte Rattenkönig-Mumie der Welt deklariert wurde. Als Rattenkönig bezeichnet man eine Vielzahl von Ratten, die mit den Schwänzen unlösbar miteinander verknotet sind. Der Altenburger Rattenkönig wurde 1828 im thüringischen Buchheim bei Eisenberg in einem Kamin gefunden.

Sammlung von Wirbellosen

INSEKTEN

In der Wirbellosen-Sammlung nimmt die Insektensammlung den größten Umfang ein. Aus der historischen Sammlung der Naturforschenden Gesellschaft, die aus der Erfassung der Tierwelt des Osterlandes resultiert, sind nur etwa 200 Insektenkästen, vor allem mit Schmetterlingen und Käfern, erhalten geblieben. Diese sind zum Großteil undatiert und daher wissenschaftlich nicht verwertbar, zumal nicht auszuschließen ist, dass sie durch Material, das außerhalb des Osterlandes gesammelt wurde, komplettiert wurde. Die wenigen datierten Objekte wurden in die Belegsammlung des Mauritianums eingegliedert. Darunter befindet sich z.B. ein Hermaphrodit (Zwitter) eines großen Eisvogels (*Limenitis populi*) aus dem Leinawald, der 1851 in die Sammlung kam. Die historische Schmetterlingssammlung enthält zudem eine Vielzahl tropischer und subtropischer Objekte. Hervorzuheben ist eine umfangreiche Kollektion exotischer Schmetterlinge, die der Altenburger Hutfabrikant Hugo Köhler Anfang der 1880er-Jahre der Gesellschaft übergab.

Nach 1945 wurden mehrere Kollektionen, gesammelt von Entomologen aus der Altenburger Region, in den Bestand des Mauritianums aufgenommen: so z.B. 1954 die Schmetterlingssammlung von Max Günther (1875–1948) aus Gößnitz, 1962 die Käfersammlung von Franz Totzauer (1886–1972) aus Gößnitz, Käfer und Schmetterlinge 1992 von Kurt Schädlich (1910–1994) aus Schmölln (Jungmann & Heinicke 1995) und 1999 von Fritz Käßner (1893–1954) aus Gößnitz sowie 2008 die Schmetterlings- und Libellensammlung von Egon Jungmann aus Altenburg.

Ab 1990 wurden neue Hauptsammlungen auf Ordnungsebene aufgebaut und die Objektdaten digital erfasst. Sammlungsschwerpunkte lagen bisher in Mitteldeutschland, Osteuropa (Ungarn, Rumänien, Kroatien), Südeuropa (Italien, Südfrankreich), Nordafrika (Marokko) und ab 2012 in Westsibirien. Neben Käfern (Coleoptera) und Schmetterlingen (Lepidoptera) entstanden umfangreiche Kollektionen von Geradflüglern (Orthoptera), Hautflüglern (Hymenoptera), Zweiflüglern (Diptera), Wanzen (Heteroptera) und Zikaden (Auchenorrhynchia) als Trockensammlungen genadelter Insekten. Diese umfassen gegenwärtig etwa 250.000 Exemplare in ca. 9.000 Arten.

Seit 2005 erfolgen zusätzlich Aufsammlungen mit verschiedenen Fallensystemen, hauptsächlich Bodenfallen nach Barber, Eklektoren und Malaisefallen. Mit diesen Methoden konnten bisher etwa

5.000 Fallenproben mit jeweils mehreren Hundert bis mehreren Tausend Insekten in die Sammlung aufgenommen werden, die fast ausschließlich in der Nasssammlung (in Alkohol aufbewahrt) verbleiben. Der Großteil der Proben stammt aus Mitteldeutschland, weitere aus Rumänien und ab 2012 auch aus Westsibirien. Seit 2012 übernimmt das Mauritianum Malaisefallen-Material aus Untersuchungen im südlichsten Rheintal Deutschlands.

SONSTIGE ARTHROPODEN

Aus der historischen Sammlung der Naturforschenden Gesellschaft des Osterlandes sind nur wenige Krebstiere als Schauobjekte erhalten. Für den Museumsbesucher präsent ist die Japanische Riesenkrabbe (*Macrocheira kaempferi*), die im Obergeschoss des Mauritianums ausgestellt ist. Das Präparat brachte der Arzt Dr. Hugo Erler aus Lehndorf neben zahlreichen japanischen Gebrauchsgegenständen von einer Ostasienreise mit und schenkte diese 1895 der Naturforschenden Gesellschaft.

Nach 1990 wurden neben wenigen Krebsen und Krabben aus europäischen Gewässern vor allem Landasseln mittels Handaufsammlungen und Bodenfallen aufgenommen. Mit dem im Jahre 2012 erfolgten Ankauf der Sammlung von rezenten und quartären Muschelkrebsen (Ostrakoda), hauptsächlich aus Mitteldeutschland, von Rohland Fuhrmann (Leipzig) wurde die Sammlung von Krebstieren um mehrere Tausend Präparate, determinierte Individuen in über 200 Arten, erweitert. Zu dieser Sammlung erschien der Atlas quartärer und rezenter Ostrakoden Mitteldeutschlands (Fuhrmann 2012).

SPINNENTIERE

Hauptsächlich Webspinnen, Weberknechte und Pseudoskorpione aus Boden- und Malaisefallen wurden nach 1995, zumeist aus dem mitteldeutschen Raum, in die Sammlung aufgenommen und als Nasspräparate abgelegt. Davon sind etwa 3.000 Individuen in etwa 250 Arten determiniert.

MOLLUSKENSAMMLUNG

Die malakologische Sammlung des Museums umfasst neben der historischen Sammlung der Naturforschenden Gesellschaft des Osterlandes (ca. 870 Artbelege von überwiegend marinen Mollusken) die ca.1.500 Inventarisierungen zählende Sammlung des ehemaligen Kreismuseum Leisnig (Sachsen) und derzeit ca. 9.500 Datensätze von Meeres-, Land- und Süßwassermollusken Europas.

Dem Naturforscher und ehrenamtlichen Kustos der Sammlungen der Naturforschenden Gesellschaft Hugo Hildebrandt (Forstbeamter, Ornithologe, Botaniker und Malakologe) verdankt das Museum seine ersten wissenschaftlich dokumentierten malakologischen Sammlungsbelege des Altenburger Landes. Darüber hinaus beinhaltet seine Sammlung Belegstücke aus verschiedenen Teilen Deutschlands und Europas. Diese Sammlung umfasst ca. 3.900 Einzelobjekte, davon ca. 1.680 Mollusken aus dem Mitteldeutschen Raum.

Während die historische Sammlung überwiegend aus Conchylien (Gehäuse) mariner Mollusken aus dem atlantischen und pazifischen Raum besteht, konzentriert man sich in der malakologischen Sammlung seit H. Hildebrandt verstärkt auf Land- und Süßwassermollusken der Region und Europas.

BOTANISCHE SAMMLUNG

Der Ursprung der botanischen Aktivitäten in Altenburg geht auf die von 1804 bis 1806 wirkende Botanische Gesellschaft zurück. Sie war eine der ersten botanischen Gesellschaften in Deutschland. Ihr Herbarium und die Bibliothek flossen später in die Sammlung der Naturforschenden Gesellschaft des Osterlandes ein. Zahlreiche floristische Beobachtungen zu Beginn des 20. Jahrhunderts, festgehalten in Artenkarteien, können heute herangezogen werden, um Veränderungen in der regionalen Pflanzenwelt zu belegen. Die ersten Aufzeichnungen gehen auf C. Chr. Försters »Flora Altenburgensis« (1768) zurück.

Das Herbarium der Naturforschenden Gesellschaft ist als geschlossene Kollektion nicht erhalten geblieben. Im Mauritianum befinden sich aus diesem Bestand noch 926 Herbarbögen sowie tropische Früchte, Samen und Holzproben. Ungefähr 2.700 Herbarbögen wurden 1966 vom Herbarium Haussknecht der Universität Jena übernommen (Höser 1985).

Derzeit beinhaltet die botanische Sammlung über 30.000 Herbarblätter und Pflanzenproben.

Etwa ein Drittel ist undatiert, hat teilweise historischen Wert oder wird zu Lehrzwecken genutzt. Seit Anfang der 1990er-Jahre erfährt die botanische Sammlung einen stetigen Zuwachs durch Aufsammlungen und Forschungsprojekte. Im Jahr 2009 erwarb das Mauritianum das Herbar des Altenburger Botanikers Klaus Strumpf, der die Flora des Altenburger Landes seit den 1960er-Jahren mit seiner Belegsammlung dokumentiert. Sie zählt etwa 9.500 Herbarbögen und Moosproben.

Geologische Sammlungen

Die geologische Sammlung umfasst insgesamt mehr als 25.000 stratigrafisch geordnete paläontologische und petrografische Belegstücke aus der sächsisch/thüringischen Region und verschiedenen Teilen Europas sowie mehrere Kollektionen von Mineralen aus aller Welt.

Die ältesten Gesteinskollektionen der geologischen Sammlung gehen auf die ersten geognostischen Untersuchungen der Altenburger Region in den Jahren um 1840 zurück, eng verknüpft mit dem Mitglied der Naturforschenden Gesellschaft des Osterlandes, dem Altenburger Rat J. Zinkeisen. Dabei beschäftigte er sich sehr intensiv mit der Frage nach Vorkommen, Verwertbarkeit und Wirtschaftlichkeit heimischer Rohstoffe.

Bereichert und ergänzt wurde diese erste geologische Sammlung durch Belegmaterial des Erzgebirge-Beckens (unter anderem Karbon, Perm und Buntsandstein), des sächsischen Granulitgebirges, der Ronneburger Region (überwiegend Silur und Devon) und durch eine Vielzahl von fossilen Belegstücken der Lebewelt des Thüringer Beckens, aus der Zeit der Trias stammend (Buntsandstein und Muschelkalk).

Von historischem und großem Schauwert ist auch eine 56 Objekte umfassende Kollektion von Pflanzenfossilien, welche Herzog Ernst II. von Sachsen-Altenburg 1911 von seiner Spitzbergenexkursion mitbrachte, sowie die 1848 von seiner Kaiserlichen Hoheit Großfürst Konstantin von Russland an die Naturforschenden Gesellschaft übersande Kollektion von 274 Mineralen und Gesteinen aus Regionen des Ural. Beweggrund dieser Gabe war die Überreichung des Diploms zur Eh-

renmitgliedschaft in der Naturforschenden Gesellschaft anlässlich seiner Hochzeit mit Prinzessin Alexandra von Sachsen-Altenburg.

Einige der hauptsächlich als Fossiliensammlungen angelegten Kollektionen sind historisch und wissenschaftlich von überregionaler Bedeutung. Dazu gehören sechs Trittsiegel-Fährtenplatten aus dem thüringischen Buntsandstein von Heßberg (1834), Kahla und Pölzig, eine umfangreiche Sammlung der Flora und Fauna des Tertiärs des Weißelsterbeckens mit über 4.000 Sammlungsbelegen und eine wissenschaftlich wertvolle Belegsammlung von Graptolithen des Silur und Devon Ostthüringens. Zu dieser gehören die Belegstücke zur Untersuchung und Bearbeitung der »Zonenfolge ostthüringischer und vogtländischer Graptolithenschiefer« von dem Paläontologen Robert Eisel (1890–1917) sowie einige Belegstücke des paläontologischen Sammlers und Forschers Max Hemmann (1890–1954). Den Hauptteil dieser wissenschaftlichen Vergleichssammlung allerdings bilden die ca. 1.000 Objekte Ostthüringischer Graptolithen von Ernst Kirste (Altenburg). Sein Name ist eng verbunden mit der systematischen Erfassung der Graptolithenfauna der silurischen und devonischen Schiefer im Ostthüringischen Raum. Sein, unter dem Titel »Die Graptolithen des Altenburger Ostkreises«, veröffentlichter Artkatalog für Graptolithen in Deutschland (Kirste 1919) weist bereits mehr als 200 Graptolithenarten in 11 Gattungen auf. Neben den Originalen der Sammlung, befindet sich im Archiv des Museums ein Großteil seiner angefertigten Zeichnungen aus der Veröffentlichung.

Einen bedeutenden Zuwachs erhielt die geologische Sammlung 2010 durch die Sammlung »Bitterfelder Bernstein« des Leipziger Roland Fuhrmann (Jessat 2012), dem die Publikation eines Kataloges des Bitterfelder Bernsteins vorausging (Fuhrmann 2010). Diese Sammlung beinhaltet ca. 2.000 Exemplare, darunter die Typus-Exemplare der Bernsteinarten Bitterfeldit Fuhrmann & Borsdorf, 1986, Durglessit Fuhrmann & Borsdorf, 1986, Goitschit Fuhrmann & Borsdorf, 1986 und Pseudostantienit Fuhrmann & Borsdorf, 1986 sowie elf noch unbeschriebene Bernsteinarten.

Ab 2012 wurde die geologische Sammlung um den Sammlungsteil »Pollen aus tertiären und quartären Schichten« Mitteldeutschlands ergänzt.

Holozäne Pflanzen- und Tierreste aus Bohrungen und Grabungen, vor allem aus Fließgewässerablagerungen, bilden einen separaten Sammlungsteil, der 2012 in Folge von Untersuchungen in der Pleißeaue bei Altenburg (Endtmann et al. 2012, Endtmann 2012) neu aufgestellt wurde. Die quartären Ostrakoden der Sammlung Fuhrmann befinden sich in der zoologischen Sammlung (siehe oben).

Einen besonderen Sammlungsteil bildet die Sammlung von Produkten der Karboindustrie. Zu dieser gehört eine über 600 Exemplare zählende Sammlung von Schmuck- und Feiertagsbriketts, die als Leihgabe an die Bergbrüderschaft Meuselwitz-Rositzer Braunkohlerevier e.V. abgegeben wurde und von dieser betreut wird (Jessat 2011).

Weitere Sammlungen

Ethnologische Sammlungen

Im letzten Drittel des 19. Jahrhunderts gingen vermehrt ethnographische Objekte in die Sammlung der Naturforschenden Gesellschaft ein. Mit der Region verbundene Handelsreisende erwiesen der Gesellschaft ihre Gunst und brachten vor allem Gebrauchs-, Kult- und Schmuckgegenstände z.B. aus Afrika, Asien, Indonesien, Südamerika und Australien mit nach Altenburg. Diese Sammlung beinhaltete Anfang des 20. Jahrhunderts ca. 1.200 Exponate. Sie war fester Bestandteil des Ausstellungskonzeptes des 1908 erbauten Museums, was

Relief über dem Ausstellungsraum »Asien« der früheren Völkerkunde-Ausstellung

noch heute an den Reliefs über den Ausstellungsräumen im Obergeschoss erkennbar ist.

Aus Platzgründen gab man 1956 die ca. 1.200 Exponate umfassende Sammlung als Dauerleihgabe an das Julius Riemer Museum in Wittenberg/Lutherstadt ab, wo sie Bestandteil der Dauerausstellung war. Im August 2012 wurde sie wieder in das Mauritianum rücküberführt. Eine nennenswerte Erweiterung erfuhr dieser Sammlungsteil im Jahr 2011 mit einer Aufsammlung durch den Ethnologen Olaf Günther (Leipzig) von Objekten aus Afghanistan (Jessat & Günther 2011) und 2012 aus Bangladesch.

Bibliothek

Den Grundstein für die Bibliothek des Mauritianums legte 1817 die Naturforschende Gesellschaft des Osterlandes. Für die nahezu 29.000 Bände war jedoch 1908 im neuerbauten Museum kein Platz, so dass diese in städtischen Lokalitäten getrennt von den naturwissenschaftlichen Sammlungen aufbewahrt wurden. Im Zuge der Neuordnung des Bibliothekwesens der DDR musste sie 1953 an die Universitätsbibliothek Jena abgegeben werden, wo es letztendlich zu ihrer Auflösung kam. Nachforschungen ergaben, dass der größte Teil der Bücher an Bibliotheken und Antiquariate des In- und Auslandes abgegeben wurde (Worschech 1991, 1991a). Im Mauritianum sind lediglich 1.500 Bände dieser historischen Bibliothek erhalten geblieben.

Die naturwissenschaftliche Bibliothek umfasst gegenwärtig insgesamt 7.300 Monografien, 2.280 Dissertationen und einen 1.750 Titel zählenden wissenschaftlichen Zeitschriftenfundus. Die Zeitschriften werden im Tausch mit der am Mauritianum herausgegebenen Reihe »Mauritiana« erworben. Zu den Tauschpartnern zählen 327 nationale und 323 internationale institutionelle Einrichtungen, Museen und Behörden.

Forschung und Publikationen

Die Forschungsgegenstände eines Museums sind in der Regel seine Sammlungsobjekte. »Forschen in der Sammlung« bzw. »Die Sammlung erforschen« sind häufig verwendete Slogans und oft das Ziel von Fördermittelgebern. In modernen Naturkundemuseen jedoch bereichern die Forschungsarbeiten maßgeblich den Fundus – Feldforschung geht der Arbeit im Labor bzw. in der Sammlung voraus. Diese Vorgehensweise unterscheidet sich auch von den Beweggründen für die Anlage umfangreicher Sammlungen in Altenburg am Anfang des 19. Jahrhunderts. Dort wurde die Sammlung als »Rüstzeug« des Naturforschers bezeichnet (Apetz 1837), was sie zweifelsohne auch weiterhin ist, vor allem in der Taxonomie. Trotz dieses Zieles, das auf das Vervollständigen von Kollektionen begründete Sammeln gerichtet war, gab es in der Naturforschenden Gesellschaft des Osterlandes in der ersten Hälfte des 19. Jahrhunderts auch Mitglieder, die ihr »Forschungsprojekt« durchführten und in diesem Zuge die Sammlung der Gesellschaft bereicherten – so z.B. die schon oben genannte geognostische Untersuchung des Altenburger Landes durch J. Zinkeisen. Das »Sammeln des Sammelns wegen« führte dagegen periodisch zu Verlusten, denn die Abgabe von Doubletten, z.B. an Schulen, machte auch vor datiertem Material nicht Halt.

Erst zu Beginn des 20. Jahrhunderts, mit den Kustoden Hugo Hildebrandt und Ernst Kirste, traten neben der Vervollständigung der Sammlung auch Forschungsfragen in den Vordergrund. Hildebrandt, der sich sicherlich in der Pflicht des Erbes von Christian Ludwig Brehm sah und dessen Schriften er nahezu vollständig besaß (Heyder 1960), begann Vogelbälge in Serie zu fertigen und legte damit eine Belegsammlung in Ergänzung seiner avifaunistischen Tätigkeiten an. Seine Untersuchungen von Eulengewöllen dienten der Erfassung der Kleinsäugerfauna und auch die Erforschung der Molluskenfauna des Altenburger Landes führte zu einer umfangreichen Belegsammlung. Kirste baute in diesem Sinne die geologische Sammlung auf, was seine Publikationen z.B. zu Graptolithen darlegen (Kirste 1919). Er sammelte jedoch auch unbearbeitetes Material für die Forschung und stellte es Spezialisten zur Bearbeitung zur Verfügung. Zu nennen sind hier z.B. seine Aufsammlungen von fossilführendem Haselbacher Ton aus dem laufenden Tagebaubetrieb von Braunkohlegruben, die zur Vervollständigung

Populus germanica (Menzel) Walther, Paratypus, Original zu Menzel (1926); Tagebau Waltersdorf

des Wissens über die tertiäre Flora der Region, mit der Beschreibung von *Populus germanica* (Menzel) Walther, führte.

Nach der Trennung von Sammlung und Ausstellung in den 1960er-Jahren durch den damaligen Museumsdirektor Horst Grosse widmete sich dieser mit ehrenamtlicher Unterstützung durch Werner Sykora der Erfassung der Kleinsäugerfauna des Altenburger Landes, aus der nicht nur über 500 Kleinsäugerbälge und Schädelpräparate, sondern auch zusätzliche Karteikarten mit biometrischen Maßen und mit der Dokumentation der Mauserzustände von Kleinsäugern hervorgingen. Sykoras Entwicklungen von Fallensystemen für den Kleinsäugerfang, Registrieranlagen für Säugetier-Aktivitätsmessungen und von standardisierten Fangmethoden von Kleinsäugern werden noch heute in der Kleinsäugerforschung angewandt.

Bis in die 1990er-Jahre waren die Aktivitäten des Mauritianum im Sinne eines naturkundlichen Heimatmuseums regional ausgerichtet. In dieser Funktion förderte es auch die regionale »Laienforschung« (Grosse 1958), insbesondere durch die Anregung zur Publikation von Ergebnissen in der Museumszeitschrift, welche Horst Grosse als »Abhandlungen und Berichte des Naturkundlichen Museums Mauritianum« wieder herausgab und die seit 1985 als »Mauritiana« geführt wird. Sie ist die Fortführung der 1837 von der Naturforschenden Gesellschaft des Osterlandes zu Altenburg begründeten Zeitschrift »Mitteilungen aus dem Osterlande«, die 1941 eingestellt wurde. Für größere monografische Arbeiten wurde von Horst Grosse 1981, angeregt durch Lothar Eißmann (Leipzig), die Zeitschriftenreihe »Altenburger Naturwissenschaftliche Forschungen« begründet. Mit dieser Zeitschrift erhielten hauptsächlich sächsische Geowissenschaftler die Möglichkeit, ihre Forschungsergebnisse aus der sächsischen Braunkohleregion, die als »Verschlusssache« galten, nahezu unbemerkt in der Provinz zu publizieren und über den internationalen Schriftentausch des Mauritianums zu verbreiten. Den bewusst ablenkenden Namen legte Horst Grosse fest (L. Eißmann mdl.), so dass bis zum Ende der DDR diese Zeitschrift, neben der regulären Hauszeitschrift, für eine Verbreitung ostdeutscher Forschungsergebnisse sorgte und bis heute in diesem Sinne besteht.

Neue Personen beflügeln die Entwicklung. Ab den 1980er-Jahren war das wieder im Mauritianum zu bemerken. Norbert Höser versuchte das Museum aus der Ecke des Heimatmuseums zu lotsen. Mit bodenzoologischen Aufgabenstellungen, die Entwicklung des Naturkundemuseums Görlitz als Vorbild, wurden neue, personeninitiierte Forschungsaufgaben gesteckt. Bis zur politischen Wende sind jedoch nur die Wiederbesetzung der Stelle des wissenschaftlichen Mitarbeiters und die von H. Grosse lang vorbereitete Schaffung einer Pädagogenstelle für einen Malakologen möglich gewesen. Im Zuge der Wirren der Wende konnten weitere zwei Stellen durch die Umsetzung von Wissenschaftlern aus aufgelösten Staatsinstitutionen geschaffen werden, was sich positiv auf den Aufbau der botanischen Sammlung und die Betreuung der Sammlungen Käfer und Schmetterlinge auswirkte. Bald wuchs jedoch gegen diese Entwicklung der Druck in der Verwaltung des Trägers. »Sie sind doch keine Forschungseinrichtung« war das sehr oft gehörte Argument, und die Personalpolitik war auf Personalabbau ausgerichtet. Von den sechs Vollzeitstellen, die sich mit Sammlung und Forschung neben allen anderen Aufgaben beschäftigten, waren nach etwa zehn Jahren noch vier reduzierte Stellen vorhanden – alle mit dem Vermerk, diese künftig nicht wieder zu besetzen. Forschungen wurden nur akzeptiert, wenn sie dem Träger Nutzen brachten, wie Untersuchungen im Auftrag der Umweltbehörde. Die ab 1993 begonnenen Forschungsreisen in die Auen Rumäniens waren mit der ersten Reise noch Dienstaufgabe, dann jedoch nur noch Urlaubsangelegenheit der Mitarbeiter. Über 20 Reisen konnten dennoch realisiert werden und erbrachten zahlreiches Sammlungsmaterial, vor allem für die entomologische und säugetierkundliche Sammlung. Erste Ergebnisse wurden in einem Sonderband der Museumszeitschrift (Band 16 [3], 1998) veröffentlicht.

Mit der Übernahme des Museumsbetriebes durch den Förderkreis Mauritianum Altenburg e.V. ab dem Jahre 2007 änderte sich diese Entwicklung grundlegend. Forschen und Sammeln werden als Grundlage der Museumsarbeit, auf die Pädagogik, Ausstellung, Öffentlichkeits- und Lobbyarbeit und das Fundraising aufbauen, akzeptiert und gefordert. Durch Drittmittelprojekte wird Personal an das Museum gebunden, so dass in den letzten Jahren jährlich mindestens 25 Personen angestellt waren, wovon etwa die Hälfte der Mitarbeiter wissenschaftliche Aufgabenstellungen hatten. Weitere waren mit der Sammlung beschäftigt. Regional sind größere Projekte zur Erfassung der Naturausstattung und Entwicklung von Flächen des europäischen Natura 2000-Schutzgebietssystems im Altenburger Land Schwerpunkt der Forschungsarbeit. Der praxisorientierte Bezug – die direkte Umsetzung in landschaftsbauliche Maßnahmen – führt die Forschungen aus ihrer beobachtenden und dokumentierenden in eine entwickelnde Rolle. Die Ergebnisse sind Themen von Sonderheften der Museumszeitschrift (Mauritiana 23, 2012).

Die globale Ausrichtung der Sammlung ermöglicht es, die Forschungen auch global zu betrachten und zu betreiben. Wie in der Vergangenheit sind diese eng verknüpft mit den Interessen und Beziehungen der Mitarbeiter. Das Museum versteht sich als weltoffene Einrichtung, die entsprechend Forschungen ermöglicht und fördert. So sind Forschungen zur Libellenfauna Afrikas (Kipping 2010), zu ethnografischen Themen in Afghanistan (Jessat & Günther 2011) oder Bangladesch, aber auch gemeinsame Forschungs- und Sammelreisen der Mitarbeiter nach Rumänien 2010 (Jessat 2012) und Westsibirien 2012 (Stegemann 2013) und 2013 als Dienstreisen im Sinne der Museumsentwicklung. Mit der Rückführung der ethnografischen Sammlung im Jahr 2012 rückten auch ethnologische Forschungs- und Sammlungsthemen ins Blickfeld der Museumsarbeit. Diese mit den naturwissenschaftlichen zu kombinieren, ist Aufgabe der Zukunft.

Um die vielfältigen Forschungsaufgaben transparent zu machen, wurden zwei neue Buchreihen eröffnet. Die Altenburger Landeskunde mit dem ersten Band über die Flora und Vegetationsgeschichte des Leinawaldes (Baade 2012) ist monografischen Abhandlungen aus dem Altenburger Land vorbehalten. Mit dem Buch »Oase, Zelt und Zwischenraum – 3-mal Afghanistan« (Jessat & Günther 2011) wurde eine kleine Taschenbuchreihe begründet, die Themen aus Sammlungs- und Forschungsgeschichte erlebbar machen soll.

Ausstellungen und Service

Ausstellung

Die grundlegende Sanierung und Restaurierung des Mauritianums begann im Jahr 2000 mit der Umlagerung der umfangreichen Sammlungen aus den beengten Magazinen im Obergeschoss des Museums in ein Zweitgebäude. Im Zeitraum 2001 bis 2004 erfolgte schließlich der Umbau des Mauritianums mit dem Ziel, die originale Architektur des Gebäudes von 1908 und die ursprüngliche Ausstellungsfläche von 500 m² wiederherzustellen und die Funktionalität (z.B. Errichtung der Sanitäranlagen und der Garderobe sowie eines museumspädagogischen Raumes) zu verbessern. 2006 wurde die neue Dauerausstellung eröffnet, wobei die Präsentation der Ausstellungsthemen im Kontext mit der Architektur des als Orangerie-Bau erscheinenden Museumsgebäudes steht. So wird die historische Sammlung der Naturforschenden Gesellschaft des Osterlandes zu Altenburg im repräsentativen zweigeschossigen Mittelbau, der sich durch seine polygonale Form und durch das schmuckvolle Eingangsportal hervorhebt, präsentiert. In historischen Vitrinen sind Präparate aus dem 19. Jahrhundert zu sehen: Insektenkästen mit farbenprächtigen Schmetterlingen, Korallen und Schwämme aus tropischen Meeren, javanische Säugetiere, Reptilien-Präparate aus

dem Raffles-Museum in Singapur oder Fischpräparate in Kästen als Geschenk des Herzogs Joseph von Sachsen-Altenburg.

Einige Exponate sowie Tagebuchauszüge geben Auskunft über die Spitzbergen-Expedition des Herzogs Ernst II. von Sachsen-Altenburg, der mit seinem Schiff »Senta« 1911 eine Forschungsreise in das »ewige Eis« unternahm. Fossilien, Pflanzen, Walknochen, einen Seehund, Vögel und Ausrüstungsgegenstände übergab er der Naturforschenden Gesellschaft des Osterlandes nach seiner Rückkehr.

Eine Auswahl von Mineralien aus der Suite von Großfürst Konstantin, der 1848 als Ehrenmitglied in die Naturforschende Gesellschaft aufgenommen wurde, bezeugt die Verbindung des Vereins mit Russland. Als Dank sandte er 274 Mineralien, Gesteine und Fossilien aus dem Ural nach Altenburg.

In den vom polygonalen Mittelbau abgehenden zwei Seitenflügeln werden im Erdgeschoss Ausstellungsinhalte zum Thema »Landschaft im Wandel«, die aus der Auseinandersetzung und Auswertung der bedeutendsten Sammlungen des Museums, der Vogelsammlung und der geologischen Sammlung, resultieren und der Vermittlung der Besonderheiten des regionalen Naturraumes dienen, dargestellt. Im Mittelpunkt des Ausstellungsraumes Geologie stehen das Rotliegend (vor ca. 250–290 Mio. Jahren), das Tertiär (»Braunkohlenzeit«, vor ca. 2–65 Mio. Jahren) und das Quartär (»Eiszeitalter«, seit ca. 2 Mio. Jahren). Unter den Exponaten sind besonders hervorzuheben die von Ernst Kirste zusammengestellte Graptolithen-Sammlung, die Kollektionen von Tertiär-Fossilien aus den umgebenden Braunkohlen-Tagebauen oder eine Kollektion von Geschiebe-Fossilien.

Die Besonderheiten der Vogelsammlung werden in zwei großen inhaltlichen Schwerpunkten im Ausstellungsraum dargestellt: zum einen die Bedeutung der historischen Vogelsammlung sowie die Betrachtung der Ornithologie-Geschichte im Osterland im 19. und 20. Jahrhundert im Spiegel dieser Sammlung. Hervorzuheben sind hier Präparate der Bauernornithologen, die von Alfred Brehm auf seiner Afrikareise (1850–1852) gesammelten Vögel oder die von Herman Schlegel aus Leiden übersandten javanischen Vögel. Die Expo-

nate in diesem Ausstellungsbereich werden in den restaurierten, originalen Vogelvitrinen, die bereits 1908 im »Vogelsaal« des Museums standen, präsentiert. Zum anderen werden die Ornithologie-Forschung in der Gegenwart und ihre Beziehung zur historischen Vogelsammlung dargestellt.

In zwei Ausstellungsräumen sind 3–5 jährlich wechselnde Sonderausstellungen zu sehen.

Service

Das museumspädagogische Programm setzt sich aus Exkursionen, Vorträgen und aus verschiedenen Angeboten für Kinder zusammen. So hält das Mauritianum für Kinder im Vorschul- und Grundschulalter ein außerschulisches Kursangebot, das *Kinderkolleg*, bereit. Unter dem Motto »Beobachten, Forschen und Experimentieren – Spaß an der Naturkunde« treffen sich die kleinen Naturforscher einmal im Monat im Schülerlaboratorium des Museums und lernen anhand von Präparaten aus dem Sammlungsbestand des Mauritianums und lebendem Material aus der Natur vor allem

Tier- und Pflanzenarten der regionalen Natur kennen, dringen durch Mikroskopieren in den Mikrokosmos ein und erforschen durch spannende Experimente Naturphänomene. Etwa 150 Kinder nutzen regelmäßig dieses Kursangebot. Zahlreiche Veranstaltungen für Schüler werden im Zusammenhang mit laufenden Forschungsprojekten angeboten, so dass die Schulen von den regional forschend tätigen Museumsmitarbeitern profitieren können und die Ergebnisse direkt an interessierte Schüler vermittelt werden kann.

Der Eintritt in das Museum ist seit 2008 frei.

ÖFFNUNGSZEITEN:
Di–Fr 13–17 Uhr
Sa–So 10–17 Uhr

KONTAKTADRESSE:
Naturkundliches Museum Mauritianum
Parkstraße 1, 04600 Altenburg
Tel.: 03447-2589
Fax: 0 3447-892163
E-Mail: info@mauritianum.de
Internet: www.mauritianum.de

Literatur

Apetz, J. H.: Jahresbericht, am Stiftungsfeste der Naturforschenden Gesellschaft des Osterlandes den 6. Juli 1836 vorgelesen vom Sekretär J. H. Apetz. – Mitteilungen aus dem Osterlande 1: 20–32

Baade, H. (2006): Hildebrandt, Hugo Christian Max; in THBL »Lebenswege in Thüringen«. –

Zeitschrift d. Vereins für thür. Gesch. BH 36: 160–164.

Baade, H. (2012): Der Leinawald bei Altenburg. Geschichte, Forstwirtschaft, Flora und Waldvegetation. Beiträge zur Altenburger Landeskunde 1; Naturkundliches Museum Mauritianum, Altenburg: 462 S.

Endtmann, E., Morgenstern, U., & Winter, C. (2012): Auf der Suche nach paläoökologischen Archiven in der Pleißeaue zwischen Windischleuba und Remsa (Thüringen, Altenburger Land). – Mauritiana (Altenburg) 23: 239–269.

Endtmann, E. (2012): Rekonstruktion der Vegetation eines Paläomäanders im Bereich der Pleißewiesen zwischen Windischleuba und Remsa (Thüringen, Altenburger Land) – Erste Ergebnisse. – Mauritiana (Altenburg) 23: 270–281.

Fuhrmann, R. (2010): Die Bitterfelder Bernsteinarten. – Mauritiana 21: 13–58.

Fuhrmann, R. (2012): Atlas quartärer und rezenter Ostrakoden Mitteldeutschlands. – Altenburger Naturwissenschaftliche Forschungen 15, 320 S.

Grosse, H. (1958): Zum Geleit. – Abhandlungen u. Berichte des Naturkundlichen Museums »Mauritianum« Altenburg 1: 3.

Heyder, R (1960): Der Thüringer Ornithologe Hugo Hildebrandt (1866–1946). – Abhandlungen u. Berichte des Naturkundlichen Museums »Mauritianum« Altenburg 2: 7–18.

Höser, N. (1985): Zur Geschichte des Altenburger Naturkundemuseums 1908–1985. – Abhandlungen u. Berichte des Naturkundlichen Museums »Mauritianum« Altenburg 11 (3): 371–405.

Jessat, M. (1989): Kleinsäugergesellschaften (Mammalia) verschiedener Standorte des Mures-Unterlaufes in Rumänien. – Mauritiana (Altenburg) 16 (3): 573–579.

Jessat, M. (2011): Aus den Sammlungen des Mauritianums 2010/2011. – Mauritiana 22: 287–303

Jessat, M. & Günther, O. (Hrsg.) (2011): Oase, Zelt und Zwischenraum: 3-mal Afghanistan. – Eigenverlag Mauritianum, Altenburg.

Jungmann, E. & Heinicke, W. (1995): Nachruf auf Kurt Schädlich. – Mauritiana (Altenburg) 15: 369–370.

Kipping, J. (2010): The dragonflies and damselflies of Botswana – an annotated checklist with notes on distribution, phenology, habitats and Red List status of the species (Insecta: Odonata). – Mauritiana (Altenburg) 21: 126–204.

Kirste, E. (1919): Die Graptolithen des Altenburger Ostkreises. – Mitteilungen aus dem Osterlande 16: 60–222.

Smeenk, Chr. (1995): Hermann Schlegel 1804–1884: ein reiches Leben in einer reichen Sammlung. – Mauritiana 15: 73–88.

Stegemann, M. (2013): Ausgerechnet Sibirien – Die Sammelreise des Mauritianums 2012. – Altenburger Geschichts- und Hauskalender 2013. Reinhold-Verlag, Altenburg: 142–146.

Thierfelder, F. (1958): Zur Geschichte des Altenburger Naturkunde-Museums. – Abhandlungen u. Berichte des Naturkundlichen Museums »Mauritianum« Altenburg 1: 7–14.

Worschech, K. (1991): Das Signum der Naturforschenden Gesellschaft des Osterlandes. – Mauritiana 13: 19–20

Worschech, K. (1991a): Zur Geschichte der Bibliothek der Naturforschenden Gesellschaft des Osterlandes zu Altenburg. – Mauritiana (Altenburg) 13: 21–26

3.2. Naturkundemuseum Erfurt

Herbert Grimm, Matthias Hartmann, Ulrich Scheidt, Petra Beer, Gerd-Rainer Riedel,
Jochen Girwert und Sheila Baumbach

Stichworte: Tiere, Pflanzen, Fossilien, Muschelkalk, Ceratiten, Minerale, Thüringen,
Himalaya, Insekten, Forschung, Fachbibliothek

Das Naturkundemuseum Erfurt erlebte eine wechselvolle Geschichte. Seit Neueröffnung 1995 im Zentrum Erfurts, nahe dem Domplatz, konnte es sich jedoch zu einem modernen Naturmuseum mit überregionalen Sammlungen, vielfältiger Forschung und weithin beachteten Ausstellungen entwickeln.

Für das Zusammenwirken der Gestaltung und Aufbereitung der Ausstellungsinhalte, die Sammlungsstrategie und Forschungsarbeit wurde das Naturkundemuseum Erfurt mit zwei national bedeutenden Preisen ausgezeichnet (2004 Museumspreis der Sparkassenstiftung Hessen-Thüringen und 2007 Heinz-Sielmann-Ehrenpreis).

Geschichte der Einrichtung

Das Naturkundemuseum Erfurt wurde durch bürgerliches Engagement am 29. Oktober 1922 im »Haus zum Stockfisch« (jetzt Stadtmuseum) aus der Taufe gehoben. Seine Gründungsväter, allen voran der Lehrer Otto Rapp (1878–1953), hatten sich seit 1919 in einer Arbeitsgemeinschaft Gleichgesinnter um das Museum verdient gemacht. In der für die damalige Zeit neuartigen Ausstellung versuchte man, Pflanzen und Tiere in ihren Wechselbeziehungen zur Umwelt darzustellen. Die Art der Präsentation fand in ganz Deutschland große Beachtung. Das Museum jedoch wurde nur durch ehrenamtliche Arbeit am Leben gehalten. Eine wissenschaftliche Leitung war nur kurzfristig gegeben. Der 1938 zum Leiter berufene Malakologe Walter Wächtler fiel 1943 an der Ostfront. Der Zweite Weltkrieg unterbrach die positive Entwicklung des Museums, 1943 mussten die meisten Bestände ausgelagert werden. Alle anderen Sammlungsstücke fielen am 11.11.1944 einer Luftmine zum Opfer. Bis zum Jahr 1952 gab es keine dauerhaft fest angestellten Mitarbeiter. Otto Rapp war von 1919 bis zu seinem Tode 1953 unermüdlich ehrenamtlich am Museum tätig.

Von 1953 bis 1961 konnte eine bescheidene Entwicklung verzeichnet werden. Die folgenden Jahre der Stagnation endeten 1968 mit der Schließung des Hauses. Nach Abriss des Depotgebäudes und der Ankündigung von Rekonstruktionsarbeiten am »Haus zum Stockfisch«, wurden die Exponate erneut ausgelagert. Es begann eine Odyssee durch feuchte Keller, zugige Lagerräume, verdreckte Dachböden und eine offen stehende Kirche. Die so entstandenen Schäden übertrafen die Kriegsverluste bei weitem.

Mit dem aufkeimenden Umweltbewusstsein wurde versucht, wenigstens den Anschein eines sich entwickelnden Naturmuseums zu wahren. Ohne ein existierendes Museumsgebäude wirkten seit 1981 unter Hartmut Pontius wieder drei Mitarbeiter im sogenannten Pfründnerhaus am Volkskundemuseum in äußerst beengten Räumen. In diesen Räumen entstand nicht nur das Drehbuch für das neue Haus, sondern hier geschah auch das mühevolle Zurückführen und Säubern des Museumsinventars. Besonders verdient machte sich dabei Gerd-Rainer Riedel, zunächst als Geologe, ab Frühjahr 1989 bis 2007 als Direktor des Naturkundemuseums.

Zu einem wirklichen Neuanfang und -aufbau kam es erst nach der politischen Wende im Herbst 1989. Der neue Erfurter Stadtrat beschloss den Neuaufbau des Naturkundemuseums in der Ruine des Waidspeichers in der »Großen Arche«. Mit viel Enthusiasmus und Kreativität, unterstützt von vielen Freunden des Hauses, wurde von 1990 bis 1994 ein moderner Museumsbau mit neuartigem Ausstellungsstil in den denkmalgeschützen Gebäuden errichtet.

Nach 27 Jahren der Schließung öffnete das neue Naturkundemuseum Erfurt am 4. März 1995 wieder seine Pforten. Die Ausstellung verfolgte di-

◄ Blick in die Ausstellung »Arche Noah – die Bewahrung der Artenvielfalt« im Erfurter Naturkundemuseum (Foto: Falko Behr)

einer geologischen Sammlungskustodie wurde systematisch begonnen, das Naturkundemuseum Erfurt zu einem überregionalen Ort der naturwissenschaftlichen Bildung und Forschung zu entwickeln. Schwerpunkt war und ist nach wie vor Thüringen, seit Anfang der 1990er-Jahre kam Asien hinzu, wobei hier die Konzentration auf den Himalaya gelegt wurde. Hilfreich hierbei ist vor allem die größte außeruniversitäre Fachbibliothek in Thüringen zu diesem Profil und die Einbeziehung vieler Freizeitforscher durch den Förderverein des Museums. So gelang es in den letzten zehn Jahren, mit rund einer Million datierten Exponaten die größte biologische Sammlung in Thüringen aufzubauen und dem Naturkundemuseum Erfurt einen wichtigen Platz im bundesweiten und auch z.T. internationalen Sammlungs- und Forschungsbetrieb zu sichern. Das Naturkundemuseum ist heute ein von der Bevölkerung gefragter Bildungsort, eine vielgefragte wissenschaftliche Institution und natürlich ein beliebtes Ausflugsziel für Jung und Alt.

Biologische Sammlungen

Säugersammlung (U. Scheidt)

Ein Iltis, 1897 in der Erfurter Altstadt gefangen, ist das älteste datierte Säuger-Exponat. Mit Gründung des Museums 1922 bemühte man sich, von allen anderen Thüringer Arten ebenfalls Habituspräparate zu präsentieren. Die meisten Exponate wurden damals von der Lehrmittelfirma Schlüter & Maas angekauft. Eine erste kleine Balgserie Weimarer Kleinsäuger fertigte 1923/24 Andreas Feininger (1906–1999), damals noch Abiturient (später ein Fotograf von Weltruf). Mit der Einstellung hauptamtlicher Präparatoren konnten zunehmend aufgefundene Tiere gesichert und aufbewahrt werden. Die Funde stammen anfangs vom Freundeskreis des Museums, mit der Zeit brachten aber immer mehr Bürger aus allen Bevölkerungsschichten Tiere, deren Fund sie für bemerkenswert hielten.

Nach dem Zweiten Weltkrieg stand erst einmal kein Präparator zur Verfügung, so dass kaum weitere Exponate in die Sammlung gelangten.

daktisch und gestalterisch eine neue Linie, die in ganz Deutschland für Aufsehen sorgte. Die Resonanz war sehr groß und überaus positiv.

Nach der Wiedereröffnung mit der weithin beachteten Ausstellung musste nun der Museumsalltag gemeistert und vor allem die bis dahin vernachlässigten Standbeine eines funktionierenden Museums – die Sammlung und Forschung – ausgebaut werden. Mit drei biologischen und

Bemerkenswerte Ausnahmen sind Stücke aus dem brasilianischen Bundesstaat Espírito Santo, gesammelt in den 1920er Jahren von Carl August Schmöger (1890–1967), eine Reihe von Jagdtrophäen (meist Gehörne aus ehemaligen deutschen Kolonien), sowie einige Bälge heimischer Kleinsäuger von Hans-Joachim Paepke (*1934) aus den Jahren 1957/58.

Erst mit der erneuten Einstellung eines hauptamtlichen Präparators 1977 war ein langsamer, aber stetiger Sammlungszuwachs zu verzeichnen. Durch die Wiedereröffnung des Museums 1995 gelangte die Einrichtung wieder in den Blick weiter Bevölkerungskreise, wodurch verstärkt Todfunde gebracht wurden. Zudem war eine zweite Präparatorenstelle geschaffen und Ankaufsmittel bereitgestellt worden. Der Thüringer Zoopark Erfurt war unter neuer Leitung bereit, verstorbene Tiere zur Präparation zur Verfügung zu stellen und es wurden Kontakte zu weiteren Zoologischen Gärten im In- und Ausland geknüpft. Von den Zollbehörden wurden uns beschlagnahmtes Tiermaterial übergeben. 2007 erhielten wir zudem den umfangreichen Nachlass der Lehr- und Präparationsfirma Schlüter (Halle/Winnenden 1853–2007), darunter etliche Exponate aus Südamerika und Neuguinea.

Nach dem politischen Umbruch gelangten zunehmend Kleinsäuger als Beifänge von landschaftsplanerischen Untersuchungen in den Fundus: Die zahlreichen Bälge, Schädel- und Skelettteile dienen vorwiegend faunistischen und anderen wissenschaftlichen Auswertungen. Ebenso die Gewebeproben, die bei genetischen Studien Verwendung finden.

Die Sammlung umfasst derzeit Sachzeugen von 2.106 Individuen in 259 Arten (Stand 31.5.2013).

Bälge	342
Habituspräparate	353
Felle bzw. Häute	8
Alkoholpräparate	4
Gehörne bzw. Geweihe	262
Schädel bzw. Skelettteile	1.431
Gewebeproben	106

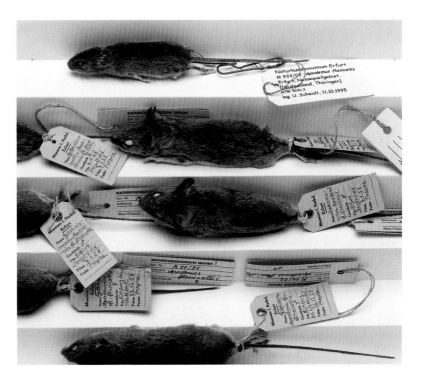

Ornithologische Sammlung (H. Grimm)

Im Kontext mit der Geschichte des Hauses zu Beginn des 20. Jahrhunderts baut auch die ornithologische Sammlung nicht auf einen historischen Grundstock auf. Die ältesten Präparate gehen auf das letzte Viertel des 19. Jahrhunderts zurück – das älteste ist ein thüringischer Steinsperling aus dem Jahre 1879. Als Naturwissenschaftliches Heimatmuseum gegründet, stand zunächst der Bildungsauftrag als Schaumuseum im Vordergrund, dem sich das gesamte Sammelkonzept unterordnete. Somit gingen vor allem Habituspräparate in die Sammlung ein.

Den Grundstock bildete eine kleine Sammlung weitgehend undatierter Vogelpräparate des Thüringer-Wald-Vereins, die 1919 der damaligen Naturwissenschaftlichen Arbeitsgemeinschaft, der Vorläuferin des Naturkundemuseums, übereignet wurde. Weiterhin hatte die Stadt Erfurt schon vor Gründung des Naturkundemuseums verschiedene naturkundliche Sammlungen angekauft oder durch Schenkung erworben, darunter auch Vogelpräparate, Eier und Teilskelette. Von ihnen blieben nur wenige Stücke erhalten.

Detail aus der Mäusebalgsammlung (Foto: Falko Behr)

Habituspräparate sollen ein lebensnahes Bild der Art vermitteln und ästhetischen Ansprüchen genügen. Dieses Präparat eines Lisztaffen *Saguinus oedipus* von Marco Fischer wurde auf der Präparatoren-Weltmeisterschaft 2008 in Salzburg mit einer Silbermedaille ausgezeichnet. (Foto: Falko Behr)

Im Wesentlichen war von Beginn an eigene Sammlungstätigkeit der Museumsmitarbeiter oder des Freundeskreises Grundlage für das Anwachsen der Sammlung. Daraus resultiert jeweils ein auffälliger Sammlungszuwachs mit der Einstellung hauptamtlicher Präparatoren (K. Sorge von 1921–1927, H. Seegy 1927–1947, L. Mandler 1988–1994, R. Nowak seit 1977, M. Fischer seit 1994, s. Grafik).

Der Erwerb von ornithologischen Objekten beschränkte sich immer auf wenige Stücke oder sehr kleine Kollektionen. Die wichtigsten, immer noch von bescheidenem Umfang, stammen von Reinhold Fenk (1881–1953) – 160 Vogelbälge (angekauft 1933), Max Timpel (1865–1934) – 207 Gelege sowie einige Teilskelette, Carl-August Schmöger (1890–1967) – 70 Vögel, Eier und Skelette aus Südamerika.

Von Beginn an war der Museumsgründer Otto Rapp (1878–1953) bestrebt, interessante und seltene thüringische faunistische Nachweise in die Museumssammlung zu bekommen. Durch Ankauf gelangten in Thüringen gesammelte Arten wie Rennvogel *Cursorius cursor*, Weißrückenspecht *Dendrocopos leucotos*, Zwergadler *Aquila pennata*, Zwergtrappen *Tetrax tetrax*, Steppenhühner *Syrrhaptes paradoxus*, Steinsperlinge *Petronia petronia* oder Wellenläufer *Oceanodroma leucorhoa* in die Sammlung. Ebenso erwarb das Museum ein Exemplar der ausgestorbenen Wandertaube *Ectopistes migratorius*.

Legt man die Checklist von Howard & Moore (Dickinson 2003) zugrunde, so verfügt die ornithologische Sammlung des Naturkundemuseums Erfurt gegenwärtig über 5237 Einzelstücke von 684 Vogelarten bzw. Unterarten. Davon entfallen allein 92 Spezies bzw. Subspezies auf Hühnervögel (Galliformes). Der Umfang und die Anteile der jeweiligen Sammlungskategorien sind aus der Tabelle ersichtlich.

Obwohl Vögel aus Thüringen einen beträchtlichen Teil der Sammlungsbelege ausmachen, sind solche aus allen Erdteilen (incl. Antarktis) vertreten. Etwa zwei Drittel der Exemplare entstammen der Paläarktis. Weiterhin sind vor allem Vertreter der Orientalis in einer größeren Anzahl vorhanden, vorwiegend Passeriformes aus der Region des Himalayas. Seit Mitte der 1990er Jahre werden auch Gewebeproben in der Sammlung

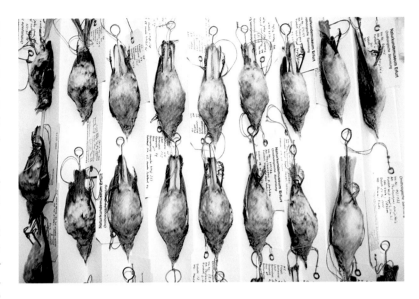

aufbewahrt. Die inzwischen auf 603 Proben angewachsene Sammlung enthält Gewebe von 220 Vogelarten bzw. Unterarten. Sie ist gegenwärtig der Sammlungsteil mit der stärksten Nachfrage durch auswärtige Wissenschaftler.

Die Sammlungsdaten flossen in mehrere regionale Avifaunen ein (z.B. Rost & Grimm 2004), während die Ergebnisse der Gewebeproben in zahlreichen größeren Arbeiten verwertet wurden.

Die Sammlung ist sicher und ordnungsgemäß untergebracht, inzwischen komplett katalogisiert und digital erfasst sowie publiziert (Grimm 2012).

Ausschnitt aus der Balgsammlung (Laubsänger, Foto: Falko Behr)

Sammlungszuwachs Ornithologie (Anzahl Exemplare) nach Sammelzeiträumen in Dekaden

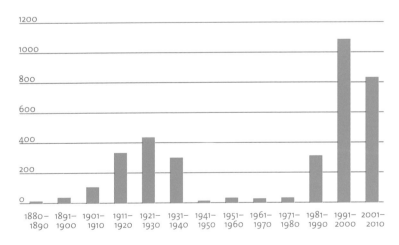

Sammlungsumfang Ornithologie (Stand Juni 2013)

Bälge	1.236
Habituspräparate (montierte Tiere)	1.463
Skelette und Teilskelette	907
Gelege (Eier)	531 (1.708)
Rupfungen	497
Gewebeproben	603

Herpetologische Sammlungen (U. Scheidt)

Die kleine Sammlung von Flüssigkeitspräparaten, die man nach der Gründung des Museums anlegte, wurde 1944 fast vollständig durch eine Luftmine vernichtet. Nur wenige Sammlungsstücke überstanden diesen Exitus. Nach 1945 war lange Zeit kein Bearbeiter dieser Tiergruppen am Museum tätig, zudem waren die Unterbringungsverhältnisse am Museum solch heiklem Sammlungsgut abträglich. Lediglich mit der Übernahme der

Skelett eines Tigerpython *Python molurus* (Foto: Falko Behr)

Sammlungen von Carl August Schmöger (1890–1967) kamen einige Flüssigkeitspräparate von Amphibien und Reptilien in den Fundus: Bemerkenswerte Funde aus dem inzwischen weitgehend vernichteten atlantischen Regenwald Brasiliens.

Erst seit den 1980er-Jahren erfolgte wieder ein nennenswerter Sammlungszuwachs. Derzeit umfassen die herpetologischen Sammlungen am Naturkundemuseum Erfurt 15.016 Amphibien und 1.304 Reptilien (Stand 31.5.2013). Die Sammlung ist elektronisch erfasst. Die meisten Individuen werden als Alkoholpräparate aufbewahrt. Daneben gibt es über 30 Panzer von Schildkröten, wenige Habitus- und Hautpräparate, sowie vereinzelt Schädel und Skelette. Insgesamt repräsentiert die Sammlung über 400 Arten aus 52 Staaten.

Die umfangreichen Thüringer Belege nehmen den größten Teil der Sammlung ein und waren oft Beifänge bei entomologischen Untersuchungen zu verschiedenen Gutachten, die als Dokumentationsmaterial bei uns hinterlegt wurden. Besonders bemerkenswert ist eine über zehnjährige Aufsammlung aus dem NSG »Alacher See«, die im Rahmen der ökologischen Beweissicherung zum Ausbau des Erfurter Flughafens erhoben wurde. Hinzu kommen Todfunde, die uns von Naturfreunden gebracht werden. Die Sammlungsdaten flossen sowohl in Gebietsfaunen als auch in Artbearbeitungen ein (z. B. Roth et al. 2002, Scheidt & Uthleb 2001).

Umfänglich sind auch die Belege aus dem europäischen Mittelmeerraum – international ein Mannigfaltigkeitszentrum bei Amphibien und Reptilien. Die Stücke stammen von einer Vielzahl von Sammlern, unter denen Andreas Nöllert (Jena) besondere Erwähnung verdient. Von den Einzelstücken aus den anderen europäischen Regionen ist vor allem die kleine Serie norwegischer Amphibien hervorzuheben (s. Roth 2011).

Die große Serie von Grünkröten, die wir Dr. habil. Matthias Stöck (Berlin) verdanken, stammt aus Nordafrika, sowie Klein- bis Zentralasien. Darunter befinden sich Nachweise von Arten mit tri- oder tetraploidem Chromosensatz, extrem seltene natürliche Hybride, Tiere aus Kreuzungszuchten, sowie ein Paratypus von *Bufo [Bufotes] siculus* Stöck, Sicilia, Belfiore, Buckley, Lo Brutto, Lo Valvo & Arculeo, 2008.

Dieser Drusenkopf (*Cono-lophus subcristatus*) wurde 1965 auf den Galapagos-inseln gesammelt. Die in Alkohol aufbewahrte Haut erhielten wir als Nachlass-Schenkung von Christa und Achim Schlüter (Winnenden/Baden-Württ-temberg) im Jahr 2007. Im gleichen Jahr entstand dieses Habituspräparat (Präparator: M. Fischer)

Ein zweiter Schwerpunkt – mehr als eintau-send Individuen – sind die zahlreichen Funde aus Süd- und Südostasien. Dies sind zumeist Auf-sammlungen von festen und freien Mitarbeitern des Museums, einen großen Teil verdanken wir Thomas Ihle (Pak Chong/Thailand). Darunter be-finden sich Erstnachweise für Länder oder Regio-nen (Tillack et al. 2005, Tillack et al 2006, Manthey & Denzer 2012). Die Bearbeitung dieses Materials steckt derzeit noch in den Anfängen. Dies trifft auch für die Kollektion von Amphibien und Rep-tilien aus verschiedenen Regionen Neuguineas und der angrenzenden Inseln zu (Sammler: Marco Fischer [Apolda], Dmitry Telnov [Dzidrinas/Lett-land]).

Die malakologische Sammlung
(H. Grimm)

Schon dem Vorläufer des Naturkundemuseums Erfurt, der Naturwissenschaftlichen Arbeitsge-meinschaft, wurden von Erfurter Bürgern mehrere Konchyliensammlungen übereignet. Im Wesentli-chen bestanden sie alle aus zwar attraktiven, aber undatierten, zumeist marinen Schnecken- und Muschelschalen. Sie sind heute noch weitgehend im Museum vorhanden, aber nur von geringem wissenschaftlichem Wert.

1942 kaufte das Museum die Molluskensamm-lung von Werner Boeckel (1909–1941) an.

Sie umfasst ca. 40.000 Individuen mitteleu-ropäischer Gehäuseschnecken sowie einige Süß-wassermollusken. Die gut datierten Belege sind in 5.700 Glasgefäßen untergebracht und in einem dreiteiligen Katalog aufgelistet. Boeckel gehörte in der ersten Hälfte des 20. Jahrhunderts zu den namhaftesten Weichtierkundlern Mitteldeutsch-lands (Bößneck 2009).

Aus dem Museum Weimar kamen in den 1960er Jahren ca. 200 Sammlungsröhrchen einer Molluskensammlung von Oscar Schmidt (1848–1908) an das Naturkundemuseum Erfurt. Ebenfalls von bescheidenem Umfang sind die Belege, die von Walter Wächtler (1901–1943), einem anerkann-ten Malakologen (Bößneck & Neumann 2001), im Museum verblieben. Wächtler war zwischen 1929 und 1939 Kustos und ab 1938 Leiter des Museums.

Blick in die entomologische Sammlung (Foto: Falko Behr)

Blick in die entomologische Sammlung (Foto: Falko Behr)

Auf inzwischen über 1300 Belege angewachsen ist eine neuzeitliche Sammlung von Gehäuseschnecken und Süßwassermuscheln, die sich vorwiegend auf Aufsammlungen in Verbindungen mit landschaftsplanerischen Untersuchungen rekrutiert und weiter anwächst.

Durch Ankauf wurde 1998 eine knapp 100 Proben umfassende Sammlung aus dem Baltikum sowie in den Jahren 2009 bis 2012 umfangreiche Aufsammlungen von Land- und Süßwassermollusken aus Südostasien und Neuguinea erworben. Letztere ist zum großen Teil eine Alkoholsammlung, bei der neben den Gehäusen auch Weichkörper aufbewahrt werden. Diese Sammlung enthält fünf Holotypen sowie 13 Paratypen (Greke 2011). Vier weitere Paratypen von je einer Gehäuse- und einer Nacktschnecke aus dem Nepal-Himalaya überließ der Sammler U. Bößneck der Molluskensammlung des Naturkundemuseums Erfurt (Wicktor & Bößneck 2004, Gerber & Bößneck 2009). Etwa 50 % der gesamten Sammlungen ist digital erfasst.

Die entomologische Sammlung
(M. Hartmann)

Unter den biologischen Sammlungen ist die entomologische mit fast einer Million Tieren in mindestens 30.000 Arten die umfangreichste. In die Sammlungen werden bei der Neuaufstellung nur Exemplare mit Fundortetikettierung aufgenommen. Damit einher geht eine strikte Trennung von wissenschaftlicher und für Ausstellung/Didaktik verwendbarer Sammlung.

Den Grundstein für die Sammlung legte der Museumsgründer Otto Rapp (1878–1953), ein weit über die Grenzen Thüringens hinaus bekannter Insektenforscher. In den unter seiner Regie entstandenen Sammlungsteilen sind wichtige faunistische Funde von bekannten Thüringer Entomologen enthalten (Hubenthal, Petry, Maaß, Lotze etc.). Ebenso sind die Sammlungen von P. Heymes (Käfer), R.-P. Rommel und W. Apfel (Schmetterlinge) bedeutsam für die Faunistik Thüringens.

Die Sammlungsteile der Ordnungen Coleoptera (Käfer), Orthoptera (Heuschrecken) und Hymenoptera (Hautflügler) besitzen aufgrund ihres Arten- und Typenbestandes internationale (Coleoptera und Orthoptera) bzw. nationale (Hymenoptera) Bedeutung. Die Sammlung paläarktischer Schmetterlinge ist für die Thüringer Faunistik von großer Bedeutung.

Die Sammlung enthält zurzeit 1.500 Typus-Arten mit 3.000 Individuen, anhand derer die jeweilige Art für die Wissenschaft neu beschrieben wurde. Der Besitz solcher Typus-Exemplare (»Urmeter der Biologie«) ist ein besonderes Kriterium für die Bedeutung einer Sammlung – sie sind ihre »Highlights«.

Die Arbeit in der Sammlung wird durch mehrere freie Mitarbeiter mit hoher fachlicher Kompetenz unterstützt. Besonders hervorzuheben ist hier Wolfgang Apfel (Eisenach), der seit 2002 mit dem Neuaufbau der Käfersammlung in ehrenamtlicher Tätigkeit befasst ist.

Der größte Teil der Insektensammlung ist der Forschungstätigkeit im eigenen Haus und der Mitarbeit zahlreicher Entomologen des Fördervereins zu verdanken. Die bemerkenswerte Anzahl von Typen ist vor allem Ergebnis mehrerer seit 1992 durchgeführter Expeditionen nach Nepal und ganz Südostasien. Gelegentliche Ankäufe von Sammlungsausbeuten bereichern den Artbestand, die Mehrzahl der Arten gelangt durch Schenkungen an das Museum. Für einige umfangreiche Insektenfamilien sind bereits Artenkataloge vorhanden.

Durch die gewachsenen internationalen Beziehungen zu Spezialisten in aller Welt ist die Bearbeitung der Sammlung in großen Teilen auf einem modernen Stand. Die intensiven Forschungsarbeiten im Himalaya, in Südostasien und einige kleinere Forschungsarbeiten in Südafrika führten zum wesentlichen Zuwachs an Sammlungsmaterial und damit der internationalen Bedeutung der Sammlung. Durch diese Kooperation steigt auch ständig die Nachfrage von Wissenschaftlern aus aller Welt zur Ausleihe für wichtige Revisions- und phylogenetische Arbeiten. Material aus den Sammlungen ist bisher in über 440 Arbeiten weltweit zitiert.

Die neue Käfersammlung ist als Regionensammlung mit den Schwerpunkten Paläarktis / Orientalis und Äthiopis aufgebaut. Die anderen Insektenordnungen folgen diesem Schema. Neben den Insekten existiert auch eine kleine Sammlung weiterer Arthropoden, zumeist Spinnentiere.

Sammlungsbestand der entomologischen Sammlung (Stand 30.04.2013)

Taxa	~ Artenzahl	~ Exemplare
Auchenorrhyncha	240	1.500
Coleoptera	19.700	840.000
Dermaptera	100	1.200
Diptera	1.000	28.000
Heteroptera	560	3.500
Hymenoptera	2.500	38.000
Lepidoptera	3.800	37.000
Orthopteroidea	160	1.500
sonstige	200	2.000
Typen	1.500	3.000

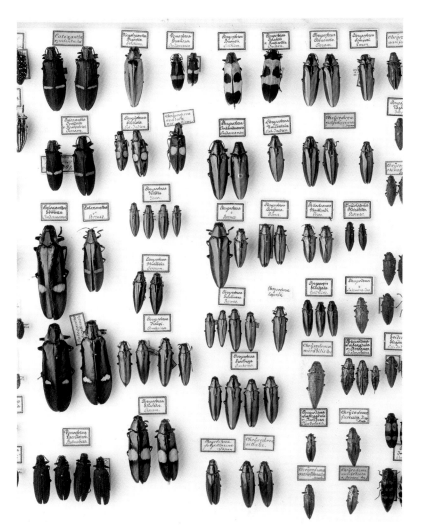

Die botanische Sammlung
(J. Girwert)

Die botanische Sammlung wird nicht hauptamtlich betreut. 11.600 Aufsammlungen von Farn- und Blütenpflanzen (Herbarbelege, Holzproben, Samen) sind in einer Datenbank erfasst.

Recht umfangreich mit ca. 1.250 Aufsammlungen ist das Moosherbar. Die Belege wurden überwiegend von dem Arnstädter Lehrer Bernhard Krahmer zusammengetragen. Die digitale Erfassung steht erst am Beginn. Von den größeren Teilsammlungen sind bedeutsam:
– das Herbar von Hans-Dieter Hermann (1922–2002) wurde 1986 in das Naturkundemuseum

Detail aus der Käfersammlung (Foto: Falko Behr)

integriert. Mit 6350 Belegen von Farn- und Blütenpflanzen aus 145 Familien ist es die größte Teilsammlung. 4.150 Belege stammen aus Thüringen

- 1.190 Belege von Farn- und Blütenpflanzen von Johannes Richter (1910–2003) vorwiegend aus der Umgebung von Obernissa bei Erfurt, den österreichischen Alpen und aus Italien. Die Sammlung wurde dem Naturkundemuseum 2006 übergeben
- 570 Samenproben von Wildpflanzen, überwiegend aus dem Erfurter Gebiet stammen von Hermann Diedicke (1865–1940)
- die Brasiliensammlung Carl-August Schmöger (1912–1924) besteht aus 56 formatierten und einseitig geschliffenen Holzproben, sowie aus Teilen von Lianen, Rindenproben, Fasern, Früchten und Samen.
- eine umfängliche Sammlung des Arnstädters Bernhard Krahmer (1858–1927), z. B. *Sorbus*-Formen aus der Umgebung Arnstadts und eine Sammlung Flechten vom Thüringer Wald.

Außerdem besitzt das Museum eine Holzbibliothek, gestaltet von Dr. Walter Luthardt (Erfurt).

Sie besteht derzeit aus 20 Bänden mit heimischen Waldbaumarten. Diese Sammlung dient überwiegend didaktischen Zwecken.

Geowissenschaftliche Sammlungen
(G.-R. Riedel)

Die paläontologische Sammlung

Die Sammlung des Naturkundemuseums Erfurt besteht derzeit aus mehreren Teilsammlungen mit insgesamt ca. 15.000 Fossilien. Die Sammlung ist im Wesentlichen nach den jeweiligen Sammlern geordnet, lediglich die Sammlung von Muschelkalkceratiten ist systematisch zusammengefasst. Der Schwerpunkt liegt bei den Fossilien des Muschelkalkes mit Hauptaugenmerk auf den oberen Muschelkalk Thüringens. In den letzten Jahren sind durch Ankäufe und Schenkungen wichtige Fossilien in diesen Sammlungsteil gelangt.

Die bedeutendste Teilsammlung ist die europaweit umfangreichste Sammlung von Ceratiten des oberen Muschelkalkes. Neben nichthorizontierten historischen Belegen von A. Possecker (220 Exemplare) und H.-W. Rothe (600 Exemplare) aus Erfurt kommen nach 1991 etwa 10.000 horizontiert gesammelte Exemplare hinzu. Aus sieben Horizonten des oberen Muschelkalkes liegen nun mehrere Tausend Exemplare als Populationsaufsammlungen vor und wurden erstmals wissenschaftlich in diesem Sinne ausgewertet (Rein 2011). Von Siegfried Rein (Erfurt) wurden die Ceratitenaufsammlungen von verschiedenen Sammlern zusammengefügt, inventarisiert und in 48 wissenschaftlichen Arbeiten sowohl ökologisch als auch systematisch ausgewertet (z. B. Rein 2009). Anhand dieser einmaligen Aufsammlungen konnten auf statistischer Grundlage neue Erkenntnisse zur Biologie, Ökologie, Populationsdynamik der Ceratiten und Besiedlungsgeschichte des Muschelkalkmeeres gemacht werden.

Eine andere bedeutende Sammlung des Museums stammt von Georg Herzenskron. Als Direktor der Versicherungsgesellschaft Thuringia in Erfurt konnte er auch wertvolle Fossilien käuflich erwerben, so u. a. aus den Plattenkalken von Solnhofen, den Posidonienschiefern von Holzmaden, den Fährtenplatten aus Tambach und vielen anderen

Beispiele aus der größten datierten Ceratitensammlung Mitteleuropas (Foto: Siegfried Rein)

Fundstätten. 1150 inventarisierte Stücke umfassen seine Aufsammlungen.

Die paläontologische Sammlung C. A. Schmöger beschränkt sich auf Thüringer Fundpunkte. Von Bedeutung sind auch die ca. 200 inventarisierten Reste von *Placodus* und *Nothosaurus* des Steinbruchbesitzers Friedrich Wagner aus Bad Sulza.

Die wertvolle Sammlung fossiler Pflanzenreste des Rotliegend wurde ebenfalls bearbeitet, inventarisiert und publiziert. Umfangreiche Aufsammlungen von Kreidefossilien wurden von Gerd-Rainer Riedel und Torsten Krause in den Steinbrüchen bei Kazimierz Dolny/Polen an der Wisla geborgen und präpariert.

Etwa 3/4 der paläontologischen Sammlungen wurden in regelmäßig erscheinenden Publikationen des Hauses vorgestellt und teilweise wissenschaftlich ausgewertet.

Die mineralogische Sammlung

Die Sammlung umfasst gegenwärtig rund 7.000 Einzelobjekte, die nach dem jeweiligen Sammler geordnet sind. Der Sammelschwerpunkt liegt im

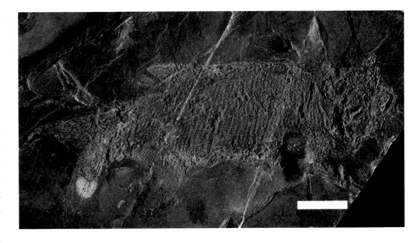

mitteldeutschen Raum, mit Hauptaugenmerk auf Thüringen und dem sächsischen Vogtland. Jedoch sind durch Schenkungen, Ankäufe und Nachlässe auch interessante Stufen aus aller Welt in die Bestände gelangt.

Zu den Kostbarkeiten gehören zweifellos die Mineralien aus der Sammlung von Godehard Schwethelm (Luzern), die vorwiegend durch Schenkung (Nachlass) ans Museum gelangte. Der in Erfurt geborene Architekt interessierte sich vor

Schmelzschupperfisch *Elonichthys* aus der Sammlung Herzenskron

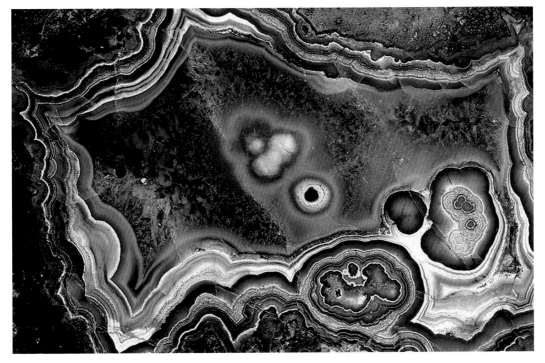

Achat aus der Sammlung Schaller (Foto: Günter Voigt)

Minerale belegen auch die klassischen Bergbaureviere im Erzgebirge, Harz und Thüringen (Riedel 1992).

Neben der mineralogischen Sammlung besitzt das Naturkundemuseum noch eine petrografische Sammlung mit Handstücken aus Mitteleuropa.

Bibliothek (P. Beer)

Die Bibliothek des Naturkundemuseums Erfurt ist die größte naturwissenschaftliche Spezialbibliothek Thüringens auf dem Gebiet der Bio- und Geowissenschaften. Der überregional bedeutende Bibliotheksbestand umfasst ca. 15.000 Bände sowie ca. 1.300 Fachzeitschriften, die überwiegend gebunden in kompletten Jahrgängen zur Nutzung bereitstehen. Hervorzuheben sind über 750 laufend gehaltene internationale Fachzeitschriften, die deutschlandweit teilweise nur in unserer Bibliothek vorhanden sind. Wir erhalten sie im internationalen Schriftentausch mit 400 Tauschpartnern.

Die Bibliothek orientiert sich am Sammlungs- und Forschungsprofil des Museums und ist für die Beteiligung an nationalen und internationalen Forschungsvorhaben unentbehrlich. Traditionell wird seit Otto Rapp (1878–1953), der den Grundstock der Bibliothek legte, die Entomologie systematisch und umfassend gepflegt. Seine über 100 Bände umfassende Separatasammlung bietet wertvolles Quellenmaterial. Wichtige Sachgebiete sind außerdem: Allgemeine Geologie, Mineralogie, Paläontologie, Flora und Fauna, Allgemeine und Systematische Botanik, Allgemeine und Systematische Zoologie sowie Landschaftspflege, Ökologie, Natur- und Umweltschutz.

Aus dem umfangreichen Nachlass der Lehr- und Präparationsfirma Schlüter (Halle/Winnenden 1853–2007), einst Weltmarktführer, verwahren wir die Kataloge und einige Firmenunterlagen (Schlüter-Archiv).

Neben dem Sammelschwerpunkt Entomologie steht heute im Rahmen des aktuellen Forschungsprogramms »Biodiversität und Naturausstattung im Himalaya« die Anschaffung von Bestimmungsbüchern zur Biodiversität im Himalaya so-

allem für die Kristallformen und die Farben der Minerale und kaufte weltweit Spitzenstufen. 611 inventarisierte Stufen finden sich in den Beständen unseres Hauses (Riedel 1998).

Eine weitere bedeutende Mineraliensammlung ist die mit 1.844 Stücken inventarisierte Sammlung C. A. Schmöger, die 1967 als Erbnachlass an das Museum kam. Sie ist systematisch aufgebaut und mit weltweiten Fundpunkten belegt. Während seines zwölfjährigen Brasilien-Aufenthaltes sammelte er in den Bundesstaaten Rio Grande do Sul und Minas Gerais auch Mineralien.

In den Jahren 1981 bis 2002 wurden von der Sammlung Herbert Schaller aus Reichenbach/ Vogtland 1.042 Minerale aus dem westerzgebirgischen, vogtländischen und thüringischen Raum käuflich erworben (Riedel 2003). 1988 wurden aus dem Nachlass Robert Kaltofen (Erfurt) 700 Stufen aus den klassischen Bergbaurevieren Mittel- und Osteuropas angekauft.

Bereits 1929 gelangten als Erbnachlass 987 Stufen von Franz Maaß (Erfurt) an das Museum. Diese

wie zur Fauna und Flora Europas und Asiens im Vordergrund. Die Zeitschriften zur paläarktischen Entomologie, Herpetologie, Ornithologie und Mammalogie sind teilweise nur in unserer Bibliothek vorhanden. Diese Bestimmungsliteratur ist kostbares Sammelgut. Der stetig wachsende Teilbestand zur Flora und Fauna der Himalaya-Region ist einzigartig in Thüringen und liegt auch als »Bibliografie zur Biodiversität im Himalaya« (Erfurt 2011) vor.

Die Bibliothek besitzt in ihrer Sammlung auch bibliophile Schätze aus mehreren Jahrhunderten, die im Handbuch der historischen Buchbestände Europas, Region Thüringen (Hildesheim 2003), Erwähnung finden. Unser ältestes Buch »Von dem Feldbaw und recht vollkommener Wolbestellung eines bekömlichen Landsitzes« stammt aus der Renaissance (Straßburg 1588). Als weiteres Hausvaterbuch ist »Oeconomia ruralis et domestica« (Mainz 1645) vom Altmeister Johannes Colerus zu nennen.

Ein seltenes Zeugnis der Wissenschaftsgeschichte ist das Tafelwerk »Botanica in originali, Das ist: Lebendig Kräuter-Buch! (Erfurt 1734) des Erfurter Mediziners und Botanikers Johann Hieronymus Kniphof (1704–1763)«. Es ist mit seinen prachtvollen farbigen Abbildungen, die im Verfahren des Naturselbstdruckes entstanden, ein herausragendes Beispiel für die Buchdruckerkunst in Erfurt. Der Entomologe, Miniaturmaler und Kupferstecher August Johann Rösel von Rosenhof (1705–1759) legte seine monatlichen »Insecten-Belustigungen« (Nürnberg 1746 bis 1761) vor, die ebenfalls unseren Buchbestand bereichern.

Die Präsenzbibliothek steht vorzugsweise den Mitarbeitern des Museums für die wissenschaftliche Arbeit zur Verfügung. Die Mitglieder des Fördervereins, Gastwissenschaftler und Studenten sind ebenfalls rege Nutzer.

Publikationen und Forschung

(P. Beer & H. Grimm)

Publikationen

Neben dem Ausstellungsführer und einer Festschrift, die das 1995 neu eröffnete Naturkundemuseum Erfurt ausführlich vorstellen sowie diversen Begleitbüchern zu Sonderausstellungen, ist die Publikation wissenschaftlicher Originalarbeiten wichtiger Bestandteil der wissenschaftlichen Arbeit. Sie dienen als unentbehrliche Grundlage für den weltweiten Schriftentausch.

Zum aktuellen Forschungsschwerpunkt Himalaya sind bisher vier umfangreiche Tagungsbände »Biodiversität und Naturausstattung im Himalaya« (Erfurt 2003–2012) sowie eine Bibliografie zur Biodiversität im Himalaya (2011) erschienen. Sie präsentieren die Forschungsergebnisse von 13 Nepal-Expeditionen des Museums und Fördervereins und anderer Wissenschaftler des In- und Auslandes sowie den Sammlungsbestand Himalaya der Museumsbibliothek.

Bereits seit 30 Jahren wurde zur Geologie, Botanik und Zoologie in den Veröffentlichungen des Naturkundemuseums Erfurt publiziert. Die international referierte Schriftenreihe führt ab Bd. 27 (2008) den Titel VERNATE. Das Spektrum der wissenschaftlichen Beiträge reicht weit über Thüringen und Deutschland hinaus. Schwerpunkte sind Faunistik, Taxonomie und Systematik als Grundlagen der modernen Biologie.

Die »Thüringer Faunistischen Abhandlungen« werden seit 1994 durch den Verein der Freunde und Förderer des Naturkundemuseums Erfurt jährlich herausgegeben. Die faunistischen Beiträge umfassen Insekten, Spinnentiere, Krebstiere, Weichtiere und Wirbeltiere. Sie knüpfen an die Tradition des Museumsgründers Otto Rapp an. Heute noch stellen dessen Bände »Die Käfer Thüringens« (Erfurt 1933–1935) durch die erstmalige Angabe ökologischer Daten ein Hauptwerk für die Faunistik der Käfer Deutschlands dar.

Von 1986–2003 erschien die Schriftenschau für den Feldherpetologen als Referatezeitschrift und Bibliografie zur Biologie, Ökologie und Faunistik der in den deutschsprachigen Ländern freilebenden Amphibien und Reptilien. Sie ist heute fortlaufend aktuell als Internet-Datenbank unter www.amphibienschutz.de/literatur/ zugänglich.

Über die wissenschaftlichen Sammlungen des Naturkundemuseums Erfurt sind bis heute ca. 700 Publikationen unserer Kuratoren sowie von Gastwissenschaftlern erschienen (www.naturkundemuseum-erfurt.de/wissenschaft/publikationen). Der Schwerpunkt liegt dabei auf Publikationen zur entomologischen Sammlung.

Naturwissenschaftliche Forschung

Die naturwissenschaftliche Forschung am Naturkundemuseum Erfurt betrifft zum einen personenbezogene Forschungsprojekte der Museumsmitarbeiter innerhalb ihres speziellen Fachgebietes oder deren maßgebliche Mitarbeit in größeren Arbeitsgruppen außerhalb des Museums. Dazu gehören auch internationale Projekte. Die mit der jeweiligen Sammlung im Zusammenhang stehende Forschung ist im Kapitel Sammlungen mit aufgeführt.

Titelbilder der hauseigenen Zeitschrift VERNATE (Foto: Falko Behr)

Zum anderen betrifft es Forschungen, bei denen das Museum als Institution alle Abläufe von der Vorbereitung über die Durchführung bis zur Auswertung koordiniert.

Im Ergebnis aller Forschungsprojekte steht eine Publikation der erzielten Resultate in einer wissenschaftlichen Zeitschrift.

Das Museum als Forschungsinstitution

Das Naturkundemuseum Erfurt betreibt seit Beginn der 1990er-Jahre eigene Forschung in Nepal und fungiert seither international als eine Koordinationsstelle für die naturwissenschaftliche Forschung in der Himalaya-Region. Zwischen 1992 und 2013 wurden insgesamt 14 Expeditionen durchgeführt (siehe nachfolgende Tabelle). Alle Expeditionen wurden, neben einem hohen eigenen Anteil der Expeditionsteilnehmer, vom Förderverein des Naturkundemuseums finanziell unterstützt.

Im Ergebnis der Expeditionen konnten bisher insgesamt 420 Insektenarten und zwei Molluskenarten für die Wissenschaft neu beschrieben werden. Weitere Beschreibungen befinden sich in Vorbereitung. Die Typusexemplare sind in den jeweiligen Sammlungen des Naturkundemuseums Erfurt hinterlegt. Darüber hinaus führte die Nepalforschung zur deutlichen Erweiterung der Kenntnis über die Verbreitung einzelner Arten aus vielen zoologischen und botanischen Gruppen (Insekten, Mollusken, Vögel, Kriechtiere, Flechten) in der Himalaya-Region. Dies ist insofern von fundamentaler Bedeutung, als der Himalaya gleichsam ein »Labor der Evolution« (Martens 2003) darstellt und die gewonnenen Ergebnisse wichtige Bausteine zum Verständnis von Evolutionsprozessen liefern.

Seiner exponierten Stellung bei der Erforschung der Biodiversität des Himalayas wurde das Naturkundemuseum auch dadurch gerecht, dass es bereits vier Internationale Symposien zum gleichnamigen Thema in Erfurt durchführte an denen 242 Wissenschaftler aus 14 Ländern teilnahmen.

Im Ergebnis dieser Symposien gab der Verein der Freunde und Förderer des Naturkundemuseums bisher vier voluminöse Bände »Biodiversität und Naturausstattung im Himalaya« heraus (Hartmann & Baumbach 2003, Hartmann & Weipert 2006, 2009, 2012) in denen 140 wissenschaftliche Arbeiten von 180 Autoren verschiedener Nationalität zur Himalayaforschung abgedruckt sind.

Neben dem Austausch wissenschaftlicher Ergebnisse gelang es dem Naturkundemuseum Erfurt als beabsichtigter Nebeneffekt, Wissenschaftler aus West- und Südeuropa mit indigenen Wissenschaftlern aus den Himalaya-Anrainerstaaten zusammenzuführen.

Die Ergebnisse der Himalaya-Forschung des Naturkundemuseums Erfurt wurden bisher in 257 wissenschaftlichen Arbeiten dargestellt oder flossen in diese mit ein.

Nepal-Expeditionen des Naturkundemuseums Erfurt/Förderverein

Jahr	Untersuchte Gebiete	Teiln.	Forschungsbereiche
1992	Rund um die Annapurna	4	Entomologie
1995	Jumla- Kagmara, Jumla- Surket, Nepalgunj	4	Entomologie
1997	Juphal-Sisne-Himal-Jumla, Nepalgunj	8	Entomologie, Malakologie, Ornithologie, Herpetologie
1999	Jumla-Rara-Lake – Dolphu Kang – Jumla, Nepalgunj, Chitwan- NP.	7	Botanik, Entomologie, Herpetologie, Ornithologie
2001	Simikot-Saipal (Ostseite) – Simikot, Nepalgunj, Chitwan-NP.	12	Botanik, Entomologie, Malakologie, Ornithologie, Herpetologie
2002	Simikot – Soli Khola, nördl. Simikot, Nepalgunj, Chitwan-NP.	4	Ornithologie, Herpetologie
2003 (März)	Kanchenjunga area	3	Entomologie, Malakologie
2003 (Mai)	Kanchenjunga area	4	Entomologie, Ornithologie, Herpetologie
2005	Indien: Kumaon, Nepal: Api Himal, Mahendranagar, Nepalgunj, Chitwan-NP.	8	Botanik, Entomologie, Malakologie, Herpetologie, Veterinärmedizin
2007	Jumla- Südrundweg, Nepalgunj, Chitwan-NP.	3	Entomologie
2007	Jumla – Ringmo – Kagmara – Jumla	3	Botanik
2009	Chainpur – Saipal Süd, Mahendranagar, Nepalgunj, Chitwan-NP.	9	Entomologie, Malakologie, Herpetologie, Ornithologie
2011	Rara über Westseite, Nepalgungj, Chitwan-NP.	5	Entomologie, Herpetologie, Ornithologie
2013	Makalu-Umrundung	9	Entomologie, Malakologie, Herpetologie, Ornithologie

Vitrine Hamster
(Dauerausstellung)
(Foto: Falko Behr)

schungsprojekt langfristig verfolgt. Das betrifft ökofaunistische Untersuchungen an verschiedenen Organismengruppen (Insekten, Lurche und Kriechtiere, Vögel). Dazu gehören unter anderem Untersuchungen zur Ökologie, Biologie und Larvenentwicklung der Geburtshelferkröte *Alytes obstetricans*, Untersuchungen zur Ernährung insektenfressender Vögel u.a.

FORSCHUNGSNETZWERK AM NATURKUNDEMUSEUM ERFURT

Das Naturkundemuseum Erfurt versteht sich auch als Informations- und Koordinationsstelle für faunistisch und floristische tätige Freizeitforscher. Damit unterstützt es nicht nur deren ehrenamtliche Tätigkeit, sondern erhält im Gegenzug neben einer Fülle an faunistischen Informationen (z.B. entomologische Datenbank mit derzeit 490.000 Datensätzen) auch wertvolles Sammlungsmaterial. Aktuell arbeiten am Museum 16 freie Mitarbeiter, die als Spezialisten für verschiedene Organismengruppen in der Sammlung tätig sind. Sie leisten eine unschätzbare Arbeit, die gegenwärtig nicht zu finanzieren wäre. Spiegelbild dieser Arbeit sind u.a. Beiträge in den beiden vom Museum bzw. dem Förderverein herausgegebenen Zeitschriften »VERNATE« (bisher 31 Jahrgänge) bzw. »Thüringer Faunistische Abhandlungen« (bisher 17 Jahrgänge).

Darüber hinaus erstreckt sich die Mitarbeit in einem solchen naturkundlichen Netzwerk auch auf Vorhaben und Kooperationen außerhalb des Museums. So waren z.B. alle Kustoden in ihrem Fachbereich an der Erstellung der Roten Listen Thüringens beteiligt (Laufkäfer, Prachtkäfer, Amphibien und Reptilien, Vögel). Zudem wird an verschiedenen nationalen und internationalen Buchprojekten als Bearbeiter einzelner Kapitel mitgearbeitet (Catalogue of Palaearctic Coleoptera; Die Käfer Mitteleuropas Bd. 2; Carabid beetles of Greece; Brutvogelatlas Thüringens, Handbuch der Reptilien und Amphibien Europas).

Diese Außenwirkung wird erhöht durch die Einbindung in die Redaktion oder verantwortliche Herausgeberschaft von regionalen und überregionalen Fachzeitschriften (z.B. »Schriftenschau für den Feldherpetologen« [Red., Hrsg., 15 Hefte bis 2004, seither als Internetangebot http://www.

Der zweite Schwerpunkt der Forschung außerhalb Deutschlands liegt in Nordthailand. Bisher zwei Expeditionen dienten vor allem der Erfassung der dort vorkommenden Amphibien- und Reptilienarten und deren biologische Einordnung. Zugleich wurden ökologische wie auch morphologische Daten erhoben, in einigen Fällen auch Daten zur Larvalentwicklung.

Die Auswertung des Materials erfolgt in enger Kooperation mit den Museen in Berlin, Bern und Bonn.

Als Ergebnis der internationalen Projekte entstand eine enge Kooperation mit der Universität Rajshahi (Bangladesh) bei der durch einen Präparator des Naturkundemuseums Erfurt (Marco Fischer) in bisher drei Lehrgängen (je 1 x pro Jahr) mit großer Medien-Resonanz die Ausbildung von Präparatoren koordiniert und durchgeführt wurde. Im Rahmen dieser Kooperation bemüht sich das Naturkundemuseum Erfurt (M. Fischer) zusammen mit der FH Bernburg (E. Arndt) auch um die fachgerechte Ausbildung bangladesischer Studenten zum zoologischen Kustos/Präparator. Im Gegenzug (Benefit Sharing) erhält das Naturkundemuseum Erfurt wertvolles Sammlungsmaterial.

PERSONENBEZOGENE FORSCHUNG

Entsprechend ihrer fachlichen Ausrichtung werden von den Kustoden neben der Arbeit mit den entsprechenden Sammlungen verschiedene For-

▶

Oben: Ausschnitt aus dem Diorama »Feldgehölze«
(Foto: Falko Behr)

Unten: Vitrine »Weiher«
(Foto: Falko Behr)

amphibienschutz.de/literatur/index.html)], »Ornithologische Mitteilungen« [Red.], »Checklisten Thüringer Insekten« [Red.], »Mitteilungen des Thüringer Entomologenverbandes« [Red.]).

Ebenso wichtig ist das internationale Netzwerk für die wissenschaftliche Bearbeitung der eigenen Sammlungen. So wird zur Aufarbeitung des bei der Asien-Forschung anfallenden Materials durch Ausleihe und Bereitstellung von Genproben eng mit vielen Institutionen auf allen Kontinenten zusammengearbeitet. Gegenwärtig umfasst dieses Netzwerk ca. 180 Wissenschaftler aus 27 Ländern.

Ausstellungen und Service

(S. Baumbach)

Im Naturkundemuseum Erfurt wird der Naturraum Thüringens auf vier Ausstellungsetagen anschaulich präsentiert. Begonnen mit der vorgeschichtlichen Entstehung der Region, die durch fossile Funde und detailgetreue Modelle erklärt wird, begibt sich der Besucher auf die Spuren der Vergangenheit Thüringens.

Der Treppenaufstieg rings um die lebensgroße Eiche, der Einblicke von der Wurzel bis zur Krone dieses Baumes gewährt, führt Etage um Etage in ausgewählte Lebensräume der Thüringer Landschaften. Hier werden exemplarisch Ökosysteme aus Wald, Feldflur und auch der Stadt auf weiteren drei Etagen anhand naturgetreuer Dioramen sowie lebender Vertreter präsentiert.

Im Kellergewölbe des Hauses führt die schwankende Arche Noah an die Themenbereiche Artenvielfalt sowie Artenbedrohung heran. Etwa 100 Tierpräparate, interessante Kurzfilme und zahlreiche Hörbeiträge informieren über den Tier- und Pflanzenreichtum der verschiedenen Kontinente und laden auf eine kurze Expedition über unseren Erdball ein.

Seit der Wiedereröffnung des Naturkundemuseums 1995 in einem historischen Waidspeichergebäude in der Altstadt Erfurts werden jährlich mehrere Sonderausstellungen zu verschiedenen naturwissenschaftlichen oder naturhistorischen Themengebieten gestaltet.

Begleitend dazu bietet die Museumspädagogik des Hauses jeweils ein umfangreiches didakti-

geburtstagsprogrammen aber auch abendlichen Fachvorträgen und Sonderführungen.

Ein wichtiger Bereich ist die Beratungstätigkeit des Museums. Jährlich werden zahlreiche Anfragen aus der Bevölkerung zu naturwissenschaftlichen Themen beantwortet.

Für staatliche Behörden werden Expertisen erstellt und Weiterbildungsveranstaltungen in den Themenbereichen Systematik und Taxonomie angeboten. Die biologischen Kustoden sind anerkannte Gutachter für das Washingtoner Artenschutzabkommen und werden regelmäßig zu zollrechtlichen Begutachtungen herangezogen.

ÖFFNUNGSZEITEN:
Di–So 10–18 Uhr

KONTAKTADRESSE:
Naturkundemuseum Erfurt
Große Arche 14, 99084 Erfurt
Tel.: 0361-6555680
E-Mail: naturkundemuseum@erfurt.de
Internet: www.naturkundemuseum-erfurt.de

Literatur

Bößneck, U. (2009): Werner Boeckel (1909–1941) – zum 100. Geburtstag eines Erfurter Malakozoologen. – VERNATE 28: 5–9.

Bößneck, U. & K. Neumann (2001): Zum 100. Geburtstag von Walter Wächtler (1901–1943) Malakologe und ehemaliger Leiter des Naturkundemuseums Erfurt. – Veröffentlichungen des Naturkundemuseums Erfurt 20: 5–9.

Gerber, J. & U. Bößneck (2009): The genus *Vallonia* in Nepal (Gastropoda: Pulmonata: Valloniidae). – Archiv für Molluskenkunde 138: 43–52.

Greke, K. (2011): Species of *Ditropsis* E.A. Smith, 1897 (Architaenioglossa: Cyclophoridae) from the Papuan region. – In: Telnov, D.: Biodiversity, Biogeography and Nature Conservation in Wallacea and New Guinea. Riga.

Manthey, U. & W. Denzer (2012.): Bemerkungen zur Verbreitung von *Japalura yunnanensis* Anderson, 1878 (Squamata: Agamidae: Draconinae). – Sauria 34: 25–40.

Martens, J. (2003): Vorwort. In: Hartmann, M. & H. Baumbach (Hrsg.): Biodiversität und Naturausstattung im Himalaya, Bd. I., Erfurt, Verein der Freunde & Förderer des Naturkundemuseums Erfurt e.V.: 5.

Oben: Ausschnitt aus dem Diorama »König der Dachrinne« (Foto: Falko Behr)

Unten: Minerale aus Thüringen (Foto: Dirk Urban)

sches Rahmenprogramm an, das auf die verschiedenen Ansprüche der Ziel- und Altersgruppen zugeschnitten ist. So ist das Thema einer aktuellen Sonderausstellung stets Gegenstand von Schulklassenprojekten, Ferienveranstaltungen, Kinder-

Rein, S. (2009): Stratigraphie und Fossilführung des Oberen Muschelkalks bei Eisenach und Jena. – VERNATE 28: 11–30.

Rein, S.(2011): Biologie der Ceratiten der *enodis/posseckeri* Zone – Variabilität und autökologische Potenz. – VERNATE 30: 29–47.

Riedel, G.-R.(1992): Die Mineraliensammlung Franz Maass am Naturkundemuseum Erfurt. – Veröffentlichungen des Naturkundemuseums Erfurt 11: 114–120.

Riedel, G.-R. & G. Voigt (1998): Die Mineraliensammlung Godehard Schwethelm am Naturkundemuseum Erfurt. – Veröffentlichungen des Naturkundemuseums Erfurt 17: 235–244.

Riedel, G.-R.(2003): Vogtländische und erzgebirgische Minerale in der Sammlung Schaller am Naturkundemuseum Erfurt. – Veröffentlichungen des Naturkundemuseums Erfurt 22: 19–27.

Rost, F. & H. Grimm (2004): Kommentierte Artenliste der Vögel Thüringens. – Anzeiger des Vereins Thüringer Ornithologen 5, Sonderheft, 3–78.

Roth, S. (2011): Herpetologische Untersuchungen im südlichen Hordaland und nördlichen Rogaland (Norwegen) unter besonderer Berücksichtigung der Inseln Bømlo und Stord. – VERNATE 30: 95–116.

Roth, S., C. Arenhövel, E. Jahn & U. Scheidt (2002): Zur Herpetofauna (Amphibia, Reptilia) von Weimar (Thüringen). – Veröffentlichungen des Naturkundemuseums Erfurt 21: 123–143.

Scheidt, U. & H. Uthleb (2001): Die Vorkommen des Moorfrosches *Rana arvalis* NILSSON, 1842 (Amphibia, Ranidae) im Thüringer Becken und seinen nördlichen Randplatten mit Anmerkungen zur Roten Liste Thüringens. – Veröffentlichungen des Naturkundemuseums Erfurt 20: 119–128.

Stöck, M., A. Sicilia, N. M. Belfiore, D. Buckley, S. Lo Brutto, M. Lo Valvo & M. Arculeo (2008): Post-Messinian evolutionary relationships across the Sicilian channel: Mitochondrial and nuclear markers link a new green toad from Sicily to African relatives. – BMC Evolutionary Biology 8: 56.

Tillack, F., U. Scheidt & M. Fischer (2005): Erstnachweis der Himalaja-Katzennatter, *Boiga multifasciata* (Blyth, 1860) für West-Nepal. – Sauria 27 (3): 41–45.

Tillack, F., U. Scheidt & T. Ihle (2006): First record of Blakeway's mountain snake, *Plagiopholis blakewayi* Boulenger, 1893, from Thailand, with remarks on the distribution of *Plagiopholis nuchalis* (Boulenger, 1893) (Reptilia, Squamata, Colubridae, Pseudoxenodontinae) – Veröffentlichungen des Naturkundemuseums Erfurt 25: 181–186.

Wicktor, A. & U. Bößneck (2004): *Limax* (*Limax*) *seticus* n. sp. fro, high mountains in Nepal (Gastropoda: Pulmonata Limacidae). – Folia Malacologica 12, 183–187, Poznàn.

Museumspädagogische Arbeit zieht sich durch alle Bereiche der Ausstellung und bezieht die Sammlungen mit ein.

3.3. Museum für Naturkunde Gera mit Botanischem Garten

Kornelia Meyer, Frank Hrouda und Rainer Michelsson

Stichworte: Tiere, Pflanzen, Fossilien, Zechstein, Minerale, Ostthüringen, Gera, wissenschaftliche Sammlungen, außerschulischer Lernort, Botanischer Garten, naturwissenschaftliche Bibliothek

Das Museum für Naturkunde in Gera ordnet sich in die vielfältige Thüringer Museumslandschaft als regionales Naturmuseum ein und ist mit seinem Inhalt und seinen Aktivitäten vorrangig der naturwissenschaftlichen Dokumentation der Ostthüringer Region verpflichtet – reicht aber in der Bedeutung ausgewählter Sammlungsteile und deren Bearbeitung weit über die Region hinaus. Es gehört zur Vielzahl kleinerer Museen in Deutschland, deren Wurzeln in bemerkenswerten Privatsammlungen und Aktivitäten naturkundlicher Vereine liegen.

Die Museumsgründung in Gera ist Ausdruck einer reichen naturkundlichen Tradition im Bürgertum bei der Erforschung des Landschaftsraumes Ostthüringens im damaligen Fürstentum Reuß j. L. und eng verbunden mit dem Wirken der 1858 gegründeten Gesellschaft von Freunden der Naturwissenschaften in Gera. 1878 legte die Stiftung einer geologischen Sammlung durch den Geraer Handwerksmeister, den Schönfärber Johann Christian Seydel, den Grundstock des Städtischen Museums. Nach acht Jahrzehnten Existenz als naturkundliche Abteilung im Städtischen Museum Gera und der kriegsbedingten Zerstörung des Museumsstandortes im ehemaligen Zucht- und Waisenhaus im Jahr 1945 existiert es seit 1957 als eigenständiges Naturkundemuseum im Schreiberschen Haus, dem ältesten Bürgerhaus in der Altstadt. Nach einer Gebäudesanierung Anfang der 1980er-Jahre eröffnete es 1984 mit der Dauerausstellung zum Landschaftsraum Ostthüringen.

Gleichermaßen interessant wie auch außergewöhnlich ist in Gera die Kombination eines Naturkundemuseums mit einem Botanischen Garten, der 1897 aus einer bürgerlichen Stiftung an die Stadt entstand und 1957 dem Museum angeschlossen wurde. Die Lebendpflanzensammlung zur Ostthüringer Pflanzenwelt ergänzt in hervorragender Weise die Museumsausstellung. Neben der Bewahrung und Erweiterung der naturkundlichen Sammlungen steht in beiden Bereichen eine lebendige Umweltbildung in Form museums- bzw. gartenpädagogischer Programme im Mittelpunkt.

Die Einrichtung versteht sich heute als Zentrum für naturkundliches Wissen zur Region und als Archiv zur Ostthüringer Landschaft, deren Inventar und Wandlungsprozesse dokumentiert werden. Das Datenmaterial wird für aktuelle Fragestellungen zur Verfügung gestellt.

Von einer geologischen Sammlung zum Museum für Naturkunde im ältesten Bürgerhaus von Gera
(K. Meyer)

1878 wurde in Gera der Grundstock für das Städtische Museum mit der Stiftung der Gesteins- und Mineraliensammlung des Geraer Handwerksmeisters, des Schönfärbers Johann Christian Seydel (1807–1885), gelegt. Es war die Zeit eines rasanten wirtschaftlichen Aufschwungs auch für die damals 25.000 Einwohner zählende Stadt Gera, die zu den Zentren der Textilherstellung in Deutschland gehörte. Naturkundlich Interessierte aus Bürgertum und Handwerkerschaft wirkten seit 1858 in der Gesellschaft von Freunden der Naturwissenschaften in Gera zusammen, führten in ihrem Vereinsleben einen angeregten Austausch zu ihren Beobachtungen und Untersuchungen – auch heute noch nachlesbar in ihrer Publikationsreihe »Jahresberichte der Gesellschaft von Freunden der Naturwissenschaften in Gera«. Diese erschienen bis zum 79. Jahresbericht für das Jahr 1936 mit einem weitreichenden internationalen Schriftentausch.

Erst nach neun Jahren ermöglichte die Stadt die Präsentation der Sammlungen im Städtischen Marstall, nachdem diese mehrfach umgelagert worden waren. 1883–1895 wirkte der Kaufmann

◀ Museum für Naturkunde Gera im »Schreiberschen Haus«

Robert Eisel (1826–1917) als Verwalter und Kurator der Museumssammlung. Damit begann auch die wechselvolle Geschichte des Städtischen Museums Gera. Neben akribischer Bestandserfassung trug Eisel auch zur Erweiterung der neuen Museumssammlungen bei, wobei seine eigene Graptolithensammlung erst nach seinem Tod angekauft und übernommen wurde.

Von 1895 bis 1939 wirkte der Lehrer und spätere Rektor Alfred Auerbach (1864–1938) als zweiter Museumskurator. Unter seiner Leitung erhielt das Städtische Museum mit dem umgebauten ehemaligen Zucht- und Waisenhaus (heute Stadtmuseum) erstmals ein eigenes Museumsgebäude. In drei Etagen wurden bis zur kriegsbedingten Zerstörung des Gebäudes im Jahre 1945 kulturhistorische und naturkundliche Ausstellungen gemeinsam präsentiert. Die naturkundlichen Sammlungen und Ausstellungen wurden in der Zeit des Ur- und Frühgeschichtlers Auerbach von ehrenamtlichen Mitarbeitern betreut: Rektor An-

ton Renz (Geologie und Mineralogie), Lehrer Robert Leube (Botanik), Apotheker Wilhelm Israel (seine gestiftete Kochyliensammlung), Lehrer P. Hemmann und Maurer Max Nicolaus (Entomologie). Während des Zweiten Weltkrieges lag die Leitung in den Händen von Renz, später Hemmann, die 1945 nach dem Brandangriff auf das Museumsgebäude zusammen mit dem ehemaligen Stadtarchivar Ernst Paul Kretschmer in aufopferungsvoller Weise Sammlungsbestände retteten. Besonders betroffen waren die oberen Museumsetagen mit den naturkundlichen Ausstellungen. Wertvolle entomologische, Vogel- und Konchyliensammlungen, Herbarien, aber auch geologische Sammlungen wurden zerstört. Neuer Museumsstandort ab 1947 und eigenes Museum für Naturkunde ab 1957 wurde das »Schreibersche Haus«, ein wertvolles barockes Bürgerhaus auf dem Nicolaiberg.

Das »Schreibersche Haus« gilt heute als ältestes erhaltenes Gebäude innerhalb der alten Stadtmauern nach dem großen Stadtbrand von

1780 in Gera. Es wurde 1686–1688 als Kauf- und Handelshaus auf der Brandstätte eines mittelalterlichen Freigutes direkt an der östlichen Stadtmauer unter Verwendung erhaltener Bauteile der Spätrenaissance errichtet. Die barocke bürgerliche Wohnanlage ging 1716 durch Erbschaft in den Besitz des Namen gebenden Kaufmannes Johann Georg Schreiber über. 1847 erwarb die Stadt Gera das Gebäude, nutzte es als Stadtgericht, Wohnhaus, Schule und ab 1947 als Museumsgebäude.

An baulichen Besonderheiten hervorzuheben ist der große festliche Barocksaal mit reicher Stuckornamentik von 1688, der vor allem als Vortrags- und Veranstaltungssaal genutzt wird. Herausragender Stuckaturschmuck ist auch an den Decken von zwei Ausstellungsräumen zu finden.

1950 konnte das Städtische Museum im »Schreiberschen Haus« mit einem naturkundlichen Ausstellungsteil eröffnet und nach Auszug der stadtgeschichtlichen Abteilung auf drei Ausstellungsetagen erweitert werden. Beteiligt daran waren neben Dr. H. R. Oelhey als Leiter und Botaniker, Anton Renz und Rudolf Hundt für den geologischen und P. Hemmann sowie die Präparatoren Richard Hönicke (1891–1970) und Edwin Wichler für den zoologischen Teil, ab 1956 der Museologe Malte Jänicke, der seit 2007 wieder zur Sammlungsbearbeitung und -pflege als Entomologe im Museum tätig ist. Die Ausstellung widmete sich entwicklungsgeschichtlichen Themen, der Abstammungslehre, aber auch der heimatlichen Geologie und Tierwelt. Besonderheiten waren die von Hönicke gestalteten Kleindioramen zu zoologischen Themen oder ein Abgusspräparat zum Skelett des Wollhaarnashorns nach Knochenfunden von Pohlitz bei Gera. Personelle Engpässe bis Anfang der 1970er-Jahre ließen die längst nötige Neugestaltung der Dauerausstellung auf sich warten.

Inhaltlichen Aufschwung erlebte das Museum in der kurzen Amtszeit des Dipl.-Biologen Dr. Peter A. Schmidt von 1971–1976 als Museumsleiter und Botaniker, der sowohl konzeptionelle Grundlagen für zukünftige Ausstellungs- und Sammlungsprojekte legte, als auch die Funktion eines regionalen naturkundlichen Leitmuseums für Ostthüringen und Zentrum naturkundlicher Regionalforschung begründete. Von 1981 bis 2007 stand das Museum für Naturkunde unter der Leitung der

Johann Christian Seydel (1807-1885)

Dipl.-Geologin Christel Russe. Das Gebäude erhielt in den Jahren 1981 bis 1984 eine den damaligen Möglichkeiten entsprechende denkmalgerechte Gesamtsanierung und konnte nach neun Jahren Schließzeit mit einer neuen modernen landschaftsökologischen Dauerausstellung »Ostthüringen als Landschaftsraum zur Geologie, Flora und Fauna« seinen musealen Funktionen auch in der Öffentlichkeit nachkommen. In ihrer Anschaulichkeit, inhaltlichen Geschlossenheit und fachübergreifenden Aussage war diese Ausstellung auch überregional ein hervorragendes Beispiel für lebendige museale landschaftsökologische Darstellungen. Unter der Leitung von Christel Russe hatten wesentlichen inhaltlichen und gestalterischen Einfluss der Dipl.-Biologe Karl Breinl, der Präparator Klaus Hartwig und für das gestalterische Gesamtkonzept der Designer Gerhard Löwe (Jena).

Seit 1990 wurden in diesem thematischen Ausstellungsrahmen nicht nur Aktualisierungen, sondern auch Neugestaltungen vorgenommen. Insbesondere konnten jetzt die fachlichen Möglichkeiten des Präparators Rainer Michelsson, der seit 2000 am Hause tätig ist, Einzug finden. Es entstand in der Pflanzenpräparation eine herausragende Leistung, ein auf Kunstharzbasis gefertigtes Abgusspräparat einer für Thüringen charakteristischen Orchideenart, dem Frauenschuh. Als besondere geologische Exponate wurden Gesteinstransfere, Bodenprofile, aber vor allem auch das Naturdenkmal »Steinerne Rose« von Saalburg als ein Abgusspräparat hergestellt und in die Dauerausstellung integriert. Neben der informativen und erlebnisreichen Ostthüringen-Ausstellung locken eine Fülle von Sonderausstellungen mit großer Themenbreite Besucher in das »Schreibersche Haus«.

Wenn das ehemalige Handelshaus mit acht Etagen beschrieben wird, so sind neben den drei Ausstellungsetagen auch die Lager- und Magazinböden und die unterirdischen Keller und Tiefkeller mitgezählt. Die in Zechsteinkalk gehauenen unterirdischen »Höhler« aus dem 17. und 18. Jahrhundert, dienten ehemals der Bierlagerung. Der bis in eine Tiefe von 11 m reichende Höhler unter dem »Schreiberschen Haus« ist der größte in Gera und seit 1995 öffentlich mit einer repräsentativen Ausstellung zum Thema »Minerale und Bergbau Ostthüringens«, im Jahr 2012 zum »Einmaleins der Minerale« umgestaltet unter Mitwirkung der Geraer Mineralien- und Fossilienfreunde. Gleichzeitig beginnt hier der öffentliche Rundgang durch die »Historischen Höhler«.

Nachdem das Museum für Naturkunde bis 1990 strukturell den Museen der Stadt Gera zugehörte, konnte es bis 2009 als eigenständige Einrichtung wirken. Sparzwänge der Stadt brachten eine organisatorische Zusammenlegung mit dem Stadtmuseum Gera. Die fachliche Eigenständigkeit ist nach wie vor Richtschnur des Handelns.

Naturwissenschaftliche Sammlungen: »Landschaftsarchiv und Schatzkammer des Museums«

Biologische Sammlungen
(K. Meyer und R. Michelsson)

Die Biologischen Sammlungen des Museums für Naturkunde Gera widmen sich vorrangig der Pflanzen- und Tierwelt in der Region Ostthüringen und stellen damit ein wertvolles Landschaftsarchiv dar.

Das Ostthüringen-Herbarium dokumentiert die Pflanzenwelt Ostthüringens, insbesondere des mittleren Elstergebietes um Gera. In dieser Sammlung werden die Belege der floristischen Gebietserforschung ab etwa 1850 aufbewahrt. Sie enthält neben Farn- und Samenpflanzen auch Moose sowie Flechten, Pilze und Algen vorwiegend in einer systematischen geordneten Überblickssammlung, aber auch kleinere Sammlungen von Früchten, Minen und Gallen.

Die Herbarien zur 1774 erschienenen, ersten Geraer Flora des Drogisten Tobias Conrad Hoppe (1697–1778) wurden beim großen Stadtbrand von Gera 1780 vernichtet. Die ältesten erhaltenen Belege zur heimischen Pflanzenwelt aus der Zeit um 1850 gehen auf den Lehrer Robert Schmidt (1826–1890) zurück, der 1857 mit dem Kunstgärtner Otto Müller eine weitere Flora von Gera herausgegeben hatte. Dieses Herbarium konnte 1885 für das Städtische Museum erworben werden und ist heute Grundstock der botanischen Ostthüringen-Sammlung.

Einige Sammlungsbelege des Geraer Arztes Ferdinand Ch. Naumann (1841–1902) präsentieren noch Ergebnisse seiner umfassenden floristischen Erforschung der Umgebung von Gera, die 1906 veröffentlicht wurden. Weitere Herbarien, z.B. von G. Weber und G. Hahn wurden 1945 ein Raub der Flammen. Seit den 1970er Jahren nahm das Ostthüringen-Herbarium nochmals stark an Umfang zu. Kartierungsprojekte für die 1987 erschienene aktualisierte Lokalflora »Farn- und Blütenpflanzen um Gera« von Heinz Falkenberg (1923–1998) und Hans-Joachim Zündorf für die Thüringen-Flora führten zu einer reichen Belegsammlung. Als aktive Sammler traten in diesem Zeitraum neben Heinz Falkenberg auch Reinhard Conrad (1938 -2006), Volkmar Dix (1921–2009), Manfred Fleischer, Elke Gehroldt, Andrea Geithner, Jürgen und Birgitt Göckeritz, Kornelia Meyer, Jürgen Rettig, Peter A. Schmidt, Hans-Joachim Zündorf u.a. hervor. Forschungsvorhaben, wie z.B. 1985–1990 im Naturschutzgebiet »Schwarzatal« führten selbstverständlich auch zur Bereicherung der botanischen Sammlungen.

Außer den ca. 7.500 Belegen zu Farn- und Blütenpflanzen gehört eine Exsikkatesammlung zu Moosen, Flechten und Pilzen mit insgesamt 2.500

Belegen in die botanische Ostthüringen-Sammlung des Museums für Naturkunde Gera. Damit existiert eine wertvolle Vergleichssammlung zum regionalen Florenwandel in den vergangenen 160 Jahren.

Ältestes historisches Sammlungsobjekt von besonderem Wert ist ein »Herbarium vivum« aus vorlinnéischer Zeit, allerdings unbekannter Herkunft. Auch existieren noch einzelne Exponate der Tropensammlung des Botanischen Museums aus der Zeit des Lehrers und Leiters des Botanischen Gartens Robert Leube (1866–1938). Im Mittelpunkt standen damals pflanzliche Rohstoffe und deren Verarbeitungsprodukte.

Methodische Versuche zur Aufbewahrung von Pilzen in Konservierungsflüssigkeit werden seit 2005 in der Präparation unternommen. Im Zusammenhang mit Ausstellungsprojekten spielt auch die Anfertigung von ausgewählten Pflanzen- und äußerst exakten Pilzreplikaten auf Kunstharzbasis und damit verbundener Entwicklung spezieller Verfahren in der hauseigenen Präparationswerkstatt eine große Rolle. Die Erstellung eines Originalabgusses vom Frauenschuh *Cypripedium calceolus* aus Kunstharz wurde in der Fachpresse publiziert (Michelsson 2006).

Die zoologischen Sammlungen enthalten ca. 125.000 Präparate. Hauptanteil daran liegt bei den entomologischen Sammlungen. Die ca. 120.000 Objekte umfassende Insektensammlung ist vor allem den Mitgliedern des Geraer Entomologischen Vereins »Lepidoptera« (1881–1949) und der daraus hervorgegangenen Geraer Fachgruppe »Insektenkunde« zu verdanken.

Allerdings sind wertvolle historische Bestände wie die Schmetterlingssammlung des Entomologischen Vereins »Lepidoptera« und die Kollektion des Geraer Malers Heino Lonitz 1945 im Städtischen Museum verbrannt. Die ältesten erhalten gebliebenen entomologischen Sammlungen stammen von Johannes Riegel (1875–1962), Max Nicolaus (1883–1961), Paul Scheffler und Karl Ritter (1909–1998).

Die Sammlung Riegel präsentiert als älteste Sammlung nahezu alleinig das faunistische Inventar an Insekten der Zeit von 1910–1950 aus dem Geraer Gebiet. Im Jahre 2000 wurde die ca. 6.500 vorwiegend heimischen Insekten umfas-

Herbarium Robert Schmidt um 1850, Herbarbogen der Färberkamille *Anthemis tinctoria*

sende Sammlung durch seinen Enkel dem Museum als Geschenk übergeben. Schwerpunkt sind vor allem Schmetterlinge, insbesondere die Arten der Familie Zygaenidae (Blutströpfchen oder Widderchen). Einen zweiten Teil mit vorwiegend tropischen Schmetterlingen erhielt das Museum im Jahre 2012. Auch die 1941 erworbene umfangreiche Sammlung von Nicolaus war 1945 verbrannt. Mit großem Fleiß trug er nach dem Krieg erneut eine Ostthüringer Belegsammlung zusammen, in der neben Käfern, Schmetterlingen auch weitere Insektenordnungen wie Zikaden (Homoptera, Auchenorrhyncha, 5.000 Exemplare) oder Fliegen, darunter 375 Exemplare Schwebfliegen (Diptera, Syrphidae), vertreten sind – insgesamt ca. 25.000 Exemplare. Diese umfangreiche Sammlung dokumentiert in einmaliger Weise die artenreiche Insektenwelt in Geras Umgebung zur Zeit kleinbäuerlicher Landwirtschaft bis um 1960.

12.200 präparierte Insekten umfasst die Ritter-Sammlung, die 1998 und 1999 durch Schenkung bzw. Ankauf ins Museum für Naturkunde Gera

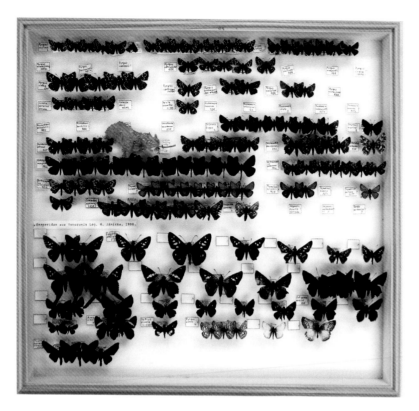

Schmetterlingskasten aus der Sammlung Malte Jänicke

gelangte. Sie bereichert vor allem die Tagfaltersammlung Ostthüringens um wichtige Belege zu inzwischen verschollenen Arten. Die Lokalfauna vor 1960 wird auch durch die 1977 erworbene Sammlung von Berthold Schnappauf (1907–1977) repräsentiert, die die heimischen Insektenordnungen, voran Käfer und Schmetterlinge, in großer Reichhaltigkeit aufweist. Allerdings müssen viele seiner Belege noch revidiert werden.

Seit 2003 bereichert auch die Insektensammlung von Malte Jänicke (* 1937), Eisenberg, und seit 2009 die Sammlung von Forstinsekten des Forstingenieurs Rudi Damm (* 1935), Gera, die entomologischen Sammlungen zur Ostthüringer Region. Die Jänicke-Sammlung präsentiert in 200 Kästen von 1947 bis in die Gegenwart eine große Breite an Insektenordnungen, darunter auch eine für Thüringen wichtige Spezialsammlung heimischer Holzwespen, Keulhornblattwespen und Schwertwespen. Darüber hinaus sind auch Hundert- und Tausendfüßer, Skorpione, Zecken und Spinnen vertreten. Die Käfersammlung von Damm wurde als forstliche Lehr- und Vergleichssammlung für die

Ausbildung angelegt. Sie umfasst 1401 Arten aus 62 Familien und 585 Gattungen aus den Jahren 1985–2012 mit Sammlungsschwerpunkt Thüringen, speziell der Umgebung von Gera.

Beide Entomologen aus der Geraer Fachgruppe ermöglichen die kontinuierliche Bearbeitung dieser Sammlungsbestände als freie Mitarbeiter, die hier mit großer fachlicher Kompetenz Bestimmungs-, Ordnungs- und Pflegearbeiten durchführen und die eigenen Sammlungen ergänzen.

Die malakologische Sammlung existiert als eine Regionalsammlung, die zu Schnecken und Muschelarten wichtige faunistische Daten liefert. Aus den historischen Konchyliensammlungen von Wilhelm Israel (1872–1928) und Karl Theodor Liebe (1828–1894) haben nur wenige Belege 1945 den Museumsbrand überdauert. Ein Ostthüringer Vorkommen der Flussperlmuschel ist für 1957 belegt. Eine undatierte marine Konchyliensammlung dient Ausstellungszwecken.

Für die Wirbeltiersammlung spielte in der Vergangenheit das Wirken einiger Geraer Präparatoren wie Carl Feustel (1861–191940), Richard Hönicke (1891-1979) und Edwin Wichler (1897-1974) eine besondere Rolle. Hervorzuheben ist aber vor allem die kontinuierliche präparatorische Betreuung der Sammlungsbestände und Ausstellungsvorhaben bis in die Gegenwart. So besitzt das Museum die Verantwortung für die Aufnahme und wissenschaftliche Bearbeitung von Totfunden gesetzlich geschützter Arten im Raum Gera.

Die Vogelsammlung des Hauses umfasst mehr als 3.200 Präparate. Neben einem undatierten Exemplar der ausgestorbenen Wandertaube *Ectopistes migratorius* sind das Standpräparat eines Sommergoldhähnchens *Regulus ignicapilla* mit Originaletikett von Christian Ludwig Brehm (1787–1864), gesammelt am 12. Oktober 1826 in Renthendorf, sowie der vorbildlich erstellte Balg eines Rosa-Flamingos *Phoenicopterus ruber* mit Originaletikett von Alfred Edmund Brehm (1829–1884), gesammelt während seiner großen Spanienreise 1857 in Amposta an der Ebromündung, kostbare historische Einzelstücke.

Mit der Schenkung einer Sammlung exotischer Vögel und Insekten des Geraer Präparators Carl Feustel bekam die zoologische Sammlung einen in Form und Farbe herausragenden

Sammlungsschatz. Noch heute sind aus dieser Kollektion 88 Kolibris, 42 Paradiesvögel, 100 weitere exotische Vogelpräparate und ein originaler Schrank mit exotischen Käfern zu bestaunen. Der Großteil dieser Exponate entstand zu Beginn des 20. Jahrhunderts. Auch zur heimischen Vogelwelt entstanden in seiner Werkstatt einige sehr gut gefertigte Präparate, die Einblick in die Artenvielfalt um Gera zu Beginn des 20. Jahrhunderts geben. Als Beispiele seien z.B. Ringdrossel (28.04.1919), Rotkopfwürger (24.04.1923), Schwarzstirnwürger (03.06.1911), Steinkauz (27.12.1909) und Rotfußfalke (20.06.1922) aus der Umgebung von Weida erwähnt.

Sehr anschauliche Objekte sind 30 Kleindioramen des Präparators Richard Hönicke (1891–1970) vermutlich aus der Zeit zwischen 1939 und 1946. Mit großem künstlerischem Geschick und einfachsten Materialien entstanden umfassende Lebensraumgestaltungen, wie für Zwergtrappe *Tetrax tetrax*, Gebirgsstelze *Motacilla cinerea* und Hohltaube *Columba oenas*. Von Hönicke sind neben vielen undatierten Standpräparaten auch da-

tierte Gelege und Vogelbälge erhalten, vornehmlich aus Rumänien, Spanien und Sibirien.

Äußerst bedeutsam sind auch die von Berthold Schnappauf (1907–1977) gesammelten und meisterhaft präparierten Vogelbelege. Durch seine genaue Kenntnis der Lebensweise einiger Arten und die Genauigkeit in der Präparation gelangen ihm bedeutende und anschauliche Nachweise zur heimischen Vogelwelt. Beispiele dafür sind das Präparat einer Blauracke *Coracias garrulus*, Ende April 1947 bei Gera-Milbitz gefunden und letzter bekannter Nachweis im Geraer Gebiet, sowie vier Weißsternige Blaukehlchen *Luscinia svecica cyanecula* aus der Umgebung von Gera-Langenberg von 1929, 1944 und 1954. Von vielen Vogelarten präparierte Schnappauf Serien, die er mit genauen Funddaten versah.

Durch aufmerksame Bürger gelangte das Museum 2003 in den Besitz eines bemerkenswerten Einzelstückes, des Präparates einer Großtrappe *Otis tarda*, welche 1934 bei Wilhelmsthal, südlich Eisenach, geschossen wurde.

Die Säugetiersammlung ist mit etwa 500 Prä-

paraten recht überschaubar. Neben Schaustücken wie Eisbär *Ursus maritimus* und Gibbon *Hylobates* spec. enthält sie auch für Ostthüringen durchaus bedeutsame Präparate, wie Großes Mausohr *Myotis myotis*, Feldhamster *Cricetus cricetus*, Haselmaus *Muscardinus avellanarius*, Wildkatze *Felis sylvestris* und Fischotter *Lutra lutra*.

Seit 2000 werden im Museum für Naturkunde Gera Säugetiere und Vögel verstärkt in Konservierungsflüssigkeiten aufbewahrt, um zukünftig eine zerstörungsfreie Bearbeitung an vollständig erhaltenen Belegexemplaren zu ermöglichen.

Eindrucksvolle Gehörn-Trophäen afrikanischer und indischer Huftiere gehören zum historischen Sammlungsbestand. Diese Exponate wurden vermutlich in einer als Kolonialmuseum bezeichneten speziellen Abteilung im Städtischen Museum Anfang des 20. Jahrhunderts gezeigt und entstammen den vielfältigen Kontakten in die ehemaligen Kolonialgebiete, z. B. nach Kamerun. Zu diesen Trophäen gehören neben überaus großen Exemplaren von Arni *Bubalus arnee* und Kap-Büffel *Syncerus caffer* mehrere Unterarten der Kuhantilope *Alcelaphus buselaphus*, z. B. auch die Trophäe des vom Aussterben bedrohten Weißschwanzgnus *Connochaetes gnou*.

Geologische Sammlungen (F. Hrouda)

Am 15. März 1878 nahm die Stadt Gera die geologisch-mineralogische Sammlung des Geraer Schönfärbers Johann Christian Seydel (1827–1885) als Grundlage für ein Museum an. Im entsprechenden Katalog wurde sie mit der Nummer 1 und der Bemerkung »400 Mineralien und Versteinerungen aller Gebirgsarten um Gera« verbucht. Diese Kollektion sollte in den folgenden Jahrzehnten durch Zugang weiterer Sammlungen erheblich erweitert werden. 1916 hinterließ der Apotheker Dr. Paul Friedrich Curt Schröder (1836–1916) dem Museum im Rahmen einer Stiftung seine ca. 2.000 Stück umfassende hochwertige Mineraliensammlung.

Am 11. November 1920 wurde die »Geologische Landessammlung« in den Besitz des Museums überführt. Sie wurde 1858 von Fürst Heinrich XIV. von Reuß j. L. (1832–1913) begründet und als fürstliche Sammlung im Geraer Schloss Osterstein aufgebaut, bis sie am 5. Mai 1884 an das Gymnasium Rutheneum in Gera übertragen wurde, wo sie ab 1884 Prof. Dr. Karl Theodor Liebe (1828–1894) und ab 1894 Prof. Dr. Karl Gustav Löscher (1861–1937) betreute. Als die »Geologische Landessammlung« im Museum aufgenommen wurde, waren bereits private Kollektionen durch Ankauf oder Schenkung Bestandteil der »Geologischen Landessammlung« wie z. B. die Sammlungen pleistozäner Knochen von Gustav Korn (1826–1887) und Dr. R. Schmidt als auch die Fossiliensammlungen von Friedrich Eduard Mackroth (1807–1866), Ernst Friedrich Dinger († 1873), C. Hermann Rother und Robert Eisel (1826–1917).

Im Zeitraum zwischen 1945–1947 gelangte die Sammlung des Geraer Apothekers Karl Friedrich Gotthelf Zabel (1771–1847) an das Museum. Diese Sammlung enthielt vorwiegend Mineralien sowie wenige Fossilien und Gesteine. Im gleichen Zeitraum gelangte auch die geologische Sammlung des Realgymnasiums Gera an das Museum. Diese Sammlung ist eine ehemalige Dublettensammlung des berühmten Geraer Fabrikanten und Mineraliensammlers Dr. Moritz Rudolph Ferber (1805–1875), die dieser zu Lebzeiten an das damalige Realgymnasium in Gera als eine Art Schulsammlung vermacht hatte.

Bedeutende Veränderungen der geologischen Sammlung erfolgten nach 1992, nachdem ein Teil der Graptolithensammlung des Geraers Rudolf Hundt (1889–1961) an das Museum gelangte. Vor allem erwarb das Museum ab 1991 umfangreiche Bestände an internationalen und ostthüringischen Mineralien.

Der mineralogische Teil der Sammlung umfasst ca. 6.000–7.000 Exponate. Der regionale Anteil beinhaltet Stücke von Fundstellen und Lagerstätten in Ostthüringen wie dem Stadtgebiet Gera, den Steinbrüchen Caaschwitz, Loitsch, Neumühle, Rentzschmühle, Kahlleite, Vogelsberg und Henneberg sowie der Bergbaureviere Ronneburg, Kamsdorf/Saalfeld und Lobenstein. Allein die Uranerzlagerstätte Ronneburg wird durch ca. 700 Stufen repräsentiert. Diese umfassen eine reiche Auswahl hervorragender Baryte und Calcite, klassische Minerale wie Wavellit, Variscit und Vivianit, große Whewellitkristalle, Quarzstufen, typische Sulfide und Uraninit. Neben solchen Klassikern sind auch Halotrichit, Selen, Schwefel in Lockenform, nadelige Gipsstufen und eine erstklassige Stufe des neuen Minerals Ronneburgit in der Sammlung vertreten. Ebenso durch zahlreiche Stufen in der Sammlung repräsentiert ist das Bergbaurevier Kamsdorf/Saalfeld. Zu den Höhepunkten innerhalb der restlichen Fundgebiete Ostthüringens zählen Rapidcreekit aus den Feengrotten bei Saalfeld, prächtiger Siderit und scharfkantig auskristallisierter Gersdorffit von Lobenstein.

Der systematische Anteil beinhaltet Stücke klassischer in- und ausländischer Fundorte wie Freiberg, Schneeberg, Ilfeld, Neudorf oder Bad Ems in Deutschland; Baia Sprie, Cavnic oder Sacaramb in Rumänien; Kongsberg in Norwegen und Egremont im Vereinigten Königreich. Zu den Kostbarkeiten des Bestandes gehören Aquamarin aus Brasilien und Pakistan, Heliodor aus der Ukraine, Goshenit aus China, Tansanit aus Tansania, Phenakit und Diamant aus Russland oder Turmaline aus Afghanistan, Madagaskar und den USA. Eine Vielzahl der Minerale stammt aus den Weiten Russlands, Kasachstans und der Ukraine. Dazu zählen beachtliche Rauchquarze, Dioptas, Uwarowit, große Scheelitkristalle sowie Platin, Chrysoberyll-, Smaragd- und Turmalinstufen und ebenso Dalnegorsker Galenit-, Sphalerit-, Datolith- und Calcitstufen.

Der paläontologische Teil der Sammlung beinhaltet Material aus allen Erdzeitaltern ab dem Kambrium bis zum Quartär und umfasst 8.000–

Prospondylus liebeanus
Zimmermann, Lectotypus,
Original zu Zimmermann
1886 und zu Newell 1970,
Fundort zwischen Ranis
und Krölpa, Thüringen,
6,5 x 6,5 cm

toma, Peltaspermum martinsii und *Sphenobaiera digita*. Unter den zahlloses verschiedenen Brachiopoden und Muscheln des Geraer Zechsteins befinden sich eine Reihe hervorragender Vertreter der seltenen »Cancrini-Fauna« des Zechsteinkonglomerats (Grauliegendes). Ebenfalls erwähnenswert sind umfangreiche Bestände an Schnecken, Bryozoen und Fischresten.

Auch die Sammlungsbestände pleistozäner Wirbeltiere beziehen sich auf regionale Fundorte wie Bad Köstritz, Gera-Leumnitz oder Gera-Töppeln. Besonderen Stellenwert nehmen dabei die Knochen des 1904 in einer Felsspalte eines Dolomitsteinbruchs bei Pohlitz nördlich von Gera gefundenen Skeletts des Wollhaarnashorns *Coelodonta antiquitatis* ein. Es gilt als eines der vollständigsten Skelette dieser Tierart in Europa. In der Sammlung befindliche Knochenreste verschiedener Arten pleistozäner Wirbeltiere stammen aus der 1874 entdeckten »Lindentaler Hyänenhöhle« – einem Höhlenhyänenhorst – in Gera-Pforten. Innerhalb des mehrere Hundert Stücke umfassenden Bestandes konnten 31 Wirbeltierarten nachgewiesen werden. Insgesamt beinhaltet die paläontologische Sammlung ca. 450 Abbildungsoriginale, die in wissenschaftlichen Publikationen seit 1858 bis in die neueste Vergangenheit abgebildet wurden. Darunter befindet sich mehrfach Typenmaterial, wie der Lectotypus und die Paralectotypen der seltenen Muschel *Prospondylus liebeanus* oder das Gegenstück zum Neotypus der Nadelbaumart *Pseudovoltzia liebeana*.

Der petrografische Teil der Sammlung umfasst ca. 2.000 Stücke. Dazu zählen sedimentäre, magmatische und metamorphe Gesteine der verschiedenen geologischen Systeme Ostthüringens, aber auch darüber hinaus. Als Kostbarkeit der Sammlung ist das viertgrößte erhaltene Teilstück (397,8 Gramm) eines am 13. Oktober 1819 bei Pohlitz (Bad Köstritz) nördlich von Gera niedergegangenen Steinmeteoriten mit einem Gesamtgewicht von ca. 3,5 kg zu nennen. Die sehr bildhaften Augenzeugenberichte über den Meteoritenfall erregten erhebliches Interesse – auch bei Johann Wolfgang von Goethe (1749–1832). Das Stück wurde deshalb in zahlreiche Teilstücke zerlegt, die heute in Sammlungen in Europa, Russland, Indien und in den USA aufbewahrt werden.

10.000 Exponate. Neben vielfältigen deutschen und internationalen Fundorten liegt der Schwerpunkt auf den zahlreichen Fossilvorkommen Ostthüringens.

So existiert ein großer Bestand an Graptolithen aus den silurischen Schiefern Ostthüringens, vor allem vom berühmten Weinbergbruch bei Hohenleuben. Auch ostthüringische Devon-Fossilien sind von Fundpunkten wie Saalfeld, Schleiz, Quingenberg, Schmirchau und Kirschkau vertreten. Unter den zahlreichen Fossilien des Karbons befindet sich eine seltene Suite an Cephalopoden aus dem Zadelsdorfer Geoden-Horizont als auch eine eindrucksvolle Kollektion von Spurenfossilien aus dem Dachschiefer von Wurzbach.

Der bedeutendste Teil der paläontologischen Sammlung beinhaltet eine umfangreiche Kollektion an Fossilien aus den Sedimentgesteinen des Zechsteins (Oberperm). Die meisten der Stücke stammen aus dem Raum Gera, aber auch von unterschiedlichen Fundstellen der Orlasenke. Unter den 560 Pflanzenresten des Geraer Zechsteins befinden sich Prachtexemplare von *Ullmannia frumentaria, Culmitzschia florinii, Quadrocladus* sp., *Pseudovoltzia liebeana, Sphenopteris dicho-*

Außergewöhnliche Stücke sind außerdem einige großformatige Gesteinstransfere wie vom unteren Graptolithenschiefer des Weinbergbruchs in Hohenleuben und ein Abguss in Originalgröße der »Steinernen Rose« von Saalburg.

Bibliothek (K. Meyer)

Die Bibliothek des Museums für Naturkunde Gera umfasst gegenwärtig schätzungsweise 30.000 Bände bzw. Hefte und ist öffentlich zugänglich. Ihr Schwerpunkt liegt in der Spezialsammlung naturwissenschaftlicher Literatur aus der 2. Hälfte des 19. Jahrhunderts, vor allem von Zeitschriften. Der Ursprung liegt in der 1858 gegründeten »Gesellschaft von Freunden der Naturwissenschaften in Gera«, die über 79 Jahre die »Jahresberichte der Gesellschaft von Freunden der Naturwissenschaften in Gera herausgab.

Dadurch stand sie fast allen deutschsprachigen Schwestergesellschaften in Tauschbeziehung, so dass deren Zeitschriften fast komplett vorhanden sind. Nach 1945 konnte der Schriftentausch auch auf verschiedene osteuropäische Staaten ausgedehnt werden. Die Palette der Tauschpartner reicht von naturkundlichen Museen und Vereinen bis zu Naturschutzinstitutionen und -verbänden. Mit der Naturwissenschaftlichen Reihe des Museums für Naturkunde Gera wird seit den 1970er-Jahren wieder eine eigene Zeitschrift mit Beiträgen zur Geologie Flora und Fauna herausgegeben, um regionale Forschungsergebnisse, insbesondere aber auch Beiträge aus dem eigenen Haus publizieren zu können.

Inhaltlich gliedert sich der Bibliotheksbestand in streng wissenschaftliche Literatur mit den Schwerpunkten Geologie, Botanik und Zoologie und reicht bis zu populärem Schrifttum. Ein außergewöhnlicher Schatz ist das Kräuterbuch von

Tabernaemontanus von 1588 in einem Nachdruck von Hieronymus Bauhin von 1664. Es stammt noch aus dem Besitz des Museumsgründers Johann Christian Seydel. Von besonderem Interesse sind weiterhin einige bibliophile Raritäten aus dem 16.–18. Jahrhundert, die Schriften der Geraer Naturforscher (Karl Theodor Liebe, Robert Eisel, Wilhelm Israel, Rudolf Hundt), regionale Florenwerke u.a.

Forschung und Publikationen
(K. Meyer und F. Hrouda)

Umfang und Breite des Materials, aber vor allem auch dessen kontinuierliche Erweiterung ermöglichen die Nutzung der biologischen Sammlungen des Hauses vorrangig für vielfältige floristische und faunistische Fragestellungen. Von nicht zu unterschätzendem historischen Wert sind besonders die Belege zu einer artenreichen Regionalflora und -fauna noch bis Ende der 1960er-Jahre vor Beginn der intensiven Landnutzung. Aktuell besitzen diese Belege auch große Bedeutung zur Dokumentation des Klimawandels.

Die Herbarien sind in erster Linie Belege zu Geraer Gebietsfloren seit 1850 (z.B. Schmidt & Müller 1856, Falkenberg & Zündorf 1987). Durch die digitale Verwaltung der Sammlungsdaten werden Untersuchungen auch in ausgewählten Teilgebieten zum Arteninventar und Florenwandel ermöglicht. Im Zusammenhang mit Sammlungsarchivalien werden Daten zur botanischen Erforschungsgeschichte der Region bereitgestellt.

Die entomologischen Sammlungen waren vielfach Gegenstand von Forschungsprojekten, von einer Art-Revision bis zu komplexen Fragestellungen. Beispiele sind in der Sammlung Nicolaus die Bearbeitung der Zikaden (Sander & Creutzburg 1996), der Schwebfliegen (Dziock 1997) oder der Bockkäfer (Conrad 2001). Die entomologischen Sammlungen werden bei der Erstellung von Check-Listen immer wieder herangezogen. Aus der Säugetiersammlung halfen die Wildkatzenbelege, im Rahmen eines Forschungsprojektes der Friedrich-Schiller-Universität Jena, Fragen zur Verbreitung der Wildkatze in Thüringen zu klären.

Die geologische Sammlung des Museums für Naturkunde Gera war und ist ein Anziehungspunkt für Wissenschaftler. Die Fülle und Qualität des darin enthaltenen Materials ist zweckdienlich für ihre Forschung. Am Beispiel der »Zechstein-Sammlung« wird deutlich, dass bis in die aktuelle Zeit gut sortierte Sammlungsbestände für wissenschaftliche Arbeit unentbehrlich sind. In der 2. Hälfte des 19. Jahrhunderts nutzten Persönlichkeiten wie Hanns Bruno Geinitz und Hermann Graf zu Solms-Laubach Material der heutigen Sammlung für maßgebliche Publikationen wie Geinitz‹ »Dyas« 1861/1862 – der bis heutige einzigen Monografie der Fossilienwelt des Zechsteins. Auch im 20. Jahrhundert zog es eine Reihe von namhaften Wissenschaftlern zur »Zechstein-Sammlung« nach Gera. Unter ihnen befinden sich Eugen Dietz, Erich Malzahn, Eva Dreyer, Günter Hecht, Hanspeter Jordan, Johannes Weigelt, R. Florin, Robert Eisel und Walther Gothan. Bei der Neuordnung der »Zechstein-Sammlung« wurden zahlreiche Abbildungsoriginale wiederentdeckt. In diesem Zusammenhang erfolgten der Erstnachweis der Fisch-Gattung *Menaspis* aus dem Kupferschiefer von Gera (Brandt 2005), die Erstbeschreibung der Bryozoe *Fistulipora radiata* (Ernst 2007) u.a. Erst 2012 konnte die Erfassung sämtlicher fossiler Pflanzen der »Zechstein-Sammlung« durch Frau Dr. Evelyn Kustatscher vom Naturmuseum Südtirol durchgeführt werden – ermöglicht durch ein Projekt zur weiteren Erforschung der Flora des Oberperms in Deutschland und Italien.

Der Botanische Garten ist ein Freilandlabor vor der Haustür. Mehrfach wurden für wissenschaftliche Arbeiten Erfassungen bestimmter Wirbellosen-Gruppen durchgeführt und mit naturnahen Lebensräumen verglichen. Auch faunististische Erfassungen von Wirbellosen und Vögeln wurden durchgeführt.

Für alle Publikationsvorhaben äußerst förderlich ist die regelmäßige Herausgabe einer eigenen naturwissenschaftlichen Zeitschrift zur Regionalforschung aus Ostthüringen. Die »Veröffentlichungen des Museums für Naturkunde Gera« erscheinen seit 1973 mit bisher 38 Heften zur Geologie, Flora und Fauna mit Beiträgen von Berufs- und Freizeitforschern.

Dauerausstellung und Service

(F. Hrouda)

Die Dauerausstellung »Ostthüringen als Landschaftsraum – zur Geologie, Flora und Fauna« ist das Kernstück der Ausstellungstätigkeit im Museum für Naturkunde Gera. Der Besucher kann darin mit wenigen Schritten eine Wanderung durch die verschiedenen Naturräume Ostthüringens unternehmen. Seit ihrer Eröffnung und auch während der zwischenzeitlichen Umgestaltung einzelner Teile gilt dabei das Prinzip der landschaftsökologischen Betrachtungsweise, denn die naturbedingte Ausstattung dieser Naturräume wird in geologischer, botanischer und zoologischer Sicht präsentiert. Ausgehend von den vielfältigen geologischen Grundlagen erlebt der Besucher die artenreiche Pflanzen- und Tierwelt der Wälder, Wiesen, Felsfluren und Gewässer »vor der Haustür«. So werden die Plothener Teichplatte, die Orlasenke, die Saale-Sandsteinplatte oder das Mittlere Saaletal vorgestellt. Nutzung und Schutz dieser Landschaften stehen im Mittelpunkt. Lebensnah

gestaltete Präparate von Tieren und Pflanzen sind ebenso beeindruckend wie die Nachbildung des bekannten Naturdenkmals »Steinerne Rose« von Saalburg. Auch geschützte Arten wie Rohrdommel, Uhu oder Frauenschuh werden gezeigt – Lebewesen, die in der Landschaft kaum mehr zu finden sind. In einem weiteren Raum werden die Mineralien Ostthüringens vorgestellt, zu denen auch seltenste Funde der Uranerzlagerstätte Ronneburg oder Klassiker aus dem Bergbaurevier Kamsdorf/Saalfeld gehören.

Im Höhler unter dem »Schreiberschen Haus« – dem sogenannten Mineralienhöhler – befindet sich die Dauerausstellung »Das Einmaleins der Minerale – Entstehung, Gestalt und Nutzen«. Wie schon der Titel verrät, sollen Einblicke in bestimmte Zusammenhänge der Mineralogie ermöglicht werden. Die Schau verbindet die Präsentation ästhetischer und hochwertiger Minerale mit der Darstellung spezifischer mineralogischer Themen und ist damit ebenso für Sammler und Fachleute, sowie für interessierte Laien und Schüler geeignet.

Landschaftsdiorama zur Stadtökologie in der Dauerausstellung »Ostthüringen als Landschaftsraum – zur Geologie, Flora und Fauna«

Veranstaltungen im Rahmen der Museumspädagogik und Öffentlichkeitsarbeit nehmen am Museum für Naturkunde Gera und im dazu gehörenden Botanischen Garten einen sehr hohen Stellenwert ein. Im Jahr 2012 betrug z.B. am Museum selbst der Anteil an Vorschul- und Schülergruppen an der Gesamtbesucherzahl ca. 30%. Im Botanischen Garten lag der Anteil dieses Besuchersegments bei ca. 10%. In den meisten Fällen nutzten all diese Gruppen eines der vielfältigen Angebote betreuter Veranstaltungen. Inklusive aller öffentlichen Themenveranstaltungen, Führungen und Vorträge für Besuchergruppen sehr unterschiedlichen Alters liegt der Anteil von Gästen, die 2012 personell betreut wurden, bei deutlich mehr als einem Drittel der Gesamtbesucher.

Bereits 1984 wurde für Schülergruppen ein eigener Raum – das »Kinderkabinett Schwalbennest« – geschaffen. Seitdem konnte sich die museumspädagogische Tradition durch entsprechende Mitarbeiter bis in die neueste Zeit entwickeln.

Aktuell bieten Museum und Botanischer Garten ständig eine Vielzahl von Veranstaltungen für Vorschüler und Schüler unterschiedlicher Altersgruppen an. Die Programme wechseln halbjährig,

da sie vielfach jahreszeitlich bedingte Themen enthalten. Darüber hinaus erscheinen abwechslungsreiche Programmangebote während der Ferien. Die bei zahlreichen Gelegenheiten stattfindenden öffentlichen Vorträge oder Führungen umfassen diverse naturkundliche Themen wie z.B. im Rahmen der wechselnden Sonderausstellungen. Regelmäßige Veranstaltungsreihen wie die »Grüne Schule am Abend« im Botanischen Garten werden auch von älteren Besuchern genutzt. Gruppenführungen, Programme zu Kindergeburtstagen und die Vermietung repräsentativer Räumlichkeiten im Museum können terminlich vereinbart werden.

Botanischer Garten: Pflanzenvielfalt Ostthüringens – Lebendpflanzensammlung und -ausstellung
(K. Meyer)

Mit seiner Lebendpflanzensammlung und -ausstellung ergänzt der Botanische Garten das Anliegen des Museums für Naturkunde in Gera in hervorragender Weise (Schmidt 1998). Die nahe gelegene Anlage entstand 1897 als Stiftung des Textilfabrikanten und Geheimen Kommerzienrates Walther Ferber (1830–1895) aus seiner parkartigen Gartenanlage von 1864 mit Turmhaus und zwei Quellen. Wahrzeichen ist das spätklassizistische Gartenhaus von 1864, das nach aufwändiger Sanierung zwischen 1991 und 1995 für Ausstellungen und pädagogische Programme der Grünen Schule genutzt wird.

Das historische Gartenkonzept des ersten Gartenleiters Robert Leube (1866–1938), niedergelegt im ersten Gartenführer von 1900, ist im Kern heute noch aktuell. Der Garten zeigt in den Freilandanlagen Laub- und Nadelwald, Halbtrockenrasen, Fels- und Schotterflur, Sumpf- und Wasserpflanzen der Feuchtwiesen sowie an Bachlauf und Teich das Typische der Vegetation Ostthüringens. Ca. 300 charakteristische Arten der Wildflora der unterschiedlichen Lebensräume schaffen eine lebendige Ergänzung zur Dauerausstellung im Museum für Naturkunde. Höhepunkte sind der Frühjahrsaspekt in der Anlage Laubwald und die leuchtenden Blaustern-Wiesen *Scilla siberica*, im Juni die Blüte der Halbtrockenrasen-Arten aus den Muschelkalk- und Zechsteingebieten und die attraktiven Arten der Sumpf- und Wasserpflanzen aus den ostthüringischen Teichlandschaften bei Plothen/Schleiz. Besondere Aufmerksamkeit gilt den gefährdeten Arten der Roten Listen Thüringens, von denen einzelne in Erhaltungskultur stehen, z.B. die Kleine Seerose *Nymphaea candida* oder die Gelbe Wiesenraute *Thalictrum flavum*. Auf etwa 1.000 Arten steigt der Gesamtbestand unter Einbeziehung von insgesamt 73 Baum-, weiteren Strauch- und 600 z.T. auch nicht heimischen Arten aus der Pflanzensystematischen Anlage, darunter historische Zier- und Nutzpflanzen. Lehrobjekte zeigen auch die Vielfalt regionaler Gesteine in einer historischen geologischen Lehrwand von 1898 und diverse Einzelstücke von Eiszeitfindlingen über Plattendolomit und Buntsandstein.

Der Botanische Garten dient vorrangig der schulischen Bildung – ein Angebot zum anschaulichen Lernen mit allen Sinnen am natürlichen Pflanzenmaterial. Seit dem Jahr 1900 waren es engagierte Gartenleiter oder Biologie- und Heimatkundelehrer, die die Chance eines solchen Lehr-

Botanischer Garten Gera mit spätklassizistischem Turmhaus von 1864 (Foto: Sigrid Schädlich)

gartens erkannten und nutzten. Hervorzuheben sind neben Robert Leube auch Heinz Braun und Heinz Falkenberg (1923–1998). Seit 1957 gehört der Botanische Garten zum Museum für Naturkunde und wurde 1984 mit der Neugestaltung der Ostthüringen-Ausstellung ein wichtiger inhaltlicher Bestandteil des Gesamtkonzeptes.

In einem umfangreichen pädagogischen Angebot der Grünen Schule stehen besonders praktische Themen im Vordergrund, wie »Tümpeln am Teich«, »Vom Korn zum Brötchen«, Teewerkstatt, aber auch zur Artenkenntnis und Pflanzensystematik. Während der Gartensaison laden Kräuterführungen, Kakteenausstellung und Tag der Offenen Gärten, Pflanzenliebhaberbörse und ein Erntefest mit Pilzausstellung und Obstsortenberatung nicht nur Geraer Bürger ein.

Der Botanische Garten ist nicht nur eine Grüne Insel im Stadtzentrum, sondern auch ein innerstädtischer Trittstein im ökologischen Grünverbund innerhalb des Stadtgebietes. Aufgrund der besonderen Lage, Struktur und des vielfältigen botanischen Arteninventars wurden auch verschiedene faunistische Bestandserfassungen mit

interessanten Ergebnissen durchgeführt, so zur Vogelwelt und verschiedenen Gruppen der wirbellosen Tiere (Lieder 1996, Breinl 2001, Unruh 2001). Ein Reststamm einer Blutbuche (*Fagus sylvatica* ›Atropunicea‹) dient seit 1999 als Lehrobjekt für Totholz bewohnende Käfer- und Pilzarten.

KONTAKTADRESSE:

Museum für Naturkunde mit Botanischem Garten
Nicolaiberg 3, 07545 Gera
Tel.: 0365-52003, Fax: 0365-52025
E-Mail: museum.fuer.naturkunde@gera.de
Internetseite: www.gera.de

Literatur

Brandt, S. (2005): Erstnachweis der Fisch-Gattung *Menaspis* Ewald aus dem Kupferschiefer (Zechstein, Ober-Perm) von Gera – Veröffentlichungen Museum für Naturkunde Gera, Naturwiss. Reihe 32: 157–159.

Breinl, K. (2001): Faunistische Untersuchungen im Botanischen Garten der Stadt Gera – Veröffentlichungen Museum für Naturkunde Gera, Naturwiss.Reihe 28: 157–164.

Conrad, R. (2001): Max Nicolaus und die Erfassung der Bockkäfer (Col., Cerambycidae) Ostthüringens – Veröffentlichungen Museum für Naturkunde Gera, Naturwiss. Reihe 28: 145–152.

Dziock, F. (1997): Schwebfliegen (Diptera, Syrphidae) der Sammlung von Max Nicolaus und anderer Sammler aus dem Museum für Naturkunde – Veröffentlichungen Museum für Naturkunde Gera, Naturwiss. Reihe 24: 131–138.

Erbeling, L. (2001): Der Stutzkäfer (Coleoptera, Histeridae) der Sammlungen des Museums für Naturkunde der Stadt Gera – Veröffentlichungen Museum für Naturkunde Gera, Naturwiss. Reihe 28: 142–144.

Ernst A. & F. Hrouda (2005): Die fossile Bryozoensammlung im Museum für Naturkunde der Stadt Gera – Veröffentlichungen Museum für Naturkunde Gera, Naturwiss. Reihe 32: 153–156.

Ernst, A. (2007): A cystoporate bryozoan specias from the Zechstein (Late Permian) – Paläontologische Zeitschrift 81/2.

Fabian, B. (Hrsg., 1998): Handbuch der historischen Buchbestände in Deutschland, Bd.19, Thüringen A-G – Olms, Hildesheim.

Heinicke, W. (1994/95): Neu im Museum für Naturkunde Gera: Die Schmetterlingssammlung von Jürgen Leidenfrost – Veröffentlichungen Museum für Naturkunde Gera, Naturwiss. Reihe 21/22: 171–174.

Heinicke, W. (2001): Neu im Museum für Naturkunde der Stadt Gera: Die Insektensammlung von Karl Ritter – Veröffentlichungen Museum für Naturkunde Gera, Naturwiss. Reihe 28: 133–137.

Heinicke, W. (2001): Neu im Museum für Naturkunde der Stadt Gera: Die Insektensammlung von Johannes Riegel – Veröffentlichungen Museum für Naturkunde Gera, Naturwiss. Reihe 28: 138–141.

Hrouda, F. (2005): Beitrag zur Bearbeitung der Zechsteinsammlung des Museums für Naturkunde Gera – Veröffentlichungen Museum für Naturkunde Gera, Naturwiss. Reihe 32: 145–152.

Hrouda, F. & S. Brandt (2005): Friedrich Eduard Mackroth (1807–1866) Pionier der Zechsteinforschung in Gera Gera – Veröffentlichungen Museum für Naturkunde Gera, Naturwiss. Reihe 32: 139–144.

Hrouda, F. (2010): Rudolf Hundt (1889–1961) Leben und Schaffen – Ein Geraer zwischen Stammtisch und Wissenschaft – Veröffentlichungen Museum für Naturkunde Gera, Naturwiss. Reihe 37: 4–18.

Klemm, W. (2004): Wasserwanzen (Heteroptera) aus der Sammlung M. Nicolaus im Museum für Naturkunde Gera – Veröffentlichungen Museum für Naturkunde Gera, Naturwiss. Reihe 31: 60–61.

Lieder, K. (1996): Die Vögel des Botanischen Gartens des Museums für Naturkunde der Stadt Gera – Veröffentlichungen Museum für Naturkunde Gera, Naturwiss. Reihe 23: 93–100.

Meyer, K. (2003): Der Botanische Garten am Museum für Naturkunde der Stadt Gera – Ein Ort für Bildung und Erholung seit mehr als 100 Jahren – Veröffentlichungen Museum für Naturkunde Gera, Naturwiss. Reihe 30: 237–259.

Michelsson, R. (2006): Pflanzenpräparate aus Epoxydharz. Eine Frauenschuh-Orchidee entsteht – Der Präparator 52: 38–49.

Russe, Ch. & F. Hrouda (2006): Museum für Naturkunde der Stadt Gera – Beiträge zur Geologie von Thüringen (Neue Folge) 13: 25–46.

Russe, Ch. & K. Meyer (2003): Museum für Naturkunde der Stadt Gera. Ausstellungsführer – Gera.

Russe, Ch. & P. Kneis (1984): Wiedereröffnung des Museums für Naturkunde Gera mit einer neuen Dauerausstellung »Das Territorium des Bezirkes Gera als Landschaftsraum« – Veröffentlichungen Museum für Naturkunde Gera, Naturwiss. Reihe 10: 4–10.

Sacher, P. & W. Heinicke (1977): Berthold Schnappauf zum Gedenken – Veröffentlichungen Museum für Naturkunde Gera, Naturwiss. Reihe 5: 77–79.

Sander, F.W. & F. Creutzburg (1996): Bemerkungen zur Zikadensammlung (Homoptera, Auchenorrhyncha) von Max Nicolaus (Ronneburg, Ostthüringen) im Museum für Naturkunde der Stadt Gera – Veröffentlichungen Museum für Naturkunde Gera, Naturwiss. Reihe 23: 101–102.

Schmidt, L. (1998): Die Botanischen Gärten Deutschlands. Hamburg.

Schmidt, P. (1975): Das Museum für Naturkunde Gera – Veröffentlichungen Museum für Naturkunde Gera, Naturwiss. Reihe 2/3: 5–31.

Uhl, D. (2001): Die Zechsteinpflanzen in der Sammlung des Museums für Naturkunde der Stadt Gera – Veröffentlichungen Museum für Naturkunde Gera, Naturwiss. Reihe 28: 153–156.

Unruh, M. (2001): Ein Beitrag zur Molluskenfauna des Botanischen Gartens der Stadt Gera – Veröffentlichungen Museum für Naturkunde Gera, Naturwiss. Reihe 28: 165–173.

3.4. Museum der Natur in der Stiftung Schloss Friedenstein Gotha

Rainer Samietz, Thomas Martens, Martin Eberle, Christian Acker und Ronald Bellstedt

Stichworte: Stiftung Schloss Friedenstein Gotha, Herzogliches Museum, Barockes Universum Gotha, Kunstkammer, Naturalienkammer, Conchylien, Insekten, Vögel, Säugetiere, Fossilien Thüringens, Conchostraken, Ursaurier, Minerale aus Mitteleuropa und Thüringer Wald

Museum zwischen Kontinuität und Wandel (M. Eberle)

Nur wenige Einrichtungen waren im Laufe der Jahrhunderte gleichermaßen stark von der Kontinuität und vom Wandel betroffen wie die Museen: Statuarisch sind die Sammlungen, der Kern, die Seele eines jeden Museums. Das Bewahren und Mehren einer Sammlung – wobei die Ordnungsprinzipien im Wesentlichen gleich bleiben – bilden erst den Grundstock, um Forschung und Vermittlung an den Besucher zu ermöglichen. Wissenschaft und Präsentation aber sorgen für einen ständigen Wandel: Hier öffnet sich das Museum der Öffentlichkeit und wird Teil des sich stets ändernden gesellschaftlichen Diskurses. So waren und sind Museen geprägt von ihren Besitzern, ihren Betreuern und den Betrachtern, dem Publikum.

Die Sammlungen des Museums der Natur blicken auf eine lange Geschichte zurück: 1640 ging aus Erbteilungen das neubegründete Herzogtum Sachsen-Gotha (seit 1672 mit Altenburg) hervor, das der Landesvater, Herzog Ernst I. (1601–1675), der Fromme, zu einem neuen kulturellen und wissenschaftlichen Zentrum in Mitteldeutschland auszubauen bestrebt war. Grundlage hierfür waren die Kunst- und naturwissenschaftlichen Sammlungen, die Teil seines Erbes waren. In der »Kunstkammer« einte er die Schätze aus Kunst und Natur – in der Sprache der Zeit – zu einem Mikrokosmos, der den göttlichen Makrokosmos widerspiegelte. Selbst im hohen Maße an den Schönheiten der Natur wie an deren Erforschung interessiert – so wies der Herzog eine besondere Leidenschaft für Tulpen auf – mehrte er die Bestände des Kabinetts vor allem auch um wissenschaftliche Instrumente, die er erwarb. Seine Nachfolger folgten diesem Beispiel, etwa Friedrich I. (1646–1691) und Friedrich II. (1676–1732), die sich beide vor allem den alchemistischen Künsten ihrer Zeit gegenüber aufgeschlossen zeigten. Herzog Ernst II. (1745–1804) öffnete sich in besonders hohem Maße den Naturwissenschaften: Er betrieb nicht nur intensiv eigene Studien, sondern förderte auch Expeditionen in die ganze Welt, um dadurch systematisch exotische Tierpräparate und Pflanzen für die Sammlungen zu erwerben. Es kann nicht verwundern, dass während seiner Herrschaft 1798 der erste Astronomenkongress der Welt in Gotha abgehalten wurde. Sie alle trugen dazu bei, dass sich das heutige Museum der Natur zu dem entwickeln konnte, was es ist: Das im Sammlungsumfang größte naturkundliche Museum des Freistaates Thüringen als Teil der Stiftung Schloss Friedenstein Gotha.

Doch sind es nicht nur die Besitzer, die eine Sammlung prägen, sondern auch deren Betreiber: 1708 waren die Bestände der Kunstkammer so stark angewachsen, dass eine räumliche Neuorientierung innerhalb von Schloss Friedenstein notwendig wurde. Mit deren Umsetzung betraute man den ersten Kunstkämmerer des Hofes, Christian Schilbach (1688–1741), der die Aufgabe dazu nutzte, die Bestände nun im Sinne der frühen Aufklärung neu zu ordnen. Unter anderem wurden die naturkundlichen Besonderheiten in eigenen Räumen innerhalb der Kunstkammer aufgestellt. Dies ermöglichte nun verstärkt die wissenschaftliche Forschung, die am Gothaer Hof betrieben wurde und im Laufe der Jahrhunderte zahllose Gelehrte hierher zog. Beispielhaft seien hier nur der Universalwissenschaftler Wilhelm Ernst Tentzel (1659–1707), der Astronom und Mathematiker Franz Xaver Freiherr von Zach (1754–1832), der Naturforscher Ulrich Jasper Seetzen (1767–1811) oder der Geologe Karl Ernst Adolf von Hoff (1771–1837) genannt. Die naturwissenschaftliche Bedeutung

◄ Schloss Friedenstein Gotha und Herzogliches Museum mit den Parkanlagen

des Hofes spiegelte sich auch in der Entwicklung der Residenzstadt Gotha wider, wo Justus Perthes (1749–1816) seine geografisch-kartografische Verlagsanstalt begründete. So konnte sich Gotha dank seiner reichen Sammlungen und dank der bedeutenden Wissenschaftler zu einem Ort der regionalen, überregionalen und internationalen Forschung entwickeln. Diesen Status hat es bis heute bewahrt, bedenkt man die wissenschaftlichen Impulse, die vom Museum der Natur unter anderem im Bereich der Forschungen zu den »Ursauriern« ausgehen.

Doch erst die Besucher machen einen Ort, der eine bedeutende Sammlung bewahrt und erforscht, zu einem Museum. Früh schon waren die naturkundlichen Sammlungen auf Schloss Friedenstein nicht nur den Herzögen, ihren fürstlichen Gästen und den Gelehrten zugänglich, sondern einem breiteren Publikum. So mag August Hermann Francke (1663–1727), der zeitweilig das Gothaer Gymnasium besuchte, als Schüler von einem Besuch so beeindruckt gewesen sein, dass er später bei der Gründung der *Franckeschen Stiftungen* in Halle selbst zu Lehrzwecken eine Kunstkammer einrichtete. Zu den zahlreichen bedeutenden Besuchern gehörte auch Johann Wolfgang von Goethe (1749–1832), den es immer wieder an den Hof von Gotha zog und der mit Herzog Ernst II. intensiv naturwissenschaftliche Fragen erörterte. Unter anderem führte der Wunsch der Öffentlichkeit, die Sammlungen bewundern zu können, 1864 zur Grundsteinlegung des Herzoglichen Museums, das 1879 eröffnet wurde. Auf verschiedenen Etagen untergebracht, aber weiterhin unter einem Dach vereint, wurden hier die naturkundlichen Sammlungen und Kunstbestände gezeigt. 1945 kam es dann zu einem Abtransport der Kunstsammlungen durch die Sowjetarmee, die zwischen 1955 und 1958 in großen Teilen zurückgebracht wurden. In der Zwischenzeit aber breiteten sich die naturkundlichen Bestände auf das ganze Gebäude aus, so dass das Haus bis 2010 allein das Museum der Natur beherbergte.

Dank einer Förderung durch die Bundesrepublik Deutschland, den Freistaat Thüringen und die Stadt Gotha kann der Masterplan »Barockes Universum Gotha« seit 2008 umgesetzt werden. Vorgesehen ist dabei unter anderem, dass die Kunst-

kammer und die historischen naturkundlichen Sammlungen wieder unter einem Dach – dem des Schlosses – zusammengeführt werden, um barockes und aufklärerisches Denken für den Besucher nachvollziehbar machen zu können. Parallel hierzu werden auch die übrigen Abteilungen des Museums der Natur Einzug in Schloss Friedenstein halten. Umgesetzt ist dabei seit 2010 bereits die Präsentation der Wirbeltiere, die unter dem Titel »Tiere im Turm« ihr dauerhaftes Domizil bereits gefunden haben. So gilt es, Schritt für Schritt auch die übrigen Abteilungen hier zu lokalisieren und den Besuchern einen kurzweiligen und gelehrsamen Besuch im Museum der Natur zukünftig zu ermöglichen. So ist auch das Museum der Natur ein Museum zwischen Kontinuität und Wandel.

Geschichte der Einrichtung
(R. Samietz)

Gemeinsamer Ursprung – das Barocke Universum

Die Geschichte der Gothaer Sammlungen begann mit der Gründung des Herzogtums Sachsen-Gotha durch Herzog Ernst I., den Frommen (reg. 1601–1675). Durch Erbteilung wurde ihm ein beachtliches Territorium zugesprochen, in dem er Gotha zu seinem Regierungssitz erwählte. Eine seiner ersten Aufgaben sah er darin, ein neues Schloss erbauen zu lassen. Es wurde ab dem Jahr 1643 auf den Ruinen der zerstörten Festung Grimmenstein errichtet und bekam, angesichts der Ereignisse des Dreißigjährigen Krieges und ihren dramatischen Folgen für die Bevölkerung der Region, den programmatischen Namen Friedenstein. Nach ca. elf Jahren Bauzeit wurde die gewaltige Anlage vollendet. Mit einem Grundriss von 100 x 140 m entstand mit ihr die größte frühbarocke Schlossanlage Deutschlands.

Das Schloss bot nicht nur Platz für den Herzog und seinen Hofstaat, sondern es diente vor allem der Unterbringung der Verwaltung des neu gegründeten Herzogtums sowie der Bibliothek, des Archivs und der Sammlungen. Zu diesem Zweck wurden auf Veranlassung des Herzogs bereits in der Planungsphase des Baus Räume vorgesehen.

Blick in den Säugetier-
Saal zur Eröffnung des
Herzoglichen Museums
um 1880 (Aquarell aus der
Sammlung des Kupfer-
stichkabinetts des Schlossmuseums Gotha)

Einen großen Bestand der hier unterzubringen-
den Objekte hatte der Herzog geerbt. Hinzu kam
Kriegsbeute aus dem Dreißigjährigen Krieg. Seit
1650 erfolgten kontinuierliche Ergänzungen durch
Geschenke, Ankäufe und Erbschaften. Über die
Ausstattung der Kunstkammer, die dem enzyk-
lopädischen Charakter vergleichbarer Fürstlicher
Sammlungen des 17. Jahrhunderts entsprach, sind
wir durch die lückenlos erhaltenen Inventarver-
zeichnisse sehr gut informiert.

Die ursprünglich zur Unterbringung von Kunstkammer und Bibliothek bestimmten Räume im
westlichen Eckturm des Schlosses Friedenstein
reichten bald nicht mehr aus, und die Sammlungen
mussten über das gesamte Schloss verteilt werden.
Die durch das ständige Wachstum der Bestände zunehmende Beschränkung der Präsentationsmög-
lichkeiten stand im Widerspruch zum Interesse
des Herzogs an einer Erweiterung der öffentlichen
Nutzung. Den Ausweg sah Ernst II von Sachsen-
Coburg und Gotha (reg. 1844–1893) im Bau eines
eigenen Museumsgebäudes. Es sollte eine attraktive Zurschaustellung aller vorhandenen Samm-

lungen ermöglichen und auch genügend Platz
für den weiterhin zu erwartenden Sammlungszuwachs in den folgenden Jahrzehnten bieten.

Unter Leitung des Wiener Baurates Franz Neumann (1815–1888) begannen 1864 die Arbeiten
zum Bau des Herzoglichen Museums. Es vergin-
gen allerdings noch 15 Jahre, bis es der Öffentlichkeit übergeben werden konnte.

Die Sammlungen im Herzoglichen Museum 1879 bis 1950

Als das Herzogliche Museum am 17. April 1879
eröffnet wurde, präsentierte es zu gleichen Flä-
chenanteilen Kunst- und naturwissenschaftliche
Sammlungen. Im II. Obergeschoss wurden die
Kunstsammlungen gezeigt. Die zentralen, durch
große Oberlichter intensiv ausgeleuchteten Säle
waren zur Präsentation der Gemäldesammlung
hervorragend geeignet.

Das I. Obergeschoss blieb ausschließlich den
naturwissenschaftlichen Sammlungen vorbehal-

Die Fährtensammlung im »südlichen Steinsaal« des Herzoglichen Museums (1903) mit dem Vorstand des Naturalienkabinetts Dr. Wilhelm Pabst

sind erst in den Jahren 1935/36, mit der Überführung des historischen Heimatmuseums in das nunmehrige Landesmuseum erfolgt.

Entwicklung zum Museum der Natur nach 1945

Wegen der Kriegsereignisse wurde das Landesmuseum mit seinen kulturhistorischen und naturwissenschaftlichen Sammlungen ab 1944 geschlossen. Das Gebäude hatte durch amerikanisches Bombardement vom Februar 1945, vor allem durch eine in unmittelbarer Nähe eingeschlagene Luftmine, schweren Schaden erlitten.

Ende 1948 wurde das Gothaer Herzogshaus enteignet, und das Museum fiel mit seinem Inventar an das Land Thüringen. Die Kunstsammlungen waren durch eine russische Trophäenkommission fast vollständig nach Russland überführt worden, und kehrten erst gegen Ende der 50er-Jahre zu großen Teilen nach Gotha zurück. In dieser Zwischenzeit wurden die im Museumsgebäude verbliebenen Kunstsammlungen wieder nach Schloss Friedenstein überführt. Am 21. Dezember 1951 wurde dort das »Kulturhistorische Museum«, der Vorgänger des heutigen Schlossmuseums, eröffnet.

Damit verblieben nur die naturwissenschaftlichen Sammlungen des ehemaligen Herzoglichen Museums Gotha im Museumsgebäude, das als künftiges Zentralmuseum für Biologie Gotha zur ausschließlichen Aufnahme und Ausstellung der Naturwissenschaften bestimmt wurde. Zu den Beständen der herzoglichen Sammlung kamen 1953 die des bis dahin unabhängigen Naturkundlichen Heimatmuseums in Gotha. Das so vergrößerte Museum sollte sowohl Themen der Region als auch der ganzen Welt präsentieren. Da von den neuen Ausstellungen eine große erzieherische und volksbildnerische Wirkung verlangt wurde, musste die Präsentation der Objekte großzügiger erfolgen als in der Vergangenheit. Dies machte die Einrichtung von separaten Magazinbereichen erforderlich. Dazu wurden Teile des Kellergeschosses (geologische Sammlungen) sowie ein Flügel des Obergeschosses einschließlich zweier Oberlichtsäle (biologische Sammlungen und Arbeitsräume) umgebaut.

ten. Hier waren in einem großen Saal über 3.500 Vögel und in einem zweiten, fast 900 Säugetiere zu sehen. Ergänzt wurden sie durch Herbarien, Pilzmodelle, Korallen sowie eine umfangreiche Sammlung von Conchylien (Schalen von Schnecken, Muscheln und Tintenfischen). Da es zu dieser Zeit noch nicht die heute übliche Trennung von Schau- und Forschungssammlungen gab, wurden in den Schränken und Vitrinen dicht gedrängt, alle Objekte der Sammlungen gezeigt.

Das Kellergeschoss beherbergte neben Wirtschaftsräumen die Modelle und Plastiken sowie die geologischen Sammlungen. Diese bestanden zur Zeit der Eröffnung des Museums fast ausschließlich aus Mineralen und Gesteinen. Erst nach der Entdeckung der Saurierfährten bei Tambach-Dietharz im Jahr 1887 und dem folgenden systematischen Sammeln von Fährtenplatten durch den Vorstand der naturwissenschaftlichen Sammlungen, Prof. Dr. Wilhelm Pabst (1856–1908), am Ende des 19. Jahrhunderts avancierten diese zum Schwerpunk der geologischen Sammlung.

Auch wenn es bisweilen zu kleineren Umgestaltungen und Veränderungen in den Ausstellungen kam, blieb die geschilderte Grundstruktur bis weit in das 20. Jahrhundert hinein im Wesentlichen erhalten. Umfangreichere Veränderungen

1953 wurde als erste neue Abteilung die Ausstellung »Minerale und Gesteine – ihre wirtschaftliche Bedeutung« der Öffentlichkeit vorgestellt. 1954 folgte die »Erdgeschichte Deutschlands«. Im August des gleichen Jahres wurde das Biologische Zentralmuseum in Gänze eröffnet.

1955 wurde die Ausstellung »Vögel der Erde« eröffnet, in der fast 1000 Vogelpräparate zu sehen waren. 1956 folgte die Abteilung »Säugetiere der Erde«. Einen besonderen Blickfang in beiden Ausstellungsräumen bildeten 15 große, lebensecht gestaltete Dioramen (Lebensbilder), deren überzeugende Hintergrundmalerei von dem Thüringer Tier- und Jagdmaler Friedrich Reimann (1896–1981) aus Zeulenroda stammen, der 1952 mit der künstlerischen Ausgestaltung des Museums beauftragt worden war.

1956 wurde auch eine Insekten-Schausammlung eröffnet, die später um den Bereich Wirbellose ergänzt wurde. Damit war die erste Aufbauphase des neuen Naturmuseums, das seit 1971 Museum der Natur Gotha heißt, abgeschlossen.

Erarbeitung und Aufbau der Ausstellung »Thüringer Wald – Natur und Naturgeschichte einer Landschaft«, 1960 begonnen, erstreckten sich über einen Zeitraum von 14 Jahren. Diese erste landschaftsökologische Ausstellung auf dem Gebiet der DDR diente zahllosen Schulklassen aus Nah und Fern für einen anschaulichen Biologie- und Geografieunterricht.

1979 erfolgte eine grundlegende Überarbeitung der Ausstellung »Erdgeschichte Deutschlands«, die unter dem Titel »Versteinerte Zeugen aus Jahrmillionen« neuen Glanz verliehen bekam. 1986 konnte die Ausstellung »Insekten – erfolgreichste Tiergruppe der Welt« eröffnet werden. 1988 wurde damit begonnen, die Dauerausstellungen aus den 50er-Jahren durch moderne Präsentationen komplett zu ersetzen. 1994 wurde anstelle der Säugetierabteilung die Ausstellung »Artenschutz – eine Herausforderung der Menschheit« eröffnet und 1997 folgte die Ausstellung »Ursaurier zwischen Thüringer Wald und Rocky Mountains«. Kernstück dieser Präsentation, in der weltweit einmalige Fos-

Spielende Kinder auf dem Landkarteteppich in der 2001 eröffneten Ausstellung »Thüringer Wald – Natur in Szene gesetzt« (Stiftung Schloss Friedenstein Gotha, Foto L. Ebhardt)

silien von Landwirbeltieren aus der Permzeit zu sehen waren, bildete ein 12 m langes Diorama, das von dem kanadischen Künstler Jan Sovák (*1953) geschaffen wurde. 2001 konnte die sehr erfolgreiche Präsentation »Thüringer Wald – Natur in Szene gesetzt« eröffnet werden.

Die Sammlungen

Anfänge als Kunst- und Naturalienkabinett (R. Samietz)

Die fürstlichen Sammler des 16. und 17. Jahrhunderts waren bestrebt, Objekte zusammmen zu tragen, die exemplarisch von der Welt berichteten. So versuchten sie, die Welt in ihre Stube – ihre Kunstkammer – zu holen. Dabei war es unwichtig, ob es sich um Naturobjekte, Produkte menschlicher Tätigkeit oder um eine Kombination von beidem handelte. Auch von der Kunstkammer Ernsts des Frommen auf Schloss Friedenstein ist belegt, dass sie einen hohen Anteil an Naturalia aufwies. Dominierend waren Erze und Minerale, die Schalen von Muscheln, Schnecken und Tintenfischen (Conchylien), Korallen, aber auch Skelette von Tieren und Menschen sowie kuriose oder seltene Naturprodukte. Dazu gehörten auch die »Steine« von Tieren und Menschen (Harn-, Nieren- oder

Blasensteine). Sehr oft waren diese Objekte handwerklich-künstlerisch bearbeitet.

Bis in die erste Hälfte des 18. Jahrhunderts hinein waren die künstlerischen, handwerklichen und naturkundlichen Objekte nach einem uns heute ungewohnten System miteinander vermischt. So wie in der realen Welt Natur und Menschenwerk eng verwoben sind, so war es auch in der kleinen Welt der Kunstkammer.

Das änderte sich erst mit der allmählichen Herausbildung der Naturwissenschaften im 18. Jahrhundert. Nun begann man die Naturobjekte zu sortieren und zu klassifizieren. Das musste unweigerlich auch zur Trennung der einstigen Universalsammlung in verschiedene Spezialsammlungen führen.

In Gotha wurde dieser Prozess relativ früh begonnen, was auch den Ruf der Stadt als eine der Wiegen der Naturwissenschaften begründete. Schon 1695 untersuchte der Gothaer Wilhelm Ernst Tentzel (1659–1707) die fossilen Knochenreste eines Waldelefanten mit wissenschaftlichen Methoden und legte eine kleine Sammlung an. 1721 gab Herzog Friedrich II die damals gewaltige Summe von 15.000 Talern für den Ankauf einer Mineralsammlung aus Freiberg/Sachsen aus. Hundert Jahre später wurden solche Ankäufe und Erwerbungen verstärkt und systematisch betrieben. Eine herausragende Bedeutung für die Entwicklung der Naturwissenschaften hatte der Gothaer Minister Ernst Friedrich von Schlotheim (1764–1832). In seiner Freizeit sammelte und erforschte er Pflanzenfossilien und begründete mit seinen Ergebnissen den Wissenschaftszweig der Paläobotanik. Seine Sammlung wurde 1832 nach Berlin verkauft. Ähnlich verhält es sich mit dem Gothaer Staatsbeamten Karl Ernst Adolf von Hoff (1771–1837), der aus den Ergebnissen seiner Freizeitforschungen das Aktualismusprinzip als Basis für die moderne Geologie entwickelte. Teile seiner Sammlung sind heute noch in den Sammlungen der Stiftung Schloss Friedenstein Gotha nachweisbar.

Als bemerkenswerte Erwerbung auf dem Gebiet der Biologie ist der Ankauf der über 100.000 Stücke umfassenden Conchyliensammlung des Kammerkommissionsrates Friedrich Christian Schmidt (1755–1830) im Jahr 1832 zu nennen. 1863 erwarb das herzogliche Naturalienkabinett die Käfersammlung des Forstrates August Kellner (1794–1883). Das Museum der Natur Gotha verfügt damit über die älteste, noch erhaltene Insektensammlung Thüringens.

Biowissenschaftliche Sammlungen

Übersicht über die biowissenschaftlichen Sammlungen (R. Samietz)

Die biowissenschaftlichen Sammlungen des Museums der Natur Gotha bestehen aus folgenden Hauptteilen:
- Malakologische Sammlungen (Conchylien)
  Die etwa 160.000 Stücke umfassende Sammlung hat eine überwiegend historische und wissenschaftsgeschichtliche Bedeutung.
- Wirbellose Tiere (Schwämme, Korallen etc.)
  Die Sammlung enthält ca. 1.500 Objekte von weltweiter Herkunft, die aber weitgehend wissenschaftlich unbearbeitet sind.
- Insektensammlungen
  Diese bilden mit über 2.600 Insektenkästen und 2.250 Alkoholflaschen den wissenschaftlichen Schwerpunkt der biologischen Sammlungen des Museums.
- Fische, Lurche und Kriechtiere
  Die Sammlung besteht zum einen aus etwa 300 getrockneten Tieren oder deren Teilen (Rostren der Sägefische, Panzer der Schildkröten etc.) weltweiter Provenienz, die in Teilen bereits Bestandteile der herzoglichen Kunstkammern des 17. und 18. Jahrhunderts waren, zum anderen aus etwa 600 in Konservierungsflüssigkeit eingelegten Tieren, die in der Mitte des 20. Jahrhunderts von dem Präparator Ernst Koeppen (1889–1969) gesammelt wurden und heute unersetzliche faunistische Belege aus dem Thüringer und mitteldeutschen Raum sind.
- Vögel
  Die Sammlung umfasst etwa 5.300 Präparate, die vor allem in der zweiten Hälfte des 19. Jahrhunderts erworben wurden. Sie sind von weltweiter Provenienz, jedoch mindert die häufig fehlende oder nur grobe Angabe der Fundorte ihre wissenschaftliche Bedeutung. Aber es lässt sich gerade an dieser Sammlung die Sammlungsstrategie der Gothaer Herzöge sehr gut erkennen.
  Die Sammlung, deren Bestandskatalog derzeit erstellt wird, enthält auch einige Exemplare ausgestorbener Arten. Die umfangreiche Sammlung von Vogeleiern (ca. 7.500 Stück) ist noch nicht aufgearbeitet.
- Säugetiere einschließlich Skelette, Geweihe, Gehörne und Menschenschädel
  Dazu gehören etwa 1.000 Objekte. Unter ihnen befinden sich einige historisch wertvolle Präparate und Raritäten aus dem 19. Jahrhundert (Schnabeltier, Mähnenratte, Elefantenschädel, Hörner von Nashörnern, Hautpräparat eines Elefanten usw.). Wissenschaftlich bedeutungsvoller sind jüngere Belegsammlungen von Fledermäusen und Kleinsäugetieren aus Thüringen, die in der zweiten Hälfte des 20. Jahrhunderts, vor allem durch Dr. Wolfgang Zimmermann angelegt wurden.
- Spezialsammlungen (exotische Früchte, Obstmodelle, Objekte aus der herzoglichen Kunstkammer)
  Die ältesten Objekte unserer Sammlungen sind bereits 360 Jahre alt und stellen damit unersetzliche Unikate dar. Dazu gehören neben Blasen- und Nierensteinen von Menschen und Tieren auch künstlerisch bearbeitete Korallen, Schneckenschalen und Straußeneier, Narwalzähne (Einhörner), Schnäbel von exotischen Vögeln sowie ein aus dem Jahr 1721 stammendes anatomisches Präparat eines Menschen. Sie sind, ebenso wie eine umfangreiche Sammlungen von Obstmodellen aus Wachs und Pappmaschee oder die Glasmodelle von marinen Wirbellosen der Glasbläserfamilie Blaschka, von internationaler Bedeutung.

Die Conchyliensammlungen (R. Samietz)

Die Anfänge der Conchyliensammlung gehen auf die herzogliche Kunstkammer Ernsts I. von Sachsen-Gotha zurück. Im ältesten erhaltenen Katalog von 1659 sind bereits »Siebenundachtzig Stück Muscheln groß und kleine« aufgeführt. Größere

Zuwächse erfolgten jedoch erst im 19. Jahrhundert durch den allgemeinen Aufschwung der Naturwissenschaften und die verbesserten Reisemöglichkeiten.

Friedrich Christian Schmidt, *Cammer-Commissionsrat* aus Gotha (1755–1830), trug über 17.000 Posten zu einem beachtenswerten Conchylien-Cabinet zusammen, das er in zwölf Katalog-Bänden ausführlich dokumentierte. Alexander von Humboldt bewertete diese Sammlung nach der kaiserlichen in Wien als bedeutendste in Europa und empfahl sie dem Gothaer Herzog zum Ankauf. Dieser folgte dem Rat, und nach dem Tode Schmidts wurde die Sammlung dem herzoglichen Naturalienkabinett einverleibt. Sie war in 23 Schränken und mehreren Reihen von Glaspulten untergebracht und nach Schmidts Konzept geordnet. Später erworbenes Material wurde eingegliedert. 1886 erfolgte der Ankauf der umfangreichen Conchyliensammlung des Apothekers C. Theodor Lappe (1802–1882) aus Neudietendorf. Zur Sammlung gehören sieben Katalogbände. Damit konnte der Gothaer Conchylienbestand zu einer anderwärts kaum erreichten Vollständigkeit gebracht werden.

Auf Anregung Lappes geht auch der Erwerb von Land- und Süßwasser-Conchylien zurück, die der Leipziger Professor Adolph Rossmäsler (1805–1867) während einer Spanien-Reise gesammelt hatte. In den folgenden Jahrzehnten kam es nur noch zu kleinen Sammlungszugängen. Dazu gehörten zwei Riesenmuschel-Schalen von über zwei Zentner Gewicht, eine regionale Schneckensammlung des Schnepfenthaler Lehrers Reinhold Gerbing (1838–1905) und die Belegsammlung über die Conchylienfauna der diluvialen Sand- und Tuffablagerungen bei Brüheim im Herzogtum Gotha von Franz Hocker (1898). 1952 erfolgte die Eingliederung der Bestände des ehemaligen Naturkundlichen Heimatmuseums Gotha, in denen sich u. a. 20 Kästen der Conchyliensammlung Louis Schmidt (1863–1930) befanden.

Die Wirren des Zweiten Weltkrieges haben auch in der Conchyliensammlung ihre schlimmen Spuren hinterlassen. Viele wertvolle Exponate wurden zerstört und die Sammlung geriet in Unordnung. Nach dem Zweiten Weltkrieg war der Sammlungszuwachs zunächst nur gering. So übergab Dr. Hildegard Zeissler aus Leipzig (1914–2006) dem Museum Teile ihrer Belegsammlungen aus dem Westthüringer Raum. Im Zuge der Profilierung wurde 1988 die Conchyliensammlung des ehemaligen Naturkundemuseums Weimar (später Naturwissenschaftliche Abteilung des Stadtmuseums Weimar) übernommen. Sie umfasst etwa 100 Kästen, die in fünf Schränken untergebracht sind.

Insgesamt beinhaltet die Conchyliensammlung heute etwa 31.600 Inventar-Nummern mit fast 160.000 Einzelexemplaren, die in 420 Schubkästen untergebracht sind. Sie enthält zahlreiche wissenschaftlich bedeutende Stücke, wie Typen oder Abbildungsvorlagen.

In der Vergangenheit wurden Conchylien nur in Sonderausstellungen präsentiert. In der geplanten Dauerausstellung zum Naturalienkabinett wird ihnen aufgrund ihrer großen Bedeutung für die Sammlungsgeschichte des Museums der Natur Gotha ein würdiger Platz eingeräumt werden.

Die Insektensammlungen (R. Bellstedt)

Den Grundstock der wissenschaftlichen Insektensammlungen im Herzoglichen Museum Gotha bildet die Kollektion des Gothaer Forstrates August Kellner (1794–1883), die bereits 1863 angekauft wurde. Sie umfasst 68 Kästen mit genadelten Insekten, worunter die Käfersammlung von besonderem wissenschaftlichem Wert ist. Während der Tätigkeit als Revierförster im Thüringer Wald sammelte er vor allem forstlich bedeutsame Insekten wie Borken- und Rüsselkäfer sowie die das Wild befallenden Dasselfliegen. Dabei fand er 20 für die Wissenschaft bis dahin unbekannte Käferarten.

Unter historischen und faunistischen Gesichtspunkten ist auch die Sammlung des Schnepfenthaler Zeichenlehrers Reinhold Gerbing (1838–1905) bemerkenswert. Sie enthält wichtige Belege für die Fauna des nordwestlichen Thüringer Waldes und des Vorlandes, vor allem aus den Ordnungen der Schmetterlinge, Käfer, Hautflügler und Zweiflügler. Oberlehrer Gustav Jänner (1863–1941) war ein sehr produktiver Gothaer Entomologe, und seine umfangreiche Sammlung umfasst nahezu alle Insektengruppen. Sein spezielles Interesse galt den Hautflüglern. An Käfersammlungen bereicherten Paul Wolfrum (1886–1969) aus Ohrdruf und Klaus Graser (1930–2006) aus Magdeburg die Bestände. Die Sammlung des letzteren umfasst 180 Kästen mit 3.258 Arten in 26.317 Exemplaren, die vor allem aus Thüringen und Sachsen-Anhalt stammen. Dazu übergab er dem Museum seine äußerst umfangreiche Käferbibliothek.

Neben Zugängen durch Ankäufe und Schenkungen erfolgten im Rahmen von Profilierungsmaßnahem auch Übernahmen von Insektensammlungen aus anderen Museen. So gab 1974 das ornithologisch ausgerichtete Museum Heineanum in Halberstadt seine 226 Kästen umfassende Insektensammlung nach Gotha, und 1977 wurde die Insektensammlung des Stadtmuseums Weimar nach Gotha überstellt.

Bei den Schmetterlingen sind vor allem die Belegsammlungen von Kleinschmetterlingen von Max Lenthe (1856–1924) aus Gotha und Ernst Hockemeyer (1873–1964) aus Behringen/Hainich, hervorzuheben. Wissenschaftlich bedeutend sind zwei Spezialsammlungen von Eulenfaltern. Eine wurde 1980 von Carl Naumann (1903–1979) aus Erfurt übernommen und umfasst 90 Kästen mit rund 11.000 Exemplaren in etwa 1.000 Arten aus Europa und Asien. Noch umfangreicher ist die weltweit angelegte Sammlung von Wolfgang Heinicke aus Gera. In 250 Kästen enthält sie 2.859 Arten in 26.908 Exemplaren. Sie befindet sich seit 1995 im Museum der Natur in Gotha und wurde durch den Sammler bis Ende 2001 noch ergänzt. Im Museum werden auch sein Archiv und seine reiche Sonderdrucksammlung aufbewahrt.

Insekten stellten besonders in den letzten fünf Jahrzehnten den biologischen Sammlungs- und Arbeitsschwerpunkt des Museums dar. Dr. Wolfgang Zimmermann, von 1970 bis 1992 Direktor des Hauses, erforschte die Verbreitung und Ökologie thüringischer Libellen. Sein Vorgänger, Dr. Martin Oschmann sammelte und bearbeitete Heuschrecken. Dessen 22 Kästen umfassende Sammlung ist eine wichtige Quelle für die Fauna Thüringens.

Durch die Forschungsarbeiten an Bergbächen des Thüringer Waldes, besonders den Emergenz-Untersuchungen an Spitter und Vesser, die das Museum von 1975 bis 1987 durchführte, konnte eine umfangreiche Sammlung an im Alkohol aufbewahrten Wasserinsekten aufgebaut werden, die heute mehr als 2.500 Sammlungsflaschen umfasst. Dazu gehören Köcherfliegen, Steinfliegen (bearbeitet durch den ehemaligen Museumsmitarbeiter Dr. Wolfgang Joost [1937–2004], Eintagsfliegen (bearbeitet durch Dr. Wolfgang Zimmermann)

und aquatische, d.h. sich im Wasser entwickelnde Zweiflügler. Von diesen wurden durch die Mitarbeiter des Museums vor allem folgende Familien bearbeitet: Tanzfliegen (Joost), Stelzmücken (Zimmermann), Langbeinfliegen (Bellstedt), Zuckmücken (Samietz). Von diesen Mücken, die nur unter dem Mikroskop bestimmt werden können, besitzt das Museum eine Sammlung von etwa 6.000 Dauerpräparaten die von dem Berliner Limnologen Dr. Georg Mothes ([1933–1986], ca. 2.500 Stück) und von Rainer Samietz (ca. 3.500 Stück) angefertigt wurden. Diese Sammlungen der Wasserinsekten sind in Umfang und Bedeutung innerhalb Mitteldeutschlands ein Alleinstellungsmerkmal des Museums der Natur Gotha.

In der Insektensammlung des Museum werden nach gegenwärtigem Kenntnisstand 68 Typen aufbewahrt. Sie betreffen ausschließlich europäisch verbreitete Arten folgender Ordnungen: Ephemeroptera (11), Plecoptera (15), Coleoptera (18), Diptera (11) und Trichoptera (13). Unser großer, durch mehrere Generationen von Forschern seit Mitte des 19. Jahrhunderts zusammengetragener Fundus, stellt eine äußerst wertvolle und unersetzliche Belegdokumentationen besonders zur Tierwelt Thüringens dar. Darüber hinaus belegen die Insektensammlungen die rasanten Veränderungen der Umwelt in Vergangenheit und Gegenwart.

Die Vogelsammlung (C. Acker)

Das herzogliche Kunst- und Naturalienkabinett bildete auch die Keimzelle der Gothaer Vogelsammlung. Jedoch nahmen Vögel darin in den ersten 150 Jahren nur einen untergeordneten Platz ein. Erst mit Beginn des 19. Jahrhunderts, besonders unter Herzog Ernst I. von Sachsen-Coburg und Gotha, wurden Vögel verstärkt und gezielt angekauft. Einen weiteren Aufschwung erlebte die Sammlung dann unter seinem Sohn, dem Vogelliebhaber Ernst II. Bei dessen Tod im Jahr 1893 umfasste die Sammlung die stattliche Zahl von 4.770 Präparaten. Die vorher im Schloss eher schlecht untergebrachten Präparate erhielten im 1879 eröffneten, neuen Museumsgebäude eine vorbildliche Ausstellung.

Das Interesse der späteren Herzöge war mehr auf die Kunstsammlungen gerichtet. Dies drückt sich auch darin aus, dass bis zum Ende des Ersten Weltkrieges die Sammlung der Vögel nur um ganze 18 Präparate angewachsen war.

1952 wurde die Sammlung des naturkundlichen Heimatmuseums Gotha eingegliedert. Der gesamte Fundus diente dann zum Aufbau der Schausammlung »Vögel der Erde«, die bis 1998 die Ausstellung im Westflügel des I. Obergeschosses des Museums beherrschte.

1977 erfolgte die Übernahme von etwa 600 Vogelpräparaten aus der naturwissenschaftlichen Abteilung des Stadtmuseums Weimar. Mit der Einstellung von Präparatoren in den 1970er-Jahren konnten verstärkt neue Vogelpräparate der Sammlung einverleibt werden, so dass sie trotz der Kriegsverluste heute einen Bestand von über 5.300 Präparaten aufweist, wobei sich der zoologische Präparator Peter Mildner besondere Verdienste erworben hat.

Wie es der Zeit entsprach, sammelten die Herzöge vor allem Objekte, die sie interessant fanden und die zur Repräsentation geeignet waren.

Daher wurden vor allem fremdländische Vögel aus Asien, Afrika und Amerika erworben. Wissenschaftlich hat die Gothaer Sammlung keine große Bedeutung erlangt, jedoch wurde und wird sie für die Volksbildung, für die heimische Avifaunistik und als historisches Vergleichsmaterial regelmäßig und mit Gewinn genutzt.

Doch die Sammlung enthält einige Besonderheiten und Rara, die auch für die Fachwissenschaft von Interesse sind. So finden sich hier einige Präparate berühmter Ornithologen des 19. Jahrhunderts, wie des Dänen Dr. Niels Kjärbölling (1806–1871) oder des Afrikareisenden Martin Theodor Heuglin (1824–1876). Von Alfred Edmund Brehm (1829–1884) in Renthendorf wurden 55 afrikanische Vögel gekauft.

Dank der engen Beziehungen des Museums der Natur zu Biologen der Friedrich-Schiller-Universität Jena konnte in den 80er- und 90er-Jahren des vergangenen Jahrhunderts ein umfangreicher Bestand von Vögeln aus der Antarktis aufgebaut werden. Mit 52 Präparaten von 17 Arten sind in ihr beispielsweise alle Brutvögel der Antarktis vertreten.

Durch das besondere Interesse der Gothaer Herzöge an ausländischem Material kamen auch einige Vertreter von heute ausgestorbenen Arten in die Sammlung. Die Existenz je eines Präparates der Wandertaube *Ectopistes migratorius*, des Eskimobrachvogels *Numenius borealis* und des Riesenalks *Pinguinus impennis* in Gotha ist schon lange bekannt. Eine jüngst erfolgte, systematische Überarbeitung der gesamten Sammlung erbrachte neue Funde von zwei ausgestorbenen Arten, je zwei Präparate des Javakiebitz *Vanellus macropterus* und des Neuseelandschlüpfers *Xenicus longipes*. Es finden sich auch Exemplare der vom Aussterben bedrohten Arten Rotsteißkakadu *Cacatua haematuropygia*, Puerto-Rico-Amazone *Amazona vittata*, Kakapo *Strigops habroptila* und des Schwarzes Stelzenläufers *Himantopus novaezelandiae*.

Mit rund 1840 Arten zeigt die Sammlung eine erstaunlich große Vielfalt, die sich auch in den vertretenen Familien widerspiegelt. Über 80 Prozent aller Vogelfamilien sind vertreten. Dieses große Spektrum ermöglicht die Darstellung von verschiedensten Lebensräumen und ökologischen Zusammenhängen einzelner Gruppen oder Arten und stellt damit den eigentlichen Wert der Sammlung für ein modernes naturkundliches Museum dar.

Geologische Sammlungen

(T. Martens)

Übersicht zur Geschichte der geologischen Sammlungen

Das Museum der Natur der Stiftung Schloss Friedenstein Gotha gehört zu den wenigen deutschen Museen, die auf eine mehr als 350-jährige Geschichte« ihrer geowissenschaftlichen Sammlungen zurückblicken können.

Seit Herzog Ernst I., dem Frommen, bestand am Gothaer Herzoghaus nicht nur ein allgemeines Sammelinteresse für edle Minerale, Gesteine und Fossilien, sondern darüber hinaus auch ein deutlich nachweisbares Interesse am Sammeln und Bewahren von Belegen mit wissenschaftlicher und bergbaulicher Bedeutung. Die Samm-

Präparat eines Riesenalk, 1843 für das Naturalienkabinett von Ernst I. von Sachsen-Coburg und Gotha erworben (Stiftung Schloss Friedenstein Gotha, Foto: L. Ebhardt)

»Waldschlüpfer« – ein erst im Herbst 2011 entdecktes Präparat einer inzwischen ausgestorbenen Vogelart aus Neuseeland, das 1867 in die Sammlung kam (Stiftung Schloss Friedenstein Gotha, Foto: P. Mildner)

lungen dienten von Anfang an als Datenspeicher des für die wirtschaftliche Entwicklung wichtigen Bergbaus im Einflussgebiet des Herzogtums. Beispielgebend ist der Ankauf einer mehr als 2.000 Erz- und Mineralstufen umfassenden Sammlung unter Herzog Friedrich II. Anfang des 18. Jahrhunderts für 15.000 Taler von dem bedeutendsten sächsischen Bergbeamten Abraham von Schönberg (1640–1711) aus Freiberg.

Dieser enge Zusammenhang zwischen Bergbau, geologischer Forschung und Sammlung wird besonders im ausgehenden 18. und 19. Jahrhundert mit den Leistungen des Staatsbeamten und Paläontologen Ernst Friedrich von Schlotheim (1765–1832), des Staatsbeamten und Geologen Karl Ernst Adolf von Hoff (1771–1837) und des Bergmeisters und Geologen Heinrich Credner (1809–1876) ersichtlich. Sie beschäftigten sich im Auftrag des jeweils regierenden Herzogs gleichzeitig mit der Entwicklung des Bergbaus im Herzogtum und mit der Pflege und Mehrung der herzoglichen Sammlungen.

In den zurückliegenden Jahrhunderten traten trotz vieler politischer Wirren im Verhältnis zu anderen herzoglichen Sammlungen in Deutschland nur relativ geringe Verluste im wertvollen Bestand

auf. Bis heute kaum nachvollziehbare Verluste lassen sich meist in Perioden vermuten, in denen kein fachlich geschultes Personal die Sammlungen betreute, Sammlungsteile als »unbedeutend« ausgesondert, getauscht, verkauft oder unsachgemäß behandelt wurden. Dies betrifft vor allem die Zeit zwischen 1770 und 1790, die 1860er- und 1870er-Jahre, den Zeitraum zwischen 1908 und dem Ende des Zweiten Weltkrieges und die unmittelbare Nachkriegszeit.

Die seit 1659 entstandenen Sammlungskataloge und Verzeichnisse mit vielen Revisionsvermerken und Hinweisen zur Sammlungsgeschichte haben fast vollständig die Jahrhunderte überdauert und können heute für eine Sammlungsanalyse verwendet werden. Allerdings forderte jede »politischen Wende« in den vergangenen 200 Jahren einen Neuanfang der Inventarisierung mit neuen »zeitgerechten« Inventarbüchern und einem Neubeginn der Nummerierung. So verwundert es nicht, wenn man z. B. an Mineralstufen aus dem 18. Jahrhundert heute bis zu vier verschiedene Inventarnummern findet.

Zu Beginn des 19. Jahrhunderts betreute Ernst Friedrich von Schlotheim die Sammlungen in Gotha. Nach seinem Tod, 1832, hinterließ er dem herzoglichen Naturalienkabinett seine kleine, aber bedeutende Meteoritensammlung. Von 1833 bis 1837 folgte im Amt Karl Ernst Adolf von Hoff. Seine umfangreichen privaten Sammlungen von Gesteinen, Mineralen und Fossilien hatte er 1818 bzw. 1833 an das Gothaer Naturalienkabinett verkauft. Darunter befindet sich die erste wissenschaftlich begründete Spezialsammlung des Thüringer Waldes.

Von 1838 bis 1857 bemühte sich Heinrich Credner (1809–1876) neben seiner Tätigkeit als Bergmeister um die Neuordnung und Inventarisierung der geologischen Sammlung. Zahlreiche Stücke seiner Aufsammlungen während seiner Reisen lassen sich heute noch nachweisen. Von 1852 bis 1880 war August Julius Hellmann (1819–1881) Kustos der naturwissenschaftlichen Sammlungen. In seine Amtszeit fällt der Bau des Herzoglichen Museums (1864–1879) und die Veröffentlichung des ersten Fossilienkataloges »Die Petrefakten Thüringens nach dem Materiale des Herzoglichen Naturalien-Kabinetts in Gotha, Cassel 1862«.

Von 1880 bis 1888 übernahm der Studienprofessor Otto Carl Heinrich Burbach (1838–1888) die Arbeit seines Vorgängers und beschäftigte sich u.a. mit Mikrofossilien im Lias vom Seeberg bei Gotha. Im Jahre 1887 begründete die Entdeckung einer Tetrapodenfährte im Stadtgebiet von Gotha eine heute noch andauernde wissenschaftliche Untersuchung der frühen Landwirbeltiere. Bis 1908 war das Sammeln und die wissenschaftliche Untersuchung von Saurierfährten des Rotliegend im Thüringer Wald Hauptbeschäftigung von Prof. Wilhelm Pabst (1856–1908), der als Kustos der Naturwissenschaftlichen Sammlung am Herzoglichen Museum Gotha tätig war. Seine Leidenschaft für fossile Saurierfährten brachte ihm den Beinamen »Fährtenpabst« ein und machte ihn zum Mitbegründer der Ichnologie fossiler Fährten.

Für die Zeit des Ersten und Zweiten Weltkrieges lassen sich nur wenige Aktivitäten nachweisen. Für die naturwissenschaftlichen Sammlungen war der Lehrer Walter Schorcht (1882–1958) als Verwalter tätig. Er interessierte sich vorrangig für Minerale und in seine Zeit fallen einige Mineralankäufe. Nach Kriegsende, besonders in den 1950er-Jahren, wurden vom neu gegründeten Naturkundemuseum die geologischen Sammlungen des einstigen Naturkundlichen Heimatmuseums Gotha übernom-

men, u.a. eine Sammlung des in Gotha geborenen Thüringer Geologen Hans Hess von Wichdorff (1877–1932). Hinzu kam noch eine Mineral- und Gesteinssammlung des Arnoldi-Gymnasiums und des Gymnasium Ernestinum in Gotha.

Erst in den 1950er-Jahren begann am Gothaer Naturkundemuseum die moderne Analyse der Geschichte der geowissenschaftlichen Sammlung und einiger hervorragender Persönlichkeiten. vor allem durch die Bemühungen des Museumsmitarbeiters und Biologen, Dr. Martin Oschmann (1930–2012). Seit 1978 ist erstmals ein Geologe am Museum tätig (Thomas Martens). In Fortführung der Tradition des Hauses beschäftigte er sich bisher vor allem mit der Paläontologie des Rotliegend Thüringens. In Zusammenhang mit der systematischen Erschließung und Erweiterung der Sammlungsbestände entstanden mehrere Spezialsammlungen von internationaler wissenschaftlicher Bedeutung.

Die Übernahme der geologischen Bestände der naturwissenschaftlichen Abteilung des Stadtmuseums in Weimar im Jahre 1989 führte zu einer wesentlichen Bereicherung der Gothaer Sammlungen an Mineralen, Gesteinen und Fossilien. Seit den 80er-Jahren und insbesondere seit der politischen Wende 1989/90 wurden auch mehrere Kontakte zu Nachkommen bedeutender Gothaer Geologen und Sammler gepflegt.

Mineralsammlung

Die Gothaer Mineralsammlung besteht aus ca. 20.000 Mineralstufen. Die ältesten Bestände gehen auf das 17. bzw. 18. Jahrhundert zurück. Gotha gehört zu den wenigen Orten, die historisch interessante Belege des sächsisch/böhmischen Altbergbaues aus dem 17. Jahrhundert beherbergen.

Ein Großteil der Sammlung entstand im 19. Jahrhundert und belegt die bergbaulichen Aktivitäten in zahlreichen europäischen Bergbaugebieten von Norwegen im Norden, dem Ural im Osten, Italien im Süden bis England im Westen. Auffällig sind Spezialsammlungen von Mineralen des Harzes und des Thüringer Waldes. Historische Bedeutung haben in diesem Zusammenhang die Mineralsammlungen von Karl Ernst Adolf von Hoff und

Heinrich Credner. Sie entsprangen den lebensnot-
wendigen Bemühungen der Rohstoffgewinnung
im Herzogtum Gotha. Ein gutes Beispiel ist die
bedeutende Belegsammlung von Manganerzen
des Thüringer Waldes, die durch die Tätigkeit des
Lagerstättenkundlers und Bergrates Carl Michael
Zerrenner (1818–1878) entstand. Dieser unternahm
im Auftrag von Herzog Ernst von Sachsen-Coburg
und Gotha im Herbst 1859 eine Reise zu den bedeutendsten »Braunstein-Bergbauen« Deutschlands.

Eine Mineralsammlung mit kristallografi-
schem Schwerpunkt wurde Ende des 19. Jahrhunderts vom Bergdirektor Alfred Purgold aus Dresden übernommen. Im 20. Jahrhunderts lassen sich
einige Ankäufe nachweisen – die Sammlung entwickelte sich aber nur unwesentlich weiter.

Zwischen 1987 und 1992 führte die Tätigkeit
des Mineralogen Gerhard Holzhey am Museum
zum Aufbau einer Spezialsammlung von Rhyo-
lithkugeln (Schneekopfkugeln) aus Rotliegendvul-
kaniten des Thüringer Waldes.

Gesteinssammlung

Die petrografische Sammlung besteht aus ca.
5.000 Gesteinsproben. Älteste Bestände geschlif-
fener Gesteinstäfelchen lassen sich schon im Inventar von 1721 nachweisen und reichen bis in
die Mitte des 17. Jahrhunderts zurück. Die vom
Herzogshaus geförderte Herausgabe der ersten geologisch-mineralogischen Beschreibung
des Harzes durch Georg Sigismund Otto Lasius
(1752–1833) erschien im Jahre 1789. Teile einer Be-

legsammlung von Gesteinen des Harzes lassen
sich heute noch nachweisen. Das Gleiche gilt für
eine Gesteinssammlung, die Ulrich Jaspar Seetzen
(1767–1811) auf seiner mehrjährigen Orientreise
zusammentragen konnte. Im 18 und 19. Jahrhundert erhielt die Sammlung außerdem Zuwächse
durch Ankäufe von Privatsammlungen. Zu erwähnen sind erste wissenschaftliche Belegsammlungen von Gesteinen des Thüringer Waldes des
Gothaer Geologen Karl Ernst Adolf von Hoff, die
die Entstehung der Gesteinsnomenklatur vor 200
Jahren belegen. Es folgten Ankäufe sogenannter
Handstück-Sammlungen verschiedener europäischer Gesteinsarten von der Firma Krantz in Bonn.
Im Zusammenhang mit Forschungsprojekten der
Deutschen Forschungsgemeinschaft (DFG) entstanden in den zurückliegenden Jahrzehnten Spezialsammlungen von Gesteinsproben und Bohr-
kernen des Rotliegend Thüringens.

Fossilsammlung

Die Fossilsammlung besteht aus ca. 60.000 Fossil-
belegen. Älteste Bestände der Fossilsammlung reichen bis ins 17. Jahrhundert zurück. Dazu gehören
Skelettreste eines Waldelefanten aus dem Quartär der Fundstätte Burgtonna nördlich Gotha, die
erstmalig von Ernst Wilhelm Tentzel (165–1707)
beschrieben wurden. Karl E. A. von Hoff bewirkte
um 1834 den Ankauf einer mehrere hundert Stück
umfassenden Fossilsammlung von Bronn in Hei-
delberg, die die paläontologische Sammlung in
Gotha begründete.

Skelettrest eines Waldelefanten im Herzoglichen
Museum, aus dem Fund
von 1695 aus den »Sand-
gruben« von Burgtonna
bei Gotha (Quartär, Eem-
Warmzeit), sowie seine Beschreibung durch Tentzel
(1696) (Stiftung Schloss
Friedenstein Gotha, Foto:
L. Ebhardt)

Im 19. Jahrhundert erfolgten umfangreiche
Ankäufe von Fossilien bedeutender Fundstätten
in Mitteleuropa (z.B. Tertiär des Pariser und Wiener Beckens, Devon der Eifel, Jura Süddeutsch-
lands, Tertiär der Rhön) und Aufsammlungen
von Thüringer Fundstellen (Silur Ostthüringens,
Rotliegend und Zechstein des Thüringer Waldes,
Mansfelder Kupferschiefer, Trias Thüringens mit
Fossilien aus Buntsandstein, Muschelkalk und
Keuper sowie von verschiedenen Quartärfund-
stellen).

Zwischen 1890 und 1908 entstand unter Prof.
W. Pabst eine erste wissenschaftliche Spezial-

sammlung fossiler Saurierfährten des Rotliegend
mit Schwerpunkt Bromacker bei Tambach-Dietharz. Beginnend mit Dr. A. H. Müller (Univ. Jena)
in den 1950er-Jahren und Dr. H. Haubold (Univ.
Halle-Wittenberg). Ende der 1960er- und Anfang
der 1970er-Jahre wurden intensive Studien an
der Gothaer Fährtensammlung vorgenommen. Es
kam 1971 zum Ankauf der bedeutenden Saurier-
fährtensammlung von Bernhard Jacobi aus Friedrichroda.

1965 wurde eine umfangreiche Sammlung
fossiler Fische, Branchiosaurier und Pflanzen der
Fundstätte Gottlob bei Friedrichroda vom Mu-

seum übernommen. Diese Spezialisierung auf das Sammeln von Fossilien des Rotliegend Thüringens wurde von Dr. Thomas Martens seit Ende der 70er-Jahre gezielt fortgesetzt. Es folgten vor allem systematische Aufsammlungen und Grabungen im Rotliegend des Thüringer Waldes und südlichen Harzvorlandes im Zusammenhang mit einer vierjährigen Forschungsarbeit zusammen mit der Bergakademie Freiberg. Dabei entstand eine heute ca. 10.000 Belege umfassende Spezialsammlung fossiler Conchostraken (Crustacea) des Rotliegend und der Trias und Aufsammlungen von Invertebraten, Spurenfossilien und Pflanzen von mehr als 30 Lokalitäten des Rotliegend im Thüringer Wald zwischen Gehren im Südosten und Eisenach im Nordwesten.

Von Studienreisen in den USA (1992, 2005, 2007) brachte Martens Fossilien aus dem Oberkarbon und Unterperm von Pittsburgh, Texas und New Mexico nach Gotha. Eine umfangreiche Belegsammlung von Sebastian Voigt bereichert seit 2004 die Gothaer Fährtensammlung. Mit dem Nachweis erster Knochen und Skelette früher Landwirbeltiere ab 1974 an der Fährtenfundstätte »Bromacker« konnte Martens bei jährlichen Grabungen in etwa 35 Jahren eine der wissen-

schaftlich bedeutendsten Sammlungen früher Landwirbeltiere (Ursaurier) des Unterperm außerhalb der USA aufbauen. Seit 1993 werden die Grabungen, die Präparation der Skelette und ihre wissenschaftliche Bearbeitung von einem internationalen Team von Wirbeltierpaläontologen aus den USA und Kanada, aus der Slowakei und aus Deutschland wesentlich gefördert.

Bibliothek

Die Forschungsbibliothek Gotha (C. Hopf)

Wie alle friedensteinischen Sammlungen stehen auch die naturhistorischen Bestände im Dialog mit allen anderen Archivalien, Dokumenten und Sammlungsteilen in Archiv, Bibliothek und Museen des Schlosses und sind ohne diesen unaufhörlichen Dialog in ihrem historischen Zusammenhang nicht zu verstehen. Naturkundlich relevante Schätze finden sich außerhalb der musealen Sammlungen vor allem in der Forschungsbibliothek Gotha im Ostflügel von Schloss Friedenstein.

Als eine der bedeutendsten historischen Büchersammlungen in Deutschland mit einem Bestand von zurzeit etwa 680.000 Bänden umfasst die heute zur Universität Erfurt gehörende Forschungsbibliothek Gotha auch reiche Bestände zu naturwissenschaftlichen Themen. Als einstige Hofbibliothek der Gothaer Herzöge verwahrt sie u.a. die Bibliothek des Herzoglichen Naturalienkabinetts. 25 Prozent der gedruckten Titel des herzoglichen und gymnasialen Bestandes (auch die Bibliothek des früheren Gymnasium illustre ist Teil der Forschungsbibliothek) sind naturwissenschaftlichen Inhalts. Dies bezieht sich auf die Bereiche Geografie, Mathematik (darunter auch Astronomie, Land-, Garten- und Forstwirtschaft etc.), Medizin sowie die ehemalige Sternwartenbibliothek. Hinzu kommen die Dissertationen dieser Fachbereiche, Zeit- und Akademieschriften.

Naturkundliche Schriften finden sich aber ebenso in den erhaltenen Privatbibliotheken der Herzöge, vor allem bei Herzog Ernst II. von Sachsen-Gotha-Altenburg, der eine Vorliebe für mathematisch-naturwissenschaftliche Fragen hatte. Unter den 3.500 orientalischen Handschriften der Forschungsbibliothek, die großenteils durch Ulrich Jasper Seetzen nach Gotha gelangten, finden sich viele naturkundlich relevante Blätter. Erwähnenswert ist daneben nicht nur die riesige Sammlung des geografischen Verlags Justus Perthes (allein 185.000 Einzelkarten und 124.000 Bände Verlagsbibliothek, 1.650 Kupferplatten und 800 Meter Verlagsarchiv), sondern als kleine, aber feine Einzelsammlung auch die über 30 außergewöhnlichen Tier- und Pflanzenzeichnungen, die Georg Forster (1754–1794) während seiner Weltumsegelung mit James Cook (1728–1779) anfertigte und die einst auf Vorschlag Johann Wolfgang von Goethes vom Gothaer Hof angekauft wurden.

Die Fachbibliothek des Museums der Natur Gotha (R. Samietz)

Die wissenschaftliche Handbibliothek des Museums der Natur Gotha umfasst etwa 15.000 Bücher und 6.000 Sonderdrucke sowie knapp 10.000 Zeitschriftenbände aus 735 Schriftenreihen. Ein großer Teil des aktuellen Zuwachses erfolgt über den Schriftentausch. Weiterhin kam es zur Übernahme der Privatbibliotheken von Wissenschaftlern und Sammlern, wie die des Käfersammlers Klaus Graser (ehem. Magdeburg), des Schmetterlingssammlers Wolfgang Heinicke (Gera) oder des Zoologen Wolfgang Joost (Gotha). Dank einer Schenkung seiner Tochter konnte das Museum die vollständige Sammlung der Publikationen des Begründers der Limnologie August Thienemann (1882–1960) übernehmen.

Der Ursprung der heutigen Bestände geht auf die Bibliothek des ehemaligen Naturwissenschaftlichen Heimatmuseums zurück. Eine öffentliche Nutzung der Handbibliothek ist gegenwärtig nur sehr eingeschränkt möglich.

Wissenschaftliche Arbeit und Publikationen (R. Samietz)

Grundsätzlich hat ein Museum die Aufgabe, seine im Haus befindlichen Sammlungen wissenschaftlich zu erschließen und zu bearbeiten. Dies gilt insbesondere für eine über 350-jährige Sammlung. So werden derzeit die historischen Inventare mit den noch vorhandenen Sammlungen abgeglichen. Mehrmalige Umordnungen und Neuinventarisierungen der Sammlungen erschweren hier die Arbeit, doch gelingt es in mühsamer kleinteiliger Arbeit, die historischen Sammlungen zu erschließen. Die Ergebnisse dieser Arbeit werden durch die computergestützte Inventarisierung der Sammlungen dokumentiert. Da es sich bei den Sammlungen des Museums der Natur Gotha um umfangreiche Bestände handelt, wird diese Arbeit das wissenschaftliche Potential in den nächsten Jahren und Jahrzehnten stark binden, gilt es doch, die Rückstände in diesem Bereich auszugleichen.

Weiterhin ist es die primäre Aufgabe moderner naturkundlicher Museen, die Biodiversität und geologische Vielfalt der Erde zu dokumentieren, zu erforschen und unter didaktischen Gesichtspunkten zu präsentieren. Die personellen und finanziellen Möglichkeiten der Stiftung Schloss Friedenstein Gotha bedingen aber eine strenge Konzentration auf die Region Thüringer Wald/ Westthüringen und die Arbeitsschwerpunkte Entomologie und Ursaurierforschung.

Das Museum der Natur weist besonders reiche Insektensammlungen auf. Intensive Forschungstätigkeit, dokumentiert in zahlreichen Veröffentlichungen, stärkte die Bedeutung dieser Sammlungen. Für die Zukunft ist eine Erweiterung der Sammlung aquatischer Insekten geplant sowie eine Erweiterung der regionalen Insektensammlungen (Trockensammlungen mit den Schwerpunkten Schmetterlinge, Hautflügler, Käfer, Zweiflügler) aus dem Raum Thüringer Wald/Westthüringen.

Mit Blick auf die Geologie/Paläontologie besitzt das Museum der Natur umfangreiche Belegsammlungen zahlreicher wissenschaftlich bedeutender Fossilfundstellen aus dem Rotliegend (Unterperm) des Thüringer Waldes. Von besonderer internationaler Bedeutung ist die Ursaurierfundstätte »Bromacker« bei Tambach-Dietharz im mittleren Thüringer Wald, wo seit 125 Jahren zahlreiche Tetrapodenfährten und seit mehr als 30 Jahren ca. 40 Skelette von zwölf verschiedenen frühen Landwirbeltieren (Ursaurier) entdeckt wurden. Auch dieser Schwerpunkt soll durch gezielte Aufsammlungen (Grabung) und Erforschung Teil der zukünftigen Sammlungspolitik mit folgenden Kriterien gestärkt werden:

- Erweiterung der Sammlung fossiler Belege aus dem Rotliegend (Unteres Perm) des Thüringer Waldes (Ursaurierfährten, Ursaurierskelette, wirbellose Tiere und deren Lebensspuren, Pflanzenreste)
- Erweiterung der Spezialsammlungen »Ursaurier« und »Conchostraken des Unteren Perm« weltweit
- Erweiterung der Sammlung von Fossilien und Gesteinen aus der Umgebung Gothas bzw. Thüringens (Belegstücke von regionaler und überregionaler Bedeutung)

Für Naturkundemuseen ist es eine Aufgabe von oberster Priorität, die Naturausstattung der Region zu dokumentieren und zu erforschen. In Absprache mit den Thüringer Naturkundemuseen kommt dem Museum der Natur in Gotha diese Aufgabe vor allem für den Thüringer Wald und Westthüringen zu. Dies soll sich nicht nur in der Präsentation, sondern auch in der Forschungs- und Sammlungstätigkeit niederschlagen:

- Erweiterung der Sammlung von Fossilien, Gesteinen und Mineralen des Thüringer Waldes und Westthüringens
- Erweiterung der Sammlung Wirbeltiere Thüringens, vorwiegend durch Präparation in der eigenen Werkstatt für Ausstellungszwecke und zur Dokumentation naturgeschützter Arten aus der Fauna Thüringens
- Belegsammlung zur Naturausstattung Thüringens mit dem Schwerpunkt Wirbellose

Zur Publikation der Ergebnisse der wissenschaftlichen Arbeit stehen verschiedene Publikationsreihen der Stiftung Schloss Friedenstein zur Verfügung. Dazu gehört das Jahrbuch der Stiftung Schloss Friedenstein Gotha, in dem kleinere Fachbeiträge aller für die Stiftung relevanten Themen veröffentlicht werden. Eine an der Breite der Sammlungen der Stiftung Schloss Friedenstein Gotha ausgerichtete Editionsreihe umfasst neben den Bereichen Kunst, Residenzkultur, Geschichte und Jahrbuch auch die Naturwissenschaft. Im kleinen Format ist sie für spezielle, monografische Veröffentlichungen über Forschungsergebnisse und Teilsammlungsbestände wie für kleinere Sonderausstellungskataloge angedacht. Daneben unterhält die Stiftung eine repräsentative großformatige Hardcover-Reihe für attraktive Bestandskataloge, Führer durch große Ausstellungen usw. Darüber hinaus werden auch weiterhin diverse nationale und internationale Fachzeitschriften zur Veröffentlichung vor allem wissenschaftlicher Originalarbeiten genutzt.

Ausstellung und Service

Dauerausstellung »Tiere im Turm«
(R. Samietz)

Die Mitte Dezember 2010 eröffnete Dauerausstellung befindet sich in der obersten Etage des Westturms von Schloss Friedenstein. Ihre Eröffnung erfolgte zeitgleich mit der Schließung der Ausstellungen im Gebäude des Herzoglichen Museums, so dass das Museum der Natur seine Ausstellungspräsenz trotz des Komplettumzuges nicht unterbrochen hat.

Den Kern der Ausstellung bildet die Entwicklung der Biologie im 18. und 19. Jahrhundert, festgemacht an vier bedeutenden Vertretern: Carl von Linné, dem Ordner der Vielfalt, Alexander von Humboldt, dem Entdecker der Vielfalt, Charles Darwin, dem Theoretiker der Evolution sowie dem Tiervater Alfred Edmund Brehm.

Bezüge zur Biologiegeschichte tauchen in den acht Ausstellungsräumen, die schlaglichtartig jeweils völlig unterschiedlichen Themen aus der Biologie – vor allem der Wirbeltiere – beleuchten, immer wieder auf:

– Haut und Knochen – Innen- und Außenskelette
– Jäger auf leisen Pfoten – Kleine und große Katzen
– Flügel, Beine, Arme, Flossen – Gliedmaßen der Wirbeltiere
– Reisen ins Unbekannte – Forscher entdecken die Welt (am Beispiel der Antarktis)
– Vertreibung aus dem Paradies – Verschwundene und bedrohte Tierarten
– Das große Fressen – Spezialisierung beim Nahrungserwerb
– Wald der Wunder – Faszinierende Vielfalt der Tropen
– Licht aus! – Tiere der Nacht

Ausblick (M. Eberle)

Tiere im Turm

Das ist die erste der zukünftig vier Abteilungen, mit denen sich das Museum der Natur in Schloss Friedenstein präsentiert. Nach und nach – je nach baulicher Fertigstellung der Sanierung durch die hierfür verantwortliche Stiftung Thüringer Schlösser und Gärten – werden diese in den nächsten Jahren eingerichtet. Im Einzelnen sind dies weiterhin die Abteilungen »Naturalienkabinett«, »Thüringer Wald« und »Ursaurier«. Verbunden sind diese vier Abteilungen durch einen roten Faden, der dem Besucher zukünftig die Geschichte der Naturwissenschaften vor Augen führen soll. Nachfolgend sollen die ersten Ideenskizzen dieser Abteilungen hier vor Augen geführt werden:

Naturalienkabinett

Das Museum der Natur verfügt über wertvolle Sammlungen, die sich teilweise bis in das 17. Jahrhundert zurückführen lassen. Diese Ausstellungsstücke weisen nicht nur einen naturwissenschaftlichen Aussagewert auf, sondern auch einen historischen. Diese Exponate sollen im Naturalienkabinett zusammengeführt werden, das im Westflügel der Kunstkammer (Nordflügel) gegenüberliegt. Beide sind durch die Ahnengalerie verbunden. Ihre aufeinander folgende Besichtigung ermöglicht dem Besucher von Schloss Friedenstein die Erkenntnis des inneren Zusammenhangs zwischen Natur und Kunst, den man während des 17. und 18. Jahrhunderts sah.

Themenschwerpunkt des Naturalienkabinetts wird das Staunen vor der Schönheit und Komplexität von Gottes Schöpfungen sein, wobei dies nicht mit dem 18. Jahrhundert endete, sondern bedingt noch im 19. Jahrhundert von Gültigkeit war. So werden hier geschichtsträchtige Einzelobjekte gezeigt, wie etwa der Riesenalk, eine seit 1844 ausgestorbene Tierart, deren letzten Exemplare man bewusst fing, um sie als Präparate in den Sammlungen der Welt ausstellen zu können, oder aber das anatomische Präparat eines Menschen, das bereits im frühen 18. Jahrhundert für die Sammlungen in Gotha erworben wurde. Aber auch »Miss Baba«, das Präparat eines Elefanten aus

Blick in den Raum »Haut und Knochen« der Ausstellung »Tiere im Turm« mit der Riesenkrabbe

dem 19. Jahrhundert, wird hier zu sehen sein. Nur bedingt sind all diese Objekte heute von naturwissenschaftlichem Aussagewert, doch weisen sie eben einen enormen historischen Wert auf. Daneben werden hier auch die Minerale und die bedeutende Conchyliensammlung präsentiert werden, wobei die Präsentationsform sich an historische Formen eines Naturalienkabinetts anlehnen wird, ohne diese tatsächlich kopieren zu wollen.

Thüringer Wald

Bildet die Geschichte der Naturwissenschaften im 19. Jahrhundert den Leitfaden in der Abteilung Tiere im Turm, so steht bei der Abteilung Thüringer Wald die Gegenwart im Zentrum. Dazu wird die natürliche Beschaffenheit des Gebirges und seine Nutzung durch den Menschen vor Augen geführt, wobei auch aktuelle Fragestellungen der naturwissenschaftlichen Forschung – etwa zum Klimawandel, zu Neubürgern der Pflanzen- und Tierwelt, zum Schwund der Artenvielfalt und zum Artenschutz aufgegriffen werden. Ergänzend sollen hier auch Forschungsprojekte vorgestellt werden, die sich mit der Situation der Natur in der Region beschäftigen. Der Besucher soll damit aufgefordert werden, sich mit diesen Problemen zu beschäftigen, die Lösungsansätze nachzuvollziehen oder aber sich zu beteiligen.

Ursaurier

Seit etwa 120 Jahren werden in Gotha Saurierfährten des Unterperm (Rotliegend) gesammelt und ausgewertet, in den zuletzt zurückliegenden Jahrzehnten gemehrt um fossile Skelettreste der Saurier. Diese dokumentieren auf beeindruckende Weise die Entwicklung der Landwirbeltiere, die vor etwa 350 Millionen Jahren begann. Nur an wenigen Fundstellen auf der Welt können dazu herausragende Dokumente des Lebens geborgen werden, so unweit von Gotha bei Tambach-Dietharz. Seit Jahrzehnten sind die »Ursaurier« vom Bromacker bei Tambach-Dietharz im Fokus internationaler Forschung, die am Museum der Natur Gotha initiiert und koordiniert wurde. Dies soll auch in der Präsentation dokumentiert werden und somit auf die immer notwendigere internationale und interdisziplinäre Forschung der Naturwissenschaften in der Zukunft verweisen.

Zurzeit ist ein großer Teil der reichen Bestände des Museums der Natur magaziniert, bis die für die Ausstellungen notwendigen Räume im Schloss Friedenstein saniert sind. Aus dieser Not machen wir eine Tugend indem wir die Defizite bei der wissenschaftlichen und konservatorisch-restauratorischen Sammlungspflege beheben und gleichzeitig die neuen Ausstellungsinhalte vorbereiten, damit wir die uns anvertrauten Schätze dann in Zukunft wieder dem Besucher präsentieren können, wie es ihnen zusteht und das Museum der Natur Gotha seinen alten Stellenwert in der Thüringer Museumslandschaft zurückgewinnt.

KONTAKTADRESSE:
Stiftung Schloss Friedenstein Gotha
Museum der Natur
Schloss Friedenstein
99867 Gotha
Tel. 03621-82340
Fax 03621-823457
E-Mail: service@stiftung-friedenstein.de
Internet: www.stiftung-friedenstein.de

ÖFFNUNGSZEITEN:
Di–So 10 –17 Uhr (April–Oktober)
Di–So 10 –16 Uhr (November–März)
Auch an Feiertagen geöffnet

Literatur

Bellstedt, R. & A. Loth (2012): Der Gothaer Forstrat August Kellner (1794–1883) – der bedeutendste Thüringer Entomologe im 19. Jahrhundert, in: Der Friedenstein – Jahrbuch der Stiftung Schloss Friedenstein Gotha 2.

Bellstedt, R. und R. Samietz (2002): Katalog der in den Sammlungen des Museums der Natur Gotha aufbewahrten Typen. Teil 1: Insekten, in: Abhandlungen und Berichte des Museums der Natur Gotha 22: 187–195.

Dreißig, K. (2002): Quellen zu den Mineralsammlungen des 17. u. 18. Jahrhunderts in den Gothaer Herzoglichen Sammlungen und ihre Beurteilung, in: Abhandlungen und Berichte des Museums der Natur Gotha 22: 39–46.

Eberle, M.; K. Paasch & L. Schilling (2011): Das Barocke Universum Gotha, in: Forschungsbibliothek Gotha, Stiftung Schloss Friedenstein Gotha und Thüringisches Staatsarchiv Gotha (Hrsg.): Das Barocke Universum Gotha – Schätze von Schloss Friedenstein aus Archiv, Bibliothek und Museen, Gotha: 11–14.

Hellmann, A. J. (1862): Die Petrefakten Thüringens nach dem Materiale des Herzogl. Naturalien-Cabinets in Gotha.-Verl. Theodor Fischer, zahlreiche Tafeln. Cassel.

Holzhey, G. (1991): Die Mineralsammlung am Museum der Natur Gotha. – Neue Museumskunde, 34: 30–38.

Joost, M. (1990): Die Conchyliensammlung im Museum der Natur Gotha, in: Abhandlungen und Berichte des Museums der Natur Gotha 16: 37–50.

Joost, M. (2004): Wann, wo und wie nun weiter? – Irrungen und Wirrungen. Die Gothaer Museumslandschaft am Ende des Zweiten Weltkrieges und der verworrene Neuanfang, in: Abhandlungen und Berichte des Museums der Natur Gotha 23: 27–42.

Kauter, K. (1960): Karl Ernst Adolf v. Hoff eine weltberühmte Persönlichkeit aus Gotha, in: Der Friedenstein (1960): 268–275.

Martens, Th. (1982): Ernst Friedrich von Schlotheim (1764–1832) – ein bedeutender Paläontologe der Goethezeit, in: Abhandlungen und Berichte des Museums der Natur Gotha 11: 5–22.

Martens, Th. (1987): Karl Ernst Adolf Von Hoff (1771–1837) – Begründer des Aktualismus in der Geologie, in: Abhandlungen und Berichte des Museums der Natur Gotha 14: 3–18

Martens, Th. (1990): Zur Geschichte und Bedeutung der paläontologischen Sammlung im Museum der Natur Gotha, in: Abhandlungen und Berichte des Museums der Natur Gotha 16: 23–28.

Martens, Th. (1994): Prof. Dr. Wilhelm Pabst (1856–1908) – Mitbegründer der Fährtenkunde fossiler Wirbeltiere, in: Abhandlungen und Berichte des Museums der Natur Gotha 18: 23–28.

Martens, Th. (2000): Historisch und wissenschaftlich bedeutende geologische Sammlungen im Museum der Natur Gotha, in: Abhandlungen und Berichte des Museums der Natur Gotha 21: 77–98.

Martens, Th. (2002): Klassiker der Geowissenschaften – Spurensuche im Museum der Natur Gotha, in: Abhandlungen und Berichte des Museums der Natur Gotha 22: 19–38.

Martens, Th. (2003): Thüringer Wald, Sammlung geologischer Führer, Bd. 95, Stuttgart.

Martens, Th. & H. Oesterheld (1987): Die geologische Sammlung des Gothaer Naturwissenschaftlers und Staatsbeamten Karl Ernst Adolf von Hoff (1771–1837) und ihre wissenschaftshistorische Analyse – erste Ergebnisse, in: Abhandlungen und Berichte des Museums der Natur Gotha 14: 19–29.

Motschmann, H. & M. Oschmann (1960): Einiges über die Sammlungen des Gothaer Naturkundemuseums, in: Der Friedenstein (1960): 262–267.

Oschmann, M. (1964): Ernst Friedrich von Schlotheim – das Lebensbild eines großen Paläontologen, in: Bergakademie (1964): 444–448.

Oschmann, M. (1969): Naturwissenschaft und Naturforscher des 18. und 19. Jahrhunderts in Gotha, in: Abhandlungen und Berichte des Museums der Natur Gotha 5: 3–18.

Samietz, R. (2004): Ein wirklich prachtvolles Museum mit Schätzen in ungeahnter Fülle – Ausstellungen und Besucher im Herzoglichen Museum zu Gotha, in: Abhandlungen und Berichte des Museums der Natur Gotha 23: 3–23.

Samietz, R. (2011): Naturalienkabinett und Naturwissenschaften, in: Forschungsbibliothek Gotha, Stiftung Schloss Friedenstein Gotha, Thüringisches Staatsarchiv Gotha (Hrsg.): Das Barocke Universum Gotha – Schätze von Schloss Friedenstein aus Archiv, Bibliothek und Museen, Gotha: 105.

Samietz, R.; W. Zimmermann & R. Bellstedt (2010): Emergenzuntersuchungen des Museums der Natur Gotha im Biosphärenreservat Vessertal (1983 bis 1987), in: Biosphärenreservat Vessertal-Thüringer Wald: 62–74.

Tittel, R.; R. Samietz & R.Bellstedt (2007): Museum der Natur Gotha – Vogelsammlung aus vier Jahrhunderten, in: Der Falke 54: 60–63.

Voigt, S. (2002): Zur Geschichte der Tetrapodenfährtenfunde in den Sandsteinbrüchen bei Tambach-Dietharz (1887–1908), in: Abhandlungen und Berichte des Museums der Natur Gotha 22: 47–58.

Zimmermann, W. (1990): Über die Anfänge naturhistorischer Sammlungen um Rahmen der Gothaer Kunstkammer, in: Abhandlungen und Berichte des Museums der Natur Gotha 16: 2–12.

Zimmermann, W. (1994): Sammlungsgegenstände aus Natur und Technik in der Kunstkammer Ernst I. von Sachsen-Gotha-Altenburg (1640–1675), in A. Grote (Hrsg.): Die Welt in der Stube. Zur Geschichte des Sammelns 1450 bis 1800, Opladen: 629–642.

3.5. Naturhistorisches Museum im Thüringer Landesmuseum Heidecksburg Rudolstadt

Eberhard Mey

Stichworte: Naturalienkabinett, Museumsentwicklung seit 1757, bio- und geowissenschaftliche Sammlungen, Ausstellungen, Forschungen, Schloss Heidecksburg, Rudolstadt

Charakteristik der Einrichtung

Das Naturhistorische Museum in Rudolstadt ist das älteste Naturmuseum Thüringens. Seit seiner Gründung im Jahre 1757 waren Sammeleifer und wissenschaftliches Interesse ausschließlich auf Naturalia (»Pflanzen-, Tier- und Steinreich«) gerichtet. Das war bei vielen der im 18. Jahrhundert entstandenen Kabinette insofern nicht der Fall, weil zugleich auch Kunstgegenstände zur Sammelleidenschaft gehörten. Unter den heute noch bestehenden Naturmuseen Deutschlands, die nicht als »Kunst- und Naturalienkabinett«, sondern als »Naturalienkabinett« ihren Anfang nahmen, ist das Rudolstädter eines der ältesten (wenn nicht sogar das älteste) (Mey 2008). Prinz Friedrich Carl gründete das »Fürstliche Schwarzburgische Naturalienkabinett« im Apanagesitz seines Vaters, im Stadtschloss Ludwigsburg, von wo es nach über 160 Jahren (1919) in das Schloss Heidecksburg umgelagert wurde und dort, nun seit gut 100 Jahren, als Naturhistorisches Museum fortbesteht. Ein großer Teil der historischen Bestände ist erhalten geblieben und erlaubte im Jahre 1994, ein für die zweite Hälfte des 18. Jahrhunderts repräsentatives Naturalienkabinett zu rekonstruieren. Mit nahezu einer viertel Million naturkundlicher Sachzeugen steht das Naturhistorische Museum an der Schwelle zu einer mittelgroßen Sammelstätte. Obwohl sich alle traditionellen »Naturreiche« in den Sammlungen wiederfinden und z.T. beachtenswerten Umfang und Wert erlangten, blieb stets ihre Betreuung ehren- oder nebenamtliche Aufgabe eines Kustos. Erst seit 1947 stehen dem Naturhistorischen Museum jeweils ein hauptamtlich tätiger Wissenschaftler und seit 1967 ein, von 1987 bis 2005 sogar zwei, festangestellte Zoologische Präparatoren vor. Das Fassungsvermögen der Räumlichkeiten war zu allen Zeiten begrenzt und erlaubte es nicht, zuweilen beträchtlichen Sammlungszuwachs zuzulassen (Mey 1988, 2007a). 1950 musste die Selbständigkeit des Naturhistorischen Museums aufgegeben werden. Seitdem es 1821 ein öffentliches Museum geworden war, gab es zumeist nur kurze Zeitabschnitte, in denen es ohne Dauerausstellung auskam. Nach fast zehnjähriger Schließung verfügt es seit 1994 wieder über ständige Expositionen. In den seit 1988 erscheinenden »Rudolstädter naturhistorischen Schriften« spiegelt sich die am Museum geleistete Forschungsarbeit besonders in Wissenschaftsgeschichte, regionaler Faunistik und systematisch-taxonomischer Tierlauskunde wider. Außerdem bietet das Periodikum ein Forum für in- und ausländische Wissenschaftler, ihre in verschiedensten naturkundlichen Fachdisziplinen gewonnenen Ergebnisse zu veröffentlichen. Oftmals stehen diese im direkten Zusammenhang mit den Sammlungen des Museums und/oder der Region Thüringens.

Geschichte der Einrichtung und seiner Sammlungen

Die lange und facettenreiche Entwicklung vom Naturalienkabinett zum Naturhistorischen Museum (s. Box 2) war schon mehrfach Gegenstand ausführlicher Studien. Über die Museumsgeschichte und interagierende Personen im zeitgeschichtlichen Wandel berichten u.a. Mey (1988, 2008) und Möller (1957, 2001). Spezielle biografische Skizzen liegen vor, und zwar über den Museumsgründer Friedrich Carl (Mey 1997, Möller 1993), über den Mitbegründer G. C. Füchsel (Möller 1963, ferner Wiefel 1996, 1999) und über die Kustoden O. Schmiedeknecht (Möller 1956) und S. Kuss (Mey 1994). Folgende Sachgruppen des Museumsbestandes haben spezielle Darstellungen gefunden:

◀ Rudolstadt und Schloss Heidecksburg gegen Mitte des 19. Jahrhunderts. Ausschnitt aus einem Gemälde, vermutlich von Richard Schinzel (1818-1864). (Foto Worgul)

Daten aus der Geschichte des Naturhistorischen Museum in Rudolstadt.

1757
Begründung des »Fürstlichen Schwarzburg-Rudolstädtischen Naturalienkabinetts« unter der Mitwirkung von Dr. G. C. Füchsel im Stadtschloss Ludwigsburg durch Prinz Friedrich Carl von Schwarzburg-Rudolstadt.

1772
Erwerbung des nachgelassenen Naturalienkabinetts des Universitätsprofessors Dr. K. F. Kaltschmied aus Jena.

1788
Ankauf der Konchylien-Kollektion des Richterschen Museums zu Leipzig.

1821
Kabinett »zum [unentgeldlichen] Gebrauch des dazu qualifizierten Publikums« geöffnet.

1837 (18¥ 1850)
Eingang eines Herbariums (1232 Arten) vom Pfarrer F. C. H. Schönheit (Singen) mit »Pflanzen, welche im Fürstenthum Schwarzburg Rudolstadt wild wachsen«.

1888
Käfersammlung des Pfarrers A. Gutheil aus Dörnfeld a. d. H. erworben.

1892
Vorlage eines Planes zur Gründung eines Landesmuseums unter Einbeziehung der schenkungsweise angebotenen Schaufuß'schen Sammlungen (»Museum Ludwig Salvator«) unter dem Direktorat des Naturalienkabinetts.

1897
Schenkung der Konchylien-Sammlung von Apotheker C. Dufft (Rudolstadt).

1909
Von der fürstlichen Regierung finanziell unterstützte Sammelreise des Kustos Prof. Dr. O. Schmiedeknecht nach Palästina.

1919
Umlagerung des Naturalienkabinetts nach Schloss Heidecksburg und Übernahme durch die »Günther-Stiftung«. Ankauf der an Typen reichen Hymenopteren-Kollektion von O. Schmiedeknecht.

1920
Wiedereröffnung als »Staatliches Naturhistorisches Museum« im Nord- und Westflügel von Schloss Heidecksburg.

1921
Erstmals und fortan wird Eintrittgeld erhoben.

1924
Auflösung der »Günther-Stiftung« und Übernahme des Naturhistorischen Museums durch das Land Thüringen.

1927
Fortan liegt die Verwaltung des Naturhistorischen Museums in der Hand des Landkreises Rudolstadt. Eigentümer bleibt das Land Thüringen.

1944
Thüringisches Ministerium für Volksbildung in Weimar beschließt die Auflösung des Museums.

1945
Rückführung ausgelagerter Bestände und Wiedereröffnung; jedoch am Jahresende vorübergehende Schließung des Museums.

1946
Neuaufbau als »Naturkundliches Schulmuseum«.

1950
Integrierung des Naturhistorischen Museums in die neu gegründeten »Staatlichen Museen Heidecksburg Rudolstadt«.

1953
Eröffnung der neuen Dauerausstellung (auf 523 m² Grundfläche) im gesamten Nord- und teilweise im Westflügel von Schloss Heidecksburg.

1982-84
Abbau und Schließung der Dauerausstellung.

1988
Erster Band der wissenschaftlichen Museumsreihe »Rudolstädter naturhistorische Schriften« erscheint.

1991
Umbenennung der »Staatlichen Museen Heidecksburg« in »Thüringer Landesmuseum Heidecksburg«, dessen Bestandteil das Naturhistorische Museum bleibt.

1994
Nach fast zehnjähriger Schließung der Dauerausstellung werden ein rekonstruiertes Naturalienkabinett und ein zoologisches Schaumagazin neu eröffnet. Besichtigung zu verkürzten Öffnungszeiten. Sammlung heimischer Großschmetterlinge vom Arzt Dr. H. Steuer (Bad Blankenburg) als Geschenk erhalten.

1995
Vogel- und Säugetierbälge aus den Balkanländern vom Zoologen H. Münch (Ernstthal/R.) erworben.

1998 (18¥ 2005)
Steinkorallen-Sammlung aus Atlantik und Pazifik vom Zoologen Prof. Dr. D. Kühlmann (Ramin/Schmagerow) erworben.

2002
Vogel- und Säugetiersammlungen aus dem Tierpark Berlin-Friedrichsfelde als Schenkung erhalten.

2003
Einrichtung einer biogeografischen Ausstellungs-Vorschau. Fortan sind auch Naturalienkabinett und Schaumagazin ständig zur Besichtigung geöffnet.

2005
Zoologische Sammlungen und Bibliothek von H. Münch übernommen.

2006 (18¥ 2012)
Sammlung heimischer Insekten (u.a. Kleinschmetterlinge, Käfer, Zikaden) von Dr. H.-H. Brainich (Saalfeld) übernommen.

2007
Anlässlich des 250-jährigen Bestehens des Museums entsteht die Dauerausstellung »Vom Sammeln zur Naturerkenntnis«.

2008
Einweihung des Gedenksteins für G. C. Füchsel, »Hofmedicus, Mitbegründer des Fürstlichen Naturalienkabinetts und Pionier der Geologie«, vor dem Nordflügel von Schloss Heidecksburg durch den Thüringer Geologischen Verein e.V., dem Naturhistorischen Museum Rudolstadt und der Stiftung Thüringer Schlösser und Gärten.

2009
Renovierung des Schaumagazins und Bestandsvergrößerung der dort präsentierten Vogel- und Säugetierpräparate.

geowissenschaftliche Sammlungen (Martens 1988, Mey & Kühn 1990, Mey & Wiefel 2006), Korallen (Kühlmann 2006), Mollusken (Kämmerer 1786, 1791), Libellen (Mey 2009), Hautflügler (Mey & Oehlke 1988) und Vögel (Mey 2005).

Die Konzeption für das Museum, an der sich im Grunde in ihrer Breite bis heute gehalten wird, umriss Kämmerer (1786): »[...] die samlung soll sich über alle Felder der Natur verbreiten, ohne dass eines derselben ganz ausser Augen gesezt werde, jedoch mit gewisser Einschränkung, welche insbesondere das ausschließt, was zum Unterrichte weniger nothwendig ist; vornemlich aber soll die Aufmerksamkeit auf die Landesproducte gerichtet werden, und auf ein gewisses Fach, welches von den übrigen Fächern gehoben, und zu einem gewissen Grade von Vollkommenheit gebracht werden soll. Dies Fach sind die Conchylien, Körper, die in unsern Gegenden einem Liebhaber der Natur um so interessanter seyn müssen, da sie größtentheils ganz fremde Gegenstände für uns sind.«

Zu allen Zeiten haben die Sammlungen Zunahme, aber auch Schwund erfahren; Ersteres durch Kauf und Schenkungen sowie durch die Sammeltätigkeit der Kustoden, Letzteres infolge von Zerstörung oder anderweitiger Wertminderung, wie sie bei Insektenfraß, Schimmelbefall, Verstaubung, Ausbleichung, Funddaten-Verlust, auch Diebstahl und Aussonderung auftreten. Unter solchen Einflüssen standen die Sammlungen besonders dann, wenn gesellschaftliche Umwälzungen zwangsläufig zu einer vernachlässigten Bestandspflege führten. So kam es, dass in den Jahren von 1920 bis etwa 1950 ein erheblicher Teil der Insektensammlungen ein Opfer von Schimmel und Schädlingsfraß wurde.

Friedrich Carl hat in sein Naturalienkabinett bis 1790 die immense Summe von 6.277 Reichstalern investiert. Ende des 19. Jahrhunderts kostete dem Fürstlichen Ministerium die Unterhaltung des Kabinetts jährlich etwa 900 Reichsmark (Mey 2007a). Die Aufsicht über das Kabinett übte bis zur Mitte des 20. Jahrhunderts stets jeweils ein Kustos nebenamtlich aus, wobei ihm freiwillige und sachkundige Helfer zur Seite standen (Box 3). Präparationsarbeiten an Wirbeltieren wurden außer Haus vergeben. Viele Kustoden sahen ihre Tätigkeit als Ehrenamt an. Seit 1947 ist die Museumstätigkeit

Friedrich Carl von Schwarzburg-Rudolstadt (1737–1790–1793), Gründer des »Fürstlichen Schwarzburgischen Naturalienkabinetts«. Er schrieb 1790: *»Kleine Anfänge leiten öfters zu großen Zwecken. Dieß lehrt die Geschichte und die Erfahrung. Mein Naturalienkabinett bewährt diesen Satz. Seine erste Anlage bestand in einer geringen Sammlung geschnittener Holz-Täfelchens von unterschiedl. Holz-Arten, in einigen Muscheln, hieländischen Land-Schnecken und Zwiefaltern pp. Die ganze Collection lies sich in der Tasche herum tragen.«* – Nach einem Gemälde von J. E. Heinsius. (Foto: Lösche)

Der Gründer, die Kustoden und die (zoologischen) Präparatoren des Naturhistorischen Museums Rudolstadt in der Reihenfolge ihrer Amtszeiten.

Amtszeiten	Personen
1757–1793	Friedrich Carl (1736–1790–1793)
1757–1773	Dr. Georg Christian Füchsel (1722–1773)
1778–1797	Christian Ludwig Kämmerer (1755–1797)
1797–1807	Johann Ernst Ludwig Kämmerer (1757–1807)
1807–1833	August Carl Friedrich Werlich (1772–1833)
1833–1858	Johann Heinrich Scheller (1779–1858) Oberaufsicht
1833–1872	Dr. Carl August Ferdinand Otto (1810–1872)
1872–1903	Prof. Dr. Julius Speerschneider (1825–1903)
1903–1936	Prof. Dr. Otto Schmiedeknecht (1847–1936)
1945–1947	Dr. Gerhardt Jahn (1910-?)
1947–1950	Siegfried Kuss (1919–1993)
1951–1961	Wilhelm Ennenbach (1918–1996)
1963–1964	Günter Leisentritt (1939–2010)
1964–1965	Alfred Riese (*1943)
1969–1982	Wilfried Matz (* 1945) Präparator
1982–2005	Dirk Rappman (* 1959) Präparator
seit 1983	Dr. Eberhard Mey (*1952)
seit 1987	Anett Rode-Weingarten (* 1969) Präparatorin

Schloss LUDWIGSBURG zu RUDOLSTADT

für den Kustos eine hauptamtliche geworden und seit 1967 hat auch ein zoologischer Präparator seinen Arbeitsplatz im Museum. Von 1987 bis 2005 waren im Naturhistorischen Museum sogar zwei Präparatoren tätig. Angesichts des großen und reich gefächerten Sammlungsbestandes ist das Fachpersonal vor große Herausforderungen gestellt, den Kernaufgaben eines modernen Museums in zufriedenstellender Weise gerecht zu werden.

Der 1994 gegründete »Freundeskreis Heidecksburg e. V.« unterstützt vor allem durch finanzielle Zuwendungen die Arbeit des Naturhistorischen Museums.

Naturwissenschaftliche Sammlungen

Diese umfassen insgesamt wenigstens etwa 200.000 Objekte. Davon gehören mindestens etwa 150.000 Objekte zur zoologischen, über 30.000 zur botanischen und jeweils ca. 10.000 zur mineralogischen und geologischen Sammlung. Die Museumssammlungen sind fortwährend im Wachsen begriffen. Leider können die dafür notwendigen Räumlichkeiten nicht mitwachsen.

Biologische Sammlungen

Mit einer Holzplättchen-Sammlung, einigen Muschel- und Schneckenschalen sowie Schmetterlingen nahm das Naturhistorische Museum seinen Anfang. Davon ist wahrscheinlich die Holzsammlung erhalten geblieben, vielleicht auch einige Konchylien, mit Sicherheit aber nicht die fragilen Insekten.

Die Botanik ist durch ein vor allem im 19. Jahrhundert entstandenes mit etwa 25.000 Ekksikaten recht umfangreiches Herbarium, hauptsächlich mit Blütenpflanzen, aber auch Farnen, Moosen, Algen, Flechten und Pilzen, vertreten. An deren Zustandekommen sind über 500 namentlich nachweisbare Floristen beteiligt gewesen. Sie ließen es sich seinerzeit angelegen sein, mit Fachgenossen Pflanzenbelege auszutauschen. Die, in sich geschlossen gebliebenen, ins Museum gelangten Einzel-Herbarien wurden in den 1950er-Jahren aufgelöst und zu einem großen, nach Familien systematisch geordneten Herbarium zusammengeführt. Dies widerfuhr auch der Pflanzensammlung des Pfarrers Friedrich Christian Heinrich Schönheit (1789–1870) aus Singen, der von 1837 bis 1850 eine Kollektion von 1.232 im Fürstentum Schwarzburg-Rudolstadt wildwachsenden Arten

Vögel und Säugetiere in
der Dauerausstellung des
Naturhistorischen Muse-
ums Rudolstadt im Schloss
Heidecksburg 1936.
Diese Schau präsentiert
sich noch im Stile eines
Naturalienkabinetts. (Foto:
Archiv NHMR)

für das Naturalienkabinett zusammengestellt hatte. Angesichts der regionalfloristischen Bedeutung der Sammlung – Schönheit ist der Herausgeber des 1850 in Rudolstadt erschienenen »Taschenbuchs der Flora Thüringens« – wird diese in ihren originalen Zustand wieder zurückgeführt werden. Nur wenige der Blätter, die alle mit Fundort, aber ganz selten mit einer Jahreszahl versehen sind, sind verloren gegangen.

Bemerkenswert sind mehrere zu dicken Büchern gebundene Herbarien aus dem 17. und frühen 18. Jahrhundert, die sich in fürstlichen Besitz befanden und z. T. erst im 20. Jahrhundert in das Museum gelangten. Sie alle sind im Einzelnen undatiert. Der praktische Gebrauchswert dieser Sammlungen heimischer Kräuter stand im Vordergrund. Das nachweislich früheste Herbarium von 1661 (nicht 1663) beansprucht wegen seiner besonderen Anlage und die den einzelnen Ekksikaten zugehörenden lateinischen Kurzdiagnosen,

die nur von einem Gelehrten stammen können, künftig besondere Aufmerksamkeit.

Mehrere Holzprobenkollektionen aus dem 18. und 19. Jahrhundert und eine vor allem vom Kustos J. Speerschneider zwischen 1872 und 1902 zusammengestellte Früchte- und Samensammlung bereicherten lange die botanischen Ausstellungen des Museums. Bereits im 18. Jahrhundert wurde dort mikroskopiert.

Speerschneider widmete sich u. a. der Herstellung und dem Vertrieb von mikroskopischen Pflanzen- und Tierpräparaten, die im Rahmen einer kleinen Museumskollektion noch vorhanden sind.

Im Herbarium befinden sich Belege für das frühere Vorkommen zahlreicher Arten in Thüringen und darüber hinaus; doch ist dieser Fundus für die Floristik bisher weitgehend unerschlossen geblieben. Etwa 80 % des Bestandes ist katalogisiert. Dass er u. a. auch systematisch interessantes

Material enthält, belegen einige Pilzekksikate, die sehr wahrscheinlich als Typen gelten können.

Die Zoologie im Museum repräsentieren zahlreiche Sachgruppen, deren Vorstellung sich hier nur auf einige wenige beschränken soll. Die präparatorische und restauratorische Arbeit ist bei den Wirbeltieren auf Vögel und Säugetiere konzentriert, womit seit 1987 Frau Anett Rode-Weingarten beschäftigt ist. Die Insektenpräparation hat ihren Schwerpunkt bei den Tierläusen. Gewebeproben von Wirbeltieren für genetische Studien werden an die zentrale Sammelstelle an der Johann-von-Gutenberg-Universität in Mainz weitergegeben.

Stein- und Hornkorallen (Scleratinia und Gorgonia) befanden sich schon im 18. Jahrhundert im Naturalienkabinett, darunter auch Arten, die erst viel später beschrieben worden sind. Über ihre systematische Einteilung entstand um 1770 ein unvollendet gebliebenes Manuskript (Kühlmann 2006). Der Bestand umfasste etwa 200 z.T. auf gedrechselten, in Schwarz, Blau oder Rot gehaltenen Holzsockeln eingelassene Korallenstöcke. Seit den 1990er-Jahren hat er erheblichen Zuwachs

erfahren. Durch Ankauf erwarb das Museum über 200 Steinkorallen aus dem Privatbesitz von Prof. Dr. Dietrich Kühlmann (Schmagerow), darunter Paratypen von Kühlmanns Steinkoralle *Stylophora kuehlmanni* und *Stylophora mamillata*, die im Roten Meer von ihm entdeckt und 1983 von Georg Scheer und Gopinadha Pillai beschrieben wurden. Belege von über 20 Erstnachweisen und Neufunden vor allem für das Rote Meer machen die Kühlmann'sche Kollektion auch faunistisch außerordentlich wertvoll (Kühlmann 2006). In der Museumssammlung befinden sich insgesamt 271 Steinkorallenarten sowie einige Dutzend bisher nicht nachbestimmte Hornkorallenarten aus dem Altbestand.

Die Domäne der Sammelleidenschaft bildeten bis in die zweite Hälfte des 19. Jahrhunderts die *Konchylien*. Ihr Bestand erreichte etwa 30.000 Belege, die nach wie vor einer wissenschaftlichen Bearbeitung – nach der von Kämmerer (1786, 1791) vorgenommenen – harren. Sie umfassen sowohl Meeres- als auch Süßwasser- und Landmollusken und sind durch die Zugänge aus dem Richter'schen

Heimische Falter und ihre Larven, erhalten 1869/70 vom Naturalienhändler Ramann aus Arnstadt (Foto: E. Mey)

Naturalienkabinett zu Leipzig 1788, der Sammlung europäischer Schnecken- und Muscheln von H. C. Küster aus Bamberg (Oberfranken) 1860 und der alle Molluskengruppen umfassenden Sammlung des Rudolstädter Hofapothekers Christian Dufft (1798–1875) aus dem Jahre 1897 zumindest wissenschaftsgeschichtlich besonders bedeutsam geworden (s. Polenz 2010). Beachtung verdient auch eine kleine Kollektion von Landschnecken, mit der Johann Samuel Schröter (1735–1808), seinerzeit einer der produktivsten und eifrigsten Naturforscher Thüringens, das Naturalienkabinett 1771 beschenkte. Es wird noch herauszufinden sein, ob sich in der Konchyliensammlung aus dem 18./19. Jahrhundert tatsächlich Typenmaterial befindet. Historisch interessant sind einige damals noch unbekannt gebliebene Meeresschnecken, die während der ersten Südsee-Reise James Cooks 1768–1771 gesammelt und über einen Naturalienhändler von London nach Rudolstadt gelangten. Ungeklärt ist bisher auch, ob die drei von Emil Weiske in »British New Guinea« gesammelten und vom Stadtmuseum Saalfeld 2.000 übernommenen Landschneckenarten (Pulmonata), jeweils in einem Paar vorhanden, Typenexemplare sind (s. Fulton 1902).

Gliedertiere, also bestimmte »Würmer«, Spinnentiere, Krebse und Insekten, bilden nach Arten- und Individuenzahl mit mindestens 130.000 Belegen den absoluten Hauptanteil der gesamten Museumssammlung. Davon gehören wohl allein 95 % zu den Insekten, der artenreichsten Tiergruppe überhaupt. Aus allen Faunenregionen sind in den Sammlungen viele Insektenordnungen vertreten (insbesondere Odonata, Blattoptera, Saltatoria, Phthiraptera, Auchenorrhyncha, Heteroptera, Coleoptera, Neuroptera, Hymenoptera, Trichoptera, Lepidoptera, Siphonaptera und Diptera). Leider lassen viele Sammlungsstücke aus dem 19. bis zum Anfang des 20. Jahrhunderts Fundortangaben vermissen. Zum ältesten erhalten gebliebenen historischen Sammlungsteil zählen Imagines und Larven von ca. 200 heimischen Schmetterlingsarten, die 1869 und 1870 wahrscheinlich vom Arnstädter Naturalienhändler H. W. Ramann erworben wurden.

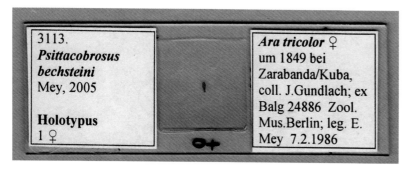

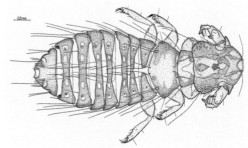

3113.
Psittacobrosus bechsteini
Mey, 2005

Holotypus
1 ♀

Ara tricolor ♀
um 1849 bei
Zarabanda/Kuba,
coll. J.Gundlach; ex
Balg 24886 Zool.
Mus.Berlin; leg. E.
Mey 7.2.1986

Links: Mikrodauerpräparat mit in Kanadabalsam eingebettetem Federling

Rechts: Darstellung (dorsal) eines Männchens des Lappenhopf-Federlings *Huiacola extinctus* Mey, der mit seinem Wirt sehr wahrscheinlich 1907 ausgestorben ist. (del. E. Mey)

Von den folgenden Gruppen liegen zumeist gut datierte Kollektionen vor.

Libellen: Neben altem und neuem exotischen Belegmaterial ist eine vor allem in den letzten 30 Jahren aufgebaute Sammlung von 47 heimischen Arten mit insgesamt etwa 650 Individuen vorhanden. Davon sind einige in Thüringen höchst selten, wie die Mond-Azurjungfer *Coenagrion lunulatum* und die Gestreifte Quelljungfer *Cordulegaster bidentata*, oder gar seit langem verschwunden, wie die Kleine Zangenlibelle *Onychogomphus forcipatus* (s. Mey 2009).

Tierläuse: Gegenwärtig verfügt kein anderes deutsches Museum über einen so artenreichen Fundus von präparierten Tierläusen, wie das im Schloss Heidecksburg. Besonderer Schwerpunkt ist auf Vogelläuslinge (Federlinge) gelegt, von denen umfangreiche Aufsammlungen besonders aus Europa, Asien, Afrika und Australien vorliegen. Dazu steht eine seit 1983 auf inzwischen fast 10.000 Mikropräparate angewachsene Sammlung zur Verfügung. Die in Kanadabalsam dauerhaft eingebetteten wirtsspezifischen Insekten stammen aus allen Faunenregionen der Erde. Sie repräsentieren etwa ein Viertel von den bisher ca. 5.000 bekannten Arten.

Zu ihnen zählen auch einige mit ihren Wirten ausgestorbene Formen, wie *Huiacola extinctus* Mey, 1990 vom neuseeländischen Lappenhopf, *Philopteroides xenicus* Mey, 2004 vom Neuseelandschlüpfer, *Psittacobrosus bechsteini* Mey, 2005 vom kubanischen Dreifarben-Ara oder *Rallicola* sp. von der Laysanralle (s. Mey 2005). Über 100 neue Arten und fast 30 neue Gattungen konnten aus dem eigenen Sammlungsbestand bisher beschrieben werden. Außerdem gehören zum Bestand über ein Dutzend Typen aus der Kollektion von Wolfdietrich Eichler. Ein Typenkatalog ist in Vorbereitung. Zahlreiche in der Sammlung präpariert vorhandene, aber noch unbeschriebene Tierläuse harren der weiteren Untersuchung.

Schmetterlinge: Von besonderem Wert ist die 1994 dem Museum geschenkte Sammlung heimischer Großschmetterlinge (895 Arten in 14.616 Individuen). Sie entstand im Ergebnis einer seit den 1950er-Jahren durchgeführten Erforschung der Schmetterlingsfauna um Bad Blankenburg durch den Arzt Dr. Helmut Steuer (1911–2005). Seine durch Sammlungsbelege fundierten Forschungen ergaben einen Bestand von 2.277 Schmetterlingsarten in diesem relativ kleinen, aber von der Natur so reich ausgestatteten Gebiet (Steuer 1995, 2002). Davon konnten über 500 von Dr. Hans-Helmut Brainich (Saalfeld) in Zusammenarbeit mit H. Steuer gesammelte, präparierte und bestimmte Kleinschmetterlingsarten den Sammlungsfundus mit einer 2006 erfolgten Schenkung bereichern. Ein Typus-Exemplar von *Papilio weiskei* Ribbe, 1900 (gesammelt 1899 am Aroa River in British New Guinea) befindet sich in der Sammlung.

Käfer: 1888 ist die nachgelassene Käfersammlung des Pfarrers August Ludwig Gutheil (1832–1886) aus Dörnfeld bei Königsee vom Naturalienkabinett für 1.000 Reichsmark erworben worden. Sie umfasste ca. 12.000 vorwiegend heimische (thüringische) Arten mit insgesamt ca. 15.000 Exemplaren. Große Teile der Sammlung sind unbefriedigend etikettiert. Trotzdem dürfte sie mit dem erhalten gebliebenen Teil noch von faunistischem Interesse sein.

Eine 1975 bis 1990 vor allen im unteren Schwarzatal zusammengetragene Käfersammlung mit über 500 Arten aus verschiedenen Familien füllen acht große Insektenkästen, die Dr.

H.-H. Brainich dem Museum 2002 zum Geschenk machte.

Aus der Saalfelder Weiske-Sammlung stammen die Belege (Typen, jeweils ein Pärchen) von zwei Rüsselkäfern aus Neuguinea und einem Blatthornkäfer aus Queensland/Australien: *Gymnopholus weiskei* Heller, 1903, *Aroaphila cyphothorax* Heller, 1903 und *Saulostomus weiskei* Ohaus, 1904.

Hautflügler: Die Hymenopteren-Kollektion von O. Schmiedeknecht, in ihrem wesentlichen Teil 1919 erworbene Schlupfwespen (Ichneumoniden), beläuft sich heute auf insgesamt ca. 2.200 Arten in 6.500 Exemplaren, wovon die frühesten aus dem Jahre 1875 datieren. Sie umfasst nur noch einen Teil ihres ursprünglichen Umfanges. Unter den Verlusten befinden sich leider auch Typen von mindestens 18 Ichneumoniden-Arten. Der aktuelle Typenkatalog weist 115 Exemplare von 76 mittel- und südeuropäischen sowie nordafrikanischen Hymenopteren-Arten aus, die von O. Schmiedeknecht zwischen 1878 und 1924 beschrieben worden sind (Mey & Oehlke 1988). Zwei vorhandene Exemplare von *Colletes weiskei* Friese, 1912 stehen im Verdacht, zur Typenserie dieser schmarotzenden Bienenart zu gehören, die im November 1910 bei Neuqueen im Süden Argentiniens von E. Weiske gesammelt worden sind.

Vögel: Älteste ornithologische Zeugnisse im Museumsbestand sind aus dem 18. Jahrhundert überliefert. Nur wenige Belege (z.B. von Uhu *Bubo bubo* und Großtrappe *Otis tarda*) aus der vom Johann Friedrich von Beulwitz (1733–1800) ab 1770 aufgebauten Eiersammlung sind erhalten. Die Auswertung des dazugehörigen Verzeichnisses brachte wertvolle Aufschlüsse über die Brutvogel-Fauna im Fürstentum Schwarzburg-Rudolstadt (Mey 1992). Die Eiersammlung des Museums erreichte ihren Umfang (ca. 4500 Stücke von mehr als 800 Arten) vor allem durch drei größere Zugänge: 1866 ca. 2.500 Eier europäischer Vögel größtenteils von der Naturalienhandlung Keitel (Berlin), 2002 mehr als 1.000 Eier von exotischen Vogelarten (Hühner-, Enten- und Greifvögel) aus dem Tierpark Berlin-Friedrichsfelde und schließlich mehr als 800 Eier von über 300 Arten, die alle von Max Schönwetter nachbestimmt wurden, aus dem Nachlass von Hans Münch (1914–2005). Die

Anzahl der Habituspräparate ist besonders nach der Übernahme (2009) von mindestens 400 Stücken aus dem Nachlass von Dr. Joachim Rauchfuß (ehemals Kreis Bitterfeld, Sachsen-Anhalt) auf inzwischen über 1.500 angewachsen.

Ebenso hat die Balgsammlung, seitdem der letzte detailliertere Überblick über das vogelkundliche Fach gegeben wurde (Mey 2005), kontinuierlichen Zuwachs erfahren. Nur auf einige herausragende Exponate soll hier hingewiesen werden. Die seltenste in der Sammlung vertretene Art ist der Waldrapp *Geronticus eremita*. Das wahrscheinlich 1910 in der syrischen Oase Tudmur erlegte Männchen, wo es seit langem keine Waldrappen

Steppenweihe *Circus macrourus*. Ein junges Männchen vom 23.9.1858 von Pattensen bei Hannover (Niedersachsen). Ältestes datiertes Vogelpräparat (alte Inv.-Nr. 901) in der Sammlung. (Foto: Lösche)

Steinsperling *Petronia petronia* aus Thüringen (nicht genauer datiert). Das letzte nistende Pärchen in Thüringen wurde 1936 am Luisenturm bei Kleinkochberg, unweit von Rudolstadt, beobachtet. Aus Deutschland ist die Art in der Mitte des 20. Jahrhunderts verschwunden. (Foto: W. Kluh)

mehr gibt, wurde als Balg von G. A. Girtanner erworben und in Rudolstadt aufgestellt. Faunistisch bemerkenswert sind u.a. auch Steinsperling *Petronia petronia* (zwei Belege aus Gumperda 1907), Eistaucher *Gavia immer* (Thüringenhausen 1907) und Strauchrohrsänger *Acrocephalus conchinens* (Cuc Phuong Nationalpark 1995, Erstnachweis für

Vietnam, Mey 1997). Ein als Dauerleihgabe vom Stadtmuseum Saalfeld übernommenes originales Weiske'sches Kleindiorama enthält zwölf Exemplare von acht Arten (1893/1894 gesammelt) der heute in ihrem Fortbestand stark bedrohten Kleidervögel (Drepanididae) von Hawaii (s. Roselaar 2003, Mey 2005).

Der vogelkundliche Sammlungsbestand des Naturhistorischen Museums umfasst inzwischen weit über 6.000 Objekte von mehr als 1.000 Arten.

Säugetiere: Der Bestand an Säugetieren beläuft sich mit Fellen, Bälgen, Habituspräparaten und osteologischem Material (Knochen) auf ungefähr 3.000 Objekte. Einige der in der zweiten Hälfte des 19. Jahrhunderts aufgestellten Fledermaus-Präparate sind von besonderem Wert für Thüringen, da sie als Erstnachweise für dieses Gebiet gelten können (Mey 2010, Tress et al. 2013). Es sind dies Wasserfledermaus *Myotis daubentonii*, Großes Mausohr *Myotis myotis* und Breitflügelfledermaus *Eptesicus serotinus* (sowie ferner Zweifarbfledermaus *Vespertilio murinus* und Mopsfledermaus *Barbastella barbastellus*), die sicher (oder im Falle Letzterer zwei wahrscheinlich) bei Rudolstadt bzw. Schwarzburg gesammelt worden sind. Zwei Fischotter-Präparate bezeugen das ehemalige Vorkommen dieser Art (*Lutra lutra*) bei Rudolstadt in der zweiten Hälfte des 19. Jahrhunderts. Dr. Philipp Leopold Martin (1815–1886) verdankt das Museum

Rotfuchs *Vulpes vulpes*. Preisgekrönte Dermoplastik von R. Diebitz. (Foto: U. Fischer)

Schneeleopard *Panthera uncia* mit Hintergrund seines Lebensraumes im Himalaya. Der fünfjährige Kater ist 2002 im Tierpark Berlin-Friedrichsfelde verstorben und wurde von René Diebitz als Dermoplastik aufgestellt. (Foto: Andreas Abendroth)

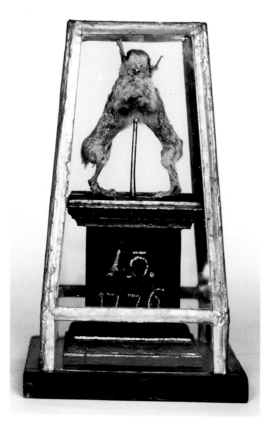

Kunstvolles Präparat einer Hasenmissgeburt aus dem Jahre 1776. (Foto: Lösche)

Geologische Sammlungen

Der inventarisierte geowissenschaftliche Sammlungsbestand beläuft sich bis zum Jahr 2006 auf mindestens 11.366 Belege (= vergebene Inventarnummern). Weitere archivierte Bestände harren detaillierter Erfassung. Es war das bereits 1833 erklärte Ziel, im Naturalienkabinett eine »vollständige geognostische und Petrefaktensammlung aus dem schwarzburgischen Vaterlande« aufzubauen. Historische Kataloge vom geowissenschaftlichen Bestand liegen aus dem Jahr 1778, von Anfang des 19. Jahrhunderts und von 1861 vor. Über Einzelheiten von Sammlungszugängen berichteten Mey und Wiefel (2006), die im Folgenden auszugsweise zitiert werden.

Fossilien

»Aus der Sammeltätigkeit Friedrich Carls bzw. aus Geschenken, Tausch und Käufen sind Bestände aller Signaturen [des Katalogs von 1778] hervorgegangen. Bereits 1768 brachte der Erbprinz eine große Anzahl von Fossilien aus dem Rheinland, dem Saarland und aus Lothringen mit. [...] mit dem Ankauf der Kaltschmiedschen Sammlung gelangte im Jahre 1772 ein bereits bei Walch (1771) abgebildeter Mastodonzahn [Anancus arvernensis] nach Rudolstadt, wohl das am frühesten beschriebene Exemplar dieser Gattung [...] sowie ein ›Büffelhorn aus Quedlinburg‹. J. S. Schröter sandte ein Jahr später Fossilien aus der Champagne und dem Elsaß sowie Fischzähne aus dem Muschelkalk von Weimar und erwähnte 1776 die Bernsteinfossilien Friedrich Carls. Im Jahr 1782 gelang im Rudolstädter Ortsteil Cumbach der Fund eines Nashornschädels [Coelodonta antiquitatis], der unverzüglich von Goethes »Urfreund« J. H. Merck (1782) beschrieben wurde [...]. Zur selben Zeit gelangten auf dem Umweg über die Markgräfin von Brandenburg gut erhaltene Exemplare der bald Weltberühmtheit erlangenden Solnhofer Fossilien nach Rudolstadt (1786). Allein schon diese Beispiele bezeugen die Aktualität, das Ansehen und die damalige Bekanntheit des Fürstlichen Naturalienkabinetts in Rudolstadt« (a.a.O. 143 f.). Eine zweite Glanzzeit erlebte das paläontologische Fach unter J. H. Scheller und Dr. Otto, während der

die Präparation u.a. von Bengaltiger *Panthera tigris* (1878), Waldteufel *Ateles paniscus* (1873) und je einem jungen Schimpansen *Pan troglodytes* und borneoischen Orang-Utan *Pongo pygmaeus* (beide 1878) nach der seinerzeit noch neuartigen Methode der Dermoplastik. Inzwischen sind eine ganze Reihe von weiteren modernen Großpräparaten (so von Braunbär *Ursus arctos* und Wolf *Canis lupus*; weitere s. Ausstellungen) hinzugekommen.

Immerhin haben in der langen Sammlungsgeschichte des Museums bisher über 40 Präparatoren Spuren ihres Könnens vor allem bei den Wirbeltieren hinterlassen. Eines der dafür ältesten Zeugnisse ist das reizvolle Präparat von zwei wenige Stunden alten Hasen *Lepus europaeus*, die am Kopf, Hals und Brust miteinander verwachsen sind und weitere Absonderlichkeiten aufweisen, die Dr. Johann F. A. Oehme, Schwarzburgischer Amtsphysicus zu Heringen, am 24. September 1776 dokumentierte (s. Rudolstädter naturhist. Schr. 2, 1989, 3. und 4. Umschlagseite).

u.a. eine Fährenplatte von *Chirotherium barthii* Kaup, 1835 aus dem Hessberger Buntsandstein-Steinbruch bei Hildburghausen (1836), »[...] *schlesische Steinkohlenpflanzen (1837), Schneckenfossilien aus dem Pariser Becken (1838), Liaspflanzen aus England, Kupferschiefer-Fische und Tertiärpflanzen vom Kyffhäuser (1839–1842), ein großer Teil der Fossilien (vor allem Trilobiten aus Böhmen) aus der Sammlung Prof. J. C. Zenkers (Auktion von 1839), Jurafossilien aus Württemberg (1840) sowie seltene Keuperfossilien aus Erfurt (1843)* [und] *Braunkohlenflora aus Kranichfeld (1844)* [...]« erworben wurden (a.a.O. 144). Im Jahre 1942 kamen eine größere Muschelkalkfossilien-Sammlung von K. Grau (Remda), 1955 eine Graptolithensammlung sowie Lebensspuren aus Ostthüringen von Rudolf Hundt (1889–1961) und 1957 holozäne Schnecken aus dem Lockertravertin von Remda aus dem Nachlass von Dr. K. Schönheit ins Museum. »*Das verkieselte Carapax-Fragment einer Cherside* [Schildkröte], *vielleicht aus einer Spaltenfüllung in einem Steinbruch bei Birkenheide nahe Dittrichshütte, birgt bis heute Fragen der geologischen Zuordnung (Ehley 1967)*« (a.a.O. 151). Bislang letzter bemerkenswerter Zugang (2010) bedeuten eine *Dactylioceras*-Bank und eine Marmorplatte mit Schädelfragmenten des Meereskrokodils *Steneosaurus bollensis*, beide von Udo Kursawe bei Altdorf (Oberfranken) geborgen und dem Museum schenkungsweise überlassen.

Eine denkwürdige Begebenheit war der kurze Besuch von Charles Lyell (1797–1875), Freund und Ideengeber von Charles Darwin, im Naturalienkabinett im Jahre 1860. Er hatte von dem als fossil ausgegebenen Backenzahn eines Afrikanischen Elefanten *Loxodonta africana* erfahren, den er, auf dem Wege nach Jena, im Stadtschloss Ludwigsburg in Augenschein nahm. Seine Prüfung des heute noch erhaltenen Zahns ergab, dass es sich bei ihm tatsächlich um ein rezentes Stück handelt, worüber er mit Bernhard von Holleben gesprochen und korrespondiert hatte (Möller 1957).

Minerale

Die Sammlung von G. Ch. Füchsel, der sammelte, »*was ihm die verschiedenen Strata der Berge darreichten, und was er brauchte, den Ursprung der verschiedenen Schichten und Erdlager zu begründen*« ist heute als solche nicht nachweisbar. Er soll »*besonders die Schwarzburgische Gegend, die er fleißig durchsuchte*«, bearbeitet haben (a.a.O. 149).

»*Die Mineraliensammlung befindet sich* [...] *hauptsächlich gut separiert in eigenen Sammlungsschränken. Der ihr eigene Schauwert sicherte ihr zu allen Zeiten erhöhtes Interesse sowie einen gewissen Schutz vor Kassation, nicht aber vor Diebstahl. Die Anschaffungen erfolgten jedoch keinesfalls kontinuierlich. Diese fanden ihre Höhepunkte ebenfalls während der beiden erwähnten Glanzzeiten des Kabinetts von 1757 bis 1790 und vor allem 1833–1868* [...]. *Von Friedrich Carl rühren insbesondere Quecksilbererze aus der Pfalz sowie umfangreiche und bemerkenswerte Mineralkäufe von G. F. Danz,* [Bad] *Blankenburg (1774–1784), von v. Laubmayer, Wien (1779, von G. Hörcher (1784) u.a. her* [...]. *Im Jahre 1778 übersendete J. S. Schröter Kupfererze aus Norwegen sowie Chalcedon aus Island und schenkte Diakon J. C. Eisfelder aus Görsbach Mineralstufen aus dem Harz. Die Mineralfülle war so zahlreich, dass davon eine große Kollektion an das Rudolstädter Gymnasium abgegeben werden konnte (1790–1793). Im Jahre 1789 werden auch erstmalig Kamsdorfer Minerale vom Bergmann Wedermann erworben. Insbesondere in der Mitte des 19. Jahrhunderts wurden die Minerale als wichtigster und wertvoller Bestandteil des Kabinetts angesehen, was aus den Neuzugängen und ferner dem Feuerversicherungswert der Sammlungen hervorgeht* [...]. *Vor allem wurden ungarische Mineralien (heute Slowakei) von Prof. A. Zipser aus Neusohl in fünf großen Lieferungen (324 Nummern, 1837–1861), Minerale aus Könitz von C. Frank (1834–1836) und eine große Anzahl heimischer Minerale (1837, 1846, 1856 u.a.) sowie Harzer (1837), vogtländische (1838), fichtel- und erzgebirgische (1839), sächsische (1840), 1849) und rheinische (1851) erworben. Auch große Kollektionen, so die von A. Werlich (1833), die der Apotheker G. Hoë aus Kamsdorf (1858) und Bartenstein aus Reschwitz (1860) sowie die aus verschiedenen lokalen Sammlungen zusammengestellte der Heimatstube Paulinzella (1876) und die nachgelassene des Fürsten Georg* [von Schwarzburg-Rudolstadt] *(1891) gelangten ins Kabinett*« (a.a.O. 145). Der von Dr. Otto 1861 angelegte Bestandskatalog »[...] *vermittelt anschaulich die damalige Ordnung und Prä-*

sentation in der Ausstellung des Kabinetts [...]. Diese erfolgte ursprünglich nach dem heute ungebräuchlichen Mineralsystem von L. A. Emmerling (1799), das sich an dasjenige von A. G. Werner anlehnt. Ihm liegt eine Gliederung in vier Classen (Erdige, Salzige, Brennliche und Metallische Fossilien) sowie Geschlechter, Gattungen und Arten zu Grunde. Die Unterbringung der mit Nummern versehenen Proben in 20 verschiedenen ›Glaskästen‹ [= verglaste Tischvitrinen] ist nach diesem ›Otto-Katalog‹ genau nachvollziehbar [...]. Ganz offenbar wurde bei den Anschaffungen Wert auf Komplettierung zumindest aller Mineralgeschlechter gelegt, bei den besonders häufig vorhandenen ›Metallischen Fossilien‹ sind es allein 23. Das ›Goldgeschlecht‹ war sogar mit 44 Nummern vertreten.

Bei den Fundortangaben fällt die breite Streuung im europäischen Raum auf. Überseeische Minerale sind auch bei den relativ wenigen, ehedem gesondert auf den Regalen aufgestellten großen Stufen selten. Im Jahre 1912 konnten Edelsteine vom Hofjuwelier L. Krausnick angekauft werden. 1984 wurden Minerale aus der Sammlung G. Geier [legit um 1880] und 1993 solche von Dr. Kartein übernommen [beide aus Rudolstadt] (a.a.O. 147). Kamsdorfer Gesteine und Minerale sind 1990 von G. Knörich (Saalfeld) übernommen worden.

Gesteine

»Gesteine befinden sich nur zu geringem Teil in eigenen Suitensammlungen, wie z.B. die ›vulkanischen Produkte des Kammerbühls‹ bei Eger (1837). Überwiegend finden sie sich in Verbindung mit Fossilien, aber auch Mineralen, z.B. in den Sammlungen für die einzelnen Erdzeitalter. [...] Auf Grund ihrer relativ unscheinbaren Erscheinung sind sie im Gegensatz zu den Mineralen von den Kassationen häufig betroffen worden. Bereits Erbprinz Friedrich Carl brachte von seinen Reisen häufig Gesteinsproben mit (Möller 1993). Auf einer 6-wöchigen Reise nach Saarbrücken sammelte er 1768 Erdbrandprodukte, roten Bolus (roux de Paris) sowie verschiedene Gesteine und Gangarten von Dudweiler, des weiteren Gesteine aus der Pfalz. Aus dem Kaltschmiedschen Kunst- und Mineralienkabinett entstammen auch Gesteine und Erden verschiedener Fundpunkte. Von

einer Reise in die Nassau-Weilburgischen Lande im Jahre 1779 erwarb der Erbprinz viele Marmorarten, ›Dendritachate‹, Porphyre und Basaltsäulen sowie ›Sandaliten‹ (Pantoffelsteine) vom Entdecker derselben, dem Baron v. Hüpsch in Köln. Von einer Reise nach Ludwigslust und Schwerin (1784) stammen z. T. fossilführende Geschiebe. Auch Mitte des 19. Jahrhunderts wurde diese Sammlung weiter aufgestockt mit Gesteinen aus Böhmen (det. 1836 von B. v. Holleben), aus der Meißner Gegend (1838) u.a. Während der Amtsperiode von Prof. Speerschneider (1872–1903) wurden noch zahlreiche Erwerbungen, teilweise von Naturalienhandlungen, getätigt [...]. Ein großer Teil der Sammlungsbestände, welche nach Tiefen- und Ergussgesteine, Metamorphiten und Sedimenten geordnet sind, sind nicht mehr einer bestimmten Sammlung zuzuordnen« (a.a.O. 147 ff.).

Meteorite

Die kleine Sammlung besteht zumeist aus Teilen von sieben Meteoriten (Deubler 1978). Im Einzelnen sind das:

- Steinmeteorit (Olivin-Hypersthen-Chondrit) vom 19.5.1897 bei Meuselbach im Thüringer Schiefergebirge, zwei Teilstücke (548,92 und 156,89 g) (Linck 1898, Mey 2004 b)
- Steinmeteorit (Olivin-Bronzit-Chondrit) vom 30.1.1868 bei Pultusk/Polen, zwei Stücke (4 und 5 g).
- Eisenmeteorit (mittlerer Oktaedrit), gefunden um 1776 bei Toluca/Mexiko, Platte (255 g).
- Eisenmeteorit (Hexaedrit), 1882 gefunden in Hex River Mountains/Südafrika, Platte (137 g).
- Stein-Eisenmeteorit (Pallasit), 1880 gefunden bei Eagle Station in Kentucky/USA, Platte (7 g).
- Eisenmeteorit (mittlerer Oktaedrit), 1884 und später gefunden bei Joe Wright Mountain in Arkansas/USA, Platte (110 g).
- Eisenmeteorit (feiner Oktaedrit), 1836 und später gefunden bei Gibeon/Namibia, Platte (500 g).

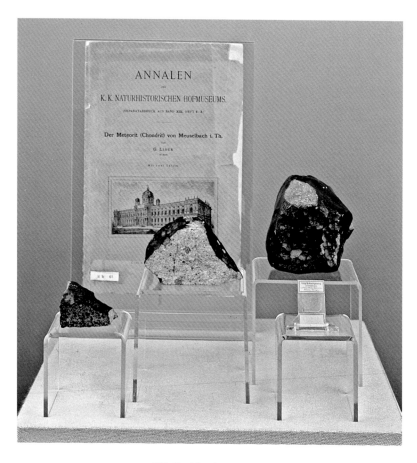

Meuselbacher Meteorit von 1897. Nachbildung (rechts) und Teilstücke sowie Publikation seiner Beschreibung und Analyse durch G. Linck. (Foto: U. Fischer)

Bibliothek

Parallel zu den Sammlungen des Naturalienkabinetts entstand eine Bibliothek, die schon bereits Ende des 18. Jahrhunderts einen guten Ruf hatte (Meusel 1789, Mey 1999). Der historische Bestand (bis 1900) umfasst über 3.300 Bände, die weitgehend katalogmäßig erfasst sind. Über ornithologische Literatur und »Kräuterbücher« gibt es kommentierte Bibliografien (Mey 2000, Schüttlerle et al. 2005).

Der historische Bücherbestand und ein Teil der neueren Literatur sind in der Schlossbibliothek aufgestellt, der Rest befindet sich in der sogenannten Handbibliothek der Kustodie. Kein naturkundliches Sachgebiet ist über größere Zeiträume literarisch annähernd vollständig repräsentiert. Eine Ausnahme hiervon macht allein die Phthirapterologie (Tierlauskunde), die mit einem Großteil der internationalen Fachliteratur, insbesondere durch eine Sonderdrucksammlung, repräsentativ vertreten ist.

Nennenswerten regelmäßigen Zugang erfährt die naturkundliche Bibliothek durch Schriftentausch mit über 100 Museen und Institutionen aus dem In- und Ausland. Basis dafür bietet die seit 1988 beinahe jährlich erscheinende wissenschaftliche Museumsschriftenreihe »Rudolstädter naturhistorische Schriften«. Zum permanenten Bibliothekszuwachs in den letzten 30 Jahren haben nicht unwesentlich gelegentliche Übernahmen aus Nachlässen (Prof. Dr. Wd. Eichler, H. Münch) und Schenkungen (Dr. H.-H. Brainich) beigetragen.

Der gesamte Bibliotheksbestand umfasst schätzungsweise insgesamt etwa 10.000 Bände und Sonderdrucke. Nicht einbezogen ist dabei vor allem vogelkundliche Literatur, die als Leihgabe des »Vereins Thüringer Ornithologen« (Bibliothek H. Ringleben und Prof. Dr. H. Remmert) im Museum ebenfalls zur öffentlichen Benutzung bereit steht. Der gesamte, im Museum aufgestellte Bücherbestand ist nicht an den öffentlichen Leihverkehr angeschlossen. Bei Wunsch einer Bibliotheksbenutzung empfiehlt sich eine vorherige Anmeldung.

Im Laufe der Zeit hat sich ein umfangreicher Archivalienbestand gebildet, der zum überwiegenden Teil (18. Jahrhundert bis 1960er-Jahre) im Thüringischen Staatsarchiv Rudolstadt erschlossen zugänglich ist. Kleinere Bestände (u.a. Sammlungsverzeichnisse, Autografen und Manuskripte) sind im Naturhistorischen Museum vorhanden (Mey 2000). Das Manuskript von Franz Ferdinand Meurer (1809 – 1882) über die `Flora von Rudolstadt und Saalfeld` haben Heinrich & Finke (2002) ausgewertet. Von ganz besonderem Wert sind die weit über 800 Pflanzenaquarelle, nebst Manuskripten, des Erfurter Arzt-Botanikers Johann Heinrich Tiemeroth d. J. (1699–1768) (Mey 2000, 2011).

Forschung und Publikationen

In den vergangenen 250 Jahren sind durch einige der Kustoden, soweit sie sich der wissenschaftlichen Bearbeitung von Sammlungen widmeten, bestimmte Arbeitsschwerpunkte gesetzt worden.

Seit dem 18. Jahrhundert ist des Öfteren von externen Forschern Sammlungsmaterial des Museums untersucht und die Ergebnisse publiziert worden (siehe z. B. Mey 2008 a für das 18. Jahrhundert oder Linck 1898). Christian Ludwig Kämmerer (1755–1797), erster und hoffnungsvoller Kustos der Einrichtung, konzentrierte sich auf Konchylien (Kalkschalen von Schnecken, Muscheln, Tintenfischen und auch Rankenfüßern), dem erklärten Hauptfach des Naturalienkabinetts. Über die Konchyliensammlung entstanden zwei publizierte Kataloge, die auch Neubeschreibungen enthalten (Kämmerer 1786, 1796). Da sie aber nicht nach Maßgabe der linnéischen binären Nomenklatur erfolgten, blieben sie für die Systematik ohne wissenschaftlichen Wert. Auch auf anderen Gebieten der Naturgeschichte war Kämmerer, der nur 46 Jahre alt wurde, aktiv (s. Mey & Gutheil 2007, Mey 2008). Bei den nachfolgenden Kustoden ließ sich keine nennenswerte sammlungsbezogene Forschungsarbeit während ihrer Amtszeiten nachweisen: 1797 bis 1807 Hofmaler Johann Ernst Ludwig Kämmerer (1757–1807), 1807 bis 1833 Jurist August Carl Friedrich Werlich (1772–1833), 1833 bis 1872 Arzt Dr. Carl August Ferdinand Otto (1810–1872) und 1872 bis 1903 Arzt und Gymnasialprofessor Dr. Julius Speerschneider (1825–1903). Erst mit Dr. Otto Schmiedeknecht (1847–1936), der bei Übernahme der Kustodie 1903 vom Fürsten Günther Viktor von Schwarzburg-Rudolstadt zum Professor ernannt wurde, trat ein bereits sehr renommierter Zoologe außergewöhnlich produktiv in die Dienste des Naturalienkabinetts. Sein Forschungsschwerpunkt bildeten systematisch-faunistische Untersuchungen an Hautflüglern (Hummeln, Bienen, Wespen), insbesondere Ichneumoniden, über die er zahlreiche Schriften verfasste. Davon ragen heraus: »Opuscula Ichneumonologia« (1902–1936 im Eigenverlag, 70 Faszikel mit 5445 Seiten!) und »Die Hymenopteren Mitteleuropas nach ihren Gattungen und zum großen Teil auch nach ihren Arten analytisch bearbeitet« (1927 im Verlag Gustav Fischer, Jena; die 2., überarbeitete und vermehrte Auflage dieses Klassikers erschien 1930 unter Mitarbeit zahlreicher Spezialisten). Der Kauf der Sammlungen, die diesem überragenden Lebenswerk zugrunde lagen, war im Mai 1919 vom schwarzburgischen Ministerium für

Europäisches Pfaffenhütchen *Euonymus europaea*. »*Euonymus Vulgaris, granis rubentibus. Spindelbaum, Pfaffen-hödgen, Hahnhoden, Spill-baum. Floret majo, baccis immaturis et maturis*«. Aquarell (20,3 x 34 cm) von Johann Heinrich Tiemeroth d. J., gemalt am 7. und 8. November 1752 zu Arnstadt. Aus dem Band »Kräuter-Doubletten«. (s. Mey 2000: 252 und 2011: 32)

das »Fürstliche Naturalienkabinett Rudolstadt« vollzogen worden. Davon bezeichnete Schmiedeknecht 1925 die Schlupfwespen-Sammlung als eine Kollektion, »wie sie kein zweites Museum der Welt besitzt« (Mey & Oehlke 1988, Möller 2001b). Darüber hinaus waren die Sammlungen des Naturalienkabinetts Anlass und Grundlage für sein Bestimmungswerk »Die Wirbeltiere Europa's mit Berücksichtigung der Faunen von Vorderasien und Nordafrika« (1906, bei G. Fischer). Nach 1936 war lange nicht mehr an eine Wiederaufnahme fruchtbarer Forschung im Museum zu denken.

Die in den letzten drei Jahrzehnten am Naturhistorischen Museum geleistete Forschungsarbeit widerspiegelt sich in über 200 wissenschaftlichen Publikationen. Sie gründen sich vorwiegend auf dem eigenen Sammlungsfundus oder stehen mit diesem in einem ursächlichen Zusammenhang. Drei thematische Schwerpunkte kristallierten sich heraus: Wissenschaftsgeschichte (Museum,

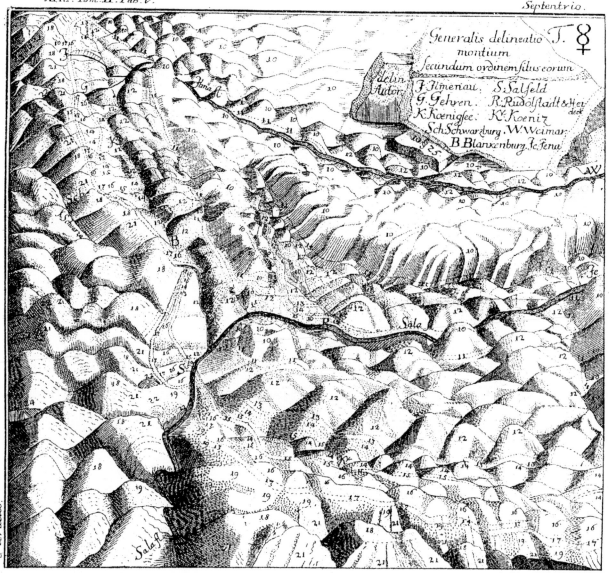

Eine der ersten geologischen Karten überhaupt, die von Georg Christian Füchsel (1722–1773) entworfen und 1761 veröffentlicht wurde. Sie umfasst das Gebiet um Saale und Ilm zwischen Saalfeld, Ilmenau, Weimar und Jena. Aus Füchsel (1761).

Personen, Probleme), historische und aktuelle Faunistik besonders der Vögel, und Systematik, Taxonomie, Faunistik und Ökologie der Tierläuse (Insektenordnung Phthiraptera). An keiner anderen Einrichtung in Deutschland sind diese weltweit nur auf Vögeln und manchen Säugetieren vorkommenden Ektoparasiten derartig in den wissenschaftlichen Fokus gerückt (s. u.a. Mey 2003, 2004 a). Die von Deutscher Ornithologen-

Gesellschaft, Deutscher Forschungsgemeinschaft oder Deutschen Akademischen Austausch geförderten Forschungsreisen nach Vietnam, Sumatra, Australien oder Chile richteten sich auf das systematische Sammeln von Tierläusen. Das längerfristige Projekt »Beiträge zur Erschließung der Artenvielfalt der Tierläuse (Phthiraptera), insbesondere der Australis« wird in Kooperation mit der »University of Queensland, Brisbane« betrieben. Dieser für die Erschließung der Biodiversität absolut notwendigen Grundlagenforschung sollte in der Museumsarbeit auch künftig ein angemessener Stellenwert eingeräumt bleiben.

Aus Anlass des 230-jährigen Bestehens des Naturhistorischen Museums wurde 1988 die wissenschaftliche Jahresschrift »Rudolstädter naturhistorische Schriften« ins Leben gerufen. Seither erschienen 18 Bände und acht Supplemente mit insgesamt 169 Beiträgen und 3.079 Seiten. Sie sind sichtbarer Ausdruck für die Arbeit mit den Museumssammlungen, länderübergreifender wie heimatbezogener Forschung (s. auch Bibliothek).

Ausstellungen und Service

Die Dauerausstellungen des Naturhistorischen Museums im Nordflügel von Schloss Heidecksburg (auf insgesamt 253 m²) lassen sich vier Themenbereichen zuordnen. Im räumlichen Verbund sind es:

- Das *Naturalienkabinett* (34 m²). Das 1994 eröffnete rekonstruierte Naturalienkabinett, gewissermaßen ein Museum im Museum, nimmt gänzlich einen Großteil der eigenen überkommenen historischen Bestände aus dem »Stein-, Pflanzen- und Tierreich« auf. Es vermittelt einen Eindruck von Aussehen und Struktur eines für die zweite Hälfte des 18. Jahrhunderts typischen Naturalienkabinetts und hält die Erinnerung an die eigene Geschichte wach.
- Das *Schaumagazin* (80 m²). Es ist gemeinsam mit dem Naturalienkabinett eröffnet worden und präsentiert sich in seiner Fülle von Vogel- und Säugetierpräparaten mit fast 500 Arten als eine permanent geöffnete Schatzkammer des Museums. Es enthält zahlreiche Belegstücke zur thüringischen Fauna. Des Weiteren zeigt es Reptilien und ferner Schwämme, Korallen, Krebse, Spinnen und Insekten. Blicke hinter die Kulissen auf Herbarium und Insektensammlungen zu werfen, ist bei Sonderführungen möglich. Das Schaumagazin ist 2009 technisch, ästhetisch und inhaltlich verbessert worden.
- Die *biogeografische Schau* (34 m²). Seit 2005 werden als Vorschau auf eine geplante tiergeografische Dauerausstellung typische Vertreter, vor allem Vögel und Säugetiere, von bestimmten Faunenregionen (Palaearktis, Orientalis, Australis und Neotropis) präsentiert. Südamerikanische Arten sind in einem Diorama zu entdecken. Eindrucksvoll zeigt sich eine Japanische Riesenkrabbe *Macrocheira kaempferi*. Mit der modernen Dermoplastik eines Braunbären *Ursus arctos* wird auf das letzte in Thüringen erlegte Individuum seiner Art hingewiesen: 1797 auf der Hettstädt bei Cursdorf im Thüringer Schiefergebirge.
- *Sammlungsgeschichte und Erkenntnis* (105 m²). 2007, im 250. Jahr der Gründung des Museums, wurde die Dauerausstellung »Vom Sammeln zur Naturerkenntnis« eröffnet. Fachlich ist sie in einen sammlungsgeschichtlichen und in einen auf aktuelle biologische Fragestellungen gerichteten Bereich gegliedert. Mit über 2.000 Exponaten werden insgesamt 51 Sachthemen aufgegriffen wie: geologisches und zoologisches Naturalienkabinett, Fossilien, Meteoriten, Mikroskopie, Herbarien, Artenvielfalt im Heimatgebiet, Koevolution, Konvergenz, Verwandtschaft und Artbegriff. An seltenen, attraktiv präparierten Arten sind der Amurleopard *Panthera pardus amurensis*, der Irbis *Panthera uncia* (s. S. 101) und der Dybowskihirsch *Cervus nippon hortulorum* sowie farbenprächtige Fasane zu sehen. Aus dem Jahre 1858 stammt ein Schnabeltier *Ornithorhynchus anatinus*, das seinerzeit bei vielen Menschen noch als ein Fabelwesen galt (Mey 2007b).

In unregelmäßigen Abständen finden im Residenzschloss Heidecksburg naturkundliche Sonderausstellungen statt.

Sonderführungen durch die Ausstellungen sind nach Anmeldung möglich. Nachdem 2010 eine Museumspädagogin ihre Arbeit im Thüringer Landesmuseum Heidecksburg aufnahm, werden die Ausstellungen im zunehmenden Maße als außerschulischer Lernort genutzt. Ein Museumsführer für Kinder vermittelt Schülern der Unterstufe (1. bis 4. Klasse) Antworten und Anregungen auf ihrer Entdeckungsreise durch die naturkundlichen Ausstellungen (Stern 2012). Angeboten werden außerdem naturkundliche Exkursionen mit dem Kustos im Stadtgebiet von Rudolstadt.

KONTAKTDATEN:

Naturhistorisches Museum im Thüringer Landes-
museum Heidecksburg
Schlossbezirk 1, 07407 Rudolstadt
Tel. 03672-429010, Fax 03672-429090
Email: museum@heidecksburg.de
Internet: www.heidecksburg.de

ÖFFNUNGSZEITEN:
April bis Oktober Di–So 10 –18 Uhr
November bis März Di–So 10 –17 Uhr

Literatur

Deubler, H. (1978): Die Meteoritensammlung der Staatlichen Museen Heidecksburg. – Rudolstädter Heimathefte
24: 130 –132.

Fulton, H. (1902): Description of new species of Land
Mollusca from New Guinea. – Annals and Magazine of
Natural History including Zoology, Botany and Geology
9: 182 –184.

Füchsel, G. C. (1761): Historia terrae et maris, ex historia
Thuringiae, per montium descriptionem. – Actorum Aca-
demiae electoralis Moguntinae (Erfordiae) 2, 44 –208.

Heinrich, W. & L. Finke (2002): Reinhard Richter (1813
-1884), Franz Ferdinand Meurer (1809 – 1882) und weitere
Floristen – Betrachtungen über die Pflanzenwelt und die
Landschaft um Saalfeld und Rudolstadt. – Rudolstädter
naturhistorische Schriften, Supplement 5; 132 pp.

Kämmerer, C. L. (1786): Die Conchylien im Cabinette des
Herrn Erbprinzen von Schwarzburg-Rudolstadt. Rudolstadt.

Kämmerer, C. L. (1791): Nachtrag zu den Conchylien im
Fürstlichen Cabinette zu Rudolstadt. Leipzig.

Kühlmann, D. H. H. (2006): Die Steinkorallensammlung
im Naturhistorischen Museum in Rudolstadt (Thüringen) nebst ökologischen Bemerkungen. – Rudolstädter
naturhistorische Schriften 13: 37 –113.

Linck, G. (1898): Der Meteorit (Chondrit) von Meuselbach
i. Th. – Annalen des K. K. Naturhistorischen Hofmuseums
13: 103 –114 + Tafeln IV–V.

Martens, T. (1988): Zur Bedeutung der paläontologischen
Sammlung des Naturhistorischen Museums Rudolstadt/
Thür. – Rudolstädter naturhistorische Schriften 1: 26 –28.

Meusel, J. G. (1789): Teutsches Künstlerlexikon oder Verzeichnis der jetztlebenden teutschen Künstler. Nebst einem Verzeichnis sehenswürdiger Bibliotheken, Kunst-,
Münz- und Naturalienkabinette in Teutschland und in
der Schweiz. Teil 2. – Lemgo [s. S. 376 f.; in der 2. Aufl., Bd. 3,
Lemgo 1814, S. 496 f.]

Mey, E. (1988): Daten zur Geschichte des Naturhistorischen Museums Rudolstadt/Thür. – Rudolstädter naturhistorische Schriften 1: 3 –19.

Mey, E. (1992): Zur Vogelwelt im Fürstentum Schwarz-
burg-Rudolstadt um 1770 – nach dem Verzeichnis des
Johann Friedrich von Beulwitz. – Anzeiger des Vereins
Thüringer Ornithologen 1: 15 –34.

Mey, E. (1994): Siegfried Kuss 1919 –1993 – Kustos am Naturhistorischen Museum Rudolstadt von 1947 bis 1950. –
Rudolstädter naturhistorische Schriften 6: 97 –100.

Mey, E. (1996): Das »Fürstliche Naturalienkabinett zu
Schwarzburg-Rudolstadt« im Spiegel der Zeit. – Museumskunde 61: 20 –25.

Mey, E. (1997a): Records of Blunt-winged Warbler Acrocephalus concinens in northern Vietnam. – Forktail 12,
166 –167.

Mey, E. (1997b): Friedrich Karl 1736 –1790 –1793. Pp. 84 –
95. – In: Die Fürsten von Schwarzburg-Rudolstadt 1710 –
1918. Herausgegeben vom Thüringer Landesmuseum
Heidecksburg. Rudolstadt.

Mey, E. (1999): Bibliothek des Naturhistorischen Museums im Thüringer Landesmuseum Heidecksburg. Pp.
324 –329. – In: Krause, F. (Hrsg.): Handbuch der historischen Buchbestände in Deutschland. Band 20: Thüringen
[bearbeitet von F. Marwinski]. Hildesheim, Zürich, New
York.

Mey, E. (2000): Manuskripte und ornithologische Literatur in der Bibliothek des »Fürstlichen Schwarzburgischen
Naturalienkabinetts in Rudolstadt« bis zum Jahre 1900.
Pp. 245 –299. – Beiträge zur Schwarzburgischen Kunst-
und Kulturgeschichte 7 (Historische Bibliotheken in Rudolstadt); 384 pp.

Mey, E. (2003): Verzeichnis der Tierläuse (Phthiraptera)
Deutschlands. Pp. 72 –129. – In: Klausnitzer, B.: Entomo-
fauna Germanica Band 5. – Entomologische Nachrichten
und Berichte, Beiheft. 8; 343 pp.

Mey, E. (2004a): Fauna Europaea: Phthiraptera. Fauna Europaea version 1.1., http://www.faunaeur.org

Mey, E. (2004b): Die Naturhistorische Sammlung. Pp.
108 –121. – In: Schloss Heidecksburg – Die Sammlungen,
herausgegeben vom Thüringer Landesmuseum Heidecksburg. Rudolstadt; 128 pp.

Mey, E. (2005a): Vogelkundliches aus dem Naturhistorischen Museum in Rudolstadt (Thüringen). – Ornithologische Mitteilungen 57 (4): 128–141.

Mey, E. (2005b): *Psittacobrosus bechsteini*: ein neuer ausgestorbener Federling (Insecta, Phthiraptera, Amblycera) vom Dreifarbenara *Ara tricolor* (Psittaciiformes), nebst einer annotierten Übersicht über fossile und rezent ausgestorbene Tierläuse. – Anzeiger des Vereins Thüringer Ornithologen 5: 201–217.

Mey, E. (2007a): Nur eine Idee geblieben Ein Landesmuseum im Fürstentum Schwarzburg-Rudolstadt. – Jahrbuch 2006/2007 Landkreis Saalfeld-Rudolstadt (Rudolstadt): 119–125.

Mey, E. (2007 b): 250 Jahre Naturhistorisches Museum Rudolstadt. – Thüringer Museumshefte 16 (2): 140–146.

Mey, E. (2008a): Aus den frühen Jahren des Naturhistorischen Museums Rudolstadt in Thüringen. – Rudolstädter naturhistorische Schriften, Supplement 7; 48 pp.

Mey, E. (2008b): Ehrung für Georg Christian Füchsel (1722–1774). – Thüringer Museumshefte 17: 121–122.

Mey, E. (2009): Beobachtungen an Libellen (Insecta, Odonata) in Thüringen, insbesondere in der Umgebung von Rudolstadt. – Rudolstädter naturhistorische Schriften 15: 39–98.

Mey, E. (2010): Belege und Dokumente von thüringischen Säugetieren aus dem Zeitraum von etwa 1846 bis 1950 (1959) im Naturhistorischen Museum in Rudolstadt. – Rudolstädter naturhistorische Schriften 16: 118–119.

Mey, E. (2011): Johann Heinrich Tiemeroth der Jüngere (1699 – 1768): ein thüringischer Botaniker-Arzt und hervorragender Pflanzenmaler. – Rudolstädter naturhistorische Schriften, Supplement 8; 98 pp.

Mey, E. & M. Gutheil (2007): Frühe Zeugnisse der Schmetterlingskunde (Lepidopterologie) aus dem thüringischen Fürstentum Schwarzburg-Rudolstadt. – Rudolstädter naturhistorische Schriften, Supplement 6; 88 pp.

Mey, E. & W. Kühn (1990): Belegstücke thüringischen Goldes im Naturhistorischen Museum Rudolstadt (Thür.). – Rudolstädter naturhistorische Schriften 3: 3–11.

Mey, E. & J. Oehlke (1988): Die Hymenopteren-Kollektion Otto Schmiedeknechts im Naturhistorischen Museum Rudolstadt/Thür. – Rudolstädter naturhistorische Schriften 1: 56–71.

Mey, E. & H. Wiefel (2007): Über die geowissenschaftlichen Sammlungen des Naturhistorischen Museums in Rudolstadt. – Beiträge zur Geologie von Thüringen, Neue Folge, Heft 13 (Archive der Erdgeschichte Geowissenschaftliche Sammlungen in Thüringen): 129–158.

Möller, R. (1957): Das Rudolstädter Naturalienkabinett und seine Kustoden bis zum Ausgang des 19. Jahrhunderts. Im Anhang ein Brief des Geologen Charles Lyell. Pp. 23 – 65. – In: Zum 200jährigen Bestehen des Naturkunde-Museums in Rudolstadt (= Veröffentlichungen der Staatlichen Museen Heidecksburg in Rudolstadt (Rudolstadt).

Möller, R. (1963): Mitteilungen zur Biographie Georg Christian Füchsels. – Freiberger Forschungshefte (Leipzig) D 43: 1–29 + 4 Tafeln.

Möller, R. (1993): Friedrich Carl von Schwarzburg-Rudolstadt (1736–1790–1793) Beiträge zur Biographie des Gründers des Naturhistorischen Museums zu Rudolstadt. – Rudolstädter naturhistorische Schriften 4: 1–11.

Möller, R. (2001a): Beiträge zur Geschichte des Rudolstädter Naturhistorischen Museums – 1903 bis 1960.–Rudolstädter naturhistorische Schriften 10: 3–32.

Möller, R. (2001b): Zur Entstehung von Otto Schmiedeknechts »Opuscula Ichneumonologica« (1902–1936): Die Förderung des Werkes durch die Preußische Akademie der Wissenschaften zu Berlin. – Rudolstädter naturhistorische Schriften 10: 83–90.

Polenz, K. (2010): Die Konchyliensammlung des Rudolstädter Hofapothekers Christian Dufft (1798–1875). – Rudolstädter naturhistorische Schriften 17: 61–76.

Roselaar, C. S. (2003): An inventory of major European bird collections. Pp. 253–338. – In: Collar, N. J., C. T. Fisher & C. J. Feare (eds.): Why Museums Matter: Avian Archives in an Age of Extinction. – Bulletin of the British Ornithologists' Club 123A, Supplement; 360 pp.

Schütterle, M., E. Mey & F.-J. Stewing (2005): Bibliographie der gedruckten Kräuterbücher des 15. bis 18. Jahrhunderts aus Rudolstädter Sammlungen. – Blätter der Gesellschaft für Buchkultur und Geschichte (Rudolstadt) 9: 111–155.

Steuer, H. (1995): Die Schmetterlingsfauna um Bad Blankenburg (Thüringen) 45 Jahre Beobachtung, Forschung – Erkenntnisse. – Rudolstädter naturhistorische Schriften, Supplement 1; 175 pp.

Steuer, H. (2002): 2. Nachtrag zur Schmetterlingsfauna um Bad Blankenburg (Thüringen). – Entomologische Nachrichten und Berichte 46: 167–172.

Stern, K. (2012): Haifisch, Nautilus & Co. – Entdeckungsreise durch das Naturhistorische Museum. – Rudolstadt.

Tress, J., M. Biedermann, H. Geiger, J. Prüger, W. Schorcht, C. Tress & K.-P. Welsch (2013): Fledermäuse in Thüringen. – Naturschutzreport, Heft 27; 654 pp.

3.6. Naturhistorisches Museum Schloss Bertholdsburg Schleusingen

Ralf Werneburg und Ralf Schmidt

Stichworte: Fossilien, Perm, Rotliegend, Saurier, Amphibien, Trias, Tertiär, Minerale, Thüringen, Edelsteine, Herzog Anton Ulrich, H. Franke, P. Georgi, A. Arnhardt, Forschungen, Tiere, Südthüringen, Thüringer Wald

Am Südabhang des Thüringer Waldes steigt inmitten des Schleusinger Kleinstadtidylls eine mittelalterliche Burg empor. Die Bertholdsburg – der bedeutendste Profanbau im Südthüringer Raum – ist das Wahrzeichen der Stadt Schleusingen. Die Burg wurde zwischen 1226 und 1232 unter Poppo VII. von Henneberg erbaut und war seit 1274 über drei Jahrhunderte Sitz und Residenz der Henneberger Grafen – Schleusinger Linie. Die Bertholdsburg ist die älteste noch erhaltene Residenz in Thüringen.

Bis ins 16. Jahrhundert hinein erfolgten Um- und Erweiterungsbauten an der Burg. Die einst stark befestigte Anlage wurde unter Wilhelm IV. (1478-1559) zum Renaissanceschloss ausgebaut. Im Jahre 1583 starb der letzte Henneberger Graf Georg Ernst (1511-1583) ohne männliche Nachkommen. Seit dieser Zeit wurde die frühere Residenz mehr und mehr Verwaltungssitz, zunächst sächsischer, nach 1815 dann preußischer Ämter und Behörden.

Im 20. Jahrhundert begann die museale Nutzung der Bertholdsburg. Von 1934 an wurden hier mehr und mehr Ausstellungen zur Urgeschichte, Heimatgeschichte und zum Südthüringer Spielzeug etabliert, bevor 1984 das bis heute bestehende Naturhistorische Museum Schloss Bertholdsburg einzog. Träger des Museums ist heute der Landkreis Hildburghausen. Das historische Denkmal Schloss Bertholdsburg gehört seit 1993 zur Stiftung Thüringer Schlösser und Gärten mit Sitz in Rudolstadt. Heute ermöglichen die Ausstellungen des Naturhistorischen Museums einen Rundgang durch den Nord-, Ost- und Westflügel der Bertholdsburg. Das Naturhistorische Museum Schloss Bertholdsburg Schleusingen ist das einzige Naturmuseum in Südthüringen. Seine geschichtsträchtigen und zum großen Teil wissenschaftlich sehr wertvollen Sammlungen werden hier vorgestellt.

Geschichte der Einrichtung und seiner naturwissenschaftlichen Sammlungen

Geologisches Heimatmuseum »Franke-Zimmer« (1934–1974)

Prof. Dr. Hermann Franke (1847–1932) war 1879 bis 1910 am Hennebergischen Gymnasium Schleusingen Oberlehrer für Physik, Mathematik und Naturgeschichte. Seinem Leben und Wirken ist eine ausführliche Publikation in den Schleusinger Museumsheften gewidmet (Schmidt 1998). Vor allem die mineralogischen und kristallografischen Sammlungen sind überregional bedeutsam und Grundlage mehrerer Publikationen gewesen.

Nach dem Tod von Prof. Dr. Hermann Franke im Jahr 1932 versprach der Lehrer und Fossilien-Sammler Paul Georgi (1891–1976), ein geologisches Heimatmuseum mit der wertvollen Franke-Sammlung aufzubauen.

Georgi hatte vor allem für die erdgeschichtlichen Wandschränke im 1934 eröffneten »Franke-Zimmer« einen großen Teil der Fossilien aus seiner eigenen Sammlung zur Verfügung gestellt. Auch half ihm wohl der »Politische Wille« dieser Zeit, der auch die Geschichte des »heimischen Bodens« popularisieren wollte.

Das »Franke-Museum« hatte 40 Jahre lang Bestand. Im Zuge der Erweiterung der seit 1971 in der Schleusinger Bertholdsburg präsenten Sonneberger Spielzeugausstellung wurde die geologische Ausstellung des »Franke-Zimmers« im Februar 1974 abgebaut.

Zahlreiche Minerale und Gesteine aus der Sammlung von Professor Dr. Hermann Franke sowie Fossilien aus der Kollektion seines Freundes Paul Georgi fanden in den seit 1989 aufgebauten

◄ Schloss Bertholdsburg Schleusingen. (Foto: G. Heß)

mineralogischen und paläontologischen Ausstellung des Naturhistorischen Museums wieder einen gebührenden Platz.

Naturhistorisches Museum Schloss Bertholdsburg (seit 1984)

Zehn Jahre nach Schließung des »Franke-Museums« wurde auf Beschluss des Rates des Kreises Suhl-Land vom 29.02.1984 das Naturhistorische Museum Schloss Bertholdsburg Schleusingen gegründet. Grundlage für die Arbeit dieses Museums war die Zusammenführung aller naturkundlichen Sammlungen Südthüringens in den Jahren 1985 bis 1988. Von 1984 bis 1990 waren hier bis zu sechs Wissenschaftler-Stellen besetzt, so dass in dieser Zeit auf bestimmten Gebieten der Biologie, Geologie und Geschichte intensiver geforscht werden konnte. Das quasi als Nachfolgeeinrichtung der Abteilung Naturkunde am Meininger Schloss Elisabethenburg profilierte Schleusinger Naturhistorische Museum hatte die Aufgabe, den Naturraum des Bezirkes Suhl mit musealen Mitteln zu erfassen und zu betreuen. Daran hat sich bis heute prinzipiell nichts geändert, obgleich seit 1990 nicht mehr die »autonome Gebirgsrepublik«, sondern in Absprache mit den benachbarten Naturmuseen das Gebiet »Südthüringen und Thüringer Wald« die regionale Grundlage für die museale Arbeit bildet. Je nach personeller Besetzung spielte die Geschichte, Biologie und jetzt die Geologie eine größere Rolle in der Arbeit des Museums.

Die Gesamtfläche des Museums beträgt heute 3.117 m². Davon nehmen die Ausstellungen 2/3 und die Magazine, Werkstätten, Lager, Bibliotheken und Verwaltung 1/3 der Fläche ein.

Geschichte der Naturwissenschaftlichen Sammlungen

Die geowissenschaftliche und die biologische Sammlung des Naturhistorischen Museums Schloss Bertholdsburg Schleusingen gehören zu den traditionsreichsten Kollektionen ihrer Art in Thüringen. Der älteste Sammlungsteil ist 300 Jahre alt und wurde unter dem Meininger Herzog Ernst Ludwig angelegt. In der geowissenschaftlichen Sammlung sind seit etwa 1988 die Bestände der Museen Meiningen, Schmalkalden, Eisfeld, Hildburghausen, Sonneberg, Suhl und Schleusingen vereint, jedoch separat magaziniert. Zu einigen wichtigen, mit den Sammlungen verbundenen Persönlichkeiten, werden ergänzende Erläuterungen gegeben. Zur Geschichte der Meininger Bestände war die Arbeit von Böhme (1967) eine profunde Quelle, aber auch umfangreiche Studien im Staatsarchiv Meiningen waren notwendig (R. Schmidt).

Herzogliches Naturalienkabinett zu Meiningen

Um 1700: Zeit der alchemistischen Versuche (originale Erzbelege noch erhalten)
1706: älteste Minerale, Fossilien und Naturalien unter Herzog Ernst Ludwig
Ab etwa 1706: Sammeltätigkeit von Herzog Anton Ulrich (vor allem Schmucksteine)
Eine der Kostbarkeiten in den Beständen des Naturhistorischen Museums Schleusingen ist die Edelsteinsammlung des Meininger Herzogs Anton Ulrich (1687–1763). Mindestens seit Antritt seiner Grand Tour 1706 legte er durch zahlreiche Käufe in den Zentren des europäischen Kunsthandwerks seine aus über 5.200 Schliffstücken von Achat, Jaspis, Marmor und anderen Gesteinen bestehende Kollektion an. Diese Sammlung ist zu einem Großteil erhalten geblieben und stellt eine der wichtigsten Spezialsammlungen ihrer Art in Europa dar.
1721 erhielt der junge Anton Ulrich aus dem persönlichen Erbe seines Vaters ein prächtiges Exemplar des sagenumwobenen »Einhorns« (Stoßzahn eines Narwales)
Um 1726 »Würzburger Lügensteine« erworben, von denen noch 16 Stück vorhanden sind
1763 Tod Herzog Anton Ulrichs und Überführung seiner Sammlungen aus Wien, Frankfurt und Amsterdam in das Schloss Elisabethenburg Meiningen
1786 Das »Herzogliche Naturaliencabinet« wird erstmals öffentlich gezeigt
1797 Gästebuch des Naturalienkabinetts angelegt (noch erhalten)

1798 Höhlenbärenreste aus der Altensteiner Höhle
- Lagerstättensammlungen aus den Bergwerken des Herzogtums
- Kauf ausländischer Fossilien, Mineralien, Insekten, Conchylien und anderer Naturalien

Um 1822 Kauf einer bedeutenden Sammlung von Schmetterlingen und Käfern des In- und Auslandes für 54 Taler (563 Kästchen mit Lepidopteren und 99 Kästchen mit Coleopteren)

Um 1830 bis ca. 1840 sieben Teillieferungen einer Sammlung (500 St.) ungarischer Gesteine und Minerale als Geschenk von Prof. Dr. Zipser, Neusohl, mit Begleitheften

1832 älteste Inventare durch L. Bechstein und R. Bernhardi

1837 Kauf von Fährtenplatten des »Handthieres« *Chirotherium* aus Heßberg bei Hildburghausen

1862 Mehrere Holztruhen voll mit Conchylien wurden von H. Emmrich bei dem schlesischen Naturalienhändler Bleyl für das Naturalienkabinett angekauft. Nach einer archivalischen Aufzählung der im »Herzoglichen Naturaliencabinet« zu Meiningen befindlichen Conchylien waren in drei Zimmern innerhalb von ca. zehn Schränken mindestens 6.238 Exemplare von etwa 1.090 Arten untergebracht.

1878 Schenkung der Naturalienkabinett-Bestände an die Realschule Meiningen.

Sammlung der Herzoglichen Forstakademie Dreißigacker

1801 Gründung im Jagdschloss Dreißigacker bei Meiningen
- führende Rolle von J. M. Bechstein (1757–1822)
- Vogelpräparate, Säugerpräparate, Insekten, Geweihe, Trophäen (z.B. vom Rothirsch aus dem Jahre 1693), auch Minerale, Fossilien und Gesteine (u.a. drei Fahrtenplatten mit *Chirotherium* aus Heßberg)
- 1822 waren noch 151 aufgelegte Vögel unter Glas (Federbilder) und 229 ausgestopfte Vögel unter Glas da
- Privatsammlung von Prof. R. Bernhardi (Direktor der Herzoglichen Forstakademie in Dreißigacker von 1827–1843 und 1849) mit Mineralen, Gesteinen und Fossilien erhalten

Lehrsammlung der Realschule Meiningen

1838 Gründung als Herzogliche Realschule
- Beginn des Aufbaus einer Lehrsammlung zur Botanik, Zoologie, Geologie und Mineralogie
- Forschungen zu regionaler Geologie und zur Alpengeologie durch Prof. Dr. Hermann F. Emmrich (1815–1879), einem bekannten Alpengeologen, Realschullehrer und -direktor in Meiningen.

1852 Übernahme der Bestände der ehem. Forstakademie Dreißigacker

1878 Aufnahme der umfangreichen Bestände des Herzoglichen Naturalienkabinetts in die Realschul-Sammlung
- weitere Ankäufe von Mineralen, Fossilien, botanischen und zoologischen Präparaten unter den Sammlungsverwaltern A. Emmrich, H. Pröscholdt, H. Rottenbach, J. Heim (Lunzer Schiefer) und L. Hutschenreuter

1903 Geologisch-paläontologische Sammlung Bergrat W. Frantzen

1910 Geologisch-paläontologische Sammlung Kleinteich

1917 Geologische Sammlung H. Brehm
- Stagnation der Sammeltätigkeit nach dem I. Weltkrieg

23.2.1945 starke Verluste beim Bombenangriff auf Meiningen (einschl. Diebstähle)

Staatliche Museen Meiningen

1946 Nach starken Kriegsverlusten wurden die Restbestände der Realschulsammlung ins Schloss Elisabethenburg umgelagert. Sammlungsbetreuung durch A. Mey und M. Lang
- Aufbau als Museumsausstellung

Sammlungszugänge:
- Mastodontenzähne aus südthüringischen Sandgruben
- paläontologische Teilsammlung aus dem Museum für Ur- und Frühgeschichte Weimar (Slg. B. Hergt, Slg. W. Soergel) im Tausch erworben
- Mastodontenfunde von Kaltensundheim aus Grabungen durch F. Schaarschmidt und G. Böhme

1969 sogenannte Thüringen-Sammlung (Gesteine,

Jaspis-Platten von Freisen im Saarland als beschriftetes Set zur Weiterverarbeitung für eine Tabatiere (um 1750); aus der Edelstein-Kollektion des Meininger Herzogs Anton Ulrich

Fossilien und Minerale) im Zuge der damaligen Hochschulreform von der Universität Jena übernommen (wurde nach der Zwischenstation in Schleusingen 1992 wieder an den Fachbereich Geologie der FSU Jena zurückgeführt)
Bis 1980 vor allem Forschungen zur Paläontologie und Biostratigrafie durch H. Kozur
1987 geologische und biologische Sammlungen nach Schleusingen übergeben

Museum Schloss Wilhelmsburg Schmalkalden

1875 pflanzliche, zoologische und geologische Sammlungen des Vereins für Hennebergische Geschichte und Landeskunde Schmalkalden
Schon vor 1938: öffentlich zugängliche Mineralien-Sammlung im Schloss Wilhelmsburg
1952–1980 geologische Ausstellung in Südflügel und Hofstube von Schloss Wilhelmsburg, aufgebaut durch Lohse, Arnhardt und Scheidler
1973/74 Ankauf der Privatsammlung von Alfred Arnhardt (1888–1973) durch das Heimatmuseum Schmalkalden

1988 geologische Sammlungen nach Schleusingen übergeben

Geologische Sammlung vom Heimatmuseum Eisfeld

Im Schlossmuseum gab es eine kleine geologische Ausstellung über die Fossilien und Gesteine aus der Umgebung von Eisfeld, die 1988 an das Schleusinger Museum übergeben wurde.

Sammlung Kaiser vom Stadtmuseum Hildburghausen

Wenige Fossilien und Gesteine Südthüringens, gesammelt von Prof. Dr. Ernst Kaiser (1885–1961), sind bis 1988 aus der Sammlung des Stadtmuseums Hildburghausen nach Schleusingen gelangt. Der Geograf, Geobotaniker und Pädagoge E. Kaiser wurde durch viele Schriften überregional bekannt, z.B. »Landeskunde von Thüringen« von 1933.

Geologische Sammlung vom Museum Sonneberg

Aus der Sammlung des Spielzeugmuseums Sonneberg sind neben vielen naturkundlichen Büchern auch einige Fossilien und Gesteine der Region in den Schleusinger Fundus übergegangen.

Geologische Belege vom Waffenmuseum Suhl

Aus der Sammlung des ehemaligen Heimatmuseums Suhl wurden 2007 einige Fossilien der Region in die Schleusinger Sammlung übergeben.

Sammlung des Paläontologischen Museums Bedheim

Diese wertvolle südthüringische Fossiliensammlung von Dr. Hugo Rühle von Lilienstern ist 1969 als Schenkung der Erben dem Museum für Naturkunde Berlin übergeben worden. Einige Saurier- und Pflanzenfossilien aus der Keuper-Zeit befinden sich als Dauerleihgabe des Berliner Museums seit 2001 in der Schleusinger Ausstellung »300 Millionen Jahre Thüringen«.

Originale Belege aus der Hugo Rühle von Lilienstern-Sammlung sind über den Lehrer Bossecker aus Roth in unsere Sammlung gelangt. Auch Keuperpflanzen aus der Schmalkaldischen Arnhardt-Kollektion tragen Originaletiketten von Hugo Rühle von Lilienstern.

Naturhistorisches Museum Schloss Bertholdsburg Schleusingen

Zu den originären Schleusinger Sammlungen gehören die zum Altbestand zählenden Kollektionen von Hermann Franke (1847–1932) und Paul Georgi (1891–1976), sowie die seit 1984 neu angelegten Sammlungen von Ralf Schmidt, Ralf Werneburg und Andree Amelang.

1934 Eröffnung der Ausstellung »Geologisches Franke-Museum – das Heimatmuseum für Urgeschichte im Schloss Bertholdsburg Schleusingen«,

initiiert von Paul Georgi als Leiter der »Prof. Dr. Frankestiftung« (vgl. Schmidt 1998)

1953 »Hennebergisches Heimatmuseum Schleusingen« mit »Franke-Zimmer«

1974 Abbau der geologischen Ausstellung »Franke-Zimmer« im Rahmen der Erweiterung des Spielzeugmuseums Sonneberg

1984 Gründung des Naturhistorischen Museums Schloss Bertholdsburg Schleusingen

1984 bis 1988 Umlagerung der naturkundlichen Bestände aus Meiningen, Schmalkalden, Eisfeld, Hildburghausen und Sonneberg nach Schleusingen

Drei sich kreuzende Fährtenzüge des Handtieres *Chirotherium barthii* (und Trockenriss-Ausfüllungen) aus dem Buntsandstein von Heßberg bei Hildburghausen, die 1837 für 140 Gulden für das Meininger Naturalienkabinett angekauft wurden. (Foto: H. Haubold, Halle)

Der Fitis *Phylloscopus trochilus* stammt sehr wahrscheinlich aus der Sammlung der Forstakademie Dreißigacker bei Meiningen.

Naturwissenschaftliche Sammlungen

Im Naturhistorischen Museum Schloss Bertholdsburg Schleusingen werden Sammlungen zur Geologie, Biologie und Regionalgeschichte bewahrt und erforscht.

Fast alle größeren naturkundlichen Sammlungen Südthüringens werden seit 1988 im Schleusinger Museum magaziniert und betreut. Lediglich die Hugo Rühle von Lilienstern-Sammlung befindet sich seit 1969 im Museum für Naturkunde Berlin. Die Schleusinger Sammlungen umfassen etwa 85.000 Exponate, davon entfallen ca. 60.000 Stück auf Fossilien, Minerale und Gesteine (Geologie) sowie etwa 25.000 Exponate auf Wirbellose, Wirbeltiere und Pflanzen (Biologie).

Die *biologischen Sammlungen* stammen vor allem aus den Meininger Kollektionen und aus der Frühphase des Naturhistorischen Museums Schleusingen (1984–1993). Die ältesten Exponate gehörten zum Naturalienkabinett der Meininger Herzöge und zur Forstakademie Dreißigacker. Darüber hinaus gibt es größere Bestände an Mollusken, Krebsen, Insekten, Amphibien, Vögeln und ihren Eiern.

Besonders wertvoll sind die *geologischen Sammlungen.* Sie umfassen sowohl wissenschaftshistorisch bedeutende Bestände, wie die Kollektion »pretioser Steine« vom Meininger Fürstenhof, als auch wissenschaftlich wertvolles Material, wie z.B. Fossilien aus der Rotliegend-Zeit mit vielen Typus-Exemplaren neu aufgestellter Arten.

Die *Neuaufsammlungen* des Naturhistorischen Museums orientieren sich seit 1984 an folgenden Schwerpunkten:
– Minerale, Gesteine und Fossilien Thüringens
– Neue Belegfunde zu den »Edlen Steinen« der Sammlung des Meininger Herzogs Anton Ulrich
– Fossilien der Rotliegend-Zeit
– Wirbeltier-Fossilien von Karbon bis Trias
– Tiere und Pflanzen Thüringens (Totfunde)
– Conchylien und Meerestiere als inhaltliche Fortsetzung der Sammlung des Herzoglichen Naturalienkabinetts.

1987 begann Ralf Werneburg die Spezialsammlung »Tetrapoden aus Karbon, Perm und Trias« aufzubauen, die bislang etwa 4.000 inventarisierte Stücke mit ca. 5.500 Überresten von kleinen und größeren Saurier-Skeletten umfasst
1990 Dauerausstellung »Minerale – Faszination in Form und Farbe«
Thüringer Minerale und Belege von historischen Mineralfundstellen (R. Schmidt)
Thüringer Fossilien vor allem aus Rotliegend und Trias (R. Werneburg)
Erweiterung der Sammlungen durch Eigenfunde (Exkursionen, Grabungen), Kauf, Tausch und Schenkungen
1995 übergab Ralf Schmidt aus Suhl seine Micromount-Sammlung mit etwa 2.000 Kleinstmineralen dem Naturhistorischen Museum
2001 Dauerausstellung »300 Millionen Jahre Thüringen«
2003 hat Andree Amelang aus Stützerbach seine Kollektion von etwa 5.000 Rotliegend-Fossilien dem Naturhistorischen Museum übergeben.
2012 ging mit Unterstützung des »Freundeskreises Museum« die Micromount-Sammlung mit 892 Kleinstmineralen von Andree Amelang aus Stützerbach in die Sammlungen des Museums über.

Die Larve des Nashornkäfers *Oryctes nasicornis* ist eine Zierde der Zoologischen Sammlung.

Biologische Sammlungen

Die biologischen Bestände umfassen etwa 25.000 Exponate und bedürfen in weiten Teilen präparatorischer und fachlicher Pflege. Bereits vor 1945 wurden diese Sammlungsteile in Meiningen häufig umgelagert, ungünstig magaziniert und fielen teilweise einem Brand zum Opfer (Böhme 1967). Nach den Wirren des Zweiten Weltkrieges war erst in den 80er-Jahren eine Betreuung durch Biologen und einen zoologischen Präparator gegeben. Sammelschwerpunkte waren in dieser Zeit vor allem Fließgewässerorganismen (Wassergrundbewohner) und Amphibien aller Welt. Bis heute ist die Tiefkühltruhe kontinuierlich in Betrieb und nimmt Todfunde von wildlebenden Tieren Südthüringens auf.

TIERE

Wirbellose Tiere aus den Meeren und Ozeanen sind mit etwa 10.000 Objekten belegt. Zum Fundus gehört eine große Conchylien-Kollektion aus dem Meininger Naturalienkabinett, die Ende des 19. Jahrhunderts mehr als 6.000 Muscheln und Schnecken sowie Steinkorallen zählte. Die in den letzten 20 Jahren jährlich erweiterte Kollektion umfasst vor allem Meerestiere aus dem Mittelmeer, Atlantik und Pazifik (Philippinen). Es dominieren Schnecken, Muscheln, Seeigel, Seesterne, Kopffüßer, Krebse, Schwämme und Korallen. Mit Hilfe dieser Sammlung lässt sich sehr gut die Biodiversität im Meer belegen und z.B. in Sonderausstellungen demonstrieren (2003: Funde vom Urlaubsstrand; 2005: Welt der Gliedertiere).

Bei den Invertebraten des Festlandes sind auch viele Belege von Land- und Süßwassermollusken sowie Krebse vertreten. Die arten- und individuenreichste Gruppe sind aber natürlich die Insekten (inklusive Nester). Etwa 10.000 Belege sind vorhanden und verteilen sich vor allem auf folgende Kollektionen (z.T. nach Haase & Brettfeld, in Autorenkollektiv, 1988):
– 6 Insektenkästen Käfer von der Realschule Meiningen (19. Jahrhundert)
– 16 Insektenkästen Schmetterlinge vor der Realschule Meiningen (19. Jahrhundert)
– zwei Kisten mit ca. 5.000 Käfern aus der Sammlung Gleim, Meiningen (ca. 1910)

– fünf Kästen verschiedener Insektengruppen vom Heimatmuseum Schleusingen (20. Jahrhundert)
– 60 kleine und sieben größere Kästen vor allem mit Schmetterlingen von Dr. M. Peter, Bad Kissingen (2001), die K. Csallner in den Jahren 1950–1964 gesammelt hat.
– elf Kästen mit 525 Arten von Schmetterlingen von Dr. H. Barwinek, Schmalkalden (2003).

In der *Wirbeltiersammlung* dominieren die Amphibien und Vögel samt Eiern. Fische und Reptilien sind nur mit relativ wenigen Belegen überliefert. Die Aethanol-Präparate-Sammlung umfasst 570 inventarisierte Behälter mit ca. 500 Amphibien aus aller Welt (aus dem von 1988–1993 bestehenden Amphibien-Vivarium mit damals mehr als 100 Arten) und weiteren Reptilien. Die Vogelsammlung besteht aus etwa 200 Habituspräparaten, ca. 100 Bälgen und mehreren Hundert Vogeleiern. Die Zahl der Säugetierpräparate ist schon nur aus Platzgründen begrenzt, und die meisten Präparate aus den 80er- und 90er-Jahren stehen in der landschaftsökologischen Ausstellung (von der Maus bis zum Hirsch).

Auch bei den Wirbeltieren sind einige historisch besonders interessante Exponate erhalten geblieben.

Der älteste Beleg unserer naturkundlichen Sammlung ist eine Rothirschtrophäe mit Holzhaupt von 1692 und einem glücklicherweise auf der Rückseite erhalten gebliebenen Text:
– *»Dieser Hirsch von 22 Enden, der sich etliche Jahre im Wolfganger Forst aufgehalten, ist den 16. Januar 1692 im Stedtlinger Forst zwischen Stedtlingen und Rupperstadt todt aufgefunden worden«.*

18 gleichartige und jüngere Rothirschtrophäen mit Holzhaupt (19. Jahrhundert) aus dem Schloss Dreißigacker bei Meiningen sind über die Zwischenstationen Forstakademie Dreißigacker, Realschule und Museum Meiningen noch in unsere Sammlung gelangt.
– Der Narwalzahn vom »Einhorn« (1721 an Herzog Anton Ulrich).
– Zwei Federbilder und ein Fitis in einem kleinen Kasten aus der Forstakademie Dreißigacker.

PFLANZEN

Traditionsgemäß werden in der Botanischen Sammlung vor allem Herbarien aufbewahrt. In 15 Herbarien befinden sich ca. 2.500 Blätter mit etwa 3.000 bis 4.000 Pflanzen. In der naturwissenschaftlichen Bibliothek werden neun, z.T. gebundene Herbarien aufbewahrt, z.B.:
– Flora Meiningens von E. Ambronn (1825)
– Süßwasseralgen und Flechten von W. O. Müller (1869, 70)
– Heidepflanzen und Kräuter von G. Logburger (1933, 34)
– Gräser der Altmark von I. Bönsch (1966–1967)
– Algen div. Meere (100 Arten) von H. Philippsen, Flensburg

In der Botanischen Sammlung befinden sich folgende Herbarien:
– diverse Pflanzen aus dem alpinen und mediterranen Raum aus der zweiten Hälfte des 18. Jahrhunderts (knapp 1.000 Blätter)
– 500 niedere, altertümliche Pflanzen (z.B. Tertiär-Relikte) von Prof. Dr. G. Roselt (Freiberg/Ilmenau)
– Moose, 800 Stück (19. Jahrhundert?)
– Blütenpflanzen (mit Orchideen und Raritäten, 19. Jahrhundert)

- »Obstcabinett« mit 50 Blättern (1833)
- Herbar mit vielen alpinen Pflanzen, vor allem mit viel »Ehrenpreis«; künstlerisch angeordnet in gedruckten Vasen, ev. aus der Schweiz (2. Hälfte 18. Jahrhundert).

Aber auch andere Objekte sind vorhanden:
- etwa 50 historische Pilzmodelle aus Wachs
- größere Kollektionen von Samen und Früchten, vor allem aus tropischen Gefilden (z.B. Blüten- und Fruchtstände von div. Palmen).

Geologische Sammlungen

Die geologischen Sammlungen des Naturhistorischen Museums Schloss Bertholdsburg Schleusingen umfassen etwa 60.000 Stücke. Die aussagekräftigsten und besten Exemplare werden in den Ausstellungen gezeigt (Ausstellungssammlungen mit etwa 1.300 Mineralen und Gesteinen sowie 900 Fossilien). Alle anderen Minerale, Gesteine und Fossilien sind im Geomagazin der Bertholdsburg deponiert (Magazinsammlung).

Fossilien

Die Fossiliensammlung ist die größte Sammlung des Naturhistorischen Museums Schleusingen und umfasst 35.000 Exemplare, von denen 20.000 Stücke aus dem Perm und 4.400 Stücke aus der Trias stammen. 26 Typusexemplare und etwa 390 Abbildungsoriginale dieser Sammlung wurden in mehr als 60 wissenschaftlichen Publikationen beschrieben.

Ausstellungssammlung »300 Millionen Jahre Thüringen«

20 Typen und 80 Abbildungsoriginale sind in der Ausstellungssammlung enthalten. Entsprechend der Konzeption dieser 2001 fertiggestellten Dauerausstellung (Werneburg 2003, hier auch ausführliche Fossilangaben) ergeben sich folgende Schwerpunkte:

Farnsamerwedel von *Dichophyllum flabellifera* aus dem Rotliegend von Tabarz. (Foto: M. Barthel, Berlin)

die älteste biologische Tierart der Welt *Triops cancriformis* aus den etwa 270 Mio. Jahre alten Perm-Schichten von Lodève in Südfrankreich

Alle weiteren Fossilien beziehen sich i.d.R. auf Thüringer Funde:

ROTLIEGEND-SEEN UND UMLAND

– Fische (mit dem bislang einzigen vollständigen Haiskelett von *Bohemiacanthus* vom Kammerberg/Manebach), Amphibien mit diversen Branchiosauriern und dem Schädel des Schlammteufels *Sclerocephalus jogischneideri* (Holotypus, Leihgabe Freiberg) von Friedrichroda sowie Triopsiden, Conchostracen und Algen (auch Stromatolithen)
– Pflanzen mit Farnsamern (z.B. *Autunia* von Crock, *Sphenopteris germanica* von Cabarz) und Koniferen sowie vielen Insektenflügeln
– Nahrungspyramide im Rotliegend-See mit Skeletten der Top-Räuber *Orthacanthus* (juvenil) und *Sclerocephalus* (beide Saar-Pfalz) sowie weitere Fische, Branchiosaurier und wirbellose Tiere

ROTLIEGEND-FLUSSLANDSCHAFTEN

– verkieselte Koniferenstämme (*Dadoxylon* von Rotterode und Cabarz) und Riesenschachtelhalm (*Calamites gigas* von Manebach)
– Skelett des Manebacher Sauriers *Onchiodon thuringiensis* mit einem 30 cm langen Schädel
– Quallen und Überreste des 2,5 m langen Riesentausendfüßers *Arthropleura*
– diverse Fährten von Amphibien und Reptilien

ROTLIEGEND-WALD

– moornahe Pflanzengesellschaften von Manebach und der Öhrenkammer (Baumfarne, Calamiten, Cordaiten) sowie eine »tiefschwarze *Psaronius*-Scheibe« von Manebach

ZECHSTEIN-MEER

– diverse Kupferschiefer-Fische, z.B. der große *Eurysomus* oder Quastenflosser *Coelacanthus*

ZECHSTEIN-UFER

– Koniferen und Ginkgogewächse
– Reptilien mit Skelettresten von *Protorosaurus*

FOYER

– »Fossil des Jahres 2011« in Deutschland: eine weltweit einmalige Platte mit drei Hai-Skeletten (bis 2,15 m Länge) von *Orthacanthus senckenbergianus* aus dem Saar-Pfälzischen Rotliegend
– eine 3 m hohe Platte mit dem langen Fährtenzug von *Chirotherium barthii* aus dem Buntsandstein von Heßberg bei Hildburghausen

EINFÜHRUNG

– »Urknallwand« mit diversen Stromatolithen, »Black Smoker« vom Indischen Ozean, einem orig. Ediacara-Quarzit mit Medusen sowie den ältesten Thür. Makrofossilien (die Brachiopoden *Hyperobolus feistmanteli* aus dem Frauenbach-Quarzit von Siegmundsburg)
– »Lebende Fossilien« mit charakteristischen Fossilien und rezenten Vergleichsstücken, z.B. der Quastenflosser *Eusthenopteron foordi* aus dem Ober-Devon von Quebec/Kanada oder

- diverse Reptilienfährten aus Thüringen (*Chirotherium, Isochirotherium, Brachychirotherium, Dicynodontipus, Rotodactylus* u.a.)
- der 27 cm lange Schädel von *Trematosaurus thuringiensis* (Holotypus MfN Berlin)

MUSCHELKALK-MEER

- Unterer und Mittlerer Muschelkalk mit Muscheln, Schnecken, Brachiopoden, Seelilien (*Chelocrinus*), Ammoniten, diversen Spurenfossilien und Stromatolithen; aber auch Fisch- und Reptilreste (z.B. der freigeätzte Schädel von *Cymatosaurus minor*, Holotypus) sowie Reptilienfährten
- Oberer Muschelkalk mit vielen Weichtieren (besonders *Ceratites* und *Germanonautilus* jeweils mit Mundwerkzeugen), Fischen und einem Teilskelett des etwa 6 m langen *Nothosaurus giganteus*

KEUPER-SEEN UND UMLAND

- vor allem aus dem Unteren und Mittleren Keuper Überreste größerer Amphibien (*Mastodonsaurus* von Bedheim u.a.), Zähne von Haien und Lungenfischen, Muscheln, Conchostracen und Triopsiden sowie diverse Pflanzen (Schachtelhalm- und Bärlappgewächse, Farne, Blumenpalmfarne und Koniferen)

KEUPER-FLUSSLANDSCHAFTEN

- Skelettmontagen der Dinosaurier *Liliensternus* und *Plateosaurus*, aber auch einige originale Knochen von *Liliensternus* und *Ruehleia* (Leihgabe MfN Berlin)
- Saurierfährten (*Brachychirotherium thuringiacum* und *Grallator-Atreipus*)

KEUPER-FLACHMEER UND SALZSEEN

- Muscheln, Schnecken, Ammoniten und *Germanonautilus*, vor allem aus dem Grenzdolomit (Unterer Keuper)

MIOZÄN-MAARSEE UND UMLAND

- Fische, Frosch und Fledermausflügel (beides Leihgaben von L. Haldenwang/Radebeul), Käfer sowie Pflanzenreste vom Dietrichsberg/Rhön

PLIOZÄN-ERDFALLSEE UND UMLAND

- Skelettrest des mastodonten Urelefanten *Mammut borsoni* (mit 1,20 m langen Oberschenkelknochen) von Kaltensundheim sowie Zähne von *Anancus arvernensis*, *Tapirus* und *Stephanorhinus* von Sülzfeld und Jüchsen; dazu das Skelett des Hirschkälbchens *Eucladoceros* von Kaltensundheim.

PLEISTOZÄN-FESTLAND

- Tier- und Pflanzenreste der Kalt- und Warmzeiten, hervorzuheben sind die 1798 in der Altensteiner Höhle gefundenen Knochen von Höhlenbären (Skelettreste und ein großer Schädelrest).

Der etwa 30 cm lange Schädel des eryopiden Sauriers *Onchiodon thuringiensis* (Holotypus) aus dem Rotliegend von Manebach gehört zu dem größten Saurierskelett aus dem Rotliegend des Thüringer Waldes

Magazinsammlung Fossilien

Diese Sammlung ist nach unterschiedlichen Gesichtspunkten gegliedert:
(1) Nach der Herkunft der Sammlungen (z.B. aus
    Meiningen, Schmalkalden etc.) und innerhalb
    jeder Sammlung nach Erdzeitaltern (z.B. Trias
    mit Buntsandstein etc.);
(2) Spezialsammlungen (z.B. Rotliegend-Fossilien
    oder Amphibien und Reptilien).
Diese Sammlungsteile sollen kurz vorgestellt werden (zur Geschichte siehe weiter oben).

MEININGEN-SAMMLUNG: FOSSILIEN
Die 6.665 Fossilien wurden von Kambrium bis
Quartär und innerhalb der Perioden nach einzelnen Tier- oder Pflanzengruppen geordnet. Viele
der Fossilien sind im 19. Jahrhundert gesammelt
worden. Etwa 38 Abbildungsoriginale (allein 16
»Würzburger Lügensteine«) sind in der Kollektion
enthalten.

Vom Bereich Kambrium bis Devon (797 Stücke) sind die Trilobiten des Barrandiums und vom
Griffelschiefer Steinach, Cephalopoden aus dem
Devon von Saalfeld und Nehden sowie Brachiopoden aus Silur und Devon hervorzuheben. Aus
dem Perm (425 Stücke) sind die Pflanzenreste aus
dem Kupferschiefer Gera und aus dem Rotliegend
vom Schwarzen Kopf bei Suhl (Kozur) bedeutsam.
Die Fossilien der Trias (1.530 Stücke) und Jura-Zeit
(1.685 Stücke) sind am reichhaltigsten vertreten.
Aus der Trias sind erwähnenswert: Pflanzen aus
dem Keuper von Lunz/Österreich (70 Stücke); Conchostracen aus dem Buntsandstein Mitteldeutschlands (236 Belege von Kozur); *Placodus*-Zähne,
Nothosaurus-Reste, Ceratiten, *Pemphix*, *Encrinus*
und *Dadocrinus gracilis* von Gogolin. Viele Fossilien (acht Schübe) liegen auch aus der alpinen
Trias und Jura vor (von Heim und Emmrich). Aus
der Jura- und Kreide-Zeit sind es überwiegend
Mollusken, vor allem Ammoniten (490 Stücke aus
der Kreide). Aus dem Tertiär (984 Stücke) sind die

Großsäugerreste von Sülzfeld, Jüchsen und Kaltensundheim sowie diverse Schnecken und Muscheln von Interesse. Vom Quartär (504 Stücke) sind die Höhlenbärenüberreste (mit Schädelrest) aus der Altensteiner Höhle, Großsäugerreste und Schnecken von Bedeutung. Nicht zuletzt gehören dazu auch die 16 »Würzburger Lügensteine« und eine historische Fossilfälschung im Solnhofener Plattenkalk.

SCHMALKALDEN-SAMMLUNGEN: FOSSILIEN

Diese Kollektion (3.819 Stücke) besteht aus der ehemaligen Ausstellungssammlung (989 Stücke) von Schloss Wilhelmsburg Schmalkalden und aus einer umfangreichen Privatsammlung (Sammler bislang unbekannt; 2.830 Stücke). Die vom Schmalkaldener Museum angekaufte Sammlung *Arnhardt* wird noch als »Spezialsammlung« genauer vorgestellt.

Aus der Ausstellungssammlung sind hervorzuheben: ein sehr schöner Trilobit (*Asaphellus desideratus*) aus dem Griffelschiefer von Steinach sowie drei größere Wirbeltiere aus dem Kupferschiefer (*Eurysomus*, *Coelacanthus* und *Protorosaurus*). Diese vier Fossilien sind auch Abbildungsoriginale. Umfangreicher sind die Belege des Perm (759 Stück; z.B. Kupferschiefer, Zechsteinriff-Fossilien Süd- und Ostthüringens, Rotliegend-Belege aus dem Thüringer Wald, vor allem die verkieselten Stämme von Rotterode) und aus der Jura-Zeit (1.079 Stücke; vor allem aus Franken). Interessant ist auch eine große Kammmuschel (*Pleuronectites laevigatus*), die nachweislich 1757 im Oberen Muschelkalk von Schlotheim gefunden wurde.

In der anonymen »Privatsammlung« dominieren Fossilien aus Devon (67 Stücke von Bundenbach, Wildungen, Gerolstein), Jura (989 Stücke; viele Ammoniten und Solnhofen) und Tertiär (931 Stücke; viele Mollusken vom Mainzer und Wiener Becken, Belege von Rott/Siebengebirge).

SAMMLUNGEN VON EISFELD UND HILDBURGHAUSEN: FOSSILIEN

Vom Schlossmuseum Eisfeld ist eine kleine Ausstellungssammlung überliefert (71 Stücke), die Fossilien (und Gesteine) der Umgebung Eisfelds dokumentiert. Alle Fossilien stammen überwiegend aus Perm und Trias.

Die kleine Fossilienkollektion vom Stadtmuseum Hildburghausen umfasst lediglich 24 Stücke, stammt aber von dem berühmten Geografen Ernst Kaiser.

SCHLEUSINGEN-SAMMLUNGEN: FOSSILIEN

Die Schleusinger Sammlungen gliedern sich in den Altbestand (Georgi-Franke-Kollektion, GCb–GQ) und die Neuaufsammlungen seit 1987 (Werneburg-Kollektion, WPc–WQ).

Zum Altbestand gehören vor allem die von Georgi in den Jahren 1929 bis 1955 gesammelten Fossilien. Aber auch Franke hatte neben seiner bedeutenden Mineralsammlung bis 1932 viele Fossilien zusammengetragen, die 1934 im »Franke-Museum« ausgestellt waren. Die Georgi-Franke-Sammlung umfasst 4.910 Stücke aus allen Perioden, wobei das Rotliegend des Thüringer Waldes (GP 1–1935) dominiert. Unter den Fossilien sind zwei Holotypen und etwa 49 Abbildungsoriginale. Folgende Sammlungsschwerpunkte sind zu nennen: verschiedene Spurenfossilien aus dem Ordovizium des Thüringer Schiefergebirges; Graptolithen verschiedener Fundorte aus dem Silur; aus dem Devon Nereiten, Meerestiere und Pflanzenreste vom Mühlberg bei Forschengereuth sowie Gerolstein-Fossilien; Pflanzenreste aus dem Thüringer Kulm; aus dem Rotliegend viele Pflanzenreste von Manebach, Crock, Homigtal, Bahnhof Gehlberg, Gottlob und Lochbrunnen sowie Fische vom Sembachtal, Sperbersbach, Pochwerksgrund und Gottlob, etwa 25 Insektenflügel vom Homigtal (ein Holotypus), Branchiosaurier vom Gottlob und Lochbrunnen; *Ichniotherium* von Tambach; aus dem Muschelkalk *Nothosaurus*- und *Placodus*-Reste, *Ceratites* und *Germanonautilus*; vom Keuper *Semionotus* von Coburg und *Ceratodus*-Zahnplatten vom Grabfeld; Jura-Fossilien aus Süddeutschland, vor allem viele Ammoniten, aber auch *Chondrites*; *Prospondylus*, *Siphonia* und *Micraster* aus dem Turon südlich Halberstadt und *Hamites* aus dem Pläner von Thale; Mollusken aus Tertiär und Quartär.

Die neueren Aufsammlungen (inklusive Tausch, Schenkung und Kauf) von Werneburg et al. umfassen etwa 6.500 Fossilien (z.T. auch Sedimentbelege zu Profilen). Davon sind 90 % im Inventarbuch inventarisiert (im PC 40 %). Die Schwerpunkte dieser

Der fingerlange Branchiosaurier *Apateon dracyiensis* aus dem Rotliegend von Tabarz

Sammlung (WPc – WQ) liegen wiederum im Perm (etwa 4.200 Stücke) und der Trias (etwa 1.500 Stücke), wobei das meiste Material aus Thüringen stammt. Besondere Bedeutung haben die reichhaltigen Tetrapodenfunde aus Karbon, Perm und Trias, die als Spezialsammlung ausgegliedert wurden (siehe S. 127). Sieben Typen und etwa 190 Abbildungsoriginale deuten den wissenschaftlichen Wert der Sammlung an, wobei die meisten Typen und Originale sich auf die fossilen Amphibien und Reptilien beziehen (siehe dort). Wichtig sind: die Tier- und Pflanzenreste aus dem Rotliegend vom Silbergrund (Stephanian), Sembachtal, Manebach (!), Cabarz (!), Sperbersbach (!) und von Im Grunde/Friedrichroda; die Saurierfährten und Knochenreste aus dem Röt von Thüringen und Sachsen-Anhalt als Schenkung von S. Voigt/damals Halle (etwa 200 Stücke); die Nothosaurier-Skelettreste und Fische aus dem Muschelkalk der Umgebung von Weimar (von S. Weiland/Cospeda); *Ceratites* und *Germanonautilus* aus dem Muschelkalk Thüringens (von S. Rein/Erfurt-Rhoda); Wirbeltiere, Mollusken und Pflanzenreste aus dem Unteren Keuper von Bedheim, der ICE-Trasse bei Arnstadt und dem Thüringer Becken (aus ehem. Privatsammlung Werneburg); Saurierfährten aus dem Mittleren Keuper der Hassberge; Fische u.a. aus den miozänen Papierschiefern vom Dietrichsberg.

Nun sollen die *drei Spezialsammlungen* noch kurz vorgestellt werden, die der Paläontologischen Sammlung des Schleusinger Museums ganz besondere Nuancen geben.

ARNHARDT-SAMMLUNG: ROTLIEGEND-FOSSILIEN

Die Kollektion des Schmalkaldeners Alfred Arnhardt (7.805 Stücke) besteht zu 85 % aus Fossilien der Stephan- und Rotliegend-Zeit des Thüringer Waldes (6.662 Stücke). Diese Fossilien stammen von sehr vielen verschiedenen Fundpunkten und Fundniveaus. Sie sind wissenschaftlich schon sehr gut bearbeitet. Allein 14 Typusexemplare und etwa 100 Abbildungsoriginale von 21 wissenschaftlichen Publikationen gehören in diese Sammlung. Damit ist sie eine der wissenschaftlich wertvollsten Rotliegend-Sammlungen Europas! Sieben Arten und Gattungen tragen den Namen des Finders Arnhardt. Alle Fossilien sind (auch im PC) inventarisiert. Haubold (1985) hat die Arnhardt-Sammlung genauer ausgewertet (Fundpunkte und Fossillisten), so dass hier der Komplex der Rotliegend-Fossilien nicht genauer vorgestellt wird.

AMELANG-SAMMLUNG: ROTLIEGEND-FOSSILIEN

Auch die inzwischen etwa 6.000 Stücke umfassende Kollektion von Andree Amelang aus Stützerbach ist nach dem Vorbild Arnhardts ganz den Rotliegend-Fossilien gewidmet und wurde im Jahre 2003 vom Schleusinger Museum übernommen. Die Fossilien stammen von etwa 100 Fundpunkten im Thüringer Wald, von denen einige zuvor unbekannt waren. Es überwiegen Pflanzenfossilien, unter denen auch einige Erstnachweise für Thüringen glückten: *Oligocarpia* und *Senftenbergia* (Barthel 2005; sieben Abbildungsoriginale).

Besonders interessant sind folgende Fundkomplexe:

– Pflanzen von Manebach (Rollgraben!), Blaue Steinkehle, Lindenberg (!), Sperbersbach (!), Benshausen sowie große Stromatolithen von der Sachsendelle
– Arthropoden vom Sperbersbach
– Fischreste (auch große *Orthacanthus*-Zähne), Insektenflügel und Branchiosaurierreste vom Silbergrund (Stephan C)
– Fische von der »Fischhalde« Manebach, Blauer Stein, Sperbersbach und Cabarz
– Saurierfährten nahe Erletortalsperre und Cabarz
– kleine Krebse (*Uronectes*) vom Bahnhof Oberhof.

Bestandteil der Amelang-Sammlung ist auch eine kleinere Kollektion von Rotliegend-Pflanzen, die M. Huneck aus Ilmenau gesammelt hat (vor allem Manebach, Crock und Öhrenkammer).

TETRAPODEN AUS KARBON, PERM UND TRIAS

Die Kollektion fossiler Amphibien und Reptilien umfasst etwa 4.500 Stücke, die zu 90% inventarisiert sind. Insgesamt sind es aber weit über 5.500 Überreste von Skeletten, denn im Extremfall können auf einer Platte mehr als 400 kleine Skelette von Branchiosauriern erhalten sein. Diese Sammlung wird seit 1987 durch Ralf Werneburg kontinuierlich aufgebaut und mit Belegen der anderen Schleusinger Sammlungen ergänzt.

Zum Bestand gehören bislang neun Typusexemplare (und vier Typen als Dauerleihgabe) sowie 133 Abbildungsoriginale, die in 34 wissenschaftlichen Publikationen beschrieben wurden (18 Arbeiten allein über die Tetrapoden aus dem Rotliegend des Thüringer Waldes). 84 verschiedene Tetrapoden-Arten sind vertreten, wobei die fossilen Amphibien mit 63 Arten (48 allein aus dem Permokarbon) dominieren. Die Zahl der Branchiosaurier-Belege ist groß, aber es finden sich auch größere Skelettreste, z.B. von dem in terrestrischen Rotliegend-Ablagerungen 1989 ausgegrabenen etwa 1,5 m langen »Manebacher Saurier« *Onchiodon thuringiensis* mit 30 cm Schädellänge – dem größten Saurier aus dem Rotliegend des Thüringer Waldes.

Minerale

Die Mineralsammlung des Naturhistorischen Museums umfasst mehr als 15.000 Exemplare. Sie wird zum größten Teil in einer 1987 installierten Hebelschubanlage im Geo-Magazin der Bertholdsburg aufbewahrt. In der Dauerausstellung werden derzeit etwa 1.300 der besten Stücke unserer Sammlung präsentiert.

Ausstellungssammlung »Minerale – Faszination in Form und Farbe«

PROFESSOR DR. FRANKE-SAMMLUNG: MINERALE UND KRISTALLMODELLE

Professor Dr. Hermann Franke (1847–1932) kam 1879 als Oberlehrer an das Schleusinger Gymnasium und erwarb sich im Laufe seines Lebens ein außerordentlich hohes gesellschaftliches Ansehen in der hennebergischen Kleinstadt (Schmidt 1998). Besonders zugetan im Amt wie in der Freizeit war Franke den Geowissenschaften. Auf Reisen und Exkursionen trug er auch eine umfangreiche und qualitativ hochwertige Mineraliensammlung zusammen, die allerdings »*nicht wie die Gesteins-*

Bergkristall mit sogenannter Phantomzeichnung vom Steinhorst bei Suhl aus der Mineralogischen Sammlung *und Versteinerungssammlung einen ausgeprägt heimatlichen Charakter«* trägt (Zitat Georgi).

Höhepunkt seiner privaten Forschungsarbeit wurde schließlich die Entwicklung einer Methode zur Berechnung und Herstellung von Kristallmodellen. Ausgehend von einem komplizierten mathematischen Tafelwerk zur Bestimmung der Flächen- und Kantenlagen, über die Konstruktion von »Kristallnetzen« bis hin zum eigentlichen Bau der aus starkem Karton gefertigten Modelle reicht der Inhalt seines 1913 in Stuttgart herausgegebenen Buches »Die Umrisse der Kristallflächen und die Anfertigung von Kristallmodellen«.

Dieses Werk ist neben dem 1912 erschienenen »Geologischen Wanderbuch für den Thüringer Wald« seine bekannteste publizistische Arbeit. Im Bestand des ehemaligen Franke-Zimmers ist neben der Gesteins-, Fossilien- und Mineralsammlung auch der komplette Nachlass seiner kristallografischen Arbeiten erhalten geblieben. Dazu gehören neben den originalen Etiketten seiner Mineralsammlung auch mehrere Hundert auf großen Papierbögen konstruierte Kristallnetze der verschiedenen Kristalltrachten und eine Sammlung von etwa 400 Kristallmodellen aus Karton.

Glanzpunkte der wissenschaftshistorisch noch wenig ausgewerteten Kollektion sind die vorhandenen originalen Mineralstufen oder Einzelkristalle mit den dazugehörigen Modellen im oft stark vergrößerten Maßstab, wodurch diese in der Regel den Charakter eines Unterrichtsmittels zur anschaulichen Darstellung komplizierter kristallografischer Sachverhalte annehmen.

DAS EDELSTEIN-KABINETT

Seit der Umgestaltung der mineralogischen Ausstellung können sich die Besucher nun in nicht weniger als 16 Vitrinen (!) und einer Leuchtsäule über die Vorkommen und die Verwendung edler Steine in Vergangenheit und Gegenwart informieren:

– Einführend werden Edelsteine im Allgemeinen vorgestellt, von Diamant, Rubin und Smaragd bis zu Granat, Turmalin und Edelopal. Es folgen die Quarze in ihren Farbvarietäten sowie Chalcedone als Achat, Jaspis, Chrysopras usw. An zwei Mikroskop-Arbeitsplätzen lassen sich die wertvollsten Facettensteine im Detail studieren.

– Blickfang des Raumes ist eine mannshohe Geode mit prächtigen brasilianischen Amethystkristallen. Eine große Achatmandel aus Minas Gerais/Brasilien, eine ebensolche aus dem sächsischen St. Egidien (bläulicher Achat mit Jaspis und Rauchquarz) sowie eine Großvitrine mit repräsentativen Neufunden sizilianischer Jaspachate und Jaspise komplettieren die Darbietung großformatiger natürlicher Edelsteine.

– Im Mittelpunkt des Edelstein-Kabinetts stehen jedoch viel kleinere Objekte, nämlich die geschliffenen Achate und Jaspise aus der Kollektion des Meininger Herzogs Anton Ulrich aus dem 18. Jahrhundert. Eine Auswahl der repräsentativsten Suiten der Sammlung wird in 13 Wand- und Tischvitrinen vorgestellt. Die historischen Hintergründe des herzoglichen Sammeleifers werden ausführlich erläutert, ebenso aber auch die Potenziale der Sammlung für aktuelle vergleichende Untersuchungen.

DIE EDELSTEINSAMMLUNG DES HERZOGS ANTON ULRICH

Eine der Kostbarkeiten in den Beständen des Naturhistorischen Museums Schleusingen ist die sehr große Sammlung von Schliffplatten, die dem ehemaligen »Naturaliencabinet« der Meininger Herzöge entstammt. Durch erhalten gebliebene Archivalien lässt sich nachweisen, dass diese Kollektion fast ausschließlich dem Sammeleifer von Anton Ulrich (1687–1763) zu verdanken ist (Schmidt 1995). Er war der jüngste Sohn von Bernhard I., dem ersten Regenten des 1680 gegründeten Herzogtums Sachsen-Meiningen, hielt sich jedoch wegen familiärer Streitigkeiten zeitlebens »im Ausland« auf.

Anton Ulrich war ein begeisterter Sammler von Achaten und Jaspisen. Vor allem in veredelter Form, als Dosen, Tabatieren und barocken Schliffplatten, waren sie heißbegehrte Objekte höfischer Repräsentanz. Seit etwa 1706 legte der Herzog durch zahlreiche Käufe sowie durch direkte Aufträge an Steinschneider seine bemerkenswerte Kollektion an. Der Großteil der heute ca. 5.200 Stücke umfassenden Schliffsammlung blieb erhalten und stellt eine der wichtigsten Spezialsammlungen ihrer Art in Europa dar.

Die meist allseitig geschliffenen und polierten

Platten, Cabochons und anderen Schliffstücke von Achat, Jaspis und Dekorgesteinen repräsentieren die Materialvielfalt, die Mitte des 18. Jahrhunderts den Edelsteinschleifereien zugänglich war. Das Spektrum reicht dabei von den klassischen deutschen Fundregionen bei Idar-Oberstein und in Sachsen über die böhmischen Jaspise und sizilianischen Jaspachate bis hin zu den berühmten ägyptischen Nilkieseln und den Heliotropen und Carneolen aus Indien.

Heutzutage ermöglicht diese einmalige Sammlung in der Verknüpfung von Mineralogie, Gemmologie und Kunstgeschichte interessante Detailforschungen, so beispielsweise nachträgliche Zuordnungen kunsthistorisch wertvoller Objekte der Steinschneidekunst zu definierten Herkunftsgebieten der Rohsteine.

EINFÜHRUNG IN DIE MINERALOGIE

Dieser Ausstellungsteil wurde auf sechs Wandvitrinen und einen großen Glaskubus für die »Prachtstücke« unserer Sammlung reduziert. Mit Hilfe besonders anschaulicher Mineralstufen werden die Grundlagen der Mineralentstehung vermittelt, vom atomaren Aufbau und den daraus resultierenden Kristallformen bis hin zu den Eigenschaften der Minerale, z.B. zur Frage: Wie entstehen Farbe und Glanz? Hier werden vor allem Mineralstufen aus klassischen deutschen Bergbaugebieten und internationale Belege gezeigt, z.B. diverse Kristallformen von Pyrit, Galenit, Calcit und Baryt. Zwei Vitrinen sind den Sonderformen der Minerale vorbehalten. Zu sehen sind Gipslocken, Eisenblüten, »Glatzköpfe«, dicke Silberdrähte an einer historischen Stufe von Kongsberg/Norwegen, Skelettkristalle aus Silber, eingebettet in Arsen, aus einem Fund aus alten Wismut-Halden, Pseudomorphosen und Kristallzwillinge, Gold von Siebenbürgen und aus Kalifornien usw.

MINERALE UND GEOLOGIE THÜRINGENS

In den folgenden acht Wandvitrinen sind jeweils die charakteristischen Mineralbildungen ihren geologischen Baueinheiten zugeordnet:
- Minerale der ältesten Gesteine des Grundgebirges (z.B. Ruhlaer Kristallin mit Amethystgängen, Minerale aus Dachschiefern und Marmoren des Thüringer Schiefergebirges)

Große »Schneekopfkugel« mit Amethyst vom Seebachsfelsen Friedrichroda

- Minerale aus silurischen Schiefern (Kiesel- und Alaunschiefer, Feengrotten, Uranbergbau)
- Minerale aus Graniten und ihren Kontaktgesteinen (Minerale aus Steinbrüchen und Vererzungen, z.B. aus dem Henneberg-Granit, Antimonerze von Neumühle, Zeolithe aus dem Suhler Granit)
- Minerale aus Rotliegend-Vulkaniten (in Porphyren, Rhyolithen, Tuffen, hier auch die seltenen Silikate aus dem Hühnberg-Dolerit, z.B. Babingtonit, Pumpellyit, Datolith)
- »Schneekopfkugeln« – eine mineralogische Besonderheit des Thüringer Waldes (mit Beispielen vieler Fundorte)
- Wie sind die »Schneekopfkugeln« entstanden?
- »Schneekopfskugeln« – Sammeltradition seit Jahrhunderten (mit ausgewählten Beispielen und einer PC-Diaschau der Sammlung Holzhey, Erfurt)
- Die Tropfsteinhöhle unter dem Bleßberg-Tunnel – die Neuentdeckung des Jahres 2008 in Form einer Nachbildung als Höhlen-Diorama, mit vielen originalen Tropfstein- und Sinterbildungen, Erläuterungen zur Entdeckung beim ICE-Tunnelbau und zur lokalen Geologie, Dia-Schau auf einem Großbildmonitor)
- »Vogelnester«, Pseudo-Stalaktiten und Excentriques – zur Mineralogie von Tropfsteinbildungen (Tropfsteine im Mineralreich mit Beispielen von Malachit, Rhodochrosit, Achat u.a.m.).

- Gold aus dem Thüringer Schiefergebirge: mit Rekonstruktion einer historischen Goldwäscherei, Repliken von Ausbeutetalern und einer Nachbildung des legendären, leider verschollenen Schwarzburgischen Goldpokals
- Kupfer- und Kobaltminerale aus den Revieren Saalfeld-Kamsdorf und Glücksbrunn bei Schweina (letztere mit historischen Stücken einer Lagerstätten-Suite von 1787)
- Uranerz-Begleitminerale des Ronneburger Revieres (z.B. Wavellit, Whewellit, Baryt, Calcit)
- Minerale des Eisenerzbergbaus der Chamosit-Thuringit-Lagerstätten von Wittmannsgereuth und Schmiedefeld bei Neuhaus, des Vesser-Schmiedefelder Reviers (»Roter, Schwarzer und Gelber Crux«), der gangförmigen Hämatitlagerstätten (z.B. bei Suhl und Ruhla-Brotterode), der metasomatischen Sideritlagerstätten (bei Schmalkalden und Kamsdorf)
- Minerale des Bergbaus auf Manganerze in den Revieren Oehrenstock (z.B. große Hausmannit-Kristalle), Arlesberg-Gehlberg (z.B. Pyrolusit), Ilfeld (z.B. Manganit und eine prächtige historische Pseudomorphose nach Calcit) und Friedrichroda (z.B. Xanthosiderit und Nadelbaryt)
- Minerale des Fluss- und Schwerspatbergbaus der Reviere Schmalkalden (z.B. Fluorit, Malachit, Gips), Ilmenau-Gehren (z.B. Fluorit, Baryt) und Könitz (z.B. Strontianit)
- Minerale der Salzlagerstätten (z.B. Halit und Sylvin) von Merkers, Sondershausen und Niedersachswerfen
- »Typus-Minerale«, die aus Thüringen erstmals beschrieben worden, wie z.Bsp. die Manganminerale Hausmannit, Braunit und Manganit.

Magazinsammlung Minerale

Diese Sammlung ist in fünf Sammlungsteile untergliedert:
- systematische Sammlung nach dem Chemismus der Minerale (Gliederung nach Rösler)
- Thüringer Minerale nach Fundorten bzw. Fundrevieren (z.B. Kamsdorf, Schweina etc.)
- Edelsteinsammlung der Meininger Herzöge, insbesondere des Herzogs Anton Ulrich (zu-

meist Schliffplatten von Achaten, Jaspisen, Marmoren und anderen Gesteinen)
- Franke-Sammlung (u.a. mit vielen Original-Mineralen zu seinen Kristallmodellen)
- Micromount-Sammlung für Thüringen, aber auch weltweit mit seltenen Mineralen.

Die beiden erstgenannten Sammlungsteile werden im Folgenden kurz vorgestellt, die anderen wurden oben schon ausführlich erläutert.

Etwa 3.500 Minerale belegen die Systematik der Mineralogie. Hier wurden alle Sammlungsteile eingeordnet, die nicht den Spezialsammlungen zuzurechnen sind. Es handelt sich um Belege aus deutschen (außer Thüringen) und internationalen Fundorten. Auch von der zeitlichen Einordnung ihres Zuganges in die Sammlung ist ein sehr breites Spektrum vorhanden. Es reicht von Neuzugängen aktueller Erwerbungen zurück bis zu den ältesten Sammlungsteilen des Herzoglich-Meiningischen Naturalienkabinetts.

Folglich bildet die systematische Mineralsammlung einen Mix aus kulturhistorisch sehr wertvollen Kabinettstücken, Einzelfunden und Lagerstättensuiten klassischer Fundregionen des 18./19. Jahrhunderts (z.B. Oberharz, Siegerland, Alpen, Skandinavien), aber auch von einfachsten Belegen der Mineralarten, die z.T. nicht einmal eine Fundortangabe aufweisen. Mit Hilfe alter Kataloge sowie durch Schrift- und Etikettenvergleiche sollen zukünftig möglichst große Fortschritte bei der nachträglichen Identifizierung »historischer Mineralstufen« erzielt werden. Die systematische Mineralsammlung soll auf die Anordnung nach Strunz umgestellt werden.

Ein umfangreicher Neuzugang erfolgte 1995 mit der über 2.000 Stücke umfassenden Micromount-Sammlung von R. Schmidt, Suhl.

Die Thüringen-Sammlung weist derzeit etwa 3.400 Minerale auf. In der zweiten Hälfte der 8oer-Jahre konnten aus Privatbesitz eine Reihe interessanter Kollektionen, aber auch repräsentative Einzelstücke erworben werden. Beispielhaft seien genannt: Horst Hinze, Saalfeld (z.B. Reviere Kamsdorf und

Könitz), Konrad Bartzsch, Saalfeld (Steinbruch Henneberg, Kamsdorf), Werner Hertlein, Suhl (ehem. Eisenerzgruben Suhl, Schneekopfkugeln), E. Lämmerhirt, Ilmenau (Spatbergbau Gehren), Mike Lippold, Zwickau (Uranbergbau Ronneburger Revier). 2013 wurde die Thüringen-Sammlung von Frank Weiske aus Suhl übernommen. Diese Neuerwerbungen ergänzen in hervorragender Weise die vorhandenen thüringischen Belegsammlungen, die vor allem durch die Zugänge aus den Museen Schmalkalden und Meiningen ins Naturhistorische Museum kamen. In Schleusingen waren in den Kollektionen von Franke und Georgi zwar auch einige thüringische Fundorte gut belegt, jedoch ist deren Umfang keineswegs vergleichbar mit den o. g. Museumssammlungen.

Die Sammeltätigkeit der mineralogisch arbeitenden Mitarbeiter des Naturhistorischen Museums (R. Schmidt und W. Hertlein) war von 1981 bis 1990 beispielsweise ausgerichtet auf:
- die hydrothermalen Gangminerale des Dolerit-Steinbruchs bei Schnellbach (vor allem seltene Silikate, wie Babingtonit, Pumpellyit, Datolith)
- die Cu-Co-Lagerstätte Glücksbrunn bei Schweina (Erythrin, Pikropharmakolith, Cu-Sekundärminerale)
- die Manganerz-Lagerstätte am Gottlob bei Friedrichroda (u. a. Hausmannit, Gottlobit, Nadelbaryt)
- Manganerze aus der Klinger Störung bei Trusetal
- Olivin- und Pyroxen-Xenolithe aus tertiären Vulkaniten Südthüringens (Rhön, Grabfeld).

Gesteine

In den ständigen Ausstellungen »Minerale – Faszination in Form und Farbe« sowie »300 Millionen Jahre Thüringen« sind etwa 50 Magmatite, Metamorphite und Sedimente Thüringens vertreten. Aber die meisten Belege sind magaziniert (etwa 5.300 Exemplare) und gehören zu folgenden Sammlungsteilen:
- Schmalkalden-Sammlung (Gesteine diverser stratigrafischer Einheiten und Fundorte Thüringens)
- Schleusingen-Sammlung (Gesteine aus ganz

Deutschland, aber vor allem aus Thüringen und Franken)
- Meiningen-Sammlung (Gesteine aus Deutschland)
- Prof.-Zipser-Sammlung (vor allem Gesteine und Minerale der slowakisch-ungarischen Gebirge).

Alle Sammlungsteile werden nun kurz vorgestellt:

SCHMALKALDEN-SAMMLUNG: GESTEINE
Die 2.245 Gesteine wurden im Schmalkaldener Museum gemeinsam mit den Fossilien vorzüglich auf Karteikarten und in zwei Inventarbüchern inventarisiert. Besonders die verschiedensten Gesteine des Thüringer Waldes und Schiefergebirges sind mit Handstücken gut belegt und dokumentiert.

SCHLEUSINGEN-SAMMLUNG: GESTEINE
Die Gesteine dieser Sammlung wurden von Franke und Georgi vor allem in Thüringen und Franken gesammelt, es finden sich aber z. B. auch alpine Gesteine darunter. Diese Gesteine waren im sogenannten »Franke-Zimmer« ausgestellt und magaziniert (ca. 2.000 Stück). 2013 sind sie

Natürliche, miteinander verwachsene Würfel-Kristalle von Pyrit aus Huaron (Peru) in der Ausstellung »Minerale – Faszination in Form und Farbe«

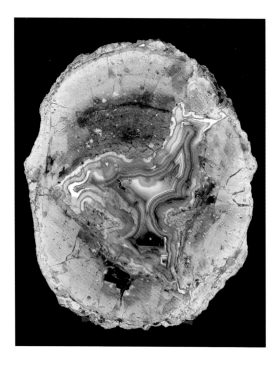

Figurenachat mit Henne
in einer Schneekopfkugel
vom Baumgartental,
Thüringer Wald

neu untergebracht und inhaltlich erschlossen
worden.

MEININGEN-SAMMLUNG: GESTEINE

Diese Teilsammlung mit etwa 500 Gesteinen
Deutschlands, die vor allem im 19. Jahrhundert gesammelt wurden (Realschule Meiningen), müssen
ebenfalls neu erschlossen werden. Vermutlich befinden sich darunter auch Sammlungsbelege der
bedeutenden Meininger Geologen H. Emmrich, H.
Pröscholdt und W. Frantzen.

PROFESSOR ZIPSER-SAMMLUNG

Das Herzogliche Naturalienkabinett in Meiningen
erhielt von Prof. Dr. Zipser aus Neusohl (Banská
Bystrica) eine in sieben Lieferungen aufgeteilte
Kollektion von Gesteinen, einschließlich einiger
Minerale und Fossilien, bezeichnet als »Orykto-
geognostische Mineralien-Sammlung von Ungarn«. Die Sendungen trafen im Zeitraum von
etwa zehn Jahren in Meiningen ein, die ersten beiden vermutlich vor 1832, die letzte nach 1840. Die
ursprünglich aus 500 Belegen bestehende Sammlung stammt vor allem aus der weiteren Umgebung von Neusohl und den damals ungarischen,
heute z. T. slowakischen Gebirgen.

Weitere geowissenschaftliche Bestände

Zum geowissenschaftlich interessanten Bestand
des Naturhistorischen Museums Schleusingen
zählen vor allem diverse Archivalien und Modelle:
- Gästebuch des »Herzoglichen Naturaliencabi-
  nets« Meiningen von 1797
- ältestes Inventar der Mineralsammlung im
  Meininger Naturalienkabinett von 1832
- sechs Verzeichnisse der »Orykto-geognosti-
  schen Mineralien-Sammlung von Ungarn« des
  Prof. Zipser (in Heftform mit originalem Ein-
  band, eingetroffen im Naturalienkabinett etwa
  1830 bis 1840)
- Kristallmodell-Sammlung von Hermann Emmrich (Ankauf für die Realschulsammlung Meiningen um 1870);
  Es handelt sich dabei um über 250 Kristallmodelle aus Holz in Größen von 4 bis 8 cm. Es ist
  zu vermuten, dass diese Sammlung noch aus
  der Zeit um 1837 stammt, als Emmrich am Mineralogischen Kabinett der Universität Berlin
  beim berühmten Mineralogie-Professor Weiss
  als Inspektor angestellt war (Böhme, 2003).
- mehr als 400 vergrößerte Kristallmodelle aus
  Karton, die von Prof. H. Franke nach einer ei-
  gens dafür entwickelten Methode konstruiert
  und hergestellt wurden (siehe oben).
- Dokumente, Gerätschaften und Publikationen
  aus dem Nachlass von Prof. H. Franke und P.
  Georgi
- originale Schränke, Grafiken, Beschriftungen
  sowie zugehörige Fossilien und Minerale aus
  dem Schleusinger »Franke-Museum« von 1934
  und der geologischen Ausstellung auf Schloss
  Wilhelmsburg Schmalkalden von 1952
- etwa 400 Modelle von 100 verschiedenen ur-
  zeitlichen Pflanzen und Tieren in der Ausstellung »300 Millionen Jahre Thüringen« (fast
  alle vom ehemaligen Präparator M. Kroniger
  gefertigt).

Bibliotheken

Zum Museum Schloss Bertholdsburg gehören drei Bibliotheken, die historisch ganz unterschiedlich gewachsen und in sich geschlossen sind. Ihr Gesamtbestand beträgt annähernd 27.000 Bände. Alle drei Bibliotheken sind bisher teils traditionell durch Zettelkatalog, teils digital erschlossen. Diese Bibliotheken sind benannt als:

– Hennebergische Gymnasialbibliothek
  Diese durch Rektoren und Ephoren der Hennebergischen Landesschule gewachsene Büchersammlung mit 199 kostbaren Frühdrucken vor 1500 (Inkunabeln) und 24 handgeschriebenen Codices beinhaltet etwa 5.000 Bände vom 15. bis 18. Jahrhundert.
– Bibliothek des Hennebergischen Geschichtsvereins und in seiner Nachfolge die des Heimatmuseums, umfasst etwa 2.000 Bände (in Schleusingen von 1908 bis 1936)
– Naturwissenschaftliche Bibliothek.

Die naturwissenschaftliche Bibliothek entstand 1984 mit der Umprofilierung zum Naturhistorischen Museum in Schleusingen als eine Spezialsammlung zur Mineralogie, Paläontologie und Biologie. Grundlagen waren die naturwissenschaftlichen Bestände aus Meiningen, Sonneberg und Eisfeld, zu denen auch einige Bücher aus dem 17. bis 19. Jahrhundert gehören. Wertvolle Besonderheiten dieser Bibliothek sind Conrad Gesners »Allgemeines Thierbuch« von 1669; Carl von Linne's »Vollständiges Natursystem« und Johann Matthäus Bechsteins »Gemeinnützige Naturgeschichte«. Außerdem beinhaltet die naturwissenschaftliche Bibliothek nahezu vollständig die geologischen Messtischblätter für Südthüringen. Der Gesamtbestand an naturkundlicher Literatur umfasst über 5.500 Bände.

Durch Schriftentausch mit etwa 150 Tauschpartnern aus aller Welt erwirbt das Museum regelmäßig naturwissenschaftliche Fachzeitschriften anderer Museen, Institute und Verbände.

Die Benutzung aller Bibliotheken ist nach vorheriger Absprache möglich. Eine Ausleihe außer Haus erfolgt nur in Ausnahmefällen und besteht grundsätzlich nur für die neuere Literatur des 20. und 21. Jahrhunderts.

Forschung, Ausgrabungen und Publikationen

Die auf die naturkundlichen Sammlungen bezogene Forschungsarbeit des Museums konzentriert sich exemplarisch auf einige Schwerpunkte der Sammlungen und Ausstellungen (Bestandsforschung). Daraus leiten sich die Feldforschung, verbunden mit Exkursionen, Ausgrabungen und Präparation, aber auch Recherche- und Vergleichsarbeiten sowie Vorträge und Veröffentlichungen zu relevanten Themen ab. Folgende Schwerpunkte zeichnen sich gegenwärtig ab:

– Paläontologie und Biostratigrafie der Amphibien und Reptilien aus Karbon und Perm der Thüringer Wald-Senke sowie vergleichbarer Rotliegend-Vorkommen (R. Werneburg)
– Wirbeltiere der Trias Thüringens (R. Werneburg)
– Achate und Jaspise aus der Sammlung des Meininger Herzogs Anton Ulrich und ihre historischen Originalfundstätten (R. Schmidt, Suhl)
– Geschichte des Schleusinger Museums und seiner Sammlungen (R. Schmidt und R. Werneburg).

Seit 2002 konnten fünf Forschungsprojekte über die Deutsche Forschungsgemeinschaft (DFG) realisiert werden (R. Werneburg). Die Themen bezogen sich auf die Paläontologie und Biostratigrafie der Amphibien vom Karbon bis zur Trias von Thüringen und vergleichbaren Vorkommen in Russland, Frankreich, Tschechien und den USA.

In der Paläontologischen Sammlung arbeiten jährlich mehrere Gastforscher vor allem aus Deutschland, aber auch aus Übersee. Besonderes Interesse finden die Fossilien aus der Rotliegend-Zeit.

Viele der Forschungsergebnisse finden sich in dem seit 1986 bestehenden Periodicum »Veröffentlichungen des Naturhistorischen Museums Schleusingen« wieder. Seit dem Jubiläumsband 25 präsentiert sich die Museumszeitschrift im neuen Gewand und unter neuem Namen: *Semana* (Naturwissenschaftliche Veröffentlichungen des Naturhistorischen Museums Schloss Bertholdsburg Schleusingen). Der Name Semana wurde abgeleitet von der ältesten Bezeichnung für den Thürin-

Weitgehend kontinuierliche Grabungstätigkeit des Naturhistorischen Museum
auf paläontologischem Gebiet seit 1989

1989-1991
Manebach im Thüringer Wald
(Unter-Rotliegend vom Kammer-
berg, Bushaltestelle, »Manebacher
Saurier«-Skelett)

1992
Bedheim (Unter-Keuper, Bonebed
u.a.)

1993
Südfrankreich (AGP-Exkursion in
mehreren Perm-Becken)

1994
Steinbruch Cabarz (Unter-Rotlie-
gend) + Börtewitz in NW-Sachsen
(Unter-Rotliegend, Seesedimente)
+ Dietrichsberg/Rhön (Miozäne
Maarsee-Sedimente)

1995
Barrandium in Böhmen (Exkur-
sion, Kambrium bis Devon)

1996
Im Grunde bei Friedrichroda
(Unter-Rotliegend, Seesedimente)
+ Kupferschiefer (Ober-Perm) vom
Bahnhof Förtha und der Halde
Sturmheide in Ilmenau

1997
Manebach im Thüringer Wald
(Unter-Rotliegend vom Kammer-
berg, an der Fischhalde, Hai-
Skelett)

1998
Eischleben bei Arnstadt an der
BAB 4/B4 (Unter-Keuper, Bonebed)
+ Ellrich bei Nordhausen (Kupfer-
schiefer, Ober-Perm)

1999
Sardinien (Unter-Rotliegend, See-
sedimente mit Branchiosauriern)
+ Ziegeleiweg Hildburghausen
(Chirotheriensandstein, Buntsand-
stein, Chirotherien)

2000
ICE-Trasse bei Arnstadt-Nord und
Erfurter Kreuz (Unter-Keuper;
Saurierskelettreste)

2001
Börtewitz in NW-Sachsen (Unter-
Rotliegend, Seesedimente)

2002
Manebach im Thüringer Wald
(Unter-Rotliegend vom Kam-
merberg, oberhalb Fischhalde)
+ ICE-Trasse bei Arnstadt-Nord
(Unter-Keuper, Riesenstämme und
Knochen)

2003
Manebach im Thüringer Wald
(Unter-Rotliegend vom Kammer-
berg, Goldhelmer Weg) + Stein-
bruch Cabarz (Unter-Rotliegend)
+ ICE-Trasse bei Arnstadt-Nord
(Unter-Keuper; Saurierskelett-
reste)

2004
Lodève in Südfrankreich (Ober-
Perm, Pelycosaurier-Skelett) – I

2005
Manebach im Thüringer Wald
(Unter-Rotliegend vom Kammer-
berg, Bushaltestelle) + New Mexico (Stephanian und Unter-Perm)

2006
Lodève in Südfrankreich (Ober-
Perm, Pelycosaurier-Skelett) – II,
Steinbruch Cabarz (Unter-Rotlie-
gend)

2007
Mösewegswiese bei Tambach-
Dietharz (Unter-Rotliegend,
Seesedimente)

2008
Lodève in Südfrankreich (Ober-
Perm, Pelycosaurier-Skelett) – III

2009
Steinbruch Cabarz (Unter-Rotliegend) + New Mexico (Stephanian
von Carrizo Arroyo) + Arizona
(Perm vom Grand Canyon)

2010
Steinbruch Cabarz (Unter-Rotlie-
gend) + Börtewitz in NW-Sachsen
(Unter-Rotliegend, Seesedimente)
+ Chemnitz (Unter-Rotliegend
vom »Versteinerten Wald«)

2011
Sperbersbach an der Schmücke im
Thüringer Wald (Unter-Rotliegend,
Seesedimente) mit mehr als 1.000
Insekten

2012
Lochbrunnen bei Oberhof (Unter-
Rotliegend) + Sperbersbach an
der Schmücke im Thüringer Wald
(Unter-Rotliegend, Seesedimente)
mit neuem Amphibien-Skelett für
Thüringen

2013
Wintersbrunnen im Kleinen
Leinatal bei Finsterbergen (Unter-
Rotliegend).

Massenvorkommen des Branchiosauriers *Apateon dracyiensis* mit 413 Exemplaren aus dem Rotliegend von Tabarz; hier lassen sich nach anatomischen Merkmalen sogar Männchen und Weibchen unterscheiden; Maßstab 10 cm. (Foto: C. Schulz, Schleusingen)

ger Wald – Semanus – und findet sich schon auf einer Karte des Klaudios Ptolemaios (um 100 – um 175 unserer Zeitrechnung).

Viele wissenschaftliche Beiträge wurden auch in nationalen und internationalen Zeitschriften und Büchern veröffentlicht. Publikationslisten von R. Schmidt und R. Werneburg können über info@ museum-schleusingen.de angefordert werden.

Ausstellungen und Service

Mit einer Fläche von knapp 2.000 m² erschließen die Dauerausstellungen den Ost-, Nord- und Westflügel von Schloss Bertholdsburg. Der Besucher erlebt die Naturkunde Thüringens, aber auch die Geschichte der Burg und der näheren Region. Neben temporären Sonderausstellungen werden den Besuchern heute drei große ständige Ausstellungen angeboten:

MINERALE – FASZINATION IN FORM UND FARBE

Diese 250 m² große Ausstellung zeigt fünf thematische Schwerpunkte in der Mineralausstellung:

- »Franke-Zimmer« – das 1934 in der Bertholdsburg eröffnete geologische Heimatmuseum als Vorläufer des heutigen Naturhistorischen Museums
- »Edelstein-Kabinett« – mit vielen Edelsteinen und einer herzoglichen Edelstein-Sammlung des 18. Jahrhundert, die überregionale Bedeutung hat
- »Was sind Minerale?« – die Entstehung und die vielfältigen Erscheinungsformen der Minerale werden erklärt
- »Minerale und Geologie Thüringens« – charakteristische Minerale und Gesteine Thüringens sowie ein kurzer Abriss zur geologischen Entstehung der Thüringer Gebirge
- »Minerale aus dem Bergbau Thüringens« – Haupt- und Begleitminerale des historischen Bergbaus auf Gold, Silber, Kupfer, Kobalt, Uran, Eisen, Mangan, Fluss- und Schwerspat und Salze in Thüringen.

AUF DEN SPUREN UNSERER UMWELT – 300 MILLIONEN JAHRE THÜRINGEN

In der 2001 eröffneten Ausstellung auf 800 m² Grundfläche werden »Thüringer Landschaften«

Die mannshohe Amethyst-Druse von Rio Grande de Sul in Brasilien stimmt auf das »Edelstein-Kabinett« ein.

Kolorit. Die 5–6 m langen Skelettrekonstruktionen der Dinosaurier *Liliensternus* und *Plateosaurus* aus dem Mittleren Keuper des Großen Gleichbergs bei Römhild bilden einen Höhepunkt der Ausstellung. Die Präsentation der heutigen Thüringer Landschaften spricht die Sinne an. Wald, Gewässer und Wiesen sehen, hören und betasten. Lebende Fische und Urkrebse sind in mehreren Aquarien zu beobachten. Zu den beiden UNESCO-Biosphärenreservaten Thüringer Wald–Vessertal und Rhön werden thematische Einführungen gegeben.

Die innovative Projektidee dieser landschaftsökologischen Ausstellung, unser heutiges Landschaftsbild von seinen erdgeschichtlichen Wurzeln her zu vermitteln, also das Werden und Vergehen von Landschaften und ihrer Klimate in der Erdgeschichte sowie der Jetztzeit mit den Mitteln einer modernen musealen Ausstellung zu präsentieren, wurde durch die Deutsche Bundesstiftung Umwelt maßgeblich unterstützt. Die Exposition »Auf den Spuren unserer Umwelt – 300 Millionen Jahre Thüringen« nimmt einen gesonderten Platz in der breiten Palette deutscher Natur- und Umweltausstellungen ein.

BURG- UND REGIONALGESCHICHTE

Die regionalgeschichtliche Ausstellung im Museum Schloss Bertholdsburg zeigt auf insgesamt fast 850 m² Themen, wie »Die Grafen von Henneberg«, »Stadtgeschichte Schleusingens«, »Papierherstellung und Buchdruck im Hennebergischen Land« sowie »Handwerk und Lebensweise im südthüringisch-fränkischen Raum«.

von ihren erdgeschichtlichen Wurzeln bis in unsere Tage hinein präsentiert. Seen, Flusslandschaften, Wälder und Moore gab es schon seit Millionen von Jahren, aber was hat sich seitdem verändert? Die Zeitreise führt durch urgeschichtliche Landschaften mit Baumfarnen, Sauriern, Riesentausendfüßern, Haifischen, Ammonshörnern und Urelefanten. Von der Rotliegend-Zeit vor 300 Millionen Jahren bis hin zum Eiszeitalter hatten wir hier einen steten Wechsel von Festland und Meer. Als Beweise der Erdgeschichte werden knapp 1.000 Fossilien in 40 Vitrinen präsentiert, die aber auch häufig frei zum Anfassen sind. Etwa 400 originäre Modelle prähistorischer Tiere und Pflanzen innerhalb der 25 Landschaftsdioramen geben der Schleusinger Ausstellung ihr unverwechselbares

KONTAKTADRESSE:

Naturhistorisches Museum Schloss Bertholdsburg Schleusingen
Burgstr. 6, 98553 Schleusingen
Tel.: 036841-5310, Fax: 036841-531225
E-mail: info@museum-schleusingen.de
Internet : www.museum-schleusingen.de

ÖFFNUNGSZEITEN:

Di–Fr 9–17 Uhr,
Sa–So sowie an Feiertagen 10–18 Uhr
24.12. geschlossen; 25., 26. und 31.12. sowie am
01.01. von 13–18 Uhr geöffnet
Letzter Einlass eine Stunde vor Schließung.

PARKPLÄTZE:

Vor dem Schloss, am Marktplatz sowie in der Burgstraße, Königstraße, Dr.-von-Kopenhagen-Strasse (Lindenweg) und auf dem Schützenplatz.

Zwei Bushaltestellen neben dem Schloss in der Burgstraße und Busparkplatz am Schützenplatz.

Literatur

Autorenkollektiv des NHMS (1988): Übersicht zum Sammlungsbestand des Naturhistorischen Museums Schloss Bertholdsburg Schleusingen. – Südthür. Forsch., 23: 4–17, 9 Abb., Meiningen.

Böhme, G. (1967): Zwei Jahrhunderte naturwissenschaftliche Sammlungen in Meiningen. – Südthüringer Forschungen, 2 (2/66): 1–119, Meiningen.

Georgi, P. (o. D.): Das Heimatmuseum für Urgeschichte in Schleusingen. – Ausstellungsführer: 1–10.

Schmidt, R. (1995): Die Schmucksteinsammlung des Meininger Herzogs Anton Ulrich (1687–1763). – Veröff. Naturhist. Mus. Schleusingen, 10: 87–120.

Schmidt, R. (1998): Prof. Dr. Hermann Franke (1847–1932) – Gymnasiallehrer und Geowissenschaftler in Schleusingen/Thüringen. – Veröff. Naturhist. Mus. Schleusingen, 13: 43–53.

Schmidt, R. (2005): Achate – »Meine pretiosen Steine«. – In: AchatTräume, Katalog der Mineralientage München, S. 102–107.

Schmidt, R. und Werneburg, R. (1994): »Würzburger Lügensteine« aus der Sammlung des Naturhistorischen Museums Schleusingen. – Veröff. Naturhist. Mus. Schleusingen, 9: 91–99.

Schmidt, R. und Werneburg, R. (2013): »Minerale – Faszination in Form und Farbe« Ausstellungsführer des Naturhistorischen Museums Schleusingen. Schleusingen.

Werneburg, R. (2002): Naturhistorisches Museum Schloss Bertholdsburg. – In: U. Jansen, P. Königshof & F.F. Steininger (Hrsg.), Zeugen der Erdgeschichte – Ein Reiseführer zu den schönsten Fossilien in deutschen Naturkundemuseen. – Senckenberg-Buch Nr. 75: 52–53.

Werneburg, R. (2003): Auf den Spuren unserer Umwelt – 300 Millionen Jahre Thüringen. – Unter Mitarbeit von ökoplan Essen, 1–104, 147 Abb., Hildburghausen.

Werneburg, R. (2004): 70 Jahre »Franke-Museum« und 20 Jahre Naturhistorisches Museum Schloss Bertholdsburg Schleusingen. – Schleusinger Blätter, 1: 18–24.

Werneburg, R. & Schmidt, R. (2006): Archive der Erdgeschichte – Geowissenschaftliche Sammlungen in Thüringen. Naturhistorisches Museum Schloss Bertholdsburg Schleusingen. – Beiträge zur Geologie von Thüringen, Neue Folge 13: 285–310, 3 Abb. Jena.

Veröffentlichungen des Naturhistorischen Museums Schleusingen (seit 1986); Periodicum mit biologischen und geologischen Beiträgen zur Naturgeschichte Thüringens (ISSN 0863–6338): Auflistung der einzelnen Beiträge mit Zusammenfassungen unter: www.museum-schleusingen.de
Seit 2010 unter dem neuen Titel »Semana« fortgeführt.

Der »Zug der Waldtiere« mit Hirsch und Co. sowie typischen Bodenprofilen Thüringens gehören zur rezent-ökologischen Ausstellung. (Foto: C. Schulz, Schleusingen)

3.7. Senckenberg Forschungsstation für Quartärpaläontologie Weimar

Ralf-Dietrich Kahlke, John-Albrecht Keiler und Frank Kienast

Stichworte: Senckenberg Weimar, Quartärpaläontologie, Eiszeit, Forschungssammlungen, Großsäugetiere, Kleinsäugetiere, Makrofloren, Mikrofloren

◄ Größter Gepard der Welt: Schädel von *Acinonyx pardinensis pleistocaenicus* aus dem Unterpleistozän von Untermaßfeld (Länge 216 mm), Inv.-Nr. IQW 1980 / 16 350 (Mei. 15 861). (Foto: Korn)

Senckenbergs Quartärpaläontologie – Eiszeitsammlungen in Weimar

Senckenberg ist bei der Erforschung der Vielfalt des Lebens weltweit aktiv. Im Blickpunkt der auf internationaler Ebene geführten Biodiversitätsforschung stehen die Evolution der Organismen, die Funktionsweise von Ökosystemen, die Wirkung des Klimas sowie die Dynamik des Erdsystems in geologischer Vergangenheit und Gegenwart. Fossile Zeugnisse der Erdgeschichte werden dabei als ein vielschichtiger lebenswissenschaftlicher Informationsschatz verstanden, der die Grundlage zum Verständnis aktueller und zukünftiger Entwicklungsprozesse bildet. Senckenberg ist mit Forschungseinrichtungen unterschiedlicher fachlicher Kompetenz in den Bundesländern Hessen, Sachsen, Hamburg, Brandenburg, Thüringen, Niedersachsen und Baden-Württemberg vertreten (ausführlich unter www.senckenberg.de). Trägerin der heute zur Wissenschaftsgemeinschaft Gottfried Wilhelm Leibniz zählenden Senckenberg Forschungsinstitute und Naturmuseen ist die Senckenberg Gesellschaft für Naturforschung. Sie wurde 1817 in Frankfurt am Main als Senckenbergische Naturforschende Gesellschaft gegründet.

Zentrales Element der Forschungsinfrastruktur Senckenbergs waren und sind naturwissenschaftliche Sammlungen, darunter auch die umfangreichen Bestände eiszeitpaläontologischer Sachzeugen in Weimar. In ihrer standortübergreifenden Vernetzung zählen die Senckenberg-Sammlungen zu den weltweit bedeutendsten Beständen ihrer Art.

Die Weimarer Quartärpaläontologie beherbergt 19 Sammlungen eiszeitlicher Fossilien unterschiedlicher Herkunft und Altersstellung sowie rezentes Vergleichsmaterial.

Gegenstand quartärpaläontologischer Forschung in Weimar ist die Entwicklungsgeschichte terrestrischer Tier- und Pflanzengesellschaften sowie von Paläoökosystemen vornehmlich der Nordhemisphäre während des Eiszeitalters, also der klimatisch außerordentlich variablen Zeitspanne der vergangenen 2,6 Millionen Jahre. Inhaltliche Betreuung und Nutzungskoordinierung der Sammlungsbestände obliegen vier wissenschaftlichen Sektionen unterschiedlicher fachlicher Spezialisierung (Quartäre Großsäugetiere, Quartäre Kleinsäugetiere, Quartäre Mikrofloren, Quartäre Makrofloren). Konservierung und Dokumentation werden von zwei sektionsübergreifenden Arbeitsgruppen geleistet. Aktuell umfassen die Sammlungen reichlich 79.600 Präparate bzw. Serien. Ein erheblicher Teil des Materials ist publiziert. Zu überregional bedeutenden Fundstellen Thüringens liegen monografische Bearbeitungen vor.

Senckenberg Forschungsstation für Quartärpaläontologie: Sammlungsmagazin mit Großsäugerpräparaten aus Voigtstedt, einer der bedeutendsten frühmittelpleistozänen Fundstellen Europas. (Foto: Korn)

Lebensvielfalt auf der Spur: Vorbereitung der Fundentnahme bei Untermaßfeld. (Foto: Korn)

Geschichte

Durch den internationalen Nachhall des ab 1696 zwischen dem Gothaer Historiografen W. E. Tentzel und dem ortsansässigen Collegium medicum geführten Disputes über die Deutung der seinerzeit in den Travertinen von Burgtonna frisch entdeckten Reste fossiler Waldelefanten (*Elephas antiquus*) befand sich Thüringen bereits vor über 300 Jahren im Fokus der naturwissenschaftlichen Gelehrtenwelt. Während des 19. Jahrhunderts entstanden hier erste bedeutende Fossilsammlungen, vor allem zu den in unmittelbarer Nähe Weimars gelegenen Fundstellen von Süßenborn, Weimar (Belvederer Allee), Taubach und Ehringsdorf. Die quartärgeologischen, paläobotanischen und paläozoologischen, archäologischen und paläoanthropologischen Forschungen in Thüringen sind mit den Namen zahlreicher bekannter Wissenschaftlerpersönlichkeiten verbunden, darunter J. W. von Goethe (1749–1832), F. Klopfleisch (1831–1896), W. G. von Fritsch (1838–1906), A. Nehring (1845–1904), H. Virchow (1852–1940), H. Pohlig (1855–1937), A. Weiss (1871–1940), L. Siegert (1872–1917), F. Weidenreich (1973–1948), F. Wiegers (1875–1955), E. Wüst (1875–1934) und W. Soergel (1887–1946).

Nach dem Ende des Zweiten Weltkriegs und während der daraus resultierenden deutschen Zweistaatlichkeit war es vor allem H.-D. Kahlke, der die Eiszeitpaläontologie in Thüringen vorantrieb. Mit der 1962 erfolgten Gründung des Insti-

tuts für Quartärpaläontologie Weimar wurde die Sammlungs- und Forschungstätigkeit erstmals auf eine eigenständige Basis gestellt. Mit dem Jahr 2000 erfolgte die lange angestrebte Einbindung in das Senckenberg Forschungsinstitut (Kahlke 2006a). Zügig konnte nun mit dem Ausbau neuer Institutsgebäude begonnen werden, die bereits 2005 bezogen wurden. Personeller Zuwachs sowie labor- und sammlungstechnische Innovationen bewirkten einen nachhaltigen wissenschaftlichen Aufschwung. Die Neuanordnung der nach Quantität, Diversität und Publikationsgrad zu den führenden quartärpaläontologischen Sammlungen Europas zählenden Bestände in nunmehr elf Magazinen mit insgesamt ca. 270 technisch verbesserten Sammlungsschränken dauert derzeit noch an. Aus laufenden Feldforschungen in mehreren Regionen von der Arktis bis nach Südasien, aus Plan- und Rettungsgrabungen sowie durch die Übernahme von Publikationsoriginalen und Referenzsammlungen wurden die Bestände der Weimarer Sammlungen während der Jahre 2009–2013 um 19.900 Einheiten erweitert. Die für eine dauerhafte Vorhaltung konservierten Präparate stehen der internationalen Forschung zur Verfügung.

Forschungsgebiete und Sammlungen

Die quartärpaläontologischen Forschungsprojekte werden im Rahmen von vier wissenschaftlichen Sektionen unterschiedlicher fachlicher Spezialisierung vorangetrieben. Ihnen obliegt auch die inhaltliche Betreuung und Nutzungskoordinierung jeweiliger Sammlungen. Konservierung und Dokumentation liegen in den Händen der sektionsübergreifenden Arbeitsgruppen Grabung und Präparation sowie Dokumentation und Bibliothek. Innerhalb Senckenbergs sind die Arbeiten in standortübergreifende Forschungsschwerpunkte eingebunden. Die meisten Programme werden zudem im Verbund mit internationalen Arbeitsgruppen vorangetrieben.

Die 19 Sammlungen der Senckenberg Forschungsstation für Quartärpaläontologie umfassen aktuell 79.635 Präparate bzw. Serien (Stand

10. Dezember 2013). Der überwiegende Teil des Materials wurde in Originalpublikationen veröffentlicht (siehe Tabelle: Monografien und darin enthaltene Bibliografien). Derzeit arbeiten jährlich rund 25 Gastforscher im Rahmen senckenbergischer oder eigener Projekte mit den Weimarer Sammlungen.

Sektion Quartäre Großsäugetiere

Die Sektion Quartäre Großsäugetiere blickt auf eine bereits seit der zweiten Hälfte des 19. Jahrhunderts in Weimar bestehende Forschungstradition zurück. Im Blickpunkt aktueller Arbeiten steht die Entwicklungsgeschichte pleistozäner Säugetiergemeinschaften vornehmlich der Nordhemisphäre der Erde vor dem Hintergrund sich drastisch wandelnder Umweltverhältnisse. Dabei sind Zusammenhänge zwischen Biodiversität und rhythmischer Klimavariabilität von besonderem Interesse. Weitere Schwerpunkte liegen in der Auswertung von Grabungsfunden aus der Zeitspanne zwischen 1,2 und 0,9 Millionen Jahren vor heute, in der Rekonstruktion der Entstehung, Entwicklung und Verbreitung eurasischer Kaltzeitfaunen sowie in Untersuchungen zur Entwicklungsgeschichte einzelner Säugetiergruppen. Ein aktuelles Forschungsprojekt versucht, stimulierende Faktoren der Ausbreitung des frühen Menschen in Europa zu erfassen.

Kontinuierliche Sammlungstätigkeit und über Jahrzehnte jährlich angesetzte Plan- und Rettungsgrabungen führten zu internationaler Wertschätzung und Nutzung der senckenbergischen Bestände plio-/pleistozäner Großsäugetierreste in Weimar. Elf Sammlungen (Untermaßfeld, Voigtstedt, Süßenborn, Ehringsdorf, Taubach, Burgtonna, Weimar (Belvederer Allee), Thüringer Becken, Südthüringen, Ausland, Typen) beinhalten mehr als 32.550 fossile Großsäugerreste aus 309 Fundstellen unterschiedlichen Alters. Zu etwa 70 % dieser Objekte liegen Originalpublikationen vor.

Sektion Quartäre Kleinsäugetiere

Systematische Sammlungs- und Forschungstätigkeit zu quartären Kleinsäugetieren wird in Weimar seit 1982 betrieben. Die entsprechende Sektion beschäftigt sich mit Insektenfressern, Fledermäusen, Nagetieren und Hasenartigen, die in der Zoologie als Kleinsäugetiere zusammengefasst sind. Das Arbeitsspektrum umfasst Untersuchungen zu Morphologie, Systematik, Altersbestimmung, Paläoökologie und Paläobiogeografie spättertiärer

Einzigartig im Lockersediment: Zieselskelett (*Spermophilus sp.*) aus Werrasanden von Untermaßfeld (Breite des Bildausschnittes 200 mm), Inv.-Nr. IQW 2003 / 28 189 (Mei. 27 351). (Foto: Korn)

Sammlungen	Altersstellung	Anzahl der Präparate zur Paläozoologie / Zoologie	Anzahl der Präparate zur Paläobotanik / Botanik	Bearbeitungsstand
Südthüringen-Sammlung	Spätpliozän	100		
Untermaßfeld-Sammlung	Frühpleistozän	13.585		Monografien: R.-D. Kahlke (Hrsg.) (1997, 2001a, 2001b); R.-D. Kahlke (2006b)
Voigtstedt-Sammlung	Frühmittelpleistozän	1.900		Monografie: H.-D. Kahlke (Hrsg.) (1965)
Süßenborn-Sammlung	Frühmittelpleistozän	3.795		Monografie: H.-D. Kahlke (Hrsg.) (1969)
Ehringsdorf-Sammlung	Spätmittel- / Spätpleistozän	3.975	2.560	Monografien: H.-D. Kahlke (Hrsg.) (1974, 1975)
Taubach-Sammlung	Eem-Interglazial	3.110		Monografie: H.-D. Kahlke (Hrsg.) (1977)
Burgtonna-Sammlung I	Eem-Interglazial bis Frühweichsel-Glazial	675	3.330	Monografie: H.-D. Kahlke (Hrsg.) (1978)
Burgtonna-Sammlung II (Slg. Lindner)	Eem-Interglazial bis Frühweichsel-Glazial	2.365	2.790	
Weimar-Sammlung	Eem-Interglazial	355	30	Monografie: H.-D. Kahlke (Hrsg.) (1984)
Microvertebraten-Sammlung	Pleistozän	14.970		Übersicht: Maul (2002)
Sammlung Thüringer Becken	Pleistozän	1.655 Fundstücke aus 210 Einzelfundstellen, z.T. gesondert publiziert		Übersicht: R.-D. Kahlke (2002)
Ausland-Sammlung	Pleistozän	565	40	
Typen-Sammlung	Pleistozän	75	5	Katalog: R.-D. Kahlke (1984)
Mollusken-Sammlung	Pleistozän, Holozän	13.850		Übersicht: Meyrick (2002)
Pollen-Sammlung	Pleistozän, Holozän		2.500	
Sammlung Laacher See (Slg. Waldmann)	Allerød		1.860	Monografie: Waldmann (1996)
Pollen-Vergleichssammlung	rezent		1.370 Taxa	
Herbarium Senckenbergianum Weimar	rezent		3.560	
Wirbeltier-Vergleichssammlung	rezent	615		

und pleistozäner Kleinsäuger Eurasiens. Neben der Bearbeitung von Fossilresten aus Einzelfundstellen Europas sowie des Nahen Ostens werden auch Untersuchungen zu Stammesgeschichte und Evolution einzelner Kleinsäugergruppen, so der Wühlmäuse, Hamster und Hörnchen, durchgeführt.

Die in der Sektion betreute Mikrovertebraten-Sammlung umfasst rund 15.000 pleistozäne und rezente Sammlungseinheiten. Neben Kleinsäugerfossilien sind auch Reste von Vögeln, Reptilien, Amphibien und Fischen vertreten. Die umfangreichsten Anteile der Sammlung entstammen den thüringischen Pleistozänvorkommen von Untermaßfeld, Voigtstedt, Süßenborn, Ehringsdorf, Taubach und Burgtonna.

Sektion Quartäre Mikrofloren

Mit der Gründung der Sektion Quartäre Pflanzen im Jahre 2000 wurde eine in Weimar bis in das 19. Jahrhundert zurückreichende paläobotanische Tradition erstmals institutionell verankert. Später konnte das Forschungsspektrum um eine weitere paläobotanische Sektion bereichert werden. Die nunmehrige Sektion Quartäre Mikrofloren konzentriert sich auf hochauflösende pollenanalytische Untersuchungen an jahreszeitlich geschichteten Seesedimenten. Aus Veränderungen im Artenspektrum fossilen Blütenstaubs lassen sich vor allem kurz- und mittelfristige Vegetations- und Klimaänderungen rekonstruieren. Dadurch können detaillierte Aussagen zur natürlichen Variabilität des Klimas sowie zur menschlichen

Blütenstaub als Umwelt-
indikator:
Rezente Pollenkörner aus
der Vergleichssammlung.
(Foto: Stebich)

Links
Filigran in Stein:
Laub- und Hochblatt einer
Linde *Tilia* cf. *cordata* im
Travertin von Weimar-
Ehringsdorf, Inv.-Nr. IQW
2011 / 35 641 (E 1 416).
(Foto: Korn)

Rechts
Arktischer Herbarbeleg:
Fingerkraut *Potentilla
uniflora* aus Alaska. (Foto:
Kienast)

Einflussnahme auf die Umwelt während der jüngeren erdgeschichtlichen Vergangenheit gewonnen werden. Eine überregionale Vernetzung der Befunde ermöglicht präzise Altersdatierungen, so dass sich lokale Änderungen von Klima und Vegetation im Kontext nordhemisphärischer bzw. globaler Klimaschwankungen betrachten lassen.

Die in der Sektion betreute palynologische Sammlung beinhaltet derzeit reichlich 2.500 Präparate fossiler Pollenfloren aus verschiedenen Untersuchungsgebieten, u.a. in Frankreich, Tschechien, China, Kirgistan und Indien. Vergleichspräparate von rund 1.370 rezenten Pflanzen aus Europa und Asien ergänzen die Bestände.

Sektion Quartäre Makrofloren

Die Sektion wurde 2008 im Zuge der Erweiterung des paläobotanischen Forschungsspektrums gegründet. Im Fokus aktueller Arbeiten stehen Rekonstruktionen von Vegetation und Umweltbedingungen, die während der Kälte- und Wärmephasen des Quartärs in Mitteleuropa sowie in eisfreien Gebieten Ostsibiriens und Alaskas herrschten. Pflanzliche Makrofossilien liefern zudem wesentliche Beiträge zum Verständnis der biotischen Verarmung gegen Ende des Eiszeitalters.

Die der Sektion zugeordneten paläobotanischen Sammlungen umfassen rund 10.600 Fossilien, vornehmlich Pflanzeninkrustationen aus Travertinen von Ehringsdorf, Burgtonna und Weimar

(Belvederer Allee) sowie aus verfestigter Tephra vom Laacher See (Rheinland-Pfalz). Außerdem liegen umfangreiche Probenserien fossiler Pflanzenreste aus Seeablagerungen von Voigtstedt/Hackelsberg sowie aus Permafrost-Sedimenten der Arktis vor. Ein Herbarium und die zugehörige karpologische Sammlung mit insgesamt etwa 3.500 Belegen aus verschiedenen Regionen Europas, Sibiriens, Alaskas sowie aus Ostasien werden als Referenzmaterial zur Bestimmung fossiler Pflanzenreste genutzt.

Mollusken-Sammlung

Eine in der Forschungsstation ohne Sektionseinbindung verfügbare Sammlung pleistozäner und rezenter Mollusken gründet sich auf Sammel- und Forschungsaktivitäten während des frühen 20. Jahrhundert. In den 1950er- bis 1970er-Jahre vermehrte vor allem H. Zeissler die malakologischen Bestände durch ihre vornehmlich im mitteldeutschen Raum betriebenen Aufsammlungen und Untersuchungen. Umfangreiches Referenzmaterial von Sukzessionen holozäner Landschnecken aus Süd-Ontario entstammt senckenbergischen Forschungen zur Faunen- und Umweltentwicklung Nordamerikas. In jüngerer Zeit fand zudem Referenz- und Typusmaterial aus externen Projekten in Kasachstan und Tadschikistan Eingang in die Sammlung. Aktuell sind 13.850 Einheiten katalogisiert.

◀ Streuobst im Travertin: Europäischer Wildapfel *Malus sylvestris* von Weimar-Ehringsdorf, Inv.-Nr. IQW 1968 / 10 712 (Ehr. 12 183). (Foto: Korn)

Gehäusevielfalt: Schnirkelschnecken aus den Travertinen von Weimar-Ehringsdorf, Taubach und Weimar/Parkhöhle. (Foto: Korn)

Nashornskelett als Pflegefall: Ausgrabung eines *Stephanorhinus hundsheimensis* bei Voigtstedt 1959 sowie seine Neukonservierung 2012, Inv.-Nr. IQW 1966 / 7415 (Voi. 3280). (Foto: Archiv, Korn)

Technische Arbeitsgruppen

Eine Arbeitsgruppe Grabung und Präparation führt sämtliche Plan- und Rettungsgrabungen der Weimarer Forschungsstation sowie die anschließenden Präparations- und Konservierungsarbeiten geborgener Funde durch (Keiler 1995). Ihr obliegen zudem die konservatorische Betreuung der Sammlungsbestände, die Replikation von Originalfossilien und die Herstellung von Sedimenttransferpräparaten. Darüber hinaus werden Untersuchungen zu Präparations- und Konservierungsverfahren sowie zum Langzeitverhalten von Altpräparaten durchgeführt und entsprechende Gutachterleistungen erbracht. Als Feldausstattung stehen Vermessungs- und Grabungsausrüstungen mit Zelt und Werkstattcontainer zur Verfügung. Da Wirbeltierfunde oftmals in Form von Großblöcken (max. 1 t) eingebracht werden, besitzt die Forschungsstation ein mit Hubtisch und Krananlage ausgestattetes Labor zur Blockpräparation. Neben einem weiteren Labor zur Feinpräparation und einem konventionellen Schneid- und Schleiflabor stehen technische Möglichkeiten zur Gewinnung fossiler Kleinsäuger- und Molluskenreste sowie ein Pollenlabor zur Verfügung.

Im Rahmen der wissenschaftlichen Dokumentation erstellt eine Arbeitsgruppe Dokumentation und Bibliothek sämtliche vermessungstechnische, grafische und fotografische Gelände- und Objektdokumentationen einschließlich der Sammlungskataloge. Außerdem werden ein forschungsgeschichtliches und ein Verwaltungsarchiv sowie eine bis in das Jahr 1954 zurückreichende Fotothek geführt. Die Spezialbibliothek umfasst derzeit ca. 16.800 Bestandseinheiten.

KONTAKTADRESSE:

Senckenberg
Forschungsstation für Quartärpaläontologie
Am Jakobskirchhof 4, 99423 Weimar
Tel. +49 (0) 3643-493093330
Fax +49 (0) 3643-493093352
E-Mail Sekretariat: sschneider@senckenberg.de
Internet-Link: http://www.senckenberg.de/root/index.php?page_id=1342

Literatur

Fiedler, B. (2012): Quartärpaläontologische Forschung in Weimar 1962–2011. Eine Bibliographie. – Senckenberg Gesellschaft für Naturforschung, 1–124, 16 Abb.; Frankfurt am Main.

Kahlke, H.-D. (Hrsg.) (1965): Das Pleistozän von Voigtstedt. – Paläontologische Abhandlungen, Reihe A Paläozoologie 2/3: 211–692, 190 Abb., 66 Taf.; Akademie Verl., Berlin.

Kahlke, H.-D. (Hrsg.) (1969): Das Pleistozän von Süßenborn. – Paläontologische Abhandlungen, Reihe A Paläozoologie 3/4: 367–788, 236 Abb. + Tafelband (60 Taf.), Akademie Verl., Berlin.

Kahlke, H.-D. (Hrsg.) (1974): Das Pleistozän von Weimar-Ehringsdorf. Teil I. – Abhandlungen des Zentralen Geologischen Instituts, Paläontologische Abhandlungen 21: 1–351, 141 Abb., 27 Taf. 20 Tab.; Akademie Verl., Berlin.

Kahlke, H.-D. (Hrsg.) (1975): Das Pleistozän von Weimar-Ehringsdorf. Teil II. – Abhandlungen des Zentralen Geologischen Instituts, Paläontologische Abhandlungen 23: 1–594, 142 Abb., 60 Taf, 81 Tab.; Akademie Verl., Berlin.

Kahlke, H.-D. (Hrsg.) (1977): Das Pleistozän von Taubach bei Weimar. – Quartärpaläontologie 2: 1–509, 167 Abb., 48 Taf., 96 Tab.; Akademie Verl., Berlin.

Kahlke, H.-D. (Hrsg.) (1978): Das Pleistozän von Burgtonna in Thüringen. – Quartärpaläontologie 3: 1–399, 137 Abb, 56 Taf., 46 Tab.; Akademie Verl., Berlin.

Kahlke, H.-D. (Hrsg.) (1984): Das Pleistozän von Weimar. Die Travertine im Stadtgebiet. – Quartärpaläontologie 5: 1–432, 101 Abb., 75 Taf., 37 Tab.; Akademie Verl., Berlin.

Kahlke, R.-D. (1984): Typenkatalog zu den Sammlungen des Instituts für Quartärpaläontologie Weimar. – Abhandlungen und Berichte des Museums der Natur Gotha 12: 57–63, 2 Abb., Taf. 13.1–16.4; Gotha.

Kahlke, R.-D. (Hrsg.) (1997): Das Pleistozän von Untermaßfeld bei Meiningen (Thüringen). Teil I. – Monographien des Römisch-Germanischen Zentralmuseums Mainz 40 (1): I–VII, 1–418, 67 Taf.; Habelt, Bonn.

Kahlke, R.-D. (Hrsg.) (2001a): Das Pleistozän von Untermaßfeld bei Meiningen (Thüringen). Teil 2. – Monographien des Römisch-Germanischen Zentralmuseums Mainz 40 (2): I–VIII, 419–698, Taf. 68–131, 1 Anl.; Habelt, Bonn.

Kahlke, R.-D. (Hrsg.) (2001b): Das Pleistozän von Untermaßfeld bei Meiningen (Thüringen). Teil 3. – Monographien des Römisch-Germanischen Zentralmuseums Mainz 40 (3): I–VI, 699–1030, Taf. 132–151, 15 Anl.; Habelt, Bonn.

Kahlke, R.-D. (2002): Bedeutende Fossilvorkommen des Quartärs in Thüringen. Teil 5: Großsäugetiere. – In: Kahlke, R.-D. & Wunderlich, J. (Hrsg.): Tertiär und Quartär in Thüringen. – Beiträge zur Geologie von Thüringen, N. F. 9: 207–232; Jena.

Kahlke, R.-D. (2006a): Das Forschungs- und Sammlungsprofil der Senckenbergischen Forschungsstation für Quartärpaläontologie Weimar (vormals Institut für Quartärpaläontologie Weimar). – In: Wunderlich, J. (Hrsg.): Archive der Erdgeschichte – geowissenschaftliche Sammlungen in Thüringen. – Beiträge zur Geologie von Thüringen, N. F. 13: 177–202; 12 Abb., 1 Taf.; Jena.

Kahlke, R.-D. (2006b): Untermassfeld – A late Early Pleistocene (Epivillafranchian) fossil site near Meiningen (Thuringia, Germany) and its position in the development of the European mammal fauna. – BAR International Series 1578: 1–141 + 15 foldouts; Archaeopress, Oxford.

Keiler, J.-A. (1995): Bergung und Präparation pleistozäner Wirbeltierreste unter Berücksichtigung des Fossilmaterials der Komplexfundstelle Untermaßfeld/Südthüringen. – Restaurierung und Museumstechnik 12: 1–31, 3 Abb., 24 Taf.; Theiss, Stuttgart.

Maul, L. C. (2002): Bedeutende Fossilvorkommen des Quartärs in Thüringen. Teil 4: Kleinsäugetiere. – In: Kahlke, R.-D. & Wunderlich, J. (Hrsg.): Tertiär und Quartär in Thüringen. – Beiträge zur Geologie von Thüringen, N. F. 9: 187–205; Jena.

Meyrick, R. A. (2002): Bedeutende Fossilvorkommen des Quartärs in Thüringen. Teil 2: Mollusken. – In: Kahlke, R.-D. & Wunderlich, J. (Hrsg.): Tertiär und Quartär in Thüringen. – Beiträge zur Geologie von Thüringen, N. F. 9: 145–172; Jena.

Waldmann, G. (1996): Vulkanfossilien im Laacher Bims. – documenta naturae 108: 1–329, 172 Abb., 45 Taf., 40 Tab.; München.

Am 1. Februar 2012 beging die Forschungsstation für Quartärpaläontologie ihr 50. Gründungsjubiläum. Aus diesem Anlass wurde eine Bibliografie fachbezogener Publikationen der Weimarer Institution einschließlich aller im Rahmen internationaler Großprojekte erschienener Arbeiten vorgelegt (Fiedler 2012). Reflexionen der wissenschaftlichen Aktivitäten des Hauses in forschungsgeschichtlichen Darstellungen sowie Pressebeiträge mit prinzipiellem Aussagewert wurden als zeitgeschichtliche Dokumente ebenfalls erfasst. Ein Themenheft »Quartärpaläontologie bei Senckenberg« der Zeitschrift Natur und Museum (Heft 5/6 2009, 2. Auflage 2010) illustriert die heutige facettenreiche Nutzung der Weimarer Eiszeitsammlungen.

3.8. Museum für Ur- und Frühgeschichte Thüringens am Thüringischen Landesamt für Denkmalpflege und Archäologie, Weimar

Diethard Walter

Stichworte: Archäologie, Paläontologie, Thüringen, Denkmalschutz, Landesamt, G. Behm-Blancke, R. Feustel, Pleistozän, Weimar, Ehringsdorf, Taubach, Hominiden, Vlček, Säugetiere, H.-D. Kahlke

Geschichte der Einrichtung

Das Museum für Ur- und Frühgeschichte Thüringens in Weimar gehört zu den traditionsreichsten archäologischen Museen Deutschlands. Seine Gründung geht auf eine Initiative des »Naturwissenschaftlichen Vereins« (im gleichen Jahr in »Naturwissenschaftliche Gesellschaft zu Weimar« umbenannt) von 1888 zurück, verschiedene private naturwissenschaftliche, ethnologische und archäologische Sammlungen der Öffentlichkeit zu präsentieren. Von ihnen sollen hier besonders die erstgenannten näher beschrieben werden. Nach einem kurzen Intermezzo in einem Schulgebäude fand das Museum 1892 im sogenannten »Poseckschen Haus«, einem der größten klassizistischen Wohnhäuser Weimars Platz. Der Gebäudekomplex selbst – eine dreiflügelige, symmetrische Anlage mit dreigeschossigem Haupthaus und zwei ursprünglich zweigeschossigen Nebengebäuden – wurde in den Jahren 1790/91 errichtet und erlebte im 19. Jahrhundert einen vielfältigen Eigentümer- und auch Nutzungswechsel. Ursprünglich als Bürgerhaus geplant, erwarb es die Stadt Weimar 1863 und vermietete die Räumlichkeiten als französische Gesandtschaft im Großherzogtum Sachsen-Weimar-Eisenach sowie an Maler der Kunstschule. Bereits kurz nach seiner Gründung erhielt das Museum durch die pleistozänen Funde aus den Travertinen des Ilmtals um Weimar überregionale Bedeutung. Zudem vermittelte das bald städtische Museum einen Überblick über die geologischen, naturwissenschaftlichen und geschichtlichen Verhältnisse Weimars und darüber hinaus des Großherzogtums Sachsen-Weimar-Eisenach. Hatten die archäologischen Sammlungen zunächst gegenüber den zoologischen, mineralogischen, paläontologischen, botanischen und ethnografischen Sammlungen vergleichsweise geringe Bedeutung, änderte sich dies sehr schnell durch die archäologischen und paläontologischen Entdeckungen zum Eiszeitalter bei Taubach, Weimar-Ehringsdorf und Süßenborn, mit denen sich seit Anfang des 20. Jahrhunderts zahlreiche renommierte Wissenschaftler verschiedener Disziplinen beschäftigten. Auf der Grundlage der damals bahnbrechenden Entdeckungen zur frühen Menschheitsgeschichte in den Travertinen von Weimar-Ehringsdorf fanden unter internationaler Beteiligung 1912 die 43. Versammlung der Deutschen Anthropologischen Gesellschaft sowie 1925 die Tagung der Paläontologischen Gesellschaft statt. Bis heute konnten in Europa nur wenige Fundstellen mit Resten des pleistozänen Menschen untersucht werden, an denen so umfänglich dessen kulturelle Hinterlassenschaften, die ihn umgebende Flora und Fauna, seine Jagdbeute sowie der Mensch selbst erforscht werden können. Insbesondere der großzügigen Unterstützung durch Initiativen privater Förderer des Museums in dessen Anfangsjahren bis 1931 ist es zu verdanken, dass die wertvollen Funde in Weimar verblieben und seitdem hier der wissenschaftlichen Forschung und der interessierten Öffentlichkeit zur Verfügung stehen (vgl. Behm-Blancke 1967).

Nach der kriegsbedingten Schließung des Hauses 1939 wurde 1947 der Archäologe Dr. Günter Behm (seit 1951 Günter Behm-Blancke) mit der Neustrukturierung des Museums und dem Aufbau der staatlichen Bodendenkmalpflege in Thüringen beauftragt. In den darauffolgenden Jahren gestaltete Behm-Blancke das Museum für Ur- und Frühgeschichte Thüringens zu einem Zentrum archäologischer und quartärpaläonto-

◀ Museum für Ur- und Frühgeschichte Thüringens in Weimar. (Foto: B. Stefan, TLDA Weimar)

logischer Forschung um. In der Feldforschung folgten Jahre intensiver fächerübergreifender Untersuchungen sowohl zum Altpaläolithikum (Weimar-Ehringsdorf, Weimar – G. Behm-Blancke) als auch zum Jungpaläolithikum (Döbritz, Saalfeld, Ölknitz – R. Feustel), in deren Folge auch ein immenser Zuwachs der paläontologischen Bestände zu verzeichnen war. Die paläontologischen und ethnografischen Sammlungen wurden nach und nach zugunsten der archäologischen Bestände an entsprechende Spezialmuseen abgegeben. Eine wesentliche Zäsur war die Gründung des Instituts für Quartärpaläontologie unter Leitung von Prof. Dr. Hans-Dietrich Kahlke, das im Jahre 2000 an das Forschungsinstitut Senckenberg angegliedert wurde. Dort fanden die reichen mittelpleistozänen Faunenbestände aus Weimar, Ehringsdorf und Taubach ihr neues Domizil und wurden seitdem in einer großen Zahl wissenschaftlicher Publikationen erschlossen und ausgewertet.

Thüringer Denkmalschutz

Seit dem Erlass des Thüringer Denkmalschutzgesetzes von 1992 und der damit verbundenen Einrichtung des Thüringischen Landesamtes für Denkmalpflege und Archäologie, dem auch das Museum für Ur- und Frühgeschichte zugeordnet ist, unterliegen auch paläontologische Funde als Bodendenkmale staatlichem Schutz. Ebenso wie archäologische Denkmale unterliegen sie dem Schatzregal und werden Eigentum des Freistaates Thüringen, »wenn sie bei staatlichen Nachforschungen, in archäologischen Schutzgebieten oder bei ungenehmigten Nachforschungen entdeckt wurden, oder wenn sie einen hervorragenden wissenschaftlichen Wert besitzen« (ThDSchG § 17). Wie für die Untersuchung von archäologischen Denkmalen muss auch für gezielte Feldforschungen auf paläontologischen Fundstellen eine Grabungsgenehmigung beim Landesarchäologen eingeholt werden. Die Inventarisierung der Funde erfolgt im Auftrag des Freistaates Thüringen durch die jeweiligen Forschungsinstitute. Solche Forschungen werden heute in enger Zusammenarbeit mit der Thüringer Landesarchäologie vorgenommen.

Paläontologische Sammlungen

Den Kern der im Museum für Ur- und Frühgeschichte Thüringens verbliebenen naturgeschichtlichen Sammlungen bildet die im europäischen Kontext einzigartige anthropologische Sammlung mit den international bedeutenden Hominidenreste von Weimar-Ehringsdorf (Vlček 1993) und Bilzingsleben (Ausgrabungen seit 1992; Vlček 2002). Neben diesen sehr alten Fundstücken bilden hier Skelettreste von ca. 25.000 Individuen aus einer Zeitspanne von Neolithikum bis zur Frühneuzeit eine wichtige Quelle für anthropologische Studien in den klar geografisch zu fassenden Raum des Mittelelbe- Saalegebietes.

Zum wissenschaftlich besonders wertvollen Teil der archäozoologischen/paläontologischen Sammlung gehören zusammen mit den Faunenbeständen der jungpaläolithischen Jagdstationen von Döbritz, Saalfeld und Ölknitz die Faunenbestände der Ausgrabungen auf der Fundstelle des *Homo erectus* von Bilzingsleben, die seit 1992 geborgen wurden und derzeit am Lehrstuhl für Ur- und Frühgeschichte der Friedrich-Schiller-Universität bearbeitet werden. Darüber hinaus enthält die Sammlung einen umfangreichen Bestand holozäner Faunenreste aus Siedlungen und Bestattungsplätzen von der Jungsteinzeit bis zur frühen Neuzeit. Die archäozoologische Sammlung wird durch eine über Jahrzehnte vor allem durch Hans Barthel zusammengetragene Vergleichssammlung von rezenten Tierknochen ergänzt, die zur Bestimmung von Fundmaterial aus Ausgrabungen herangezogen wird.

Landesamt und Museum

Das Landesamt verfügt über eine moderne Restaurierungswerkstatt und ein archäonaturwissenschaftliches Labor. Hier stehen vor allem materialkundliche Forschungen, Herkunftsanalysen, aber auch anthropologische und zoologische Forschungen vom Paläolithikum bis zur frühen Neuzeit im Blickpunkt. In diesem Bereich entsteht gerade eine Referenzsammlung zur Datierung und zur chemischen Analyse von archäologischem Fundmaterial, die durch eine nationale und internationale

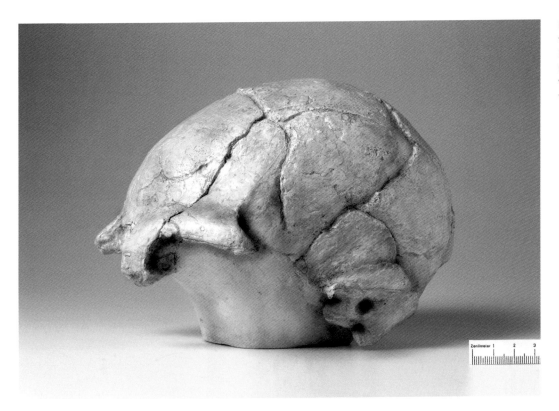

Rekonstruktion der mittelpleistozänen menschlichen Schädelkalotte Ehringsdorf H nach E. Vlček (Foto: B. Stefan, TLDA Weimar)

Teilweise frei präparierter Rumpf des mittelpleistozänen menschlichen Individuums Ehringsdorf. (Foto: B. Stefan, TLDA Weimar)

Rinderschädel vom holozänen Mooropferplatz Oberdorla,
Unstrut-Hainich-Kreis. (Foto: B. Stefan, TLDA Weimar)

Vernetzung der Daten zu einer besseren Vergleich-barkeit der Ergebnisse beitragen soll.

Kernstücke der musealen Präsentation sind ne-ben den pleistozänen Fundstücken die Funde aus den germanischen Elitengräbern von Haßleben bei Erfurt und die Funde aus der Zeit des Thürin-ger Königreiches. In dem 1999 sanierten Gebäude-komplex wird die Besiedlungs-, Wirtschafts- und Sozialgeschichte Thüringens anhand von zahlrei-chen einmaligen Originalen, aber auch Modellen und Installationen von den Anfängen bis ins frühe Mittelalter eindrucksvoll vermittelt.

ÖFFNUNGSZEITEN:
Di 9–18 Uhr, Mi–Fr 9–17 Uhr
Sa, So, Feiertage 10–17 Uhr

KONTAKTADRESSE:
Thüringisches Landesamt für Denkmalpflege und Archäologie mit Museum für Ur- und Frühge-schichte Thüringens
Humboldtstr. 11
99423 Weimar

Tel.: 03643-81830
Fax: 03643-818391
E-Mail: museum@tlda.thueringen.de
Internetseite: www.thueringen.de/denkmalpflege

Literatur

Behm-Blancke, G. (1960): Altsteinzeitliche Rastplätze im Travertingebiet von Taubach, Weimar und Ehringsdorf. – Alt-Thüringen 4. Weimar.

Behm-Blancke, G. (1967): Die Entwicklungsgeschichte des Museums für Ur- und Frühgeschichte Thüringens. Teil 1: 1892–1945. Weimar.

Dusek, S. (Hrsg.)(1999): Ur- und Frühgeschichte Thürin-gens. – Ergebnisse archäologischer Forschung in Text und Bild. Stuttgart.

Vlček, E. (1993): Fossile Menschenfunde von Weimar-Ehringsdorf. Stuttgart.

Vlček, E. (2002): Der fossile Mensch von Bilzingsleben. In; Der fossile Mensch von Bilzingsleben. – Bilzingsleben ; 6. 145–392. Weissbach.

4. Memorialmuseen

Eberhard Mey

Johann Wolfgang von Goethe, Ernst Haeckel, Christian Ludwig Brehm und Alfred Edmund Brehm, zwischen Ende des 18. und Anfang des 20. Jahrhunderts Lichtgestalten deutscher Wissenschaftsgeschichte, stehen im besonderen Brennpunkt von Thüringens naturkundlichen Memorialmuseen. Mit der Gründung des Goethe-Nationalmuseums in Weimar im Jahre 1885 kamen die naturwissenschaftlichen Sammlungen von J. W. v. Goethe im Kontext seines Gesamtschaffens zu musealen Ehren. Die 1882/1883 gebaute »Villa Medusa« Ernst Haeckels, der seine umfangreichen naturkundlichen Sammlungen der Universität Jena übertragen hatte, ist 1920 als wissenschaftshistorische Forschungsstätte »Ernst-Haeckel-Haus« eröffnet worden. Die Witwe von Christian Ludwig Brehm ließ 1884/1885 in Renthendorf ein Wohnhaus errichten, in dem 1946 zwei Zimmer, ab 1952 das gesamte Haus zu einer Brehm-Gedenkstätte eingerichtet worden ist. Allerdings standen dafür nur in ganz geringem Maße Sammlungsobjekte vom »Vogelpastor« und seinem als »Tiervater« berühmten Sohn, A. E. Brehm, zur Verfügung. (Das Gebäude dieser Erinnerungsstätte wird in nächster Zeit einer Grundsanierung unterzogen werden. Archiv- und Literaturbestand bleiben allerdings weiterhin zugänglich.)

◀ Arbeitszimmer im Ernst-Haeckel-Haus Jena

4.1. Ernst-Haeckel-Haus im Institut für Geschichte der Medizin, Naturwissenschaft und Technik der Friedrich-Schiller-Universität Jena

Olaf Breidbach

Stichworte: Biologiegeschichte, Wissenschaftsgeschichte, Evolutionsbiologie, Darwinismus, Kunstformen, Naturästhetik, Wissenschaftskultur um 1900, Wissenschaftspopularisierung, Ernst Haeckel

Charakteristik der Einrichtung

Das Ernst-Haeckel-Haus ist Bestandteil des Institutes für Geschichte der Medizin, Naturwissenschaft und Technik. In sieben Räumen des ehemaligen Wohnhauses des berühmten Zoologen und Darwinisten Ernst Haeckel (1834–1919), der »Villa Medusa«, werden dessen Leben und Wirken anhand von originalen Manuskripten, Briefen, Zeichnungen, Gemälden, Fotos und Druckschriften dargestellt. Im Mittelpunkt der Exposition stehen Haeckels Pionierleistungen auf dem Gebiet der Meeresbiologie, sein Einsatz für die Durchsetzung der Evolutionstheorie Darwins, seine monistische Weltanschauung, sein künstlerisches Schaffen sowie seine Bedeutung als Wissenschaftspopularisator. Zwei noch im ursprünglichen Zustand erhaltene Wohnräume bilden einen besonderen Anziehungspunkt für die Besucher. Der Biologe Ernst Haeckel ist – mit dem von ihm initiierten Ernst-Haeckel-Haus und dem Phyletischen Museum – integraler Bestandteil der universitären Erinnerungskultur. Die Sammlungen umfassen ein für die Wissenschaftskultur um 1900 insgesamt und speziell die Geschichte der Evolutionsbiologie bedeutendes Archiv mit dem Grundbestand der Korrespondenz Ernst Haeckels von etwa 40.000 Briefen, seine Manuskripte und Notizhefte und ca. 1.500 Fotos. Bewahrt wird auch der künstlerische Nachlass Ernst Haeckels, darunter 800 Aquarelle und 20 Gemälde. Ergänzt wird die Sammlung durch Gegenstände aus seinem Privatbesitz. Neben weiteren für die Evolutionsbiologie bedeutenden Archivalien und Objekten wurde in den letzten Jahren ein Sammlungsbestand zur experimentellen Wissenschaftsgeschichte aufgebaut, der neben wissenschaftlichen Originalinstrumenten auch Replikationen und Materialien zur Experimentalkultur der Wissenschaften speziell des 18. und 19. Jahrhunderts umfasst.

Zudem verwahrt das Institut Originalpräparate Ernst Haeckels. Im Rahmen der Zusammenarbeit mit T. Sakai, N. Suzuki, K. Ogane und D. Lazarus konnten hier in den letzten Jahren Originale der Erstbeschreibungen von Radiolarien-Arten aus den 1860er-Jahren identifiziert werden. Weitere Präparate umfassen das von Haeckel bearbeitete Material der HMS Challenger Tiefseeexpedition von 1872 bis 1876.

Die Bibliothek des Instituts beherbergt neben den Originalpublikationen Ernst Haeckels, in den verschiedenen Auflagen, und den Übersetzungen seiner Arbeiten den Bestand seiner Privatbibliothek. Zudem besitzt das Institut einen in wesentlichen Teilen auf Haeckel und seinem Schüler Schmidt zurückgehenden Sammlungsbestand zur evolutionsbiologischen Literatur, mit dem ein in sich geschlossener Literaturbestand zur frühen deutschsprachigen Literatur zur Evolutionsbiologie vorliegt. Ergänzt wird die Sammlung der Monografien durch Haeckels Sammlung von Separata und eine Sammlung zur Literatur des Deutschen Monistenbundes, wovon Letztere durch eine Monografie von Heiko Weber erschlossen ist. Darüber hinaus bietet die Bibliothek weitere Schwerpunkte im Bereich der Wissenschaftskultur um 1900.

Geschichte

Das Ernst-Haeckel-Haus ist eines der ältesten Institute Deutschlands zur Wissenschaftsgeschichte, das durch seine von Wissenschaftlern aus dem In- und Ausland für ihre Forschungen genutzten Sammlungen schon seit den 1920er-Jahren sein spezifisches Profil – die Doppelfunktion als Mu-

seum und wissenschaftshistorische Forschungsstätte – ausgebildet hat. Das Institut hat seinen
Sitz im ehemaligen Wohnhaus Haeckels in der
Berggasse 7 in Jena. Haeckel hat dieses Haus im
italienischen Landhausstil 1882/1883 in unmittelbarer Nähe des gleichzeitig erfolgten Neubaus des
Zoologischen Instituts für seine Familie bauen lassen. Es gelang ihm in seinen letzten Lebensjahren,
dieses Haus als Museumsstandort zur Darstellung
seines Beitrages zur Evolutionsbiologie zu sichern
und zugleich eine biologiegeschichtliche Forschungsstätte einzurichten.

Krieg zunächst das 1907 eingeweihte »Phyletische Museum« – für das Haeckel seinerzeit
die Finanzierung durch Einholen von Spenden
sichergestellt hatte und dessen Bauplanung wesentlich von ihm mit gestaltet worden war – zur
Aufbewahrung und Präsentation der sein Wirken
dokumentierenden Sammlungen vorgesehen,
veranlassten dann aber Streitigkeiten mit seinem
Amtsnachfolger Ludwig Plate (1862–1937), der
auch seitens der Universität die Funktionen eines
Museumsdirektors versah, Haeckel 1912, dieses
sogenannte Phyletische Archiv vom Phyletischen
Museum abzukoppeln und dann 1916 auch räum-
lich zu trennen. Die Carl-Zeiss-Stiftung kaufte dem
84-jährigen Gelehrten schließlich im Juni 1918 sein
Wohnhaus, die »Villa Medusa«, mit der Auflage ab,
es nach seinem Tod als museale Einrichtung der
Universität Jena zu übereignen. Haeckel verband
dies mit der Schenkung seines wissenschaftlichen
und künstlerischen Nachlasses an die Universität.
So wurde die Villa Medusa zum zweiten Jenaer
Museum für die Darstellung der Evolutionsbiologie. Dies – so Haeckel in seinen Vorgaben – sei
dabei aber nicht einfach als ein »Stapelplatz für Raritäten«, sondern als »eine lebendige Arbeitsstätte –
ein Institut für allgemeine Entwicklungslehre« einzurichten.

Die Finanzierung eines ersten Forschungsprojektes, die Publikation einer »Geschichte der Entwicklungslehre« durch seinen Privatassistenten
Heinrich Schmidt (1874–1935), hatte der greise Zoologe noch aus Mitteln der »Ernst-Haeckel-Stiftung«
gesichert. Unmittelbar nach dem Tode Haeckels
1919 nahm ein noch von ihm selbst bestimmtes
Kuratorium von Vertretern der Carl Zeiss-Stiftung,
der Weimarer Regierung, der Universität und den

Ernst-Haeckel-Haus –
Außenansicht der Villa
Medusa

Titelblatt der »Kunst-
Formen der Natur«

Zeitgenössische Karikatur Ernst Haeckels durch Olaf Gulbransson

Galerie berühmter Zeitgenossen

XXXIX   (Zeichnung von O. Gulbransson)

Ernst Haeckel

Nachkommen Haeckels die Umgestaltung des Hauses vor. Die museale Gestaltung wurde durch Haeckels Sohn Walter konzipiert, der als Kunstmaler vor allem das künstlerische Schaffen seines Vaters zu dokumentieren suchte. Eingangsraum, Balkonzimmer und das Arbeitszimmer des Zoologen Haeckel blieben wunschgemäß unverändert. Den Grundbestand für die neue Institution bildeten alle nun als »Haeckel-Archiv« in der »Villa Medusa« zusammengeführten Bestandteile seines Nachlasses, der persönliche Dokumente, Kolleghefte, Manuskripte, Zeichnungen, Aquarelle, Ölbilder sowie seine gesamte Privatbibliothek, seine Korrespondenz und Teile des Mobiliars seiner Wohnung umfasst. Ein Jahr nach Haeckels Tod, am 31. Oktober 1920, wurde dann das »Ernst-Haeckel-Museum« vom damaligen Rektor der Universität, dem Mineralogen Gottlob Linck (1858–1947), feierlich eröffnet. Am Tage zuvor war die Asche des Verstorbenen am Fuße einer von Richard Engelmann (Weimar) geschaffenen Büste im Garten der Villa beigesetzt worden. Der erste noch von Haeckel bestimmte Direktor des Museums war Haeckels vor-

maliger Privatassistent Heinrich Schmidt (1874–1935), der sich mit Arbeiten nicht nur zur Sicherung des Haeckel'schen Nachlasses, sondern mit der Darstellung der ersten Phase der Evolutionsbiologie insgesamt – schwerpunktmäßig mit dem Wirken Haeckels – aber auch mit philosophisch/systematischen Fragen beschäftigte. So entstammt das immer wieder neu aufgelegte philosophische Wörterbuch des Kröner-Verlages in der ersten Auflage der Feder von Heinrich Schmidt. Der in Thüringen vergleichsweise früh erstarkende Nationalsozialismus wurde schon früh auf Haeckel, dessen nationalistische und rassistische Äußerungen ihn für eine nach seinem Tod erfolgende Vereinnahmung durch diese Bewegung prädestinierten, aufmerksam. Charakteristisch für die Haeckel-Interpretation jener Zeit ist die von dem Rassetheoretiker und späteren Rektor der Jenaer Universität Karl Astel angeregte erbbiologische Biografie »Ernst Haeckels Bluts- und Geisteserbe« von Heinz Brücher (1936). 1935–1945 wurde dann der nationalsozialistisch ausgerichtete Biologe Victor Franz Direktor des Ernst-Haeckel-Hauses. Ihm gelang es, im Spannungsfeld der durchaus kontroversen Diskussionen innerhalb der NSDAP-Führung (zwischen Ahnenerbe der SS, dem Amt Rosenberg und dem rassenpolitischen Amt) die Bedeutung Haeckels für den Nationalsozialismus noch weiter herauszustellen. So entstand die Idee, eine Ernst-Haeckel-Gesellschaft (EHG), die unter der Schirmherrschaft des thüringischen Reichsstatthalters und Gauleiters Fritz Sauckel stehen sollte, zu gründen. Am 1. Januar 1942 erging der Gründungsaufruf für die EHG. Die Gesellschaft hatte im Jahre 1943 ungefähr 520 Mitglieder; als Publikationsorgan erschienen »Ernst-Haeckel-Jahrbücher«. Das Ernst-Haeckel-Haus wurde dabei integriert in die Bestrebungen der SS-Universität Jena, sich als Forschungs- und Lehrinstitution speziell im Bereich der nationalsozialistischen Rassenlehre zu profilieren. Damit wurde es unter der Ägide von Victor Franz zur »Anstalt für Geschichte der Zoologie, insbesondere der Entwicklungslehre«. Das Memorialmuseum Ernst Haeckel wurde in diesen Kontext eingebunden. Das damit ideologisierte Profil des Museums führte nach 1945 nicht zu dessen Ächtung. Allerdings wurde 1945 die Kuratoriumsverwaltung aufgelöst und die Anstalt als »Institut für Geschichte der Zoologie, insbesondere der Entwicklungslehre« von der Friedrich-Schiller-Universität übernommen. Die kommissarische Leitung übernahm zunächst der Zoologe J. Harms (1885–1956). Mit Wirkung vom 1. Januar 1947 wurde dann das Direktorat des Ernst-Haeckel-Hauses kommissarisch dem aus sowjetischer Emigration zurückgekehrten Marxisten Georg Schneider übertragen. Schneider hatte 1928–1931 in Jena studiert und hier sein Examen als Sport- und Biologielehrer abgelegt. 1931 emigrierte er in die Sowjetunion, wo er u.a. als Mitarbeiter bei Julius Schaxel (1887–1943) am Institut für Evolutionsmorphologie der Akademie der Wissenschaften der UdSSR in Moskau tätig war. Zugehörig zur Emigrantengruppe um Walter Ulbricht, Wilhelm Pieck und Anton Ackermann war er zunächst Mitglied der Landesleitung der Thüringer KPD. Nach der Amtsübername als Direktor des Ernst-Haeckel-Hauses und Professor für theoretische Biologie beschäftige er sich vor allem mit der Propagierung des sogenannten schöpferischen Darwinismus, d.h. der Mitschurin-Biologie, und wurde zum Hautvertreter des Lyssenkoismus in Deutschland. 1959 in den diplomatischen Dienst berufen, überließ er die Institutsführung seinem Assistenten Georg Uschmann, der seit 1950 biologiegeschichtlich am Ernst-Haeckel-Haus arbeitete, wobei sich Uschmann von vorneherein gegen die politische Vereinnahmung des Ernst Haeckel-Hauses zur Wehr setzte. So war – nach dem Besuch des Ernst-Haeckel-Hauses durch Ulbricht im Oktober 1959 – diskutiert worden, dort einen Lehrstuhl für Atheismusforschung einzusetzen. Uschmanns wissenschaftliche Erschließung und Vermehrung der Sammlungsbestände resultierte in einer völligen Neugestaltung des Museums. Durch seine Arbeit erwarb er sich internationale Anerkennung und schuf die Grundlage für die dann erfolgende Institutionalisierung des Faches »Geschichte der Naturwissenschaften« an der Friedrich-Schiller-Universität. 1965 wurde er als erster Ordinarius auf den neubegründeten gleichnamigen Lehrstuhl berufen und seitdem erfolgte eine systematische Erweiterung des Ausbildungs- und Forschungsprofils, zunächst durch die Übernahme der Jenaer Medizinhistorischen Sammlung Theodor Meyer-Steineg 1965 und Lehr-

aufträge auf dem Gebiet der Medizingeschichte. Im Zuge der 3. Hochschulreform 1968 erreichte Uschmann dann eine sektionsunabhängige Stellung des Instituts und eine Neubestimmung des Institutsprofils. Museum und Institut wurden nun als »Institut für Geschichte der Medizin und Naturwissenschaften Ernst-Haeckel-Haus« dem Rektor direkt unterstellt. Mit der Wiederbesetzung des Lehrstuhls 1984 durch Rüdiger Stolz erfolgte ein Wechsel im Direktorat und eine kontinuierliche Erweiterung des Institutsprofils durch Einbeziehung der Chemiegeschichte (1984), der Physikgeschichte (1985), der Technikgeschichte (1986) sowie der Mathematikgeschichte (1987). Die Geschichte

Originalzeichnung Ernst Haeckels; dargestellt ist die Radiolarie (mikroskopisch kleine Einzeller) *Dictyopodium thyrrolyphus*

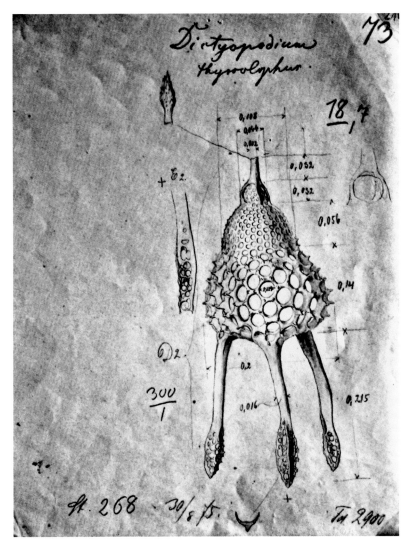

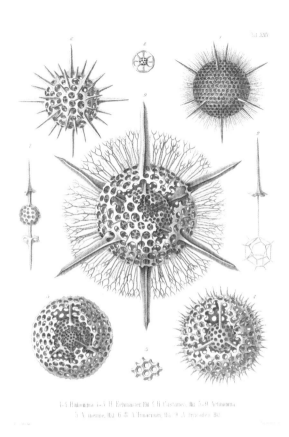

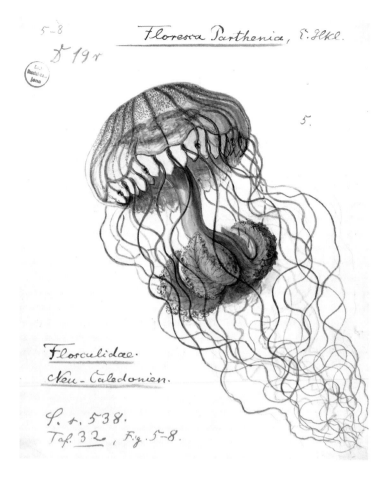

5–8

Floresca Parthenia, E.Hckl.

Flosculidae.
Neu-Caledonien.

S. r. 538.
Taf. 32, Fig. 5–8.

Links: Darstellung von Radiolarien aus Haeckels Monografie von 1862

Rechts: Zeichnung einer Meduse von Ernst Haeckel mit der Darstellung histologisch erarbeiteter Details des Gewebeaufbaus

▶ Zeichnung von Medusen von Ernst Haeckel

der Naturwissenschaften war 1979 als obligatorisches Lehrfach an den Hochschulen der damaligen DDR eingeführt und staatlich gefördert worden. Nach der Wiedervereinigung Deutschlands erfolgte die Eingliederung des Ernst-Haeckel-Hauses in die Biologisch-Pharmazeutische Fakultät. Nach der Suspendierung von Stolz im Jahr 1993 übernahm dann zunächst die vormalige Assistentin Erika Krauße kommissarisch die Institutsleitung, bis dann mit der Berufung von Olaf Breidbach der Lehrstuhl 1995 wieder neu besetzt wurde.

Forschung

Forschungsprojekte der letzten Jahre umfassen neben den kontinuierlichen Arbeiten zur Geschichte der Biowissenschaften des 19. und 20. Jahrhunderts im Speziellen folgende Themen:

wissenschaftlich eingeleitete und kommentierte Reprintausgabe der Hauptwerke von Athanasius Kircher (1602–1680); Mendelismus und Genetik in Böhmen und Mähren, 1900–1930; Edition, Kommentar, schwerpunktmäßige Auswertung und Analyse der Korrespondenz zwischen Lorenz Oken und dem Verlag Friedrich Arnold Brockhaus in den Jahren 1814–1850; The European Appropriation of Chinese Nature, Trilaterale Forschungskonferenzen zur Romantik in Europa; Das Geschäft mit dem Wissen – Lorenz Oken und die ISIS. Kommerzialisierung, Politisierung und Popularisierung; Raumanschauung: Mathematik – Technik – Kunst. Die Darstellung und Wahrnehmung von Raum im 18. und 19. Jahrhundert; Evolution ohne Genetik – Alternativtheorien in der Evolutionsbiologie des 20. Jahrhunderts; Wissenschaftspopularisierung in Deutschland und ihre Vermittler, eine Analyse zum populärwissenschaftlichen Umfeld Haeckels;

Discomedusae. — Scheibenquallen.

Ernst Haeckel (1834–1919) – Wilhelm Bölsche (1861–1939): Briefwechsel (1891–1919); das TheorieLabor »Forschungsstelle für Strukturdynamik und Systemevolution« sowie das Großprojekt des Sonderforschungsbereiches 482 »Ereignis Weimar–Jena – Kultur um 1800«. Dieser im wissenschaftshistorischen Teil durch das Ernst-Haeckel-Haus getragene Forschungsverband suchte die Großkonfiguration, in der sich Aufklärung, Klassik, Idealismus und Romantik überlagern, aus historischer, ästhetischer, naturwissenschaftlicher Sicht und in ihrer Gesamtheit neu zu bestimmen. Mit Hilfe der Beschreibungsmöglichkeiten des zeitgenössischen Kulturbegriffs sowie dem auf die Gesamtkonstellation zielenden Forschungskonzept »Ereignis« wurde in enger Zusammenarbeit von Natur- und Geisteswissenschaften die bisher vor allem aus der biografischen Verortung einzelner Protagonisten erschlossene Kulturbedeutung Weimar-Jenas um 1800 inhaltlich näher bestimmt. Dabei stand für die Projekte des Ernst-Haeckel-Hauses das Problem der Neustrukturierung der Wissenschaften im Vordergrund des Interesses. Im Jahr 2013 begann das durch die Leopoldina mitgetragene Großprojekt zur Erschließung, Dokumentation und Kommentierung der Korrespondenz Ernst Haeckels.

Ausstellung und Service

In der Regel halbjährig wechselnde Ausstellungsprojekte umfassen neben Ausstellungen zu Ernst Haeckel, der Geschichte der Biowissenschaften, Themen der Wissenschaftsgeschichte, der Wissenschaftskultur und der Wissensvermittlung sowie den Komplex Naturästhetik und die künstlerische Auseinandersetzung mit Haeckels Werk.

EINLASSZEITEN:
Di–Fr: 10.00, 11.30, 14.00, 15.30 Uhr

KONTAKTADRESSE:
Ernst- Haeckel-Haus
Berggasse 7
07745 Jena
E-Mail: ernsthaeckelhaus@uni-jena.de
Internet: www.ehh.uni-jena.de

Literatur

Publikationen: Neben Buchreihen u.a. zur Wissenschaftskultur um 1900 im Steiner-Verlag Stuttgart und zum Laboratorium Aufklärung, im Fink Verlag, München, gibt das Ernst-Haeckel-Haus die Reihe: Ernst-Haeckel-Haus-Studien. Monografien zur Geschichte der Biowissenschaften und Medizin heraus, die im Berliner Verlag der Wissenschaften erscheinen.

Zur Geschichte des Hauses und zur Person Ernst Haeckels wird auf folgende Arbeiten verwiesen:

Breidbach, O. (2006): Ernst Haeckel. Bildwelten der Natur. München.

Hoßfeld, U. (2003): Von der Rassenkunde, Rassenhygiene und biologischen Erbstatistik zur Synthetischen Theorie der Evolution: Eine Skizze der Biowissenschaften – In: Hoßfeld, U. et al. (Hrsg.), »Kämpferische Wissenschaft« – Studien zur Universität Jena im Nationalsozialismus. Weimar: 519–574.

Hoßfeld, U. & O. Breidbach (2005): Haeckel Korrespondenz: Übersicht über den Briefbestand des Ernst-Haeckel-Archivs. Berlin.

Hoßfeld, U. & O. Breidbach (2005): Ernst Haeckels Politisierung der Biologie – Thüringen Blätter zur Landeskunde Nr. 54. Erfurt.

Hoßfeld, U. & O. Breidbach (2007): Biologie- und Wissenschaftsgeschichte in Jena: Das Ernst-Haeckel-Haus der Friedrich-Schiller-Universität – In: Hoßfeld, U., Kaiser, T. & H. Mestrup (Hrsg.): Hochschule im Sozialismus. Studien zur Geschichte der Friedrich-Schiller-Universität (1945–1990). Weimar: 1181–1206.

Krauße, E. (1985): Ernst Haeckel. Leipzig.

Krauße, E. & U. Hoßfeld (1999): Das Ernst-Haeckel-Haus in Jena. Von der privaten Stiftung zum Universitätsinstitut (1912–1979) – In: A. Geus u.a. (Hrsg.): Repräsentationsformen. Berlin: 203–232.

Nöthlich, R., Weber, H., Hoßfeld, U., Breidbach, O. & E. Krauße (2008): Weltbild oder Weltanschauung – Die Gründung und Entwicklung des Deutschen Monistenbundes – Jahrbuch für Europäische Wissenschaftskultur 3: 19–67.

Tanimura, Y. & Y. Aita (Hrsg.) (2009): Joint Haeckel and Ehrenberg Project. Tokyo.

Weber, H. (2000): Monistische und antimonistische Weltanschauung. Eine Auswahlbibliographie. Berlin.

Weber, H. & O. Breidbach (2006): Der Deutsche Monistenbund. 1906 bis 1933 – In: Lenz, A. E. & V. Mueller (Hrsg.): Darwin, Haeckel und die Folgen. Monismus in Vergangenheit und Gegenwart. Neustadt: 157–205.

4.2. Brehm-Gedenkstätte Renthendorf

Jörg Hitzing und Dietrich von Knorre

Stichworte: Christian Ludwig Brehm, Alfred Edmund Brehm, Brehm-Autografen, persönliche Erinnerungsstücke, »Illustrirtes Thierleben«, »Brehms Tierleben«

Geschichte

Auf einer kleinen Anhöhe neben der Kirche in Unterrenthendorf befindet sich, versteckt unter alten Eichen und Linden, im ehemaligen Wohnhaus der Familie Brehm heute die Brehm-Gedenkstätte. Das Gebäude wurde auf Veranlassung von Bertha Brehm (1808–1877), der Witwe des »Vogelpastors« nach dem Tode von Christian Ludwig Brehm (1787–1864) in den Jahren 1864–1865 errichtet. Auch ihr Sohn Alfred Edmund Brehm (1829–1884) – der »Tiervater Brehm« – weilte oft hier und zog im Juli 1884 nach schweren Schicksalsschlägen, nach Ruhe suchend, zurück nach Renthendorf. Er verstarb jedoch bereits am 11. November 1884 (Brehm-Gedenkstätte 1995). Die Gräber der Familie befinden sich in unmittelbarer Nähe auf dem angrenzenden Friedhof neben der Kirche. Die »Gedenkstätte« ist somit ein ganzes Ensemble, bestehend aus dem Pfarrhaus, der Kirche, dem Friedhof mit den Gräbern der Familie, der Pfarrscheune und dem für Bertha Brehm errichteten Wohnhaus, der eigentlichen musealen Einrichtung.

Am Pfarrhaus erinnern zwei in Bronze gegossene Plaketten, angebracht von der Naturforschenden Gesellschaft des Osterlandes anlässlich der Feier zum 100. Geburtstag von Alfred 1929 (Hitzing 1996), an die beiden weit über die Grenzen Deutschlands hinaus bekannten Naturforscher, den Pfarrer und Ornithologen Christian Ludwig Brehm sowie seinen Sohn, den Tiergärtner und Tierschriftsteller, Alfred Edmund Brehm.

Die Brehm-Gedenkstätte wurde von Alfred Brehms jüngster Tochter, Frau Frieda Poeschmann (1870–1950), 1946 mit zwei Räumen für interessierte Besucher eröffnet. Frau Poeschmann ist damit die Gründerin der Gedenkstätte. Nach ihrem Tod erbte Hans-Renatus Brehm (1899–1964), der letzte Nachkomme aus der Linie von Alfred Brehm, das Haus und schenkte es 1952 zusammen

mit dem Grundstück sowie allem Inventar der Gemeinde Renthendorf. Dies war damals für die Gemeinde kein einfacher Schritt – ihrer Verantwortung für die Bewahrung und Erhaltung der Wirkungsstätte der Naturforscherfamilie Brehm war sie sich jedoch stets bewusst.

Zunächst waren die anderen Räume im Haus noch durch Umsiedler belegt, doch konnten sie in vielen kleinen Schritten dank der tatkräftigen Unterstützung der zuständigen Mitarbeiter der Kreisverwaltung Stadtroda freigelenkt und für den Aufbau einer Ausstellung in den folgenden Jahren nutzbar gemacht werden. Zunächst ehrenamtlich durch Gustav Boldt (1896–1980) betreut, wuchs das Interesse an der Gedenkstätte

Wohnhaus der Familie Brehm – erbaut 1864/65 – seit 1946 Gedenkstätte

Blick in das historische Wohnzimmer

Alfreds Lebenswerk wird mit Beispielen von seinen Reisen, der Tätigkeit als Planer und Direktor des Tiergartens in Hamburg und des »Aquariums« in Berlin sowie als erfolgreicher Schriftsteller mit Beispielen des »Illustrirten Thierlebens« in der ersten sechsbändigen (1863–1869) und der 2. überarbeiteten 10-bändigen Auflage (1876–1879) vorgestellt. Diese, nunmehr unter dem Titel »Brehms Thierleben«, wurde in den Folgejahren in zahlreiche europäische Sprachen übertragen (Haemmerlein 1985). Der große Erfolg und die nachhaltige bis in unsere Tage fortwirkende Bedeutung seines »Tierlebens« im deutschen Sprachraum wie auch im Ausland beruht wesentlich auf der bildhaften Sprache (Schulze 2009), mit der er den Zeitgeist traf. Entscheidend war aber auch die Tatsache, dass er mit seiner Form der Darstellung der Tiere u.a. in den jungen Arbeiterbildungsvereinen eine begeisterte Leserschaft fand.

bei Besuchern, die sich immer wieder ganz besonders von der Authentizität des Ortes, seiner Abgeschiedenheit, aber auch seiner Einmaligkeit beeindruckt zeigen.

Ausstellungen

Heute steht das gesamte Gebäude einschließlich der ehemaligen Pfarrscheune der musealen Nutzung zur Verfügung. Den Kernpunkt bilden die seit Gründung der Gedenkstätte unverändert als Memorialräume erhaltenen Wohn- und Arbeitszimmer, bestückt mit Möbeln aus dem Besitz der Familie Brehm.

In den weiteren Räumen wird der Besucher mit ausgewählten Aspekten aus der ornithologischen Arbeit von Christian Ludwig Brehm, seiner Sammelleidenschaft und Jagd, bekannt gemacht (v. Knorre & Hitzing 2012). Besonders hervorgehoben werden die durch seine subtilen Studien – er war ein begnadeter Beobachter – erfassten feinsten Unterschiede im Gefieder der Vögel, in denen er eigenständige Arten zu erkennen glaubte. Hierbei ging er von der Konstanz der Arten aus. Bei vielen der von ihm bemerkten Abweichungen handelt es sich jedoch um innerartliche oder geographische Variationen. Richtig erkannte Arten oder Unterarten tragen noch heute den Autornamen Brehm.

Archiv und Bibliothek

Für die Besucher nicht frei zugänglich, jedoch wohl das Kernstück der Gedenkstätte bildet das Archiv mit der ca. 2.000 Nummern umfassenden Autografensammlung und der Bibliothek – ca. 13.000 Bände, darunter die Monografien von C. L. Brehm sowie das »Illustrirte Thierleben« bzw. »Brehms Tierleben« in zahlreichen europäischen Sprachen. Archiv und Bibliothek mit den Zeugnissen des Wirkens der Brehms in ihrer Zeit sowie der Brehm-Forschung, werden laufend ergänzt und für die wissenschaftliche Forschung vorgehalten.

In der Bibliothek enthalten sind auch ca. 400 Bände ehemals in der Brehm'schen Hausbibliothek befindlicher Bücher, die 1989 aus dem Nachlass Otto Kleinschmidt (1870–1954) erworben werden konnten. Die für ihren Ankauf nötigen Gelder stellte zunächst der örtliche Landwirtschaftsbetrieb (LPG) zur Verfügung, doch konnte diese Zahlung später durch finanzielle Unterstützung von dem inzwischen wiedergegründeten Freistaat Thüringen und den vom Ministerium bereit gestellten Mitteln abgelöst werden – ferner über 2.300 ornithologiehistorische Bücher und Zeitschriften aus der Bibliothek von Ludwig Baege

(1932–1989) (Fabian 2003). In den Folgejahren gelang es durch gezielte Suche und Schenkungen u. a. von Mitgliedern des »Förderkreis Brehm e.V.« sowie Ankäufe, weitere Autografen im Original oder als Kopie zu erwerben, ebenso die Bibliothek entsprechend zu ergänzen.

Die Brehm'sche Vogelsammlung

Christan Ludwig Brehm hatte eine für seine Zeit wohl einzigartige und umfassende Balgsammlung europäischer Vögel zusammengetragen. Sie zeichnete sich durch die spezifische und hohe Qualität der Bälge aus (Piechocki 1995). Ihr Umfang wurde später einmal mit 15.000 Bälgen angegeben (Hartert 1918), doch entspricht diese Zahl nicht der Angabe von 9.000 Präparaten, die von Christian Ludwig bzw. Alfred gemacht worden sind (Baege 1967). Gerade weil Christian Ludwig Brehm seine Sammlung noch vor Darwins epochalen Werk »Über die Entstehung der Arten« (Darwin 1859) zusammengetragen hat und dabei von einem

typologischen Artkonzept ausging, sammelte er umfangreiche Reihen von Bälgen innerhalb der bekannten Arten sowie sog. gepaarte Paare, wobei ihn feinste Abweichungen zur Beschreibung weiterer Arten veranlassten. Zwar stieß er mit seinen Ansichten bei manchem Fachkollegen auf heftige Kritik, doch war er mit dieser Sammlungsstrategie seiner Zeit weit voraus.

Bereits kurz nach dem Erscheinen von Darwins »Entstehung der Arten« erkannte Alfred Brehm (Brehm 1864) die große Bedeutung dieser Balgserien für die Wissenschaft (v. Knorre 1987). Dennoch gelang es ihm nicht, die Sammlung seines Vaters nach dessen Tode innerhalb Deutschlands zu verkaufen. Noch über 30 Jahre lagerte die Sammlung auf dem Boden des Hauses in Renthendorf, bis Otto Kleinschmidt sie bei der Suche nach Brehms Weidenmeisen »wiederentdeckte«. Doch auch ihm gelangt es nicht, in Deutschland das Geld für den Ankauf zu beschaffen, das zum Erhalt der Sammlung, aber auch zur Unterstützung der drei Töchter und des Sohnes von Alfred Brehm notwendig war. So vermittelte er den Verkauf an Lord Rothschild

Links: Frontispiz der 2. Auflage, »Brehms Thierleben« (1876–1879)

Rechts: Hausrotschwanz-Originalbälge mit Etikett aus der Brehm'schen Vogelsammlung

in Tring bei London, von wo die Sammlung 1932 an das American Museum of Natural History in New York weiter verkauft wurde. Aus New York gelangte eine Teilkollektion von 2.714 Bälgen in den Jahren 1960 bis 1962 auf dem Tauschweg zurück nach Deutschland an das Museum Alexander Koenig in Bonn. In New York verblieben laut dortigem Katalog 4.700 Präparate (Niethammer 1963, 1964).

Wer also hofft, in Renthendorf Brehm´sche Originalpräparate zu sehen, wird somit fast keinen Erfolg haben. Nur wenige Bälge vom Vater oder von den Söhnen präparierte Einzelstücke, wie z.B. die beiden Hausrotschwänze, sind heute in Renthendorf vorhanden. Alle anderen in der Gedenkstätte befindlichen Vogelpräparate sind nach 1960 als Anschauungsmaterial hierhin gelangt. Darunter befindet sich auch der Totfund (Verkehrsopfer) eines flüggen Sperlingskauzes vom 5.7.1976 aus dem Hummelshainer Forst (Wolf 1977). Mit diesem Fund konnten die durch Hildebrandt (1917) angezweifelten Angaben von C. L. Brehm (Brehm 1820–1822) zum Vorkommen dieser Art in der wei-

teren Umgebung von Renthendorf nach über 150 Jahren bestätigt werden.

Führungen und Dia-Vorträge im Haus für Besuchergruppen nach Voranmeldung; geführte Wanderungen durch die Heimat der Brehms für Gruppen nach Absprache; Naturforscher-Diplom für Einzelpersonen und Gruppen

ÖFFNUNGSZEITEN AKTUELL:
Di–Do 13–16 Uhr, Fr–So 11–16 Uhr

KONTAKTADRESSE:
Brehm-Gedenkstätte
Dorfstr. 22
07646 Renthendorf/Thür.
Telefon und Fax 036426-22216
E-mail: info@brehm-gedenkstaette.de
Internet: www.brehm-gedenkstaette.de

FÖRDERKREIS BREHM E.V.:
www.foerderkreis-brehm.de

Literatur

Baege, L. (1967): Dokumentarisches zur Geschichte der Brehm-Sammlung. – Südthüringer Forschungen 2(2): 69–119.

Brehm, A. (1864): Der Vogelfreund im Pfarrhaus. Ein Lebensbild von seinem Sohne. – Die Gartenlaube 12: 69–119.

Brehm, C. L. (1820 – 1822): Beiträge zur Vögelkunde in vollständigen Beschreibungen neu entdeckter und vieler seltener, oder nicht gehörig beobachteter Vögel. 3 Bde. Neustadt/Orla.

Brehm-Gedenkstätte Renthendorf/Thür. (1995): Museumsführer 32 S.

Darwin, Ch. (1859): On the origin of species by means of natural selection, or the preservation of favoured races in the struggle for life. London (deutsch von H. G. Bronn, Stuttgart 1860).

Fabian, B. (Hrsg.) (2003): Handbuch der historischen Buchbestände in Deutschland. Hildesheim.

Haemmerlein, H.-D. (1985): Der Sohn des Vogelpastors. Berlin.

Hartert, E. (1918): Types of birds in the Tring Museum. A. Types in the Brehm collection. – Novit. Zool. 25: 4–63.

Hildebrandt, H. (1917): Ist das Vorkommen von *Glaucidium passerinum* L. und *Syrnium uralensis* Pall. im Osterlande erwiesen? – Ornithol. Monatsschr. 25: 25–28.

Hitzing, J. (1996): 50 Jahre Brehm-Gedenkstätte, 131 Jahre Brehm-Haus in Renthendorf/Thüringen. – Brehm-Blätter 4: 8–31.

Knorre, D. v. (1987): C. L. Brehms Verkäufe von Vogelpräparaten an zoologische Sammlungen der Universität Jena. – Brehm-Blätter 2: 18–25.

Knorre, D. v. & Hitzing, J. (2012): »Christian Ludwig Brehm als Jäger und seine Vogelsammlung« – Beitr. zur Jagd & Wildforschung, 37: 15–22.

Niethammer, G. (1963): Die Vogelsammlung C. L. Brehms heute. – Abh. Ber. Museum »Mauritianum« Altenburg 3: 165–172.

Niethammer, G. (1964): zur Geschichte der Brehm-Sammlung. – Falke 11: 78–80.

Piechocki, R. (1995): Das Sammeln und Präparieren von Vögeln bei C. L. Brehm (1787 – 1864). – Mauritiana (Altenburg) 15(2): 95–113.

Schulze, A. (2009): »Belehrung und Unterhaltung«. Brehms Tierleben im Spannungsfeld vom Empire und Fiktion. Literaturwissenschaftliche Dissertation München 2004. – Utz-Verlag München. 403 S.

Wolf, E. (1977): Totfund eines jungen Sperlingskauzes in Ostthüringen. – Veröff. Mus. Gera, Naturwiss. R. 5: 71–75.

Gisela Maul

Stichworte: J.W. v. Goethe, Zoologie, Anatomie, Botanik, Morphologie, Geologie, Minerale, Gesteine, Fossilien, Farbenlehre, Meteorologie, Physik, Chemie

Überlieferung

Goethes ausgeprägtes Interesse an der Natur brachte im Laufe von mehr als 50 Jahren nicht nur ein ansehnliches naturwissenschaftliches Gesamtwerk hervor, sondern manifestiert sich auch in einer regen Sammeltätigkeit. Von der Zeit seiner Ansiedlung in Weimar 1775 bis zu seinem Tod im März 1832 sind ca. 23.000 von ihm zusammengetragene naturwissenschaftliche Objekte überliefert.

Das wissenschaftshistorische Potential dieses Nachlasses lässt sich erst ermessen, wenn die Verbindung mit der Vielfalt der überlieferten Zeugnisse zu Goethes naturwissenschaftlichen Studien mit dem methodischen Vorgehen und dem fachlichen Gedankenaustausch mit Zeitgenossen hergestellt wird. Über Goethes Person hinausweisend sind die Einblicke, die die Verbindung Sammlung – Zeugnis in die damaligen interdisziplinären und internationalen Kommunikationsnetzwerke ermöglicht.

Für Goethe sind die Naturalien – zoologische, botanische und geologische Objekte – das Material, das er neben den Beobachtungen in der Natur selbst für seine morphologischen Studien befragte. Erweiterung erfahren die reinen Naturbeobachtungen durch die Experimente insbesondere zur Farbenlehre, aber auch zur Physik und Chemie, zu denen vielfach die Gerätschaften in den Sammlungen erhalten geblieben sind.

Erwerbungszeugnisse im engeren Sinne wie Quittungen, Rechnungen, Einträge in die Ausgabenbücher oder konkrete Empfangsbestätigungen sind nur für einen kleinen Teil der Sammlungsobjekte überliefert. Der Gebrauch der Sammlungen lässt sich dafür umso anschaulicher durch Erwähnungen in den naturwissenschaftlichen Texten Goethes, in seinen Korrespondenzen und seinen Tagebüchern nachvollziehen. Bedeutsam sind dar-

über hinaus Zeichnungen Goethes, die Sammlungsobjekte, oft in skizzenhafter, vereinfachter Weise wiedergeben, oder Objektdarstellungen, die er von professionellen Künstlern ausführen ließ. Vielfach fanden Themen aus dem naturwissenschaftlichen Kontext auch Eingang in das literarische Werk.

Die Erwerbungswege sind vielfältig. Nur gelegentlich kaufte Goethe gezielt ihn interessierende Sammlungsstücke, einiges sammelte er selbst. Besonders aufschlussreich sind jene Gegenstände, die ihm im Zusammenhang mit Diskursen über bestimmte Themen zugesandt wurden. Die Liste der Einsender liest sich wie ein »Who is Who« der zeitgenössischen Naturwissenschaften: Christian Leopold von Buch (1774–1853), Johann Jakob Freiherr von Berzelius (1779–1848), Johann Friedrich Blumenbach (1752–1844), Karl Gustav Carus (1789–1869), Georges Cuvier (1769–1832), Johann Wolfgang Döbereiner (1780–1849), Alexander von Humboldt (1769–1859), Karl Cäsar von Leonhard (1779–1862), Justus Christian Loder (1753–1832), Karl Friedrich Phillip von Martius (1794–1868), Christian Gottfried Daniel Nees von Esenbeck (1776–1858), Thomas Seebeck (1770–1831), Samuel Thomas Soemmerring (1755–1830), Kaspar Maria von Sternberg (1761–1838), Friedrich Wilhelm Heinrich von Trebra (1740–1819) oder Abraham Gottlob Werner (1749–1817) – um nur einige zu nennen – trugen zur Vermehrung der Goethe'schen Sammlungen bei.

Über den Zeugnischarakter seiner Sammlungen bestand für Goethe selbst kein Zweifel. In diesem Sinne sagte er z.B. anlässlich einer Testamentsbesprechung am 19. November 1830 zu Kanzler Friedrich von Müller (1779–1849), den er zur Vollstreckung seines Letzten Willens bestimmt hatte: »*Meine Sammlungen jeder Art sind der genauesten Fürsorge wert […] Ich habe nicht nach Laune und Willkür, sondern jedesmal mit Plan und*

*Absicht zu meiner eignen folgerechten Bildung ge-
sammelt und an jedem Stück meines Besitzes etwas
gelernt«* (FA I 17, S. 785). Was für ihn in seiner amtlichen Praxis erstrebenswert schien, nämlich wichtige Nachlässe den *»versplitternden Auctionen (zu)
entziehen«* (WA I 49II, S. 119) das wollte er auch für
seine eigenen Sammlungen erreichen.

Erst im Jahre 1885 wurde der Wunsch Goethes
nach einer Übergabe der Sammlungen an eine
»öffentliche Anstalt« realisiert, als der Enkel Walther Wolfgang von Goethe (1818–1885) das Wohnhaus und die großväterlichen Sammlungen dem
Großherzogtum Sachsen-Weimar-Eisenach ver-
erbte und damit die Voraussetzung für die Gründung des Goethe-Nationalmuseums am 8. August
1885 schuf.

Nicht alles, was Goethe im Laufe seines Lebens
gesammelt hat, ist erhalten geblieben. Einiges
wurde durch seine Erben an Dritte weggegeben,
anderes verschenkte Goethe selbst. So berichtet
er in den Heften »Zur Morphologie«, dass einige
seiner *»bisher unter Staub und Moder beseitigten
Präparate«* (LA I 9, S. 170) den Sammlungen der
neu gegründeten Jenaer Veterinär-Schule zu Gute
kamen.

Aber er profitierte auch seinerseits von Kontakten zu Präparatoren, Pflanzensammlern oder
Mineralogen, die er im Zusammenhang mit seiner amtlichen Zuständigkeit für die naturwissenschaftlichen Sammlungen in Jena geknüpft hatte.

Die pädagogischen Bemühungen, seinen Sohn
(Julius August Walther, 1789–1830) für die Natur zu
interessieren und ihn zu bewegen, selbst Sammlungen anzulegen, was er mit großzügigen Gaben
aus seinem Sammlungsbesitz förderte, bildeten
die Grundlage dafür, dass August als Erwachsener
seinen Vater bei der Betreuung der Sammlungen
engagiert unterstützten konnte. Durch den frühen Tod des Sohnes während einer Italienreise im
Jahre 1830 fiel dessen Sammlung an den Vater.

Die anatomisch-zoologische
Sammlung

Diese Sammlung umfasst ca. 1.000 heterogene,
nie kontinuierlich etwa zur Dokumentation zoologischer Systematik zusammengetragene Objekte.

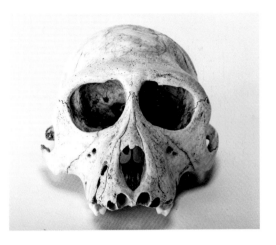

Affenschädel, GNA 0010
(Foto: A. Burzik KSW,
Museen)

Zeitgenössische Verzeichnisse sind nicht überliefert. Sammlungsgeschichtlich besonders interessant sind die osteologischen Präparate, die Goethe
als Anschauungs- und Belegmaterial für seine
morphologischen Arbeiten erworben hat.

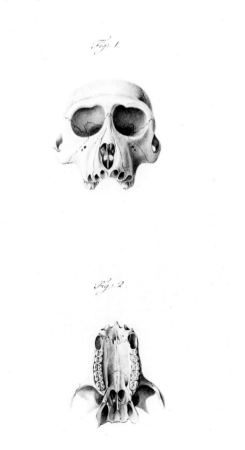

Wilhelm Waitz: Zwei
Ansichten eines Affen-
schädels, 1784; KSW, GSA

In Jena gelang ihm am 24. März 1784 bei vergleichenden anatomischen Untersuchungen an Menschen- und Tierschädeln die Entdeckung des umstrittenen Zwischenkieferknochens beim Menschen. Hier standen ihm die im Jenaer Schloss untergebrachten herzoglichen Sammlungen zur Verfügung, die sich aus den Beständen der aus Weimar überführten herzoglichen Naturaliensammlung und dem 1778 erworbenen Naturalienkabinett von Johann Ernst Immanuel Walch (1725–1778) zusammensetzten.

Die Ende 1784 fertiggestellte Zwischenkieferabhandlung ist mit Zeichnungen des jungen Weimarer Künstlers Wilhelm Waitz (1766–1796) illustriert, den Goethe persönlich in der Zeichenmethode des Niederländischen Anatomen Peter Camper (1722–1789), der Methode des »ambulierenden Augenpunktes« (LA II 9, S. 289 u S. 294 f.) unterwies. Diese Art der Darstellung verzichtet auf Perspektive und Schattenwurf und vermittelt einen räumlichen Eindruck, als würde sich der Betrachter um das Objekt bewegen.

Die Zusammenschau von Präparat, Zeichnung und Text gestattet uns heute Goethes vergleichende anatomische Untersuchungen bis ins Detail nachzuvollziehen. Insgesamt sind 50 Men-

schen- und Tierschädel sowie Schädelfragmente in der anatomischen Sammlung überliefert, außerdem 26 Säugetier- und Vogelskelette.

Die Sammlung enthält etwa 100 weitere Wirbeltierteile wie Geweihe, Zähne, Vogelfedern, Vogelköpfe und Schildkrötenpanzer, Habituspräparate von Reptilien, Vögeln und Säugetieren.

Die maritime Fauna ist durch teilweise nur in Bruchstücken erhaltene Schalenteile und Scheren von Krabben und Krebsen sowie Seeigel und Seesterne, wie das zu den Schlangensternen gehörende Gorgonenhaupt, ca. 100 Korallen und eine Conchyliensammlung mit über 700 Muschelschalen und Schneckengehäusen repräsentiert.

Zur Sammlung gehören weiterhin einige Gipsabgüsse menschlicher Schädel, so von dem vermeintlichen Raphaelschädel, von dem Goethe 1788 in Rom auf Wunsch des Herzogs Karl August (1757–1828) einen Abguss anfertigen ließ. In der »Italienischen Reise« bemerkt er dazu unter dem Datum des 7. März: »Ich sah die Sammlung der Akademie St. Luca, wo Raphaels Schädel ist. Die Reliquie scheint mir ungezweifelt. Ein trefflicher Knochenbau, in welchem eine schöne Seele bequem spazieren konnte« (LA II 9A, S. 375 f.).

Etwa 30 Objekte sind als Kuriositäten einzustufen, zum Beispiel der Finger einer Mumie aus dem sogenannten Bleikeller, einer umgangssprachlichen Bezeichnung für die Ostkrypta des St. Petri-Doms in Bremen, in der 1698 einige Mumien gefunden wurden.

Die botanische Sammlung

Mit 2.500 Objekten ist die botanische Sammlung deutlich umfangreicher als der zoologische Bestand. Zu dem 1.921 Blätter und ca. 1.300 Arten umfassenden Herbarium ist als frühestes Erwerbungszeugnis ein Vermerk in Goethes Ausgabenbuch vom 20. Januar 1780 überliefert: *»800 St. aufgeklebte Blumen«* (LA II 9A, S. 274). Aus dem Jahr 1785 stammt ein zweiter Beleg für den Erwerb einer »Kräutersammlung« (LA II 9A, S. 319) für zehn Taler.

Zu diesem Zeitpunkt hatte sich Goethe in seinem Garten am Stern gärtnerisch betätigt, die Natur im Thüringer Wald beobachtet und sich botanische Fachliteratur besorgt, vornehmlich von dem schwedischen Naturforscher Carl von Linné (1707–1778), sowie botanische Beobachtungen mit dem Mikroskop angestellt.

Das Herbarium setzt sich aus elf Untergruppen zusammen (Kahler, 1970). 929 Blätter des Herbariums sind nach dem 24-Klassen-System Linnés geordnet, der in seinem künstlichen Klassifikationssystem die Pflanzen nach dem Bau der Blüten gliederte. Die Pflanzen der einzelnen Klassen waren in jeweils einem Umschlagblatt aus blauem Papier zusammengefasst. Die Beschriftung dieser Umschläge stammt von der Hand Augusts, dem Goethe 1802 sein Herbarium überlassen hatte.

Die ursprünglichen Beschriftungen der Pflanzen sind in vielen Fällen handschriftlich von Karl Georg Batsch (1761–1802) durch die neueren Linné'schen Bezeichnungen ergänzt. Weitere 629 mit Namen versehene aber ungeordnet aufgefundene Herbarblätter wurden 1914 von dem Gießener Botaniker Adolf Hansen (1851–1920) nach natürlichen Pflanzenfamilien geordnet.

Ein 59 Nummern umfassendes Herbarium enthält, wie einem zugehörigen Zettel Goethes zu entnehmen ist *»Getrocknete Pflanzen zur Metamorphose«.* Es handelt sich dabei um lose in Umschlagblätter eingelegte Laubblattbeispiele.

Bedeutsam für Goethes botanische Studien sind einige Exemplare krankhaft veränderter Wuchsformen. Sammlungsstücke wie die verbänderten und spiralig gewundenen Eschen-, Fichten-, Karden- und Baldrianzweige demonstrieren das aus den Fugen geratene Gleichgewicht von vertikalem und spiraligem Wachstum, mit dem sich Goethe in einem Aufsatz »Zur Spiraltendenz« (LA I 10 S. 339 ff.) befasste, den er der deutsch-französischen Ausgabe seiner Metamorphoseschrift von 1831 hinzufügte.

Die enge Verbindung von wissenschaftlichem Werk und Sammlungsobjekt wird nicht zuletzt durch die von Goethe veranlassten Zeichnungen solcher Fehlbildungen deutlich, die der Weimarer Maler Eduard Stark 1830 angefertigt hatte (»Zehn Kolorierten Handzeichnungen zur Erläuterung der

Kornblume, GNH 0657; KSW, Museen

Metamorphose der Pflanzen nach Goethe«, Signa-
tur HAAB: H,0:23).

Die Erwerbung verschiedener Holzsammlun-
gen dagegen ist eher ökonomischen und forstbo-
tanischen Fragestellungen oder auch autodidakti-
schen Bestrebungen zuzuschreiben.

Eine Sammlung vorwiegend exotischer Früchte
und Samen umfasst etwa 170 Stück.

Die geowissenschaftliche Sammlung

Diese Sammlung ist mit 18.000 Stufen die größte
Teilkollektion des naturwissenschaftlichen Bestandes. Im Zusammenhang mit Katalogisie-
rungsarbeiten wurde der Wert der Sammlungen
1842 auf rund 7.000 Taler geschätzt, was mehr als
einem Drittel des Goethe'schen Besitzes entsprach.

Sie ist eine der wenigen Kollektionen von Pri-
vatsammlern des 18. und 19. Jahrhunderts, die ihren authentischen historischen Charakter weitgehend bewahrt haben.

Diese Tatsache ist dem Umstand zu verdanken,
dass die Sammlung bereits zu Goethes Lebzeiten –

wenn auch nicht lückenlos – verzeichnet wurde.
Überliefert sind Kataloge aus den Jahren 1783, 1785
und 1813 sowie zahlreiche Einzelverzeichnisse. Der
früheste Katalog ist zum Teil von Goethe selbst
geschrieben.

Die Sammlung wird in 18 originalen Sammlungsschränken mit insgesamt 450 Schubfächern,
aufbewahrt. Große Stufen und repräsentative Stücke liegen in gläsernen Aufsätzen. Sowohl zu Goethes Lebzeiten als auch unter späterer musealer
Obhut sind diese Sammlungsschränke mehrfach
umgestellt worden. Drei Mineralienschränke sind
heute im Arbeitsvorzimmer des Weimarer Wohnhauses zu sehen. Der größere Teil der Sammlung
befindet sich im Steinpavillon, einem barocken
Gartenhaus.

Im Einzelnen gliedern sich die geowissenschaftliche Sammlung in die *Mineraliensammlung*
mit 1599 Nummern nach dem Katalog des Geologen Hans Prescher (1930–1996) aus dem Jahr 1978,
die *Gesteinssammlung* mit 475 Katalognummern,
die *paläontologische Sammlung* mit 718 Nummern
sowie die 6.207 Katalognummern umfassende
Suitensammlung.

Bemühungen um den Erwerb von *Mineralien*
sind seit 1780 belegt. Die in der Sammlung erhalten gebliebene Ordnung entspricht der letzten
Fassung des Mineraliensystems von Abraham
Gottlob Werner (1749–1817), das 1817 von Johann
Karl Freiesleben (1774–1846), einem seiner zahlreichen Schüler, publiziert wurde (Freiesleben 1817).

Gleichzeitig mit der Mineraliensammlung
wurde seit 1780 die *Sammlung der Gebirgsarten*
aufgebaut, die 1817 in Anlehnung an das System
von Dietrich Ludwig Gustav Karsten (1768–1810):
»Tabellarische Übersicht der Gesteinsarten« aus
dem Jahr 1808 geordnet wurde. Karsten folgt in
seiner Systematik Wernerschen Anschauungen,
die denen Goethes entsprachen.

Fossilien sammelte Goethe seit 1798 gezielt und
war sich darüber im Klaren, dass es sich dabei um
Zeugnisse der Erdgeschichte handelte, wie ein
Brief vom 27. Oktober 1782 an seinen Jugendfreund
Merck, der sich mit der Beschreibung von Fossil-
funden befasste, zeigt: »*Alle die Knochentrümmer
von denen Du sprichst und die in dem oberen Sande
des Erdreichs überall gefunden werden, sind, wie ich
völlig überzeugt bin, aus der neusten Epoche, welche*

aber doch gegen unsere Zeitrechnung ungeheuer alt ist. [...] *Es wird nun bald die Zeit kommen, wo man Versteinerungen nicht mehr durch einander werfen, sondern verhältnismäßig zu den Epochen der Welt rangieren wird«* (LA II 7, S. 310).

Der Katalog der Fossiliensammlung wurde 1813 von Goethes Sohn August erstellt. Er folgt der Systematik von Johann Ernst Immanuel Walch (Walch 1796) aus dem Jahre 1762.

Viele Fossilien stammten aus der näheren Weimarer Umgebung und dem Thüringer Raum: Säugetierfunde aus den pleistozänen Travertinen, z.T. aus Steinbrüchen im heute überbauten Stadtgebiet Weimars, Muschelkalkfossilien und Pflanzenabdrücke aus Manebach/Cammerberg im Thüringer Wald.

Auch einige Gipsabgüsse sind in der paläontologischen Sammlung überliefert, so zwei Gipskopien fossiler Säugetierknochen aus dem Pariser Becken, die Goethe 1826 nach einem vorausgegangenen Briefwechsel von George Cuvier, dem Begründer der Wirbeltierpaläontologie, zugesandt wurden.

Aus dem Jahr 1827 stammt der Gipsabdruck eines kleinen Flugsauriers von Solnhofen, den Goethe auf seine briefliche Bitte hin von Samuel Thomas von Soemmerring erhielt.

Als *Suiten* bezeichnete Goethe die 100 regionalen oder anderen Themen zuzuordnenden Kollektionen unterschiedlichen Umfanges. Bereits 1781 erwarb Goethe die Sammlung Kursächsischer Minerale von Johann Friedrich Wilhelm von Charpentier (1738–1805), für ihn das Muster einer regionalen Belegsammlung schlechthin, nach dem auch Johann Karl Wilhelm Voigt (1752–1821) im amtlichen Auftrag Goethes seine Reise durch Thüringen dokumentierte. Die wissenschaftliche Ausbeute dieser geognostischen Erkundungsreise Voigts erschien 1782 unter dem Titel »Mineralogische Reisen durch das Herzogtum Weimar Eisenach ...«. Die dazu zusammengestellte Belegsammlung erbat sich Goethe.

Nach wiederholten Kurreisen in die Böhmischen Bäder stellte Goethe 1807 in Zusammenarbeit mit dem Karlsbader Steinschneider Joseph Müller (1727–1817), der ihn zu den einschlägigen Fundstellen führte und Vorräte von den Belegstücken anlegte, selbst eine solche regionale, aus 100

Stufen bestehende Belegsammlung von Karlsbad zusammen und veröffentlichte dazu einen Begleitkatalog: »Sammlung zur Kenntnis der Gebirge von und um Karlsbad angezeigt und erläutert.« In den Böhmischen Suiten sind die Vorräte überliefert, die Goethe sich anlegte, um gegebenenfalls weitere Karlsbader Suiten zusammenzustellen. Doubletten davon befinden sich noch heute im böhmischen Stift Tepl und in der mineralogischen Sammlung der Universität Jena.

Zu den selbst zusammengestellten Regionalsuiten gehören z.B. die Sammlung vom Vesuv von der ersten Italienreise oder die Reiseaufsammlungen von 1790, die Goethe bei seinem zweiten Italienaufenthalt entlang des Brenners gemacht hat.

Steinpavillon, 1. Etage.
(Foto: J. Hauspurg)

Die Sammlung zur Farbenlehre

Im Zentrum von Goethes Farbenlehrestudien steht das Experiment. Die zugehörige Sammlung enthält nahezu das gesamte Studienmaterial, Geräte, Proben und Experimentiermaterial zu den Arbeiten auf diesem Gebiet. Der Farbenlehrebestand ist unter den naturwissenschaftlichen Sammlungen insofern eine Besonderheit, als beinahe jedes Objekt in seiner Funktion und Verwendung erwähnt und beschrieben ist.

Alles in allem besteht die Sammlung aus 1.100 Objekten, inbegriffen ist neben den Versuchsgeräten – oder wie Goethe es auszudrücken pflegte: neben seinem »chromatischen Apparat« (WA III 5, S. 148. Unter dem 24. Januar 1815: »Ordnung des chromatischen Apparats«) – ein Grafikbestand von 320 Entwurfsskizzen, ausgeführten Zeichnungen und Drucken (Matthaei 1941, S. 94–174 und Matthaei 1963).

Zu den »Beiträgen zur Optik« von 1791 und 1792 sind mehrere Serien des sogenannten Optischen Kartenspiels sowie einige Druckbögen in Holzschnitttechnik überliefert. Auch das im zweiten Stück der »Beiträge« abgebildete Wasserprisma mit dem Zubehör an verschiedenen Schablonen aus Pappe befindet sich in der Sammlung. Die Geräte können in den meisten Fällen den entsprechenden Schriften wie der »Farbenlehre« von 1810 und den späteren Arbeiten z.B. über die entoptischen Farben zugeordnet werden. Von den Schirmen zur Farbenlehre, die in ihrer grafischen Gestaltung auf das Kartenspiel zurückgehen, ist bekannt, dass sie in den Jahren 1805/05 als Anschauungsmaterial bei Vorträgen genutzt wurden.

Vielseitige Verwendung fanden die beiden Camerae obscurae, eine kleine tragbare Camera im Taschenformat und ein größeres Gerät von pyramidaler Form. Diese Camera konnte mit dem 1780 erworbenen Sonnenmikroskop kombiniert und zum Zeichnen der mittels des Mikroskops vergrößerten Objekte verwendet werden. Goethe benutzte sie darüber hinaus zu Experimenten mit farbigen Schatten.

Von einem Teil der Farbenlehresammlung ist ein zeitgenössisches Verzeichnis aus dem Jahr 1815 überliefert. Es umfasst 62 Positionen, die sich überwiegend bis heute erhalten haben (LA II 5 B/1, S. 93 ff.).

Im Einzelnen gehören zu der Sammlung zahlreiche Prismen, Linsen und Lupen, darunter eine Lupe mit einer Linse aus Bernstein. Zur Demonstration des sogenannten Urphänomens wurden im Beisein Goethes in der Fabrik des Glasfabrikanten Wolfgang Kaspar Fickentscher (1770–1837) in Marktredwitz getrübte Gläser hergestellt. Als Urphänomen bezeichnete Goethe das Entstehen von Farben aus dem weißen Sonnenlicht oder aus der Finsternis, dem Schwarz, wie man es in der Natur beobachten kann, wenn z.B. die Sonne von einer dunstigen (trüben) Atmosphäre verhüllt wird und dabei Gelb – und Orangetöne entstehen (Sonnenaufgang/Sonnenuntergang) oder wenn entfernte Berge blau erscheinen.

In besonders brillanter Weise zeigt sich dieses Urphänomen bei einem Trinkbecher, den Goethe in Karlsbad erworben hatte.

Farbige Glasscheiben, Objekte zur Beobachtung der verschiedenen »physischen Farben«, chemi-

sche Farbproben, Holzzwingen und zugehörige
Gläser zur Erzeugung epoptischer Farben (heute
als Newtonsche Ringe bezeichnet), ein Apparat zur
Demonstration von Beugungsfarben, die Experi-
mentiermittel zur Polemik gegen Newton (1642–
1726), zahlreiche entoptische Materialien und dafür
vorhandenen Apparate sind Belegstücke zu den in
der Farbenlehre beschriebenen Experimenten und
Beobachtungen. Zum Teil für prismatische Versuche, vor allem jedoch zur Demonstration der ästhetischen Wirkung verschiedener Farbkombinatio-
nen dienten die überlieferten Muster von Tapeten
und Marmorpapieren sowie Stoffen.

Die Sammlung zur Physik, Chemie und Meteorologie

Diese Sammlung hat einen Umfang von ca. 400
Experimentier- und Messgeräten. Der größte
Teil der Gerätschaften gehört zur Elektrophysik:
u.a. drei Elektrisiermaschinen, ein magnetisches
Magazin, Magnetstäbe, galvanische Platten (Vol-
taische Säule), ein elektrolytischer Apparat zur
Wasserzersetzung nach Johann Wilhelm Ritter
(1776–1810), pneumatische Wannen, Gefäße für
Luft- und Vakuumversuche und für Chemikalien,
mit Platin verspiegelte Glasstücke und Duftlam-
penteile von Johann Wolfgang Döbereiner, ein
Thermoelement nach Thomas Seebeck und vie-
lerlei Hilfsgerät. Zur Tonlehre, die Goethe zufolge
nach dem Vorbild seiner Farbenlehre abgehandelt
werden sollte, gehört eine große Tabelle in seinem
Schlafzimmer außerdem Skizzen chaldnischer
Klangfiguren.

Insgesamt handelt es sich um eine zeittypische
Grundausstattung für elektrische und chemische
Versuche.

Im Unterschied zu den vorgenannten Sammlungen ist Goethe auf diesen Feldern nicht selbst
forschend tätig gewesen – das gilt zumindest für
die Chemie und Physik, weniger für die Meteorologie –, vielmehr ging es ihm darum, sich die neuen
Erkenntnisse zu vergegenwärtigen und gegebenenfalls entsprechende Experimente nachzuvollziehen. Im Unterschied zu den übrigen Sammlungen ist dieser Bestand auch um einige Objekte
erweitert worden, die nicht aus Goethes Nachlass

Demonstration des Ur-
phänomens am Karls-
bader Glas von Andreas
Mattoni (1779–1864), GNF
0085. (Foto: A. Burzik, KSW,
Museen)

stammen. So wurden 1912 Geräte und Materialien
zur Elektrizitätslehre aus dem ehemaligen phy-
sikalischen Kabinett Herzog Karl Augusts (1757–
1828), die auch Goethe benutzt hatte, der Sammlung angeschlossen.

Die überlieferten Meteorologische Instrumente sind Anschaffungen aus der Zeit nach
1790: je ein Quecksilber- und ein Stabbarometer,
ein Reisethermometer, ein Zimmerthermometer,
ein Haar-Hygrometer und ein Wetterglas niederländischen Typs.

Meteorologische Themen beschäftigten Goethe sowohl im Zusammenhang mit seiner amtlichen Tätigkeit als auch in wissenschaftlicher und
künstlerischer Hinsicht. Die Arbeiten des Englän-
ders Luke Howard (1772–1864), der eine wissenschaftlich begründete Nomenklatur der Wolken-
formen einführte (Howard 1803), weckten Goethes
Interesse. Er stellte sie im dritten Heft des ersten
Bandes seiner Hefte »Zur Naturwissenschaft überhaupt« (LA I 8, S. 73ff.) vor und machte sie damit in
Deutschland bekannt.

Ethnologisches und Varia

Diese kleine Kollektion von 19 Objekten vereinigt
einige Varia, vorwiegend Ethnologika. Die meis-

Indianischer Kopfschmuck, GNV 0014. (Foto: A. Burzik, KSW, Museen)

Die naturwissenschaftlichen Sammlungen heute

Mit den baulichen Änderungen im Goethe-Jahr 1999 wurde auch das Naturwissenschaftliche Kabinett im Sammlungsanbau des Goethe-Nationalmuseums einer Neugestaltung unterzogen. Der den Sammlungen zur Verfügung stehende zum Goethe-Garten nach Süden gelegene Saal wurde mit neuen Möbeln ausgestattet, insbesondere, um für die Sammlungen bessere konservatorische Bedingungen zu gewährleisten.

Das Kabinett bewahrt die Sammlungen zur Zoologie und Anatomie, die botanische Sammlung sowie die technischen Kollektionen zur Physik, Chemie, Meteorologie und Farbenlehre. Die umfangreichen geowissenschaftlichen Sammlungen befinden sich im Arbeitsvorzimmer des Goethehauses sowie im Gartenpavillon.

Gemäß dem Konzept des Schaumagazins ist das naturwissenschaftliche Kabinett einerseits Sammlungs- und interner Arbeitsbereich, steht aber nach Absprache auch der Nutzung durch Wissenschaftler anderer Einrichtungen, durch interessierte Laien oder für spezielle Seminare zu den Sammlungen und zu Goethes naturwissenschaftlichen Studien zur Verfügung. Neben den zitierten gedruckten Katalogen zu einzelnen Teilsammlungen ist der Gesamtbestand seit 2002 in einer im Hause zugänglichen Datenbank erfasst.

Ausstellung im Goethe-Nationalmuseum: »Lebensfluten – Tatensturm«

Das Goethe-Nationalmuseum ist das bedeutendste Museum zur Präsentation und Erforschung der Lebensleistung Goethes. Es umfasst das historische Wohnhaus am Frauenplan mit Garten, in dem ein Teil von Goethes kunst- und naturwissenschaftlichen Sammlungen sowie seine Privatbibliothek zu sehen sind. Zwei Museumsanbauten aus dem 20. Jahrhundert dienen zur Präsentation weiterer Sammlungsbestände in einem als Schaudepot eingerichteten Studiensaal sowie dem oben beschriebenen naturwissenschaftlichen Kabinett.

ten Stücke sind südamerikanischer Herkunft: eine Hängematte, Halsketten, ein Lendenschurz und ein ebenso schöner, wie seltener indianischer Kopfschmuck aus Ara- und Tukanfedern, dessen Herkunft aus dem Landesinneren von Guayana erst jüngst ermittelt wurde (Holler et al. 2012, S. 115).

In ästhetischer Hinsicht weniger spektakulär, aber mit umso engerem Bezug zum literarischen Werk Goethes ist ein eher unscheinbares, in einem Glasbehälter verschlossenes Stück Seil von der englischen Marine, die Gestalt gewordene Metapher vom roten Faden, die Goethe mit den »Wahlverwandtschaften«, in den deutschen Sprachraum eingeführt hat: »*Wir hören von einer besondern Einrichtung bei der englischen Marine. Sämmtliche Tauwerke der königlichen Flotte, vom stärksten bis zum schwächsten, sind dergestalt gesponnen, daß ein rother Faden durch das Ganze durchgeht, den man nicht herauswinden kann ohne alles aufzulösen, und woran auch die kleinsten Stücke kenntlich sind, daß sie der Krone gehören.*

Eben so zieht sich durch Ottiliens Tagebuch ein Faden der Neigung und Anhänglichkeit, der alles verbindet und das Ganze bezeichnet« (WA I 20, S. 112).

Goethe erhielt das Seil 1813 oder 1814 durch die Vermittlung des Bremer Arztes Johann Abraham Albers (1772–1821) von John Forbes, einem Wundarzt bei der englischen Flotte, der sich als Verehrer Goethescher Literatur zu erkennen gab.

Die Ausstellung »Lebensfluten – Tatensturm« erschließt Goethes Leben und Wirken für die Besucher. Goethe ist und bleibt aktuell. Das veranschaulicht die Ausstellung im Goethe-Nationalmuseum. Die Klassik Stiftung Weimar präsentiert Goethe als Zeugen der um 1800 einsetzenden Moderne und zeigt sein faszinierendes Leben und Werk in zeitgenössischen Kontexten.

In der Ausstellung wird in elf Räumen die Vielschichtigkeit Goethes weit über sein literarisches Schaffen hinaus verdeutlicht – von seiner politischen Funktion als Staatsmann über seine zeichnerische Tätigkeit bis hin zu seinen naturwissenschaftlichen Studien.

Dabei schöpft die Ausstellung aus einem einzigartigen Fundus wertvoller Originale – kunst- und naturwissenschaftliche Objekte aus Goethes Sammlungen, Briefe und Tagebücher, Alltagsgegenstände und persönlichen Erinnerungsstücke – und ergänzt somit den atmosphärischen Eindruck des Wohnhauses auf singuläre Weise.

Über die Leitbegriffe Genie – Gewalt – Welt – Liebe – Kunst – Natur – Erinnerung gestattet die Ausstellung einen Zugang zu den sozio-kulturellen Diskursen um 1800 und bietet gleichzeitig einen Brückenschlag zu Themen der heutigen Zeit. Verbindendes Element der Räume ist die »Faust-Galerie«. Hier kann der Besucher Stichworte aus Goethes Drama wählen, die auf die Flächen einer Installation projiziert werden.

REGELMÄSSIGE FÜHRUNGEN:
Di, Do und Fr 13–14 Uhr

ÖFFNUNGSZEITEN
(vgl. auch aktuell im Internet):
2. Januar – 27. März und 16. Oktober – 31. Dezember
Di–So 9–16/18 Uhr
28. März –15. Oktober Di–So 9–17 Uhr, Sa bis 19 Uhr

KONTAKTADRESSE:
Goethe-Nationalmuseum
Frauenplan 1
99423 Weimar
E-Mail: Gisela.Maul@klassik-stiftung.de
Internet: www.klassik-stiftung.de/einrichtungen/goethe-nationalmuseum

AUTORENADRESSE:
Dipl.-Biol. Gisela Maul
Kustodin der naturwissenschaftlichen Sammlungen
Klassik Stiftung Weimar, Direktion Museen
Goethe-Nationalmuseum
Frauenplan 1, 99423 Weimar

Literatur

Charpentier, Johann Friedrich Wilhelm von: Mineralogische Geographie der Chursächsischen Lande. Leipzig 1778.

Freiesleben, Johann Karl (Hrsg.): Werners letztes Mineral-System. Wien 1817.

FA:
Goethe, Johann Wolfgang: Sämtliche Werke. Briefe, Tagebücher und Gespräche. Frankfurter Ausgabe. Hrsg. v. Friedemar Apel et al. Frankfurt a.M. 1985–1999.

LA:
Goethe, Johann Wolfgang: Die Schriften zur Naturwissenschaft. Im Auftrag der Deutschen Akademie der Naturforscher Leopoldina. Begr. v. Karl Lothar Wolf und Wilhelm Troll. Hrsg. v. Dorothea Kuhn u. Wolf v. Engelhardt. Weimar 1947–2011.

WA:
Goethe, Johann Wolfgang: Sämtliche Werke. Hrsg. im Auftrag der Großherzogin von Sachsen. Weimarer Ausgabe. Weimar 1887–1919.

Holler, Wolfgang et.al.: Lebensfluten – Tatensturm. Weimar 2012.

Howard, Luke: On the modification of clouds. London 1803.

Kahler, Marie-Luise: Goethes Herbarium. In: Goethe. Neue Folge des Jahrbuchs der Goethegesellschaft. Weimar 1970: 292–312.

Kahler, Marie Luise und Gisela Maul: Alle Gestalten sind ähnlich. Goethes Metamorphose der Pflanzen. Weimar 1990.

Matthaei, Rupprecht: Die Farbenlehre im Goethe-Nationalmuseum. Jena 1941: 94–174.

Matthaei, Rupprecht: Corpus der Goethezeichnungen. Band VA. Die Zeichnungen zur Farbenlehre. Leipzig 1963.

Prescher, Hans: Goethes Sammlungen zur Mineralogie, Geologie und Paläontologie. Katalog. Berlin 1978.

Walch, Johann Ernst Immanuel: Das Steinreich, systematisch entworfen. 2. Aufl., Halle 1796.

5. Naturkundliche Museen und Sammlungen der Friedrich-Schiller-Universität Jena

Tilde Bayer

Die Universität Jena birgt unter ihren Dächern zahlreiche naturkundliche Sammlungen von nationaler und internationaler Bedeutung. Diese dienen vorrangig Forschung und Lehre an der Universität (http://www.uni-jena.de/Museen_Ueberblick.html).

Zwei Sammlungstypen standen an ihrem Anfang, zum einen die Privatsammlungen Jenaer Universitätsprofessoren und zum anderen die »Kunst- und Wunderkammer« des Herzogshofes in Weimar. Es war kein geringerer als Johann Wolfgang von Goethe, der ihr Potential für die Wissenschaft erkannte und Herzog Carl August im Jahr 1779 davon überzeugte, sie nach den neuen Kunst- und Naturvorstellungen zu ordnen, zu öffnen und der Universität für Forschungs- und Lehrzwecke zur Verfügung zu stellen. Neue Wissenschaftstheorien des 19. und 20. Jahrhunderts gingen auch an den Jenaer Universitätssammlungen nicht spurlos vorüber: Es entstanden zum einen neue Sammlungen wie z. B. zur Geologie und zur Biologiedidaktik, während zum anderen bereits bestehende natur-

wissenschaftliche Sammlungen sich unter immer wieder verändernden Fragestellungen differenzierten und spezialisierten. Diese Entwicklung ist keinesfalls abgeschlossen und setzt sich auch im 21. Jahrhundert fort, wo technischer Fortschritt sowie neue Forschungsansätze im Jahr 2010 zur Gründung der Jena Microbial Resource Collection führten, der aktuell jüngsten naturwissenschaftlichen Sammlung der Universität, die Mikroorganismen sowohl im stoffwechselaktiven als auch -inaktiven Zustand konserviert.

Ein Großteil der naturkundlichen Objekte der Sammlungen der Universität ist zu Forschungs- sowie Lehrzwecken erschlossen und digitalisiert. Ausgewählte Stücke sind für die Öffentlichkeit in einer Online-Datenbank zugänglich (www.museen.thueringen.de).

KONTAKTADRESSE:
Dr. Tilde Bayer, Friedrich-Schiller-Universität,
Rektoramt – Sammlungsbeauftragte,
Zwätzengasse 3, 07743 Jena

◀ Schillerbüste vor dem
Universitäts-Hauptgebäude in Jena

5.1. Museum anatomicum Jenense –
Anatomische Sammlung der Medizinischen Fakultät

Rosemarie Fröber

Stichworte: Museum anatomicum Jenense, Medizin, Anatomie, Herzog Carl August, J. C. Loder, J. W. v. Goethe, Zwischenkieferknochen, Os intermaxillare, J. F. Blumenbach

Charakteristik und Geschichte der Anatomischen Sammlung

Zu den Zeitzeugen der traditionsreichen Medizinischen Fakultät der Friedrich-Schiller-Universität Jena gehört das Museum anatomicum Jenense, das sich in den historisch ältesten Räumen der Universität, dem Refektorium eines ehemaligen Dominikanerklosters und späteren Gründungsgebäude der Alma mater Jenensis, befindet. Es beherbergt die Anatomische Sammlung der Medizinischen Fakultät.

Die Anatomische Sammlung blickt heute auf eine reichlich 200-jährige Tradition zurück. Keimzelle ist das aus der *Herzoglich-Sächsischen*

Milchgebiss eines Neugeborenen. Knochennähte am Oberkiefer sichtbar, vordere Knochennaht begrenzt das Schneidezähne tragende Zwischenkiefersegment. Osteologisches Präparat im Glas; Lehrstück von Karl Lange, 1903. Museum anatomicum Jenense – Goethesaal, Inv.-Nr.: O-P 59 (Foto: M. Szabó)

Kunst- und Naturalienkammer hervorgegangene Herzogliche Museum, das im ausgehenden 18. Jahrhundert im Jenaer Stadtschloss zum Nutzen und Gebrauch der Jenaischen Hohen Schule aufgestellt wurde. Die Gründung geht auf den damaligen naturwissenschaftlich interessierten Landesherrn Carl August (1757–1828), seinen Geheimen Rat J. W. v. Goethe (1749–1832) sowie den Professor für Anatomie und Chirurgie in Jena, Justus Christian Loder (1753–1832), zurück. Professoren, die damals Anatomie lehrten, demonstrierten ihre Sammlungsgegenstände den Studenten und gebildeten Laien als Mittel der Belehrung und Ergötzung. Öffentliche Schaubühne war das »Anatomische Theater«.

Loder legte sich eine anatomische Sammlung zu, die in den 25 Jahren seines Wirkens auf über 4.000 Objekte anwuchs. Als er Jena im Jahre 1803 verließ und seine Sammlung mitnahm, sorgten der Herzog, vor allem aber sein Staatsminister Goethe für deren Neugründung. Aus Resten des Loder'schen Kabinetts und Stücken des Herzoglichen Museums sowie durch Ankauf privater Sammlungen wurde im Jahre 1804 das *Anatomische Kabinett* begründet und als Anatomisches Museum eingerichtet. Diese nunmehr herzogliche Einrichtung durfte von der Universität genutzt werden, unterstand aber einer staatlichen Oberaufsichtsbehörde und musste bei Abgang eines Professors in Jena verbleiben.

Anlässlich der 300-Jahr-Feier der Universität wurden im Jahre 1858 die Sammlungsgegenstände des *Anatomischen Kabinetts* mit denen des *Osteologisch-zoologischen* und des *Zootomischen Kabinetts* zum *Anthropotomisch-zootomischen Kabinett* vereint. Damit war eine große vergleichend-anatomische Sammlung entstanden, die insbesondere im 20. Jahrhundert einer wechselvollen Geschichte ausgeliefert war. Kriegsbedingte

Rechte Schädelhälfte eines
Erwachsenen. Knochen zur
besseren Darstellung der
Blutversorgung partiell
abgetragen; Arterien rot
und Venen blau injiziert.
Trockenpräparat auf Stän-
der montiert. Lehrstück
von Guerin aus Paris,
19. Jahrhundert, Museum
anatomicum Jenense –
Goethesaal, Inv.-Nr.: K-P 19
(Foto: M. Szabó)

Sammlungsverluste, NS-Zeit und Ausgliederung des gesamten zoologischen Bestandes zum Zwecke der Übergabe an andere naturwissenschaftliche Sammlungen bestimmten ihr Schicksal dahingehend, dass sich der Sammlungsbestand seit Ende des 20. Jahrhunderts im Wesentlichen auf die Anatomie des Menschen beschränkt.

Im Jahre 1994 wurde dieser Sammlungsbestand einer gründlichen Restaurierung sowie Neuordnung unterzogen und zwei Jahre später als *Museum anatomicum Jenense* neu eröffnet. Seither gliedert sich die Anatomische Sammlung ihrem Charakter und Verwendungszweck entsprechend in eine *zeitgenössische* und eine *museale Sammlung*. Die zeitgenössische Lehrsammlung wird in modernen Vitrinen im »Rolfinck-Saal« zur Ansicht gebracht. Im »Goethe-Saal« sind die musealen Objekte in historischen, bis in die Gründungszeit der Sammlung zurückreichenden Vitrinen aufgestellt.

Die Anatomische Sammlung heute

Heute beherbergt die Anatomische Sammlung ein Sammelsurium medizinischer Präparierkunst. Für manche Besucher ist es möglicherweise ein »Gruselkabinett« – Schädel, Skelette, Totenmasken, Moulagen, Modelle und Hunderte von Trocken- und Nasspräparaten fast aller Körperteile des Menschen. Hier findet man auch kunstvoll aufgearbeitete Gegenstände, wie Injektions- und Korrossionspräparate.

An historischen *Trockenpräparaten* kommen Blutbahnen durch Füllung mit farbigen Wachsmassen und Lymphbahnen durch Injektion mit Quecksilber zur Darstellung.

Die sog. *Zwischenkieferpräparate*, die an die vergleichenden anatomischen Studien Goethes und sein Auffinden des Zwischenkieferknochens – *Os intermaxillare* – beim Menschen im Jahre 1784 erinnern, gehören zu den medizinhistorisch einzigartigen Zeitzeugen der Anatomischen Sammlung.

In einem barocken Goetheschränkchen, einem Geschenk des Herzogs Carl August an Goethe, werden von Goethe selbst präparierte kleine Tierskelette aufbewahrt. Bis heute ist die Anatomische Sammlung ein Vermächtnis Goethes, der mit der Jenaer Anatomie bis ins hohe Alter auf das Engste verbunden blieb. Hier hat er sich hohe Verdienste erworben, zu denen nicht nur sein Auffinden des Zwischenkieferknochens beim Menschen gehört, sondern auch seine Wirbel-Schädel-Theorie und vor allem seine Fürsorge für den Wiederaufbau der Anatomischen Sammlung im Jahre 1804. Die Medizinische Fakultät ehrte Goethe im Jahre 1825 anlässlich seines goldenen Dienstjubiläums und promovierte ihn zum Dr. med. honoris causa, weil er »[...] *demonstravit ut opertas naturae leges quas [...] in ossium compage tuetur mira ingenii divinaret acie« (»[...] deutlich machte, dass er die verborgenen Naturgesetze, die er am Knochenbau erkennt, mit bewundernswerter Geistesschärfe ahnte«).*

Zeitzeugen des deutschen Anatomen, Zoologen und Anthropologen Johann Friedrich Blumenbach findet man in der Schädelsammlung. Hier geben *Malayen-, Amerikaner-, Afrikaner-, Chinesen- und Europäer-Schädel* Zeugnis vom einheitlichen Ursprung der Menschheit. Diese Auffassung Blumenbachs ist in seiner 1775 erschienenen Schrift »De Generis Humanis Varietate Nativa« belegt.

An die historisch alten Versuche, den Charakter des Menschen an seinem Äußeren zu erkennen, erinnern die sog. *Gallschen Schädel*, eine Büste zur Phrenologie sowie die *Totenmaske* des Wiener Mediziners und Anatomen Franz Joseph Gall, der um 1800 einen Zusammenhang zwischen Schädel- und Gehirnform einerseits sowie Charakter und Geistesgaben andererseits vertrat.

Andere historische Objekte gehen auf Schenkungen von Freunden und Gönnern zurück. So erwarb Carl August 1815, im Jahr seiner Erhebung zum Großherzog in Wien, vergleichende *Präparate menschlicher und tierischer Gehörwerkzeuge*. Die sog. *Ethnografischen Köpfe* sind ein Geschenk seines Nachfolgers, Carl Alexander, Großherzog von Sachsen-Weimar-Eisenach. Hierbei handelt es sich um Gesichtsmasken aus der Sammlung der Forschungsreisenden Gebrüder Schlagintweit, die im Jahre 1854 nach Indien aufbrachen, den indischen Subkontinent bereisten und jahrelang Daten über Geografie, Geologie und die Kultur der Völker sammelten.

Wachs- und Gipsplastiken reichen bis in die Goethezeit zurück. Zeitlos und lebensecht erschei-

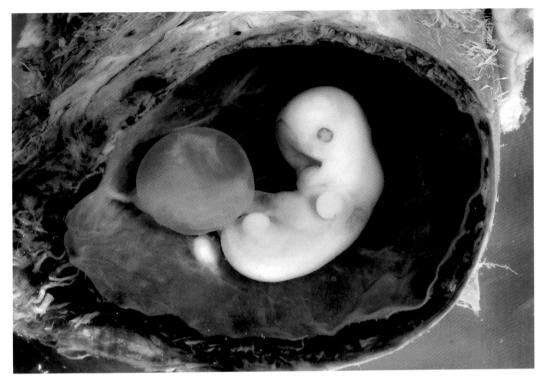

42 Tage alter Embryo im Eileiter eingenistet. OP-Resektat nach Eileiter-schwangerschaft, Nasspräparat; 20. Jahrhundert. Museum anatomicum Jenense – Rolfincksaal, Inv.-Nr.: E-P-42. (Foto: M. Szabó)

nen die in Wachs geformten Körperteile, die sog. *Wachsmoulagen.*

Embryonen aus Wachs sowie eine Vielzahl ganz unterschiedlich konservierter menschlicher *Embryonen und Feten* verkünden den Erkenntnisgewinn zur normalen bzw. gestörten vorgeburtlichen Entwicklung des Menschen vom ausgehenden 19. Jahrhundert bis in die heutige Zeit.

An einer Vielzahl *osteologischer Präparate* hat das Leben seine Spuren hinterlassen. Hier findet man neben künstlich montierten Skeletten auch Bänderskelette von Kindern und Erwachsenen. Einzelne Skelettelemente zeugen von Erkrankungen wie Rachitis und Osteoporose, von spontan verheilten oder operativ versorgten Knochenbrüchen und prothetisch versorgten Gelenken. Die in Gläsern aufbewahrten *Nasspräparate* geben Auskunft über den normalen Aufbau des menschlichen Organismus und dessen Veränderungen im Rahmen von Erkrankungen und operativen Eingriffen.

Plastinations-, Injektions- und Korrossionspräparate vermitteln dem Besucher einen Eindruck über neue Darstellungsmöglichkeiten moderner Präparationstechniken.

Ausstellung und Service der Anatomischen Sammlung

Die Dauerausstellung der zeitgenössischen Lehrsammlung steht entsprechend den Vermächtnissen der verstorbenen Körperspender einer breiten medizinischen Fachöffentlichkeit für medizinische Aus- und Fortbildungsveranstaltungen zur Verfügung. Die dafür angebotenen Führungen werden das ganze Jahr über thüringenweit von medizinischen Ausbildungseinrichtungen sowie Gymnasien genutzt. Medizin- und kulturgeschichtlich interessierte Gäste der Universität haben auf Anfrage ebenfalls die Möglichkeit, durch die Anatomische Sammlung und weitere historischen Stätten der Anatomie geführt zu werden.

Für den allgemeinen Publikumsverkehr beschränken sich die Öffnungszeiten der Anatomischen Sammlung auf jährlich zwei bis drei ausgewählte »Tage der offenen Tür«, die zuvor in der Presse angekündigt werden.

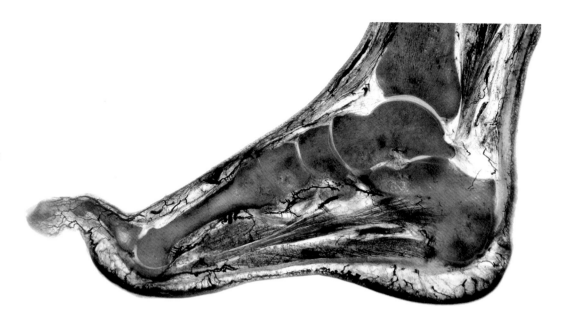

Längsschnitt durch den Fuß eines Erwachsenen. Knochen und Weichteile dargestellt; Arterien rot injiziert. Scheibenplastinat, 21. Jahrhundert, Museum anatomicum Jenense – zeitgenössische Lehrsammlung Rolfinck-saal, Inv.-Nr.: BBP-48. (Foto: M. Szabó)

KONTAKTADRESSE:

Dr. med. Rosemarie Fröber
Oberärztin am Institut für Anatomie I
Kustos der Anatomischen Sammlung der Medizinischen Fakultät
Friedrich-Schiller-Universität Jena
E-mail: Rosemarie.Froeber@mti.uni-jena.de
Internet: www.uni-jena.de/Anatomische_Sammlung_Museum_anatomicum_Jenense.html

BESUCHSADRESSE:

Teichgraben 7, 07743 Jena
Tel.: 03641-938520
Fax: 03641-938634

Literatur

Fröber, R. (1996, 1999, 2003): Museum Anatomicum Jenense. Die anatomische Sammlung in Jena und die Rolle Goethes bei ihrer Entstehung. Jena: Jenzig, in 3 Auflagen.

Fröber, R. (2003): The Anatomical Collection in Jena and the influence of Carl Gegenbaur. Theory in biosciences 122:148–161.

Redies, C., Viebig, M., Zimmermann, S. und Fröber, R. (2005): The Origin of Corpses Received by the Anatomical Institute at the University of Jena during the Nazi Regime. The Anatomical Record Part B: The New Anatomist; 285B: 6–10.

Fröber, R. und W. Linss (2007): Auf den Spuren Goethes in der anatomischen Sammlung in Jena. In:Schultka, R., Neumann, J.N. Anatomie und Anatomische Sammlungen im 18. Jahrhundert. Lit Verlag Dr. W. Hopf Berlin: 331–350.

Fröber, R. (2009): Anatomische Sammlung – Museum anatomicum Jenense. In: Walther, G.: Schätze der Universität. Die wissenschaftlichen Sammlungen der Friedrich-Schiller-Universität Jena. IKS Garamond, Edition Paideia. Jena: 161–169.

Fröber, R. (2010): Anatomie: wissenschaftliche Erkenntnis des menschlichen Körpers. In: Stiftung Schloss Friedenstein Gotha: Anatomie – Gotha geht unter die Haut. Deutscher Kunstverlag, 21–35.

Fröber, R. (2011): Die Anatomie und ihre Sammlungen – Meilensteine unseres Kenntnisstandes. In: Anatomische Gesellschaft: Jubiläumsheft 125 Jahre Anatomische Gesellschaft (1886–2011). Kaiser & Mietzner, Lübeck: 143–152.

5.2. Geologische Sammlung im Institut für Geowissenschaften

Thomas Voigt

Stichwörter: Friedrich-Schiller-Universität Jena, Institut für Geowissenschaften, Geologie, J. E. I. Walch, Naturalienkabinett, J. C. W. Voigt, Geologie, Stratigrafie, Thüringen, Sedimentgesteine, Sedimentologie, J. Walther

Die Geologische Sammlung der Friedrich-Schiller-Universität Jena gehört zu den ältesten naturkundlichen Sammlungen in Deutschland. Sie ging aus dem Naturalienkabinett von Johann Ernst Imanuel Walch (1725–1778) hervor und enthält auch zahlreiche Stücke, die von Johann Carl Wilhelm Voigt (1752–1821; Bergrat am Hof des Großherzogtums Sachsen-Weimar-Eisenach und Freund Johann Wolfgang von Goethes) zusammengetragen wurden (Breitfelder 2006).

Die starke Betonung der Mineralogie durch den Mineralogen Johann Georg Lenz (1748–1832) leitete die Teilung des ursprünglich als Kollektion von Mineralen, Gesteinen und Fossilien angelegten Naturalienkabinetts ein. Die endgültige Abtrennung der petrografisch-mineralogischen Sammlung erfolgte unter Gottlob Linck (1858–1947) erst zu Beginn des 20. Jahrhunderts. Sie wurde im neu 1903 gebauten Institut am Teichgraben untergebracht. Im Februar 1945 wurde das Geologische Institut durch einen Bombenvolltreffer zerstört und die Sammlung verschüttet. Nach der Bergung der Sammlung zu Beginn der 50er-Jahre wurde sie bis zur Hochschulreform für die Lehre und Forschung genutzt. Während der Schließung des Geologischen Institutes (1967) erfolgte die Auflösung und Trennung der Sammlung in einen paläontologischen Teil (Aufbewahrung im Phyletischen Museum Jena) und einen geologischen Teil. Die Lagerstättensammlung wurde nach Merseburg verbracht. Die geologische Sammlung (überwiegend Regionalsammlung Thüringen) wurde zunächst nach Meiningen, später an das Naturhistorische Museum Schleusingen überführt und dort in der Bertholdsburg als Dauerleihgabe der Universität Jena aufbewahrt. Im Jahre 1994 kam die geologische Sammlung zurück an das wiedergegründete Institut für Geowissenschaften. Die Aufstellung erfolgte in 15 neuen Vitrinenschränken und 20 Pultvitrinen.

Nach der Abtrennung der geologischen Sammlung um 1900, den Wirren des Krieges, der Auf-

lösung der Sammlung und Überführung nach Schleusingen 1968 waren ursprünglich zusammengehörende, wissenschaftsgeschichtlich bedeutende Einzelsammlungen verstreut. Sie wurden beim Neuaufbau der geologischen Sammlung zum Teil wieder in den ehemaligen Zusammenhang gebracht, doch gibt es lang keinen Überblick über die Herkunft mancher alter Sammlungen. Im 18. und 19. Jahrhundert wurden meist keine Etiketten angefertigt, sondern die Sammlungsnummern verwiesen nur auf die Kataloge. So würde die Ordnung der historischen Sammlungen einen erheblichen zeitlichen und finanziellen Aufwand bedeuten.

Die Sammlung wurde im Laufe der Zeit kontinuierlich vergrößert, so dass sie bis heute etwa

Johann Ernst Imanuel Walch (1725–1778), der Gründer der geologischen Sammlung. (Gemälde aus dem Fundus der Universität Jena)

Das Institut für Geowissenschaften der Friedrich-Schiller-Universität Jena, Standort der geologischen Sammlung

50.000 Stücke umfasst. Der umfangreichste Teil der Kollektion besteht aus Belegmaterial zur Geologie Thüringens, das aus der regen Sammlungstätigkeit der Jenaer Professoren und Studenten resultiert. Die Sammlung widerspiegelt eindrücklich die wechselvolle Geschichte des Instituts und die Forschungsschwerpunkte von bedeutenden deutschen Geologen wie Johannes Walther, Fritz Deubel, Arno-Hermann Müller und Harald Lützner, die das Institut maßgeblich prägten.

Die Sammlung wurde immer praktisch für die Ausbildung genutzt und ist auch heute in erster Linie eine Lehr- und Belegsammlung. Die Lehrsammlungen sind im repräsentativen Gebäude des Instituts für Geowissenschaften am Burgweg 11 in Jena untergebracht.

Die petrografische Übungssammlung enthält Suiten der häufigsten Gesteine, die bei der Grundlagen-Ausbildung im Studium der Geowissenschaften benötigt werden. Dieser jederzeit frei zugängliche Sammlungsteil steht im Foyer des Instituts und ist in neun Vitrinen aufgeteilt.

Die paläontologische Übungssammlung besteht aus einer erdgeschichtlich geordneten Kollektion der häufigsten Fossilien Mitteleuropas und befindet sich im Praktikumsraum (etwa 500 Stücke). Zusätzlich gibt es eine Sammlung zur Fazies von Karbonaten (200 Proben rezenter und fossiler Kalksteine und kalkabscheidender Organismen). Die instruktive Lehrsammlung zu Sedimentgesteinen besteht aus etwa 400 Proben.

In den 90er-Jahren wurde nach dem Vorbild der der Bergakademie Freiberg eine *Stratigrafische Sammlung* ausgegliedert (Leitung: Thomas Voigt). In 17 großen Vitrinenschränken werden in stratigrafischer Ordnung Belegstücke zur Erdgeschichte aufbewahrt. Neben einer kleinen Ausstellung zu jedem Erdzeitalter in den Vitrinen enthalten die Schränke im verschlossenen Teil Handstücke der für die erdgeschichtlichen Epochen typischen Gesteine sowie größere Gesteinsproben und Fossilplatten. Dabei wurde eine Ordnung der Proben nach Herkunft (weltweit, Europa, Regionen in Deutschland) vorgenommen und zusätzlich eine Thüringen-Abteilung geschaffen. Entsprechend der Sammlungsgeschichte liegt der Schwerpunkt der Sammlung auf der Geologie Thüringens. Die Schauvitrinen wurden neu gestaltet. Sie geben einen Überblick über die Entwicklung der Erde und des Lebens.

Die *Belegsammlung* enthält Belegmaterial aus Qualifizierungsarbeiten. Im Laufe der Zeit kam durch Schenkungen, Nachlässe und nicht zuletzt durch die rege Sammeltätigkeit der Jenenser Studenten eine umfangreiche Belegsammlung von Gesteinen aus aller Welt zusammen. Paläontologische Holotypen befinden sich vor allem in der Sammlung devonischer Mikrofossilien und in der Zechstein-Sammlung (Bryozoen).

Die Bestände aus den 50er- und 60er-Jahren wurden reduziert und in die *Lehrsammlung* eingearbeitet (überwiegend stratigrafische Hauptsammlung). In den Jahren seit der Wiedergründung des Instituts wurden zahlreiche Diplom- und Doktorarbeiten abgeschlossen. Aus Platzgründen wurden nur die wichtigsten und besonderen Proben in die Sammlung aufgenommen. Dünnschliffe, Anschliffe und Abbildungsoriginale der überwiegend stratigrafisch und sedimentologisch

motivierten Untersuchungen der Arbeitsgruppe
Lithologie am Zentralinstitut für Physik der Erde
Jena (ZIPE) wurden ebenfalls in der Belegsamm-
lung im Keller des Instituts archiviert.

Zum historischen Sammlungsbestand werden
alle Stücke gerechnet, die vor 1900 aufgenommen
wurden. Es gibt in diesem Sammlungsbestand
fast nur Handstücke einheitlicher Größe, reprä-

sentative Fossilplatten oder besondere Gesteine
fehlen weitgehend. Die *Historische Sammlung* hat
vor allem wissenschaftshistorische Bedeutung.
Eine Ausnahme sind wichtige Privat-Sammlungen
bedeutender Thüringer Geologen des 19. Jahrhunderts (Karl Theodor Liebe, Ernst Zimmermann, Johannes Walther) und der Muschelkalk-Paläontolo-
gen Richard Wagner, Heinrich Eck, Edmund Picard

Die »Sedimentologische Sammlung« enthält instruktive Belegstücke, wie diesen Hartgrund aus dem Unteren Muschelkalk von Arnstadt

die Übungssammlungen und die stratigrafische Sammlung. Die historischen Sammlungsbestandteile werden während der laufenden Umstrukturierung der geologischen Sammlung ausgesondert und wahrscheinlich in einem anderen Gebäude der Universität magaziniert. Die Teilung der Sammlung wird gravierende Auswirkungen auf ihre Nutzung haben. Die endgültige Unterbringung des historischen Sammlungsbestandes, der bei dieser Gelegenheit weiter geordnet werden konnte, ist noch nicht geklärt. Positiv ist zu vermerken, dass die über 20 Jahre dauernde Unterbringung einiger Sammlungsteile in dafür nicht geeigneten Räumlichkeiten (Garage und Nebengelass) beendet wurde.

KONTAKTADRESSE:

Dr. Thomas Voigt
Institut für Geowissenschaften, Universität Jena
Burgweg 11
07749 Jena
E-Mail: thomas.voigt@uni-jena.de
Internet: www.uni-jena.de/Geologische_Sammlung.html

und Oskar Raab. Hier ist davon auszugehen, dass wichtige Originale enthalten sind.

Eine Besonderheit der Jenaer Geologischen Sammlung ist der umfangreiche Bestand an Sedimentgesteinen, der durch den langzeitlichen wissenschaftlichen Schwerpunkt des Instituts begründet ist. Jena war in der Zeit des späten 19. Jahrhunderts (Johannes Walther) ein Schwerpunkt der Sedimentgeologie. In der zweiten Hälfte des 20. Jahrhunderts wurde diese Tradition in der Abteilung Lithologie am Zentralinstitut für Physik der Erde fortgeführt (Harald Lützner und Mitarbeiter). Seit der Wiedergründung des Instituts hat sich das Interesse auf die Sedimentologie klastischer kontinentaler Sedimente fokussiert (Harald Lützner, Reinhard Gaupp). Das Belegmaterial stammt überwiegend aus dem Altpaläozoikum, dem Rotliegenden und der Trias Deutschlands, doch sind auch interessante Funde aus aller Welt enthalten (Antarktis, Tschad, Spitzbergen, Argentinien, Mittelasien). Die Kollektion von Sedimentstrukturen enthält ausgezeichnete Beispiele für mit Lebensspuren und Sedimentstrukturen wie Trockenrisse oder Steinsalz-Abdrücke. Bohrkerne aus mehr als 4.000 m Tiefe zeigen die Strukturen von Dünen und Salzpfannen, die vor 280 Millionen Jahren Norddeutschland bedeckten.

Ein verändertes Nutzungskonzept des Institutsgebäudes am Burgweg 11 hatte seit 2010 die schrittweise Auslagerung der geologischen Sammlung, der Bibliothek und der Zeitschriftensammlung zur Folge. Am Burgweg verbleiben nur

Literatur

Breitfelder, G. (2006): Johann Carl Wilhelm Voigt: seine wissenschaftliche Anschauung, Kommunikation und Kooperation als Mineraloge des Herzogtums Sachsen-Weimar-Eisenach. Shaker-Verlag, Aachen.

Hempel, G. (2000): Die Geschichte der Fachrichtung Geologie an der Friedrich-Schiller-Universität nach dem zweiten Weltkrieg. – Geowiss. Mitt. von Thüringen, Beih. 9. Weimar: 21–56.

Voigt, T. & Lützner, H. (2006): Die geologische Sammlung der Friedrich-Schiller-Universität Jena. – Beitr. Geol. Thüringen. N.F. 13. Jena: 83–89.

Voigt, T. (2009): Geologische Sammlung. – In: Lorke, A. (ed.): Schätze der Universität – Die wissenschaftlichen Sammlungen der Friedrich-Schiller-Universität Jena. – Lichtgedanken, Texte zum Jenaer Universitätsjubiläum. 4: 33–44.

5.3. Mineralogische Sammlung im Institut für Geowissenschaften

Birgit Kreher-Hartmann

Stichwörter: Friedrich-Schiller-Universität Jena, Institut für Geowissenschaften, Mineralogie, J. G. Lenz, J. W. v. Goethe, Societät für die gesammte Mineralogie zu Jena, Meteorite, Meuselbach, Edelsteine, Salze, M. R. Ferber, G. E. Linck, Magmatite, Metamorphite

Charakteristik und Geschichte

Die Mineralogische Sammlung ist das einzige Geowissenschaftliche Universitätsmuseum Thüringens (ca. 150 m²). Durch den Ankauf des Naturalienkabinetts des Jenaer Professors Johann Ernst Immanuel Walch (1725–1778) legte Herzog Carl August von Sachsen-Weimar-Eisenach (1757—1828) im Jahr 1779 den Grundstein für die Mineralogische Sammlung. Er ergänzte das Kabinett durch eigene Bestände und wählte das ehemalige Jenaer Stadtschloss als Aufstellungsort aus. Auf Anweisung Goethes (1749–1832) wurde der Theologe Johann Georg Lenz (1745–1832) zu Ostern 1780 als Sammlungsbetreuer eingestellt. Lenz ist heute besonders durch die Gründung der weltweit ersten

Geowissenschaftlichen Gesellschaft, der »Societät für die gesammte Mineralogie zu Jena«, im Jahre 1796, bekannt. Eine erste Blütezeit erfuhr die Mineralogische Sammlung etwa von 1800 bis 1830 durch den Einfluss Goethes als dritter Präsident der Societät von 1803 bis 1832. Weit über 200 Geschenksammlungen (sog. Suiten) wurden für diese Zeit in Katalogen erfasst, darunter auch fast alle Neufunde jener Zeit. Mit dem Tode von Lenz und Goethe im Jahre 1832 wurde es still um die Sammlungen.

Der Nachfolger von Lenz, Carl Friedrich Bachmann (1784–1855), hatte als Biologe andere Schwerpunkte. Die eingehenden und vorhandenen Objekte erfuhren keine wissenschaftliche Bearbeitung. Die Societät verlor an Ansehen. Das

Blick in den Systematikraum

Blick in Ausstellungsraum 2 mit dem Thema »Zur Geschichte der Mineralogischen Sammlung«

änderte sich erst mit dem Amtsantritt von Ernst Erhard Schmid (1815–1885) im Jahre 1856 auf die erste Professur »der Naturgeschichte unter spezieller Hinweisung auf die Mineralogie und Geo-

gnosie«. Schon vor seinem Amtsantritt hatte er die Sammlungen dem damaligen Wissensstand entsprechend neu geordnet und katalogisiert. Schmid belebte die Aktivitäten der Mineralogi-

Links: Gipsmedaillon mit dem Bildnis von J. E. I. Walch (1725–1778), aus dessen Naturalienkabinett die heutige Mineralogische Sammlung hervorgegangen ist. Höhe des Medaillons: 12 cm. (Foto: A. Günter, FSU)

Rechts: Deckblatt eines Kataloges zu einer Geschenksammlung J. W. v. Goethes von Mineralen und Gesteinen aus Karlsbad (Karlovy Vary) und Umgebung.

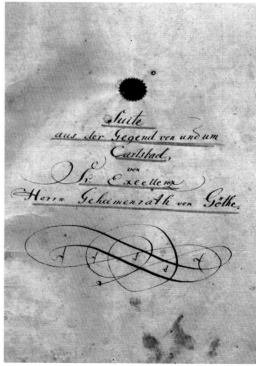

schen Societät noch einmal kurzzeitig. Nach dem Tode ihres letzten Präsidenten, des Geraer Fabrikaten Dr. h.c. Moritz Rudolf Ferber (1805–1875), erlahmten deren Aktivitäten jedoch und schliefen mit dem Tode von Schmid ganz ein. Seine Nachfolger, Gustav Steinmann (1856–1929) und Ernst Kalkowsky (1851–1939), blieben nur jeweils kurze Zeit und konnten weder wissenschaftlich noch sammlungsspezifisch deutlichere Spuren hinterlassen.

Mit Gottlob Eduard Linck (1858–1947) begann eine neue Zeit für die Geowissenschaften und ihre Sammlungen. Linck wirkte in Jena von 1894 bis 1930; er war der letzte Ordinarius für Mineralogie und Geologie und Direktor des Mineralogischen und Geologischen Museums. In seine Amtszeit fallen die Konzeption eines Institutsneubaues und der Auszug aus dem Jenaer Stadtschloss (1905). Mit Linck begann die systematische Tektit- und Meteoritenbearbeitung. So wurde der in Meuselbach/Thüringen 1897 gefallene Meteorit durch Linck erstmalig petrografisch bearbeitet. Im Jahr 1933 führen die Sammlungsverzeichnisse 47 Meteorite in 74 Einzelstücke auf. Die Sammlungen wurden neu geordnet und durch Tausch, Übernahme von Privatsammlungen, Exkursionen sowie Ankäufe erweitert.

Mit dem Amtsantritt von Hermann Wilhelm Friedrich Heide (1891–1973) im Jahr 1930 erfolgte die verwaltungstechnische und inhaltliche Trennung von Mineralogie und Geologie mit ihren Sammlungen. Im April 1945 wurde das Institutsgebäude während eines Luftangriffs schwer beschädigt und später abgerissen. Die im Wesentlichen gerettete mineralogische Sammlung kam 1948 ausschließlich zu Lehr- und Forschungzwecken an den heutigen Standort. Unter der Leitung von Fritz Heide wurde der Ausbau der Tektit- und Meteoritensammlung vorangetrieben. Die unikale Sammlung von Salzen deutscher Zechsteinlagerstätten entstand. Ein bedeutender Zuwachs dieser Zeit war der Erwerb der Sammlung Moritz Rudolf Ferbers. 1968 wurde im Rahmen der Dritten Hochschulreform der mineralogische Lehrbetrieb eingestellt und das Institut aufgelöst.

Fünf Jahre ohne wissenschaftliche Betreuung bedeuteten die größten Verluste in der über 230-jährigen Geschichte der Sammlung. Mit der Einstellung eines Kurators konnte dieser Zustand

Oben: Wüstenrose von Qued al Allenda, Algerien; Inv.-Nr. 41045, Länge: 13 cm.

Unten: Sog. Sandcalcit von Fontainebleau, Frankreich; Geschenk von Dr. Donner, Berlin, an die Mineralogische Societät, 1816, Inv.-Nr. 41907, Länge: 38 cm. (Foto: A. Günter, FSU)

beendet werden. Die über das gesamte Innenstadtgebiet verstreute Sammlung wurde auf drei Standorte zusammengetragen; die Sammlung erfuhr eine teilweise Neuerfassung, aber keine wesentlichen Neueingänge. Im Oktober 1989 konnte ein kleiner Teil der Sammlung mit zwei Schauräumen der Öffentlichkeit wieder zugänglich gemacht werden.

Mit der Gründung des Institutes für Geowissenschaften, 1992, wurde die Sammlung unter dem Leiter des Lehrbereiches Allgemeine und Angewandte Mineralogie, Klaus Heide, neu organsiert und wieder in die mineralogische Wissenschaft eingebunden. Heute befindet sich die Mineralogische Sammlung mit ausgewähltem Lehr- und Übungsmaterial am Standort Burgweg und mit den Sammlungen sowie Museum in der Sellierstr. 6. Erste neue Objekteingänge waren vor allem Funde aus dem Gebiet der ehemaligen DDR zwischen 1968 und 1992. Seit 1993 wurde das Museum um drei Ausstellungsräume erweitert und die Präsentation von Sonderausstellungen etabliert, um Material aus dem Fundus wechselnd präsentieren zu können. 1994 begann die wissenschaftshistorische Aufarbeitung des Sammlungsmaterials mit der Zu- und Einordnung von Material im Magazinbereich. Unter Heide gehörten u.a. die natürlichen Gläser und die Salze zu den Sammlungs- und Forschungsschwerpunkten; die Bearbeitung von Meteoriten setzte sich ab 2004 auch in der dreijährigen Amtszeit seines

Nachfolgers Falko Langenhorst fort. Die Meteoritensammlung konnte in dieser Zeit erweitert werden. Seit 2008 hat Juraj Majzlan den Lehrstuhl inne. Ein Forschungsschwerpunkt hat sich seitdem zu Erzlagerstätten, speziell von Antimon- und Arsenmineralen, herausgebildet.

Naturwissenschaftliche Sammlung

Die historisch gewachsene Sammlung zur speziellen Mineralogie, inkl. Privatsammlungen u.a. von Ferber und Kulke sowie Geschenksuiten der Societätsmitglieder umfasst ca. 50.000 Objekte. Dabei ist Typusmaterial von Ferberit und Zincohögbomit. Bedeutende Teilsammlungen haben wir u.a. zu:

– Meteoriten, Tektiten und Impaktiten
– Edelsteinen
– Salzen
– Technischer Mineralogie und
– Lehrmitteln.

Die Sammlung zur Petrografie hat den Schwerpunkt auf Magmatiten und Metamorphiten (ca. 10.000 Objekte).

Ausstellungen und Service

In der Ausstellung werden in fünf Räumen knapp 1.000 Minerale aus aller Welt gezeigt. Besondere Höhepunkte sind historische Stufen aus längst nicht mehr zugänglichen Erzrevieren, die Meteoriten-Sammlung und das UV-Kabinett. Regelmäßig bereichern Sonderausstellungen das Angebot.

Es werden thematisch abgestimmte Führungen für Schulklassen u.a. angeboten. Auch Mineral- und Gesteinsbestimmungen können nach Absprache erfolgen.

ÖFFNUNGSZEITEN:
Mo und Do 13–17 Uhr,
nach Ankündigung So 13–17 Uhr
sowie Sonderöffnungen auf Anfrage

Nilkiesel, sog. Habichtskopf, aus der Edelsteinsammlung von Großherzog Carl August, Länge: 9 cm. (Foto: A. Günter, FSU)

KONTAKTADRESSE:

Dr. Birgit Kreher-Hartmann
Friedrich-Schiller-Universität Jena
Institut für Geowissenschaften
Mineralogische Sammlung
Sellierstr. 6
07745 Jena
Tel.: 03641-948714
Fax.: 03641-948714
E-mail: Birgit.Kreher@uni-jena.de
Internet: www.minsmlg.uni-jena.de

Literatur

Franke, H. & Brückner, H.P. (1977): Die Meteoritensammlung der Friedrich-Schiller-Universität Jena. – Chemie der Erde, 36: 169–189.

Heide, K., Kreher-Hartmann, B. & Klöß, G. (2000): Die Mineralogische Sammlung der Friedrich-Schiller-Universität. – Friedrich-Schiller-Universität Jena, Institut für Geowissenschaften (Hrsg.)

Kreher-Hartmann, B. & Müller, J. (1996): Dr. Moritz Rudolph Ferber – ein berühmter Geraer Bürger, Mineraloge und Wohltäter seiner Heimatstadt. – Veröffentlichungen des Museums für Naturkunde der Stadt Gera, Naturwissenschaftliche Reihe, 23: 3–18.

Kreher-Hartmann, B. (2006): Die Mineralogische Sammlung und Mineralogisches Museum der Friedrich-Schiller-Universität Jena. - Beiträge zur Geologie von Thüringen, N. F., Heft 13 (Archive der Erdgeschichte. Geowissenschaftliche Sammlungen in Thüringen): 73-82.

Kreher-Hartmann, B. (2009): Mineralogische Sammlung in: Schätze der Universität – Die wissenschaftlichen Sammlungen der Universität Jena, Texte zum Jenaer Universitätsjubiläum, 4, Friedrich-Schiller-Universität Jena (Hrsg.): 45–56.

Links: Pallasit von Krasnojarsk von Yeniseisk, Russland, Fund von 1749, Länge: 11.5 cm

Rechts: Fluoritzwillinge auf Fluorit von Freiberg/Sachsen, Inv.-Nr. K009-VI, Bildbreite: ca. 9 cm

5.4. Herbarium Haussknecht im Institut für Spezielle Botanik

Hans-Joachim Zündorf, Hermann Manitz, Heiko Korsch und Jochen Müller

Stichworte: Herbarium, Forschungssammlung, Botanik, Pflanzenpräparate, Universität, Lehre, Fachbibliothek, Archiv, Thüringische Botanische Gesellschaft

Charakteristik der Einrichtung

Das Herbarium Haussknecht ist eine botanische Forschungssammlung getrockneter Pflanzenpräparate ohne Ausstellung. Angeschlossen sind eine botanische Fachbibliothek und ein Archiv zur Geschichte der Botanik. Die Sammlung gehört zum Institut für Spezielle Botanik der Friedrich-Schiller-Universität Jena und dient hauptsächlich der taxonomischen und pflanzengeografischen Grundlagenforschung. Sie steht Wissenschaftlern weltweit zur Verfügung und wird hauptsächlich über die Ausleihe von Pflanzenpräparaten genutzt.

Porträt Carl Haussknecht
(Archiv Herbarium Haussknecht)

Geschichte der Einrichtung und ihrer Sammlungen

Am 18. Oktober 1896 erfolgte in Weimar durch Carl Haussknecht die feierliche Einweihung eines botanischen Museums, das heute den Namen seines Gründers trägt und 1923 der Universität Jena angeschlossen wurde.

Carl Haussknecht wurde am 30. November 1838 in Bennungen am Nordostfuß des Kyffhäuser-Gebirges geboren. Nach Beendigung einer Apothekerlehre in Artern und Greußen arbeitete er als Apotheker-Gehilfe u. a. in Bremgarten und Aigle in der Schweiz. Dort gelang ihm ein bedeutender botanischer Fund, der u. a. die Aufmerksamkeit des bekannten Orient-Botanikers P. E. Boissier (Genf) auf ihn lenkte: »*Das vertrocknete Fruchtexemplar von Tr.[ochischanthes] nodifl.[orus] war für meinen Lebenslauf entscheidend. Das massige Auftreten dieser bisher nur im Wallis bekannten Pfl. erregte die Aufmerksamkeit der Schweizer Botaniker, welche zu mir kamen, um an den Standort geführt zu werden. So lernte ich Dr. Jean Muret v. Lausanne kennen, welcher mich dann mit Boissier und DC. [De Candolle] zusammen brachte. Ersterer schlug mir vor, botan. Exkursionsreisen in den Orient zu unternehmen. Um dies mit Erfolg thun zu können, begab ich mich auf d. Universität Breslau, um mich dort darauf vorzubereiten.*« (Handschriftliche Bemerkung von C. Haussknecht auf dem entsprechenden Beleg von *Trochiscanthes nodiflorus*).

Nach Abschluss seines Pharmaziestudiums in Breslau (jetzt Wrocław/Polen) unternahm Carl Haussknecht zwischen 1865 und 1869 im Auftrag von Boissier zwei große botanische Sammelreisen nach Persien, in das heutige Gebiet des Iran, Irak und der östlichen Türkei. Anschließend siedelte Haussknecht nach Weimar über. Seine wissenschaftlichen Verdienste veranlassten den Großherzog Carl Alexander von Sachsen-Weimar-

Eisenach, ihm 1869 den Professoren-Titel zu verleihen. Zwanzig Jahre später, am 30. Januar 1889, wurde Carl Haussknecht mit der Aufnahme in die Deutsche Akademie der Naturforscher Leopoldina geehrt. Zahlreiche Bemühungen im unmittelbaren thüringischen Umfeld gipfelten 1882 in der Gründung des »Thüringischen Botanischen Vereins« und in der Idee, für seine und andere Sammlungen ein eigenes Gebäude zu errichten: »[...] *Sie fragen nun an, was ich einmal mit meinen Sammlungen zu machen gedenke. Das will ich Ihnen sehr kurz auseinandersetzen. Sie wissen, dass die Systematik bald ausgestorben sein wird, wenn es so weiter geht. Es muss ein Erwachen eintreten u. dann soll wenigstens unser Thüringen eine Stätte haben, wo gearbeitet werden kann u. wo überhaupt ein reiches Material vorhanden ist. Ich suche daher meine Sammlungen nach allen Richtungen hin zu vergrößern, um sie später nach Errichtung eines besonderen Herbarhauses allgemein zugänglich zu machen.*« (Brief C. Haussknechts an J. Bornmüller, Weimar, 24. Oktober 1891, Archiv JE).

Nach dem Tode Haussknechts am 7. Juli 1903 (weiterführende biografische Literatur: u. a. Hergt

1903, Meyer 1990a) wurde im darauffolgenden November durch die Witwe Lorenza und die Tochter Eloisa eine Stiftung »Herbarium Haussknecht« eingerichtet, die es ermöglichte, die Sammlungen zu pflegen, zu erhalten und zu mehren und dafür einen Konservator zu beschäftigen. Erster Konservator und gleichzeitig Vorsitzender des Thüringischen Botanischen Vereins wurde ab 1. Januar 1904 Joseph Bornmüller, ebenfalls ein bekannter Orient-Botaniker, der schon 1893 nach Weimar übergesiedelt war, um möglichst eng mit Haussknecht zusammenarbeiten zu können. Bornmüller wurde am 6. Dezember 1862 in Hildburghausen geboren (Enkel von Joseph Meyer, dem Begründer des bibliografischen Institutes – »Meyers Lexikon«). Nach einer Gärtnerlehre und einem Studium an der Königlichen Gärtner-Lehranstalt Wildpark bei Potsdam war er u. a. als Inspektor des Botanischen Gartens in Belgrad tätig. Seit 1888 verbanden ihn zahlreiche wissenschaftliche Kontakte mit Carl Haussknecht, und 1918 wurde auch ihm der Professoren-Titel verliehen. Schon 20 Jahre nach Errichtung der Stiftung ging 1923 das Stiftungskapital infolge der Inflation verlo-

Unterbringung der Pflanzenbelege in Mappen und abschließbaren Schränken, ausgebauter Bodenbereich im Universitäts-Hauptgebäude

ren. Zahlreiche Bemühungen um den Erhalt dieser weltweit bedeutenden botanischen Sammlung führten am 1. April 1923 zum Anschluss an die Jenaer Universität. Damit erhielt Otto Renner als Leiter der Botanischen Anstalt die Oberaufsicht über das Herbarium. Bornmüller wurde als wissenschaftlicher Assistent Angestellter der Jenaer Universität. 1927 trat er als Vorsitzender des Thüringischen Botanischen Vereins und 1938 als Konservator des Herbariums zurück. Neben anderen Ehrungen wurde ihm 1943 die Ehrendoktorwürde der Universität Jena verliehen. Joseph Bornmüller verstarb am 19. Dezember 1948 in Weimar (weiterführende biografische Literatur: u.a. Schwarz 1938, Wagenitz 1960).

Im Amt als Konservator des Herbariums Haussknecht folgte 1939 Kurt H. Walther (1910–2003). Er promovierte 1933 in Jena bei Theodor Herzog mit einem bryologischen Thema. Aufgrund der Einberufung zum Kriegsdienst konnte er im Amt als Konservator des Herbariums nicht wirksam werden. Während des Krieges übernahm seine Frau Elly (1912–1993) die Betreuung der Sammlungen. Ihre Promotion zum Dr. rer. nat. erfolgte 1949 in

Jena bei Otto Schwarz mit einer systematisch/morphologischen Arbeit über den Arznei-Baldrian in Mitteleuropa.

Ab 1946 übernahm Otto Schwarz die Betreuung des Herbariums, nachdem K. Walther aus der Kriegsgefangenschaft nicht in die sowjetische Besatzungszone zurückgekehrt war. Schwarz hatte zunächst Chemie an der Universität Jena, dann Botanik an der Universität Berlin studiert. Er promovierte 1928 in Berlin bei L. Diels und wurde 1946 zum a.o. Professor für Botanik an der Mathematisch-Naturwissenschaftlichen Fakultät der Jenaer Universität berufen. Von 1948 bis 1951 und von 1958 bis 1962 war O. Schwarz Rektor der hiesigen Universität. Auf seine Initiative hin erfolgte 1949/50 der Umzug des Herbariums von Weimar nach Jena (»provisorisch« in freie Räume des Universitäts-Hauptgebäudes, wo es sich noch heute befindet). Das Herbarium Haussknecht wurde Teil des 1949 geschaffenen Institutes für Spezielle Botanik. Damit wurde nicht nur die schwierige Platzfrage in Weimar geklärt (der Umfang an Sammlungsgut hatte sich seit Haussknechts Tod verdoppelt und wurde zu jenem Zeitpunkt auf ca. 2 Millionen Pflanzenbelege geschätzt,

Pflanzenbelege aus
den Teilsammlungen
Moose, Flechten, Farne
und Blütenpflanzen
(Gestaltung H. Korsch)

hinzu kam noch die umfangreiche Bibliothek (Meyer 1990b); auch die unmittelbare Einbeziehung der Sammlung in Forschung und Lehre ergab einen wichtigen neuen und zukunftswirksamen Aspekt. Schwarz blieb bis 1966 Direktor des Institutes für Spezielle Botanik und verstarb am 7. April 1983 in Jena (weiterführende biografische Literatur: u.a. Klotz 1983, Meyer 1985).

Die zahlreichen Ämter, die O. Schwarz innehatte, veranlassten ihn 1950, die Betreuung des Herbariums Haussknecht in die Hände von F. Karl Meyer (1926–2012) zu legen – eine enorme Verantwortung für den damals jungen Hilfsassistenten, denn es galt in den schweren Nachkriegsjahren die Aufstellung von Sammlung und Bibliothek in Jena zu organisieren, die Beschaffung der notwendigen Materialien zu veranlassen und einen ständigen Kampf gegen bürokratische Hürden zu führen. Sehr wichtig in den beiden ersten Jahrzehnten nach dem Krieg war auch die feste Einbindung in den Lehrbetrieb der Universität. Seit 1955, nach erfolgreichem Abschluss als Diplom-Biologe, wurde F. K. Meyer als Wissenschaftlicher Assistent beschäftigt und 1972 zum Kustos des Herbarium Haussknecht ernannt. Ebenfalls 1972 erfolgte seine Promotion zum Dr. rer. nat. bei Otto Schwarz mit einer taxonomischen Arbeit über die *Thlaspi*-Arten Europas, Afrikas und Vorderasiens. Von 1967 bis 2000 war er Vorsitzender der Thüringischen Botanischen Gesellschaft und wurde bis zu seinem Tod deren Ehrenvorsitzender. F. K. Meyer schied zum 31. Dezember 1991 aus dem Arbeitsverhältnis mit der Universität Jena aus.

Ab 1954 wurde die Betreuung der Sammlungen personell erweitert und erreichte Anfang der 1980er-Jahre mit sieben angestellten Wissenschaftlern und drei technischen Mitarbeitern ihren Höhepunkt. Damit verbunden war eine deutliche Steigerung der wissenschaftlichen und sonstigen Leistungen, die die Mitarbeiter des Herbariums erbringen konnten: u.a. »Flora Cuba Projekt« (J. Bisse), Betreuung und Ausbau der Spezialbibliothek (H. Manitz), Etablierung der Bryologie (R. Grolle).

Seit 1992 ist Hans-Joachim Zündorf (*1953) als Wissenschaftlicher Mitarbeiter des Institutes für Spezielle Botanik geschäftsführender Kustos des Herbariums Haussknecht. Er absolvierte sein Diplom in Halle/Saale (Betreuung R. Schubert) und promovierte 1986 über ein pflanzengeografisches Thema bei G. Klotz, Direktor des Institutes für Spezielle Botanik der Jenaer Universität von 1966 bis 1992.

Neben der Sammlung und Bibliothek geht eine dritte Einrichtung, die bis zur Gegenwart aktiv ist, auf Carl Haussknecht zurück (ausführliche Darstellung siehe Meyer 1990b). 1882 erfolgte auf Initiative von Haussknecht die Gründung des Thüringischen Botanischen Vereins, der sich mit der Neukonstituierung nach dem Zweiten Weltkrieg ab 1947 »Thüringische Botanische Gesellschaft« nennt (Sitz seit der Gründung ist das Herbarium Haussknecht). Zahlreiche Mitglieder dieser wissenschaftlich orientierten Vereinigung von Fach- und Laienbotanikern sind mit ihren geschenkten bzw. gestifteten Privatsammlungen von getrockneten Pflanzen, Büchern und Archivalien ganz wesentlich am Aufbau des Sammlungsbestands des Herbariums Haussknecht beteiligt. Vor allem der reiche Fundus mitteleuropäischer Pflanzen geht hierauf zurück. Das Engagement der Mitglieder bei floristischen Arbeiten oder bei verschiedensten Beobachtungen im Gelände trug und trägt weiterhin ganz wesentlich zur Außenwirkung des Herbariums Haussknecht bei.

Sammlungen

Sammlung getrockneter Pflanzen

Gegenwärtig wird der Bestand des Herbariums Haussknecht auf ca. 3,5 Millionen Pflanzenbelege aus allen Regionen der Welt geschätzt. Das Herbarium Haussknecht gehört damit unter den etwa 300 öffentlichen Herbarien der Welt zu den 20 größten und ist in Deutschland neben dem Botanischen Museum in Berlin-Dahlem das umfangreichste. Hauptaufgabe der wissenschaftlichen und technischen Mitarbeiter des Herbariums ist die ständige wissenschaftliche Aktualisierung (Ordnung und Aufstellung des Sammlungsgutes) sowie die historisch und taxonomisch exakte, mit Zusatzinformationen versehene Vor- und Nachbereitung der Ausleihen.

Bis auf wenige historisch bedingte Ausnahmen sind alle Pflanzen in einer Generalsammlung zusammengefasst. Diese ist in Algen, Pilze, Flech-

ten, Moose, Farne und Samenpflanzen gegliedert. Alle Pflanzen werden auf Papierbögen aufbewahrt, die, eingeschnürt in feste Pappdeckel, als Faszikel in geschlossenen Holzschränken stehen. Samenpflanzen und Farne sind taxonomisch nach Verwandtschaftsgruppen sortiert und werden nach und nach mit gummierten Papierstreifen auf säurefreien Karton montiert; Kryptogamen sind alphabetisch nach Gattungen sortiert und werden in gefalteten Tüten aufbewahrt. Da in Jena Sammlungs- und Arbeitsräume nicht voneinander getrennt sind, können nur bedingt chemische Schädlingsbekämpfungsmittel eingesetzt werden. Regelmäßig werden Schädlinge durch Tieffrieren bekämpft.

Geografisch sind Vorderasien und Südosteuropa, Kuba und natürlich Mitteleuropa Sammelschwerpunkte. In Jena befindet sich z. B. die größte Sammlung kubanischer Pflanzen außerhalb Amerikas, initiiert durch ein Forschungsprojekt mit der Universität La Habana von 1975 bis 1989. Von den zahlreichen vorderasiatischen Sammlungsbeständen seien neben P. Sintenis und E. Boissier nur kurz die von Franz Theodor Strauß erwähnt. Der Lebensweg dieses in der Nähe von Gera geborenen Thüringers ist ausgesprochen interessant. Er hütete als Kind Ziegen und Schafe, wurde Kaufmann und schließlich englischer Vize-Konsul in Persien (Frotscher 1998). Seit 1885 arbeitete er eng mit Haussknecht und Bornmüller zusammen.

Aquarelle von Franz Theodor Strauß, Flusslandschaft in der Provinz Kermanschah und *Carthamus dentatus*. (Archiv Herbarium Haussknecht, Gestaltung H. Korsch)

Seine botanischen Sammlungen und Aquarelle liegen überwiegend in Jena, seine sehr bedeutenden ethnografischen Zeugnisse aus Vorderasien in London.

Neben den Blütenpflanzen sind die Moose wohl die bedeutendste Teilsammlung des heutigen Herbariums Haussknecht. Diese Bedeutung basiert vor allem auf der Schenkung von Theodor Herzog, einem der bekanntesten Bryologen der ersten Hälfte des 20. Jahrhunderts. Herzog wurde am 7. Juli 1880 in Freiburg/Breisgau geboren, studierte dort und später in Zürich und München Naturwissenschaften und promovierte 1903 bei L. Radlkofer in München mit einem systematisch-anatomischen Thema. Seine Liebe galt aber schon immer den Moosen: »Ich erinnere mich noch gut aus der Schulzeit der Empörung meines Klassenlehrers und Direx, eines fanatischen Griechen, der mich einmal anfauchte, ›Ihnen ist auch das kleinste Möschen lieber als der ganze Homer!‹ [...] Und später, nach meiner Promotion bei Radlkofer, stieß ich auf völliges Unverständnis, als ich

das so gut gemeinte Anerbieten, mich bei ihm zu habilitieren und mein Leben der Anatomie der Leguminosen zu widmen, dankend aber bestimmt ablehnte. Ich wollte noch reisen und außerdem galte mein Hauptinteresse den Moosen. Da wiegte Radlkofer besorgt sein Haupt und meinte, ›Ja. Kann Sie denn das ausfüllen?‹ [...] Und daraus entwickelte sich eben alles ganz logisch. Ich blieb auf den Moosen sitzen« (Mägdefrau 1962). Zwischen 1907 und 1911 unternahm Herzog zwei große botanische Sammelreisen nach Bolivien und legte darauf aufbauend den Grundstock für seine bryologischen Forschungen. 1925 wurde er an der Jenaer Universität als wissenschaftlicher Assistent eingestellt und hier 1939 zum a. o. Professor für Pharmakognosie, Systematische Botanik und Pflanzengeografie ernannt (ausführlichere Biografien u. a. Grolle 1961, Mägdefrau 1962). Seine Moossammlung galt Mitte des 20. Jahrhunderts als eine der größten Privatsammlungen weltweit und wurde noch zu seinen Lebzeiten als Schenkung der Friedrich-Schiller-Universität anvertraut. Eine weitere bryologische Sammlung, die heute im Herbarium Haussknecht aufbewahrt wird und deren große Bedeutung erst in jüngster Zeit durch die im Folgenden genannte Typenerfassung richtig erkannt wird, ist die von Karl Schliephacke (1834–1913, ausführliche Biografie siehe Löb 2001). Schliephacke war von Beruf Chemiker und fand schon als junger Mann über Carl Müller aus Halle/Saale Gefallen an den Moosen. Wissenschaftlich sind vor allem seine Arbeiten über die Torfmoose erwähnenswert. Schliephacke hielt zu zahlreichen Bryologen seiner Zeit Verbindung und trug eine enorm umfangreiche Privatsammlung an Moosen zusammen.

Inhaltlich ist der Bestand an nomenklatorischen Typen der bedeutendste Teil des Herbariums Haussknecht. Von solchen Typen, getrockneten Belegen zu den Erstbeschreibungen von Pflanzen, vergleichbar z. B. mit Handschriften und Originaldokumenten in den Geisteswissenschaften, bewahrt das Herbarium Haussknecht schätzungsweise 40.000 bis 60.000 Exemplare auf. Gegenwärtig werden in Jena, finanziert durch die Mellon-Foundation in New York, alle nomenklatorischen Typen digital erfasst und in einer Datenbank weltweit den botanischen Systematikern zur Verfügung gestellt. Bislang stehen etwa 30.000 Herbarbelege von solchen Typen im Netz (Datenbank: http://herbarium.univie.ac.at/database/search.php).

Sondersammlungen

Erwähnenswerte Sondersammlungen, die im Herbarium Haussknecht aufbewahrt werden, sind die von geografischen Karten, Pollenpräparaten sowie Minen und Gallen.

Bedeutende Sammler mit Belegen im Herbarium Haussknecht:

A. Aschenborn (1816–1865), B. Balansa (1825–1892), A. Becker (1818–1901), J. Bisse (1935–1984), C. I. Blanche (1823–1887), B. Błocki (1857–1917), E. Boissier (1810–1885), V. von Borbás (1844–1905), H. Bordère (1825–1889), A. Bornmüller (1868–1949), J. Bornmüller (1862–1948), E. Bourgeau (1813–1877), V. F. Brotherus (1849–1929), O. Buchtien (1859–1946), H. Buhr (1902–1968), H. Calvert (1816–1882), S. J. Casper (*1929), Citarda (?), E. Cosson (1819–1889), F. Crépin (1830–1903), A. von Degen (1866–1934), J. M. Dèspréaux (1794–1843), H. Diedicke (1865–1940), K. Dierßen (*1948), P. Dietel (1860–1947), A. Dietrich (1821–1891), H. Dietrich (*1940), R. Doll (*1941), J. F. Drège (1794–1881), R. Düll (*1932), C. Dufft (1825–1900), J. Duty (1931–1990), C. F. Ecklon (1795–1868), H. F. A. von Eggers (1844–1903), C. G. Ehrenberg (1795–1876), T. P. Ekart (1799–1877), E. Ekman (1883–1931), C. Fiebrig (1869–1951), W. Flössner (1898–1979), J. F. Freyn (1845–1903), R. Fritze (1841–1903), C. Gaillardot (1814–1883), A. Garnier (?), A. Geheeb (1842–1909), W. Gerhard (1780–1858), R. Grolle (1934–2004), K.-F. Günther (*1941), E. Haeckel (1834–1919), C. Haussknecht (1838–1903), T. von Heldreich (1822–1902), F. H. Hellwig (*1958), J. Hentschel (*1978), T. Herzog (1880–1961), G. Hieronymus (1846–1921), J. M. Hildebrandt (1847–1881), R. F. Hohenacker (1798–1874), A. Huet du Pavillon (1829–1907), R. Huter (1834–1919), T. Irmisch (1816–1879), V. Janka (1837–1890), A. Jordan (1814–1897), F. Karo (1845–1927), H. Karsten (1817–1908), E. Kerber (?), H. Kionka (1868–1941), H. Korsch (*1965), T. Kotschy (1813–1866), A. Kronenburg (?), E. Krüger (1860–1942), F. T. Kützing (1807–1893), W. Lechler (1814–1856), G. Leimbach (1848–1902), W. Lemke (1893–1973), L. Lepper (*1932), W. Liebmann (1885–1974), E. Lindner (?), H. Lippold (1932–1980), D. I. Litvinov (1854–1929), R. T. Lowe (1802–1874), A. Maille (1813–1865), H. Manitz (*1941), R. Marstaller (*1939), L. Meinunger (*1936), J. C. Metsch (1796–1856), F. Metz (?), F. K. Meyer (1926-2012), H. Meyer (1858–1929), W. Migula (1863–1938), F. von Müller (1825–1896), F. A. Müller (1798–1871), J. Müller (*1968), K. A. F. W. Müller (1818–1899), F. Naumann (1841–1902), F. W. Noé (?), T. G. Orphanides (1817–1886), E. G. Paris (1827–1911), R. A. Philippi (1808–1904), T. Pichler (1828–1903), E. F. Poeppig (1798–1868), F. Porcius (1816–1907), P. Porta (1832–1923), C. G. Pringle (1838–1911), C. A. Purpus (1851–1941), F. Quelle (1876–1963), E. M. Reineck (1869–1931), K. Reinecke (1854–1934), G. F. Reuter (1805–1872), E. Reverchon (1835–1914), W. Rothmaler (1908–1963), A. G. H. Rudatis (1875–1934), E. Sagorski (1847–1929), A. Schäfer-Verwimp (*1950), W. G. Schimper (1804–1878), M. J. Schleiden (1804–1884), K. Schliephacke (1834–1913), F. C. H. Schönheit (1788–1870), P. Schousboe (1766–1832), F. W. Schultz (1804–1876), M. Schulze (1841–1915), P. J. F. Schur (1799–1878), G. H. Schwabe (1910–1987), O. Schwarz (1900–1983), G. A. Schweinfurth (1836–1925), U. J. Seetzen (1767–1811), F. Sennen (1861–1928), F. W. Sieber (1789–1844), W. Siehe (1859–1928), P. Sintenis (1847–1907), W. Spanowsky (*1928), F. W. Sporleder (1787–1875), W. von Spruner (1805–1874), A. F. Stolz (1871–1917), T. Strauss (1859–1911), V. Stříbný (1853–1927), P. Taubert (1862–1897), E. Thomas (1788–1859), C. P. Thunberg (1743–1828), A. Todaro (1818–1892), E. Torges (1831–1917), L. C. Trabut (1853–1929), C. Troll (1899–1975), H. Trommsdorff (1838–1918), B. Tuntas (?), R. K. F. von Uechtritz (1838–1886), W. Vatke (1849–1889), J. Velenovský (1858–1949), G. L. A. Volkens (1855–1917), C. F. Warnstorf (1837–1921), C. E. Weigel (1748–1831), F. Wilms (1848–1919), H. Winter (1845–1933), P. Wirtgen (1806–1870), T. Wisniewski (1905–1943), G. Woronow (1874–1931), G. Zenker (1855–1922), C. L. P. Zeyher (1799–1858) und H.-J. Zündorf (*1953).

Bibliothek

Die Bibliothek Hausknechts und später der
Stiftung »Herbarium Hausknecht« wurde fortgeführt und ist heute als Teilbibliothek der
Thüringer Universitäts- und Landesbibliothek
angegliedert. Sie umfasst ca. 250.000 bibliografische Einheiten, beinhaltet auch den Buchbestand
der Thüringischen Botanischen Gesellschaft und
gilt als eine der bedeutendsten botanischen
Spezialbibliotheken Deutschlands. Die ältesten
Druckwerke reichen bis in das erste Drittel des
16. Jahrhunderts zurück. Von den zahlreichen,
nahezu einmaligen Schätzen sei nur der »Hortus
Elthamensis« von Dillenius genannt, von dem
in Jena das Handexemplar aus der Linné-Biblio-
thek aufbewahrt wird. Aber auch die weltweite
Sammlung von Florenwerken oder die katalogisierte Sammlung von Sonderdrucken sind ein
Markenzeichen dieser Bibliothek (ausführliche
Darstellung bei Manitz 1999b).

Archiv

Das Archiv umfasst Manuskripte, Tagebücher, mit
Anmerkungen versehene Handexemplare von
Druckwerken, Bildmaterial (Fotos, Aquarelle, Dru-
cke) und einen großen Bestand an Briefen. Es ist
aufgrund fehlender personeller Betreuung gegenwärtig nur eingeschränkt nutzbar. Lediglich die
Briefwechsel (ca. 30.000 Schriftstücke) sind gut
erschlossen.

Lehre, Forschung, Publikationen

Das Herbarium Hausknecht ist gegenwärtig ein
fester und öffentlichkeitswirksamer Bestandteil
der Friedrich-Schiller-Universität Jena. Neben den
sammlungsbezogenen Arbeiten werden von den
Mitarbeitern des Herbariums zahlreiche Aufgaben in Lehre und Forschung wahrgenommen. Sie
führen Geländepraktika durch, leiten botanische
Bestimmungsübungen und begleiten Großexkur-
sionen über die Grenzen Mitteleuropas hinaus.
Von den zahlreichen Forschungsergebnissen aus
dem Herbarium Hausknecht seien nur einige

ausgewählte der letzten Jahre genannt: eine Bibliografie zur Flora von Cuba (Manitz 1999a) sowie diverse floristische (Korsch & al. 2002, Zündorf & al. 2006, Meyer 2011) und taxonomische Arbeiten (Meyer 2000, 2006, Müller 2006). Zur Zeit engagieren sich die Mitarbeiter des Herbariums mit Forschungsprojekten in Lateinamerika und im Kaukasus, sind an der Herausgabe der »Flora de la República de Cuba« beteiligt und editieren die wissenschaftlichen Zeitschriften »Haussknechtia« (inkl. einer Beiheft-Reihe) und »Informationen zur floristischen Kartierung in Thüringen«.

Moderne Laboreinrichtungen für molekularbiologische, anatomische und cytologische Arbeiten sowie hochauflösende Scanner mit entsprechender Hard- und Software gehören gegenwärtig zur Standardausrüstung großer Sammlungen. Sie ermöglichen moderne Forschungen in der Pflanzensystematik und Evolutionsbiologie.

Ausstellungen und Service

Das Herbarium Haussknecht ist eine für Wissenschaftler öffentliche Forschungssammlung ohne Dauerausstellung. Lediglich kleinere Sonderausstellungen zu ausgewählten Jubiläen stellen in größeren Abständen das Herbarium in der Universität oder der Stadt vor. Sonderforen, wie z.B. die »Lange Nacht der Wissenschaften« oder die »Lange Nacht der Museen«, sind weitere Möglichkeiten, die ab und an das Herbarium einem breiteren Publikum zugänglich machen. Die Sammlungen werden vor allem von Botanikern mit unterschiedlichen wissenschaftlichen Ausrichtungen genutzt (Taxonomie, Nomenklatur, Pflanzengeografie, Floristik, Geschichte der Botanik u.a.). Aber auch »Nicht-Botaniker« nutzen den reichen Fundus der Sammlungen (Grafiker, Künstler, Mediziner, Pharmazeuten, Materialwissenschaftler, Historiker u.a.). Jährlich werden 40–70 Ausleihen mit 4.000–10.000 Belegen getrockneter Pflanzen weltweit zur Bearbeitung versendet und rund 400 Anfragen beantwortet. Die Sammlung ist damit in eine Vielzahl internationaler Forschungsprojekte eingebunden. Zahlreiche Fachwissenschaftler und Laienbotaniker arbeiten mit den Pflanzenpräparaten, Büchern oder Archivalien vor Ort und werden von den Mitarbeitern des Herbariums betreut.

Führungen von Gruppen (maximal 15 Personen) sind nach Voranmeldung eingeschränkt möglich.

KONTAKTADRESSE:
Herbarium Haussknecht
Friedrich-Schiller-Universität Jena,
Universitäts-Hauptgebäude
Fürstengraben 1
07743 Jena
Tel.: 03641-949280, Fax: 03641-949282
E-Mail: h.j.zuendorf@uni-jena.de
Internet: www2.uni-jena.de/biologie/spezbot/
herbar/hh.html

AUTORENADRESSE:
Dr. H.-J. Zündorf, Dr. H. Manitz,
Dr. H. Korsch & Dr. J. Müller
Herbarium Haussknecht
Friedrich-Schiller-Universität Jena,
Universitäts-Hauptgebäude
Fürstengraben 1
07743 Jena
E-mail: h.j.zuendorf@uni-jena.de

Literatur

Frotscher, H. 1998: Die Teppiche und Blumen des Franz Theodor Strauß. Zeulenroda.

Grolle, R. 1961: Theodor Herzog (7.7.1880 – 6.5.1961). – Rev. Bryol. Lichenol. 30: 155–162.

Hergt, B. 1903: Hofrat Prof. Carl Haussknecht geb. den 30. Nov. 1838, gest. den 7. Juli 1903. – Mitt. Thüring. Bot. Ver. 18: 1–14.

Klotz, G. 1983: In Memoriam Otto Schwarz 28.4.1900 – 7.4.1983. – Wiss. Z. Friedrich-Schiller-Univ. Jena, Math.-Naturwiss. Reihe 32: 839–842.

Korsch, H., Westhus, W. & Zündorf, H.-J. 2002: Verbreitungsatlas der Farn- und Blütenpflanzen Thüringens. Jena.

Löb, A. 2001: Aus dem Leben eines Bryologen – Dr. phil. Karl Benedictus Schliephacke. – Limprichtia 17: 113–131.

Mägdefrau, K. 1962: Theodor Herzog. Ein Nachruf. – Ber. Bayer. Bot. Ges. 35: 73–84.

Manitz, H. 1999a: Bibliography of the flora of Cuba. – Regn. Veget. 136.

Manitz, H. 1999b: Thüringer Universitäts- und Landesbibliothek – Zweigbibliothek im Herbarium Haussknecht. In: Handbuch der historischen Buchbestände in Deutschland 20: 172–176. Hildesheim, Zürich, New York.

Meyer, F. K. 1985: Otto Schwarz (1900–1983). – Haussknechtia 2: 3–6.

Meyer, F. K. 1990a: Carl Haussknecht, ein Leben für die Botanik. – Haussknechtia 5: 5–20.

Meyer, F. K. 1990b: Die Entwicklung der Haussknecht'schen Gründungen – Herbarium Haussknecht und Thüringische Botanische Gesellschaft – bis zur Gegenwart. – Haussknechtia 5: 71–78.

Meyer, F. K. 2000: Revision der Gattung *Malpighia* L. (Malpighiaceae). – Phanerog. Monogr. 23.

Meyer, F. K. 2006: Kritische Revision der »*Thlaspi*«-Arten Europas, Vorderasiens und Afrikas. Spezieller Teil. IX. *Noccaea* Moench. – Haussknechtia Beih. 12.

Meyer, F. K. 2011: Beiträge zur Flora von Albanien. – Haussknechtia Beih. 15.

Müller, J. 2006: Systematics of *Baccharis* (Compositae-Asteraceae) in Bolivia, including an overview of the genus. – Syst. Bot. Monogr. 76.

Schwarz, O. 1938: Zu Joseph Bornmüllers fünfundsiebzigsten Geburtstage. – Repert. Spec. Nov. Regni Veg., Beih. C (Bornmüller-Festschrift): 1–10.

Wagenitz, G. 1960: Joseph Bornmüller 1862–1948. – Willdenowia 2: 343–360.

Zündorf, H.-J., Günther, K.-F., Korsch, H. & Westhus, W. 2006: Flora von Thüringen. Jena.

5.5. Sammlungen zur Botanik: Botanischer Garten im Institut für Spezielle Botanik

Stefan Arndt

Stichworte: J. W. v. Goethe, Nutz- und Heilpflanzen, Evolutionshaus, Viktoriahaus, Fettkräutern (*Pinguicula*), Korbblütlern (Asteraceae), Orchideen, Flora Cuba, Alpinum, Goethegarten

Der Botanische Garten der Universität Jena ist die zweitälteste Institution ihrer Art in Deutschland. Die Neugestaltung des Gartens auf dem heutigen Areal ist eng mit dem Wirken Johann Wolfgang von Goethes verbunden. Über 10.000 Pflanzenarten aus aller Welt werden hier kultiviert. Zu den Schwerpunkten der Sammlung zählen Korbblütler, Gräser, Fettkräuter und Orchideen sowie Nutzpflanzen, alpine Pflanzen, Sukkulente und Pflanzen aus Kuba. Der Botanische Garten ist auf vielfältige Weise in internationale Forschungsnetze und -projekte eingebunden. Er ist universitärer Lehr- und außerschulischer Lernort zugleich. Er leistet darüber hinaus einen nationalen und internationalen Beitrag zum Naturschutz (Arterhaltung, Kulturen für Biodiversitätsforschung). Als überregionaler öffentlicher Kultur- und Erholungsraum, in dem sich Wissenschaft und Gesellschaft begegnen, öffnet er seine Türen an 363 Tagen im Jahr.

Charakteristik der Einrichtung

Der Botanische Garten Jena liegt im Zentrum der Stadt und umfasst eine Fläche von etwa 4,5 ha. Davon befinden sich 2.300 m² unter Glas. Das Freiland ist geprägt durch eine System-Anlage im Südosten, ein großes Alpinum im Zentrum des Gartens, das in West-Ost-Richtung verläuft und den Pflanzen hervorragende Bedingungen an Nord- und Südhängen bietet sowie einer großen Nutz- und Heilpflanzenanlage im nördlichen Gartenteil. Als kleinere Anlagen sind der Goethegarten auf einer der südwestlich gelegenen Terrassen und die Wildrosenanlage an der Ostseite des Viktoriahauses zu erwähnen. Es befinden sich zwei verschiedene Gewächshauskomplexe auf dem Gelände des Gartens. Als Schauhäuser gibt es ein Sukkulentenhaus, ein Kalthaus, ein großes

Palmenhaus, ein kleines Evolutionshaus und das Viktoriahaus. Am Westrand des Gartens befinden sich die artenreichen Sammlungsbestände im Anzuchtkomplex.

Teich in der Systemanlage im Botanischen Garten

Geschichte der Einrichtung und seiner Sammlungen

Die Einrichtung eines Botanischen Gartens in Jena geht auf das Jahr 1586 zurück, wenige Jahre nach Gründung der Universität. Er wurde als hortus medicus am Collegium Jenense für die Medizinische Fakultät angelegt. 1640 stellte Herzog Wilhelm IV. von Sachsen-Weimar ein 1,3 ha großes Areal nördlich der Stadtmauern zur Nutzung als Botanischen Garten zur Verfügung, das allerdings bereits im Jahr 1663 an den Hof zurück fiel. Bis 1794 existierte lediglich der bis dahin erweiterte hortus medicus, in dem übrigens 1770 Ernst Gottfried Baldinger (1738–1804) Linnés binäre Namensgebung für die Pflanzen eingeführt hat.

1776 wurde Johann Wolfgang v. Goethe (1749–1832) an den Weimarer Hof berufen. Er bekam von Herzog Carl August den Auftrag in Jena eine Botanische Anstalt zu gründen. Im Jahr 1794 wurde Prof. August Johann Georg Carl Batsch (1761–1802) zum ersten Gartendirektor ernannt.

Schon im 17. Jahrhundert gab es im Garten das erste Gewächshaus. Am Ende der Goethezeit waren es dann eine Orangerie, verbunden mit einem kleinen Warm- und Trockenhaus, ein Palmen- und Neuholländerhaus unter einem Dach und ein niedriges Kalthaus. Der heutige Gewächshauskomplex am Haupteingang des Gartens wurde in den Jahren zwischen 1969 und 1983 errichtet.

Die Entwicklung der Sammlungsbestände ist stets eng mit der Nutzung des Gartens verknüpft. Zu Zeiten des hortus medicus standen Medizinalpflanzen im Vordergrund sowie Besonderheiten der näheren Umgebung. Im Verlauf des 17. und 18. Jahrhunderts, der Zeit der großen Entdeckungsreisen, nahm die Anzahl exotischer Pflanzen zu. Besonders während der Goethezeit steigerte sich der Bestand an Kalthaus- und Neuhollandpflanzen durch Spenden aus den herzoglichen Orangerien. Mit Etablierung der Botanik als eigenständige Wissenschaft und steigender Zahl Fachgebiete innerhalb der Botanik beeinflussten die wechselnden Gartendirektoren mit ihren Forschungsthemen die jeweilige Ausrichtung der Pflanzensammlungen. Eine bis heute prägende Zeit im Botanischen Garten war die Mitarbeit bei der Gründung und Entwicklung des Botanischen Gartens in Havanna sowie der Bearbeitung von Teilen der Flora Cuba am Institut für Spezielle Botanik. Zahlreiche Pflanzen in den Schauhäusern sind noch immer vorhanden, die zwischen den 70er- und 90er-Jahren des 20. Jahrhunderts auf Cuba für den Botanischen Garten Jena angezogen wurden.

Pflanzensammlungen

Die Pflanzensammlung setzt sich aus zwei großen Hauptbestandteilen zusammen, dem Freiland und den Gewächshäusern. Zum Freiland gehört ein großes Alpinum mit ca.2.000 Arten. Die alpinen Pflanzen stammen aus den Gebirgen Europas, Nord- und Südamerikas, Asiens und Neuseelands. Sie sind geograFisch angeordnet. In der Nutz- und Heilpflanzenanlage werden sowohl alltägliche Gemüsepflanzen und Kräuter präsentiert als auch Genussmittel liefernde Pflanzen anderer Kontinente, exotische Gewürze und neue Sorten aus der Züchtungsforschung. Ein wichtiger Bestandteil der universitären Lehre ist das Pflanzensys-

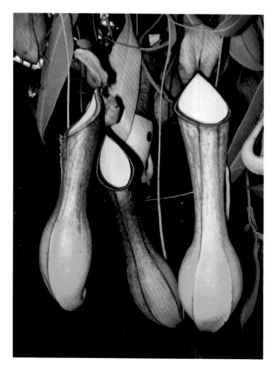

Kannenblätter der fleischfressende Pflanze *Nepenthes alata*

tem. Hier können sich Studierende und Interessierte einen Überblick über das aktuelle System der Pflanzen verschaffen und eine repräsentative Auswahl an Familien und Arten der gemäßigten und meridionalen Zone der Erde entdecken. Dem neuen System steht ein Ausschnitt des alten Systems vom ersten Gartendirektor im Goethegarten gegenüber. Dort sind die Pflanzen so angeordnet, wie es sich Batsch in seinem natürlichen System der Pflanzen vorstellte.

Die Pflanzenauswahl in den Schaugewächshäusern repräsentiert lediglich einen kleinen Teil dessen, was an tropischen und subtropischen Gewächsen im Garten vorhanden ist. Der größte Teil dieser Arten befindet sich in den Anzuchtgewächshäusern und wird nur bei Spezialführungen gezeigt. Es handelt sich hier um Raritäten, Pflanzen, die spezielle Haltungsbedingungen verlangen oder Teile von Forschungsprojekten.

Aus früheren Forschungsvorhaben sind speziell die Sammlungen von Fettkräutern (*Pinguicula*), Korbblütlern (Asteraceae), Orchideen und verschiedenen Gattungen aus dem »Flora Cuba-Projekt« von Bedeutung.

Forschung

Der Botanische Garten Jena ist Teil des Instituts für Spezielle Botanik und untersteht dem Direktorat des Instituts. Die meisten Forschungsvorhaben im Institut wirken somit direkt auf den Sammlungsbestand des Gartens. Nicht immer werden aus den für kurzzeitige Forschungsprojekte benötigten Pflanzen langlebige Pflanzensammlungen. Aus den Publikationen des Instituts erhält man in der Regel Rückschlüsse über den Aufbewahrungsort der untersuchten Pflanzen im Garten.

Ausstellungen und Service

Die Anlagen des Botanischen Gartens sind als Dauerausstellung konzipiert. Einzelne Gartenbereiche werden dennoch immer wieder überarbeitet bzw. inhaltlich verändert. Das betrifft die Systemanlage oder Flächen die aufgrund ihres Alters

erneuert werden müssen. Als jüngste Anlagen im Garten sind der 2009 eingeweihte Goethegarten und die 2011 eröffnete Wildrosenanlage zu nennen.

Darüber hinaus versteht sich der Botanische Garten auch als öffentlicher Kunstraum. Im Gebäude am Haupteingang und gelegentlich im Freiland werden in wechselnden Ausstellungen die Arbeiten regionaler Künstler präsentiert. Das

Der Blütenstand des *Costus barbatus* fällt in erster Linie durch seine dicht stehenden, leuchtend roten Hochblätter auf

Repertoire reicht über Malerei, Grafik und Fotografie bis hin zur Bildhauerei.

Über das Jahr verteilt bietet der Botanische Garten zahlreiche Sonderveranstaltungen und Führungen an. Es gibt eine Pflanzen- und Raritätenbörse, Großveranstaltungen, wie die Tropische Nacht oder das Universitätssommerfest, oder kleine Konzerte. Jedes Jahr gibt es ein Sonderprogramm zur Woche der Botanischen Gärten in Deutschland. Themenführungen können auf Wunsch vereinbart und das Palmenhaus für Empfänge oder Feiern gemietet werden.

ÖFFNUNGSZEITEN:

15. Mai bis 14. September: täglich 9–18 Uhr
15. September bis 14. Mai: täglich 9–17 Uhr

KONTAKTADRESSE:

Botanischer Garten Jena
Fürstengraben 26
07743 Jena
Tel.: 03641-949274
E-Mail: botanischergarten@uni-jena.de
Internet: www2.uni-jena.de/biologie/spezbot/botgar/botgar.html

5.6. Phyletisches Museum im Institut für Spezielle Zoologie und Evolutionsbiologie

Gunnar Brehm und Martin S. Fischer

Stichworte: Evolution, Jena, Ernst Haeckel, Naturkunde, Phylogenie, Stammesgeschichte, Ökologie, Entomologie, Wirbeltiersammlung Starck, Wildkatzen Thüringens, Karl Dittmar, Medusensaal, Bemaltes Wal-Schulterblatt, Auerochse *Bos primigenius*, Johann Wolfgang von Goethe, Walchsches Naturalienkabinett, Ontogenie

Charakteristik der Einrichtung

Ernst Haeckels Museum

Das Phyletische Museum wurde 1907 von dem Zoologen Ernst Haeckel (1834–1919) gegründet und das Gebäude in den Jahren 1907–1908 errichtet. Haeckel ist bis heute u.a. durch zahlreiche und weit gefächerte fachwissenschaftliche Abhandlungen bekannt. Durch ihn wurden wissenschaftliche Begriffe wie Ökologie, Phylogenie und Ontogenie geprägt. Auch wurde er mit Spätwerken wie »Die Welträthsel« (1899) und »Kunstformen der Natur« (1899–1904) weithin populär – über die Grenzen Deutschlands hinaus.

Der Name des Museums geht auf eine Verkürzung des Begriffes *phylogenetisch* (stammesgeschichtlich) zurück (Dittmar 1949). Bis in die jetzige Zeit gehört die Erkundigung der Besucher nach dem Namen (und dessen phonetischer Ähnlichkeit mit der Briefmarkenkunde – Philatelie) zu den am häufigsten gestellten Fragen im Museum.

Karl Dittmar, Architekt des Museums, schrieb in seinen Erinnerungen, dass Haeckel ein Monumentalmuseum vorgeschwebt habe, was aber schließlich nicht realisiert werden konnte (Dittmar 1949). Haeckels Idee, das Phyletische Museum auch als Gedenkstätte für die eigene Person zu nutzen, wurde nicht umgesetzt. Dennoch entstand dank der Initiative Haeckels ein Museum,

Phyletisches Museum am 10. Juli 2012, kurz nach Fertigstellung der Bauarbeiten des Vorplatzes mit Brunnen.

Ernst Haeckel im Alter von 75 Jahren im Jahre 1909, neben einem Gorillapräparat im Phyletischen Museum. (Foto: Archiv Ernst-Haeckel-Haus, FSU Jena)

das nicht nur Generationen von Schülern den Gedanken der Evolution näher gebracht hat, sondern auch als Sammlungsort und Forschungsstätte überregional bedeutsam geworden ist.

Das Phyletische Museum heute

Heute definiert sich das Phyletische Museum über die drei klassischen Aufgabenbereiche eines Naturkundemuseums: Ausstellung – Sammlung – Forschung. Sein Schwerpunkt ist die Vermittlung der Stammesgeschichte der Tiere sowie der Evolutionsbiologie. Das Museum verfügt über Magazin-, Präparations- und Technikräume im Kellergeschoss, über einen Sonderausstellungssaal, den Evolutionssaal und die Eingangshalle im Erdgeschoss, über mehrere Säle zur Stammesgeschichte der Tiere einschließlich des Menschen im Obergeschoss sowie über Magazinräume und Büros für Mitarbeiter und Forscher im Dachgeschoss. Das Museum ist seit 1990 Teil des seinerzeit neugegründeten Institutes für Spezielle Zoologie und Evolutionsbiologie der Friedrich-Schiller-Universität Jena. Der Direktor des Institutes, Prof. Dr. Martin S. Fischer, ist gleichzeitig Inhaber des gleichnamigen Lehrstuhles. Für

die Sammlungen ist Prof. Dr. Rolf G. Beutel und für die Ausstellungen ist PD Dr. Hans Pohl zuständig. Neben ihren musealen Dienstaufgaben nehmen alle drei Lehrverpflichtungen an der Universität wahr. Dr. Gunnar Brehm ist für Gestaltung und Öffentlichkeitsarbeit verantwortlich, Diplom-Biologin Gerta Puchert für die Museumspädagogik und Matthias Krüger für die Präparation. Die Kasse wird von Ronald Bayer, Elisabeth Bennemann und Brigitte Stöckel betreut. In den Jahren 1994–2013 lagen die Besucherzahlen zwischen rund 13.000 und 23.000 Besuchern pro Jahr. Im Jahr 2010 erhielt das Phyletische Museum das Museumssiegel des Museumsverbandes Thüringen e.V.

Kurze Geschichte des Phyletischen Museums

Die Geschichte des Phyletischen Museums wird in diesem Kapitel kurz zusammengefasst; ausführliche Beschreibungen geben Uschmann (1959), Penzlin et al. (1994) und Fischer et al. (2008). Die Geschichte der Sammlungen und der Ausstellungen wird in den nachfolgenden Abschnitten skizziert.

Das Phyletische Museum wurde 1907 gegründet und zu großen Teilen aus Stiftungsmitteln in den Jahren 1907–1908 gebaut. Nach der Fertigstellung des Baus im Juli 1908 wurde es – allerdings als weitgehend leere Hülle – feierlich der Universität Jena geschenkt. Abgesehen von wenigen überlieferten Skizzen Haeckels von 1907 fehlte ein detailliertes Konzept, wie das Museum eigentlich zu füllen sei. Haeckels Skizze sah systematisch orientierte Säle vor (»Korallen-Saal, Amphibien, Fische, Vögel« u.a.), Sammlungsräume (»Korallen-, Typen-, Vogel-, Säugetiere-, Primaten-Sammlung« u.a.), aber auch solche, die seiner persönlichen Sammlung und seinen Bildern gewidmet waren. Haeckel ging ein Jahr nach der Fertigstellung des Museums (1909) mit 75 Jahren in den Ruhestand. Sein Nachfolger Prof. Dr. Ludwig H. Plate (Direktor von 1909–1935) überwarf sich nach kurzer Zeit mit Haeckel, so dass Haeckel sich zurückzog und nicht mehr an der weiteren Gestaltung des Museums mitwirkte.

1912, vier Jahre nach der Fertigstellung des Baus, wurden die ersten Säle der Dauerausstellung eröffnet. Nach der Beseitigung einiger Baumängel

wurde 1916 der Ausbau des Dachgeschosses in An-
griff genommen, aber erst 1928 konnte Plate den
Heimat- und Systematik-Saal im Dachgeschoss
freigegeben. Da diese Ausstellungen offenbar nur
einen provisorischen Charakter hatten, sowie aus
Gründen des Brandschutzes gab man diese Säle
bereits in den 1950er Jahren zugunsten von Ar-
beitsplätzen und einem Magazinraum auf. Ehemalige Wandvitrinen sowie Schränke aus dieser
Zeit zeugen noch heute von der kurzen Ausstel-
lungsepoche im Dachgeschoss.

Die 1935 übernahm Jürgen Wilhelm Harms das
Direktorat des Museums. Er verhinderte, dass das
Phyletische Museum während der NS-Diktatur
zu einer Volks- und Landesausstellung für Le-
benskunde, Rassewesen und Stammesgeschichte
ausgebaut wurde. In den 1940er-Jahren herrschte
kriegsbedingte Stagnation – das Museum blieb
glücklicherweise von größeren Schäden verschont.
Nachdem Harms die DDR 1950 aus politischen
Gründen verlassen und Prof. Dr. Eduard Uhlmann
(Direktor 1950–1954) das Museum für kurze Zeit
geleitet hatte, wurde das Phyletische Museum unter Prof. Dr. Manfred Gersch (Direktor 1954–1974)
einer umfassenden Modernisierung unterzogen.
Alle Schausäle wurden teils mehrfach neu gestaltet und dabei viele der als unmodern und nicht
mehr zeitgemäß empfundenen Jugendstil-Stuck-
elemente und -Wandmalereien entfernt. Die neue
Fassade wurde 1958 anlässlich des 400-jährigen
Universitätsjubiläums der Öffentlichkeit präsentiert. In den darauffolgenden Jahren glich sich die
Fassade der tristen äußeren Erscheinung vieler
Gebäude zu DDR-Zeiten an. Nur wenige Jahre vor
der politischen Wende und deutschen Wiedervereinigung wurde sie 1985/86 erneut saniert, wobei
die meisten zerstörten Gestaltungselemente wieder hergestellt wurden. Bei einer erneuten grund-
haften Sanierung konnte die Fassade nach denk-
malpflegerischen Gesichtspunkten einschließlich
der ursprünglichen monochromen Farbgebung
sowie aller Ornamente schließlich 2008 wieder
fachgerecht hergestellt werden.

Die Dauerausstellungen wurden sowohl unter
Prof. Dr. Horst Füller (1974–1993) als auch unter
Prof. Dr. Martin S. Fischer (1993–heute) jeweils
grundlegend neu gestaltet. Zwischen 1996 und
2008 wurden alle Schausäle, das Treppenhaus und

Teile des Dachgeschosses baulich saniert. Ein 1999
neu errichteter Verbindungsbau zum Hörsaalge-
bäude schuf eine erweiterte Fläche für Sonderausstellungen. Unter den Restaurierungsarbeiten ist
insbesondere die Freilegung der Deckenmalerei
des Medusensaales im Erdgeschoss zu nennen.

Das Phyletische Museum
am 1. September 1958.
Das Gebäude hatte man
anlässlich der 400-Jahr-
Feier saniert, wobei u.a.
die Ornamente zwischen
den Fenstern des Erd- und
Obergeschosses entfernt
wurden. (Foto: Bildarchiv
der FSU)

Besondere Ausstellungsstücke

Kostbarkeit der Dauerausstellung:
ein bemaltes Walschulterblatt

Das rechte Schulterblatt wie auch die an der De-
cke befestigte rechte Hälfte des Unterkiefers eines
Grönlandwals *Balaena mysticetus* stammen aus
der ersten Hälfte des 17. Jahrhunderts. Sie gehören
damit zu den ältesten und geschichtlich interes-
santesten Objekten der Sammlung des Phyletischen Museums. Die beiden Stücke wurden aus
dem Herzoglichen Kunst- und Naturalienkabinett
des Weimarer Residenzschlosses in die Naturalien-
sammlung im Jenaer Schloss übernommen.

Bemalte Wal-Schulterblätter sind sehr selten.
Das ausgestellte Stück wurde entgegen seiner
ursprünglichen anatomischen Lage für die Bemalung »auf den Kopf gestellt«. Oben ist die Jahreszahl der Bemalung zu erkennen; sie stammt aus
dem Jahr 1646. Darunter ist ein Medaillon mit
der Darstellung eines Weißstorches sichtbar. Es

Bemaltes Walschulterblatt aus der ersten Hälfte des 17. Jahrhunderts. Inventarnummer Mam 1940, ca. 116 cm breit, ca. 115 cm hoch. (Foto: H. Pohl, FSU Jena)

Kostbarkeit der Dauerausstellung: fossiler Stier

Ein weiteres prominentes Stück der Ausstellung – und zugleich eines von zwei Typusexemplaren des Taxons *Bos primigenius*, des ausgestorbenen Auerochsen – wird im Evolutionssaal des Museums gezeigt. Goethe hatte sich bereits viele Jahre mit Fossilien bzw. »Petrefakten« beschäftigt, wie er selbst die Reste aus der Vorzeit nannte. Im Jahr 1821 schickte ihm Großherzog Karl August von Sachsen-Weimar-Eisenach Fragmente eines Rinderskeletts, die in einem Moor bei Haßleben (nördlich von Erfurt) gefunden worden waren. Goethe veranlasste eine Nachsuche und beschäftigte sich eingehend mit den Knochen.

Zu einem Typus, also einem wissenschaftlichen Referenzobjekt, wurde das Skelett wenige Jahre später durch die posthum veröffentlichte Arbeit von Ludwig H. Bojanus (1827). Für seine in lateinischer Sprache abgehaltene Beschreibung nutzte Bojanus das Jenaer Auerochsenskelett sowie einen -schädel aus Litauen. Beide Stücke sind somit als Syntypen einzustufen.

Heute weiß man, dass der Auerochse *Bos primigenius* und das Hausrind (bereits 1758 beschrieben von Linné als *Bos taurus*) Vertreter derselben Art sind. Eigentlich müsste der von Linné eingeführte Name verwendet werden, da dieser zuerst veröffentlicht wurde (Prioritätsregel), doch wurde durch die Internationale Kommission für Zoologische Nomenklatur (ICZN, Opinion 2027) für 17 domestizierte Arten im Jahr 2003 eine Ausnahmeregelung eingeführt. Sie bestimmt, dass der Auerochse als *Bos primigenius* und das Hausrind als *Bos primigenius taurus* bezeichnet werden.

könnte die Hausmarke eines Handelshauses darstellen, möglicherweise aber auch ein Stadtwappen.

Die Malerei zeigt Szenen des Walfanges. Bereits um 1611 begann die intensive Jagd auf den Grönlandwal vor Spitzbergen. Die Walfänger wurden von kanonenbestückten Kriegsschiffen (Galeonen) begleitet – an allen Toppen weht die alte rot-weiße niederländische Flagge. Auf den Ruderbooten sind die Harpuniere in ihrer Tracht dargestellt. Im Vordergrund schwimmen Wale; zwei der Tiere stoßen Atemluft aus.

Der alt-niederländische Schriftzug am Rand des Schulterblattes heißt: »*door gods zorggende hangt vangtmen de walfisch ande noortkant*«. Dies bedeutet: »*Durch Gottes sorgende Hand fängt man den Walfisch an der Nordkante.*« Mit dieser Kante ist vermutlich die arktische Packeisgrenze gemeint.

Geschichte

Einen wichtigen Grundstock der zoologisch-paläontologischen Sammlungen in Jena bilden Stücke der 1700 in Weimar gegründeten herzoglichen Kunstkammer. Durch den Ankauf des Walch'schen Naturalienkabinettes im Jahr 1779 durch Herzog Carl August von Sachsen-Weimar wurden insbesondere die Bestände an Fossilien deutlich erweitert. Das im Jenaer Stadtschloss befindliche »Herzogliche Museum« wurde später das »Museum mineralico-zoologicum Magniducale«. Im Jahr 1839 umfasste das »Zoologische Kabinett« 2.073 Sammelnummern, darunter 39 Säugetier- und 524 Vogelpräparate. Über viele Jahre nahm Goethe direkten Einfluss auf die ihm unterstellte Einrichtung. Aus dieser Zeit und den ersten Jahren der Kunstkammer verfügt das Phyletische Museum u.a. noch über Fossilien, Walknochen und das Auerochsen-Skelett.

1850 trennte der Museumsleiter Oscar Schmidt das »Mineralogische Kabinett« ab, womit das »Zoologische Museum« als selbständige Einheit etabliert wurde. Sein späterer Direktor wurde Ernst Haeckel, der mit der Gründung des Phyletischen Museums die Bestände des Zoologischen Museums hierher überführte.

Haeckel selbst sammelte während seiner Reisen u.a. Korallen aus dem Roten Meer und Indischen Ozean, die den Bestand der Sammlung vergrößerten. Richard Semon schenkte Haeckel seine gesamte Expeditionsausbeute vom Malaiischen Archipel und aus Australien. Ludwig Plate sammelte Tiere in Ceylon (Sri Lanka) sowie in Mittel- und Südamerika und Jürgen Harms steuerte u.a. Material aus Java und Sumatra bei.

Durch Ankäufe und Schenkungen von Insekten-, Conchylien- und Fossiliensammlungen wurden die Museumsbestände bis in die neueste Zeit stetig vergrößert. Von besonderer Bedeutung war ab 1969 die Übernahme umfangreicher zoologisch-paläontologischer Sammlungsbestände aus anderen Instituten der Friedrich-Schiller-Universität. Die letzten bedeutenden Schenkungen waren die Schmetterlingssammlung des ehemaligen entomologischen Präparators des Museums, Gerhard Schadewald, im Jahr 1992 (ca. 21.000 überwiegend mitteleuropäische Falter) sowie in den Jahren 1997, 2002 und 2013 die Wirbeltiersammlung von Professor Dr. Dr. Dietrich Starck (ca. 10.000 rezente Stücke sowie 68 Fossilien).

Seit Ende der 1960er-Jahre ist es unter Leitung von Kustos Dr. Dietrich von Knorre gelungen, die Bestände des Museums – oft erstmals überhaupt – zu ordnen, zu inventarisieren und damit wissenschaftlich zugänglich zu machen. Bis zu dieser Zeit sind zahlreiche Belege der ursprünglichen Sammlungen verloren gegangen – sei es

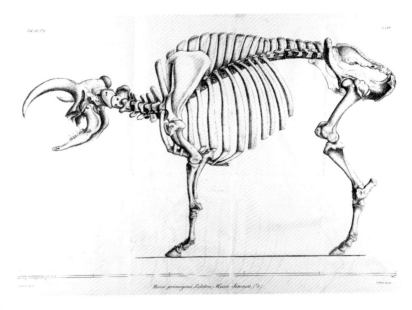

durch die Verwendung und den Verschleiß in der Ausstellung, in Lehrveranstaltungen der Universität, durch Unachtsamkeit oder Diebstahl. Auch ist der wissenschaftliche Wert vieler Belege verloren gegangen, indem ursprünglich vorhandene Etiketten entfernt wurden. Davon betroffen sind beispielsweise große Teile der historischen Habitus-Vogelpräparate, bei denen es bisher nur in Ausnahmefällen gelungen ist, eine nachträgliche Wieder-Etikettierung vorzunehmen.

Jenaer Auerochsenskelett aus der Erstbeschreibung von *Bos primigenius* durch Ludwig H. Bojanus (Bojanus 1827). Das Skelett hat den Status eines Typusexemplars (Syntyp). Beachte die in der Zeichnung zu kurz geratenen Beine

Sammlungen heute

Die Hauptaufgabe der zoologisch-paläontologischen Sammlungen besteht in der langfristigen Archivierung von wissenschaftlich wertvollen Sammlungsstücken, aber auch im Bereitstellen von Präparaten für Ausstellungen und Lehrzwecke. Diese unterschiedlichen Aufgaben wurden zeitweise nicht klar getrennt, was zum Verlust von wertvollem Material (darunter Typenmaterial), bzw. des wissenschaftlichen Wertes von Stücken führte. Die Sammlungen des Phyletischen Museums haben wie in allen naturkundlichen Museen systematische und geografische Schwerpunkte. Der Großteil der Stücke stammt aus der Umgebung Jenas und aus Mitteleuropa; durch Sammelreisen verfügt das Museum über relativ viel

Felle von Wildkatzen in der Sammlung des Phyletischen Museums. (Foto: C. Fischer)

Material aus Südostasien (Expeditionen Haeckel, Semon, Plate, Harms), aber relativ wenig Material aus der Neuen Welt.

Die Sammlungen des Phyletischen Museums sind an verschiedenen Orten im Haus untergebracht. Ein Magazinraum im Dachgeschoss beherbergt die Insektensammlungen, im Kellergeschoss befindet sich ein Nassmagazin (Hebelschubanlage aus DDR-Zeiten), ein Trockenmagazin mit Hebelschubanlage mit einer paläontologischen Sammlung sowie ein Trockenmagazin mit Hebelschubanlage mit dem größten Teil der Wirbeltiersammlung, Weichtierschalen und anderem »trockenen« Material. Die gesamte Museumssammlung umfasst (Stand: 12. Juni 2012) 55.192 Inventarnummern, die in einer lokalen Access-basierten Datenbank erfasst sind. Inventarisiert sind u. a. jeweils rund 17.000 Weichtier-Belege, 11.000 paläontologische Stücke (von Knorre & Beutel 2007), 8.800 Vogel-Belege, 8.000 Säugetier-Belege und 1.800 Knochenfisch-Belege (aktuelle und gegenüber Fischer et al. (2008) korrigierte Liste im Anhang). Die Insekten sind derzeit mit etwa 1.800 Inventarnummern katalogisiert, die in der Regel Kästen mit vielen Individuen umfassen. Die tatsächliche Zahl von Belegen ist daher nicht genau bekannt, liegt aber mindestens bei rund 500.000 Stücken.

Das Phyletische Museum ist derzeit die zentrale Sammelstelle für die Wildkatzen Thüringens. Dank der Fell-, Skelett- und Gewebeprobensammlung wurde in einem Forschungsprojekt belegt, dass die Wildkatze in Thüringen mit Hauskatzen nur geringfügig hybridisiert (Krüger et al. 2009).

Die Sammlungen werden laufend ergänzt, u.a. durch Schnittserien von Insekten und Typenmaterial aus Artbeschreibungen der entomologischen Arbeitsgruppe. In der Insektensammlung sollen in den kommenden Jahren neue Platz sparende Schränke aufgestellt werden. Neu in das Museum aufgenommenes Material sollte einen wichtigen Beitrag zur Erfassung der Biodiversität leisten, gut etikettiert sein und für zukünftige Fragestellungen insbesondere zu Faunenveränderungen durch Klimawandel u.a. geeignet sein. Gleichzeitig soll die Trennung von wissenschaftlich wertvollem Material und unetikettiertem Material mit Schauwert konsequent weiterverfolgt werden (Hartmann 2011).

Typenmaterial

Leider beherbergt das Phyletische Museum nicht den reichen Bestand an Typenmaterial, den Haeckels umfangreiche taxonomische Arbeiten erwarten lassen. Haeckel hatte sich systematisch-taxonomisch insbesondere mit Radiolarien, Kalkschwämmen und Medusen beschäftigt (von Knorre 1984) und dabei die erstaunliche Anzahl von alleine mehr als 4.000 Radiolarienarten neu beschrieben (Lazarus & Suzuki 2009) – darunter die meisten im »Report on the Radiolaria collected by H.M.S. Challenger« (Haeckel 1887). Haeckel hatte allerdings kaum Typusexemplare deklariert, und die meisten der von ihm untersuchten Tiere müssen heute entweder als verschollen gelten oder in anderen Museen und Instituten lagern. Da Haeckel über kein technisches Personal verfügte, gelangten viele seiner Präparate wohl in Lehrveranstaltungen bzw. in den Abfall (von Knorre 1984). Haeckel hatte offenbar auch Präparate veräußert oder verschenkt, die sich heute in Privatbesitz oder anderen Instituten befinden.

Das Phyletische Museum beherbergt aktuell rund 550 identifizierte Typen einer Vielzahl von

Tiergruppen. Eine detaillierte Bearbeitung der Typen des Museums befindet sich in Vorbereitung (von Knorre, pers. Mitteilung).

Forschung und Veröffentlichungen

Bereits Goethe setzte sich mit einzelnen Stücken der heutigen Sammlung des Phyletischen Museums auseinander (siehe oben). Als Teil der Universität Jena ist das Phyletische Museum in verschiedene Bereiche der zoologischen Forschung eingebunden. Im Museumsgebäude selbst ist die entomologische Arbeitsgruppe von Prof. Dr. R. Beutel untergebracht, die über eine herausragende Expertise zur Stammesgeschichte der Insekten verfügt. Zur Zeit werden Projekte von der Deutschen Forschungsgemeinschaft und der Volkswagen-Stiftung gefördert. Dr. Benjamin Wipfler koordiniert ein internationales Projekt zur Evolution der Insekten, PD Dr. Hans Pohl ist führender Spezialist für die Fächerflügler (Strepsiptera) und Dr. Gunnar Brehm beschäftigt sich mit Biodiversitäts-Mustern sowie der Systematik und Taxonomie neotropischer Nachtfalter. Dr. Dietrich von Knorre hat sich u. a. auf die Systematik und Taxonomie heimischer Weichtiere und Kleinsäuger spezialisiert. Präparator Matthias Krüger arbeitet wissenschaftlich mit Thüringer Wildkatzen.

Auch für die mit Wirbeltieren arbeitenden Gruppen des Institutes für Spezielle Zoologie und Evolutionsbiologie spielt die Sammlung des Phyletischen Museums eine wichtige Rolle. Seit 2011 erforschen Dr. John Nyakatura und Prof. Dr. M. Fischer die thüringischen Bromacker-Ursaurier in Zusammenarbeit mit der Sammlung der Stiftung Schloss Friedenstein (Gotha). In mehreren von der Deutschen Forschungsgemeinschaft geförderten Projekten ist die Sammlung des Phyletischen Museums ein integraler Bestandteil, u. a. in einer Studie zur Fortbewegung von Vögeln von Prof. Fischer. Die Arbeiten von Prof. Dr. Lennart Olsson und Dr. Hendrik Müller basieren unter anderem auf der herpetologischen Sammlung. PD Dr. Manuela Schmidt nutzte die Sammlung für ihre Habilitationsarbeit zur Stammesgeschichte und Evolution der Primaten. In weiteren zwei Habilitationen, mehreren Dissertationen und zahlreichen

Diplomarbeiten wurden in den letzten Jahren Teile der Sammlungen verwendet.

Prof. Fischer hat 2001 wie auch 2011 an der Empfehlung des Wissenschaftsrates zu »Wissenschaftlichen Sammlung als Infrastruktur für die Forschung« 2011 mitgearbeitet und zu diesem Thema eine Tagung in Jena ausgerichtet. Er war außerdem Mitglied an Evaluierungsgruppen von Museen u. a. in Paris, Zürich, München, Bonn und Hamburg.

Ausstellungen und Service

Dauerausstellung

Die Neukonzeption der aktuellen Dauerausstellung begann 1997 mit dem Anthropogenesesaal (Evolution des Menschen). Die weiteren drei Säle, von denen jeder rund 150 m² groß ist, wurden in den darauffolgenden Jahren erneuert. Sie umfassen die Stammesgeschichte der vielzelligen Tiere (Metazoa) und der Neumundtiere (Deuterostomia) einschließlich der Wirbeltiere sowie den Evolutionssaal. Zu den Besonderheiten der Dauerausstellung gehört u. a. das Präparat eines Quastenflosser-Skelettes, das in dieser Qualität in kaum einem anderen Museum der Welt zu finden ist. Der Anthropogenesesaal soll ab 2015 wegen zahlreicher neuer wissenschaftlicher Erkenntnisse neu gestaltet werden.

Diplom-Biologe Rico Spangenberg aus der entomologischen Arbeitsgruppe bei der Arbeit am Mikroskop. (Foto: J.-P. Kasper, FSU Jena)

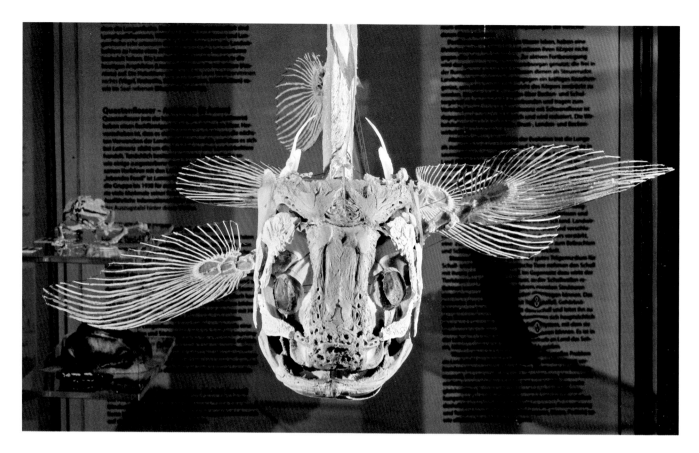

Skelett-Präparat eines Quastenflossers *Latimeria chalumnae* von Präparator Matthias Krüger. (Foto: J.-P. Kasper, FSU Jena)

Das Herzstück des Museums ist der Evolutionssaal, der sich bereits in der Gestaltung von den anderen Sälen abhebt. Evolutionstheorie auszustellen und zu vermitteln ist eine anspruchsvolle Aufgabe, die u.a. durch Mitarbeit des Künstlers Micha Brendel an der Gestaltung gelöst wurde. Präparate und Modelle werden auf ovalen Glastischen präsentiert, die an Arbeitstische erinnern, ohne historistisch zu wirken. Themen der Vitrinen sind Evolutionstherorie, Künstliche Zuchtwahl, Gondwana-Relikte, Sexuelle Selektion, Evolution von HIV/Aids, Artbildung am Beispiel der Buntbarsche im Tanganjikasee, Ontogenese bei Fröschen sowie Evolution und Klimawandel.

Bereits Haeckel hatte 1907 eine weitere Aufgabe programmatisch formuliert, dass »*Kunst und Wissenschaft darin vereinigt wirken, um dem gebildeten Publikum die Bedeutung des modernen Entwicklungsgedankens anschaulich vor Augen zu führen*«. In verschiedenen Sonderausstellungen kam es zum »cross-over« von Natur- und Kunst-objekten, wie z.B. in der Ausstellung »Haare«, in der auch Fotoarbeiten von Gabriele Rothemann gezeigt wurden – sie hält heute die Professur für Fotografie an der Universität für angewandte Kunst in Wien inne. In der Ausstellung »Hände begreifen« wurden unter anderem Kopien von hervorragenden ikonografischen Zeugnissen der Kunstgeschichte für Hände gezeigt, während mit der Ausstellung »eine Schicht tiefer. Wunden und Wunder in Körpern« von Micha Brendel erstmals eine reine Kunstausstellung zusammen mit dem Stadtmuseum Jena konzipiert wurde (Fischer 2006).

Sonderausstellungen

In den 1970er-Jahren wurden – zunächst in mehrjährigen Abständen – erste Wechselausstellungen im Phyletischen Museum gezeigt. In den 1990er Jahren wurde ein Rhythmus von einer bis drei

Sonderausstellungen pro Jahr erreicht, die im restaurierten Medusensaal präsentiert wurden. Die Themen reichten von »Fossiler Kunst« über Naturfotografie, »Die Hauskatze«, »Haare« und »Sahara« bis hin zu »Gladiatoren« und »Archaeopteryx« (Liste aller Ausstellungen von 1994–2008: Fischer et al. [2008]). Seit dem 100-jährigen Jubiläum fanden folgende weitere Sonderausstellungen statt:

– 2008–2009 »Ernst Haeckel der Zoologe« in Zusammenarbeit mit dem Ernst-Haeckel-Haus der Friedrich-Schiller-Universität Jena,
– 2009–2010 »Diatomeen – Formensinn« in Zusammenarbeit mit der Bauhaus-Universität Weimar,
– 2010–2011 »Domestikation«,
– 2010 »Darwin im Depot« Ausstellung des Berliner Naturkundemuseums im alten Straßenbahndepot des Jenaer Nahverkehrs,
– 2010 »Genealogien« – Arbeiten des Berliner Künstlers Uli Westphal,
– 2011–2012 »Die Ästhetik des Kleinen«, Ausstellung von Prof. Scholtz, Humboldt-Universität Berlin,
– 2011–2012 »Insekten & Sex«, Ausstellung im Zusammenarbeit mit einer durch die Volkswagenstiftung geförderten Forschungsarbeit,
– 2012–2013 »Biologische Invasionen«,
– 2013–2014 »Wolf & Wildkatze«,
– 2014 »Galápagos«.

Ein besonderes Ereignis war die Ausstellung »Darwin im Depot«, mit der das Phyletische Museum 2010 erstmals eine große Sonderausstellung außerhalb des eigenen Museumsgebäudes zeigte. Die vom Naturkundemuseum Berlin übernommene und ergänzte Ausstellung in einem großen nachempfundenen Schiffskörper wurde in dem unter Denkmalschutz stehenden alten Straßenbahndepot gezeigt. Ergänzt wurde die gut besuchte Ausstellung durch ein Rahmenprogramm aus Sonderführungen und Vorträgen.

Service

Individuell abgestimmte Führungen im Phyletischen Museum für Schulklassen und Gruppen werden von der Museumspädagogin Gerta Puchert angeboten. Für spezielle Themen, aber auch Führungen durch die Sonderausstellungen stehen PD Dr. Hans Pohl, Dr. Gunnar Brehm und auch Prof. Dr. Martin S. Fischer zur Verfügung. Das Museum wird gerne für Abendveranstaltungen und Feiern genutzt.

ÖFFNUNGSZEITEN:
Täglich von 9 bis 16.30 Uhr
(Schließtage: 1. Januar und 24./25./31. Dezember)

Oben: Blick in die Sonderausstellung »Insekten & Sex« im Medusensaal

Unten: Schauvitrinen der Sonderausstellung »Darwin im Depot« (2010) im alten Straßenbahndepot

KONTAKTADRESSE:

Phyletisches Museum
Vor dem Neutor 1, 07743 Jena
Tel.: 03641-949180
E-Mail: phyl.museum@uni-jena.de
Internet: www.phyletisches-museum.uni-jena.de

AUTORENADRESSE:

Dr. Gunnar Brehm* und Prof. Dr. Martin S. Fischer
Friedrich-Schiller-Universität Jena
Institut für Spezielle Zoologie und Evolutionsbiologie mit Phyletischem Museum
Vor dem Neutor 1, 07743 Jena
*Autor für Korrespondenz:
gunnar.brehm@uni-jena.de, Tel. 03641–949184

Dank

Wir danken Frau Dr. Tilde Bayer, Diplom-Biologin Gerta Puchert und Dr. Dietrich von Knorre für die kritische Durchsicht des Textes sowie Matthias Krüger für Informationen zu den Sammlungsbeständen.

Literatur

A. Zitierte Publikationen. Publikationen von Mitarbeitern des Instituts für Spezielle Zoologie und Evolutionsbiologie mit Phyletischem Museum.

Bojanus, L.H. 1827: De Uro nostrate ejusque sceleto Commentatio: Scripsit et bovis primigenii sceleto auxit. Verhandlungen der Kaiserlich Leopoldinisch-Carolinischen Akademie der Naturforscher 13.

Dittmar, K. 1949: Meine Erinnerungen an Professor Ernst Haeckel beim Bau des Phyletischen Museums 1907–1908. Typoskript vom Mai 1949. Ernst-Haeckel-Archiv, Jena.

Fischer, M.S. 2006: Fremdes und Vertrautes. Objekte von Micha Brendel im Phyletischen Museum. S. 19–23 in: Micha Brendel »eine Schicht tiefer« Wunden und Wunder in Körpern. Ausstellungskatalog Berliner Medizinhistorisches Museum der Charité, Museum für Sepulkralkultur Kassel, Phyletisches Museum Jena, Kunstsammlung im Stadtmuseum Jena.

Fischer, M.S., Brehm, G., Hoßfeld, U. 2008: Das Phyletische Museum in Jena. Institut für Spezielle Zoologie und Evolutionsbiologie mit Phyletischem Museum Jena.

Hartmann, M. 2011: Die entomologischen Sammlungen in den Thüringer Museen. Mitteilungen des Thüringer Entomologenverbandes e.V. 18: 16–28.

Haeckel, E. 1887: Report on the Radiolaria collected by H.M.S. Challenger. In: Scientific results of the Voyage of H.M.S. Challenger during the years 1873–1876. Zoology 18.

Krogmann, L., v. Knorre, D., Beutel, R.G. 2008: Die Chalcidoidea-Sammlung von Ferdinand Rudow (1840–1920) im Phyletischen Museum (Jena). Mitteilungen aus dem Hamburger zoologischen Museum und Institut 104: 129–140.

Krüger, M., Hertwig, S.T., Jetschke, G., Fischer, M.S. 2009: Evaluation of anatomical characters and the question of hybridization with domestic cats in the wildcat population of Thuringia, Germany. Journal of Zoological Systematics and Evolutionary Research 47: 268–282.

Lazarus, D., Suzuki, N. 2009: Introduction to the reexamination of the Haeckel and Ehrenberg radiolarian collections. pp. 23–34 in: Tanimura, Y. and Aita Y. (Hrsg.), Joint Haeckel and Ehrenberg project: reexamination of the Haeckel and Ehrenberg microfossil collections as a historical and scientific legacy. National Museum of Nature and Science Monographs 40, Tokyo.

Penzlin, H. (Hrsg.) 1994: Geschichte der Zoologie in Jena nach Haeckel (1909–1974). Gustav Fischer, Jena.

Uschmann, G. 1959: Geschichte der Zoologie und der zoologischen Anstalten in Jena 1779–1919. Gustav Fischer, Jena.

von Knorre, D. 1984: Ernst Haeckel als Systematiker – seine zoologisch-systematischen Arbeiten. S. 44–55. – In: Leben und Evolution: wissenschaftliche Vortragstagung am 25. und 26. Mai 1984 anlässlich des 150. Geburtstages von Ernst Haeckel und der 100. Wiederkehr der feierlichen Übergabe des Zoologischen Institutsgebäudes in Jena. Friedrich-Schiller Universität Jena.

von Knorre, D. 2000: 300 Jahre zoologisch-paläontologische Sammlungen in Jena. Thüringer Museumshefte 9: 50–55.

von Knorre, D., Beutel, R. 2007: Die geowissenschaftlichen Sammlungen im Phyletischen Museum in Jena. Beiträge zur Geologie von Thüringen, NF 13: 61–72.

B. Auswahl wichtiger weiterer Publikationen mit unmittelbarem Bezug zum Museum seit dem Jahr 2000 über das Museum bzw. in denen Museumsmaterial verwendet oder Typusexemplare für das Museum deklariert wurden.

Anton, E., Beutel, R.G. 2004: On the head morphology and systematic position of *Helophorus* (Coleoptera: Hydrophiloidea: Helophoridae). Zoologischer Anzeiger 242: 313–346.

Anton, E., Beutel, R.G. 2006: On the head morphology of Lepiceridae (Coleoptera: Myxophaga) and the systematic position of the family and suborder. European Journal of Entomology 103: 85–95.

Baum, E., Beutel, R.G. & Hertel, W. 2007: The head capsule, central nervous system and head circulatory system of an aberrant orthopteran, *Prosarthria teretrirostris* (Caelifera, Hexapoda). Zoology 110: 147–160.

Baum, E., Dressler, C., Beutel, R.G. 2007: Head structures of *Karoophasma* sp. (Mantophasmatodea) with phylogenetic implications. Journal of Zoological Systematics and Evolutionary Research 45: 104–119.

Bayer, T., Fischer, M.S. 2010: Sammlungen an der Universität Jena, eine erste kritische, kurze Bestandsaufnahme. S. 73–78 in: Dokumentation »Universitätsmuseen undsammlungen im Hochschulalltag«. Hrsg. C. Weber, K. Mauersberger. Hermann von Helmholtz-Zentrum für Kulturtechnik, Humboldt-Universität zu Berlin. Berlin.

Beutel, R.G., Balke, M., Steiner, W.E. 2006: On the systematic position of Meruidae (Coleoptera, Adephaga) and the phylogeny of the smaller hydradephagan families. Cladistics 22: 102–131.

Beutel, R.G., Friedrich, F. 2005: Comparative study of larvae of Tenebrionoidea (Cuculiformia, Coleoptera), European Journal of Entomology 102: 241–164.

Beutel, R.G., Komarek, A. 2004: Comparative study of thoracic structures of adults of Hydrophiloidea and Histeroidea with phylogenetic implications (Coleoptera, Polyphaga). Organisms Diversity and Evolution 4: 1–34.

Beutel, R.G., Leschen, R.A.B. 2005: Phylogenetic analysis of Staphyliniformia (Coleoptera) based on characters of larvae and adults. Systematic Entomology 30: 510–548.

Beutel, R.G., Pohl, H. 2005: Head structures of males of Strepsiptera (Hexapoda) with emphasis on basal splitting events within the Order. Journal of Morphology 244: 1–14.

Beutel, R.G., Pohl, H., Hünefeld, F. 2005: Strepsipteran brains and effects of miniaturisation. Arthropod Structure and Development 34: 301–313.

Beutel, R.G., Weide, D. 2005: Cephalic anatomy of *Zorotypus hubbardi* (Hexapoda: Zoraptera): New evidence for a relationship with Acercaria. Zoomorphology 124: 121–136.

Beutel, R.G., Vilhelmsen, L.B. 2007: Head anatomy of Xyelidae (Hexapoda: Hymenoptera) and phylogenetic implications. Organisms, Diversity and Evolution 7: 207–230.

Fischer, M.S., Krause, C., Lilje, K.E. 2010: Evolution of chameleon locomotion, or how to become arboreal as a reptile. Zoology 113: 67–74.

Friedrich, F., Beutel, R.G. 2006: The pterothoracic skeletomuscular system of Scirtoidea (Coleoptera: Polyphaga) and its implications for the relationships of the beetle suborders. Journal of Zoological Systematics and Evolutionary Research 44: 290–315.

Göbbel, L., Fischer, M.S., Smith, T.D., Wible, J.R., Bhatnagar, K.P. 2004: The vomeronasal organ and associated structures of the fetal African elephant, *Loxodonta africana* (Proboscidea, Elephantidae). Acta Zoologica 85: 41–52.

Heim, I., Nickel, M. 2010: Description and molecular phylogeny of *Tethya leysae* sp. nov. (Porifera, Demospongiae, Hadromerida) from the Canadian Northeast Pacific with remarks on the use of microtomography in sponge taxonomy. Zootaxa 2422: 1–21.

Hertwig, S.T., Schweizer, M., Stepanow, S. Jungnickel, A., Böhle, U.-R., Fischer, M.S. 2009: Regionally high rates of hybridization and introgression in German wildcat populations (*Felis silvestris*, Carnivora, Felidae). Journal of Zoological Systematics and Evolutionary Research 47: 283–297.

Hünefeld, F., Beutel, R.G. 2005: The sperm pumps of Strepsiptera and Antliophora (Hexapoda). Journal of Zoological Systematics and Evolutionary Research 43: 297–306.

Lilje, K.E., Tardieu, C., Fischer, M.S. 2003: Scaling of long bones in ruminants with respect to the scapula. Journal of Zoological Systematics and Evolutionary Research 41: 118–126.

Nyakatura, J.A., Fischer, M.S. 2010: Functional morphology and three-dimensional kinematics of the thoracolumbar region of the spine of the two-toed sloth. The Journal of Experimental Biology 213: 4278–4290.

Nyakatura, J., Fischer, M. S. 2011: Functional morphology of the muscular sling at the pectoral girdle in tree sloths: convergent morphological solutions to new functional demands? Journal of Anatomy 219: 360–374.

Platz, S., Hertwig, S.T., Jetschke, G., Krüger, M., Fischer, M.S. 2011: Comparative morphometric study of the Slovakian wildcat population (*Felis silvestris silvestris*): Evidence for a low rate of introgression? Mammalian Biology 76: 222–223.

Pohl, H., Beutel, R.G. 2004: Fine structure of adhesive devices of Strepsiptera (Insecta). Arthropod Structure and Development 33: 31–43.

Pohl, H., Beutel, R.G. 2005: The phylogeny of Strepsiptera (Hexapoda). Cladistics 21: 1–47.

Pohl, H., Beutel, R.G., Kinzelbach, R. 2005: Protoxenidae fam. n. (Insecta, Strepsiptera) from Baltic amber – a ›missing link‹ in strepsipteran phylogeny. Zoologica Scripta 31: 123–134.

Pohl, H., Niehuis, O., Gloyna, K., Misof, B., Beutel, R.G. 2012: A new species of *Mengenilla* (Insecta, Strepsiptera) from Tunisia. ZooKeys 198: 79–102.

Schmidt, M., Fischer, M.S. 2009: Morphological integration in mammalian limb proportions: dissociation between function and development. Evolution 63: 749–766.

Stößel, A., Junold, A., Fischer, M.S. 2010: The morphology of the eutherian ethmoidal region and its implications for higher-order phylogeny. Journal for Journal of Zoological Systematics and Evolutionary Research 48: 167–180.

Vázquez-Molinero, R., Martin, T., Fischer, M.S., Frey, R. 2001: Comparative anatomical investigations of the postcranial skeleton of *Henkelotherium guimarotae* Krebs, 1991 (Eupantotheria, Mammalia) and their implications for its locomotion. Mitteilungen des Museums für Naturkunde Berlin, Zoologische Reihe 77: 207–216.

Anhang
Inventarisierte Objeke des Phyletischen Museums (Stand 12.06.2012). Beachte, dass die Inventarnummern bei den Sammlungsteilen Mollusca und Hexapoda Serien bzw. ganze Kästen mit Material umfassen. Die Angaben bei Lissamphibia, »Reptilia«, Aves, Mammalia und Modellen sind gegenüber der Liste von Fischer et al. (2008) korrigiert.

Gruppe/Taxon	Anzahl der Inventarnummern
Paläontologie	6.078
Paläontologie ehem Geol.-Paläontol. Institute	4.939
Geologie	318
Plankton	30
»Protozoa« (Einzellige Tiere)	11
Porifera (Schwämme)	287
»Coelenterata« (Nesseltiere und Rippenquallen)	1.086
Plathelminthes (Plattwürmer)	88
Nemertini, »Nemathelminthes«, Priapulida (Schnur-, Schlauch, Priapswürmer)	53
Sipunculida, Echiurida (Spritzwürmer, Igelwürmer)	45

Gruppe/Taxon	Anzahl der Inventarnummern
Mollusca (Weichtiere)	9.877
Mollusca – Sammlung Wohlberedt	7.115
Annelida (Ringelwürmer)	264
Chaetognatha	17
Onychophora	12
Chelicerata	385
Myriapoda (Tausendfüßer)	74
Crustacea (Krebstiere)	1.241
Hexapoda (Insekten)	1.787
»Tentaculata«	98
Echinodermata (Stachelhäuter)	466
Hemichordata	8
Tunicata (Manteltiere)	69
Acrania, »Agnatha« (Schädellose, Kieferlose)	83
Chondrichtyes (Knorpelfische)	169
»Osteichthyes« (Knochenfische)	1.752
Lissamphibia (Amphibien)	535
»Reptilia« (Reptilien)	1.272
Aves (Vögel)	8.816
Mammalia (Säugetiere)	8.036
Modelle	181
Summe	55.192

5.7. Jena Microbial Resource Collection (JMRC): eine Ressourcensammlung von wertvollen Beständen an Pilzen und Bakterien

Kerstin Voigt

Stichworte: Mikroorganismen, Schimmelpilze, Bakterien, Biodiversität, Leibniz-Instituts für Naturstoff-Forschung und Infektionsbiologie, Hans-Knöll-Institut

Die JMRC wurde am 1. Oktober 2010 durch Fusion der beiden Mikroorganismensammlungen der Friedrich-Schiller-Universität und des Leibniz-Instituts für Naturstoff-Forschung und Infektionsbiologie – Hans-Knöll-Institut (HKI) gegründet. Seit dieser Zeit beherbergt die Jena Microbial Resource Collection ca. 45.000 Mikroorganismen-Arten, darunter ca. 15.000 Schimmelpilze und ca. 30.000 Bakterien. Diese werden sowohl im stoffwechselaktiven als auch -inaktiven Zustand konserviert. Die Pilz- und Bakterienkulturen stammen aus den verschiedensten ökologischen Lebensräumen und geografischen Regionen. Die Kollektion umfasst damit eine wertvolle Biodiversitätssammlung, die eine wesentliche Grundlage für eine Vielzahl, vom Forschungsstandort Jena ausgehender internationaler Kooperationen darstellt.

Eine der Hauptaufgaben der JMRC besteht darin, Mikroorganismen und Expertise in der Stammkultivierung für die Wissenschaftlerinnen und Wissenschaftler der Jena School for Microbial Communication (JSMC) zur Verfügung zu stellen. Sie unterstützt damit zahlreiche Doktorandenprojekte der Exzellenz-Graduiertenschule und gewährleistet die Stammstabilität als Basis für die Forschung. Ein aktuelles Projekt besteht in der Zusammenarbeit zwischen JMRC und mit der JSMC-Doktorandin Ute Münchberg und deren Betreuerin Dr. Petra Rösch aus der Arbeitsgruppe von Prof. Jürgen Popp (FSU, Institut für Physikalische Chemie & Abbe Zentrum für Photonik) zur räumlichen Untersuchung von Ölvesikeln mit Hilfe von micro-Raman Spektroskopie in Fettsäure-produzierenden Pilzen der Gattung *Mortierella*. Die JMRC betreibt weiterhin aktiv Öffentlichkeitsarbeit, indem sie gemeinsam mit der JSMC das Thema »Mikrobielle Kommunikation« anschaulich präsentiert. So beteiligten sich beide Einrichtungen bereits mehrfach an den Ausstellungen zur »Langen Nacht der Wissenschaften« und der »Unterwelt der Wissenschaften« (2008). Im Rahmen des Forschungsschwerpunkts »Dynamik komplexer biologischer Systeme« gestaltete die JMRC zum 450-jährigen Jubiläum der Friedrich-Schiller-Universität Jena im Jahr 2009 eine sehr publikumswirksame Ausstellung in der stark frequentierten Goethegalerie. Anlässlich zahlreicher Projekte zu Kindertagen und Girls‹ Days sowie Sommerschulen zum Thema »Nano- und Biotechnologie« (2009) verdeutlichte die JMRC mit eigenen Beiträgen die Bedeutung von Stammsammlungen für Forschungs- und Applikationszwecke. Bisheriger Höhepunkt der Öffentlichkeitsarbeit der JMRC war ein Ausstellungsprojekt zum Thema »Pilze: ein Leben im Verborgenen – Leben und Werk der Thüringer Mykologin Johanna Schultze-Wege (1844–1918)«. Dieses umfangreiche Projekt entstand in enger Kooperation mit der Thüringer Universitäts- und Landesbibliothek,

Ein Blick in die Pilzsammlung der JMRC. (Foto: Jan-Peter Kasper, FSU Jena)

Die Mannigfaltigkeit der Schimmelpilze. (Foto: Jan-Peter Kasper, FSU Jena)

der Sammlungsbeauftragten sowie der Pressestelle der FSU, der Gesellschaft der Freunde und Förderer der Friedrich-Schiller-Universität Jena, des Thüringer Museumsverbandes, des Thüringer Ministeriums für Bildung, Wissenschaft und Kultur, des Studentenwerks Thüringen, des Familien- und Gleichstellungsbüros der FSU, der JSMC, der Biologisch-Pharmazeutischen Fakultät sowie des Hans-Knöll-Instituts in den Jahren 2010–2011.

AUTORENADRESSE:

PD Dr. Kerstin Voigt
Institut für Mikrobiologie
Neugasse 24/25
07743 Jena
Tel.: 03641-949321
E-Mail: kerstin.voigt@uni-jena.de
Internet: www.uni-jena.de/Pilz__Referenz_Zentrum.html

5.8. Sammlung zur Biologiedidaktik im Bienenhaus in der Biologisch-Pharmazeutischen Fakultät

Michael Markert und Uwe Hoßfeld

Stichworte: Biologieunterricht, Biologielehrerausbildung, Gips-, Wachs- und Kunststoffmodelle von Pflanzen und Tieren, Wandtafeln

Deutschlandweit einzigartig dokumentiert die Sammlung der Arbeitsgruppe Biologiedidaktik im Bienenhaus der Friedrich-Schiller-Universität die Verbindung des Biologieunterrichts zur universitären Ausbildung. Die Sammlung wird in Lehre und Forschung in den Studiengängen Biologie Lehramt für Gymnasien und Regelschule eingesetzt. Darüber hinaus unterstützt sie Referendare und Lehrer, die für ihren Unterricht Sammlungsobjekte ausleihen können. Der Bestand der Sammlung reicht bis in das späte 19. Jahrhundert zurück. Er umfasst unter anderem Gips-, Wachs- und Kunststoffmodelle von Pflanzen und Tieren oder deren Teile sowie Nass- und Trockenpräparate. Hinzu kommen Rollkarten, Dias und Filme. Ein Großteil der insgesamt weit über 1.000 Sammlungsobjekte ist erschlossen und in einer Online-Datenbank zugänglich.

Unter den Modellen finden sich zahlreiche handwerkliche Erzeugnisse bedeutender nationaler Modellfabrikanten (Meusel und SOMSO/Sonneberg/Coburg, Schlüter/Mass aus Halle, Osterloh/Leipzig). Auch von Jenaer Didaktikern und Studierenden während der DDR-Zeit verfertigte Unterrichtsmaterialien gehören zu den Beständen. Dies deutet bereits die wissenschaftshistorische Dimension der Lehrsammlung an. Ihr Wert besteht eben nicht nur in der heutigen Vermittlung biologischer Inhalte in der Schule, sondern sie ist zugleich eine wertvolle Quelle zur Geschichte des Biologieunterrichtes und der Biologielehrerausbildung.

Im ausgehenden 19. und frühen 20. Jahrhundert florierte in Deutschland die Lehrmittelproduktion. Hunderte von Lehrtafelserien und Bildwerken, aber auch Tausende von Demonstrationsgeräten und Modelle waren über alle Disziplinen von der Alten Geschichte über Mineralogie und Theologie bis zur Zoologie im Umlauf. Grund dafür war ein starkes Anwachsen der Studierenden- und Schülerzahlen infolge umfassender Schulreformen in den deutschsprachigen Gebieten gegen Ende des 19. Jahrhunderts. Daraus ergaben sich neue Anforderungen an die Lehrmittel: Zuvor konnte die Lehrkraft ein kleines Original- oder Demonstrationsobjekt wenigen Zuhörern präsentieren und mit ihnen im direkten Gespräch auswerten. Nun sahen sich die Lehrkräfte an Schule und Hochschule großen Gruppen gegenüber. Dies machte die Arbeit mit kleinteiligen Lehrmitteln unmöglich – sie waren schlicht aus der hintersten Bank nicht mehr zu erkennen.

Wandtafeln und Modelle haben innerhalb der Unterrichtsmittel dabei einen ganz besonderen Reiz: Oft berichten ehemalige Schüler noch nach Jahrzehnten von bestimmten Bildern oder Objekten, die einen festen Platz im Fachraum hatten. Obwohl ihre Bedeutung im 21. Jahrhundert im Zeitalter von eBook, iPhone, iPad u.a. sicherlich geringer geworden ist, sind Wandtafeln und Modelle ebenso wie Dias, Folien und Präparate auch heute nicht aus dem Unterricht wegzudenken. Schon im frühen 20. Jahrhundert gehörten solche Objekte zum festen Inventar von Lehrsammlungen an Schulen, aber auch Hochschulen. In der fachdidaktischen wie wissenschaftsgeschichtlichen Forschung sind historische Lehrmittel wie Wandtafeln und Modelle in mehrfacher Hinsicht relevant: Erstens geben sie Einblick in eine frühere Lehr- und Lernpraxis an Schule wie Hochschule. Darüber lassen sich zweitens Traditionslinien aufweisen, die sich bis heute – etwa in Darstellungskonventionen oder didaktischen Konzepten – fortsetzen. Historische Lehrmittel erlauben so nicht zuletzt auch die Analyse der Wechselwirkung zwischen wissenschaftlicher Forschung und deren öffentlicher Repräsentation. Aber es gibt noch einen anderen guten Grund, derartige Sammlungen zu erhalten

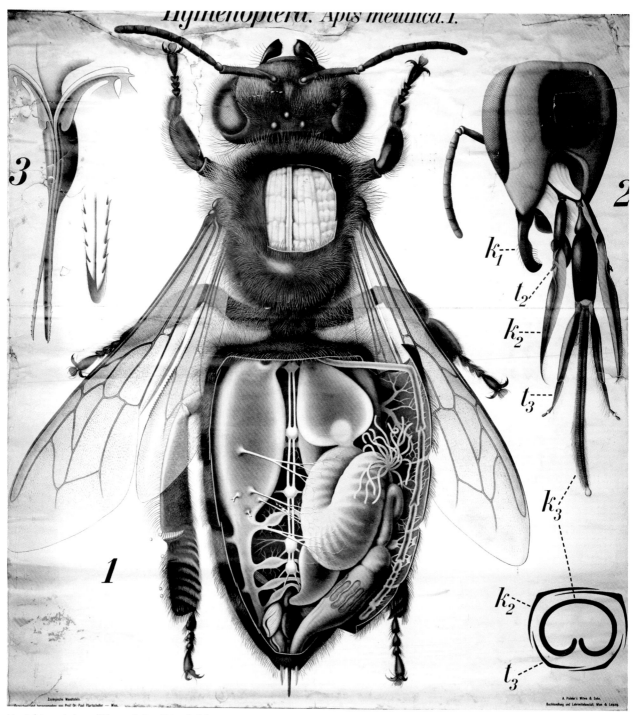

Honigbiene *Apis mellifica* auf einer Wandtafel von
Paul Pfurtscheller. (Foto: J.-P. Kasper, FSU Jena)

und thematisch fortzuführen: Erst in jüngster Zeit spielen Lehrmittel in der wissenschaftsgeschichtlichen Forschung eine zentrale Rolle. Es handelt sich um ein neues Forschungsfeld, in dem es für Wissenschaft wie Öffentlichkeit noch viel zu entdecken gibt, denn über Herstellung, Vertrieb und Nutzung dieser Objekte ist nur wenig bekannt. Die Modelle und Wandtafeln der biologiedidaktischen Sammlung an der Friedrich-Schiller-Universität sollen daher Ausgangspunkt eines eigenständigen Forschungsprojektes sein.

KONTAKTADRESSE:

Arbeitsgruppe Biologiedidaktik
Biologisch-Pharmazeutische Fakultät
Friedrich-Schiller-Universität Jena
Am Steiger 3, Bienenhaus
07743 Jena
Tel.: 03641-949490
Fax: 03641-949492
E-Mail: Marion.Wondrak@uni-jena.de
Internet: www.uni-jena.de/AG_Biologiedidaktik.
html

6. Regionale Museen und andere Einrichtungen mit naturkundlichen Sammlungen

Ralf Werneburg

»*Das Nebeneinander naturwissenschaftlicher und historischer Abteilungen ermöglicht es, Zusammenhänge zwischen landschaftlichen Gegebenheiten und bestimmten historischen Entwicklungsprozessen aufzuzeigen. Beide Bereiche ergänzen sich gegenseitig und nehmen Bezug aufeinander.*«

Zitat von Lieselotte Pflaumbaum (1977), Museumsleiterin von 1953 bis 1980 im Museum für Natur- und Kulturgeschichte der Kyffhäuserregion, Bad Frankenhausen

Die hier zusammengefassten 23 Einrichtungen sind überwiegend Museen mit naturkundlichen Sammlungen sozusagen »im Nebenfach« oder nichtmuseale Einrichtungen mit bedeutsamer naturwissenschaftlicher Sammlung (6.9., 6.17. und 6.18.). Es sind kleinere Bestände, aber auch sehr umfangreiche Kollektionen, wie etwa die Gesteinssammlung aus aneinandergereiht eine Länge von 215.000 m ergebenden Bohrkernproben aus dem Geologischen Probenarchiv Thüringen in Niederpöllnitz (6.9.). In aller Regel sind diese naturkundlichen Sammlungen biologischer oder/ und geologischer Natur. Aber es kann auch zu einer Vermischung paläontologischer und archäologischer Sammlungsteile von einem Fundort kommen, wie bspw. von der Ilsenhöhle und Döbritzer Höhle im Museum Burg Ranis (6.13.). Das genannte Museum in der Orlasenke hat noch einen weiteren Höhepunkt zu bieten: die weltweit einmalige geophysikalische Kollektion von Seismografen. Einige der Sammlungen sind wissenschaftlich oder auch historisch sehr wertvoll. Das Schlossmuseum Sondershausen hat ein umfangreiches Naturalienkabinett der Fürsten von Schwarzburg-Sondershausen im Bestand (6.19.). Im herzoglichen Amtshaus Ilmenau, dem heutigen GoetheStadtMuseum mit entsprechender Ausstellung, war Goethe regelmäßig aus dienstlichen Gründen zu Gast (6.4.). Schließlich ist unter diesen Einrichtungen auch die älteste Vogelschutzwarte Deutschlands in Seebach vertreten (6.18.).

6.1. Museum für Natur- und Kulturgeschichte der Kyffhäuserregion, Bad Frankenhausen

Antje Kuchenbecker

Stichworte: Geologie, Karst, Salz, Zechstein, Muschelkalk, Pleistozän, Kyffhäuserregion, Lebensräume, Steppenrasen, Binnensalzstellen, Eichenmischwald, Insekten, Vogeleier

Am 3. Mai 1920 wurde der Grundstein für das Frankenhäuser Heimatmuseum gelegt. Die Gründung des Frankenhäuser Museums basierte, obwohl im ehemals fürstlichen Schloss aus dem Vermächtnis der »Fürst-Günther-Stiftung« untergebracht, nicht auf einer fürstlichen Sammlung. Um für das neu entstehende Frankenhäuser Museum einen Grundstock an Sammlungen zu bekommen, wurde die Bevölkerung in der damaligen »Frankenhäuser Zeitung« »zur werktätigen Mitarbeit« und zum Sammeln aufgerufen.

Landschaftlich wie historisch bergen das Kyffhäusergebirge, die Stadt Bad Frankenhausen und das Umland unzählige Besonderheiten auf kleinstem Raum. So prägten sich im Wesentlichen schon 1920 die naturkundlichen wie kulturgeschichtlichen Sammelschwerpunkte aus, die auch heute noch das Gerüst des Museums bilden. Der Horizont der kulturgeschichtlichen Sammlungen erstreckt sich chronologisch von den ersten Besiedlungsspuren der Steinzeit bis zur Gegenwart.

Die Stadt Bad Frankenhausen liegt im Herzen der geologisch interessanten Kyffhäuserregion. Daher wurde schon in den Gründungsjahren großer Wert auf die *geologische Sammlung* gelegt. War es zu Beginn eine einfache Ausstellung des gesammelten Materials, so begann man 1954 mit dem Aufbau einer viel beachteten geologischen Ausstellung, die sehr anschaulich anhand von Modellen und Objekten über die Jahrmillionen währende Erdgeschichte informiert, die zur Entstehung unseres Landschaftsbildes führten. Die für die Kyffhäuserregion wichtigen Erdzeitalter Karbon, Perm, Trias und Quartär werden anhand von Fundstücken und Texttafeln eingehend behandelt. Die für den Südrand des Kyffhäusergebirges bedeutende Karstlandschaft wird in all ihren Facetten, Erscheinungen und Besonderheiten gezeigt. Mit der Neugestaltung der geologischen Ausstellung im Jahre 2002 wurde dem umfangreichen pleistozänen Fundmaterial aus den Talauen mehr Ausstellungsfläche eingeräumt. Hier hat sich der

Blick in die Ausstellung »Die Geologie der Kyffhäuserregion«

Sammlungsbestand besonders in den letzten 30 Jahren auf ein Vielfaches erweitert.

Für den Besucher sind verkieselte Stammstücke oberkarbonischer Hölzer aus dem Kyffhäuser, Muschelkalkstücke mit zahlreichen Fossilien aus der Wind– und Hainleite, und Sandsteine als das regional typische Baumaterial, sowie Gipslappen und Stinkschiefer immer wieder ein Erlebnis, das mit allen Sinnen erkundet werden kann.

Die besonderen geologischen und klimatischen Voraussetzungen haben im Umkreis von Bad Frankenhausen eine Vielzahl unterschiedlicher kleinflächiger *Lebensräume* entstehen lassen. Von der »Kargen Schönheit« zum »Salziger Reichtum« über »Grüne Vielfalt« werden die Flora und Fauna der unterschiedlichsten Lebensräume in einzigartigen Dioramen gezeigt. Erst die Gesamtheit aller gibt dem Landstrich und somit auch den Ausstellungen des Museums seinen eigenen Reiz.

In den Dioramen bestechen besonders die hervorragenden Pflanzenpräparate. Schon seit 1956 erprobte man im Frankenhäuser Museum, gemeinsam mit einem Dessauer Chemiker, ein neues Verfahren zur Präparation von Pflanzen. Die ersten Präparate wurden ab 1958 in der neu ge-

stalteten botanischen Abteilung der Öffentlichkeit präsentiert. Hier hatte das Museum eine absolute Vorreiterrolle und auch international Beachtung gefunden.

Die *naturkundlichen Sammlungen* des einstigen Frankenhäuser Heimatmuseums und heutigen Regionalmuseums Bad Frankenhausen sind über die Jahrzehnte stetig angewachsen, haben aber trotzdem einen überschaubaren Bestand. Dieser gliedert sich in eine nur zum Teil inventarisierte und bearbeitete Sammlung Geologie. Dazu zählen Mineralien, Gesteine, Fossilien und pleistozänes Knochenmaterial. 2001 wurde die Sammlung durch die Schenkung von Helmut Kießling aus Kelbra ergänzt. Sie umfasst Mineralien aus dem mitteldeutschen Raum und Fachliteratur.

Die zoologische Sammlung umfasst etwa 500 Präparate einheimischer Vögel und Säugetiere.

In den 60er-Jahren des vorigen Jahrhunderts gelangte die entomologische Sammlung Spröngert aus Artern mit ca. 19.000 Präparaten ins Frankenhäuser Museum. Hierbei handelt es sich ausschließlich um einheimische Insekten. Sie steht für wissenschaftliche Forschung zur Verfügung. 2011 wurden die naturkundliche Sammlung

Blockmodell »Trockenrasengesellschaft«. (Foto: B. Mäder, Bad Frankenhausen)

des Regionalmuseums Bad Frankenhausen durch die Eiersammlung Schreier aus Wiehe ergänzt. Sie umfasst ca. 1.800 Eier von heimischen sowie einigen exotischen Vogelarten (z.B. Strauß).

Zum Bestand des Frankenhäuser Museums gehören auch zwei *Bibliotheken,* die naturkundliche Literatur, ergänzend zu den Sammlungen, beinhalten. Zum einen handelt es sich um die historisch gewachsene Museumsbibliothek und zum anderen befindet sich im Hause die historische Ratsbibliothek von Frankenhausen. Hier kann man aus einem großen Fundus historischer naturkundlicher Literatur schöpfen. Beide Bibliotheken sind mit einem Zettelkatalog erschlossen und stehen als Präsenzbibliotheken dem Nutzer zur Verfügung.

Seit 1969 erscheinen als *museumseigene Schriftenreihe* in loser Folge die »Beiträge zur Kyffhäuserlandschaft«. Hier werden, dem Profil des Museums entsprechend, sowohl naturkundliche als auch kulturgeschichtliche Beiträge publiziert.

Die Sammlungen und Bibliotheken können nach Voranmeldung genutzt werden.

ÖFFNUNGSZEITEN:
Mi–So 10 bis 17 Uhr

KONTAKTADRESSE:
Schlossstrasse 13
06567 Bad Frankenhausen
Tel.: 034671-62086
Fax: 034671-553290
E-mail: museum@bad-frankenhausen.de
Internet: www.bad-frankenhausen.de

Literatur

Hahnemann, U. (2010): Regionalmuseum Bad Frankenhausen – Ein Museum im Wandel – Museumsschätze Des Kyffhäuserkreises 2010. Sondershausen.

Pflaumbaum, L. (1971): 50 Jahre Kreisheimatmuseum Bad Frankenhausen – Naturkundliche Beiträge zur Kyffhäuserlandschaft (H.3). Bad Frankenhausen.

Pflaumbaum, L. (1977): Die neu gestaltete naturwissenschaftliche Ausstellung im Museum Bad Frankenhausen. – Neue Museumskunde: 91–106.

Weinert, R. (2006): Geologische Sammlung und Abteilung im Kreisheimatmuseum Bad Frankenhausen. – Beiträge zur Geologie Thüringen. Jena: 251–261.

6.2. Museum im Oberen Schloss Greiz

Rainer Koch

Stichworte: Minerale, Diabas, Granit, Eisenerz, Fossilien, Kalkstein, Muschelkalk, Ober-Kreide, Fürstentum Reuß

Die Museen der Schloss- und Residenzstadt Greiz befinden sich im bauhistorischen Ensemble von zwei Residenzschlössern – dem Oberen Schloss und dem Unteren Schloss. Die Residenzarchitektur von Greiz und das historische Erscheinungsbild unserer Städte sind im direkten Zusammenhang mit den umliegenden Gesteinen und Steinbrüchen der Region zu betrachten. Im Laufe der Jahrhunderte prägten regionale Steinbrüche die historischen Bauten und den regionalen Straßenbau entscheidend. Deshalb werden in dem Ausstellungsbereich der 2010 eröffneten *Dauerausstellung* »Vom Land der Vögte zum Fürstentum Reuß älterer Linie« im Museum im Oberen Schloss einige Steinbrüche der unmittelbaren Umgebung vorgestellt. Wichtig sind hier die Diabas- und Granit-Steinbrüche.

Hauptaugenmerk wurde auf die Steinbrüche gelegt, welche sich auf dem Gebiet des bis 1918 existierenden Fürstentums Reuß älterer Linie mit der Landeshauptstadt Greiz befanden. Ausgestellt werden *Schaustufen von Gesteinen und Mineralien*, die in diesen Steinbrüchen gefunden wurden.

Ein wahrhafter Schatz der Ausstellung sind die Versteinerungen aus der Muschelkalkscholle des »Kalkflügels« bei Waldhaus (nördlich von Greiz). Die *Fossilien des Muschelkalkes* von dort weist etwa 40 Tierarten auf. Bei den festgestellten Arten handelt es sich um verschiedene Muscheln, aber auch Schalen von mehreren Brachiopoden- oder Armfüßlerarten, Schnecken, Ammoniten, Seelilienstielgliedern und Seeigelstacheln.

Bis zu 80 m Tiefe sind schluffig-mergelige Tone mit *Mikrofossilien der Oberkreide* in den Kalkstein eingeschlämmt. Das etwa 6 km nördlich von Greiz gelegene Kalksteinvorkommen war der einzige Ort in Thüringen, wo Kalkstein aus der Kreide-Zeit zutage gefördert und sogar wirtschaftlich nutzbar gemacht wurde.

In der Ausstellung im Kellergewölbe werden folgende Abbaugebiete thematisiert und durch Schaustufen vorgestellt:

Oben: Geologische Ausstellung im Gewölbekeller. (Foto: C. Freund)

Unten: Ein Höhlenforscher-Helm mit Beleuchtung leistet nicht nur in Höhlen wertvolle Dienste. (Foto: Touristinformation Greiz)

- Die Kalkgrube im Muschelkalk am Waldhaus bei Greiz (1580–1919)
- Saalburger Marmor aus dem Devon
- Der Kuhbergbruch bei Neumühle
- Diabastagebau Rentzschmühle
- Diabasvorkommen Neumark
- Diabastagebau Loitsch
- Eisenabbau in der Grube »Constantin« und »Heinrich« bei Greiz – Schönfeld.

ÖFFNUNGSZEITEN:
Di–So 10 bis 17 Uhr

KONTAKTADRESSE:
Oberes Schloss, Burgplatz 12, 07973 Greiz
Tel: 03661 703411
E-Mail: museum@greiz.de
Internet: www.museen-greiz.de

6.3. Eichsfelder Heimatmuseum Heilbad Heiligenstadt

Veronika Merten

Stichworte: Vogelsammlung, K.W. Strecker, Dreifarbenara

Das Eichsfelder Heimatmuseum hat sein Domizil im ehemaligen Heiligenstädter Jesuitenkolleg. Das geschichtsträchtige und architektonisch reizvolle Barockgebäude aus dem Jahr 1740 beherbergt seit 1932 das Museum. Nach großzügigen Umbau- und Sanierungsarbeiten zwischen 1994 und 1996 wurde die Präsentation erweitert und neu konzipiert. Sie zeigt u.a. Eichsfeld- und Stadtgeschichte, Volkskunde, sakrale Kunst und eine kleine Riemenschneider-Ausstellung.

Ein besonderer Glanzpunkt ist eine *naturkundliche Sammlung* von überregionaler Bedeutung – die historische *Streckersche Vogelsammlung*.

Der Dingelstädter Arzt Dr. Karl Wilhelm Joseph Strecker (1818–1887) beschäftigte sich schon während seiner Gymnasialzeit mit naturwissenschaftlichen Studien, die er auch während seines Medizinstudiums und seiner Tätigkeit als Arzt nie aus den Augen verlor. So entstand im Laufe der Jahre eine umfangreiche Naturaliensammlung, die neben den ca. 750 Vogelpräparaten u. a. auch etwa 2.000 Käfer, 700 Arten von Muscheln und 40 Säugetiere umfasste. Diese Sammlung übereignete er durch testamentarische Verfügung vom 5. Mai 1885 seiner Schulstadt Heiligenstadt: »Wo meine Sammlungen am meisten nützen, dahin sollen sie als Grundstock zu einem städtischen Museum nach meinem Tode kommen« (StadtA Heiligenstadt: I, Nr. 40. Testament des

Dr. Karl Wilhelm Joseph Strecker). Am 2. Juli 1886 wurde Strecker zum Ehrenbürger der Stadt Heiligenstadt ernannt und, wie es sein Wunsch war, bildete seine Sammlung einen Grundstock des Städtischen Museums.

Nach großen Verlusten infolge von Um- und Auslagerungen in den Kriegs- und Nachkriegsjahren wurde die Sammlung 1957/58 durch Mitarbeiter des Naturkundemuseums Weimar und der Vogelschutzwarte Seebach überarbeitet und neu präsentiert.

Nach den umfangreichen Baumaßnahmen in den 1990er-Jahren machte der Zustand der Präparate eine umfassende Restaurierung notwendig. Dem Engagement der Stadt Heilbad Heiligenstadt, der großzügigen Förderung des Freistaates Thüringen und den Mitarbeitern des Naturkundemuseums Erfurt, die auch Neukonzeption und Aufbau übernahmen, ist es zu danken, dass die Streckersche Vogelsammlung im Dezember 1998 wieder der Öffentlichkeit präsentiert werden konnte.

Heute umfasst die Sammlung noch etwa 450 einheimische und exotische Vogelpräparate, von denen 240 in der Ausstellung zu sehen sind.

Das wertvollste Stück der Sammlung ist ein Dreifarbenara *Ara tricolor*, der zu den ausgestorbenen Vögeln gehört und von dem heute nur noch wenige Exemplare in den Museen der Welt existieren.

▶ Das wertvollste Stück der Sammlung ist der ausgestorbene Dreifarbenara *Ara tricolor*

Vielfalt der Vogelwelt

Streckersche
Vogelsammlung

ÖFFNUNGSZEITEN:
Di–Fr 10.00–17.00 Uhr
Sa–So 14.30–17.00 Uhr

KONTAKTADRESSE:
Eichsfelder Heimatmuseum
Kollegiengasse 10
37308 Heilbad Heiligenstadt
Tel.: 03606/612618
Fax: 03606/508726
E-Mail: heimatmuseum@heilbad-heiligenstadt.de

6.4. GoetheStadtMuseum im ehemaligen Amtshaus Ilmenau und Jagdhaus Gabelbach

Kathrin Kunze und Rainer Krauß

Stichworte: Kupfer- und Silberbergbau, Eisenerz, Flussspat, Steinkohle, Bergbautechnik, Kupferschiefer, Ilmenau, Manebach, J. W. v. Goethe, C. W. Voigt; Gabelbach, Herzog Carl August von Sachsen-Weimar-Eisenach, Jagd, Wald, Kickelhahn, Tiere, Pflanzen

Das GoetheStadtMuseum

Das GoetheStadtMuseum Ilmenau beherbergt eine wertvolle Sammlung von Archivalien und Büchern zu Johann Wolfgang von Goethe, ein umfangreiches Bergbauarchiv und zahlreiche kulturgeschichtliche Gegenstände der Ilmenauer Stadtgeschichte, wie Porzellan, Glas und Spielzeug. Das Amtshaus gehört zu den ältesten historischen Gebäuden der Stadt. Es wurde nach Plänen des bedeutenden Barockbaumeisters Gottfried Heinrich Krohne von 1753 bis 1756 erbaut. Der Vorgängerbau, als Witwensitz für die Gräfin Sophie von Henneberg im Jahr 1616 errichtet, wurde während des Stadtbrandes von 1752 vernichtet. Nach dem Aussterben der Henneberger diente das Gebäude ab 1661 den Herzögen von Sachsen-Weimar als Herrschafts- und Amtssitz. So nahm auch Johann Wolfgang Goethe in der herzoglichen Wohnetage Quartier, während er seinen amtlichen Pflichten nachging.

Die neu konzipierte Dauerausstellung zeugt von der Tätigkeit Goethes als Dichter, Naturwissenschaftler und Staatsbeamter, der das zerrüttete Steuerwesen Ilmenaus reformierte und im Auftrag des Herzogs Carl August von Sachsen-Weimar-Eisenach den Kupfer- und Silberbergbau wiederbelebte. Dieser lag seit einem Dammbruch 1739 nieder. Die Geschichte des Ilmenauer Bergbaus seit 1444 bis zum Bruch des Martinröder Entwässerungsstollens 1796 wird im Bergbauzimmer ausführlich erklärt. Neben einem begehbaren Stollen für Kinder kann man anhand von verschiedenen Modellen Einblicke in die Bergbautechnik erlangen. Verschiedenen Erzen, wie Kupfer, Silber, Eisen und Flussspat, werden die dazugehörigen Endprodukte gegenübergestellt. Zu sehen sind unter anderem auch Kupferschieferschwüle und fossile Schachtelhalme aus dem Manebacher Steinkohlerevier.

Minerale verweisen auf Goethes Sammlerleidenschaft, von der er an Merck berichtet: »*Ich habe mich diesen Wissenschaften da mich mein Amt dazu berechtigt, mit einer völligen Leidenschaft ergeben*«. So nimmt es nicht wunder, dass man unter den Mineralen auch einen nach Goethe benannten »Goethit« findet. Dazu gehört auch die Erwähnung des Geologen und Mineralogen Carl Wilhelm Voigt, der an der Freiberger Bergakademie Montanwissenschaften studierte und 1780 von Goethe auf eine Reise durch Thüringen geschickt wurde, um Bodenschätze zu erkunden. Voigt wird 1783 zum Sekretär der Bergwerkskommission und 1789 zum Bergrat ernannt. Er unternahm bereits im 18. Jahrhundert Versuche, Steinkohle anstelle von Holz als Energieträger zu nutzen.

Im zweiten Teil der Dauerausstellung wird vor allem auf die Industrie- und Kulturgeschichte von der napoleonischen Zeit bis in die Gegenwart eingegangen.

Ausstellung über den Ilmenauer Kupfer- und Silberbergbau im Goethe-StadtMuseum

Audioguide in Deutsch und Englisch, Führungen nach Voranmeldung unter 03677-600300

ÖFFNUNGSZEITEN:
Di–So von 10–17 Uhr

KONTAKTADRESSE:
GoetheStadtMuseum Ilmenau
98693 Markt 1
Telefon: 03677-600107/108
E-Mail: museum@ilmenau.de
Internet: www.ilmenau.de

Ausstellung »Goethes Wald im Wandel« im Jagdhaus Gabelbach

Das Jagdhaus Gabelbach nahe Ilmenau wurde 1783 im Auftrag des Herzogs Carl August von Sachsen-Weimar-Eisenach errichtet. Das Erscheinungsbild des Gebäudes ist im Inneren und Äußeren weitgehend original erhalten. Seinen besonderen Wert erhält es durch die zahlreichen Aufenthalte Johann Wolfgang Goethes. Aus diesem Grund wurde 1969 eine Goethe-Gedenkstätte eröffnet.

Die Klassik Stiftung Weimar übergab das Jagdhaus 2008 in die Verantwortung der Stadt Ilmenau. Die Stadt gestaltet das Museum nach heutigen Anforderungen in eine Begegnungs-

stätte nicht nur für Wanderer und Goethefreunde, sondern auch für Familien mit Kindern um. Aus diesem Grund entstand eine neue Ausstellung mit dem *Titel* »Der Kickelhahn – Goethes Wald im Wandel«. Die Ausstellung stellt die Themen Natur, Umwelt und Jagd aus heutiger Sicht dar. Als roter Faden dient das Hauptthema »Der Wald und seine nachhaltige Nutzung«. Sie stellt den Wandel des Waldes in der Region rund um den Kickelhahn in den letzten 250 Jahren vor und nutzt das zum Jagdhaus gehörenden Waldstück für waldpädagogische Veranstaltungen.

Die Ausstellung ist in die Informationsbereiche *Biodiversität*, *Waldwirtschaft und Jagd* vom 18. Jahrhundert bis zur Gegenwart gegliedert. Die heutige Kulturlandschaft Wald in der Kickelhahn-Region wird anhand der Biotope mit ihrer vielfältigen Tier- und Pflanzenwelt vorgestellt. Dabei wird auf die besonderen Gegebenheiten in den Hanglagen des Gebiets ebenso eingegangen wie auf die Waldschäden, zum Beispiel durch Naturkatastrophen, tierische Schädlinge und Umwelteinflüsse.

Die museale Präsentation der Themen stützt sich an erster Stelle auf – zum Teil einmalige – Objekte: Tier- und Pflanzenpräparate, historische Jagdausrüstungen, Dokumentation historischer Fachliteratur, Goethes naturwissenschaftliche Studien. Zur Einführung in die jeweiligen Abschnitte dienen kombinierte Text- und Bildinformationen. Vertiefendes Wissen kann jeweils über Medienstationen abgerufen werden. Großer Wert wurde auf die Darstellung jener Themen in Form von Videos gelegt, die sich dem gelegentlichen Besucher im Wald nur schwer erschließen.

Audioguide in Deutsch und Englisch, Führungen nach Voranmeldung unter 03677-600300

ÖFFNUNGSZEITEN:
Di–So vom 1. April bis 31. Oktober: 10–17 Uhr,
1. November bis 31. März: 10–16 Uhr

KONTAKTADRESSE:
Jagdhaus Gabelbach
98693 Waldstraße 24
Telefon: 03677–202626
E-Mail: gabelbach@ilmenau.de
Internet: www.ilmenau.de

Kreuzottern
(Foto: W. Liebaug)

6.5. Museum im Besucherbergwerk »Vereinigte Reviere Kamsdorf«

Werner Groll

Stichworte: Lagerstätte Kamsdorf, Kupfer-, Silber- und Kobalterze, Eisenerz, Maxhütte Unterwellenborn, Minerale, Aragonit

Die *Geschichte* des Kamsdorfer Bergbaus reicht bis in die Mitte des 16. Jahrhunderts zurück. In einem kleinen Teil der Grubenbaue (ca. 1,5 %) ist ein Besucherbergwerk eingerichtet, das man zu Fuß und mit einer Grubenbahn erkunden kann. Hier wird seit 2001 dem Besucher die Geologie und Mineralisation der Lagerstätte Kamsdorf in sehr anschaulicher Form präsentiert. Auch die Entwicklung unserer Landschaft mit Flora und Fauna in den einzelnen Erdzeitaltern seit dem Kambrium wird gezeigt.

Neben dem Besucherbergwerk unterhält der Kamsdorfer Verein zur Pflege der Bergbautradition in den Räumen der alten Grubendirektion eine *museale Einrichtung*, in der eine Ausstellung der wichtigsten Erze und Mineralien der Lagerstätte sowie eine umfangreiche Schau zum Sprengwesen und zum Markscheidewesen gezeigt wird. Der Kamsdorfer Bergbau begann mit dem Abbau von Kupfer-, Silber- und Kobalterzen. Der Eisenerzabbau spielte auf Grund der fehlenden Energieträger zum Verhütten und der schlechten Verkehrsinfrastruktur lange Zeit nur eine untergeordnete Rolle. Erst mit dem Bau der Eisenbahnstrecke Eichicht-Saalfeld-Gera sollte sich das grundlegend ändern. Mit dem Bau der Maxhütte Unterwellenborn als Zweigbetrieb der Maximilianshütte Sulzbach-Rosenberg nahm der Abbau von basischem Eisenerz einen rasanten Aufschwung. Ab dem Jahr 1958 wurde nur noch im Tagebaubetrieb gewonnener eisenschüssiger Kalk als Zuschlagstoff an die Maxhütte geliefert, was mit der Liquidation der Maxhütte im Jahr 1993 dann auch sein Ende fand. Waren noch bis in die 1980er-Jahre unter Tage spektakuläre Mineralienfunde, wie Aragonit, Tetraedit, Azurit und Chalkopyrit möglich, hat sich dies später auf Neuaufschlüsse im nahen Großtagebau reduziert. Da zurzeit hauptsächlich in der unvererzten Grauwacke gearbeitet wird, ist mit guten Funden im Augenblick nicht zu rechnen. Wurden von Beyschlag um 1890 ca. 50 verschie-

Kupferhaltige Sinterbildung im unteren Lager

dene Mineralien beschrieben, ist ihre Zahl inzwischen auf mehr als das Doppelte gewachsen, was durch den technischen Fortschritt in der Mineralbestimmung begründet ist. Von den oben beschriebenen Mineralen hat der Aragonit Kamsdorf international bekannt gemacht und fehlt in keinem guten Buch über Minerale und ihre Fundorte.

Das Museum ist kostenfrei zu den Öffnungszeiten des Besucherbergwerkes zu besichtigen. Träger:Gemeinnütziger Verein zur Pflege der Bergbautradition.

Kammer-Pfeiler-Abbau mit
Baryt-Gang

FÜHRUNGSZEITEN IM BESUCHERBERGWERK:
Grubensteig 4, 07334 Kamsdorf
1. Mai bis 31. Oktober:
Mo–Do 10, 13, 15 Uhr, Sa, Feiertag 13, 15 Uhr
Sonntags fährt die Grubenbahn: 13, 14, 15 Uhr
1. November bis 30. April:
Mo–Do 14 Uhr, Sa, Feiertag 14 Uhr
Sonntags fährt die Grubenbahn: 14 Uhr
Sonderführungen nach Vereinbarung.

KONTAKTADRESSE:
Gemeindeverwaltung Kamsdorf
Wilhelm-Pieck-Straße 20
07334 Kamsdorf
Tel.: 03671-67700
E-Mail: gv-kamsdorf@t-online.de
Internet: www.besucherbergwerk-kamsdorf.de

6.6. Bergbau- und Heimatmuseum Könitz

Knut Krauße

Stichworte: Geologie, Bergbau, Könitzer Eisen- und Kupfergruben, Barytbergbau, Mineralien, Geschichte,
Schwarzburg-Rudolstadt, Könitz

Charakteristik der Einrichtung

Das Bergbau- und Heimatmuseum Könitz übernimmt mit der Darstellung der Orts- und Bergbaugeschichte des ehemaligen Amtes der Grafen
von Schwarzburg-Rudolstadt einen Beitrag zur
regionalen Landesgeschichte vom 17. bis zum 20.
Jahrhundert. Die Ausstellung zeigt Mineralien des
Kamsdorf-Könitzer Erzfeldes, Exponate zur Bergbautradition und Gegenstände zur Geschichte
des Ortes Könitz. Auf drei Etagen werden die
Sammlungsbestände und Exponate in einer Dauerausstellung gezeigt. Im Erdgeschoss des Hauses befinden sich die Mineralienausstellung mit
der Darstellung des Könitzer Bergreviers, dessen
historische Entwicklung und Übersichtspläne zu
den Könitzer Eisen- und Kupfergruben sowie des
Barytbergbaus. Hier wird auch die Schwarzburger
Bergbaugeschichte und die Bergbautradition des
Ortes Könitz vorgestellt. Im ersten Obergeschoss

befindet sich die Ausstellung zur Könitzer Orts-
und Vereinsgeschichte, u.a. mit Schwerpunkten
zur Burg, Kirche, Schule und dem Turmhügel im
Keestal. Das zweite Obergeschoss nimmt die Exponate der Könitzer Porzellansammlung auf und
zeigt die Geschichte des Porzellanwerkes seit der
Gründung durch Alois Rödl und Max Metzel 1909
bis zur Übernahme 1993 durch Turpin Rosenthal.

Geschichte der Einrichtung und seiner Sammlung

Im ehemaligen »Beulwitzschen Haus«, einem der
ältesten Gebäude des Ortes Könitz, befindet sich
seit 1995 das Könitzer Heimatmuseum. Das Haus,
welches ursprünglich zur Burg gehörte, wird nach
dem erstmals 1498 erwähnten Gut der Ritter von
Beulwitz bezeichnet, das sich einst am selben
Standort befand. Mit dem Verkauf des Anwesens

1517 ging der Besitz an die Herren von Holbach über, die das Gebäude 1608 neu errichteten. Weitere Umbauphasen folgten nach 1669 und Anfang des 19. Jahrhunderts. Die Gemeinde übernahm nach dem Tod des letzten Besitzers das Anwesen. Auf Initiative interessierter Heimatfreunde wurde 1995 im leerstehenden »Beulwitzschen Haus«, ein Museum eingerichtet, regionale Exponate der Bergbau- und Ortsgeschichte gesammelt und ausgestellt. Aufgrund umfangreicher baulicher Schäden erfolgte zwischen 2006 und 2011 eine Sanierung und Umgestaltung des historischen Gebäudes. In diesem Zusammenhang wurde die Ausstellung neu konzipiert, überarbeitet und in Teilen erweitert. Mit der Sanierung des Gebäudes konnten die historischen Raumstrukturen und Wandfassungen aus dem 19. Jahrhundert rekonstruiert werden.

Das Bergbau- und Heimatmuseum Könitz

Geologische Sammlung

Die geologische Sammlung des Museums besteht aus der seit 1995 aufgebauten *Mineraliensammlung* des Kamsdorf-Könitzer Erzfeldes. Den Schwerpunkt der Sammlung bilden die Mineralien des Könitzer Bergrevieres. Ein Querverweis auf vorhandene Könitzer Mineralien in anderen Sammlungen und Museen ist in Arbeit. Ausgewählte Mineralien des Könitzer Reviers werden seit 2011 in der neuen Dauerausstellung gezeigt.

Die sich noch im Aufbau befindliche *Bibliothek* sammelt und erschließt Dokumente und Quellen zur Schwarzburger Bergbaugeschichte, dem Könitzer Bergamt und des Könitzer Bergreviers vom 17. bis zum 20. Jahrhundert.

Publikationen zur Schwarzburger und Könitzer Bergbaugeschichte sind geplant.

AUSSTELLUNG UND SERVICE

Dauerausstellung mit Exponaten zur Könitzer Bergbau- und Ortsgeschichte, Sonderausstellungen und Vorträge zur Regionalgeschichte

ÖFFNUNGSZEITEN:

Mi 9–12 Uhr, Sa–So 13–17 Uhr
Weiter Öffnungszeiten und Führungen nach Vereinbarung

KONTAKTADRESSE:

Bergbau- und Heimatmuseum Könitz
Buchaer Straße 1
07333 Unterwellenborn
Telefon: 036732-20786
Fax: 036732 20786
E-Mail: museum-koenitz@gmx.de
Internet: www.museum-koenitz.de

6.7. Museum »Gülden Creutz« Leinefelde-Worbis

Bernhard Berkhahn

Stichworte: Entomologie, Züchtung, Nagelfleck, L. Rummel

Oben: Exotische Schmetterlinge der Sammlung L. Rummel

Unten: Die Schmetterlingssammlung L. Rummel im Museum »Gülden Creutz« Leinefelde-Worbis

Das schmucke Museumsgebäude diente vor gut 400 Jahren als Organisten- bzw. Schulmeisterhaus. Im 17. Jahrhundert befand sich hier der Gasthof »Krug zum Güldenen Creutz«. Die Museumsbesucher erhalten in dem 1580 erbauten Fachwerkhaus Informationen zur Geschichte des Eichsfeldes, religiösen Kunst, Zigarrenfabrikation und Leinefelder Haarflechtkunst. Neben einer historischen orthopädischen Schuhmacherwerkstatt und einer Weberstube kann auch ein Herdstättenraum besichtigt werden. Auf naturwissenschaftlichem Gebiet hat das Museum einen besonderen Schatz zu bieten.

Die Schmetterlingssammlung von Lambert Rummel (1877–1961)

Der in Worbis geborene Lambert Rummel ist eine weit über die Grenzen des Eichsfeldes hinaus bekannte Persönlichkeit auf naturwissenschaftlichem Gebiet. Als Autodidakt erarbeitete er sich umfangreiches Wissen, besonders auf dem Gebiet der Entomologie. Seine Forschungstätigkeit begann mit der Beobachtung heimischer Insekten. Er stellte umfangreiche biologische Sammlungen zusammen und experimentierte durch Ausschluss der freien Zuchtwahl und Auslese mit der Züchtung neuer Schmetterlingsformen. Das Versuchsobjekt seiner *Züchtung* war das Nagelfleck. Nach fünfjähriger Auslese erzielte er eine Änderung der Farbe von Rot-Gelb bis zum totalen Schwarz. Diese Umformung erwies sich als eine erbliche Mutation. Die heraus gezüchtete neue Form des Nagelflecks ist »*Aglia tau* f. *extrema* Rummel« benannt worden, kann aber keinen eigenen taxonomischen Status beanspruchen. Außerdem untersuchte er, inwieweit sich Temperaturänderungen auf die Neuformung von Schmetterlingen auswirken. Die Forschungsergebnisse wurden von der Wissenschaft anerkannt und fanden unter anderem in dem Werk »Die Großschmetterlinge

Mitteldeutschlands« von Dr. Bergmann, Band 3, Urania-Verlag Jena 1953, ihren Niederschlag. Einen Teil seiner Insektensammlung hat L. Rummel kurz vor seinem Tode 1961 dem Heimatmuseum Worbis geschenkt.

Lambert Rummel befasste sich neben der Entomologie auch mit Geologie, Geschichte und Biologie der heimatlichen Landschaft. Zahlreiche Veröffentlichungen erschienen in verschiedenen Zeitungen und im Heimatbuch des Eichsfeldes.

ÖFFNUNGSZEITEN:
Mo–Do 9–12 Uhr und 14–16.30 Uhr,
Fr und Sa 9–12 Uhr

KONTAKTADRESSE:
Museum »Gülden Creutz«
Rossmarkt 3, 37339 Worbis
Tel.: 06074-200303, Fax: 036074-200304
E-Mail: Tourismus@leinefelde-worbis.de
Internet: www.leinefelde-worbis.de

6.8. Mühlhäuser Museen – Museum am Lindenbühl

Jürgen Winter

Stichworte: Mühlhausen, Mühlhäuser Museen, Muschelkalk, Trias, Fossilien NW-Thüringen, Konchylien, Vogelsammlung

Charakteristik und Geschichte der Einrichtung

Ausgangspunkt musealer Arbeit in der ehemaligen Reichsstadt Mühlhausen war die 1879 erfolgte Gründung eines Gewerbemuseums, aus dem nach wechselvoller Geschichte 1928 das Heimatmuseum hervorging, repräsentativ untergebracht in einem neoklassizistischen Bau, der zuvor als Gymnasium gedient hatte. Im Jahr 1934 beanspruchte die Kreisleitung der NSDAP das Haus für sich – Ausstellungen und Bestände wurden unter teils erheblichen Verlusten ins ehemalige Logenhaus der Mühlhäuser Freimaurer (heute: Puschkinhaus) ausgelagert und konnten nur noch beschränkte öffentliche Wirkung entfalten. 1947 kehrte das Museum in sein altes Domizil zurück und nahm seine Arbeit wieder auf; 1956 wurde dem nun auch mit hauptamtlichen Mitarbeitern versehenem Haus die in der Folge sanierte und museal ausgestattete historische Wehranlage zugeordnet. Beide musealen Einrichtungen gingen 1975 in der Zentralen Gedenkstätte »Deutscher Bauernkrieg« auf, zu der neben dem Brunnenhaus Popperode auch die säkularisierten Kirchen St. Marien als Müntzergedenkstätte und St. Crucis (Kornmarktkirche) als Bauernkriegsgedenkstätte zähl-

ten. Dieser umfangreiche Komplex wurde 1990 in »Mühlhäuser Museen« umbenannt. Heute sind die Mühlhäuser Museen ein Verbundmuseum mit fünf eigenständig profilierten Häusern, deren inhaltliche Ausrichtung von den vier in Sammlung, Forschung und Präsentation untersetzten Fachreferaten Naturkunde, Ur- und Frühgeschichte, Kultur/Geschichte und Kunst bestimmt wird.

Naturwissenschaftliche Sammlungen

Die naturwissenschaftlichen Sammlungen der Mühlhäuser Museen gehen zum Teil noch auf Bestände des Gewerbemuseums zurück und zählen damit zu den ältesten des Hauses. Den Grundstock bilden dabei die Sammlungen des Vereins für Naturkunde, Natur und Heimatschutz, einem Mitbegründer des Gewerbemuseums. Im Laufe des 20. Jahrhunderts wurde dieser überwiegend aus ur- und frühgeschichtlichem sowie aus naturkundlichem Material bestehende Grundstock durch Ankäufe und Schenkungen von Spezialsammlungen ambitionierter Mühlhäuser Freizeitforscher und privater Sammler bereichert. Besonders zu nennen sind hier die Namen Caspar,

Blick in die ehemalige naturkundliche Ausstellung im Museum am Lindenbühl (Zustand 2009) (Foto: Archiv Mühlhäuser Museen)

Cyrenius (vornehmlich Mineralien und Gesteine), Fahlbusch (vornehmlich Fossilien, Vögel und Vogeleier), Klett (vornehmlich Mineralien, Gesteine, Fossilien und Konchylien), Schinköthe (Fossilien), Trapp (Schmetterlinge), Hobart und Conrad (vornehmlich Insekten). Diese Bestände sind heute in eine geowissenschaftliche, eine zoologische und eine botanische Teilsammlung gegliedert.

Geowissenschaftliche Sammlung

Die geowissenschaftliche Sammlung umfasst etwa 8.000 Fossilien, 1.400 Gesteine und 1.000 Mineralien. Während Letzteren ein gewisser Schau- bzw. Studienwert zuzusprechen ist, kommt der Fossiliensammlung nicht nur wegen ihres Umfanges, sondern vor allem wegen ihrer wissenschaftlichen Aussagekraft besondere Bedeutung zu. Der Kern dieser Sammlung wird von Fossilien gebildet, die dem Muschelkalk entstammen und die von einheimischen Sammlern im Mühlhäuser Umfeld zusammengetragen worden sind. So sind z. B. 32 Muschelarten, 15 Schnecken-, 31 Kopffüßer- (vorwiegend Ceratiten), neun Armfüßer- (Bra-

chiopoden) und 13 Stachelhäuterarten (Seelilien, Schlangensterne, Seeigelreste) sowie zahlreiche Fisch- und Reptilienreste (meist Zähne und Einzelknochen) von etwa 27 Arten in diesem Bestand vertreten. Genauere Hinweise finden sich in der Arbeit von Patzelt et al. (2006).

Zoologische Sammlung

Als wesentlicher Teil der zoologischen Sammlung ist vor allem ein reicher Bestand von Konchylien (Muscheln und Schnecken) meist außereuropäischer Meere zu nennen, der über 2.300 Exemplare (etliche freilich mit mehreren Individuen einer Art) umfasst. Begleitet wird dieser Bestand von einer Sammlung einheimischer Land- und Süßwasserkonchylien, in der etwa 320 Arten vertreten sind. Dieses teils subfossile, teils rezente Material stammt vorwiegend von mitteleuropäischen, zu einem großen Teil von thüringischen Fundpunkten.

Zur zoologischen Sammlung zählen des Weiteren eine Insekten-, eine Vogel- und Vogeleier-, eine Säugetier- sowie eine Geweih- und Gehörnsamm-

Schauvitrine zum Lebensraum »Wald« in der naturkundlichen Ausstellung (Foto: Archiv Mühlhäuser Museen)

lung. Die Insektensammlung besteht aus etwa 230 Kästen, die zum größten Teil Schmetterlinge – neben einheimischen auch einige exotische Arten –, aber auch Käfer, Zweiflügler, Hautflügler, Libellen und Heuschrecken enthalten. Als gute Lehrsammlung kann die Vogelsammlung gelten, in der neben einigen Exoten etwa 300 Präparate von 160 Arten einheimischer Vögel vertreten sind. Gleiches gilt für die Vogeleiersammlung, die Eier von über 200 einheimischen Vogelarten enthält. Mit etwa 40 Präparaten von 32 einheimischen Arten erweist sich die Säugetiersammlung als deutlich bescheidener und kann die hiesige Säugetierfauna nur recht lückenhaft repräsentieren. Schließlich bleibt noch die Geweih- und Gehörnsammlung zu erwähnen, ein Altbestand von etwa 140 Kopfpräparaten, Geweihen und Gehörnen, darunter etliche Abnormitäten.

Botanische Sammlung

Die vergleichsweise kleine botanische Sammlung besteht neben einigen Herbarien aus einem abgeschlossenen Bestand mit etwa 40 Exemplaren von Fruchtkörpern einheimischer Ständerpilze sowie einer Sammlung von Stammquerschnitten einheimischer und eingebürgerter Gehölze, ergänzt durch realistisch eingefärbte Kalloplastabdrücke der Blätter dieser Gehölze. Die letztere Teilsammlung ist erst seit den 1990er Jahren im Hinblick auf eine neu zu gestaltende Dauerausstellung aufgebaut worden.

Ausstellung und Service

Die 1986 eröffnete und in den 1990er-Jahren modifizierte naturkundliche Dauerausstellung im Museum am Lindenbühl musste im Jahre 2009 wegen der bevorstehenden Sanierung des Hauses abgebaut werden. Seither sind sämtliche naturkundlichen Bestände magaziniert. Bereits 1997 war der langjährige verdienstvolle Fachreferent Naturkunde, Dr. Gerald Patzelt, in den Ruhestand eingetreten – die Stelle wurde erst in eine Teilzeitstelle umgewandelt, dann völlig gestrichen, so dass das Fachreferat Naturkunde der Mühlhäuser Museen seit langem Jahren brachliegt. Die derzeitige Museumsleitung ist bemüht, diesen unbefrie-

Aus der Konchiliensammlung der Mühlhäuser Museen: das Tritonshorn *Charonia tritonis*, die Rote Helmschnecke (Feuerofen) *Cypraecassis rufa* und die Stachelauster *Spondylus* sp. (Foto: Archiv Mühlhäuser Museen)

Mühlhäuser Museen,
Kristanplatz 7
99974 Mühlhausen
Tel.: 03601-85660
Fax: 03601856626
E-Mail: info@muehlhaeuser-museen.de
Internet: www.muehlhaeuser-museen.de

Literatur

Patzelt, G. (1984): Die naturkundlichen Sammlungen des Mühlhäuser Heimatmuseums – Herkunft, Bestand und Perspektive. – Mühlhäuser Beiträge, Heft 7: 89–97.

Patzelt, G. (1991): Die Aktivitäten des Museums am Lindenbühl auf dem Gebiet der Naturwissenschaften. – Mühlhäuser Beiträge, Heft 14: 7–14.

Patzelt, G. (1996): Schnecken und Muscheln der Weltmeere. – Mühlhäuser Museumshefte, Heft 2.

Patzelt, G., Werneburg, R. & Wunderlich, J. (2006): In: Archive der Erdgeschichte – Geowissenschaftliche Sammlungen in Thüringen. Museum am Lindenbühl Mühlhausen. – Beiträge zur Geologie von Thüringen, Neue Folge 13: 275–284.

digenden Zustand zu ändern, um der Naturkunde in unserem Verbundmuseum wieder zu einem angemessenen Platz zu verhelfen.

ANSPRECHPARTNER (INTERIMISTISCH):
Wulf Walther,
Fachreferent Ur- und Frühgeschichte

6.9. Geologisches Probenarchiv Thüringen in Niederpöllnitz bei Triptis

Hermann Huckriede

Stichworte: Geologischer Landesdienst, geologische Sammlung, Gesteinsbohrkerne, Gesteinsproben, Lagerstättenproben, Dünnschliffsammlung, Erzanschliffsammlung, Bodenproben

Das Geologische Probenarchiv Thüringen (GEOPAT) ist die mit Abstand größte geologische Sammlung Thüringens. Sie enthält jedoch nur untergeordnet museale Schaustücke, sondern vielmehr Bohrkernproben, Lagerstättenproben, Bodenproben sowie diverse Gesteinsproben aus der geologischen Landeskartierung (Schubert 1995, 2006). Das GEOPAT liegt etwa 500 m südwestlich des Bahnhofs Niederpöllnitz (07570 Harth-Pöllnitz, Am Bahnhof 26) und ist auch über die Autobahn A9 (Abfahrten »Lederhose« bzw. »Triptis«) gut

zu erreichen. Der Gebäudekomplex des GEOPAT wurde im Jahr 1972 als »Störreserve-Lager« der Wasserwirtschaft für den ehemaligen Bezirk Gera errichtet. Seit 1992 wird er durch den Geologischen Landesdienst der Thüringer Landesanstalt für Umwelt und Geologie genutzt.

Der Sammlungsschwerpunkt sind Gesteinsbohrkerne aus zahlreichen, bis zu 2.723 m tiefen Bohrungen. Im Gegensatz zu isolierten Oberflächenfunden sind Gesteinsbohrkerne repräsentative Ausschnitte der geologischen Schichtenfolge und haben daher für die geologische Forschung und Erkundung eine besondere Bedeutung – sie sind für Geologen die wahren Schätze der Natur! Mittlerweile würden die in einer Paletten-Hochregalanlage eingelagerten Bohrkernproben aneinander gereiht eine Länge von 215.000 m erreichen; also z.B. vom GEOPAT bis nach Berlin reichen. Die Bestände können fortlaufend durch neue Bohrproben ergänzt werden, da im § 5 des Lagerstättengesetzes (LagerstG) geregelt ist, dass Bohrkernproben grundsätzlich dem Geologischen Landesdienst angeboten werden müssen. Die archivierten Proben stehen so über Jahrzehnte für eine Vielzahl wissenschaftlicher oder wirtschaftlicher Untersuchungen zur Verfügung.

Knapp die Hälfte der zur Zeit eingelagerten Bohrkerne wurden am Anfang der 90er-Jahre aus verschiedenen Bohrkernlagern zusammengeführt, die damals aufgelöst werden mussten: 43.000 m Bohrkernproben stammen aus dem ehemaligen Bohrkernarchiv Bernau bei Berlin, dessen Betreiber das »Zentrale Geologische Institut« und der »VEB Erdöl-Erdgas« waren. 60.000 m Kernmaterial wurden aus dem Bohrkernarchiv Grobsdorf bei Gera (»SDAG Wismut«) und 2.000 m aus dem Probenarchiv des ehemaligen »VEB Geologische Forschung und Erkundung Freiberg, BT Jena« in Weimar umgelagert. Seitdem kamen etwa 110.000 m weitere Bohrkernproben hinzu, die vorwiegend bei ingenieurgeologischen, hydrogeologischen und lagerstättengeologischen Erkundungen erbohrt wurden. Zu den neuesten eingelagerten Bohrkernproben gehören die Bohrkerne aus dem Untersuchungsprogramm zur Sicherung der überregional bekannt gewordenen Erdfälle in Schmalkalden und Tiefenort.

Ein zweiter Sammlungsschwerpunkt ist die geologisch-petrografisch-lagerstättenkundliche Landessammlung (Mädler & Umbreit 1998, 2001). Es handelt sich hierbei vor allem um Belegmaterial, das während der seit über 140 Jahren andauernden geologischen Landeskartierung gesammelt wurde. Der lagerstättenkundliche Sammlungsteil enthält u.a. Belegproben aus zahlreichen Bergwerken, die heute nicht mehr zugänglich sind. Für wissenschaftliche Zwecke wird oft auf die Sammlung der Gesteinsdünnschliffe und Erzanschliffe zurückgegriffen, die mittlerweile über 50.000 Präparate zur polarisationsmikrosko-

pischen Untersuchung der Gesteine Thüringens umfasst. In das GEOPAT sind auch einige historische Spezialsammlungen integriert, z.B. die Mägdefrau-Sammlung (Fossilmaterial aus der Trias um Jena), die Hoppe-Sammlung (Belegproben aus der landesgeologischen Tätigkeit von Prof. Dr. W. Hoppe) und die Matthes-Sammlung (Handstücke aus dem Thüringischen Schiefergebirge).

Darüber hinaus werden im GEOPAT Bodenproben archiviert, die vorwiegend von Boden-Dauerbeobachtungsflächen stammen. Diese Proben dienen im Sinne des Bundes-Bodenschutzgesetzes

Oben: Die in der Paletten-Hochregalanlage eingelagerten Gesteinsbohrkerne würden aneinandergereiht eine Länge von ca. 215.000 m erreichen.

Unten: Die geologisch-petrografisch-lagerstättenkundliche Landessammlung

(BBodSchG) zur Beweissicherung für eventuelle langfristige Bodenveränderungen, die z.B. durch land- und forstwirtschaftliche Nutzung, Schadstoffeinträge oder Klimaänderungen verursacht werden können.

Die Sammlungsbestände stehen externen Interessenten aus Wissenschaft und Wirtschaft nach Anmeldung zur Einsichtnahme zur Verfügung. Nach Absprache kann es dabei auch möglich sein, Proben für eigene Untersuchungen zu entnehmen. Das GEOPAT ist normalerweise für Besucher nicht geöffnet, jedoch können bei besonderem Interesse Besichtigungstermine vereinbart werden.

KONTAKTADRESSE:

Dr. Hermann Huckriede
Thüringer Landesanstalt für Umwelt und Geologie
Göschwitzer Straße 41, 07745 Jena
Tel. 03641-684612
hermann.huckriede@tlug.thueringen.de

Literatur

Mädler, J. & Umbreit, E. (1998): Die Sammlungen der Thüringer Landesanstalt für Geologie in Weimar. 1. Die Gesteinsdünnschliff- und Erzanschliffsammlung. – Geowissenschaftliche Mitteilungen von Thüringen, 6. Weimar: 173–180.

Mädler, J. & Umbreit, E. (2001): Die Sammlung des Geologischen Dienstes Weimar (bisher Thüringer Landesanstalt für Geologie) der Thüringer Landesanstalt für Umwelt und Geologie. 2. Die geologisch-petrographisch-lagerstättenkundliche Landessammlung. – Geowissenschaftliche Mitteilungen von Thüringen, 9. Jena: 65–69.

Schubert, J. (1995): Das Bohrkern- und Probenarchiv (GEOPAT) der Thüringer Landesanstalt für Geologie in Niederpöllnitz. – Geowissenschaftliche Mitteilungen von Thüringen, 3. Weimar: 329–338.

Schubert, J. (2006): Das Geologische Probenarchiv Thüringen (GEOPAT) in Niederpöllnitz bei Triptis. – Beiträge zur Geologie von Thüringen, Neue Folge, 13. Jena: 107–128.

6.10. »FLOHBURG« – Das Nordhausen Museum

Ralf Werneburg

Stichworte: Geologie, Rotliegend, Steinkohle, Zechstein, Kupferschiefer, Gips, Muschelkalk, Manganit, Ilfeld, Schmetterlinge, Käfer, Konchylien, Walwirbel

Der gotische Fachwerkbau mit einer Kelleranlage aus der romanischen Zeit wurde 1330 urkundlich als Stadthaus der Ritterfamilie Barte erwähnt. Nach der Restaurierung im Jahr 2012 beherbergt es nun die »FLOHBURG« – Das Nordhausen Museum. Mit dem Anbau eines neuen Gebäudeteils konnte die Ausstellungsfläche auf insgesamt 1.000 m² erweitert werden. Über drei Etagen wird bewegte Stadtgeschichte von ihren Anfängen bis zur Gegenwart, unterstützt von vielen Medien- und Hörstationen, anschaulich dargestellt. Viele Mineralien, Fossilien, wichtige archäologische Funde, bedeutende Schriften, Urkunden, Münzen und ein ›Naturalienkabinett‹ werden in den Ausstellungen präsentiert.

Naturkundliche Sammlungen

Um 1900 hinterließ der ehemalige Konservator Herman Arnold eine umfangreiche naturkundliche Sammlung dem 1876 gegründeten städtischen Museum. 1921 wurden Konchylien (Muscheln und Schnecken der Meere), Schmetterlinge und Käfer ausgestellt. 1950 waren im Meyenburg-Museum der Stadt drei Räume mit biologischen und geologischen Exponaten zu sehen. Nach den Umgestaltungen des Hauses in den Jahren 1991 und 2002 wurde die naturkundliche Ausstellung ins Depot eingelagert. Seit 2012 wird den Besuchern nun eine geologische Abteilung mit den wichtigsten Gesteinen, Mineralien und Fossilien der Region um Nordhausen und ein neu eingerichtetes *Naturalienkabinett* präsentiert. Bereits seit dem

16. Jahrhundert wurden hier am Südharzrand Eisen, Kupfer, Mangan, Steinkohle und Alabaster abgebaut. Berühmt sind die Rotliegend- und Kupferschiefer-Vorkommen von Ilfeld, die Gips- und Anhydrit-Lagerstätten aus dem Zechstein und lokale Muschelkalk-Vorkommen mit diversen Fossilien. International berühmt ist das Vorkommen des grobstengligen Hartmanganerzes Manganit bei Ilfeld.

Im sogenannten *Naturalienkabinett* werden attraktive Meeres-Schnecken, ein großer Walwirbel, Schmetterlinge und forstkundliche Schaukästen gezeigt.

Das Naturalienkabinett in der »FLOHBURG«

Manganit-Kristalle
von Ilfeld

ÖFFNUNGSZEITEN:

Di–So 10 bis 17 Uhr
Führungen: Sa 14 Uhr oder nach Vereinbarung

KONTAKTADRESSE:

FLOHBURG – Das Nordhausen Museum
Barfüßerstraße 6
99734 Nordhausen
Tel. 03631-4725680
E-mail: flohburg@nordhausen.de
Internet: www.nordhausen.de/tourismus/objekt_
lang.php?ObjNr=5578&sortby=

6.11. Museum Schloss Ehrenstein Ohrdruf

Peter Cramer

Stichworte: Geologie, Fossilien, Rotliegend, *Ichniotherium*, Muschelkalk, Ceratiten, Lias, J. Böttcher

Die erdgeschichtliche Sammlung

Nach dem missglückten Versuch 1910 mit einer Heimatstube im Ohrdrufer Rathaus, wurde am 1.12.1934 der erste Plan für den Aufbau eines städtischen Heimatmuseums im Schloss Ehrenstein veröffentlicht. Von Anfang an waren zwei Abteilungen vorgesehen, eine naturkundliche und eine kulturkundliche, die Stadtgeschichte betreffend. Für die naturkundliche bildete die große geologische Privatsammlung von Studienrat Julius Böttcher, dem Gründer des Museums, die Grundlage. Bei dieser Sammlung spielte der an Versteinerungen reiche, nahe Truppenübungsplatz mit dem dort vorkommenden oberen Muschelkalk, eine Hauptrolle. Im August 1935 konnte das Museum der Öffentlichkeit übergeben werden. Das Museum erlebte viele Höhen und Tiefen. 1943 musste es wegen bedrohlicher Luftangriffe geschlossen werden. 1956 wurden die Sammlungen, wegen der Übernahme des Schlosses durch die Sowjets, wieder verlagert. Nach der Neueröffnung in den 1970er-Jahren bekam die erdgeschichtliche Ausstellung von Böttcher ihren alten Platz wieder. Wegen umfangreicher Sanierungsarbeiten in den 1990er-Jahren musste die Ausstellung aber wieder verlagert werden.

Heute befindet sich die Ausstellung in separaten Räumen des Schlosses und wurde nach dem Vorbild von Julius Böttcher als Memorialausstellung gestaltet. Die alten Vitrinen bekamen einen neuen Anstrich und Teile der ehemaligen Ausstellungsdokumentationen werden gezeigt. Dazu gehört neben einer Karte zum »Die germanische Bucht des alpinen Meeres« auch eine Karte des Truppenübungsplatzes mit den Einzeichnungen von Fundstätten der von Böttcher gefundenen Fossilien. Im ersten Raum werden die Erdzeitalter vorgestellt und die Formationen mit den typischen Fossilien belegt. Auf die in der näheren Umgebung aufgeschlossenen Formationen und Abteilungen wird näher eingegangen. So findet man auch einige sehr schöne Platten aus dem Rotliegenden von Tambach-Dietharz mit Fährten von *Ichniotherium* oder Ammoniten aus dem Lias von Wechmar. Der zweite Raum ist der Trias mit dem Schwerpunkt Muschelkalk gewidmet. »Das Muschelkalkmeer um Ohrdruf« ist auch der Titel einer Veröffentlichung von Julius Böttcher aus dem Jahr 1938. Die Ausstellung ist gegliedert in: Stachelhäuter, Muscheln und Schnecken, Gegenüberstellung der Kopffüßler Nautilus und *Ceratites*, die Leit-Ceratiten sowie Fische, Krebse und Reptilien des oberen Muschelkalkes.

Das Ausstellungsangebot des Museums Schloss Ehrenstein zeigt außerdem Zeugnisse der ersten Besiedlung Ohrdrufs, Johann Sebastian Bach in Ohrdruf, die Ohrdrufer Spielwarenindustrie und eine Ausstellung zur Geschichte des Truppenübungsplatzes.

Leider ist durch einen Brand im Dachgeschoss von Schloss Ehrenstein am 26.11.2013 ein Teil der Archive und Ausstellungen beschädigt worden.

ÖFFNUNGSZEITEN:

Di–So 10–12 und 13–16 Uhr, Sa bis 18 Uhr

KONTAKTADRESSE:

Museums Schloss Ehrenstein
Schlossplatz 1
99885 Ohrdruf
Telefon: 03624-311438
E-Mail: archiv@ohrdruf.de

Im Museum Schloss Ehrenstein ist die Geologische Ausstellung von J. Böttcher untergebracht. (Foto: Internet)

6.12. Museum Burg Posterstein

Klaus Hofmann

Stichworte: Geologie, Altenburger Land, Uran-Abbau, Erdbeben, E. Bräunlich

Museum Burg Posterstein

Das Museum Burg Posterstein wurde 1952 als Kreismuseum des Kreises Schmölln gegründet und ist seitdem in der denkmalgeschützten, über 800jährigen Burg Posterstein untergebracht. Nach langjähriger Restaurierung der Burg konnte das Museum 1991 mit neuem Konzept und neu gestalteten Ausstellungen wieder eröffnet werden.

Das Museum gibt in seinen Dauerausstellungen Einblicke in die regionale Geschichte. Schwerpunkte bilden die Kulturgeschichte des Altenburger Landes und das Geschehen um den Musenhof der Herzogin von Kurland. Der Besucher erfährt Wichtiges über die Geschichte der Burg und der Region. Man trifft auf bekannte Persönlichkeiten wie Wolf Konrad von Thumbshirn, Veit Ludwig von Seckendorff oder Bernhard August von Lin-

denau, aber auch auf Altenburger Bauern, bedeutende Burgherren und Pioniere der Industrialisierung im 19. Jahrhundert. Darüber hinaus wird in zwei Räumen über die Ur- und Frühgeschichte sowie die Geologie der Region informiert. Ergänzt wird das Ausstellungskonzept durch wechselnde Sonderausstellungen zur Kulturgeschichte und Gegenwartskunst.

Die geologische Sammlung

Die aktuelle Ausstellung (2009) bietet einen Überblick zur Geologie des Altenburger Landes, zum Uranabbau bis 1990 und zur regionalen Erdbebensituation, die mit dem mitteldeutschen Erdbeben von 1872 einen spürbaren Höhepunkt fand. Zu sehen sind unter anderen Fossilien der Erdaltzeit – dem Paläozoikum.

Links: Burg Posterstein

Rechts oben: Korallen aus der Devon-Zeit des Vogtlandes. (Foto: P. Nienhold)

Rechts unten: Das Spurenfossil *Phycodes* aus dem Ordovizium von Braunichswalde. (Foto: P. Nienhold)

1992 wurde die geologische Sammlung des langjährigen Postersteiner Lehrers Ernst Bräunlich (1913–2000) für das Museum erworben. Sie besteht hauptsächlich aus verschiedenen Gesteinsproben der Region und deren Dokumentation nach Fundorten. Unter Verwendung dieser Sammlung wurde der Versuch unternommen, die geologischen Verhältnisse im Altenburger Land zu beschreiben und sichtbar zu machen. Von 1954 bis zu seiner Pensionierung 1981 unterrichtete Ernst Bräunlich in Nöbdenitz. Geologisch-botanische Wanderungen um Nöbdenitz bildeten für Schüler wie Erwachsene Höhepunkte.

ÖFFNUNGSZEITEN:

Di–Sa 10–17, So, Feiertag 10–18 Uhr
November bis Februar: Di–Fr 10–16,
Sa–So, Feiertag 10–17 Uhr
(Weitere Sonderöffnungszeiten siehe Internetseite)

KONTAKTADRESSE:

Museum Burg Posterstein
Burgberg 1, 04600 Posterstein
Telefon: 034496-22595
Fax: 034496-23305
E-Mail: museum@burg-posterstein.de
Internet: www.burg-posterstein.de

6.13. Museum Burg Ranis

Elke Francke

Stichworte: Geologie, Zechstein, Pleistozän, Ilsenhöhle, Döbritzer Höhle, Fossilien, Geophysik, Seismografen

Museum Burg Ranis wurde als Kreisheimatmuseum des Kreises Pößneck 1956 eröffnet. Es beherbergt die Abteilungen Burggeschichte, Geologie, Ur- und Frühgeschichte, Seismologie und Kunstgeschichte.

Geologie

Die geologische Ausstellung gibt einen Überblick über den Aufbau und die Entstehung unseres Gebietes. Ein Zechsteinriff trägt die 1084 erbaute Burg Ranis. Die Zechsteinriffe sind ein Charakteristikum der Orlasenke. Ein geologischer Schnitt der Orlasenke mit den Zechstein-Ablagerungen veranschaulicht die geologische Entstehung unserer Landschaft und stellt die einzelnen geologischen Formationen vor. Zu sehen sind u.a. Mineralien aus dem Zechsteinriff, dem Bergbaurevier Kamsdorf und dem Abbau von Gips bei Krölpa sowie verschiedene fossile Überreste von Pflanzen und Tieren.

Ur- und Frühgeschichte

Die in dieser Abteilung gezeigten Funde haben eine überregionale Bedeutung, da diese Funde aus der Ilsenhöhle direkt aus dem Zechsteinriff unter der Burg und den Döbritzer Höhlen die ältesten bekannten Siedlungsstätten in Thüringen nachweisen. Die Ausgrabungen der Ilsenhöhle erfolgten in den 1930er-Jahren durch den damaligen Burgbesitzer Dietrich von Breitenbuch und der Heimatforschenden Vereinigung mit Unterstützung durch das Landesamt für Ur- und Frühgeschichte Halle

Eiszeitliche Knochenfunde aus der Kniegrotte Döbritz, der Ilsenhöhle und der Herthahöhle Ranis

Links: Einmalige Kollektion
von Seismografen

Rechts: Nachbildung eines
im Jahre 1320 gebauten
Seismoskopes aus China

und brachten u.a. Knochen von Wisenten, Nashörnern, Mammuts und Zähne des Höhlenbären zu Tage. Bei den Funden der Döbritzer Höhlen handelt es sich größtenteils um Klingen, Messerchen, Schabern aus Feuerstein und Nadeln aus Knochen. Weitere Funde aus der Orlasenke wie Keramiken, Schmuck, Pfeilspitzen, Steinbeile belegen eine lange Besiedlung unserer Region.

Seismologie

»Das Regionalmuseum Burg Ranis stellt eine in der Welt in diesem Umfang einmalige Kollektion von Seismographen aus; belegt damit fast ein Jahrhundert wissenschaftlichen Gerätebau für die Seismologie« bewertete die Akademiezeitschrift »spectrum« 1983 die seismologische Sammlung.

Zu sehen sind eine große Anzahl originaler Seismografen und geophysikalischer Geräte, die zur Ausstattung seismischer Stationen gehören und gehörten, sowie eine Nachbildung des ältesten von dem Chinesen Tschian-Han im Jahre 1320 gebauten Seismoskopes, das in der Hauptstadt Sian aufgestellt war. Acht in der Runde gleichmäßig verteilte Drachenköpfe hielten je eine Kugel im Maul. Ein Frosch unter jedem Drachen konnte mit offenem Maul die Kugel auffangen, wenn sie herunterfiel. Bei Beben spie derjenige Drache seine Kugel aus, der der Richtung des Bebenortes gegenüberstand.

ÖFFNUNGSZEITEN:
April bis Oktober: Di–So u. Feiertage 10–17 Uhr
November bis März: Di–Fr 10–16 Uhr,
Sa–So u. Feiertage 13–17 Uhr

KONTAKTADRESSE:
Museum Burg Ranis
07389 Ranis
Tel.: 03647-505491
E-Mail: museum@stadt-ranis.de
Internet: www.stadt-ranis.de

6.14. Museum Reichenfels-Hohenleuben

Angelika Kühn von Hintzenstern

Stichworte: Geologie, Minerale, Diabas, Silur, Graptolithen, Weinbergbruch Hohenleuben, R. Hundt, Ornithologie, W. Bauch

Das Museum ist aus dem 1825 gegründeten Vogtländischen Altertumsforschenden Verein zu Hohenleuben (VAVH) hervor gegangen. Es beherbergt neben der bedeutendsten ur- und frühgeschichtlichen Sammlung Ostthüringens, Exponate zur Ortsgeschichte, eine Münz- und Siegelsammlung, die wissenschaftliche Bibliothek, sowie eine naturkundliche und geologische Sammlung.

Die *geologische Sammlung*, die verschiedene Mineralien und eine große Anzahl an Fossilien zeigt, wurde bereits im 19. Jahrhundert angelegt. Neben einem Überblick über die Diabas- und Grünsteinproduktion um Hohenleuben bildet eine umfangreiche Graptolithensammlung das Kernstück der Sammlung. Hauptfundort der Graptolithen (›Schriftsteine‹) ist der seit 1980 zum internationalen Naturdenkmal erklärte Weinbergbruch bei Hohenleuben (Silur). Besondere Verdienste auf dem Gebiet der Graptolithenforschung hat sich Rudolf Hundt, Geologe und Museumsleiter von 1947 bis 1953 erworben.

Der Ornithologe und Heimatforscher Walter Bauch, der von 1953 bis 1959 Museumsleiter in Reichenfels war, widmete sich besonders dem Natur- und Umweltschutz. Unter seiner Leitung erfuhr die naturkundliche Ausstellung des Museums eine völlige Neugestaltung.

Die Ausstellung zur heimischen Fauna zeichnet sich besonders durch die Exponate aus der

Oben: Graptolithenplatte mit aus dem silurischen Alaunschiefer vom Weinbergbruch Hohenleuben.

Unten links: Lamm mit zwei Köpfen

Unten rechts: *Plagiostoma lineata*, *P. striata* und *Newaagia noetlingi* aus dem Unteren Muschelkalk (Lima-Platte) vom Waldhaus, Greiz

Vogelwelt aus, wobei die heimischen Eulen, Greifvögel und Rauhfußhühner vollständig vertreten sind.

Großes Interesse bei den Besuchern finden auch die Abnormitäten der Natur, wie ein Kalbskopf mit zwei Mäulern und ein Lamm mit zwei Köpfen.

ÖFFNUNGSZEITEN:
Di–Do 10–16 Uhr, Sa, So, Feiertage 13–17 Uhr

KONTAKTADRESSE:
Museum Reichenfels – Hohenleuben
Reichenfels 1a, 07980 Hohenleuben
Tel.: 036622-7102 und 83349
E-Mail: info@museum-reichenfels.de
Internet: www.museum-reichenfels.de

6.15. Ruhlaer Orts- und Tabakpfeifenmuseum

Silke Möller und Rolf Orthey

Stichworte: Geologie, Ruhlaer Kristallin, Metamorphite, Granit, Steinkohle, Öhrenkammer, Ober-Karbon, R. Meinhold

Etwa in der Mitte der idyllisch gelegenen Bergstadt Ruhla befindet sich das Tabakpfeifenmuseum, eines der schönsten und ältesten Fachwerkhäuser Ruhlas. Im Jahre 1614 wurde das Haus erbaut. In seinen nunmehr 15 Ausstellungsräumen zeigt das Ruhlaer Heimatmuseum die handwerkliche und industrielle Entwicklung vom frühen Mittelalter bis zur Neuzeit, sowie die Kultur und Lebensweise der arbeitenden Menschen aus dem kleinstädtischen Lebensbereich. Schwerpunkte bilden hierbei das Waffenschmiede-Handwerk mit den einzelnen

Ruhlaer Hauptgranit vom Wasserberg

dazugehörigen Handwerkszweigen wie Köhlerei und Zainerhandwerk, das Messerschmiedehandwerk mit einer komplett eingerichteten Messerschmiede und den dazugehörigen Werkzeugen aus dem 17. bis 19. Jahrhundert. Weiter kann man im Museum die Werkstatt eines Porzellanmalers sowie bemaltes Zier- und Gebrauchsporzellan bewundern. Besonders interessant ist das Tabakpfeifengewerbe, welches für Ruhla eine besondere Bedeutung hat. Zu den wertvollsten Exponaten gehören geschnitzte Meerschaumpfeifen wie das »Cocilium auf dem Olymp« von 1720.

Die Kleinmetallwarenindustrie wurde anschließend für die Ruhlaer der Haupterwerbszweig. Den Schwerpunkt bildete dabei die Uhrenindustrie, deren Entwicklung von den Anfängen bis in die 80er-Jahre unseres Jahrhunderts im Museum dargestellt ist.

Auch eine kleine *geologische Ausstellung* befindet sich im Museum. Minerale, Gesteine und einige Fossilien aus der Umgebung von Ruhla werden gezeigt. Überregional bedeutsam sind das Ruhlaer Kristallin mit seinen metamorphen Gesteinen und das älteste Steinkohlenbergwerk Thüringens – die Öhrenkammer bei Ruhla – mit Pflanzen-Abdrücken aus dem Ober-Karbon. Einige Objekte sind aus der Sammlung des Ruhlaer Ehrenbürgers Prof. Dr. Rudolf Meinhold an das Museum gelangt.

ÖFFNUNGSZEITEN:
Di, Do 14–17 Uhr, Mi, Fr 10–13 Uhr, Sa–So 13–17 Uhr
Das Museum ist im November bis März nur nach
tel. Vereinbarung geöffnet.

KONTAKTADRESSE:
Obere Lindenstraße 29/31, 99842 Ruhla
Tel.: 036929-89014 bzw. 89013
E-Mail: silke.moeller@ruhla.de
Internet: www.ruhla.de

6.16. Stadtmuseum Saalfeld im Franziskanerkloster

Dirk Henning

Stichworte: Franziskanerkloster, Museumsgeschichte, Sammlungsgeschichte, Gesteine, Minerale, Sammlung, E. Weiske.

Das Saalfelder Franziskanerkloster zählt zu den herausragenden mittelalterlichen Bauwerken in Thüringen. Von besonderer Bedeutung ist die weitgehend erhaltene Architektur des um 1250 gegründeten Konvents, vor allem der hölzerne Dachstuhl der Klosterkirche aus der Zeit um 1300. Nach der Reformation lange Zeit als Schule, Münzstätte und für Wohnzwecke genutzt, wurde das Ensemble zwischen 1990 und 2003 vollständig saniert. Mit dem bereits 1904 gegründeten Stadtmuseum Saalfeld beherbergt das ehemalige Kloster heute eines der größten kulturgeschichtlichen Museen des Freistaates. Im Jahre 2008 wurde das Museum mit dem Qualitätssiegel des Museumsverbandes Thüringen e. V. ausgezeichnet.

Die Naturwissenschaftliche Sammlung des Hauses umfasst die beiden Teile »Geologie des Saalfelder Raumes« sowie »Naturkundliche Sammlung Emil Weiske«. Beide Teile befinden sich in der Dauerausstellung.

Geologie des Saalfelder Raumes

Von Anfang an war die Geologie der Region ein wichtiger Bestandteil der musealen Sammlungen. Bereits 1898 formulierte die vorbereitende Museumskommission unter Federführung des Schulleiters Hermann Wittmann Richtlinien für die zukünftige Sammeltätigkeit. Diese sahen als Punkt 3 den Erwerb *von Mineralien, die bei Saalfeld vorkommen, sowie Interessantem aus Fauna und Flora der Umgegend* vor.

Schon bei der Eröffnung des Museums im Jahre 1904 konnte eine Reihe von Mineralstufen in verglasten Pultvitrinen präsentiert werden. Bürger aus der Region Saalfeld unterstützten den Aufbau der geologischen Sammlung durch Überlassung von Fundstücken auf den Gebieten Gesteine, Minerale, Fossilien und Kuriosa sowie Zeugnissen des Bergbaus. Von den vielen Stiftungen seien hier genannt:

- Trilobiten aus dem Griffelschiefer von Birkenheide und Volkmannsdorf bei Saalfeld (unbekannter Stifter),
- die umfangreiche mineralogische Sammlung von Prof. Gottfried Griesmann (Mitbegründer des Museums) im Jahre 1908,
- umfangreiche geologische und paläontologische Sammlungen durch Hermann Meyer jun. sowie den Reschwitzer Maurermeister Karl Wagner (nach dem die Wagnerbank im Oberdevon-Profil der Bohlenwand benannt wurde) im Jahre 1927. Meyer und Wagner waren die Gründer der Ortsgruppe des Geologischen Vereins in Saalfeld im Jahre 1904.

Nachdem die Sammlung des Museums durch Kriegs- und Nachkriegszeit stark in Mitleidenschaft gezogen worden war, begann um 1950 der Geologe Heinz Pfeiffer, unterstützt von Jugendlichen der im Rahmen der Volkshochschule Saalfeld gebildeten Arbeitsgruppe Geologie (später Gruppe Heimat und Wandern bzw. Fachgruppe Geologie/Mineralogie Saalfeld beim Kulturbund), mit dem Sichten und Reinigen sowie der Etiketten- und Stückesuche der Sammlungsteile.

Überwiegend geologische Proben veranschaulichen das 1551 gedruckte Werk »De re metallica« von Encelius alias Christoph Entzelt (1517–1583).

Ein zusätzlicher Impuls für die Erweiterung und Umgestaltung der geologischen Sammlung war die Durchführung der X. Zentralen Tagung für Mineralogie und Geologie des Kulturbundes der DDR vom 7. bis 9. Oktober 1977 in Saalfeld. Ein wesentlicher Teil der Vorbereitung dieser Veranstaltung lag in den Händen der Fachgruppe Geologie/Mineralogie. In diesem Zusammenhang wurde eine »Großhandstücksammlung« (>10 kg/Stück) aller im Raum Saalfeld anstehenden charakteristischen Gesteine vom Präkambrium bis hin zu den rezenten Saaleschottern zusammengetragen und ausgestellt. Durch Überlassung von Stücken aus ihren Privatsammlungen leisteten die Fachgruppenmitglieder ihren Beitrag zu einer Präsentation der Vorkommen und Lagerstätten Kamsdorf, Kö-

nitz, Wittmannsgereuth sowie vom Hennebergranit, Dachschiefer usw.

Während der umfassenden Sanierung des gesamten Museumskomplexes 1990–1999 war die Sammlung dann erneut magaziniert. Erst 2005 wurde damit begonnen, zwei Räume im Untergeschoss des Nordflügels mit rund 60 m² Fläche für den Aufbau der Dauerausstellung »Geologie des Saalfelder Raumes« herzurichten und die Konzeption der zukünftigen Ausstellung zu erarbeiten. Hierfür konnte der Saalfelder Geologe Konrad Bartzsch gewonnen werden. Er sichtete, reinigte und katalogisierte die einzelnen Stücke und ordnete sie nach Sachgebieten. Fehlendes wurde ergänzt. Das parallel hierzu erstellte Ausstellungskonzept hat folgende Schwerpunkte:

- wichtige Sedimentgesteine vom Präkambrium bis zu den Saaleschottern
- magmatische Gesteine
- Fossilien des Ordoviziums, Silurs, Devons, Unterkarbons, Perms (Zechsteins), der Trias und des Pleistozäns/Holozäns
- Minerale/Erze der Lagerstätten und Vorkommen Eisenerzgrube Wittmannsgereuth und Schmiedefeld, Roter Berg, Kamsdorf, Könitz, Henneberggranit, Schiefergruben, Minerale und Erze von Einzelvorkommen
- Industrieminerale und Farberden.

Eine Besonderheit der Ausstellung »Geologie des Saalfelder Raumes« bildet die Nachgestaltung einer Sammlung aus der Mitte des 16. Jahrhunderts auf Grundlage einer in der Marienbibliothek Halle/Saale vorhandenen, aus drei Büchern bestehende Monografie »De re metallica« des ältesten Saalfelder Geognosten Christoph Entzelt (1517–1583). Gedruckt 1551, wurde dieses wichtige »geologische Handbuch« seiner Zeit 1557 erneut aufgelegt, geriet jedoch nach 1700 weitgehend in Vergessenheit. Anhand der hierin veröffentlichten Sammlungsliste von Entzelt gelang jedoch eine

weitgehende Rekonstruktion dieser frühneuzeitlichen Sammlung, die heute Teil der Museumsausstellung ist.

Weitere wichtige Ausstellungsstücke sind die Trilobiten aus dem Griffelschiefer sowie der Leitammonit *Wocklumeria sphaeroides* (Reinhard Richter, 1848) für die letzte weltweit geltende Ammoniten-Zone des Oberdevons. Mikroorganismen wie Ostracoden (z.B. vom Thüringer Ökotyp), Conodonten usw. werden auf Grafiken präsentiert, da Originale aufgrund ihrer Winzigkeit (0,5 bis max. 7 mm) nicht erkennbar wären.

Auf mehreren Tafeln werden ferner bedeutende Geologen aus dem Saalfelder Raum gewürdigt, so etwa Georg Christian Füchsel (1722–1773), Reinhard Richter (1813–1884), Karl Wagner (1854–1930), Hermann Meyer jun. (1872–1942), Hermann Korn (1907–1946) und Heinz Pfeiffer (1921–1994).

Naturkundliche Sammlung Emil Weiske

Am 22. Juni 1922 eröffnete der Forschungsreisende Emil Weiske in Saalfeld ein naturkundliches Museum, das in der Zeit seines Bestehens als Sammlung exotischer Tiere aus fernen Ländern und Gebieten weit über die Grenzen der Stadt hinaus bekannt wurde.

Die Bedeutung dieser Sammlung liegt darin, dass die ausgestellten Präparate und Gegenstände zum größten Teil aus einem relativ begrenzten geografischen Gebiet, nämlich Papua-Neuguinea stammen und dadurch einen vergleichsweise geschlossenen Einblick vor allem in die Vogelwelt dieses fernen Landes vermitteln. Besonders anziehend sind die Paradiesvögel, die in dieser Vielfalt selten in einem anderen naturkundlichen Museum in Deutschland zu sehen sind. Neben Vögeln und Säugetieren umfasst die Sammlung u.a. auch tropische Schmetterlinge und Schnecken. Ergänzt wird sie durch völkerkundliche Exponate, wie Gebrauchsgegenstände und Waffen der Ureinwohner Neuguineas, die beim Besuch Weiskes noch auf der gesellschaftlichen und wirtschaftlichen Stufe der Steinzeit standen.

Der Begründer der Sammlung, Emil Weiske, wurde am 19. Mai 1867 in Dolsenhain bei Borna

Paradiesvögel und Pittas in einer Vitrine der einstigen Wanderausstellung von E. Weiske. (Foto: Lösche)

geboren. Sein ausgeprägtes Interesse an Geografie und Naturgeschichte ließ ihn bereits in seiner frühen Jugend Steine, Käfer und Schmetterlinge der heimischen Natur sammeln und die Vogelwelt beobachten. Er war zunächst in der Landwirtschaft tätig, als zweiter Sohn eines Bauern blieb ihm jedoch die Erbfolge des väterlichen Gutes versagt. Ausgestattet mit einer großen Portion Abenteuerlust wanderte er im Jahre 1890 zunächst nach Amerika aus. Dort sammelte Weiske Vögel, präparierte sie und verkaufte sie an wissenschaftliche Institute und Privatpersonen. Diese Tätigkeit sollte ihn in den folgenden Jahren hauptsächlich beschäftigen.

Weiskes eigentliches Ziel war indes die Südsee. Über Hawaii, wo er sich von 1892 bis 1894 aufhielt, gelangte er auf die Fidschi-Inseln, kam dort erstmals mit Eingeborenen in Kontakt und erlebte die Naturwunder der Südsee. Neuseeland und Queensland waren weitere Zwischenstationen seiner Reise, und im Juni 1897 erreichte er die Hafenstadt Port Moresby auf der Insel Neuguinea. Drei Jahre durchstreifte Weiske den Südteil der Insel, entdeckte neue Landstriche und eine Reihe bisher unbekannter Tierarten und pflegte mit den Ureinwohnern freundschaftliche Beziehungen. Er sammelte wiederum Tiere, vor allem die prächtigen Paradiesvögel, und nahm völkerkundliche Studien über die Lebensweise der Papuas auf. Tagebuchaufzeichnungen vermitteln gerade von diesem Teilabschnitt der Reise wertvolle Erkenntnisse. Wie bereits in Amerika verdiente sich Weiske auch hier durch den Verkauf der von ihm gesammelten Tiere seinen Lebensunterhalt. Als wissenschaftlich anerkannter Sammler pflegte er Verbindungen zu großen naturkundlichen Museen in Berlin, Wien, London und anderen Einrichtungen in Deutschland und Europa. Weiskes Forschungsreisen wurden jedoch im Februar 1900 durch einen schweren Unfall jäh unterbrochen, so dass er die Rückreise nach Deutschland antreten musste.

Aus einem kleinen Teil des von ihm zehn Jahre lang gesammelten Materials stellte Emil Weiske 1903 ein naturkundliches Wandermuseum zusammen und zog damit, die Exponate in großen Kisten verpackt, von Ort zu Ort, wo die Sammlung in geeigneten Sälen ausgestellt wurde. Später bekam das Museum einen Standort in der mittlerweile gekauften Gastwirtschaft zur Steinschänke in Weida. Emil Weiske unternahm noch zwei weitere Reisen, nämlich 1907–08 nach Sibirien zum Baikalsee und 1911 nach Südamerika in das Gebiet des Gran Chaco. Im Jahre 1922 übersiedelte Weiske nach Saalfeld, wo die naturkundliche Sammlung ihr ständiges Domizil in der Sonneberger Straße erhielt. Emil Weiske starb hier am 16. März 1950.

Die Naturkundliche Sammlung ging im Jahre 1980 in städtisches Eigentum über und wurde 1990 in das heutige Stadtmuseum im Franziskanerkloster verlegt. Parallel dazu erfolgte zwischen 1983 und 1995 die Restaurierung aller Vogelpräparate. Von 1997 bis 2002 war die Sammlung in das Naturhistorische Museum des Thüringer Landesmuseums Heidecksburg nach Rudolstadt ausgeliehen.

Seit 2003 ist sie in der Neubearbeitung von Claudia Streitberger im Stadtmuseum Saalfeld dauerhaft ausgestellt. Ergänzt durch Bilder und Dokumente von den Forschungsreisen Weiskes bildet sie eine Spezialabteilung innerhalb des Hauses, die den ursprünglichen Charakter als Wandermuseum zeigt und für die Zukunft bewahrt.

ÖFFNUNGSZEITEN:
Di–So 10–17 Uhr
25. und 26. Dezember von 13–17 Uhr
Montags sowie am 24. und 31. Dezember geschlossen

KONTAKTADRESSE:
Münzplatz 5
07318 Saalfeld
Tel.: 03671-598471
Fax: 03671-598470
E-mail: info@museumimkloster.de
Internet: www.museumimkloster.de

Literatur

Autorenkollektiv (1979): X. Zentrale Tagung für Mineralogie und Geologie des Kulturbundes der DDR in Saalfeld vom 7. bis 9. Oktober 1977 – Fundgrube XV (1/2): 1–60.

Bartzsch, K. (2006): Stadtmuseum Saalfeld im Franziskanerkloster – Beiträge zur Geologie von Thüringen, Neue Folge 13: 159–170.

Bartzsch, K. & Weyer, D. (1986): Biostratigraphie der Devon/Karbon-Grenze im Bohlenprofil bei Saalfeld (Thüringen, DDR). –Zeitschrift für geologische Wissenschaft 14: 147–152.

Brainich, H.-H. (2002): Emil Weiske. Weltreisender, Geschäftsmann, Jäger und Sammler – Saalfelder Weihnachtsbüchlein, 90. Heft: 39–54.

Brainich, H.-H. (1999): E. Weiske – Zum 50. Todestag des Naturkundlers und Forschungsreisenden – Rudolstädter Heimathefte 11/12: 292–296.

Heyder, R. (1964): Emil Weiske – Ein Leben für die Kenntnis der Natur fremder Länder. Zoologische Abhandlungen des Museums für Tierkunde Dresden 27, Nr. 5: 80–128.

Mey, E. (1998): Die naturkundliche Sammlung Emil Weiske auf der Heidecksburg. Thüringer Museumshefte 7/1: 14–17.

Pfeiffer, H. (2004): Die Mineraliensammlung nach CHRISTOPHORUS ENCELIUS (1551) – Versuch einer erneuten Zusammenstellung. – Exkursionsführer und Veröffentlichungen, GGW, 233. Berlin: 89–103.

Pfeiffer, H. (1982): Die Fossil-Abbildungen des CHRISTOPHORUS ENCELIUS (1551) in ihrer Bedeutung für die Geschichte der Geologie und Paläontologie. – Zeitschrift für geologische Wissenschaft, 10. Berlin: 245–251.

Richter, R. (1848): Beitrag zur Paläontologie des Thüringer Waldes. Die Grauwacke des Bohlens und Pfaffenberges bei Saalfeld. Dresden und Leipzig.

6.17. Naturalienkabinett der Salzmannschule Schnepfenthal

Uwe Adam

Stichworte: C.G. Salzmann, Naturalienkabinett, J.C. Credner, J.M. Bechstein, H.O. Lenz, A. Röse

Charakteristik und Geschichte der Einrichtung/Sammlung

Anschaulicher Naturkenntnis, Erfahrung im Umgang mit der Natur und biologischer Unterrichtung auch im Freien maß der Gründer des Philantropins Schnepfenthal C. G. Salzmann so große Bedeutung bei, dass er schon zu seinen Jenaer Zeiten eine Sammlung inländischer Schmetterlinge und Insekten anlegte, die den Grundstock für das Naturalienkabinett in Schnepfenthal legte. Neben naturkundlichen Objekten aus der Gegend um Schnepfenthal wurden diesem ab dem Beginn des 19. Jahrhunderts Exponate hinzugefügt, die aus Schenkungen ehemaliger Zöglinge stammten, die diese von ihren großen Reisen mitgebracht hatten.

Auch die zahlreichen von Salzmann beauftragten Lehrkräfte gerade auch im naturkundlichen Bereich hatten eine enge Beziehung zum weiter wachsenden Naturalienkabinett, bereicherten es mit eigenen Sammlungen und nutzten es für ihren Unterricht. Unter diesen waren die auch überregional bekannten Naturwissenschaftler J. C. Credner (1752–1817), J. M. Bechstein (1757–1822), H. O. Lenz (1798–1870) und A. Röse (1821–1873). »Der Große Brockhaus« und »Die gemeinnützige Naturgeschichte« von Lenz griffen für einige ihrer Abbildungen auf Exponate aus der Vogelsammlung des Salzmann'schen Naturalienkabinetts zurück. Es bestand aus einer sehr großen Zahl von Vogel- und Säugetierpräparaten, Herbarien, in Spiritus eingelegten Tieren, einer Vielzahl von Vogeleiern, Kästen mit genadelten Insekten, Konchylien, Mineralen, Fossilien, Gesteinen und auch ethnologischen Schaustücken und zeichnete sich zudem durch eine hohe Anzahl von exotischen Exponaten aus.

Naturwissenschaftliche Sammlung

Da uns heute ein historisches Verzeichnis des Naturalienkabinetts fehlt, sind wir bei der im Moment gerade stattfindenden Neuerfassung auf die alten Inventarnummern angewiesen, die von 1 bis ca. 970 reichen. Dabei sind z. T. auch größere Gruppen von Vogeleiern und Konchylien unter einer dieser Nummern zusammengefasst.

Diverse Objekte aus der Naturalien-Sammlung der Salzmannschule Schnepfental

Der heutige Bestand umfasst ungefähr 150 Vogelpräparate, etwa 30 Säugetiere, 20 Fischpräparate, Hunderte von Schneckenhäusern, Muscheln, Vogeleiern, 10 Reptilien, ca. fünf Amphibien, etwa 600 verschiedene Gesteine, Mineralien und Fossilien und didaktisch aufbereitete Fabrikationsketten, z.B. von der Steinnuss zum fertigen Knopf.

Darüber hinaus gehören noch 45 völkerkundliche Sammlungsteile dazu, darunter ziselierte Straußeneier, Nautili, Waffen, Stoffexponate, aus Papierstreifen geflochtene chinesische Bilder, Kleidungsstücke von Eskimos, bearbeitete Kokosnüsse und viele andere.

Da das *Schnepfenthaler Naturalienkabinett* jetzt etwa 20 Jahre, in etwa 260 Kisten verpackt, nur in einem sehr kleinen Teil zugänglich und zu besichtigen war, lässt sich ein genauer Überblick über die Bestände und ihre Herkunft nur nach weiterer präziser Recherchearbeit bewerkstelligen.

Ausstellung und Service

Die Sammlung soll in großen Teilen im Museum der Salzmannschule in Schnepfenthal in drei Räumen zugänglich gemacht werden. Dafür laufen im Moment Vorarbeiten zur Konzeption, die die Arbeitsgruppe Museum des Freundeskreises der Salzmannschule e.V. vornimmt. Nach vorheriger Anmeldung in der Salzmannschule (03622/9130) sind zur jetzigen Zeit Einblicke in kleine Teilbereiche möglich.

KONTAKTADRESSE:
Salzmannschule Schnepfenthal
Klostermühlenweg 2–8
99880 Waltershausen
Tel.: 03622-9130
E-mail: sekretariat@salzmannschule.de
Internet: www.salzmannschule.de

6.18. Staatliche Vogelschutzwarte Seebach

Rudolf Sienhold

Stichworte: Ornithologie, Vogelschutz, H. Freiherr von Berlepsch, Vögel, Eier, Nester

Die älteste Vogelschutzwarte Deutschlands

Die Staatliche Vogelschutzwarte befindet sich in dem kleinen Ort Seebach bei Mühlhausen in einer historischen Wasserburg aus dem 13. Jahrhundert. Ihre Entstehung geht auf die private »Versuchs- und Musterstation für Vogelschutz« zurück, die Sittich Hans Freiherr von Berlepsch 1888 rund um die Seebacher Wasserburg errichtete. Er sammelte grundlegende Erkenntnisse über die Lebensraumansprüche und Nistgewohnheiten von Vögeln.

Auch heute ist die Vogelschutzwarte noch immer in der historischen Wasserburg untergebracht. Sie gehört zum Referat »Zoologischer Artenschutz« der Thüringer Landesanstalt für Geologie und Umwelt (TLUG) in Jena und ist für die angewandte Forschung sowie die fachliche Beratung auf dem Gebiet des Vogelschutzes und der Vogelkunde zuständig.

Ein zentrales Element der Öffentlichkeitsarbeit sind die ornithologischen Dauerausstellungen in der Burg. Im *Kellergewölbe* der Burg befindet sich die Ausstellung »Vögel der Nacht«. In kleinen natürlich gestalteten Glasvitrinen werden die sieben in Thüringen brütenden Eulenarten präsentiert. An einem Bedienpult können die Stimmen der Eulenarten aufgerufen und mit einigen Informationen zur Vogelbiologie gehört werden.

Im *Erdgeschoss* befinden sich drei Ausstellungsräume.

Die Besucher können sich im *grünen Salon* über das Leben und Wirken von Sittich Karl Rudolf Hans von Berlepsch informieren sowie Interessantes über die ornithologische Arbeit, historische Fachliteratur, den Vogelzug, die Vogelberingung, Gewöll- und Rupfungskunde erfahren. In den zehn Ausstellungsvitrinen sind u. a. 70 Vogelpräparate ausgestellt.

Staatliche Vogelschutzwarte Seebach

Oben: Grüner Salon

Unten: Klassische Vogel-
ausstellung

warte Seebach und den Vogelschutz angeschaut werden sowie Live-Bilder aus Nistkästen der Burg von sechs Übertragungskameras abgerufen werden.

In einem weiteren Ausstellungsraum ist ein Teil der umfangreichen *Vogeleiersammlung* der Vogelschutzwarte zu sehen. In sechs Glasvitrinen sind insgesamt 550 Vogeleier von 252 Vogelarten und verschiedene Vogelnester ausgestellt.

Auf dem *Boden* der Wasserburg ist neben dem Berlepsch-Zimmer die »Klassische Ausstellung« untergebracht. In fünf Ausstellungsvitrinen werden 156 Vogelpräparate präsentiert, die aus der alten ornithologischen Vogelausstellung der Vogelschutzwarte und vorwiegend noch aus den Jahren um 1900 stammen. Weiterhin sind eine große Anzahl der unterschiedlichsten Bauformen von Nistkästen, Futterhäuschen, Vogelfutterautomaten, Vogelfallen, Transportkäfigen sowie ornithologische Geräte zur Vogelbeobachtung, Fotos und Bildtafeln aus vergangener Zeiten zu sehen.

In den angegebenen Öffnungszeiten können Besucher die Burganlage aus dem 13. Jahrhundert, die neuen und historischen Vogel- und Eierausammlungen, den Vogelschutzpark und die Auffang- und Pflegestation besichtigen. Die umfangreiche Bibliothek steht Ornithologen und allen interessierten Bürgern als Präsensbibliothek zur Verfügung.

ÖFFNUNGSZEITEN:
Mo–Do 8–15 Uhr, Fr 8–12 Uhr

KONTAKTADRESSE:
Staatliche Vogelschutzwarte Seebach
Lindenhof 3
99998 Weinbergen / OT Seebach
Telefon: 03601-440565, Fax: 03601-440664
E-Mail: vsw.seebach@tlug.thueringen.de
Internet: www.vogelschutzwarte.de

FÜHRUNGEN
(Mai bis Oktober)
Sa 14 Uhr, So, Feiertag 10 Uhr
Weitere Führungen nach vorheriger Absprache

Die neue *ornithologische Ausstellung* ist thematisch entsprechend ausgewählter Biotoptypen gestaltet. Es werden in fünf Großvitrinen die »Vögel der Parklandschaft und des Gartens«, »Die Vögel der Stadt und des Stadtrandes«, »Die Vögel in Feld und Flur«, »Die Vögel des Buchenwaldes« und »Die Vögel der Binnengewässer« präsentiert.

Über eine Multimediastation können des Weiteren Kurzfilme über die Staatliche Vogelschutz-

6.19. Naturkundliche Sammlung im Schlossmuseum Sondershausen

Hannelore Kutscha

Stichworte: Schlossmuseum Sondershausen, Naturalienkabinett, Mineralsammlung, Biologie, Paläontologie, Südharz, Frauenberg, Salzminerale, Nordthüringen, Püstrich, Pleistozän, Großsäuger

Charakteristika und Geschichte

Das Residenzschloss der Schwarzburger in Sondershausen ist auf einem Bergsporn, unterhalb des legendären Frauenberges, einem Ausläufer der Hainleiteberge gelegen. Der Vorgängerbau – die Burg Sondershausen – wurde direkt in den Felsen gebaut. Bei Besichtigung der alten Kelleranlagen sind die typischen Ablagerungen der Trias erkennbar.

Das Adelsgeschlecht der von Schwarzburg-Sondershausen prägte seit dem 14. Jahrhundert die politischen, wirtschaftlichen und kulturellen Geschicke des 1304 erstmalig als Stadt erwähnten Ortes Sondershausen. Mit nachhaltigem Erfolg förderten die Fürsten zu Schwarzburg-Sondershausen die Entwicklung des Schlosses und der Stadt zu einem repräsentativen Zentrum thüringischer Hofkultur. In herausragenden Raumfassungen des Barock und Rokoko, wie dem Riesensaal, dem Achteckhaus und dem Blauen Saal, sind die hohen Ansprüche der Herrschaften bis heute erlebbar.

Die Repräsentanz der ältesten »grand carosse« Deutschlands, die Zeugnislegung über eine der ältesten Hofkapellen sowie die Anlegung und Pflege umfangreicher Naturaliensammlungen spiegeln den modernen Zeitgeist des Fürstenhauses wider.

Der erste Impuls für das Anlegen einer *Kunst- und Naturalienkammer* war das Eintreffen des Püstrich im Jahre 1546. Bis zum heutigen Tag ist diese Bronzefigur das Spitzenexponat des Fürstlichen Kabinetts. Aus den Anfangszeiten der Sammlung sind ein 2,50 m langer getrockneter Penis eines Finnwals und mit 2,24 m Länge eine imposante Zahnstange eines Narwals, dem sogenannten See-Einhorn, zu nennen.

Vom Rat- und Botenmeister Gottlob Friedrich Ludloff erfolgte 1796 die erste schriftliche Inventarisierung des Bestandes. Seinerzeit betrug die Gesamtzahl der Objekte annähernd 8.000 Objekte; hauptsächlich Naturalien aus den oft zitierten ›Drei Reichen der Natur‹.

Mit der Übergabe der Sammlung des Fürstlichen Kabinetts und der umfangreichen Sammlung des, von Professoren, Lehrern und Wissenschaftlern 1852 gegründeten Geschichts- und Altertumsvereins an die Stadt Sondershausen im Jahre 1909 war das Fundament für ein Städtisches Museum gelegt. Dem fachlichen und gesellschaftlichen Engagement von Persönlichkeiten, wie des Gymnasiallehrers Edmund Döring (1860–1938) und des Prof. Herrmann Toepfer (1833–1915) ist es zu verdanken, dass die Sammlungen geordnet, gepflegt, bereichert und teilweise der Öffentlichkeit zugänglich gemacht wurden.

Eisvogel *Alcedo atthis* vor der Bruthöhle, Ausschnitt aus einem Diorama

Seltener Skelettrest vom Moschusochsen *Ovibus moschatus* (unten) sowie Gehörn, Schulterblatt und Oberarmknochen vom Auerochsen *Bos primigenius*

Die Sammlung heute

Trotz unersetzlicher Verluste in den gesellschaftlichen Umbrüchen des 20. Jahrhunderts verfügt das Schlossmuseum Sondershausen heute über repräsentative Sammlungen aus allen Bereichen der Natur. Zum überwiegenden Teil handelt es sich um Objekte aus dem historischen Sammlungsbestand. Sie bedürfen besonderer restauratorischer Beachtung. Auch als Zeugnis vergangener Präparationskunst müssen sie unbedingt erhalten bleiben.

Biologie/Zoologie

Zum aktuellen zoologischen Bestand gehören vor allem Insekten und Wirbeltiere. Den größten Teil nehmen die Schmetterlings- und Käfersammlungen mit einem Bestand von fast 30.000 Einzelobjekten ein. Vögel und Säugetiere, ferner Reptilien und Fische umfassen 425 Exponate.

Geologie

Die geologischen Sammlungen mit einem aktuellen Stand von nahezu 4.500 Objekten spiegeln an Hand ihrer Etikettierung den spannenden Weg der Sammlung wider und die sich verändernden Aspekte der wissenschaftlichen Erfassung.

Die neuzeitliche Sammlung Geologie umfasst 1.450 Objekte. Es sind Stücke aus allen Weltregionen vertreten, hauptsächlich aber von thüringischen Fundorten, wie Nordthüringen und Südharz. Darunter sind sehr interessante Stücke aus den Gipsvorkommen des Südharzes. Die etwa 200 besonders gekennzeichneten Kalisalzmineralien weisen u. a. auf die ehemalige wirtschaftliche Bedeutung des Kalibergbaus in dieser Region hin.

Die Mineralsammlung des Naturalienkabinetts mit ca. 900 Stücken demonstriert vordergründig naturhistorische Sammlungsgeschichte. Diese ist noch nicht vollständig wissenschaftlich bearbeitet. Einige kleinere private Suiten lokaler Herkunft müssen noch erfasst werden.

Paläontologie

Die paläontologische Sammlung umfasst ca. 2.000 Fossilien. Von H.-D. Kahlke aus Weimar sind in den 1950er-Jahren 906 Objekte nach neuzeitlichen Gesichtspunkten systematisiert worden. Es sind fast 300 Säugetierreste aus dem Pleistozän zu nennen, ebenso wichtige Stücke aus dem Muschelkalk. Die Fundorte sind nicht immer korrekt erfasst. 1.100 Objekte sind der ehemals Fürstlichen Sammlung zuzurechnen. Vom Sondershäuser Rektor Carl Picard wurden diese im Jahre 1884 systematisch erfasst und haben analog der Mineralsammlung wissenschaftshistorischen Wert.

Wertvolle Exemplare der paläontologischen Sammlung:

- Skelettreste von Säugetieren aus dem Pleistozän
  Fell-Nashorn *Coelodonta antiquitatis*, Waldelefant *Loxodonta cyclotis*, Mammut *Mammuthus trogontherii*, Riesenhirsch *Megaloceros giganteus*, Moschusochse *Ovibus moschatus*, Murmeltier *Marmota marmota*, Altziegen-Gehörn *Capra prisca*, Höhlenbärschädel *Ursus spelaeus*
- Fossilien aus dem Muschelkalk (Trias)
  Seestern *Pleuraster chopi*, Schnecke (*Worthenia*, »*Pleurotomaria*«, Abbildungsorginal zu Picard), Seelilienkelche *Encrinus liliiformis*, Seelilienstiele *Encrinus kunischi*,
- Fossilien aus dem Zechstein (Kupferschiefer, Perm)
  Koniferen, Ganoidfische (*Platysomus* und *Palaeoniscum*, z.T. in ›Ilmenauer Schwielen‹).

ÖFFNUNGSZEITEN:
Di–So 10–17 Uhr

KONTAKTADRESSE:
Schlossmuseum
99706 Sondershausen
Tel.: 03632-622418
Fax: 03632622410
E-mail: kutscha@sondershausen.de
Internet: www.sondershausen.de/de/schlossmuseum.html

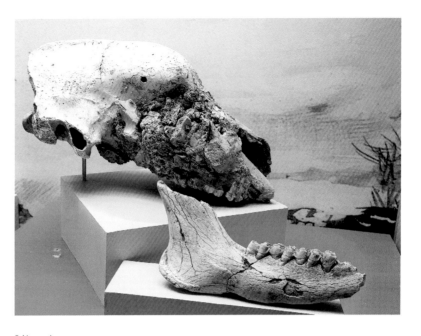

Schädelfragmente von Höhlenbär (oben) und Hirsch

Literatur

Wackernagel, R. (2001): Die Goldene Kutsche vom Schloss Sondershausen. – Hrsg.: Stiftung Thüringer Schlösser und Gärten.

Maul, M. (2012): Die Entwicklung der Sondershäuser Hofkapelle von den Anfängen bis zum ausgehenden 18. Jahrhundert. – Sondershäuser Beiträge 11/2012.

Kutscha, H. (2011/2012): Das besondere Objekt. – Heimatecho Sondershausen 12/2011 und 3/2012.

Kutscha, H., Werneburg, R. & Riedel, G.-R. (2006): Archive der Erdgeschichte – Geowissenschaftliche Sammlungen in Thüringen. Schlossmuseum Sondershausen. – Beiträge zur Geologie von Thüringen, Neue Folge 13: 263–273.

Ludloff, G.F. (1796): Inventarium des Kunst und Naturalienkabinets, Teil 1–3 (Manuskript).

6.20. Deutsches Schiefermuseum Steinach

Bernd Vogel und Ralf Werneburg

Stichworte: Schiefer, Griffelschiefer, Fossilien, Gesteine, Altpaläozoikum, Max Volk, Jochen Vogel, Schiefer-Verarbeitung

Das im April 1990 eröffnete Schiefermuseum Steinach war das einzige Schieferbergbau-Museum auf dem Gebiet der ehemaligen DDR und ist heute in der Gruppe der Schiefermuseen und Schaubergwerke das einzige Museum mit einer umfassenden Darstellung zum Thema »Schiefergriffel«. Das Museum wurde später in mehreren Ausbaustufen erweitert. Da der ursprüngliche regionale Rahmen gezielt überboten und das Thema »Schiefer« aus gesamtdeutscher Sicht aufbereitet wurde, erfolgte 1996 die Klassifizierung zum »Deutschen Schiefermuseum«.

Geschichte der geowissenschaftlichen Sammlung

Der geowissenschaftliche Bestand des Deutschen Schiefermuseums Steinach gründet sich auf zwei Teilsammlungen:
– Fossiliensammlung von Max Volk
– Gesteins- und Mineralsammlung von Jochen Vogel

Der Lehrer Max Volk (1900–1969) hat eine bedeutende Sammlung von mehreren Tausend Fossilien des Thüringer Schiefergebirges zusammengetragen. Dabei hat er sich um die Erforschung der Lebewelt des Altpaläozoikums große Verdienste erworben. Dafür erhielt er 1957 die Leibniz-Medaille, und fünf Jahre später wurde ihm die Ehrendoktorwürde der Martin-Luther-Universität Halle-Wittenberg verliehen. Das Geiseltalmuseum dieser Universität in Halle sowie das Senckenberg-Museum in Frankfurt/Main besitzen wertvolles Sammlungsmaterial von Max Volk (Typusexemplare etc.). 1997 wurde eine Teilsammlung von Max Volk von der Universität Erlangen an das Deutsche Schiefermuseum Steinach übergeben. Dr. h. c. H. Volk hat selbst mehrfach über Fossi-

lien des Schiefergebirges publiziert (z.B. über Lebensspuren aus dem Griffelschiefer). Auch tragen mehrere Fossilien seinen Namen, z.B. der Trilobit *Volkops volki* oder die sternförmige Fressspur aus den Phycodenschichten *Volkichnium volki*.

Dr. Jochen Vogel hat die geologische Ausstellung des Deutschen Schiefermuseums Steinach aufgebaut und dabei eine Vielzahl von Gesteinen und Mineralen des Thüringer Schiefergebirges aus seiner Sammlung in die Ausstellung einbezogen.

Bestände der geowissenschaftlichen Sammlung

Die geowissenschaftliche Sammlung des Deutschen Schiefermuseums Steinach umfasst mehrere tausend Belege aller Sparten. Überregional bedeutsam sind die Fossilien der Sammlung Volk (mit mehreren Abbildungsoriginalen) sowie die Belege zum Griffelschiefer und seiner Verarbeitung.

Fossilien

Die Fossiliensammlung gründet sich vor allem auf der Teilsammlung Volk, die 1997 von Erlangen nach Steinach zurückgeführt wurde (212 Fossilien). Max Volk hatte sie wohl in den 60er-Jahren zur wissenschaftlichen Begutachtung an Prof. Bruno von Freyberg an die Universität Erlangen geschickt. Diese Kollektion enthält vor allem:
– Pflanzenreste aus dem Thüringer Kulm (Unterkarbon) mit *Asterocalamites, Knorria, Archaeopteris, Cardiopteris, Sphenopteridium, Sphenophyllum, Megaphyton, Asterophyllites* und *Racopteris* (75 Belege, davon zwölf Abbildungsoriginale)
– Spurenfossilien vor allem aus dem Devon mit *Nereites, Palaeophycus, Lophoctenium, Protovir-*

gularia, Styliolina sowie *Pseudophycodes* und *Phycodes* aus dem Ordovizium
- Wirbellose vor allem aus dem Devon (Brachiopoden, Muscheln, Korallen, Crinoiden, Tentakuliten), Silur (Graptolithen) und Ordovizium.

Die Originale zu den Publikationen von M. Volk befinden sich im Senckenbergmuseum Frankfurt/Main und Geiseltalmuseum Halle.

Minerale

Einige typische Minerale des Thüringer Schiefergebirges sind in der Sammlung vertreten: Thuringit, Pyrit, weitere Eisen- und Manganminerale, Calcit, Pickeringit und Anthraxolit. Darüber hinaus gibt es ausgehend von den häufig im Schiefer gefundenen »Kieskälbern« eine kleine Spezialsammlung zum Thema Pyrit (Pyrit in verschiedenen Gesteinen, diversen Kristallformen und selbst in Fossilien – weltweit).

Gesteine

Steinach liegt an der SW-Flanke des Schwarzburger Sattels. Auf einer Länge von ca. 3 km ist die Schichtenfolge vom Ordovizium bis zum Unterkarbon (Kulm) aufgeschlossen. Entsprechende Gesteine werden aus der Sammlung J. Vogel in fünf Vitrinen gezeigt:
- Phycodenschiefer und Phycodenquarzit;
- Griffelschiefer und Lederschiefer;
- Alaunschiefer, Kieselschiefer, Graptolithenschiefer und Ockerkalk;
- Tentakulitenschiefer, Nereitenquarzit sowie Schwärzschiefer- und Knotenkalk;
- Grauwacke, Dachschiefer, Braunwacke und Wetzschiefer.

Weitere Bestände

Das Deutsche Schiefermuseum Steinach hat in den Ausstellungen und Sammlungen auch eine Vielzahl von Verarbeitungsprodukten zum Thema Schiefer:

Ausstellung zur Geologie und zum Wirken von Dr. Max Volk im Deutschen Schiefermuseum

- Gebrauchsgegenstände für die Schulen, wie Tafel und Griffel
- Schiefer für die Elektroindustrie
- Schleifmaterialien aus Naturstein zuzüglich der bis 1966 gefertigten Thüringer Wasserabziehsteine sowie Decknäglein, Nürnberger Bundsteine, Federmessersteine und Schleifringe
- Widerstandskörper für die Elektroindustrie
- Treppenstufen, Wangen, Platten, Sockelleisten, Fenstersohlbänke
- Schiefersplitt, Schiefermehl, Porensinter, Tragstifte für Gasglühkörper
- Werk- und Dekorationsstein, Reliefs, Briefbeschwerer, Teller, Aschenbecher, Kerzenhalter, Schreibtischgarnituren (Verwendung des ordovizischen Grobsteins).

Schließlich verfügt des Museum noch über 27 neuzeitliche Dosen aus diversen Mineralen und Gesteinen.

Ausstellung

Die Exposition beginnt mit der Darstellung der geologischen Verhältnisse der näheren und weiteren Umgebung Steinachs, wobei die Schichtenfolgen vom Präkambrium bis zum Unterkarbon mittels Gesteinsproben und Fossilien erläutert werden. Schwerpunkte bilden die Schiefer des Ordoviziums, Devons und Unterkarbons. Der Be-

Max Volk (1900–1969)

sucher erfährt, dass die Gewinnung der ordovizischen Griffelschiefer zur Herstellung von Schreibgriffeln seit langer Zeit in der Region Steinach dominierte. Neben der Baumaterialgewinnung aus den gleichfalls ordovizischen Quarziten war bis 1966 auch der devonische Wetzschiefer von großer Bedeutung zur Herstellung sogenannter Wasserabziehsteine (»Thüringer Wassersteine« oder kurz »Wetzsteine«). Beachtung finden weiterhin die ordovizischen Eisenerz-Vorkommen bei Schmiedefeld oberhalb von Saalfeld, die einst im Abbau standen, sowie die Farberden. Auf die Erzeugung brauner Farberden durch Brennen von Ockerkalken im ehemaligen Ockerwerk bis in die 50er-Jahre des 20. Jahrhunderts wird ebenso in der Exposition hingewiesen wie auf die Farbe »Thüringer Schwarz« aus Alaunschiefer.

Ein gesonderter Teil der Ausstellung zur Geologie ist dem Wirken des Steinacher Lehrers und Heimatforschers Dr. h. c. M. A. Volk (1900–1969) gewidmet, der sich insbesondere bezüglich der Geologie und Paläontologie des Altpaläozoikums der Region große Verdienste erwarb. Dem Besucher sind Teile seiner umfangreichen Sammlung, darunter interessante Fossilfunde, zugänglich gemacht worden.

In anderen Räumlichkeiten des Erdgeschosses wird umfassend auf die Griffelschiefer-Gewinnung und -Verarbeitung eingegangen, wobei zahlreiche Muster der Schreibgriffel präsentiert werden. Weiterhin erhält der Besucher neben Informationen zur Produktionsgeschichte solche zur Handelsgeschichte der Griffel und Wetzsteine. Nicht zuletzt wird auch auf die Schiefertafel- und Dachschieferherstellung eingegangen, wobei ein entsprechend ausgestattetes Klassenzimmer nachempfunden wurde. Darüber hinaus wird das Pyrit (»Katzengold« des Volksmundes) als häufiges Mineral in den paläozoischen Schiefern in seiner Vielfalt in Vitrinen präsentiert.

Dem Obergeschoss des Hauses vorbehalten bleibt eine Übersicht zur Schiefergewinnung und Verarbeitung in Deutschland. Bildtafeln und Sachzeugen beziehen sich auf Betriebe, Schiefergruben und Ausstellungen im Bereich der »Thüringisch/Fränkischen Schieferstraße« sowie des Hunsrücks, der Rhein-Mosel-Gegend, des Sauerlandes und der Eifel.

Eine Exposition zur »Schiefermalerei« sowie der Verarbeitung von Schiefern zu Gebrauchs- und Dekorationsgegenständen runden die Ausstellung ab.

ÖFFNUNGSZEITEN:
Di–Sa 13–17 Uhr, So 14–17 Uhr
Besuch auch an den Vormittagen nach Vereinbarung möglich.

KONTAKTADRESSE:
Deutsches Schiefermuseum
Dr.-Max-Volk-Str. 21, 96523 Steinach
Tel.: 036762-30619
Fax: 036762-34814
E-mail: info@steinach-thueringen.de
Internet: www.steinach-thueringen.de

Literatur

Vogel, J. (1992): Schiefermuseum Steinach/Thüringen. Beginn der Thür.-Fränkischen Schieferstraße.

Vogel, B. & Werneburg, R. (2006): Archive der Erdgeschichte – Geowissenschaftliche Sammlungen in Thüringen. Deutsches Schiefermuseum Steinach. – Beiträge zur Geologie von Thüringen, Neue Folge 13: 171–175.

6.21. Deutsches Goldmuseum Theuern

Markus Schade und Karin Schade

Stichworte: Gold, Seifengold, Berggold, Geologie, Geschichte, Goldwaschen, Forschung, Sammlung

Charakteristik und Geschichte der Einrichtung

Das Deutsche Goldmuseum wurde am 19. September 1997 als erste Einrichtung dieser Art in Deutschland eröffnet. Betrieben wird es von dem Geologen Dr. Markus Schade, der über umfangreiche Erfahrungen als Goldsucher in Mittel- und Westeuropa sowie in Nordamerika, Sibirien, Australien und Neuseeland verfügt, und seiner Ehefrau, der Journalistin Karin Schade. Das Museum ist seit seiner Eröffnung im Gebäude der ehemaligen Burgmühle in der 300-Seelen-Gemeinde Theuern in Thüringen untergebracht und liegt nicht zufällig im Tal der Grümpen, einem der ehemals und auch heute noch goldreichsten Bäche Deutschlands.

Das Deutsche Goldmuseum versteht sich als Stätte

– der Sammlung und Bewahrung von Informationen und Sachzeugen,
– der geowissenschaftlichen und historischen Forschung und Bildung,
– der originellen und authentischen Erlebnisvermittlung

auf dem Gebiet der Geologie und der Geschichte des Gold(bergbau)es insbesondere in Deutschland, aber auch darüber hinaus.

Als privat geführtes Museum ist es von Anfang an wirtschaftlich selbständig und finanziert sich aus seiner eigenen Geschäftstätigkeit über den Verkauf von Waren wie Fachliteratur, Goldgräberausrüstungen und -zubehör, Gold und anderen Mineralen sowie Dienstleistungen wie Goldwaschkursen, Exkursionen und geführten Reisen in (gold)geologisch interessante Regionen der Welt.

Naturwissenschaftliche Sammlungen

Kern der Sammlungsbestände ist eine der umfangreichsten Kollektionen von Naturgold aus Mitteleuropa mit Belegstücken von derzeit insgesamt mehr als 675 Fundorten. Die größtenteils aus Seifengold bestehende Kollektion ist Teil einer noch umfangreicheren Sammlung von Schwermineralkonzentraten einschließlich der dazugehörigen Dokumentation aller Proben. Diese von den Betreibern des Goldmuseums eigenhändig zusammengetragenen Goldproben waren und sind Grundlage für viele wissenschaftliche Projekte beispielsweise zur Erforschung der Herkunft des in der Himmelsscheibe von Nebra verarbeiteten Goldes. Obwohl die Mengen des Goldes (von weniger als einem Milligramm bis zu einigen Gramm pro Fundort) relativ gering sind, ist diese Sammlung doch von besonderem wissenschaftlichem Wert vor allem wegen ihrer gut dokumentierten Authentizität und ihrer regionalen Vollständigkeit. Sie enthält auch eine Reihe von Proben, die gegenwärtig gar nicht mehr oder nur mit erheblichem Aufwand wiederbeschafft werden könnten, da die Fundorte inzwischen beispielsweise am Boden einer Talsperre liegen. Darüber hinaus enthält die Sammlung einige besonders große (mehrere Hundert Milligramm schwere) und morphologisch seltene Stücke wie etwa idiomorphe Goldkristalle. Schließlich bilden diese geologischen Belegstücke die substanzielle Grundlage der eigenen Publikationen zu diesem Thema.

Eine zweite erhaltenswerte Sammlung besteht in der Fachbibliothek zum Thema Gold, die über tausend gedruckte und digitalisierte Bücher, Zeitschriften, Sonderdrucke, Kopien, Zeitungsartikel, Karten, Fotos und Grafiken umfasst. Diese Bestände sind derzeit lediglich geordnet, aber noch nicht systematisch erfasst und dokumentiert.

Forschung, Bildung und Publikationen

Das Goldmuseum betreibt eigenständige Forschungsarbeiten, wie die Untersuchungen zur Herkunft des Seifengoldes in verschiedenen Regionen Deutschlands und darüber hinaus. Die Ergebnisse der Arbeiten werden publiziert. Neben einigen Artikeln in Fachzeitschriften sind bisher vier umfangreichere Werke über

– »Gold in Thüringen« (2001),
– »Gold im Lausitzer Bergland« (2002),
– »Gold im Vogtland« (2004) und
– »Gold in Sachsen« (2008) erschienen.

Das nächste Projekt heißt »Gold in Deutschland«.

Das Goldmuseum ist auch Kooperationspartner von Forschungsprojekten anderer wissenschaftlicher Einrichtungen wie der Martin-Luther-Universität Halle-Wittenberg, Naturwissenschaftliche Fakultät III, Institut für Geowissenschaften.

Entsprechend den jeweiligen konkreten geologischen Bedingungen arbeitet das Goldmuseum in verschiedenen deutschen Geoparks mit, so etwa im Geopark »Schieferland« im thüringisch-bayerischen Raum und im Geopark »Grenzwelten« im hessisch-westfälischen Raum.

Darüber hinaus werden auch spezielle Lehrveranstaltungen vor allem für Studenten, Freizeit- und professionelle Goldsucher angeboten.

Ausstellungen und Service

Die kontinuierlich aktualisierte Dauerausstellung im Museum ist in drei Abteilungen gegliedert: die Geologie des Goldes, die Geschichte der Goldsuche und -gewinnung sowie die moderne Goldsuche. Im Eintrittspreis ist eine etwa halbstündige Führung durch die Ausstellung enthalten, die in der Regel von den Betreibern des Museum selbst durchgeführt wird.

Als (in begrenztem Umfang) kostenloser Service des Hauses wird das Bestimmen von Mineralen, insbesondere von Gold, angeboten, das allerdings nur bei Anwesenheit des Geologen gewährleistet werden kann. Interessenten an dieser Dienstleistung sollten sich gegebenenfalls anmelden.

Das Goldmuseum bietet verschiedene Aktivprogramme an:

– Goldwaschkurse für Einsteiger und Fortgeschrittene,
– Tagestour in ein mittelalterliches Goldbergbaurevier mit Goldwaschen,
– Kindergeburtstag mit Goldwaschen (geeignet für Kinder ab 6 Jahre),
– geführte Natur-Reisen mit Goldwaschen nach Kanada/Alaska.

Das Goldwaschen findet in jedem Falle in freier Natur an Originalfundstellen unter Anleitung international erfahrener Goldwäscher statt.

Auf Wunsch werden auch Geotouren und Goldwaschkurse an anderen Orten durchgeführt.

ÖFFNUNGSZEITEN:
täglich 9–17 Uhr (im November auf Anfrage)

KONTAKTADRESSE:
Deutsches Goldmuseum
Im Grund 4, 96528 Theuern
Tel./Fax: 036766-87814
Email: info@goldmuseum.de
Internet: www.goldmuseum.de

6.22. Stadtmuseum Weimar im Bertuchhaus

Alf Rößner

Stichworte: Geologie, Trias, Fossilien, Muschelkalk, Ceratiten, Pleistozän, Travertin, Ehringsdorf, Taubach, F. J. Bertuch, Geografisches Institut, Wachsfrüchte, Thüringer Sintflut

Schon der Name der Stadt Weimar steht in Zusammenhang mit den örtlichen naturräumlichen Gegebenheiten: Das ursprüngliche »wihmare«, heiliger Sumpf oder heiliges Wasser, verweist auf den geologischen Unterbau. Hier bezeugen Gesteine nicht nur Erd- sondern auch Stadtgeschichte. In der ständigen Ausstellung des Stadtmuseums Weimar wird von diesen Naturbedingungen ausgegangen.

Das heutige Museum ging aus volkskundlichen und naturwissenschaftlichen Sammlungen hervor, u. a. von prähistorischen Funden aus dem Travertin von Ehringsdorf und Taubach. Seit 1954 mit Ausstellungs- und Magazinflächen im Bertuchhaus ansässig, versteht sich die Einrichtung heute als Museum für Stadtgeschichte und Natur. Unterstrichen wird dieser Anspruch durch thematische Sonderausstellungen, so zur Geschichte des Geografischen Instituts oder zur Medizingeschichte, durch Vorträge oder Katalog-Publikationen. Auch innerhalb der museumseigenen populärwissenschaftlichen Reihe »Weimarer Schriften« werden Fragen zu Geologie, Geografie, Flora und Fauna aufgegriffen.

Das ehemalige Wohn- und Fabrikationsgebäude von Schriftsteller, Schatullverwalter, Herausgeber, Verleger und »Kaufmann der Goethezeit« Friedrich Justin Bertuch (1747–1822), ist zur ständigen Präsentation eines stadtgeschichtlichen Überblicks, illustriert durch Interieurs zur Wohnkultur und Arbeitswelt, vor allem des 19. und 20. Jahrhunderts, bestens geeignet. In einer der schönsten klassizistischen Bauanlagen Weimars waren das »Landes-Industrie-Comptoir« (seit 1791) sowie das »Geographische Institut« (seit 1804) ansässig. Bertuch wirkte durch sein 1790 bis 1822 erschienenes, sehr erfolgreiches »Bilderbuch für Kinder« im Sinne philanthropischer Pädagogik.

In seinem Hause produzierte geografische und kartografische Werke, Atlanten, Erd- und Himmelsgloben geben Kunde vom hohen Stand der damaligen Naturforschung und der Wissensverbreitung.

Hier vertriebene Wachsfrüchte (»Pomologisches Cabinet«) dienten sowohl der häuslichen Dekoration als auch der wissenschaftlichen Betrachtung durch Züchter.

Im stadtgeschichtlichen Museum wird auch ein Gedenkstein von der Steinbrücke in Oberweimar gezeigt. Er erinnert an die verheerende Naturkatastrophe der sogenannten Thüringer Sintflut vom 29. Mai 1613.

Das im Museum nahezu authentisch wieder aufgebaute Atelier des Malers und Grafikers

Geologisches Profil (Ausschnitt) mit Ceratiten, nach S. Rein. (Foto: J. Postel, Weimar)

Kolorierter Kupferstich mit Tagschmetterlingen aus F. J. Bertuchs »Bilderbuch für Kinder«, Vierter Band, Weimar 1802. (Foto: M. Schuck, Weimar)

Gedenkstein an die »Thüringer Sintflut« von 1613. (Foto: J. Postel, Weimar)

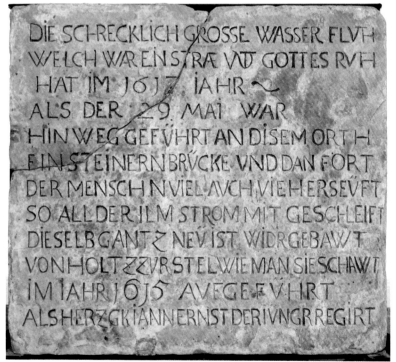

Alexander Olbricht (1876–1942) verrät viel über den sensiblen Naturbeobachter und seine Schaffensatmosphäre. Der Künstler schuf vor allem detailreiche Pflanzendarstellungen sowie filigrane Landschaftsbilder aus Weimars Umgebung. Seine Grafiken mahnen an ein harmonisches Miteinander von Mensch und Umwelt. Im Zuge der Umgestaltung des Stadtmuseums ist inzwischen der Schwerpunkt »Weimarer Nationalversammlung 1919« ausgebaut worden. Daher musste besonders die Abteilung Geologie reduziert werden. Objekte und Tafeln der Dauerausstellung sollen ggf. in der Weimarer Parkhöhle sowie im Zuge der Umgestaltungen dann auch wieder im Stadtmuseum einen Platz finden.

ÖFFNUNGSZEITEN:
Di bis So 10–17 Uhr, Feiertage i. d. R. 10–17 Uhr

KONTAKTADRESSE:
Stadtmuseum Weimar im Bertuchhaus
Karl-Liebknecht-Straße 5–9

99423 Weimar
Tel.: 03643-82600 oder 826030
Fax: 03643-826044
E-mail: stadtmuseum@stadtweimar.de
Internet: http://stadtmuseum.weimar.de

Literatur

Arenhövel, C., Jahn, E., Maul, L.C. & Zimmermann, W. (2011): Die Fauna Weimars und seiner Umgebung. – Weimarer Schriften (Hrsg. Stadtmuseum Weimar), Heft 66.

Arnhold, H. (1984): Das Geographische Institut zu Weimar. Wissenschaft und Industrie. Tradition und Gegenwart. – Weimarer Schriften (Hrsg. von der Ständigen Kommission Kultur der Stadtverordnetenversammlung Weimar und des Kreistages Weimar-Land in Zusammenarbeit mit dem Stadtmuseum Weimar), Heft 11.

Christoph, A. &. Breidbach, O. (Hrsg., 2011): Die Welt aus Weimar. Zur Geschichte des Geographischen Instituts. – Katalog zur Ausstellung, Stadtmuseum Weimar vom 29. Juli – 16. Oktober 2011.

»... dies ist auch das Einzige, was hier von Industrie existiert.« Bertuchs Landes-Industrie-Comptoir in Weimar. – Faltblatt. Hrsg.: Stadtmuseum Weimar im Bertuchhaus. 1992.

Kaiser, P. (1956): Geschichte der Städtischen Museen in Weimar. – Der Heimatfreund, Jg. 1956, Heimatkundliche Blätter für Stadt und Kreis Weimar.

Kämpfe, S. (2009): Die Flora Weimars und seiner Umgebung. – Weimarer Schriften (Hrsg. vom Stadtmuseum Weimar), Heft 64.

Steiner, W. (Hrsg., 1999): »Poetische Weltprovinz«. Museale Bilder zur Geschichte Weimars. Begleitheft zur Ständigen Ausstellung im Stadtmuseum Weimar. Bertuchhaus. Weimar, im Jahr der Europäischen Kulturstadt 1999.

Salzmann, M. (1990): Die Geographie Weimars und seiner Umgebung. Oberflächenformen. Klima. Hydrogeographie. Tradition und Gegenwart. – Weimarer Schriften (Hrsg. vom Stadtmuseum Weimar), Heft 36.

Weimar. Lexikon zur Stadtgeschichte. Hrsg. von G. Günther, W. Huschke u. W. Steiner, Weimar 1993.

6.23. Deutsches Bienenmuseum Weimar

Annette von Wolffersdorff

Stichworte: Biologie, Bienen, Imker, Beuten, Wachshammer, F. Gerstung, A. Ludwig

Das Weimarer Bienenmuseum ist nach einer wechselvollen, über 100-jährigen Geschichte seit 2005 in der Trägerschaft des Landesverbandes der Thüringer Imker. In dem ehemaligen Landgasthof »Zum goldenen Schwan« an der Ilm in Oberweimar präsentiert es seine historisch gewachsenen naturwissenschaftlichen, aber vor allem kulturgeschichtlich und volkskundlich bedeutsamen Sammlungen in einer umfassenden Dauerausstellung zur Geschichte der Imkerei und der Biologie der Biene.

»Bunt, duftend und anregend gibt der Bienenweidegarten Einblick in das Leben der Honigbiene und der Imkerei. Durch ein rosenbegrenztes Portal betritt der Besucher ein wahres Kleinod vielfältigster Kultur- und Wildpflanzen, Blumen, Kräuter und Gehölze. Bestaunen und in ihrer Funktionsweise studieren kann man hier außerdem historische Bienenstände, den Korbbienenstand und den ›Gerstung-Pavillon‹ mit den bewährten Gerstungbeuten sowie einen modernen, mit Bienen belegten Magazinstand« (Von Bienen und Beuten 2007, S. 78).

Als ältestes deutsches Bienenmuseum wurde es im Jahre 1907 durch den Theologen und Naturwissenschaftler, den »Bienenvater« Ferdinand Gerstung (*1860 in Vacha an der Werra; †1925 in Ossmannstedt) in Weimar gegründet. Drei Jahre später gelangte es durch die Übernahme der Gerstung'schen Sammlung als »Reichs-Bienenzuchtmuseum« in städtisches Eigentum und wurde Teil des Naturwissenschaftlichen Museums mit Sitz im Poseckschen Haus (heute Museum für Ur- und Frühgeschichte Thüringens).

Oben: Bienenweidegarten mit Blick auf das Museum

Unten: Gerstung-Bienenhaus um 1900

Mit dem Pfarrer und Bienenforscher August Ludwig (*1867 in Hochdorf bei Blankenhain; †1951 in Jena) hatte Gerstung bereits 1902 auf dem »Ersten Allgemeinen deutschen Imkertag« in Weimar den »Deutschen Reichsverein für Bienenzucht« ins Leben gerufen. Gemeinsam sorgten sie durch reiche Publikationstätigkeit zur Bienenkunde für die wissenschaftliche Durchdringung der Imkerei. Für das neugegründete Weimarer Museum riefen sie die gesamte Deutsche Imkerschaft auf, »[...] nicht nur alte bienenwirtschaftliche Geräte, Beuten und Werkzeuge, welche einen geschichtlichen Wert besitzen, aufzunehmen, sondern auch alle neueren Erfindungen zu sammeln« (Von Bienen und Beuten 2007, S. 32f.).

Auf diesem Wege war die Sammlung des Deutschen Bienenmuseums zu seiner Wiedereröffnung anlässlich des 50-jährigen Bestehens im Jahre 1957 in Oberweimar auf einen Bestand von »elfhundert Gegenständen« angewachsen, dazu eine reiche Fachbibliothek (Bienen, Blüten, Beuten 1968).

Die zwangsweise Räumung des Weimarer Naturkundemuseums, in dem auch das Bienenmuseum zeitweise untergebracht war, und der zunehmende Verfall der baulichen Hülle des Hauses in Oberweimar in den folgenden Jahren gingen auch am Deutschen Bienenmuseum nicht spurlos vorüber. Erst mit der Erwerbung des Anwesens durch die Stadt und dem Wirken des diplomierten Bauingenieurs Reinhard Herb bei der Sanierung des Gebäudes wurden die baulichen Voraussetzungen für das heutige Museum geschaffen.

Besonders hervorzuhebende Exponate des Deutschen Bienenmuseums sind die unterschiedlichsten Bienenwohnungen, wie Strohkörbe, Klotzbeuten, phantasievoll gestaltete Figurenstöcke und imkerliche Gerätschaften, in der Freianlage das original Gerstungsche Bienenhaus aus seinem Pfarrgarten in Oßmannstedt, ein Korbbienenstand und zahlreiche Magazinbeuten.

Mit dem Siebenlehner Wachshammer aus dem Jahre 1637 verfügt das Museum über ein einmaliges historisches Zeugnis der Wachsgewinnung.

Das Deutsche Bienenmuseum ist am Südrand des Ilmparkes – inmitten der Natur – zu einem Ort vielfältigster Nutzungsmöglichkeiten geworden. Mit seiner Veranstaltungs- und Ausstellungstätigkeit zu Fragen von Natur und Umwelt ist es

für ein breites Publikum ein unverzichtbar kulturelles Zentrum in der Region und darüber hinaus. Dazu zählen die sich jährlich wiederholenden Anfängerkurse für junge Imker ebenso wie ein umfangreiches museumspädagogisches Angebot, dass das Museum zu einem beliebten außerschulischen Lernort werden ließ.

Eine schöne Tradition des Museums sind seine Märkte, der Bienenmarkt anlässlich des Tages der Deutschen Imkerei am 1. Samstag im Juli und ein Weihnachtsmarkt am Wochenende des 2. Advents.

ÖFFNUNGSZEITEN DES MUSEUMS
UND DES HOFLADENS:

April–Oktober: Di–So/Feiertage 10–18 Uhr
November–März: Mi–So 10–17 Uhr

KONTAKTADRESSE:

Deutsches Bienenmuseum Weimar
Ilmstr. 3, 99425 Weimar
Tel. 03643-901032, Fax 03643-805309
Internet: www.lvthi.de

Literatur

Becker, S. (2002): Naturgeschichte als Kulturgeschichte. Zur Konzeption der neuen Dauerausstellung im Deutschen Bienenmuseum Weimar. – In: Thür. Monatshefte, 11: 4f.

Schwartz, G. & Kaiser, P. (1968): Bienen – Blüten – Beuten. Entwicklung und Bedeutung der Honigbiene und ihrer Haltung biologisch, historisch, volkskundlich und volkswirtschaftlich betrachtet und auf die Sammlungen und Ausstellungen des Deutschen Bienenmuseums in Oberweimar bezogen. Weimar. Tradition und Gegenwart, Heft 13.

»Von Bienen und Beuten«. Das Deutsche Bienenmuseum Weimar. Jubiläumsschrift zum 100jährigen Bestehen des Deutschen Bienenmuseums Weimar (Hrsg. vom Stadtmuseum Weimar), Weimarer Schriften, Heft 61.

Register